中俄体制转型模式的比较研究
（第二版）

政治学论丛

关海庭／著

图书在版编目(CIP)数据

中俄体制转型模式的比较研究/关海庭著. —2 版. —北京：北京大学出版社，2015.11
（政治学论丛）
ISBN 978-7-301-26427-0

Ⅰ.①中… Ⅱ.①关… Ⅲ.①体制改革—对比研究—中国、俄罗斯 Ⅳ.①D61 ②D751.2

中国版本图书馆 CIP 数据核字（2015）第 251020 号

书　　　名	中俄体制转型模式的比较研究（第二版）
	Zhong-E Tizhi Zhuanxing Moshi de Bijiao Yanjiu
著作责任者	关海庭　著
责 任 编 辑	倪宇洁
标 准 书 号	ISBN 978-7-301-26427-0
出 版 发 行	北京大学出版社
地　　　址	北京市海淀区成府路 205 号　100871
网　　　址	http://www.pup.cn　　新浪微博：@北京大学出版社
电 子 信 箱	ss@pup.pku.edu.cn
电　　　话	邮购部 62752015　发行部 62750672　编辑部 62753121
印 刷 者	北京溢漾印刷有限公司
经 销 者	新华书店
	730 毫米×980 毫米　16 开本　29 印张　528 千字
	2003 年 9 月第 1 版
	2015 年 11 月第 2 版　2015 年 11 月第 1 次印刷
定　　　价	78.00 元

未经许可，不得以任何方式复制或抄袭本书之部分或全部内容。
版权所有，侵权必究
举报电话：010-62752024　电子信箱：fd@pup.pku.edu.cn
图书如有印装质量问题，请与出版部联系，电话：010-62756370

前　言

呈现在读者面前的这部书稿,是我从事中俄体制转型模式比较研究的一个阶段性成果。本书的价值,尚有待于实践的检验和读者的评判。值得欣慰的是,二十余年的研究,虽然"筚路蓝缕",但为了开启中俄体制转型比较研究这片"山林",我曾付出了相当的时间和精力。

我曾于1994年、1998年和2005年三次赴莫斯科大学从事研究工作。当我第一次踏上俄罗斯辽阔的国土,并实地考察了莫斯科、圣彼得堡,以及伏尔加河沿岸的各大城市之后,给我留下深刻印象的,就是那些良好的基础设施:莫斯科地铁、莫斯科运河、造型迥异且宏伟的俄式建筑、每座城市周围呈蜘蛛网状密布的电气火车、伏尔加河沿岸的水利枢纽,这一切有力地彰显着俄罗斯的大国风采。透过这些基础设施和塑在上面的浮雕,我仿佛感受到社会主义工业化进程中人们冲天的劳动干劲和凯歌行进的时代气息。但遗憾的是,如今这些基础设施的状况只能用两个字来概括:陈旧。比如以罗蒙诺索夫的名字命名而雄居世界一流的莫斯科大学,其宏伟(据说有一万多个房间)的主楼,现在映现出一幅破败的景象:门窗缺损、水管漏水、墙皮脱落、地板斑驳陆离。其实这类建筑的维护,并不需要很多的经费,稍加翻修,就能再现昔日的辉煌。然而俄罗斯需要维修的地方实在是太多,国家拿不出钱。更令人担忧的是,政治纷争和价值观的冲突已经严重阻碍着国家经济的复苏。从人们的面部表情上很少能看到俄罗斯民族特有的豪迈与奔放,呈献给外人的只是沉重与迷惘。苏联的解体让我再一次领悟和感叹:"其兴也勃焉","其亡也忽焉"。是什么原因把俄罗斯推向这种境况呢? 由此,我想到了国家控制能力问题。大国,特别是像俄罗斯和中国这样的"大国",原来有着良好的基础设施,在体制转型过程中,保持和提高国家的控制能力,包括财政能力、法治化能力、国民文化的整合能力,应当说是第一重要的问题。从1992年开始,我便着手研究这个课题。当我刚一涉足"国家控制能力"这个领域,便立刻感到了任务的艰巨。因为这个题目太宏观,必须运用大量的实证材料。因此,1995年回国攻读博士学位期间,我便把"中俄(苏)国家控制能力的比较研究"作为主攻方向。1997年在获得了国家社科基金年度项目资助后,又进一步把题目确定为"当代中俄体制转型与国家控制能力的比较研究"。大约在1998年3

月,我写出了论文和结项报告的初稿。

说心里话,我自己对论文和结项报告的初稿并不十分满意。文章还缺少必要的统计数据和社会调查资料。为了弥补这一缺憾,我于 1998 年 9 月第二次赴莫斯科大学。而这次莫斯科大学给我的印象恐怕要用三个字来概括:更陈旧。楼还是那座楼,路还是那条路,房间还是那些旧房间,只不过需要维修的地方更多了。分给我的房间,水管在滴滴答答地漏水,窗户上玻璃少了五分之一。入住的第一件事,就是自己动手修理水龙头,用纸壳糊窗户。当我再度漫步莫斯科的城区时,我的强烈感觉只有一个:现在的俄罗斯还在吃斯大林时代留下的老本。老本吃光了,还吃什么呢? 这使我产生了对"国家控制能力"问题研究的紧迫感。然而真正使我坚定信心的,是我与俄罗斯学者形成的共识。第二次赴俄的第五天,即 1998 年 10 月 3 日,俄《独立报》发表了俄罗斯科学院美国和加拿大研究所所长谢尔盖·罗戈夫写的一篇文章,他说:"在我国没有投资,没有投资就没有经济增长。但主要的不幸在于,我们国家预算实际上崩溃了。我们是一个大国,它的预算数目却少于奥地利或比利时,而美国的国家预算高于俄罗斯 40 倍。"

从那时起,我便更广泛地收集资料,购买有关书籍,订阅《独立报》《苏维埃俄罗斯报》等,每天夜间进行翻译和写作,把大量的、最新的统计数据和民间调查资料加以分析后充实进了论文和项目报告中去。12 月的莫斯科可谓是"大雪封门",我利用这个特殊的环境,几乎每天都写作到凌晨 2 点钟。这项工作进展得很顺利,许多资料都一再证明了我的理论假设,这让我无比兴奋。对此,我由衷地感谢攻读博士期间给我上过课的老师们,是他们给了我政治学理论分析的框架,使我的研究能力和研究方法得以提高和拓宽。由此我更加感到,一个民族如果没有理论高度,这个民族就不会有光明的前途。恩格斯曾说,一个民族要想登上科学的高峰,就一刻也不能没有理论思维。一个人,特别是一个学者,就应该把提高理论思维能力作为必修课。如果没有理论思维,就不会有具有深远影响的发明和建树。比如在国家控制能力这个问题上,如果我们仅从俄罗斯经济基础好,国民生活水平和文化素质都很高的直观感觉出发,就会认为其体制转型应该更容易;而中国经济基础差,国民生活水平和文化素质相对较低,又经历了"文化大革命"的劫难,体制转型难度会更大。但为什么实际结果和人们的直观感觉不一样呢? 这就需要理论思维,需要对本质和现象加以理论剖析。

在运用理论思维论证渐进转型模式合理性的问题上,我经过了长时间研究和思考:1999 年 6 月,我顺利地通过了博士论文答辩。不久,我的博士论文经过修改,以《大国转型发展之路——中俄(苏)国家控制能力的比较研究》为书名,由中国言实出版社出版。2000 年 3 月,我为北大政府管理学院的本科生开设"中俄体制转型模式的比较研究"选修课。在授课过程中,有两件事情至今令我记忆犹新:一是政府管理学院的一名学生对我提出的渐进转型模式合理性的三个论点逐条进行"挑刺",使我不得不对这些论点进行完善;二是光华管理学院的一名学生对中国家庭生产的传统和家庭联产承包责任制之间的关系进行的分析,使我深受启发。我从中真切体会到"教学相长"的深刻含义。在授课讲稿的基础上,又经过两年的充实,我终于完成了全部书稿。

大约是在 2001 年前后,本书就已经基本定稿。我记得一位名家说过这样一段话:文章写完之后不要急于发表,先搁置到抽柜里,让时间清洗其中的污点。我照此办理了。此后,我研读了《俄罗斯文化史》《叶卡特琳娜传》等多部有关俄罗斯历史方面的书籍,以期从改革的历史、文化传统方面来提升。应当说,尽管我对书稿又进行了大量的修改,当时与读者见面的那部书稿,我自己并不是很满意,但我深知,在学术上每攀登一小步都是很难的,下一个高度只好留待以后去攀登了。2003 年,《中俄体制转型模式的比较》由北京大学出版社出版。

2005 年秋,我第三次到莫斯科大学做访问学者。我在久违了的莫斯科终于听到了俄国人爽朗的笑声和看到了微笑的面容。由于"普京新政"的社会效果,俄罗斯终于摆脱了艰难的徘徊,走上了快速发展的轨道。我多次去过的莫斯科大学已经不那么"陈旧",整个主楼建筑群经过修葺,显现出蓬勃生机。尽管楼内的房间还有些破旧,但室内设施的功能都全面改善。2005 年 10 月 1 日,是中华人民共和国成立 56 周年。这一天正是星期六,莫斯科的天气出奇的好。漫步在莫斯科大学主楼前面的广场上,沐浴着明媚灿烂的阳光,我看到孩子们在放风筝、滑旱冰;年轻的恋人在轻声细语;中年人瞧着自己的孩子露出了幸福的笑容;老年人互相搀扶享受着阳光的温暖,这是俄罗斯社会发展进步的一个写照。我想,尽管中俄两国走的是不同的转型道路,但今天都显露出了大国的气度。就在这一天,我萌发了将已经出版的专著再版的想法。如果将"普京新政"和中共十六大以后的改革内容充实进去,更能反映出中俄两国转型的内在规律。我再一次开始了"以启山林"的工作。

历史的发展永无止境,中俄两国的改革之路也永无止境。当我的工作顺利进行的时刻,中俄改革进程中的两件大事对我产生了深刻的影响:一是 2012 年 3 月普京再次当选俄罗斯总统,并于 2013 年 12 月 20 日特赦了包括霍多尔科夫在内的一批知名人士,其社会和解政策稳步推进;二是 2013 年 11 月中国共产党召开了具有历史意义的十八届三中全会,向全世界昭示了全面深化改革的坚定信心。中俄两国改革的规律性进一步显露出来。这更加坚定了我继续从事这一研究的信念。

本书表达的主题是:在体制转型的过程中,往往历史传统、人们的习惯和观念、政治文化等软性因素比规章制度、法律条文等硬性因素更重要。这些看不见的潜在因素决定着转型是否能成功。通过典型示范、局部试点、时机选择、观念整合等多种措施，尽量使思想变革和体制转型同步行进，是转型成功的最基本标准，这也为转型过程中国家的有效治理打下坚实的基础。否则，硬性的制度变革实现了，但由于观念和价值观分歧太大，伴随着的往往是经济衰退、社会动荡、政治腐败，转型就会陷入难以自拔的恶性循环。渐进转型不失为一种合理的选择，因为它可以使硬性制度和软性因素协调共进，使社会更加和谐发展。而在转型深入发展的阶段，以精神文化建设为统领，构建人们普遍认同的社会精神支柱，是转型发展的最重要的条件。

我还想用这样一个例子来体现本书的主题：俄罗斯的叶卡特琳娜女皇在领导俄罗斯的改革过程中，多次向法国著名的作家、哲学家德尼·狄德罗去求教，后来还邀请他到俄罗斯以便亲自聆听"理论指导"。德尼·狄德罗见到叶卡特琳娜后，"无拘无束，大摇大摆，俨然是一位能与女皇平起平坐的老人。他在女皇跟前高谈阔论，指手画脚，来回踱步，目不斜视"，并多次抱怨叶卡特琳娜的改革搞得太慢了。叶卡特琳娜对他说了一段富有哲理并令人深思的话："狄德罗先生，在您的改革、改良计划中，您忘记了我们两人之间工作性质的差异。您只是在纸上工作，一支笔、一张纸，最多再加一张桌子。纸上的东西是逆来顺受，千篇一律，想怎么写就怎么写的。您只管写出来，既不妨碍您的思路，又不会抗拒您的笔锋。我也是写字，但我的字是写在俄国人的脊背上面。人是千变万化的、有喜怒哀乐的生灵，您想好了，他却变了，同样一个主张，适合您，又不一定适合他，所以就不像在纸上工作那样轻巧。"本书亦试图通过对中俄体制转型过程中各种不断变化的复杂因素的分析，来论证渐进转型模式的合理性及其深入的途径。

最后，我还想再说一说写这本书内心的一个动力：美国未来学家丹尼尔·贝尔说过：一代人为之奋斗的事情在另一代人往往看得平淡无奇。但我还是想说，我们这代人是幸运的：在毛泽东时代生长起来，遭遇了"文化大革命"的严重挫折，是中国改革开放启动的见证者，并看到了中华民族伟大复兴的曙光。仅举1976年为例，当时我在长白山里面的三线工厂作一名基层干部，经历了周恩来总理去世的悲痛，感受到了"四·五"天安门事件的彷徨，走过了唐山大地震的惊恐，目睹了毛泽东主席去世的担忧，又抒发了粉碎"四人帮"的喜悦。那一年真是惊心动魄。中共十一届三中全会以后，"发展"成为了我们时代的主旋律。面对这样一个伟大的时代，从一个角度将这个时代记录下来，是我们义不容辞的担当，也是我们无愧于这个时代的具体行动。记录下来的重要目的，就是要使以后的路走得更坚实。从发展的角度来说，丹尼尔·贝尔的话也许是对的，毛泽东也明确说过，夺取全国胜利，这只是万里长征走完了第一步。如果这一步也值得骄傲,那是比较渺小的,更值得骄傲的还在后头。在过了几十年之后来看中国人民民主革命的胜利,就会使人们感觉那好像只是一出长剧的一个短小的序幕。剧是必须从序幕开始的,但序幕还不是高潮,中国革命是伟大的,但革命以后的路程更长,工作更伟大,更艰苦。也可能过多少年以后再来看我们这个时代,也许是渺小的。但每代人都为下一代人起着铺路石的作用,这是确定无疑的。为了下一代的更加辉煌,让我们以实际行动热情地拥抱当下这个伟大的时代吧。

关海庭
2014 年 1 月 23 日于北京大学备斋

目 录

第一章 绪 论 …………………………………………………………… 1
  一、关于本书的主题和主要内容 ……………………………………… 1
  二、研究的方法 ………………………………………………………… 15
  三、基本的概念体系 …………………………………………………… 20
  四、研究中俄体制转型模式问题的意义 …………………………… 30

第二章 中俄两国体制转型进程的宏观描述 ………………………… 34
  一、中俄体制转型进程时间内涵的界定和背景 …………………… 34
  二、中俄体制转型启动阶段的比较 ………………………………… 37
  三、俄罗斯(苏联)体制转型的进程 ………………………………… 42
  四、中国体制转型进程的宏观描述 ………………………………… 67

第三章 中俄两国体制转型社会历史背景的比较 …………………… 81
  一、中俄体制转型历史传统的比较 ………………………………… 81
  二、中俄体制转型的国情背景的比较 ……………………………… 93
  三、俄罗斯体制转型的社会政治背景分析 ………………………… 103
  四、中国体制转型的社会政治背景分析 …………………………… 109
  五、中俄两国不同的社会历史背景对转型模式的影响 …………… 112

第四章 中俄两国体制转型模式形成的原因比较 …………………… 115
  一、中俄两国体制转型模式形成的经济原因分析 ………………… 115
  二、中俄两国体制转型模式形成的社会过程和心理原因分析 …… 124
  三、中俄两国体制转型模式形成的体制原因分析 ………………… 133
  四、中俄体制转型模式的政治文化原因分析 ……………………… 147

第五章 中俄两国体制转型中重大事件和代表人物评述(一) ……… 165
  一、当代中国改革起点的政治分析 ………………………………… 165
  二、苏联解体的体制原因分析 ……………………………………… 178

三、戈尔巴乔夫的改革思想评述 …………………………………… 191

第六章　中俄两国体制转型中重大事件和代表人物评述（二）………… 202
　　一、叶利钦改革思想简评 …………………………………………… 202
　　二、俄罗斯"私有化"评述 …………………………………………… 217
　　三、邓小平渐进改革思想研究 ……………………………………… 229
　　四、普京执政的理论与实践 ………………………………………… 247

第七章　中俄两国转型模式与国家控制能力 ………………………… 263
　　一、两种转型方式与国家财政控制能力 …………………………… 265
　　二、两种转型方式与国家的法制化能力 …………………………… 274
　　三、中俄两种转型方式与国民文化的整合能力 …………………… 283

第八章　中俄两国渐进体制转型模式的合理性（一） ………………… 289
　　一、中俄两种体制转型模式的社会后果 …………………………… 289
　　二、体制本身的约束条件与渐进转型模式的合理性 ……………… 303
　　三、中俄两国国情的特殊性与渐进转型模式的合理性 …………… 315
　　四、中俄两国体制转型的国际背景与渐进转型模式的合理性 …… 318

第九章　中俄两国渐进体制转型模式的合理性（二） ………………… 323
　　一、中俄两国转型时期贫富分化的状况 …………………………… 323
　　二、中俄两国贫富分化的最基本特征及其形成的原因 …………… 331
　　三、中俄两国贫富分化与社会中间阶层 …………………………… 340
　　四、中俄两国贫富分化与社会稳定 ………………………………… 344
　　五、中俄两国解决贫富分化问题的基本思路 ……………………… 348

第十章　中俄两国体制转型模式的国际比较 ………………………… 352
　　一、第一个视角：同其他不同性质的发展中国家进行比较 ……… 352
　　二、第二个视角：同原来实行计划经济国家转型的比较 ………… 360
　　三、第三个视角：同采用激进转型模式比较成功的国家进行比较 … 370
　　四、第四个视角：同金砖国家间的比较（印度、巴西、南非） ……… 373
　　五、俄罗斯学者和其他国家学者论中俄体制转型问题 …………… 382

第十一章　中俄两国渐进体制转型模式深入的途径（一） …………… 390
　　一、中俄两国体制转型面临的国际背景 …………………………… 390

二、俄罗斯渐进转型模式的全面实施 …………………………… 393
三、中国渐进体制转型模式的伟绩及局限 ……………………… 399
四、中俄两国转型发展深层次的障碍因素 ……………………… 403

第十二章　中俄两国渐进体制转型模式深入的途径（二） …………… 412
一、中俄体制转型模式深入的总体分析 ………………………… 412
二、中俄两国转型深入的基本国内背景 ………………………… 416
三、中俄体制转型模式深入的政治分析 ………………………… 418
四、中俄体制转型模式深入的经济分析 ………………………… 426
五、中俄体制转型模式深入的政治文化分析 …………………… 433
六、中俄体制转型的经验和深入的原则 ………………………… 440

主要参考书目 ……………………………………………………………… 449

第一章 绪 论

发生于20世纪七八十年代的中国和俄罗斯(前苏联)的体制转型,走过了惊心动魄的历程,在历史的长河中留下了令人难忘的记忆。这个过程所反映出来的一般和特殊的规律,成为人类现代文明史上的宝贵财富,并为人们深入研究这段历史留下了广阔的空间。中国和俄罗斯在体制转型的过程中最重要的区别之一,就是分别采取了渐进的和激进的两种不同的转型模式,产生了两种不同的社会后果。深入研究这两种转型模式及相关问题,对中俄两国体制转型的继续发展将产生深远的影响。

一、关于本书的主题和主要内容

本书定名为"中俄体制转型模式的比较研究",主要是探讨制度变迁的规律,特别是从计划体制向市场体制转型的规律。

在从计划体制向市场体制转型的过程中,有两个最重要的因素:一个是人,一个是制度。人主要是社会人,有自身的文化价值观念。制度的设计和形式,则受到人的价值观念的影响。这样就构成了体制转型过程中的三大要素:即人、价值观和制度。其中,价值观是基础,包括体制转型的标准和目标等因素;人,主要包括体制转型的发展动力;制度,是体制转型发展的主要手段;三者结合在一起,构成了体制转型的目标、动力和手段的统一。

现代政治发展的重要目标是人的自主、独立与解放,人们很容易看到,人要获得解放,就要取得权力,并要有制度的保障和引导,所以,现代政治学从一开始就把视野集中在国家权力与制度建构上,即集中在政治的制度层面,一直到第二次世界大战前,政治学都把制度的设计、确立、运作与改善作为政治学的核心问题,而忽略了政治生活的另一极——人的要素。第二次世界大战之后,作为对这一取向的纠偏,政治学走向科学的行为主义政治学,于是走向了另一个极端,即关注人的行为。"行为主义者认为,为了能够理解政治并解释政治产出,分析者不应该将注意力集中在政府制度的属性上,而应该集中在非正式权力分配、态度和政治行为上"。①

在行为主义成为主流政治学理论的年代,制度被认为是次要的东西,被排除在主流政治学研究视野之外。行为主义集中考察了民主社会中公民投票的倾向和偏好,示威、罢工甚至暴乱等政治参与的渊源。行为主义还研究了精英和利益集团的行为,"在精英层次,行为主义者研究了领袖行为,并在领袖观察世界的方式(他们的态度与价值)与他们做出的特殊行为之间的关系上着重进行了研究。在社会群体方面,行为主义者考察了利益集团的行为与政党的行为"。② 在行为主义发展的时期,提出了"政治文化""民族心理"等一系列具有革命意义的概念,大大推进了政治学研究的发展,但制度的作用曾一度被忽略。

正是在这种特定的背景下,新制度主义登上历史舞台。新制度主义中有很多流派,但最基本的观点主要包括:第一,对制度的解释:认为"制度最好被理解为一种规范、规则、协定和惯例的集合体,其中最重要的是惯例"。③ 简言之,制度既包括正式规则,也包括非正式规则。第二,制度不仅影响行动者的行为,而且影响了行动者偏好的形成,反过来,这种偏好直接影响到对制度的设计。第三,"路径依赖"是推动制度发展的重要途径。历史制度主义认为政治事件或者政治选择发生的先后顺序至关重要,因为不同时间发生的政治事件或者进行的政治选择,使制度形成之后,就会使制度沿着一定的路径存在下去,这不仅会限制未来政治选择的方向,而且会影响到下一个阶段可能会出现的政治结果。"最初的政策与制度选择,由此形成的模式将被延续下去,除非有足够的力量克服项目起初形成的惯性。"④第四,"观念、制度与个体理性之间的复杂互动过程,是历史制度主义在分析政治事件时的基本变量。"⑤其实,新制度主义,特别是其中的历史制度主义,其核心内容,就是强调人和制度之间的互动。这既克服了传统政治学单纯研究制度的局限,又避免了行为主义仅仅关注于"人"自身的偏差。这种互动性从一个方面较好地解释了社会发展过程中制度变迁的规律。

正是基于上述分析,本书将中国和俄罗斯的体制转型放在制度变迁这个特定的大背景下,研究的主要内容包括三个方面。

---

① 何俊志等译:《新制度主义政治学译文精选》,天津人民出版社2007年版,第146页。
② 大卫·马什格里·斯托克编:《政治科学的理论与方法》,《社会科学研究》2003年第4期。
③ [美]B·盖伊·彼得斯:《政治科学中的制度理论:"新制度主义"》,上海人民出版社2011年版,第29页。
④ 同上书,第71页。
⑤ 同上书,第7页。

（一）制度和人们之间的互动是转型的最基本的规律

中国在经历了"文革"十年的阵痛之后，人们都在总结其内在的原因和教训。主流观点更侧重于从制度和体制上寻找原因，认为"制度方面的问题更重要""制度好可以使坏人无法任意横行，制度不好可以使好人无法充分做好事，甚至会走向反面"。① 但也有人更侧重于从人本身寻找原因，认为制度是人制定的，"不要一出问题就全往体制上推""是人！是用人上出了问题""用好人，办好事；用坏人，就只能办坏事！"② 实际上，这个问题如果综合起来看，可能更接近于真理。法国思想家托克维尔说：人们"在不知不觉中从旧制度继承了大部分感情、习惯、思想，他们甚至是依靠这一切领导了这场摧毁旧制度的大革命"③。这就是说，人们是在同制度的互动中进行改革的。这其中最重要的，是要创造出促使人和制度进入良性互动的基本条件。这个基本条件就是制度文化。要有良好的硬件条件，还要有良好的软件条件。

首先，人和制度的关系是制约和引导的关系。人需要制度的制约，因为人性是有弱点的。每个人的不同的经历，人的不同年龄段，人面对的不同的环境，人的弱点表现有所不同。现在很多老同志回忆毛泽东，几乎都认为毛泽东在民主革命时期比较果断和有气魄，但殊不知当时所面临的任务和特殊的环境，就需要这种果断和必要的服从，战争时期就需要这样的领导方式，否则毛泽东也不可能成为革命的领袖。但是到了建设时期，这种领导方式的部分内容就不适应了。特别是到了毛泽东的晚年，毛泽东越来越固执，听不进不同意见，之后犯了发动"文革"这样的政治错误。因此，任期制就是针对人性的弱点设置的一项重要制度，尽管有其问题，但总体上来说是利大于弊。任期制成为一种普遍的制度形式；制度更需要人的引导。人很重要的是要设计好制度，设计好的制度后不要轻易改变，因为制度的优势在于稳定的预期，有了稳定的制度才能形成良好的习惯。人们设计制度时需要两个最基本的条件：一是要继承以往制度发展过程中的精华，站在巨人的肩膀上；二是要使多数人有接受的习惯基础。美国的开国元勋在设计美国制度时，将欧洲政治文化的精华吸收进来，美国当时的欧洲移民居于多数，也能够接受这种制度设计，因此，美国的制度设计是成功的。简言之，欧洲的政治文明在美国结出了丰硕的果实。

其次，制度变迁过程中的关键要素是文化基础上的观念。制度和人的观念要大体上保持一致，这是制度变迁的基本条件。如果制度的变化过于超前，超

---

① 《邓小平文选》第2卷，人民出版社1994年版，第333页。
② 张胜：《从战争中走来——张爱萍人生记录》，生活·读书·新知三联书店2013年版，第451页。
③ ［法］托克维尔：《旧制度与大革命》，商务印书馆2012年版，第29页。

过了人们的承受能力,再好的制度也无法发挥其效用。俄罗斯的转型过程,就说明了这个问题。俄罗斯缺少市场经济的传统和基础,千百年来都是"一个人"说了算,同时又有着深厚的专制主义传统。就是在这种背景下,一夜之间实行了完全的"市场经济"和西方的民主制度,使得人民无所适从,无论从观念上还是行为上都严重滞后,其混乱局面一直延续了很长时间。如果人的观念过于超前,超过了通过制度来固化观念的可能性,好的制度也无法建立起来。中国在1958年前后搞"一大二公",向人们灌输"按需分配"的观念,导致了生产积极性的下降,不得不退回到"三级核算,队为基础"的状况,就是一个有说服力的证明。

如何能够使人们的观念和制度进入良性的互动环境中,这是一个带有挑战性的课题,根据中俄体制转型的实践,起码要具备三个条件:

第一个条件就是形成态势。所谓要形成态势,就是使转型成为不可逆转的状态,并要解决"路径依赖"问题。经济学中的历史学派和新制度主义经济学特别强调"路径依赖"。路径依赖意味着任何现实的制度选择都不是任意的,而是已有历史积累的结果,是已有历史的延伸。进一步说,任何国家的成功都不是由于割断了历史,而是因为寻找到了历史与现实的均衡点。这是因为,一是制度和体制本身是一个体系,其中包括正式规则和非正式规则。正式规则是以法律为主的各种需要强制执行的规则,非正式规则包括习俗、文化和传统等。在这个体系中,正式规则可能会不断变化,但非正式规则却具有很强的稳定性。非正式规则的生命力来源于社会一代一代流传下来的信息和文化遗产,它是一种"从来不需要想起,永远也不会忘记"的精神层面的东西。新制度经济学的代表人物道格拉斯·诺思曾经说:"文化的渗透方式提供了连续性,因此,过去解决问题的非正规方式又带到了现在,使这些非正规约束成为社会变迁的重要源泉。"这就是说,非正式规则潜移默化地影响着人们的行为,影响着人们对经济制度和体制备选方案的判断、设计和选择,是经济制度和体制选择中起深层作用的因素。二是制度和体制变迁的知识具有路径依赖性。正像科学知识的积累影响技术创新的成果一样,有关制度和体制安排的知识积累也影响着制度和体制创新的可能性。而知识的积累是有连续性和继承性的,这就决定了知识是具有路径依赖性的。当用这种具有路径依赖性的知识来指导制度和体制选择时,制度和体制选择的路径依赖性也就具有某种必然性了。

路径依赖的存在给我们的启示是:制度是可以移植的,但一定要有文化基础。美国开发西部时,美国总统林肯颁布了《宅基地法》,人们涌向了西部,开始开发西部的大潮。美国人一到西部的一个地方,第一件事,就是先修建一个教堂,并建立一个法庭。依靠宗教来对人们进行道德约束,依靠法律来对人们进行制度约束。美国人当时多数是欧洲移民,将欧洲的法治传统较好地移植到了北美大陆。美国当时的国家是弱化的,但依靠人们的高度自治能力,建立起来了一个强大的国家,人和制度的互动进入了良性循环的轨道。

制度在原有体制中获得突破,很大程度上是压力逼出来的。苏联共青团在体制中的地位是很特殊的,不断遭到弱化,它们几乎没有经济来源。体制中的漏洞是团组织开始揭开的,他们寻找一种能够继续维持生存并且能为他们的生意争取一些特权的权力,包括开咖啡厅和迪斯科舞厅在内。1987年12月28日,团中央给地方团组织下达了一套新的金融规定,允许它们按自己的意愿筹集和支配资金,允许它们有自己的银行账户。这是和自筹资金精神相一致的。其中有一条规定有非常重要的意义:在某些情况下,共青团组织可以将现金和非现金信用混合使用(在新的规定发布以前,这种实践可能已经进行了一年)。青年组织能够做那些工厂领导不敢做的活动:把几乎无用的非现金信用兑换为现金,并且通过在莫斯科郊外建立质量好的全木制别墅给某些人作为回扣。这样就给赚钱打开了一片广阔的天地,实际上就是无本万利。

制度最初形成要有一个过程。中国改革开放初期,邓小平提出了许多著名的口号和原则:如"摸着石头过河""发展是硬道理""不争论"。所有这些,都是典型的将人和制度互相促进的好办法。从计划向市场转型,人们既缺少市场经济的观念,也没有建立市场制度,在这种情况下,只能逐步探索,走一步看一步。观念变化了,建立起适合这种观念的制度;制度建立起来了,又推动人们观念的继续转变。

第二个条件就是扩大交流。诚然,人们的文化价值观念和现实的制度之间是有距离的;如果这个距离太远,制度远远落后于人们的价值观念,或者制度超出了人们观念所能容纳的程度,都会出问题;但是这个距离如果太近,或者融为一体,又使得观念价值无法引领制度向前发展。这个距离的科学性永远不是恒定的,也很难找出一个公式般的说法。原则性的说法是,价值观念引领制度创新;制度创新又巩固或者推进人们观念的进一步发展。如何做到这种良性循环呢?其实,只能通过扩大开放,让人们对不同的制度有一个比较选择的过程。因为制度是在人们长期的习惯中逐渐形成的。人们在最初的生活中形成了很多习惯,随着社会发展和生活的需要,将其中一些习惯上升为共同遵守的习惯;再随着发展,又将这些共同的习惯上升为一般规则,制度便形成了。制度一经形成,其优势便显露出来,这些优势表现为:第一,减少交易成本。人们交往过程中的时间成本和物质成本通过制度规则可以降低。第二,预期提高效率。按制度要求合理安排,效率会大大提高。第三,促进社会公平。制度对任何人都是一样的,相对公平程度提高。第四,改变人的行为。制度使人按照制度要求向好的方向发展。

第三个条件就是注重引导。制度变迁是有规律的。既然制度是在人们生活中逐渐形成的,那么,要想使人和制度之间良性循环,科学地推动制度变迁,也是有一般性的规律值得研究的;推动制度变迁,有几点是可以提出来的:

(1) 创新性。这其中的创新,更多的是指理论创新。理论"就是有系统的知识"①。理论一经形成具有一定的稳定性。好的理论可以指导人们的实践,但僵化的理论又可以制约人的实践,因此,"任何国家的思想界,都要创造新的理论"②。通过中俄体制转型模式形成原因的分析,可以清楚地看出,坚持理论和制度创新,对社会发展具有深远的意义。中国和俄罗斯采取了不同的转型模式,并且造成了截然不同的社会后果,这其中固然有各种复杂的原因,诸如领导人的远见卓识或者决策失误等等。但最重要的是苏联前几代的领导人,从斯大林到勃列日涅夫,他们从整体上思想僵化,拒绝改革,一次又一次地丧失了体制改革的时机,并且逐步形成了一个庞大的官僚特权阶层,最终导致体制的积重难返,为后来改革者的成功留下较小的余地。戈尔巴乔夫、叶利钦等人对体制转型的失误是要承担一定的历史责任的,但这种失误很大程度上也是长时期体制僵化所带来的后果。中国领导人从毛泽东到邓小平,他们最突出的特点就是能以发展的眼光看待社会主义的原存体制,不断进行调整和改革,没有造成体制本身积重难返的局面,加之邓小平在改革之初的正确决策,使中国走上了渐进改革的光明坦途。通过这种比较,使我们牢固树立理论和体制创新的思想观念是十分重要的。

(2) 开放性。这个问题指的是制度本身的开放性。制度是人制定的,制度很有可能成为保守势力的挡箭牌。制度的开放性有两个含义:一是制度自身的开放性,包括定期的清理和修改、退出机制;二是狭义的制度和文化的互动机制,主要是指人们之间的交流。如果想从主观上测量出人们的观念和现实的制度之间的距离,那仅仅是一种空想。只有通过文化和制度上的交流才能解决这个问题。要创造出让各种文化观念自由交流的环境。在正常的交流过程中,不断改变着人们的观念,优胜劣汰。观念之间的变化不仅仅是靠经济来推动的,同时也是靠文化之间的交流来推动的。在交流过程中,人们才能找出科学评价制度变迁的坐标,也才能知道现在需要什么样的制度。

(3) 试验性。制度是一个完整的体系,制度体系内部的协调是制度发挥作用的基本前提。而人的认识是有限的,或者说是一种有限理性。在特定的条件下,很多问题一时看不清楚,如果贸然行动,会适得其反。如果条件允许,在制度变迁过程中,最好先进行试验或试点,即找出有代表性的地方先行一步,取得经验后再逐渐推广。这样便于发现问题,及时解决,避免给全局造成危险。在

---

① 《毛泽东文集》第3卷,人民出版社1996年版,第342页。
② 《毛泽东文集》第8卷,人民出版社1999年版,第109页。

试验的过程中,样本的选取,跟踪的总结,及时的推广,这三个环节非常重要。很多决策和政策理论,实质上说的都是这个问题,比如渐进决策理论、中国共产党的"从群众中来到群众中去"的理论,都说明了试验的重要性。

(4)渐进性。渐进性的含义是复杂的,一般情况下是指对原有的制度不做大的调整,而是按照新的制度建立一些机构和单位,让人们有一个比较的过程,逐渐地侵蚀旧的机构和制度。这仅仅是指一般情况。当然,如果条件允许,包括人们的承受能力很强、经济实力很雄厚,也不排除在特定条件下和特定时间内,采用激烈的方式推动制度变迁。这种一般性和特殊性的适用条件是非常重要的。但无论怎样,这种渐进性的一般规律是从制度的特性中引申出来的。

(5)选择性。这种选择性有两个含义:一是选优的思想。无论何种制度变迁,不可能只有一种选择,起码要有两种以上的选择。选择最优的,带有理想色彩,但起码要避免最差的。苏联转型导致苏联解体,就是最差的结果。在防止最差结果的前提下追求最好,是正确的思想方式;二是选"变"的思想。任何制度的变迁总要有一个突破口。要选择能引起人们震撼的事情做为突破口;而且这种震撼又尽量使人们感觉不到,以小见大。中国农村变革中,"联产承包责任制"的选择就是很有科学性的。过多少年人们再回忆那时的选择,都有一种震撼的感觉,但在当时又是在不经意中进行的。

(二)通过对中俄体制转型过程的分析,进一步论证大国体制转型渐进优于激进

本书定名为"中俄体制转型模式的比较研究"。中俄体制转型模式涉及非常广阔的领域。本书旨在通过中俄体制转型的比较研究,论证大国体制转型渐进优于激进,特别是中国的体制转型渐进优于激进。

体制转型模式的选择是个很复杂的理论和实践问题。所谓体制转型,特指原来实行计划经济、采用计划体制管理的国家向市场经济及市场经济体制转变。激进的体制转型模式"是通过一场迅猛的改革潮流,用市场经济的雏形取代中央计划经济"[1],特别是迅速的私有化政策和价格体制改革。其理论基础是:市场经济体制乃是一个整体,必须整体条件(自由价格、自由企业、宏观调控、竞争的市场环境)都具备时才能发挥作用。渐进的体制转型模式则是"分领域、分地区地推行转型计划","由于市场体系的体制建设部分已经到位,市场经济会缓慢然而稳定地扩大到经济中的其他部分"。[2]

如果仅从最一般意义上分析,很难断定渐进的和激进的两种体制转型方式

---

[1] 世界银行:《从计划到市场——1996年世界发展报告》,中国财政经济出版社1996年版,第9页。

[2] 同上书,第10页。

孰优孰劣。波兰于1990年实行激进的转型模式,其通货膨胀率到1995年,就下降到了27.8%,到1997年,又下降到了14.9%。国内生产总值从1992年就开始正增长;从1992年至1998年末,每年以超过5%的速度增长。① 民主德国在联邦德国的帮助下,也采用激进的转型方式,迅速地转变为市场经济。越南采用渐进的转型模式,"1986年开始实施一个改革计划,起初是在农业部门进行有限的变革,到1989年就加大了范围及速度。在很短的时间内,改革取消了集体化,把土地交给了家庭农场经营;它还放开了绝大多数物价;允许并鼓励新的私营企业进入很多领域;开放贸易和投资体制;统一汇率并将货币大幅度贬值;削减财政赤字,降低国内信贷的增长率;把利率提高到正的实际水平,而且为国有企业制定了财经纪律,解雇了数十余万的工人。这些措施稳定了经济——1992年的通货膨胀率降到了10%以下——并恢复了增长。自1991年以来,越南的年平均增长率为8%。"② 匈牙利在转型模式上是个有争议的国家。匈牙利从1968年就开始了经济改革,价格体制改革从1975年就开始了,到1988年为止,匈牙利已有80%的商品实行自由价格,不过国家的各种价格补贴还存在。1990年又进一步开放商品价格。总的来看,匈牙利属于渐进转型模式的国家。但匈牙利的国内生产总值,1990年至1993年都是负增长,到1996年,增长率也没有超过3%。中国实行渐进的转型模式,1978年至1998年的二十年间,国民生产总值每年平均以接近10%的速度增长。

从一般的理论意义上分析,渐进转型具有优越性。首先,从社会后果角度,对于渐进转轨持肯定的或者基本肯定的看法已占主流地位,它是被转型国家二十多年的转型现实所证明的。以革命的方式推动变革,最多只能为将来创造初始条件,而渐进方式在改革的任何情况下,都不可能取而代之。总之,在激进的方法为转轨创造了起始条件后,剩下的路,就该由渐进方法来实现了。这是波兰经济学家科勒德克在其《从休克到治疗:后社会主义转轨的政治经济》一书中提出的核心思想。他所称的"渐进疗法",包含着丰富的内容,主要有政策设计、制度建设、产权革命、财政金融改革、社会保障、分配机制改革、政府职能定位及融入世界经济一体化等;他特别讲到私有化,说私有化是一个复杂的过程,需要比稳定化所花的时间更多;经济转轨的过程也就是私有化的过程,私有化的过程是一种渐进的过程。美国自由主义经济学家弗里德曼、萨克斯等坚持认为私有化要快速推进,推进得越快、越深,效果就越好。而科勒德克则明确指出,波兰渐进的私有化效果,明显好于激进私有化的捷克。其次,从社会成本角

---

① [波]格泽格尔滋·W·科勒德克:《从休克到治疗:后社会主义转轨的政治经济学》,上海远东出版社2000年版,第492页。
② 世界银行:《从计划到市场——1996年世界发展报告》,中国财政经济出版社1996年版,第21页。

度,肯定渐进转型的一个支持性观点在于,渐进转型所付出的社会成本要比激进的休克疗法低。激进型转轨带来的一个意外就是出现了未预期的巨大的经济和社会成本,例如,失业率增加、收入差距拉大、社会保障减低,死亡率上升和入学率下降等。最后,从社会公平角度,激进转型以牺牲一部分人和一代人来换取转型的成功,这是极大的不公。

但是,也有的学者将经济转型和政治改革紧密联系起来,认为向市场经济转型的核心是大规模地向宪政制度转变。在新的宪政制度下,人们遵守一个新的游戏规则,这种游戏规则能够产生更多的制度创新和更好的经济绩效。俄罗斯的激进转型包含着宪政改革,从长久来看激进转型是合理的。但也有学者则认为,既然宪政是人民认可和接受的游戏规则,而不是写在纸上的宪法,那么,人民认可和接受一个新的游戏规则就是一个缓慢的过程,它受到文化因素的制约。因此,转型必然是一个长期的过程,进而论证渐进转型的合理性。

在向市场经济"转型"的过程中,成功者到底是俄罗斯还是中国这种争论在短期内不会有结论。这里涉及一个基本理论问题:以一个时期经济增长的快慢来判断转型策略选择的得失,这是否科学? 从经济理论上到底如何认识体制转型对经济增长的实际作用? 这是需要深入研究的问题。科勒德克对这个问题的看法是有一定道理的。他认为,从长时段看,一般而言,制度改革是经济发展的必要前提;但是,也经常出现在某一时段中体制转型缓慢,但增长迅速,或者体制转型迅速,但经济却大幅度下降的情况。甚至,一个较长时间中也未必能看清楚转型与增长两者之间的清晰联系。"总体上讲,转轨不应当因实际经济中发生的事件受到责备或颂扬,改革也是如此。这里的关键是政策。在两种制度下都有好政策和坏政策的例子,因此两种制度下也都有增长和衰退的例子……经验和历史证据都表明,事情可以做好或做坏,仅靠制度分析是不能解释一切的。"①所以,他明确提出:在对中国和俄罗斯"转型"进行比较时,不要太看重一时经济是增长还是衰退,并对此进行褒贬。

由于"华盛顿共识"的自由化理论给俄罗斯转型带来了很大的混乱和无序,它引起许多学者对这种理论适用性的怀疑。因此,国际上有学者提出了政府竞争理论②作为另一种研究思路,认为,"政府竞争"(competitive governments)概念对于大国经济体制转型有着重要的理论意义。其基本观点是:由于中国和俄罗斯两国都存在着巨大的空间(或地区)差异,全国统一的经济转型政策将会引发各地政治经济的不同反应,而这种反馈差异又将促使各地逐渐形

---

① [波]科勒德克:《从休克到治疗:后社会主义转轨的政治经济学》,上海远东出版社2000年版,第94页。

② 参见何梦笔(Herrmann-Pillath):《大国体制转型理论分析范式》,http://club.cat898.com。

成不同的转型路径。同时,在转型过程中,各地不同的制度安排,会引起相互趋异的结构变迁,而这种相互趋异的结构变迁反过来又会使得地方利益逐渐形成并日益显著。例如,地方经济的内生增长及其溢出效应和集聚效应将导致中心与边缘地区之间在政治经济上出现断层和差距;出于不同的利益考虑,地方与中央政府之间的互动作用会对这一过程产生相当大的影响,其程度视边缘和中心之间的断层和差距在多大程度上被反映到全国性政策层面上而定。中国与俄罗斯都具有以下特征:出现了地方政府作为产权主体的"地方产权制度"现象。

实际上,中俄两国尽管都是大国,但实际上的差异是很大的。改革前的俄罗斯主要是一个工业化国家,农村居民的比例为26%,农业在GDP中比重为17%—18%,工业和建筑工业的比重为45%—50%。按照经济发展的总体水平和人均指标,俄罗斯属于人均不低于5000美元的发达国家,社会福利涵盖社会的方方面面。但中国还是一个农业国,农业人口超过80%,农业创造的GDP为35%以上。至于发展水平,中国还属于人均不超过250美元的贫穷的发展中国家,社会福利仅仅为城市居民所享受。在经济的集权和管理水平上,以及文化传统、民族因素等方面两者也都有比较大的差距。一个是发达的工业国,另一个则是发展中的农业国。这种基本国情难免会造成俄罗斯和中国这两个大国转型进程的某些差异。

上述统计资料引申出本书的研究主题:判断转型模式的优劣,一定要同转型国家的地理环境、文化传统、初始条件各种因素结合起来分析。一般说来,国土面积大、国情因素复杂的国家,比较适合采取渐进的转型模式。特别应该强调的是,受传统文化和计划体制传统影响深远的国家,更应实行渐进的转型模式。因为中俄体制转型模式的实践已经证明,体制转型的软约束比硬约束更重要。按照新制度主义的观点,这就是所谓的"路径依赖"问题。体制的硬件可以在一夜之间发生完全转变,但如果软件严重滞后,体制转型的优越性就发挥不出来。不过,渐进转型模式也有明显的局限性。既然渐进转型模式的进程是依靠国家权力的介入来控制的,那么在渐进转型模式深入的过程中,国家权力如何退出并通过间接手段进行有效控制就是一个重要的问题,搞不好,既得利益阶层和国家权力就有可能成为转型深入的阻力。只有通过法制手段规范国家权力,不断培育人们的市场意识,渐进转型模式才能深入发展。

需要指出的是,即使是对大国体制转型渐进优于激进论点的论证,题目也是很大的,因为这涉及政治、经济、文化等方方面面。本书的重点在于通过对大国体制转型制约因素的分析,特别是传统文化等制约因素的分析,来论证大国体制转型渐进优于激进。本书在论证上述主题过程中,涉及以下几个方面的问题:(1)中俄体制转型的社会历史背景和形成的原因分析;(2)中俄体制转型过程的宏观描述和社会后果的比较;(3)中俄体制转型过程中重大事件和代表人物的比较;(4)中俄体制转型模式与国家的控制能力;(5)中俄渐进体制转型模式的合理性;(6)中俄两种体制转型模式的互相借鉴;(7)中俄体制转型模式的国际比较;(8)中俄体制转型模式深入的途径和具体措施。

俄罗斯政治文化最基本的特征就是"断裂性",这种"断裂性"来自俄罗斯政治文化地理位置上的"大跨度性",俄罗斯横跨欧亚大陆,兼有东西方文化的特点;还来自俄罗斯政治文化发展过程中的"间断性";俄罗斯经历了几个截然不同的时期;同时也来自于俄罗斯坚信西方国家,受西方文化的影响较为深远。这种"断裂性"的内涵,主要指国家内部上层和下层的断裂,两者之间很难达到一致,加上缺少连接上层和下层的中产阶级,上层和下层长时间处于尖锐的对立之中。

中国政治文化的基本特点是延续性。从文化的起源上分析,中国政治文化是依靠自身的活力发展起来的;从文化的发展过程来分析,从来就没有间断过,一直延续至今。这种延续性是我们走上渐进转型模式的重要原因。但是,从理论上分析,越是像俄罗斯这样文化"断裂性"的国家,越应该争取渐进式的转型模式,因为这种"断裂性"决定了激进的转型模式极其容易引起人们价值观念的冲突。但也正是这种政治文化上的"断裂性"使得俄罗斯又很难走上渐进式的转型发展道路。历史的辩证法就是如此。相反,也正是中国文化上的延续性促使中国走上了渐进式的发展道路。

(三)通过对中俄体制转型经验教训的总结,找到将中俄两国体制转型引向深入的正确途径

中俄两国的体制转型正在继续向前发展。中国在转型之初具有发展潜力的"落后的优势",现在经济发展了,需要寻找新的发展动力;而俄罗斯具有"代价的优势",需要认真总结经验。两个国家转型过程中的经验和教训都是宝贵的财富:

(1)改革共识的形成,是改革顺利进行的基本前提条件。这也是我们通常所说的思想解放问题。社会主义计划经济是一个严密的体系,有着深厚的理论基础,要通过解放思想,打破思想上的僵化。如果人们之间的分歧太大,一定要有一个观念的转变的过程。这个过程不一定时间太长,也可以将这个过程同改革的进程紧密结合起来,但这个时期不要实施大的改革措施。中国在改革初期有一个真理标准的讨论,这是非常重要的。反观苏联的改革,还在人们之间的分歧非常大的时候,就出台了一些大的改革措施,使本来比较混乱的思想更加混乱,又找不出判定是非的标准,社会只能继续混乱下去,这种教训一定要记取。

(2) 改革是个系统工程,有较强的系统性。这种系统性可以从不同角度进行划分,比如,改革的上、中、下层的系统;政治、经济、文化的系统;硬性条件和软性条件系统等等。一般说来,转型的过程既不是孤军深入,也不是全面推进,而是一个为主,其他跟进,全面配合。诚然,这个度是很难把握的,而且越是随着转型的深入,对系统性的要求越强。比如,农村联产承包责任制的推行,自然涉及农村基层组织的改革;实行了市场经济体系,必然涉及国有企业管理机制的变革等等。注重转型的系统性,这是转型的内在要求。主张激进转型的人忽略了一个情况,就是主张渐进转型的人更是追求转型的系统性。

(3) 改革启动阶段的政策和策略具有重要的战略意义。这其中最重要的,就是改革突破口的选择。这个突破口,既不能引起社会大的震荡,又能触及生产关系的本质,还能将改革逐步引向深入,使改革变成一种潮流。中国选择了农村作为改革的突破口,农村的生产关系相对于城市比较简单,但却涉及社会主义的一些基本原则;农村的改革一旦搞起来,会引起生产关系一些最基本要素的变化,进而打破旧思想的禁锢,有利于改革的不断推进。这就是我们通常所说的看是平常的一件事,却有着深刻的意义,或者说是"举重若轻"。

(4) 改革时机的把握特别重要:是在形势好的时候主动出台改革政策,还是在形势不好的时候被动出台改革政策,两者哪个更有利,这是永远也说不清楚的。只能根据具体情况来分析。但从一般的理论上分析,主动比被动要好。比如,原社会主义国家普遍存在财政补贴制度,即政府对某些重要产品,如食品等低于成本出售的实行补贴,以维持这些企业的正常运转。从财政补贴占财政支出的比例上来看,中国没有在积重难返的时候才开始改革。根据国外情况,当财政补贴相当于财政支出的40%时,补贴将达到财政危机的临界点。如波兰在1980年财政补贴比例达到40%后,开始了持续的通货膨胀和经济危机。另外,当财政补贴比例达到20%时,政府将难以按正常计划控制物价和消费。如匈牙利和波兰均是在财政补贴比例达到20%时,被迫宣布提高消费品价格的。而中国在改革之前的暗补阶段几乎是无法计算这一比例的,因为大部分的补贴都是农产品低价的牺牲自动补贴给城镇消费者的,几乎不经过国家财政这一关的,也就不会给国家带来负担。这种比例关系在1978年前的财政记录中只有在农产品价格略有提升时才有所显现,但比例显然不多。改革后,根据国家统计局的资料,1978年,中国财政对物价的补贴首次突破百亿。这一年,包括物价补贴、亏损企业补贴和减免税收三项的财政补贴总额占当年财政收入的比重比上年跃增3个百分点。自那以后,财政补贴以20%以上的年率急剧增长;补贴支出占财政收入的比重一直在30%左右徘徊,1981年甚至高达43.41%。但是中国却没有发生像苏联、东欧那样的经济滑坡,主要是中国改革的时机把握得比较合理:财政补贴远没有危及财政支出时,就开始了改革不合理价格比价关系的价格制度,并在一定限度内用补贴的膨胀促稳定,当补贴的比例达到 40% 这一临界点的时候,我国的价格自由化改革几乎已经成功,补贴制度已经起到了稳定过渡的作用,完成了历史使命,所以此时取消这一制度,由市场化的价格来调节供求关系就顺理成章了。但苏联以及东欧的大部分国家却是在国家产生了严重的财政危机之后才开始进行改革的,像波兰在 1981 年财政补贴占预算支出总额的 65%,苏联在 1988 年的这一比例为 19%(无法找到更近的年份)。财政补贴本身就是痼疾,就更谈不上以它来充当改革稳定器了。显然这些国家的改革阻力更大,更不易成功。

(5) 改革过程的次序也特别重要。在体制转型的过程中,市场化或者说转型的顺序是十分重要的。原苏联领导人戈尔巴乔夫在其他条件都不具备的条件下,很草率地于 1988 年通过了《合作企业法》允许私人和团体创办金融机构,造成了金融领域的混乱,俄罗斯的"寡头"几乎都是通过创办银行成为"巨富"的;这也使得俄罗斯多次出现金融危机,特别是 1998 年 8 月的金融危机,被迫实行了"外资走廊"政策。而在转型时期,金融管制是非常重要的。还是戈尔巴乔夫时期,在经济改革没有取得突破性进展的情况下,在 1988 年 6 月召开了苏共第十九次代表大会,将改革全面转入政治领域。叶利钦同样也是如此,苏联刚刚解体,马上就实行"休克疗法",全面推行私有化政策,造成了国有资产的大量流失。改革的顺序之所以十分重要,因为这直接涉及对国家的有效控制问题。

比如,"休克疗法"提出全面开放市场。外资绝对自由化是俄罗斯宏观经济的又一个重大失误。叶利钦说:"全面放开国内市场使现在俄罗斯只有 16% 的国内市场对国外产品限制,而美国却有 45% 的国内市场禁止国外产品进入。俄盲目全面开放市场,使外国产品压倒、压死了国内生产者,造成国内产品生产急剧下降。从几个主要工业部门看,1995 年的实际生产与 1990 年相比,轻工业只有 16%,电子工业为 13%,机械制造业为 11%,食品工业为 30%,国防工业为 15%。"格林贝格教授说:"俄对进口食品的依赖性过大。1992 年出口能源、原材料外汇收入中,20% 用于购买食品;到 1995 年出口能源、原材料外汇收入的 85% 用来购买食品送往莫斯科、圣彼得堡、斯维尔德洛夫斯克等大城市。"据资料,当时俄罗斯市场上 54% 的食品是进口的。

(6) 改革过程中原有优势的利用。每个国家都有自己的优势。中俄两国农村都实行了集体经济体制,这超出了生产力发展的程度。中国转型之初,就由集体退到了家庭联产承包制,因为中国有家庭经济的传统;俄国没有家庭生产的传统就没有什么可退的了,农业生产急剧下降,最低时粮食产量不足 4000 万吨,国内粮食一半靠进口。中苏两国原来都信仰共产主义,这种信仰体系受到市场经济的冲击,但俄国在普京的倡导下,恢复了东正教的作用,东正教填补了信仰的空白。中国缺少深厚的宗教基础,一定要坚持原来的世俗的政治信仰,任务光荣而艰巨。

本书在论述上述问题过程中,主要想表达以下观点:

第一,通过对中俄体制转型模式形成原因的分析,论证对体制进行不断改革,坚持制度创新,具有深远的社会发展意义。中国和俄罗斯采取了不同的转型模式,并且造成了截然不同的社会后果,这其中固然有各种复杂的原因,诸如领导人的远见卓识或者决策失误等等。但最重要的是苏联前几代的领导人,从斯大林到勃列日涅夫,他们从整体上思想僵化,拒绝改革,一次又一次地丧失了体制改革的时机,并且逐步形成了一个庞大的官僚特权阶层,最终导致体制的积重难返,为后来改革者的成功留下比较小的余地。戈尔巴乔夫、叶利钦等人对体制转型的失误是要承担一定的历史责任,但这种失误很大程度上也是长时期体制僵化所带来的后果。中国领导人从毛泽东到邓小平,他们最突出的特点就是能以发展的眼光看待社会主义的原有体制,不断进行调整和改革,没有造成体制本身积重难返的局面,加之邓小平在改革之初的正确决策,使中国走上了渐进改革的光明坦途。通过这种比较,使我们牢固树立体制创新的思想观念是十分重要的。

第二,通过对中俄体制转型的不同国情背景的分析,进一步论证中国渐进转型模式的合理性。从一般意义上说,中俄都应该采取渐进式的转型模式,其中一个重要原因,就是采用激进的转型模式,人们的价值观念跟不上迅速变化的社会现实,从而加剧人们之间的利益冲突,从而阻碍社会经济的复苏。但这其中还有一个社会承受能力的问题。尽管俄罗斯采用激进转型模式,付出了过高的社会成本,至今经济还没有完全复苏,但俄罗斯终究挺过来了,度过了最艰难的岁月。而中国如果采用激进的转型方式,这个"关"根本就闯不过去。因为俄罗斯有着丰富的自然资源,有着良好的经济基础。俄罗斯在经济最困难的1991—1993年,仅在莫斯科就大约有三分之一的家庭在郊外的别墅里从事农副业生产,从而缓解了农副产品紧张的状况。俄罗斯缓解经济危机的措施主要有三条:(1)大量出口原材料,换取外汇;(2)大量举借外债;(3)变卖国有资产。从总的方向说,俄罗斯人民的生存余地是非常大的;而中国存在着巨大的"生存压力",人口多,底子薄,人均占有资源量大大低于世界平均水平,从这个角度分析,中国采取渐进转型可能是唯一的选择。

第三,通过对中俄体制转型经验教训的总结,找到中俄两国将体制转型引向深入的途径。中俄两国的体制转型正在继续向前发展。中国面临着如何保持前一阶段改革的成果,闯过改革各种"难关"的任务;俄罗斯则面临着如何迅速恢复经济,提高人民生活水平以增强自信心的任务。两国面临的具体任务不同,但都是十分艰巨的。尽管两个国家今天所面临的形势同改革之初有所不同,但很多道理是一样的。通过法治手段加强对国家的有效控制,充分调动人民群众的改革热情,保证经济建设的持续健康的发展,建设保障国家长治久安的社会文明,是两国的共同选择。

特别要强调的,本书虽然是对"中俄体制转型的比较研究",但其落脚点还是要解决中国的问题。通过比较研究,探讨大国体制转型中的一般规律,为中国体制转型的深入提供借鉴。

二、研究的方法

（一）研究方法的一般描述

目前国内外研究当代中国问题的方法论,大致可以归纳为四种:第一,历史唯物主义方法,这是最重要的研究方法。历史唯物主义方法论是关于人们正确认识、评价和改造社会的一般方法的理论。它包括辩证决定论方法、阶级分析方法等。这些方法的综合应用能够把杂乱无章的历史现象梳理得十分清楚,使人们对历史现象有一个准确的、宏观的把握。从这个意义上讲,至今没有任何一种宏观的方法能与之相比。当然,任何方法都不可避免地存在着不足,这就要求我们在实践中不断地完善和发展历史唯物主义。第二,比较现代化的研究方法。现代化是指人类社会从传统的农业社会向现代工业社会转变的过程。从比较的角度立论,中国的现代化可以看成是一个回应西方现代化模式挑战的过程,也就是"挑战—应战"的过程。这种研究方法的优势,在于建构的宏观研究框架比较完整,同时这种研究方法的应用同目前中国经济建设联系更为紧密,能够有效地借鉴其他国家的先进经验;但这种方法也存在严重的理论缺陷,主要是难以跳出"欧洲中心论"的模式,把现代化的过程当作向西方模式演变的过程。第三,国家—社会关系分析方法。国家与社会关系理论通常被概括为市民社会理论。这种方法以国家和社会的二元性质为基础来建构社会发展的历史,关注的是相对于国家的"私人自治领域"。在这里,市场经济以及日益完善的法律保障是不可缺少的,国家和市民社会之间是互动的关系。市民社会理论复兴的直接导因是 20 世纪 70 年代以来的东欧和苏联的民主化运动。这种理论受到中国国史研究学者的关注是 1992 年以后的事。随着中国改革开放的深入,政治民主化必将被提到重要的议事日程,国家和社会的关系日益受到关注。目前村民自治实践的发展就显示出了市民社会理论的借鉴意义。第四,新制度主义的研究方法。西方经济学家主张把制度因素引入经济分析中以解释经济增长,从而形成新制度经济学。20 世纪 80 年代,西方的政治学家把这种研究方法引入政治学,形成了新制度主义。目前这种方法已在中国政治学和史学研究中得到广泛应用。它有两个中心概念:"产权"与"交易费用",主张历的进步和经济政治的发展应该从制度变迁中寻找原因,并且强调制度因素中"无形规则"对"有形规则"的制约。

由此可见,任何一种研究方法都存在各自的优势和不足,因此,到底采用何种方法,要取决于特定的国情背景、时代特征和学科特点。具体来讲,中国的基本国情可以概括为:国家特别大,历史特别长,人口特别多,发展特别不平衡;而我们所处的时代可以理解为是经济全球化的发展时代,经济发达国家的制度和文化无疑对我们有着极强的示范效应。就学科特点而言,当代中国问题的研究,其性质是属于专门史,但研究的内容涉及国家的政治、经济、文化、外交、军事等方方面面,所以又是综合性的。基于上述分析,中国是一个严重受传统制约的国家,历史上一直没有形成系统的法治文化。世界经济的发展,特别是随着中国加入WTO融入世界经济的大潮中去,迫切要求我们建立和健全全民族的法治意识。因而,国史研究更应该关注现实问题,为中国的改革和发展作出应有的贡献。从这个意义上说,新制度主义的某些观点、主张,对我们今天的借鉴意义更为明显,理应引起我们的关注。

(二) 关于本书的研究方法

本书以历史唯物主义研究方法为指导,主要借鉴新制度主义政治学的研究方法,并辅之以各种公布的统计数据和其他实证材料。总体上来看,历史唯物主义属于宏观的研究方法,历史唯物主义以生产力、生产关系、经济结构、上层建筑等基本概念为基石,从社会经济生活和其他政治法律的各种因素中寻找社会变革的原因,明确提出社会意识形态,"必须从物质生产的矛盾中,从社会生产力和生产关系之间的现存冲突中去解释"。① 面对如此复杂的大千世界,能将各种复杂的社会现象梳理得如此清楚,可能没有任何一种研究方法能与之相比。历史唯物主义的宏观性是我们研究制度变迁的指导思想。新制度主义政治学的研究方法在社会中观层面的研究中表现了极大的优势,"历史制度主义在中层理论的层次上开辟了一条重要的理论场所"。② 新制度主义的研究方法,将人们的行为规律同制度较好地结合起来进行研究,从而揭示了制度变迁的内在规律,诸如理性选择、交易成本、路径依赖等一系列概念,为我们探求制度的内在属性提供了较好的工具。随着社会的发展和现代社会调查方法的广泛采用,各种调查统计数据也系统地展现在我们面前,也使我们能更好地从微观层次认识制度变迁的基因。科学地利用这些统计数据,对于我们探求制度转型的规律是有帮助的。总之,这种宏观、中观和微观的研究方法的紧密结合,是

---

① 《马克思恩格斯选集》第2卷,人民出版社1995年版,第83页。
② 何俊志等译:《新制度主义政治学译文精选》,天津人民出版社2007年版,第172页。

本书研究方法的重要特色。

特别需要提及的,本书认为,新制度主义政治学的研究方法是历史唯物主义研究方法的延伸,两种研究方法有着内在的一致性和互补性。这种一致性和互补性通过三个方面表现出来。

第一,历史唯物主义也承认制度的作用,特别强调经济制度对政治制度和人的行为的作用,比如,历史唯物主义认为生产力决定生产关系;经济基础决定上层建筑,但同时也认为生产关系对生产力、上层建筑对经济基础有一定的反作用。这种决定作用和反作用是如何实现的,历史唯物主义却很少涉及。实际上,这种决定作用和反作用的实现是需要很多中间环节。例如生产关系对生产力,上层建筑对经济基础的反作用,是要通过各种激励制度、重视科学技术的氛围、科学合理的体制来实现的。而新制度主义恰恰在这方面有了新的建树。新制度主义政治学分析的核心,即"制度如何影响个人行为"。[①] 强调制度是可以改变人的行为的。正如邓小平所说:"制度好可以使坏人无法任意横行,制度不好可以使好人无法充分做好事,甚至会走向反面。"[②]在制度改变人的行为这个层次,制度主义对"正式组织、非正式规则及与之相关的程序"[③],都做了系统的论述。

第二,历史唯物主义也承认思想文化传统在社会变迁中的作用,但新制度主义却更进一步,将思想文化传统本身就看成是制度的一个组成部分,认为"制度最好被理解为一种规范、规则、协定和惯例的集合体,其中最重要的是惯例"。[④] 在这种理解的基础上,强调"观念、制度与个体理性之间的复杂互动过程,是历史制度主义在分析政治事件时的基本变量"。[⑤] 具体说来,新制度主义提出了一个重要的概念,就是"路径依赖",将制度变迁过程中的历史文化因素看成是制度本身的一个部分,"历史制度主义倾注了大量的精力来解释制度是如何产生出某种路径的"。[⑥] 制度内部硬性因素和软性因素的协调,特别是强调软性因素的作用,这是制度主义研究方法的重要特征。

第三,历史唯物主义揭示了宏观制度变迁的规律,但新制度主义却在中观层次揭示了制度变迁的规律,并解决了中观层次制度变迁中的技术问题,这些规律和技术问题主要有:

---

① 何俊志等译:《新制度主义政治学译文精选》,天津人民出版社2007年版,第49页。
② 《邓小平文选》第2卷,人民出版社1994年版,第333页。
③ 何俊志等译:《新制度主义政治学译文精选》,第142页。
④ [美]B·盖伊·彼得斯:《政治科学中的制度理论:新制度主义》,上海人民出版社2011年版,第29页。
⑤ 何俊志等译:《新制度主义政治学译文精选》,第7页。
⑥ 同上书,第52页。

(1) 制度变迁和人们偏好之间的关系,包括人与人之间的偏好是如何形成的。理性选择制度主义将偏好的形成看成是外生的,而历史制度主义则将偏好的形成看成是内生的。人们的偏好在一定程度上影响着制度变迁的方向;但有一条是明确的,人是理性人,只有在预期收益大于预期成本的情形下,行为主体才会去推动直至最终实现制度的变迁。

(2) 制度变迁与经济组织之间的关系。对经济增长起决定性作用的是制度性因素而非技术性因素。一个有效的经济组织是经济增长的关键所在。有效的经济组织的产生需要在制度上作出安排和确定产权以便对人的经济活动造成一种激励效应。这其中产权是关键,产权理论的发展及其完善,成为制度变迁的重要因素。围绕着产权理论,又涉及界定产权的国家理论;围绕着国家理论,又出现减少"搭便车"的意识形态理论。新制度主义的重要代表人物诺思认为:产权理论、国家理论和意识形态理论,是制度变迁理论的三块基石,政治、经济、文化在制度变迁的过程中统一起来,并进一步说明制度变迁是一个系统。

(3) 制度变迁与历史文化传统之间的关系。既然新制度主义对制度做了革命式的解释,即制度包含传统、观念、意识形态等软性因素,就完全承认这些软性因素的作用,并对如何正视这些作用提出了具体的建议,如加强意识形态的建设,减少"搭便车"造成的交易成本过高;扩大文化之间的交流推进人们观念的变革;对传统和习惯的深入研究,找出制度变迁的突破口等等。

(三) 中俄体制转型中研究方法的具体运用

毫无疑问,研究中俄体制转型,最重要的就是历史唯物主义的研究方法。社会存在决定社会意识,社会意识又对社会存在有着巨大的反作用。以这种思想为指导,综合运用比较研究的方法、新制度主义的研究方法、国家与社会关系的研究方法,有助于对问题的深入研究。

首先,本书的研究对象是中俄体制转型的比较,自然涉及比较研究的方法。本书采用比较研究的方法,其理论依据在于:

第一,不同国家历史的发展是统一性与多样性的辩证结合。所谓统一性,主要是指社会历史发展的共同规律性。尽管各个国家由于种种原因,在历史传统、风俗习惯、地理位置、政治体制等方面存在很大差异,但仍然有共同的社会经济形态方面的特征。另一方面,各国具体的历史发展又具有多样性,千姿百态,丰富多彩。历史发展的这种共同性与差异性,构成了比较研究切实可行的科学依据。

第二,不同历史的发展是不平衡的。各国进入同一社会形态有早有晚,发展程度有充分与否之别。纵观世界历史,我们可以看到先进变落后,落后变先进,你追我赶,后来者居上,一幅曲折前进的画面。先进入某一社会形态的国家为行将进入者预示发展的大致方向,而后进入者在自身发展过程中又有一定的特殊性。这种世界历史的不平衡性也是比较研究可以进行的实际前提。

第三,历史如同世界上一切事物一样,都是辩证地联系在一起的,都是相比较而存在、相斗争而发展的。在历史演变进程中,大至社会形态,小至具体的某人某事,均处在互相联系之中。历史上的各种事物不仅在时间上以先后之序相互联系着,而且还在空间上以对周围事物的依赖性相互联系着。历史无论从纵的发展还是从横向看,都是既有联系又有区别,均可作比较。"相比较而存在"是客观的实际。

其次,比较研究有着重要的理论意义和实践意义。著名比较史学专家马克·布洛克指出:历史除非能在"确立现象之间关系的解释方面取得成功"①,否则就无法理解。他还指出,通过比较才能发现不同社会的独特性。② 但还要看到,比较研究是有严格条件限制的。从比较的前提下分析,只有是"共同规律起作用的事物"、渊源上相联系的事物、"相互有影响的事物"才能进行比较。马克思、恩格斯在《德意志意识形态》一书中举了一个生动的例子,说明比较前提的重要:"倍尔西阿尼所以是一位无比的歌唱家,正是因为她是一位歌唱家而且人们把她同其他歌唱家相比较;人们根据他们的耳朵的正常组织和音乐的修养作了评比,所以他们能够认识倍尔西阿尼的无比性。倍尔西阿尼的歌唱不能与青蛙的鸣叫相比,虽然在这里也可以有比较,但只是人与一般青蛙之间的比较……只有在某一种情况下才谈得上个人与个人之间的比较,在第二种情况下,只是他们的种特性或类特性的比较。"③从比较的过程上分析,比较的事物应该是具体的。事物之间的异同,有现象的也有本质的,科学的比较不要限于单纯地罗列一些表面的异同现象,而是要透过现象分析原因。这就要求把比较的事物的来龙去脉搞清楚,这是关系到在比较研究中是否坚持唯物主义原则的问题。同时,还要注重比较事物的具体环境的研究。比较研究固然是将事物中最主要的比较点找出来研究,"但因各人观察点不同,其所注重之要素不同","何为重要比较点,尚无定论。比较之后的优势,也无定论"。④ 解决的办法,就是要注重具体环境的研究。

第三,中国和俄罗斯两国具有比较研究的客观基础。中国和俄罗斯社会具有极大的相似性,有进行比较研究的可行性,两国都曾经历过惊心动魄的社会跳跃,从落后国家进入到社会主义;两国都具有东方社会特点:中国是典型的东

---

① 转引自范达人:《当代比较史学》,北京大学出版社1990年版,第127页。
② 同上书,第130页。
③ 《马克思恩格斯全集》第3卷,人民出版社1972年版,第518页。
④ 沈乃正:《比较政治制度》,中华书局1934年版,第215页。

方国家,俄罗斯是具有东方性质的社会,同西方社会有本质的区别;两国从国土、人口等方面衡量,都是规模很大的国家,不同于大多数中小国家;两国都是工业化起步较晚的相对落后的国家,不同于英美法等早期工业化国家;两国在自然资源的总量上都有一定的优势,不同于日本等资源贫乏的国家;两国都是多民族的国家,民族问题成为政治发展的重要内容,不同于瑞典等单一民族的国家。这些问题都要研究,以找出对体制转型过程中国家控制能力产生影响的多层面的因素。

三、基本的概念体系

(一) 体制(制度)

所谓制度,是指"为管束人们行为的一系列规则"①。而体制可以从宏观和微观两个方面理解。体制的微观理解更具有操作性,主要是指各种机构职权划分的原则和具体划分的状况,是实现国家能力的操作保障。通常讲的体制科学化,主要指权力体系系统中权责划分的科学化、机构编制的法制化和实际运行的高效率。体制的宏观理解是和对制度的理解相联系的,主要是指国家权力体系的组织方式和运行方式。比如政治权力对经济活动的干预程度和干预方式。在西方国家的政治经济理论中,体制和制度一般是不分的。他们理解的制度、体制和制度、体制理论的一般含义主要有:美国制度学派经济学家康芒斯认为:制度是"集体行动对个体行动的控制"。② 美国新制度学派的代表人物道格拉斯·C.诺思指出:"我研究的重点放在制度理论上,这一理论的基石是:(1)描述一个体制中激励个人和集团的产权理论。(2)界定实施产权的国家理论。(3)影响人们对客观存在变化的不同反应的意识形态理论,这种理论解释为人们对现实有不同的理解。"③其他的定义还有:"制度是一个社会中的一些游戏规则;或者,更正式地说,制度是人类设计出来调节人类相互关系的一些约束条件"。还有人把制度定义为通过传统习惯或法律的作用力来创造出持久的、规范化行为类型的社会组织。④ 我们明确将制度和体制区分开来,其角度主要是想说明:我们的改革,最基本的制度不能变,改革主要是体制的,是对具体制度和运行方式的改变。

---

① 参见胡希宁编著:《当代西方经济学概论》(第二版),中共中央党校出版社1998年版,第444页。
② [美]康芒斯:《制度经济学》上册,商务印书馆1997年版,第87页。
③ [美]道格拉斯.C.诺思:《经济史中的结构与变迁》,上海人民出版社1994年版,第7页。
④ 参见樊纲:《渐进改革的政治经济学分析》,上海远东出版社1996年版,第16页。

如果从中俄两个大国的体制转型和国家控制能力角度来理解体制，有三点是不可忽视的：

第一，体制是社会性的。说某种体制是什么性质的，归根结底只有在体制区分的理论表述上才有意义，或者说是意识形态的需要。20世纪初，世界上出现了以国家为实体形式的两种社会体制的对峙，即社会主义和资本主义。改革开放三十多年后的今天，这种对峙区分的意义在全球化的背景下，越来越让位于国家之间综合国力的排位竞争。这种排位当然不是一种荣誉，而是实力差距，是全球化中的优势。关税、区域经济合作、军事同盟、反倾销政策、国际制裁、世界贸易组织、最惠国待遇、高科技垄断甚至经济援助和文化教育培训，都被用来作为增强本国在全球化中的优势的手段。在这种情况下，体制的结构在很大程度上直接制约着功能的发挥和运用，而体制改革和调整也的确成了世界各国都在进行的工作。中国和俄罗斯的体制改革尤其有着特殊的含义。在全球化的竞争方面，两国当然都是后来者，而领先的发达国家的社会体制都是资本主义的。但这并不是说，中国和俄罗斯的体制改革是走资本主义的路，更不是说，社会主义体制比资本主义体制缺乏活力。事实上，这里要解决的并不是这两个主义孰优孰劣的问题，目前的问题只在于，被称作资本主义的发达国家已经在资源配置和规则制定方面占了优势，中国和俄罗斯所面临的任务，是尽快建立一个能够尽可能充分发挥经济和社会发展功能的体制结构，以便增强在争取排序优势方面赢得时间的实力。

第二，体制既包括有形规则，也包括无形规则。首先要明确的是，无论是法律、规章还是习惯、道德，都是制度，也包括体制。因为就其基本功能来说，都是调节人际关系的一种规则，都是社会对个人行为的某种约束。早期制度经济学的理论家们更强调制度作为一种习惯的特征，认为制度的本质就是长期形成的习惯或传统。诚然，现代的制度经济学则更强调制度是一种规则，一种各利益集团之间经过斗争而形成的社会契约。但不能因此就忽略无形规则的作用：一方面，许多正式的制度，本身就是根据习惯、传统等制定的，这些正式的制度形成后，在运行过程中还受到无形规则的影响。另一方面，中国和俄罗斯都缺少法治传统，更重视非正式规则的作用。因此，在体制转型和国家控制方面，无形规则成为这两个大国调节和控制社会的重要手段。

第三，体制只有和国情背景联系起来才有实际意义。中国和俄罗斯都是国情特殊的大国。现在又面临着全球化的竞争压力。世界排序靠前的发达国家是靠其在资源配置和规则制度方面的优势来推行全球化战略的，并使国际竞争向有利于自己的方向发展。这使一些弱国很容易走上"接轨"之路，即走上与发达国家"接轨"的歧途，而忽视国情因素。实际上，由于国情因素的影响，"接轨"并不是跟着发达国家已经给出的模式和规则走，而是创造发展自己的有效模式,参与制定全球化运作的规则。

(二) 制度变迁的一般理论

新制度主义经济学主要采用主流经济学的分析方法,研究制度在经济发展中的作用、功能,特别着重于制度变迁对经济发展的作用。制度变迁是制度的替代、转换与交易过程。新制度经济学在"需求—供给"框架下展开对制度变迁的研究。从制度变迁的需求方面来说,当在现有制度框架下,由外部性、规模经济、风险和交易成本所引起的收入增加相当可观时,一种新制度的创新才有可能应运而生。一句话,只要制度变迁的预期收入超过预期成本,制度就会发生变迁。关于制度变迁理论有三个主流学派:

一是诺思的产权和国家理论。在诺思的分析框架中,产权理论和国家理论是两大基础性支柱。一方面,有效的产权是经济增长的关键,社会健全的产权体系是减少交易费用的基本途径;产权体系也包括有效的意识形态的作用。另一方面,产权的建立也必须有国家的参与。国家作为一个具有合法暴力和自然垄断性质的机构,处于确立和保护产权的优势地位。但如果处理不好,国家也会成为破坏产权的祸首,要通过"宪法与相互关联的道德伦理的行为规范的结合",加上每个经济单位产权的真正落实,限制国家的权力,防止国家权力的异化。①

二是哈耶克的演进主义制度变迁理论。哈耶克坚决反对以为制度是人为设计的观点。他认为:由于人类的知识和信息都是非常有限的,人类实际上不可能设计出任何有效的制度。设计一个制度所需要的完备信息与知识,与个人有限的信息与知识是不一致的。最好的制度是自然演进的制度。它可以充分地吸收来自不同主体的信息与知识,并且避免由于一个中心的存在而导致的制度不合理的风险。要形成自然演进的制度,就必须保证不同的经济主体,特别是个人的自由。自由主义是制度演进的理论基础。

三是奥尔森的利益集团理论。奥尔森认为:制度变迁的根源取决于利益集团的形成和发展。在市场经济社会中,存在着不同类型的利益集团。由于利益集团的结盟性质和排他特征,为了获取高额垄断利润,必然阻碍技术进步、资源流动与合理配置;或者收买政府官员获得集团报酬;这些行为会增加社会交易成本,降低社会经济效益。利益集团的强大和发展会影响一个好的经济制度;利益集团的削弱和减少会有利于一个好的经济制度的出现。

以上三种理论,都从不同的角度和层面对制度变迁给予了相应的解释,但也都存在着不可解决的内在矛盾。在诺思的制度变迁理论中,产权和国家是其

---

① [美]道格拉斯·C.诺思:《经济史中的结构与变迁》,上海人民出版社1994年版,第229页。

主要的理论基础,这就出现了诺思悖论:一方面,没有国家及其代理人(行政官等)的介入,财产权制度就不能得到有效的界定和实施;另一方面,国家介入产权安排和产权交易,又有可能导致无效的产权安排和经济的衰落。所以诺斯说:"没有国家办不成事,有了国家又有很多麻烦。""国家是经济增长的关键","国家又是经济衰退的根源"。① 从根本上说,诺思悖论是不可化解的,这是因为国家的活动始终面临着两重约束,一是交易费用的约束,二是竞争环境的约束。交易费用大于零,决定产权的界定必须不断进行,国家必须出场,而国家在界定产权结构时必然索取"出场费";在竞争环境的约束下,国家将不可避免地触犯利益集团,当这些集团的势力达到临界状态时,国家会与有利于该集团的产权结构妥协。

哈耶克制度变迁理论也面临着同样的理论困境:假定在一个经济形态中,制度变迁始终是不同的个人自由选择的结果,即制度是一个自然演进的过程,并且应该是不断优化的,向着越来越好的方向演进的,但是制度变迁的实践逻辑,似乎与哈耶克的这种乐观主义的理论解说恰恰相反。在自然演进的过程中,这些有着自由选择权利的个人,选择的往往不是一个好的制度,而是一个坏的制度。20世纪30年代德国选择了希特勒、选择了法西斯主义,就是一个典型的证明。哈耶克的论证只是制度变迁的一个必要条件,而不是制度变迁过程规律的分析。

奥尔森的利益集团之说较之诺思、哈耶克更加接近于对制度变迁过程的研究,在奥尔森看来,好坏制度相互转换的原因,就在于利益集团作用的强弱,在利益集团强大的时候,经济制度就接近于"坏"的制度;在利益集团弱小的时候,经济制度就接近于"好"的制度。奥尔森留给我们的困惑在于:既然强大的利益集团所导致的总是不好的经济制度,如果一个社会能够抑制这样的利益集团,是否就能够长久地获得一个好的经济制度呢?现实的答案显然不是这样的。

但这三种理论留给了我们三个有意义的理论启示:

第一,制度的一般规则源自于人们习惯的抽象化。制度起源于人们日常的传统、道德、习惯。实际上正式制度的基本定义应该是:正式制度就是非正式制度的法律化和政府形式化,也就是说,正式制度来自于非正式制度。任何一种制度在最初都表现为非正式制度的形式,这是由于政府所制定的制度其交易成本和程序都过于繁杂。非正式制度的出现则没有交易成本以及正式的制订程序,它更多的是人们日常活动中所形成的习惯、习俗,是人们日常交往中形成的一种默契。非正式制度具有"生产"成本较低的优势,所以,正式制度都是在这些习俗、习惯为大多数人所采用,并且能给人们带来更多好处的时候,才变为正

---

① [美]道格拉斯·C.诺思:《经济史中的结构与变迁》,上海人民出版社1994年版,第20页。

式制度。从这个角度讲,正式制度来自于非正式制度,在制度变迁过程中,要重视非正式制度的作用。

第二,国家具有明显的两重性,既可以给人民带来福祉,也可以给人民带来灾难。通过法律对国家的行为进行约束,特别是通过完善法制、权力制衡等措施,严格界定国家的权力,并对国家的权力实行严格的监督,是克服诺思悖论的基本途径。

第三,利益集团同国家权力的结合形成了垄断型利益集团,这是制度停滞的基本原因。充分保证每个人、每个团体和每个中间组织的权利,减少管制与垄断,实施规则化的基础制度结构,是制度创新的重要手段,也是防止垄断型利益集团形成的重要途径。

(三) 体制转型理论

二百多年来,以亚当·斯密的思想为主的主流经济理论一直在努力说明,市场组织是最有效的实现资源配置以满足经济个体对物质文明需求的制度,政府的作用是"守夜"和制定规则。于是,人们认为最有效的制度是自由竞争的市场经济。20世纪20年代末30年代初,资本主义的自由发展导致的大萧条以事实表明这一判断并不全面。自由竞争导致的萧条被凯恩斯总结为是因需求不足造成的,总供给的不断增加和有效需求的周期性不足引起宏观经济的波动,这是市场自身的缺陷,因而只有由政府对此负责,制定一套合理的宏观经济制度并实行逆"风向"而行的宏观经济政策,并通过间接调控而不是直接干预才能维持经济的稳定。于是,正如新古典综合派认为的那样,最有效的经济制度是政府通过宏观措施实行间接调控(而不是直接干预)的自由竞争的市场经济。传统主流经济理论总是认为,政府直接干预和市场自由原则是不相容的。市场要能有效地实现资源配置,价格必须是自由形成的,若政府直接分配资源或对交易实行某些管制,就会扭曲价格,破坏经济均衡,从而导致资源配置缺乏效率。

此后,西方发达国家在经济运行过程中,"国家干预"和"自由放任"两种手段交替使用,从而相对减少了单一干预方式的负面影响,有效地进行资源的合理配置。无论是"国家干预"还是"自由放任",其市场经济的基本原则没有改变。

但为什么相当多的国家,特别是中国和俄国这样的大国一开始并没有形成市场经济体制呢?原因是多方面的。比较权威的解释是现代化的理论,即认为世界经济发展是不平衡的。中俄都是后现代化国家,为了同发达国家竞争,都要依靠国家的力量来启动工业化,特别是在中国这样曾经的半殖民地国家,现代化不仅仅是经济体制问题,更是个政治问题。依靠国家来启动工业化,赶超发达国家这个单一的目标压制了一切,没有时间,也不允许创造市场经济必备的条件,如:交易秩序的建立和维持,产权的法律保护,必要的资本积累,由此形成了中央集权的计划经济体制。

以层级组织来实现资源配置的中央计划型经济体制,对于需求稳定、目标单一的社会生产具有较高的效率。通过建立一个金字塔式的层级组织,可以由计划和指令来配置资源和分配产品,以解决生产什么、生产多少、如何生产、为谁生产的问题。这种制度形成的成本主要是对层级组织的管理成本和收集处理各种需求和生产信息的成本。当个体之间的需求差别不大,整个社会目标一致,中央计划者只需收集和处理一定数量的信息,就能确定对每种产品的需求量和成本,从而在安排资源实施生产时,这种制度结构就具有较高的效率。如战争期间,全社会的基本目标较为一致:满足个体的最低生活需求(这时个体间的需求差别不大)和尽可能多地提供军需物资,计划式的统制经济就具有较高的效率,只要建立一个有效率的政府就能保证经济生活的运行。但当个体间的需求差别较大时,中央计划者为了解决个体的需求状况和每种产品的生产成本,需要收集和处理大量信息的成本急剧上升。当人们之间需求的差别大到一定程度时,或者说社会对产品需求的种类增加到一定数量并且不断变化时,中央层级组织作为物质产品的生产指挥者,使得这个社会的大多数成员只能生活在与较低水平的消费模式基本相同的经济形式中,而当科学技术飞速发展、信息成为经济发展的重要支柱时,传统的集权的计划体制更显得笨拙,反应迟钝。体制转型就更显得十分必要。

体制的运行需要一定的条件,意味着体制的建设是一种投资。这种投资具有很大程度的资产专用性,因而进入或退出一种体制都需要付出资源,所以存在体制变迁的效率问题,因此体制变迁是一个过程。长期来看,市场经济体制是有效率的,问题是如何以最低的成本将生产组织方式从计划体制调整到市场体制?对于落后国家来说,最为重要的问题,莫过于寻找从计划经济或统制经济体制过渡到市场经济体制的最佳途径。

传统经济学理论证明了市场经济体制的有效性和中央计划经济体制的低效率,但没有说明一种经济体制到另一种经济体制的变迁过程中,应采取什么途径保证资源配置的有效性。制度主义和新制度主义比较好地解释了经济制度变迁的规律和应对的措施,但没有说明从统制或计划经济过渡到市场经济过程中应采取什么样的制度安排。一方面,因为政府全面的直接的干预是无效率的,要放弃中央计划;另一方面市场的自动的资源配置功能是有效的,但还未完全建立。由此出现了激进的和渐进的转型模式的两种截然对立的观点。

实际上,绝大多数经济学家在从中央计划经济向市场经济过渡的问题上,原则上都认为制度变迁的速度和深度在不同的国家应当同它们的特殊条件相适应,没有万能的灵丹妙药。他们争论的焦点主要集中在制度变迁的快慢的问题上。

第一种是激进的转型模式。其中心思想就是创造条件,使追逐个人利益的经济代理人的活动保障其经济绩效。这种条件是同市场经济的理想模式联系在一起的。为此,其主张采取突变式的及政府不干预的转型模式,政府一次性地全面地放弃对经济的直接干预,让市场(及部分相关的制度)在新的环境下自动生成,但要承受初期的商品价格和交易秩序的混乱等代价。其基本出发点是:市场经济是一个完整的体系,缺少市场要素就无法实现向市场体制的过渡。这种转型模式的理论基础是新古典学派,具体说就是自由主义、货币主义学派。这一理论把经济看作是经济代理人的活动及其相互关系,认为经济活动是在确定的环境中实现的,创造一个整体的环境十分重要。其理论上的代表人物有:J. 萨克斯、D. 里普栋、J. 科尔纳、P. 克鲁格曼等。具体实践中的代表人物有俄国的丘拜斯、盖达尔、波兰的经济学家马·董布罗夫斯基等。

第二种是渐进的转型模式。其基本观点认为经济转型是一个相对长期的过程,从而与激进的转型模式的观点相对立。其认为,转型首先是总供给和总需求结构的变化,强调过程的资源和资本含量高的性质及其长期性。在这个过程中,市场本身具有一定的局限性,因而必须要有国家的干预。从计划到市场的转型受地理环境、传统文化等因素的制约,渐进的转型模式是最佳的选择。要充分发挥政府的调控作用,在培育和建立新体制的同时促进经济的增长。渐进转型思想的理论根源应当从古典政治经济学和凯恩斯学派的理论中去寻找。其出发点是:经济被看作是财富的周转,这首先是财富的生产及其社会各阶段之间分配的过程,这种过程具有一定的连贯性。渐进转型思想所依据的战略是生产体系的连续性,并认为转型的动力是生产水平的稳定,这是资源稳定和连续的前提条件。其理论上的代表人物有:K. 拉斯基、A. 巴杜里、W. 列昂节夫、J. 加尔布雷斯等。其实践上的代表人物主要有南斯拉夫的卡德尔、俄国的卢日科夫等。

实践的发展也是比较复杂的。到目前为止,从计划经济向市场经济转型过程中,成功或比较成功的有两个国家:成功的是波兰,比较成功的是中国。波兰是采用激进转型模式的,中国则是采用渐进转型模式的。实际上,进行深入的分析后不难发现:从转型角度来看,波兰的国情是比较特殊的。波兰有着深厚的市场经济传统;波兰对斯大林模式一直保持着明显的距离;波兰始终同西方国家保持着密切的经济联系。所以波兰具有实行激进转型的基本条件。而像中国、俄罗斯这样受传统影响的大国,不具备这些基本条件,只能采取渐进的转型模式,这也是本书的基本主题。

正是在这种理论和实践的背景下,体制转型理论应运而生。这种理论是同发展经济学、政治发展理论和制度经济学紧密相联的。第二次世界大战后,世界上出现了为数众多的新独立的国家。它们都对本国经济结构和政治体制进行了大规模的调整,但也都程度不同地出现了许多问题。发展经济学主要研究贫穷落后的农业国家或发展中国家如何实现工业化和现代化的问题,特别是如何从农业—工业二元经济结构向现代产业结构转换的问题。政治发展理论则是研究落后国家在现代化过程中政治领域的变化,而制度经济学则主要研究体制和制度与经济发展的关系。进入20世纪70年代以来,随着中国改革开放的发展和苏联解体、东欧剧变,这些国家虽然有的已经解决了二元经济结构的转换问题,如苏联,但又都面临着一个共同的问题,就是体制转换问题。在体制转换过程中,除了存在着与发展中国家共同的问题,即集权体制向分权体制的转变外,还有一个从计划经济体制向市场经济体制转变的问题。过渡经济学(Economics of Transition)主要就是研究这些国家体制转轨问题,其中代表人物有:美国经济学家麦金农(K.G.Mckinnon),代表作《经济市场化的次序》;荷兰经济学家米切尔·莱曼,代表作《社会主义计划的根本问题》;法国经济学家玛丽·莱温,代表作《过渡经济学》。以研究集权向分权、计划体制向市场体制转换为内容的,就是体制转型理论。体制转型理论涉及以下内容:经济体制转型与政治体制转型的关系;集权、分权和计划、市场的关系;价值体系在体制转型中的特殊作用;体制转型过程中,如何保持国家(中央政府)的控制能力,保证一个强有力的中央政府不断地把体制转型推向深入。

(四) 两种体制转型方式内涵的界定

从计划体制向市场体制过渡,其模式是渐进的还是激进的,是人们谈论得比较多的话题之一。相当一部分人同意将转型模式划分成渐进和激进两种模式,诚然,也有人不同意这样划分,主要认为"将中国和俄罗斯的转型划分为渐进与激进,实际上并没有触及和概括到事物的实质"。[1] 持这种观点的主要依据是:一是通常人们所说的激进主要是指政治改革,渐进主要是指经济改革;但政治改革,如普选制、多党制和三权分立的迅速实现,对于快速推进市场化不见得起正面作用;二是二者之间没有绝对的界线。因此,他们主张:第一,不能在激进与渐进之间做出绝对的区分;第二,激进的方法与渐进的方法在转轨过程中是相互联系、相互补充的。转轨是一个体制推陈出新的过程,其核心是制度建设,在一个相当长的时段来看,转轨是一种渐进转轨。科勒德克并不否认激进方法在转轨中的作用,他认为在计划经济向市场经济转轨的过程中,有些环节如休克疗法中的稳定化和自由化,需要通过激进的方法来推进;而有些环节

---

[1] 陈锦华、江春泽等:《论社会主义与市场经济兼容》,人民出版社2005年版,第341页。

如结构改革、制度安排以及现存生产力的微观结构重组,则必须是渐进性的。尤其是制度建设,不仅要建立它,还要了解和熟悉它。经济转轨的实质就在于制度建设,所以必须渐进地进行。

实际上,这两个问题笔者都注意到了,但之所以还坚持采用"渐进"和"激进"的概念,是因为上述两个问题在现在的概念之内都是可以说清楚的。

一般说来,体制转型有两种基本的方式,即渐进式的和激进式的。人们通常将社会性质的变化作为划分渐进模式和激进模式的基本标准,认为渐进转型模式就是在原有基本制度的框架内进行改革;而激进转型模式就是突破原有的基本制度建立一种新的制度。本书不准备更多地涉及这个问题,也不同意仅仅以社会性质的变化作为区分两种体制转型模式的标准。因为也有一些国家社会性质的变化是通过渐进的方式实现的,也有一些国家经过了激烈的社会动荡并没有改变社会的性质。

此外,还要注意到一个问题:通常我们说中国体制转型采取渐进模式,俄罗斯体制转型采取激进式模式,这是正确的,但对此也不能简单化。在实际运行过程中,渐进中有激进的做法,激进中也有渐进的措施。比如,中国在1988年就采取强制的方式控制通货膨胀,1993年又采取更为强制的方式严格控制房地产投资和金融投机行为,压缩基建项目,实现了经济的"软着陆"。俄罗斯从1994年开始,加强中央集中控制,采用渐进的方式进行市场化和私有化。有的俄国学者不同意中国是搞渐进式改革的说法,认为"中国改革不仅是自由的,而且也许是当代世界实践中最自由、最激进、最休克的改革,中国改革旨在最大限度地缩小国家在经济生活中所起的作用"①。这就有必要对两种体制转型方式的内涵进行界定。渐进体制转型方式和激进体制转型方式的差别在于:

第一,转型的过程特征。渐进转型遵循严格的先易后难的原则;激进转型则是不加区分的整体推进。从转型的起点上说,激进转型方式以政治体制为起点,以"民主化、公开化"为真正的突破口;而渐进转型则以经济体制,特别是以生产关系较为简单的农村经济体制改革为起点,比如以农村家庭联产承包责任制作为分权和市场化的突破口,这不容易引起社会震荡。因为政治体制改革往往带有全面性,直接涉及各级领导干部,容易引起社会震荡。继而从转型的进程来看,渐进转型方式的侧重点是先经济后政治;先农村后城市;先沿海后内地,这些都表现出了先易后难的特征;而激进转型进程中往往都是综合的时间概念,如"沙塔林的500天计划""休克疗法"等等。

第二,转型的方式特征。渐进转型方式对于体制而言,是先在旧体制周围建立起新体制,造成两种体制并存的局面,使人们有一个比较的过程,逐步改革

---

① [俄]1998年4月1日《消息报》。

旧的体制。激进式改革则在一开始就对旧的体制进行改革,以此为新体制的成长铺平道路。从这个意义上说,渐进式改革是部分的逐步展开的过程,而激进式改革则是总体推进的改革。仅以中国创办特区为例:

表1-1 中国经济特区发展的线索

时间	发展过程
1979年4月	邓小平提出"还是办特区好"
1979年7月5日	中央决定创办深圳、珠海、汕头、厦门四个经济特区
1984年3月	中央决定开放上海、天津、大连、秦皇岛、青岛、烟台、连云港、南通、宁波、温州、福州、广州、湛江、北海14个沿海港口工业城市
1985年2月	中央决定开放珠江三角洲、长江三角洲和闽南厦漳泉三角地区,有59个市、县纳入这一序列
1988年4月13日	七届全国人大一次会议通过海南建省和建立海南经济特区的议案

而苏联和俄罗斯的改革,则很少有这种双重体制并存的局面。一般来说,他们是将旧体制废止后,再在此基础上建立新体制。

对于原有体制中关键因素采取的具体措施:渐进式改革对价格、计划等关键因素改革之前,总要先进行试验;而激进式改革则一步到位,不经过试验。仅以价格和计划两个关键因素的改革为例,先看看中国对两者改革的大致做法。关于计划体制,过程如下:

表1-2 中国计划和市场表述的发展线索

时期	目标模式
1978年—1979年	计划经济,利用商品交换和价值规律
1979年—1984年10月	计划经济为主,市场调节为辅
1978年10月—1984年10月	有计划的商品经济
1987年10月—1989年6月	国家调节市场,市场调节企业
1989年6月—1991年	计划经济与市场调节的有机结合
1992年至今	社会主义市场经济

上述每个阶段,都先进行试点,另外,从全局上看,上一个阶段是下一个阶段的试验。再看价格改革,最初双轨制成为普遍采用的改革形式,基本思路就是:在现有产品基本仍按计划价格供给与分配的情况下,允许生产者将一部分新增产品按市场价出售。随着生产的扩大,市场交易部分的增大,逐步改革计划价格体制,取消计划价格。而苏联和俄罗斯对价格和计划改革则是采用"休克疗法",一步到位。1992年1月,一次性放开大部分商品价格,同时取消了国

家计委和国家物资调配委员会等部门。

第三,转型的目标特征。中国渐进转型方式将发展的长远目标和短期目标有机地结合起来,坚持国家和人民的长远利益和眼前利益并重的原则,而俄罗斯的转型方式则以西方政治制度和完全的市场经济作为转型目标,缺少保障人们经济利益的谋划。中国的渐进转型在改革与发展的过程中,中国共产党和中国政府采取的是循序渐进式的发展战略。1987年中国共产党十三大提出了中国"三步走"的经济发展战略部署,即:第一步,实现国民生产总值比1980年翻一番,解决人民的温饱问题;第二步,到20世纪末,使国民生产总值再增长一倍,人民生活达到小康水平;第三步,到下个世纪中叶(即21世纪中叶)人均国民生产总值达到中等发达国家水平,人民生活比较富裕,基本实现现代化。

1997年,当经济发展的第二步目标提前3年实现之时,当年召开的中国共产党十五大又对第三步目标进行了细化,提出了新的"三步走"目标,指出:"展望下世纪,我们的目标是,第一个十年实现国民生产总值比2000年翻一番使人民的小康生活更加宽裕,形成比较完善的社会主义市场经济体制;再经过十年的努力,到建党一百年(即2021年)时,使国民经济更加发展,各项制度更加完善;到世纪中叶建国一百年(即2049年)时,基本实现现代化,建成富强民主文明的社会主义国家。"到中共十六大时,又将发展目标进一步细化,提出建设小康社会的奋斗目标,特别是中共十八大,明确提出:"到2020年实现全面建成小康社会宏伟目标","实现国内生产总值和城乡居民人均收入比2010年翻一番"。

这种将大目标分解为若干小目标逐渐加以实现的方法,既满足了人民群众的当前需求,又使他们对未来充满美好的憧憬。两个阶段性的发展战略目标——"小康社会"和"达到中等发达国家水平",将中国传统式的理想追求与国际现代化的衡量标准恰当地联系在一起,引起了中国人民的强烈共鸣,获得广泛认可。

四、研究中俄体制转型模式问题的意义

中国和俄罗斯(苏联)原来都是社会主义国家,又都是发展中的大国,尽管苏联的生活水平要高一些,在个别领域处于世界领先水平,但从整体上看,同发达国家还有一定的差距,也属于广义上的发展中国家。当今的俄罗斯已经放弃了社会主义,中国坚持走中国特色的社会主义道路;中俄两国都面临着如何发展的艰巨任务,特别是都有着如何完善国家治理能力和治理体系的艰巨任务。相对中国的现状而言,起码表现出三个方面的意义:

第一,有助于推进中国特色社会主义理论与实践的发展。"世界社会主义

历史是一部鸿篇巨制,500 年来,无数志士仁人为其写下了精彩篇章"。① 社会主义的理论与实践自从诞生和出现之后,有过凯歌高奏的行进,也有过严重挫折的低潮。但社会主义终究是向前发展着,特别是中国特色社会主义的理论与实践,坚持了科学社会主义的基本原则;开辟了马克思主义中国化的新境界;植根于中国改革开放的丰富实践,显示出了强大的生命力。21 世纪初期的国际金融危机后,资本主义受到严重质疑,马克思主义、社会主义再次受到广泛重视。

但我们要保持清醒的头脑,社会主义应该是一个改革创新的体系。恩格斯曾经说过,"所谓的社会主义不是一成不变的东西,应当把它看成是经常变化和改革的社会"。俄国十月革命以来近一百年的历史证明,将马克思主义与本国具体情况相结合,是世界社会主义发展的大趋势。只有立足本国的基本国情,走自己的路,社会主义才能走得稳、走得远。走自己的路,就是不把书本当教条,不照搬别国模式,把实践当作检验真理的唯一标准,解放思想,实事求是,尊重各自的首创精神。越南和古巴的改革,都体现出了鲜明的特色。委内瑞拉提出的"21 世纪的社会主义",巴西执政的劳工党也提出了"劳工社会主义",其特色更加显著。中国的社会主义要想发展,从自己的改革实践中总结经验教训,是发展中国特色社会主义的重要途径。

第二,有助于推进"国家治理体系和治理能力现代化"。中共十八届三中全会指出:"推进国家治理体系和治理能力的现代化。"国家治理,简单地说,就是在防止国家崩溃的前提下,引导国家走向文明和富强。相对于国家统治和国家管理,国家治理更强调国家的软性调节和增进和谐的能力,这其中包括配置资源、建构次序、创新发展等等;国家治理的主体是多元的,客体是复杂的,还要解决很多新的问题,如网络的管理等等,但依靠文化等软性因素进行调节,以增进国家内外部的和谐,都是治理的最基本特色。这就需要找到有效治理的"切入点"。苏联更是一个大国,但转瞬间却消失了,教训是深刻的。通过对中俄转型的历史进行比较,进而发现大国治理的内在规律,是我们重要的历史责任。

第三,有助于提高对转型规律的认识,更好地将转型推向前进。防止既得利益者阻碍改革,是我们面临的重要任务。特别是对中国来说,1978 年至今三十多年的改革已经取得了辉煌的成就,但仍然有待深入。同时,改革开放以来确实形成了一批既得利益者,他们是当前各项制度的获益者,为了保障自己目前的利益,自然要维护现有的各项制度,这必然给改革的继续深入造成各种障碍。中国现在面临着如何把改革引向深入的问题。改革应该朝着什么方向前进?如何防止既得利益者为深化改革设置障碍?这些都直接关系着中国社会

---

① 中共中央宣传部理论局:《世界社会主义五百年》,学习出版社 2014 年版,第 209 页。

的未来走向。要解决这些问题,我们不能仅在思想中设想,不能仅仅依靠理论的认知,更多要从过去的实践中吸取经验教训。而中俄体制转型模式的具体分析,为我们提供了不可多得的宝贵素材。从中国改革的具体实践中,我们能够找寻改革进一步深入的动力源,能够探索出获得人民群众支持的有效方式;从俄罗斯改革的具体实践中,我们更能够以史为鉴,防止既得利益者阻碍改革的深入进行。特别是俄罗斯改革过程中所出现的种种问题,更应引起我们的注意,尽量避免在我国具体实践中出现。从推进转型的具体视角来看,有以下几方面的意义:

(1) 有助于探索政治体制改革和经济体制改革之间的关系。对于一个国家,尤其是发展中国家来说,在现代化的进程中,如何正确认识并处理政治体制改革和经济体制改革之间的关系,这是理论研究的重大课题。中俄两国在体制转型的过程中,采取了不同的方式来处理二者的关系,因而也导致了不同的结果。通过对这段历史的理论分析,至少能够吸取相关的经验教训,对政治体制改革和经济体制改革的关系问题有新的认知。政治体制改革和经济体制改革并不是截然对立的两个过程,在具体的改革过程中,两者往往是二位一体、不可分割的。从两者的关系看,经济体制改革为政治体制改革创造基础,政治体制改革为经济体制改革提供保障。从改革的影响来看,政治体制改革和经济体制改革的实施是相互影响的。但是,这并不意味着二者必须同时进行,特别是中国有着特殊的国情背景,在大规模政治体制改革的同时进行大规模的经济体制改革,必将导致社会的动荡和失序。应当根据不同的历史阶段,分别有所侧重。

(2) 有助于从理论上正确认识国家的作用。对于国家在经济和社会发展中的作用,长期以来在学术界存在着多种纷争。在凯恩斯主义之前,理论界认为国家只要充当好"守夜人"的角色就可以了,市场通过"看不见的手"能够推动经济社会的协调发展。而20世纪60年代以来,西方国家先后出现了"混合经济""福利国家"以及"行政国家"现象。它们分别属于不同的范畴,但却反映了一种共同的现象,也就是国家"在经济和社会生活中的地位已经不再是'守夜人'的角色,而是成为了其中一个积极的、不可或缺的重要组成部分,在某些情况下甚至是最重要的组成部分"。① 国家虽然无权决定各种制度如何起作用,但是有权决定何种制度将会存在。特别是中俄体制转型的过程及其各自的结果,更加说明了在社会发展的过程中,不是不要国家,关键是国家采取了何种行动。当国家所做的宏观规划和微观设计符合经济和社会发展需要的时候,就能够起到积极的、进步性的作用;而当国家的方针政策出现重大偏差的时候,往往会导致经济的停滞和社会的动荡,甚至造成整个国家分崩离析。可见,在现

---

① 张国庆:《行政管理学概论》,北京大学出版社2000年版,第79页。

代化的过程中,理论分析的重点不是要不要国家的问题,而是如何使国家发挥积极性、进步性作用的问题。

(3) 有助于增强改革起点选择的艺术性。任何一场改革,都存在一个如何发动的问题。改革起点选择得正确与否,直接决定着改革的成效。中国在转型过程中,选择了农村作为起点,通过实行联产承包责任制,调动了广大农民的生产积极性,进而大幅度提高了农业产量和农民的生活水平,城市居民的生活质量在同一时期没有降低反而随之提高了。这一起点选择使得改革之初是一种帕累托改进,大部分人都得益了,因而都对改革采取了支持的态度,大大减少了改革的阻力。俄罗斯也选择了农村作为改革的起点,但由于同中国国情有着重大区别,并没有得到大多数人的支持和拥护,很多人都反对这场改革的推进。正反两个例子说明,改革起点的选择,关键在于能否使大多数人获益,这直接关系到改革推进过程中阻力的大小。

(4) 有助于了解价值观念变化的规律。过去不少学者比较重视硬性的制度在改革过程中所起的作用,认为只要建立完善的制度,就能够推动整个社会的发展,价值观念也能够随之发生改变。从中俄两国体制转型的过程来看,制度固然是重要的,但价值观念的变化对于改革的启动、深入,更有着深刻的影响。而价值观念往往不是自发的转变的,更多的是人们经过切身的体验、直观的认识,逐渐地转变过去的认知。当改革起点选择好之后,最初的获益或失败,决定了人们是否会转变过去的价值观念。而价值观念一旦转变到支持改革的一方,制度的建立和执行问题就迎刃而解了。否则,如果人们的价值观念没有转变,即使建立起完善的制度,人们也不会对之产生认同感,这样,改革就难以收到预期的效果。

(5) 有助于认识历史传统对改革的影响。在不同的历史阶段,中国的理论界都曾经出现过"全盘西化"论,倡导中国完全移植西方国家改革成功的经验。从理论上讲,这种看法似乎是一条可行的捷径。但通过对中俄体制转型模式的研究,我们可以认识到,历史传统对于改革起着深远的影响。即使是完全相同的制度,在不同历史传统的国家,也会收到截然不同的效果。历史传统的不同,决定了人们的价值观念的不同,决定了国家所背负的使命和责任的不同,进而决定了国家最终所选择的转型模式的不同。对于一个国家来说,历史传统对于改革来说,是一把双刃剑:一方面,悠久绵长的历史传统是前进过程中取之不尽、用之不竭的精神财富;另一方面,悠久绵长的历史传统也是国家改革过程中沉重的包袱,增加着改革的阻力和难度。忽视历史传统的影响,往往难以选择合理的体制转型模式。

第二章 中俄两国体制转型进程的宏观描述

一、中俄体制转型进程时间内涵的界定和背景

本书所述的中国体制转型的进程,是从1978年中共十一届三中全会到2012年中共十八大。苏联和俄罗斯体制转型,是以1985年戈尔巴乔夫的改革,特别是1986年2月苏共二十七大为起点,到2012年普京再次当选总统,政局相对稳定为止。两个国家转型时间的上限都是20世纪70年代末80年代初,下限都是到2012年。由于中俄的体制转型正在进行中,为了更有说服力地证明观点,本书有选择地采用了改革之前和2012年以后的一些典型资料,特别是统计资料。

当代中俄(苏联)社会转型的逻辑起点,基本上是相同的——传统的计划经济体制严重阻碍经济的发展,已经走到了尽头。不同的只是表现形式。

过去,中俄都有一个将传统的社会主义体制神圣化的问题,苏联在这方面表现得更为明显,主要是将斯大林体制神圣化。1946年2月,斯大林对选民的讲话就是一个有代表性的例证。他在这篇讲话中强调:第一,"苏维埃是比任何一个非苏维埃社会制度都要优越的社会组织形式"。苏联的国家制度是"多民族国家的典范",而且"民族问题和民族合作问题解决得比任何其他多民族的国家都好。"第二,全面肯定了短期内以高度集中的计划手段聚集资金实行工业化的路线,并把它提高为"社会主义工业化的道路";全面肯定了短期内以强制手段实行的农业集体化路线,后来提高为社会主义国家农业发展的共同道路。第三,赞扬苏联在战争中武器供应的成绩,实际上是全面肯定苏联战前实施的备战型经济。[①] 以这篇讲话为开端,苏联在理论上的教条化和内外政策的僵化趋向日益严重,主要表现在:(1)1946—1948年,在哲学、历史、经济学、语言学、艺术、生物学等领域,广泛开展了声势浩大的批判运动,一大批学者、作家被批判。(2)1949年对E.瓦尔加1946年写的《第二次世界大战引起的资本主

---

① 《斯大林选集》下卷,人民出版社1979年版,第492页。

义经济的变化》一书进行了批判。瓦尔加看到了科技革命对资本主义生产的促进作用，认为资本主义生产还会继续增长，同时认为帝国主义国家之间尽管有矛盾，但不至于发生战争。批判者认为，这是"非马克思主义"，是"对列宁斯大林帝国主义战争理论的修正"，从此苏联理论界对资本主义现状的研究，再也没有什么有价值的新见解出现。(3)1947年6月，美国提出马歇尔援欧计划，苏联同东欧国家拒绝参加，认为这是通过援助从经济上奴役欧洲的计划。1947年9月苏联和东欧等九个国家成立"情报局"。在成立大会上，称美国是主要敌人；苏联除同东欧各国广泛签订一系列贸易协定外，在1949年1月25日同东欧国家一起成立了经济互助委员会。同东欧国家一起搞经互会，同资本主义世界相对立，虽然暂时解决了经济的困难，但从战略全局上看，违背了世界经济发展的共同趋势，对外封闭，得不偿失。(4)因为南斯拉夫不接受苏联模式，不能容忍南斯拉夫的"异端"，从各个方面对南加以孤立和攻击。这从一个侧面反映了苏联僵化的思想方式。

苏联经济体制在经济领域的另一个突出特点，就是建立了否定和限制商品货币关系的计划经济。这主要是斯大林在传统思想的影响下，长期认为商品经济是与资本主义相联系的，是社会主义的对立物，只是到1952年他才肯定社会主义的条件下在消费品领域保留商品生产的必然性。但他仍否定国有企业是商品生产单位，否定生产资料是商品，而且宣称，价值规律的作用是被严格限制在一定范围内的。这实际上是对商品经济的一种误解。由于否定和限制商品经济，苏联长期实行高度集中的计划经济。斯大林把计划经济看做是体现社会主义本质特征和优越性的标志之一，强调国家用行政手段，通过计划直接经营企业、组织和管理国民经济，并认为计划必须实行指令计划，"计划就是法律"等等。

苏联这种高度集中的计划经济体制，在向社会主义过渡之初，适应了当时经济落后、结构简单和以增强国防能力为经济发展首要目标的状况，使苏联在15年间，即1932年就以空前的高速度完成了工业化。在第二个五年计划完成的1937年，苏联工业在工农业总产值中的比重，从1913年的42.2%提高到77.4%，到1941年，苏联工业总产值超过了德、英、法等几个主要资本主义国家，跃居世界第二位，并依靠强大的经济实力，打败了德国法西斯的入侵，国际威望日益提高。这种成就的取得与国家对社会生活的全面管理及高度的群众动员是分不开的。现代化的进程表明，一个国家经济愈落后，就愈需要权力集中、实行高度集权的政治运作，其工业化的启动就愈需要强大的国家导向与政治推动。苏联开创的这种现代化模式，对于落后国家向现代化经济转变、赶超发达国家，无疑具有重要的借鉴意义。

但是，随着社会的发展，由于苏联管理体制是高度集权和高度计划的结合，不但生产者和各地区没有自主权，就是各加盟共和国也没有自主权。这就不能使人们产生发展生产的动力,即使特定条件下出现了一些创新性,也被扼杀了。"土库曼斯坦的阿什哈巴德市计划铺设一条天然气管道以解决居民取暖问题。为筹集资金,想把该市公共汽车票从 7 戈比提高到 10 戈比,但莫斯科不予批准"。① 这种体制严重阻碍了生产力发展,从现在俄罗斯所公布的档案材料和研究成果,充分证明了这一点:赫鲁晓夫被解职前夕,苏共中央主席团曾委托主席团委员波列扬斯基起草了苏共中央主席团向苏共中央全会的报告,报告承认了从 1950 年到 1963 年十多年时间,苏联国民收入增长速度是逐年下降的,具体见表 2-1。②

表 2-1　1950—1963 年间苏联国民收入年平均增长率

时期、年代	国民收入年平均增长速度(百分比)
1950—1953	11.0
1953—1956	12.0
1956—1959	8.9
1959—1962	6.9
1962	6.0
1963	4.0

俄罗斯学术界的研究成果也充分说明,"特别是 60 年代中期到 80 年代中期,苏联领导人说大话,做得少,他们总是宣布提前完成五年计划,而实际上都没有完成。1966—1970 年的五年计划,只完成计划的 64%;1971—1975 年,只完成 70%;1976—1980 年,只完成 55%"③。尽管从 80 年代开始,苏共领导做出种种努力,如加强思想教育,整治劳动纪律,反对官僚主义等等,但都未改变经济下滑的趋势。苏联改革前经济停滞状况,具体见表 2-2。

表 2-2　实际和计划之间的差距(%)④

比值 \ 时间	1966—1970	1971—1975	1976—1980	1981—1985
工业总产值/农业总产值	103/84	91/68	67/56	77/42
劳动生产率:工业/农业	93/87	87/20	55/53	74/34
实际收入/零售贸易	110/120	80/86	85/84	67/70

---

① [美]马特洛克:《苏联解体亲历记》上册,世界知识出版社 1996 年版,第 42 页。
② 见俄联邦总统档案馆 3 号全宗,67 号目录,223 号案卷。
③ НоцелуевВ. А. История России столетия. Москва, гуманитарый издательский центр влацос, 1997, С. 413.
④ 同上。

中国学者对这个问题也做过专门研究,并将各种资料进行归纳。具体情况参见表2-3。

表2-3 苏联经济年均增长率(%)①

数据来源\时间	1951—1960	1961—1965	1966—1970	1971—1975	1976—1980	1981—1985
苏联官方统计	10.1	6.5	7.8	5.7	4.3	3.6
苏联学者估计	7.2	4.4	4.1	3.2	1.0	0.6
美国中央情报局估计	5.6	4.9	5.1	3.0	2.3	0.6

中国在社会主义建设的初期,就采用了苏联模式,很快建成了独立的工业体系。但在实际工作中,逐步觉察到了苏联模式的各种问题,加大了独立探索的力度。毛泽东发表了《论十大关系》等论著,对苏联模式和中国面临的实际状况作了较为深入的分析。后来,由于急于求成的冒进主义错误,加上对社会主义建设规律缺少足够的认识,社会经济发展受到影响,特别是经过"文化大革命"的折腾,社会生产力到了崩溃的边缘,对社会进行改革也是一种必然的趋势。由此可见,随着时代的发展,中俄两国社会转型都势在必行。

中俄两国社会转型最基本的社会背景就是两个国家原来都是社会主义的大国,并表现出了一些共同的特征,即:共同富裕(平均主义)的思想基础;国家具有庞大的固定资产所有权;完整的投资及财政支持体系;严密的层级制约的组织形式;立足自身的粮食供给和基础教育的普及;巨大的消费市场及其发展空间,这些背景是无法回避的,也是需要正视的基本出发点。

二、中俄体制转型启动阶段的比较

中俄两国在社会主义建设的过程中,都出现了三个重大的理论失误:一是在生产力和生产关系的关系上,过分强调生产关系的反作用,特别是认为社会主义的生产关系是先进的,一旦形成就能自动促进生产力的发展,如果生产力没有发展,就应把生产关系搞得更先进。衡量这个更先进的标准,就是公有制的程度。实际上,生产关系要促进生产力的发展是要经过很多中间环节的,诸如科学技术、激励机制等等。生产关系先进程度的标准,是看能否同生产力的状况相适应,而不是公有制程度越高就越先进。二是在社会主义发展阶段的问题上的盲目乐观。苏联在1936年就认为已经建成了社会主义,在向共产主义

---

① 见陈锦华等:《论社会主义同市场经济的兼容》,第218页。

迈进,后来又提出发达的社会主义等概念,中国也没有看到我们处于社会主义初级阶段,也曾犯过急于向共产主义过渡的错误。在社会主义发展阶段的问题上都没有对自身落后状况的清醒认识。三是两国都将社会主义同市场经济尖锐地对立起来,认为社会主义只能是产品经济,进而不承认社会主义可以搞市场经济。两个国家在改革之前经济发展都遇到了严重的问题。改革势在必行。

中国的改革开放是一场震惊世界的伟大变革,是对原有体制的扬弃。迈出改革的第一步是至关重要的。这个第一步迈得怎么样,直接关系到改革能否顺利推进。这一步迈大了,使人们难以承受,就会引起社会震荡;这一步迈小了,不触动关键问题,改革就不能启动;这一步如果迈得不稳,留下后遗症,会增加改革的阻力。因此,对改革起步政治要素的分析,对于总结改革开放历史及其经验,具有十分重要的意义。中国转型启动阶段的时间,是从1976年粉碎"四人帮"到1978年的十一届三中全会。这期间重要作了三件事:一是开展了真理标准问题的讨论。通过讨论,确立了"实践是检验真理的唯一标准"的思想方法,为冲破"两个凡是"的严重束缚,重新确立马克思主义的思想路线、政治和组织路线奠定了理论基础,成为实现党和国家历史伟大转折的思想先导。二是平反了大量冤假错案。"文革"期间制造了大量冤假错案,全国有上亿人程度不同地受到波及。仅1978年上半年,中央组织部就接待干部来访6434人次,受理信访32927件,有力地推动了整个平反冤假错案、落实干部政策的工作。三是为工作重点的转移作了充分的准备。1978年以后党内要求改革的呼声越来越强烈。1978年3月召开的全国科学大会上,人们认识到,我国的科学技术在多数领域比发达国家落后20年,必须加快赶上。1978年9月,邓小平视察了东北三省反复强调要大胆改革管理体制。1978年11月10日,中央工作会议在北京召开,会上正式提出了工作重心转移的问题,为中共十一届三中全会的召开作了充分的准备。

中国在转型启动阶段中最重要的成果,就是人们对改革的基本问题达成了共识。尽管人们也有分歧,比如中央为"四五"天安门事件公开平反后,北京等大城市出现一些自发的群众集会和大、小字报,在表示拥护党中央决定的同时,也要求追究压制平反冤假错案领导人的责任,有的人还提出全盘否定毛泽东的错误意见;也有的人坚持原来"左"的观点,这引起了围观群众间的争吵和混乱。但这些问题经过党中央的正确引导都得到了很好的解决,支持改革开放的局面已经初步形成。

苏联转型的启动从1982年11月勃列日涅夫去世,安德罗波夫当选为苏共中央总书记,到1985年3月戈尔巴乔夫当选为苏共中央总书记,可以看做是改革的启动阶段。这个阶段经历了安德罗波夫的改革、契尔年科的执政,这个阶段是不能被忽视的,因为戈尔巴乔夫的改革直接接续在这个阶段之后。安德罗波夫1982年11月当选为苏共总书记,1984年2月病逝。在短短的一年多的执政时间里,有一定的建树。他把勃列日涅夫的沉闷体制撬开了一条缝,尝试了农业集体承包制,力图扩大工业企业的经营自主权。他的改革措施主要有:

(1) 初步提出了改革的正确原则。安德罗波夫说:必须把我们所处的社会研究清楚,这才是改革的真正开端。① 安德罗波夫在《共产党人》等杂志上发表文章,多次阐述上述观点。他有一个非常重要的思想,即我们不能超前,提出不能实现的任务,也不能原地不动,等待改革的条件,而是根据全部可能性的需要扎实推动改革。②

(2) 正确认识计划经济,更新经济机制,扩大企业和工人集体的自主权。时任苏共中央经济部长的尼·雷日科夫在回忆录中说,他"仔细查阅了中央委员会当时的大量会议文件,阅读了各方面的学者、专家以及工厂厂长、集体农庄主席的主张,发现大家都有一个重要的共同点:必须结束经济中早已过时的硬性包办一切的计划和行政手段。它的产生有许多特殊的条件,其中包括准备战争和战乱,战后恢复国民经济的困难,几十年冷战期间财力、物力和智力储备都投入到夺取军事优势等等"③。这说明当时苏联的主要领导人,已经认识到了对原有的计划体制一定要进行改革;在这种认识的基础上,安德罗波夫提出经济领域要部分地分散权力;在计划经济体制下弱化行政命令,将劳动人民和企业的经济利益与生产效益密切挂钩,而同时又不改变社会主义的主要价值观。安德罗波夫也采取先试点,逐步推广的办法。从1984年1月1日开始,在联盟的重型机器和载重汽车工业部和电机工业部所属企业,以及乌克兰、白俄罗斯、立陶宛这三个共和国境内的部——食品工业部、轻工业部、地方工业部所属企业,转入新的经济运行方式。当时的意图是:试行一年,见到成效,再推广到其他企业。试行的主要内容有:第一,"企业可以独立利用生产发展基金和工资基金,他们自己可以决定如何奖励优秀工作者,不仅奖钱还可以奖宿舍、疗养证、幼儿园或托儿所床位。"④第二,企业可以自行决定生产项目,自行采购原材料,自行出售部分产品;"企业自身在编制计划全过程中的作用增加。"⑤第三,企业工人的工资和社会领域的经费数额与工作成果直接影响挂钩。

(3) 开展整顿秩序和生产纪律运动:安德罗波夫认为,这是改革的起点之一。一方面,给企业以自主权;另一方面,宣布执行严格的秩序和纪律。当时,苏联社会笼罩着十分沉寂的气氛。从1982年开始,居民的实际收入在战后首

---

① [俄]尼·雷日科夫:《大动荡的十年》,中央编译出版社1998年版,第39页。
② 同上。
③ 同上书,第44页。
④ 同上书,第45页。
⑤ 同上。

次停止增长，机关、企业到处弥漫着松松垮垮的作风，迟到早退是一种十分普遍的现象。安德罗波夫上台后，召开多次会议，大家的意见高度一致：需要实行最严格的纪律。整顿秩序和生产纪律取得了良好的效果。苏联1983年第一季度，生产增长了6%；1983年全年，国民收入增长了3.1%，工业产值增长了4%。

（4）大规模地开展反腐败运动，查处了一批大案和要案，主要有：

"乌兹别克案"。所谓"乌兹别克案"泛指自70年代中期至80年代发生或被曝光的乌兹别克共和国的一系列腐败案，共和国共产党中央委员会13个核心人物几乎全部卷入腐败案。根据不同的数据，莫斯科调查组没收的该共和国腐败分子的非法资金为1500万—4400万卢布。苏联内务部第一副部长、勃列日涅夫的女婿尤·丘尔巴诺夫也卷入了"乌兹别克案"，为保护该共和国领导人的腐败活动，丘尔巴诺夫收受了巨额贿赂。

"棉花案"。"棉花案"是涉及乌兹别克和俄罗斯联邦两个加盟共和国的苏联最大的腐败案之一。"棉花案"的要害是夸大和虚报乌兹别克共和国的棉花产量，并以此骗取国家巨额财政拨款。根据对该共和国5年棉花生产情况的检查结果，共和国至少虚报棉花产量500万吨。苏联国家财政为虚报的产量支付了30亿卢布的资金，其中14亿卢布被腐败分子窃为己有。

"梅杜诺夫——晓洛科夫案"。揭发克拉斯诺达尔边疆区党委第一书记C·梅杜诺夫的腐败活动和在内务部发动针对勃列日涅夫的亲信内务部长尼·晓洛科夫的反腐败运动，是安德罗波夫上台后惩治腐败高官的另一大行动。梅杜诺夫是勃列日涅夫红人，在担任克拉斯诺达尔边疆区党第一书记时，他把所管辖的地区视为自己的私有领域。梅杜诺夫及同伙控制了以旅游业闻名的克拉斯诺达尔边疆区发放建筑许可证的大权，并从中得到了巨大的利益。

但安德罗波夫也有自身的严重弱点：一是他身体不好，他患有严重的肾病，执政15个月，真正工作不足一年，其余的时间都是在医院里度过的。二是他不懂经济，以前长期在"克格勃"工作，远离经济这个主战场；尽管他上台后十分刻苦地学习经济学知识，但作为"外行"领导经济改革，知识积累方面还有相当的距离。尼·雷日科夫在回忆中说，他对租赁制、合资企业等都很生疏。三是在旧势力的重重包围之中，要想打开一个缺口是十分艰难的，需要勇气和魄力，而安德罗波夫在这方面也是欠缺的。1984年2月份，安德罗波夫去世，2月13日，苏共中央全会选举73岁虚弱有病的契尔年科担任总书记。契尔年科是勃列日涅夫时期的重要领导人，也是保守势力的代表，加之他身体不佳，在他执政期间改革处于"中断"状态，几乎没有出台改革的措施。

这是苏联领导层的状况，尽管对原有体制的弊端有了较为深刻的认识，但由于保守势力的强大，领导自身的弱点，改革还没有形成一种态势。

还可以从另外一个角度分析苏联改革启动问题,就是人们对改革的认识。历史进入 20 世纪 80 年代,苏联人民对日常生活的理解也是十分复杂的:一是人们对现实的不满情绪在增长,发达社会主义的口号不能吸引和提高人民的注意力和信心,但人们的生活水平还是有所提高。到 1980 年前后,苏联有 1 亿多人改善了自己的居住条件。"临近 1985 年的时候,100 个家庭中的 90 个家庭拥有电视机。"① 私家车也开始走入家庭。1971 年前后,苏联每年生产的汽车总数首次突破 100 万辆。到 70 年代末,80% 的 15 岁以上的城市居民都受过中高等教育。国内总计有 500 万大学生。② 人们的工资也有一定的增长。1970 年平均工资是 122 卢布,到 70 年代末变成 169 卢布。人们的消费食品状况可参见表 2-4。③

表 2-4　20 世纪 60—80 年代苏联居民人均消费的主要食品

单位/公斤

年份 项目	1961	1965	1970	1975	1980	1985
肉	39.6	43.7	48.6	60.5	60.1	65.2
奶	157.5	147.8	194.4	194.7	171.4	173.0
蛋	7.0	6.7	8.8	11.8	13.5	14.6
油类	7.6	8.4	10.5	11.3	14.0	15.8

但另一方面,这种表面繁荣的背后,却蕴藏着巨大的危机:最主要的是商品短缺越来越严重,即使是肉、奶、蛋这些必需品,也要排长队购买;一些日用品如服装、鞋、家具也十分短缺。商品短缺导致了两个严重的后果:一是影子经济迅速发展,"黑市"盛行,需求大的商品在"黑市"流通,实物交易也发展迅速;二是特权制度越来越严重,有些领导人越来越积极地推行特权制度,紧俏商品只有特权的人能买到,人民群众的不满情绪日益增长。

正因为这种复杂的社会情况,导致人们对勃列日涅夫时期的评价也呈现出矛盾的现象:根据俄罗斯"社会舆论基金会"于 2006 年 12 月进行的问卷调查来看,有一半的调查者,认为勃列日涅夫在俄罗斯历史上起了积极的作用。④

综上所述,中苏两国在改革启动阶段最大的差别,就是在改革的共识问题上。中国领导人邓小平坚持实事求是,这期间他讲话的内容主要有三点:一是

---

① ［俄］亚·维·菲利波夫:《俄罗斯现代史》,中国社会科学出版社 2009 年版,第 220 页。
② 同上书,第 223 页。
③ 同上书,第 225 页。
④ 同上书,第 229 页。

千万不要搞禁区,不要思想僵化;二是我们太穷了,必须发展生产力,实现工作重心的转移;三是必须坚持改革开放。中央这个时期下发的文件也是围绕这几个问题展开,这很快统一了全党全国人民的思想。而苏联在改革启动阶段,无论是领导层,还是广大人民群众,对改革并没有形成一个初步的共识;特别是领导者和人民群众对立的情绪在不断发展;还有就是原有体制的优势是什么,主要问题是什么,从哪里入手进行改革,都没有弄清楚。转型启动阶段同中国形成了鲜明的对比。这从一个方面也决定了改革的悲剧结果。

三、俄罗斯(苏联)体制转型的进程

俄罗斯(苏联)的体制转型经历了戈尔巴乔夫、叶利钦和普京三个各有特色的时期:

第一个是戈尔巴乔夫时期:俄罗斯(苏联)的体制转型从 1985 年戈尔巴乔夫上台就开始了,但进入真正的实施阶段,则是在苏共二十七大以后。这个进程大体上经历了三个大的阶段。

(一)第一阶段:1986 年 2 月苏共二十七大——1988 年 6 月苏共第十九次代表会议,即原有体制内部的局部转型

1986 年 2 月 25 日—3 月 6 日,苏共二十七大召开。戈尔巴乔夫在会议上提出"加速战略",即"提高经济发展速度","发展要有新的质量:在科学技术进步、经济结构改造、有效的管理、劳动组织和刺激形式的基础上尽一切可能使生产集约化"。① 会议主要有三个方面的特点:

1. 理论上的新突破

要实现"加速战略",必须首先反对教条主义,"抛弃老一套的思维模式","以新的眼光来看待某些理论观点和概念"。强调理论是推动改革的强大动力,不改变过时的观念和僵化的理论,"根本的改革"就无法进行。苏共二十七大在一些重大问题上有了新的突破。第一,关于苏联社会所处阶段的估计。大会否定了苏联处在发达社会主义阶段的观点。在规定党的当前任务时,只提"完善社会主义"而不再提"完善发达社会主义"。② 第二,关于生产力和生产关系的理论。大会批判了"自由适应",强调必须大力改革"生产关系中过时的部分"和"过时的经营方法"。第三,关于社会主义所有制理论。大会批判了片

---

① 邢广程:《苏联高层决策 70 年》(5),世界知识出版社 1998 年版,第 16 页。
② 1986 年 10 月 1 日戈尔巴乔夫在全苏高等院校社会科学教研室文化会议上提出苏联社会处于"发展中的社会主义"阶段的新概念。

面追求提高公有化程度、急于把集体所有制过渡到全民所有制的倾向,强调发展合作社所有制的重大意义和发展个体经济的必要性。第四,关于商品货币关系理论。大会批判了理论界对商品货币关系"抱有成见"的僵化观点,戈尔巴乔夫在报告中认为,商品货币关系可以"有机地纳入社会主义经济货币关系"中去。第五,提出了衡量改革性质的标准。大会批评了"把经济体制的任何改变几乎都看作是背离社会主义原则"的"流行看法",强调"完善管理和完善社会主义生产关系体系的最高标准,应当是加速社会经济发展和切实加强社会主义"。苏共二十七大在理论上的突破虽然是初步的,但是对传统观念的反省和批评,对当时的改革起了重大的推动作用。

2. 确定了经济体制改革的方向和原则

大会指出:(1)调整全民所有制,发展社会主义自治,继续发挥合作社所有制的潜在能力,发挥个体经济对社会主义经济的补充作用。(2)发展商品货币关系,促使计划经济同市场机制相结合。(3)提高国家集中领导经济的效率,加强国家对宏观方面的领导,结束中央对下级经济部门的具体业务干预。(4)扩大联合公司(企业)的独立自主权,逐步实行完全的经济核算,财务自理,自负盈亏。(5)进一步使部门经济管理和地区经济管理合理地结合起来。(6)适应生产集中化、专业化、协作化的趋势,建立大型跨部门的经济综合体,使生产组织现代化。(7)实现经济管理的全面民主化。(8)在农业体制改革中,在作业队、生产组和家庭一级中推广承包制和合同制。苏共二十七大提出的经济改革构想已开始考虑利用市场机制和所有制的多样化问题,这表明苏联的经济改革正开始深化。

3. 推进政治体制的改革

大会提出:(1)完善人民代表制度和加强苏维埃选举制度的民主化。(2)扩大各种职务的选举制和征选制。(3)逐步实行"人民的社会主义自治",提高工会、共青团、创作协会、志愿协会及其他群众组织在人民的社会主义自治系统中的作用,扩大他们对国家决策机关的制约作用。(4)贯彻政治公开性原则,提高公民对政府决策和执行结果的了解程度,并使公开化成为经常的制度。(5)加强法制建设,建立完备的法制系统,法律要为经济改革和实现社会公正原则服务。

苏共二十七大以后,苏联社会出现了两个方面的明显变化:一方面,经济改革开始起步。苏联科学院通讯院士阿尔巴金发表文章指出:目前的生产关系形式、经营和管理体制基本上是在战争和特定的条件下形成的,逐渐地过时了,开始丧失刺激作用,而某些东西已成为障碍。为了改变生产关系的形式、改造经济机制,1986年3月28日,苏共中央通过《关于进一步完善农工综合体经营管理的经济机制的决定》,提出农业单位可以自行支配超计划生产出的农产品,允许在种植业和畜牧业中实行家庭承包制和个人承包制。① 1986年4月5日,苏共中央专门讨论怎样贯彻经营体制改革,强调主要是集体农工和国营农场转向"自负盈亏和自筹资金"。② 1986年11月19日,苏联通过《个体劳动法》,并于1987年5月1日起生效。这个法令十分重要,它是苏联有史以来第一个个体劳动法,也是经济改革的一项重大举措。该法令规定了个体劳动者的权益。从1986年起,苏联实施扩大企业自主权试点,试点企业自筹资金,实行完全的经济核算。到1986年底,工业试点企业总产值占全苏工业总产值的一半。从1987年起,苏联推行农业改革,实施集体和家庭承包制。在集体农庄和国营农场实施"定额计划法"。③ 另一方面,对改革的"中间环节的抵制"越来越严重。与其说"党的干部切身感到了对整个'社会主义'秩序的危险性",还不如说切身感到了对自己的威胁性。这种抵制使戈尔巴乔夫认识到,"如果不能动社会主义的'圣牛',他所致力于的任何改革都不会成功"④。1987年1月27日,苏共中央召开中央全会。俄罗斯有些理论家认为"中央一中全会和戈尔巴乔夫的报告是一件不寻常的事件"。⑤ 戈尔巴乔夫自己也把1987年一中全会看做是一次在改革的政策方面具有转折性的会议。⑥ 会议强调民主化和公开化对推动改革的决定性意义。全会对干部问题给予高度重视,认为干部问题是决定改革成败的关键问题,强调对改革的态度和工作的实绩是衡量干部的标准,要求大力调整干部队伍,撤换对改革无动于衷的不称职的干部,提拔积极投身于改革事业的新生力量,并提出了一系列加强干部队伍建设的措施。全会提议修改选举法,加盟共和国党中央包括第一书记以下的各级干部的选拔和更换也必须通过选举。这次中央全会反映了戈尔巴乔夫改革思想的一个重要特点,即突出政治改革在整个改革中的作用,靠政治改革为经济改革开拓前进的道路。一月中央全会后,苏联政治的民主化和公开化加速推进,如坚持公布每星期四中央政治局例会的内容,中央召开的各种重要会议不仅公布决议,而且公开发表代表的发言内容,包括不同意见。此外,中央决定重新审理不同政见者的案件,到1987年已有140多名不同政见者获释。1987年6月25—28日,苏共召开了中央全会。这次会议的中心议题是经济体制改革。全会讨论和通过了经济改

---

① 中共中央党校国际共运研究所编写组:《苏联东欧风云录》,中共中央党校出版社1990年版,第37页。
② 同上。
③ 邢广程:《苏联高层决策70年》(5),第74页。
④ [俄]阿·切尔尼亚耶夫:《在戈尔巴乔夫身边六年》,世界知识出版社2001年版,第166页。
⑤ 同上书,第143页。
⑥ 同上书,第145页。

革的纲领性文件《根本改革经济管理的基本原则》和《国营企业(联合公司)法》草案(6月30日苏联最高苏维埃会议正式批准了《国营企业(联合公司)法》)。《根本改革经济管理的基本原则》指出,在经济管理方面已开始发生深刻的变化,但障碍机制还没有被打破。文件强调实现对国家经济管理的根本改革是一个真正的革命过程,其实质是从以行政领导方法为主转向以经济领导方法为主,转向以利益和通过利益进行管理,转向广泛民主化和大力调动人的积极因素。经济管理体制改革的主要内容是:扩大企业的自主权;改善对经济的集中领导,放弃中央对下级经济日常工作的干涉;改革计划工作、物资供应、价格形成和财政信贷机制;建立促进专业化、加强各生产部门协作、使科学直接参与生产的经济管理组织结构;保证部门和地区经济管理的最佳结合;发展自治,建立调动人的潜力的机制,明确区分党、政、社会团体的职能,改进工作作风。经济管理体制改革的中心环节和出发点是企业,其任务是建立一种在完全经济核算、自筹资金和自我补偿基础上的企业现代化经营机制。

1988年5月,苏联公布《国营企业法》,赋予企业领导人更大的自主权,并决定将企业重组为更大的联合企业,工人可以选举企业的领导。《国营企业法》是苏联第一部有关企业管理的法律,它规定了企业的组织原则、活动原则及法律地位,确定企业是社会主义商品生产者,由过去国家计划的单纯执行者变成相对独立的生产经营者,企业内部实行自治,推行完全的经济核算制。企业法从1988年起正式生效,先在机械制造、化工、冶金、交通运输等部门中试行,1989年扩大到所有企业。全会决定在第十二个五年计划(1986—1990年)内做好准备,到1991年把全国经济纳入新的管理体制和经济体制中。六月中央全会通过两个文件构成了包括宏观和微观的全面改革方案,它使二十七大关于经济改革的总体设想进一步具体化,使改革从单项措施、局部试点进入全面实施的阶段。1988年5月,苏联公布《合作企业法》,允许成立合作企业,于是数百家合作企业包括银行成立了。这实质上是允许建立私人企业,只不过带着更容易被接受的标签而已。1988年12月,苏联又颁布了允许向个人售房的法令。1989年4月,又出台了允许工人租赁国有企业的法令。1990年1月戈尔巴乔夫发表谈话,表示允许将家庭农场出租。总的看来,这些过程是渐进的,没有过激的行动。但这些措施的大背景,是国家政治体制的激烈变动,所以成为激进变革的重要组成部分。

1988年6月28日到7月1日,在莫斯科召开了举世瞩目的苏共第十九次全国代表会议。会议的根本任务是深化革命性改革并使这一改革不可逆转。主要议题有两个:一是总结第十二个五年计划(1986—1990年)前期执行的情况和三年来改革的实践。二是商讨党和社会生活的进一步民主化,确定政治体制改革的基本构想,其中全面开展政治体制改革则是会议的主题。会议不仅揭露"个人迷信时期"和"停滞时期"存在的问题,而且批评了戈尔巴乔夫执政三年以来出现的问题和失误。会上,苏共中央总书记戈尔巴乔夫作了题为《关于苏共第二十七次代表大会决议的执行情况和深化改革进程的任务》的报告,报告强调指出,三年来改革已深入人心,正在成为千百万人的实际行动,社会气氛发生了显著变化,但是,不能说改革已经不可逆转,苏联的发展还需要新的本质的变化。戈尔巴乔夫认为,经济改革虽有进展,但经济状况无明显变化,人民生活提高缓慢,其主要原因是对以往的扭曲和停滞的深度和严重性估计不足,长期积累的问题仍然没有解决,要推动改革必须要总结经验,从改革初始阶段的困难中吸取教训。报告论述了政治体制改革是整个改革不可逆转的关键和保证,提出公开性、民主化和社会主义舆论多元化是改革的必要条件,没有公开性就不可能揭露矛盾,克服消极现象。强调政治制度改革的实质是将权力交给人民及其代表机构,让人民群众不是在口头上而是在行动上参与国家的管理,政治体制改革的最终目的和衡量标准是全面充实人权,提高苏联人的社会积极性。报告第一次提出了"民主的和人道的社会主义"的概念,强调"我们的目标是多一些民主,多一些社会主义,劳动人民过上美好生活,国运昌盛"。为了在严格的法律基础上利用党的威信加强苏维埃的作用,报告建议把同级党委的第一书记推荐到苏维埃主席的职位上。还建议通过新的选举法组成新的代表性的最高国家权力机关——苏维埃人民代表大会,每五年选举一次。代表大会选举最高苏维埃作为常设要务机构,并设立最高苏维埃主席的职务。① 最高苏维埃主席享有足够广泛的国家权力,负责解决内政、外交等最关键的问题,领导国防会议,推荐政府首脑人选,最高苏维埃将在他的领导下工作。报告强调恢复列宁主义的民主集中制的必要性,指出在一党制的条件下,应建立一种在党内和社会中进行各种观点的对比、进行批评和自我批评的机制,坚决反对迫害党内持不同意见的同志。在党的工作中实行最大限度的公开性,包括公布各级党委会全体会议的发言内容,公开政治局委员的分工。党内选举要贯彻广泛讨论候选人、秘密投票、差额选举等原则。党中央总书记、政治局委员、书记处书记都只能连任两届,但如获3/4票数的赞成也可连任三届。十九次代表会议是苏联改革进程中的一个重要转折点。它标志着把政治改革作为深化改革和使之不可逆转的首要和关键,从此,"全面改革"的重心转向政治领域,苏联社会进入了动荡多变的新时期。

这个阶段,苏联体制转型有两个明显的特点:第一个特点是在农村和工厂的经济管理体制改革没有深入的情况下,改革重心就转到政治方面。如果说,

---

① 戈尔巴乔夫在报告中提出的在特殊的条件下可连任3届的意见被会议否决,他所提出的党委第一书记兼任同级苏维埃主席的建议也未获通过。

苏联改革从政治搞起不够确切,这是对的。苏联改革的确是从经济领域搞起的,经济领域也是最先从农村搞起,这一点和中国极其相像。但这些领域的改革仅仅是提出了任务、制定了相关的政策,没有扎扎实实地向前推进。在安德罗波夫时期,就开始推行农业集体承包制。为了使劳动者的利益与农业生产的最终成果相联系,解决农业中存在的尖锐问题,推动农业生产的发展,1983年3月,苏共中央政治局和全苏农业会议分别作出决议,决定在集体农庄和国营农场中广泛推行集体承包制。承包组织与农庄、农场签订合同,建立经常核算关系,对承包者按最终实际生产的产品数量和质量实行集体包工奖励和劳动报酬制。承包组织拥有决定生产业务问题的自主权。承包组织按自愿原则建立,通过选举产生领导人。安德罗波夫提出了在三年内全面推广集体承包制的计划。到1983年10月初,承包作业队和承包小组已达150万个,承包的耕地面积占全国公有耕地的18%以上。在劳动和资金消耗更少的情况下,承包单位比未承包单位的产量高20%—30%,劳动生产率提高20%—30%。虽然集体承包制能激励优质高效劳动,具有较高的经济效益和社会效益,但是由于技术部门、计划经济部门和财会部门未配套改革,农庄和农场的领导人经常不履行合同,奖励不兑现,因此这一时期的承包制推广不快,不少承包单位流于形式,甚至自动解散。除集体承包制外,自1983年始,苏联还在一些地区试验性地推行家庭承包制,在理论上肯定它是公有经济的一种特殊形式,属于社会主义生产关系的范围,并强调家庭承包蕴藏着提高劳动生产率的极大潜力,可把全民利益、集体利益和个人利益合理地结合起来。但这方面的进展也很缓慢。到1987年10月,苏联建立农村集体性质的合作社仅8000个。① 到1988年,在1万多个农庄农场里,实行生产资料租赁的仅占1/5左右。② 正如戈尔巴乔夫所说:"我很清楚经济改革的重要意义,所以认为首先应当争取使经济现代化,以便为90年代初进行彻底的经济改革创造条件。全苏科技进步讨论会也以此为目标。这里我要说明的是,这些设想在一定程度上与邓小平在中国实行改革的方法颇为相似。"③但由于阻力太大,"需要采取更带根本性的方法","直到全苏第十九次党代表会议才出现真正的转折,此后改革才开始具有不可逆转的性质。采取这一决定步骤,既有经济改革明显受阻的缘由,也为社会舆论激化所驱动。"④

诚然,在苏联进行农业改革,阻力是非常大的。大多数农民宁愿留在集体

---

① 《苏联东欧风云录》,第77页。
② 同上书,第111页。
③ [俄]米·谢·戈尔巴乔夫:《真相与自白——戈尔巴乔夫回忆录》,社会科学文献出版社2001年版,第161页。
④ 同上书,第162页。

农庄或国营农场,因为这样生活有保障,可以避免个人经营所承担的风险。农庄和农场主伙同众多的地方当权派以不提供信贷、农业机械、种子和农药,不准新的私人农场雇工等方式设置各种障碍,这一方面反映了农村改革阻力之巨大,另一方面也反映了农村改革政策不配套,或者说没有选择好农村改革的突破口。但俄罗斯也不是没有农业改革见成效的地方,如私人园地的发展。1992年末,人民代表大会批准农民和城市居民每户可以有不超过600平方米的园地,这个标准比原来扩大了一倍。实际上,有些地方每个农户达到了900平方米,比如莫斯科北部的一些州,就明确规定可有900平方米的私人园地。这就意味着允许全俄3260万个农民私人园地扩大了一倍。虽然这些私人园地只占全国土地面积的2%—3%,但园地的农作物产量却占全国农业产量的20%—30%。可见,俄罗斯在扩大农户私人园地方面的政策是成功的。通过扩大私人园地,特别是农户私人园地的途径,绕开同保守势力的正面冲突,发展农业生产力,也不是完全没有可能的。这种突破口的选择在俄罗斯更具有重要意义。在世界上,特别是在亚洲,经济改革的成功几乎都是从农业改革开始的,日本、韩国、中国,都是如此,戈尔巴乔夫后来也承认改革应该从农业开始。他说:"我认为我最大的失算是,我们没有将农业作为改革进程的起点,而且我们半途而废了"。①

应当说,戈尔巴乔夫已经认识到其改革受挫的症结所在。按照我们衡量国家能力的标准,在转型初期,首先要使人民得到实惠,要使国家经济实力得到增长,如此才能为政治转型创造条件。但也正是从这时期开始,苏联的国家经济实力开始下降。如1987年农业生产总值出现负增长,同1986年相比为-0.6%;消费品生产1986年开始出现负增长,为1985年的-2.8%,固定资产投资1988年开始出现负增长,为1987年的-1.4%。这从一个侧面说明,苏联的经济改革特别是农业改革在没有取得任何成果的情况下就急忙转入了政治领域,由此导致政治上冲突加剧。从1986年2月苏共二十七大,到1988年6月十九次代表会议,仅两年多时间,国内发生的公开冲突有24次,这些冲突的主要形式是大规模集会和示威,内容主要有三个:一是民族问题;二是人权民主问题;三是政治分歧,支持或反对某个领导人。由此,也导致思想文化上的混乱,各种思潮、主义纷纷出现,思想上的多元化开始形成。虽然这些冲突都以强制的方式控制住了,但已经预示着国家控制能力将要急剧下降。

第二个特点,是在没有及时调整严重不合理的经济结构的条件下,就推行加速发展战略。戈尔巴乔夫在执政后不久召开的苏共中央四月全会上(1985年),提出了加速发展的思想。1986年2月召开的苏共二十七大,正式提出并

---

① [美]马歇尔·戈尔曼:《失去的机会》,上海译文出版社1996年版,第193页。

通过了加速发展战略的方针。长期以来,由于苏联片面发展重工业,特别是军事工业,从而形成了国民经济结构比例的严重失调,是一种严重畸形的经济。20世纪80年代中期,从社会总产值的部门结构来看,农轻重三者的比例关系大致为2∶2∶6,同期中国为3∶3∶4。其直接后果,是消费品市场更加紧张。在20世纪80年代末,苏联市场上出现全面短缺。这种经济状况使转型丧失了广大群众的支持。由于加速发展战略没有从战略角度重视农业,也使得农业改革雷声大、雨点小,最终没有取得预想的效果。

(二) 第二阶段:1988年6月—1991年12月苏联解体,这是苏联伴随着对体制转型的争论而出现动荡、分化的时期

从1988年7月初开始,苏联政治体制改革全面展开。苏联体制转型从经济转向政治的基本原因,在于经济转型阻力太大,没有办法深入,因此戈尔巴乔夫想通过政治体制改革打破阻力。1987年"4月、5月、6月,在每一次政治局会议或其他任何会议上,或者甚至在同外国人的会见中,戈尔巴乔夫没有一次不谈到突破经济教条的必要性问题",明确表示"必须进行深刻变革,必须打碎阻碍机制","应当撤换那些不要改革或不称职的人。"[①] 政治体制改革的一个重要内容是从上到下民主选举新的权力机关,建立新的国家权力机构——人民代表大会。从1988年12月开始动手筹建;1989年3月,通过差额选举和无记名投票选出了2250名人民代表(地区选区、民族选区和社会组织各选出750名代表),其中共产党员包括预备党员占87%,工人和庄员占23.7%,知识分子占27.4%,全体代表中有88.1%是首次进入国家最高权力机构。1989年5月25日至6月9日,第一次苏联人民代表大会在克里姆林宫举行,正式成立了苏联最高国家权力机构,并选出了其常设机构苏联最高苏维埃。最高苏维埃由542名代表组成,其中联盟院和民族院各271名。大会选出了最高法院院长、国家总仲裁长、总检察长和苏联人民监督委员会主席。大会批准以雷日科夫为主席的部长会议作为苏联最高权力机构的执行机构。

在推进民主化和公开性的过程中,苏联社会死水一潭的僵化局面被打破,同时,不安定的因素明显增长,国家开始向失控方向发展。很明显,以前苏共是苏联的领导核心,由于苏共受到了严重冲击,"已经习惯于接受苏共领导的政府,各个部在没有这种权威力量以及中央机关和中央委员会书记处的组织有序的催促和威胁,他们很快就失去工作能力。"[②] 从1989年开始,社会矛盾日益激化,政局剧烈动荡,群众性罢工风起云涌。7月10日,西伯利亚克麦罗沃州1.2

---

① [俄]阿·切尔尼亚耶夫:《在戈尔巴乔夫身边六年》,世界知识出版社2001年版,第163页。
② 同上书,第278页。

万矿工举行罢工,抗议商品短缺,要求改善生活条件,罢工很快波及西伯利亚、乌克兰和哈萨克各地,参加人数达50万左右。接着铁路、工程建筑等部门的工人也卷入罢工浪潮。罢工造成了严重后果,损失700多万工作日,引起了社会秩序的混乱,直接经济损失达10亿卢布。为了制止罢工的蔓延,10月2日苏联最高苏维埃通过议案,禁止在今后15个月内举行罢工,并立即生效。但罢工仍未停息,仅1990年1—4月,就有124个城市的1696个企业发生罢工,参加者达15万人,直接经济损失达15亿卢布。社会不安定还表现在各种犯罪事件恶性发展,在许多大中城市出现黑社会集团,他们贿赂收买地方官员,作恶多端,引起群众不满。与此同时,群众性的集会游行等所谓"街头政治"泛滥成风,动辄集会游行,据统计,1989年有近200个城市举行了5000多次群众集会,参加人数达1600多万人。频繁的集会游行造成了巨大的经济损失和严重的政治后果。此外,还有一个影响国家控制能力的因素,那就是1988年下半年后,民族问题成为苏联政治生活中一个突出的问题,民族矛盾激化,民族分离倾向增强,出现了深刻的民族危机。1988年9月,阿塞拜疆和亚美尼亚两个共和国因纳戈尔诺—卡拉巴赫自治州的归属问题发生流血冲突事件,之后,一些加盟共和国的独立分离倾向日益严重。联盟中央在各共和国发动的"主权战""法律战"面前显得软弱无力,民族危机日益深重。

在实施民主化和公开化的背景下,党内外各种反对势力猛然崛起,成为一股难以控制的力量,对苏共的领导地位提出了严重挑战。自1988年起,各种未经政府批准的"非正式组织"纷纷建立,诸如"公民尊严联盟""民主联盟""无政府工团主义联盟""莫斯科人民阵线""民主俄罗斯运动"及各共和国的"人民阵线"等等。据估计,这类"非法"组织到1989年已有6万多个,1990年8月增至9万个,甚至十月革命后被取缔的"立宪民主党"和"社会革命党"等也先后复活。这些组织性质庞杂,其中有1万多个带有政治色彩,900多个具有政党性质,其领导人或骨干分子有不少是持不同政见者、人权活动分子、民族主义者。大多数政治性组织主张实行多党制和议会民主,有些组织的纲领和活动具有明显的反对苏共、反对社会主义制度和反联盟中央的性质。与此同时,跨地区跨共和国的联合组织开始出现,1989年10月28日举行了"苏联民主组织跨地区协会"成立大会,参加者有12个共和国的92个非正式组织,代表30万成员,协会主张三权分立、在人权和国际公法的基础上改造法律制度、促进军队民主化等。①

在推进政治体制改革的过程中,政治多元化和多党制问题日益突出和尖锐起来,成为党内外各种政治力量斗争的焦点,成了影响整个改革进程的决定性

---

① 参见江流、陈之骅主编:《苏联演变的历史思考》,第75页。

因素。在政治民主化、公开化的旗号下,一些激进反对派势力和敌视社会主义的势力极力鼓吹实行多党制,要求修改《宪法》第6条关于"苏联共产党是苏联社会的领导力量和指导力量,是政治体制、国家和公众组织的核心"的规定。1989年12月10日,莫斯科一些非正式组织举行有数千人参加的集会,公然要求取消宪法中关于党的领导地位的条款,同月召开的苏联第二次人民代表大会上,有代表提出修改《宪法》第6条的动议。1990年2月4日,以叶利钦为首的反对派在莫斯科市中心组织了有20万人参加的集会。集会者打出了"不要独裁者""要把多党制写进苏联宪法""取消《宪法》第6条"等标语口号。党内也出现了主张实行多党制的政治活动。叶利钦在接见西方记者时说,"我们最大的不幸就是党的垄断,我们必须放弃党的垄断"。苏共领导人最初以明确的态度抵制和反对实行多党制。1989年1月6日,戈尔巴乔夫在会见科学和文化界人士时说,"抛出了政治多元化、多党制乃至私有制的思想,这实际上是对党、对人民、对社会主义制度的不信任,是与人民利益相矛盾和反对改革的观点。"不久,他在一次会议上说:"苏联生活在一党制国家里,这是历史造成的","党作为政治先锋队在政治上是任何人也替代不了的"。当反对派要求修改《宪法》的呼声日趋高涨时,11月15日,戈尔巴乔夫在全苏大学生会议上指出有人以讨论《宪法》第6条为借口,"企图降低党的威信、散布对党的怀疑,这是打击改革。有人认为实行多党制才能表达各方的利益,这在一定程度上是一种误解。"在12月9日中央全会上他又说:"目前要求'十万火急'地讨论《宪法》第6条的做法是别有用心的。"其他党政军领导人在不同场合也表示反对实行多党制。截至1989年12月苏联第二次人民代表大会,苏共领导人仍不顾多方压力,坚持苏共的领导地位。但是到1990年初形势发生了急剧变化,戈尔巴乔夫开始改变调子。1月中旬,他在结束立陶宛的视察后宣称,"我们不应像魔鬼害怕烧香一样害怕多党制,这不是什么悲剧。而且,我可以明确地告诉你们,它是作为正常的历史进程的结果而出现的,是符合社会需要的。"这些话,预示着戈尔巴乔夫在多党制问题上的态度已有所转变。①

1990年2月5—7日召开了苏共中央全会,会议的中心是如何改造和革新党。与会者就苏共二十八大的行动纲领草案和苏联国内形势展开激烈争论。不少人要求加强党的领导,发挥党的战斗作用。利加乔夫在发言中表示"坚决反对苏共纲领草案在某种程度上为社会主义社会实行私有制打开缝隙",反对"把党变成一个反对型的组织,变成政治俱乐部"。布罗维科批评了戈尔巴乔夫等领导人离开苏共二十七大所拟定的路线,执行削弱党和败坏党的声誉的方

---

① 参见江流、陈之骅主编:《苏联演变的历史思考》,第68页;[俄]阿·切尔尼亚耶夫:《在戈尔巴乔夫身边六年》,世界知识出版社2001年版,第397页。

针,"不仅党内失去方向,而且社会也失去方向",指出"有人日益企图使它离开政治生活,从执政党变成辩论俱乐部了,最好也不过是玩弄议会把戏的主体。据我看,允许这样做就意味着使国家遭受浩劫"。有些人批评纲领草案削弱和放弃党的领导,要求明确写上"只有苏共才能成为发展道路的主要保证。"部分政治局委员和中央委员则极力抨击保守主义并要求实行多党制。谢瓦尔德纳泽认为,"具有生命力的党不需要对权力进行垄断,……必须有政治多元化。"雷日科夫指出,"任何一个党都不能永远垄断权力,先锋队的地位不是由宪法赐予的,……讨论是否需要多党制的问题已经为时过晚,实际上多党制已经存在。"梅德韦杰夫和雅科夫列夫(均为政治局委员、中央书记)都表示赞成行动纲领草案关于党的地位作用的新观点,拥护修改《宪法》第6条。叶利钦说,党正处在危机的边缘,其原因是墨守教条,缓慢而不坚决地实现党内的民主化,不愿意对本身进行改革。党对政权的长期垄断使它变成了官僚主义机构,使千百万群众处于贫困状态。他要求放弃一党制,允许多党制,苏共中央应自动放弃苏联《宪法》中保障苏共领导地位的第6条。戈尔巴乔夫在会上就召开苏共二十八大的行动纲领草案作了报告,全会通过了《走向人道的、民主的社会主义》行动纲领草案,提出党的奋斗目标是在苏联建立"人道的民主的社会主义",并宣称党将"放弃政治垄断地位","不再独揽国家大权,不觊觎特权和在宪法中巩固自己的地位",将同其他社会政治团体的群众运动一样参与国家和社会事务的管理,在宪法基础上进行政治对话与合作,同时要为维护执政党的地位而斗争,纲领草案提出建议修改《宪法》第6条。在苏共放弃经济中心作用的条件下,为了建立一个新的有力的领导体制行使管理国家的职能,监督最高苏维埃法令的执行,全会还建议设立总统制。2月7日,雅科夫列夫举行记者招待会,介绍中央全会情况,说全会建议党主动提出修改《宪法》第6条,党不认为多党制是万应灵药,但也不认为一个党可以垄断。1990年3月13日,第三次苏联非常人民代表大会通过《关于设立苏联总统职位和苏联宪法修改补充法》等决议,决定删去1977年制定的苏联《宪法》第6条,宣布苏共和其他政党及工会、共青团等社会团体通过自己的人民代表、苏维埃代表及其他形式,参与制定苏维埃国家的政策、管理国家和社会事务。决议宣布实行总统制,将党和国家分开,使国家不再从属于任何一个政党。3月15日大会以1329票赞成、495票反对,选举戈尔巴乔夫为苏联第一任总统。当天,戈宣誓就职,表示他不是某阶层或政治派别的代表,将不带感情色彩地考虑社会上的各种观点,按国家和人民利益高于一切的原则行事,坚定地加快经济改革,保障联邦的完整和加强共和国的主权。大会选举卢基扬诺夫为苏联最高苏维埃主席。3月下旬,成立了由总统任命的总统委员会,18个成员中有一半是苏共中央政治局委员和候补委员,国家和政府各重要部门的领导人都包括在内。委员会负责制定对外政策的主要方针和保障国家安全的措施。这样,苏联的权力中心发生重大转移,总统委员会实际上取代了苏共中央政治局成为最高决策机构,苏共在国家政治体系中的地位和作用受到严重削弱。

在此关键的时刻,1990年7月2—13日举行了苏共第二十八次代表大会。经过激烈斗争,通过了苏联共产党第二十八次代表大会纲领性声明《走向人道的、民主的社会主义》,文件明确指出:"改革政策的实质就是从极权的官僚制向人道的、民主的社会主义社会过渡。"而"人道的、民主的社会主义,其基本特征是,人是社会发展的目标,在多种所有制形式和经营形式的基础上确保劳动者变成真正主人,人民的自主意志是权力的唯一源泉。"大会重申苏共"坚决放弃政治上和意识形态上的垄断主义",在多党制的条件下,苏共将同其他党派及社会组织平等竞争,通过竞选争取政治领导权和社会先锋队的地位。新《党章》规定,苏共中央政治局不再是苏联最高决策中心,其主要职能只限于制定有关苏联内外政策的建议,指导苏共在全联盟代表机关的活动,向党组织发出决议等。戈尔巴乔夫在报告中肯定了自1985年4月以来苏联发生的"革命性变革",指出"人道的、民主的社会主义正在取代斯大林模式的社会主义。政治体制正在进行根本改造,包括自由选举、多党制、人权在内的真正的民主正在确立,真正的人民政权正在复兴。造成劳动者同所有制、同其劳动成果分离的生产关系正在解体,社会主义生产者自由竞赛的条件正在形成。把超集中制国家改造成真正的以各种人民自决和自愿统一为基础的真正的联盟国家的工作已经开始"。

苏共二十八大后,苏联内部的政治冲突日趋严重。以叶利钦为首的反对派步步进逼,叶利钦开始了竞选俄罗斯总统的活动。1991年2月19日,叶利钦在苏联中央电视台发表讲话,号召人民支持他。3月9日,叶利钦在民主俄罗斯主办的集会上发表讲话,呼吁建立一个反对派的统一的有组织的政党。3月10日,30万人在莫斯科练马场广场集会声援叶利钦,大会播放了叶利钦3月9日的讲话录音,号召莫斯科市民在28日举行俄罗斯非常人代会时到市中心集会,支持和保护叶利钦,并要求戈尔巴乔夫下台,还公开呼吁"有组织地夺权不仅在市、区、州,还要在克里姆林宫夺权"。为了制止局势的恶化,3月25日,莫斯科市政府下令从3月26日到4月15日暂时禁止在莫斯科举行游行集会。1991年3月17日,苏联全国就是否把苏联作为被革新的平等的主权共和国联邦保留下来的问题,举行全民公决投票,结果,76.4%的投票赞成保留苏联联邦。但后来的事态表明,全民公决并未在事实上真正保证人民意志的实现,少数人根本不顾这次公决的权威,同时也没有举行新的全民公决。在全民公决后,苏联有关机构开始进行新联盟条约的起草工作。6月12日,俄罗斯联邦举行总统选举,叶利钦和前总理雷日科夫、前内务部长巴卡金等六位候选人参加竞选。经过激烈角逐,叶利钦以57.3%的得票率当选为俄罗斯联邦的首任民选总统。叶利钦的当选,加强了他同戈尔巴乔夫及联盟中央相抗衡的地位。

1991年的"8·19"事件是苏联社会转型中的重要事件。从8月5日起戈尔巴乔夫赴外地休假。8月19日凌晨6时,苏联副总统亚纳耶夫宣布他本人从即日起履行总统职务,20分钟后,亚纳耶夫宣布将国家权力移交给国家紧急状态委员会。国家紧急状态委员会由代总统亚纳耶夫、总理帕夫洛夫、国防部长亚佐夫、内务部长普戈、国家安全委员会主席克留契科夫等8人组成。14分钟后,国家紧急状态委员会发表《告苏联人民书》,指出戈尔巴乔夫的改革已"走进死胡同"。同日凌晨受国防部长命令,两个坦克师向莫斯科开进,18时30分,最后一辆坦克到达指定地点,其中几十辆装甲车包围了俄罗斯联邦最高苏维埃所在地白宫。同日中午,叶利钦登上白宫前一辆坦克发表演说,苏联电视台播出了这一场面,引起人们强烈反响。20日上午,空军、海军、战略火箭军司令都表示不支持紧急状态委员会。下午,莫斯科10万人举行示威,支持叶利钦。晚上,受国家紧急状态行动委员命令攻打白宫的特种部队按兵不动。21日上午,部队撤出莫斯科。21时10分,戈尔巴乔夫在克里米亚休假地发表声明,宣布他已完全控制了局势。8月22日戈氏回到莫斯科,同日,叶利钦宣布苏军中的共产党基层组织为非法,23日下令中止俄罗斯共产党的活动。8月24日,戈尔巴乔夫宣布辞去苏共中央总书记的职务,建议苏共中央自行解散。8月29日,苏联最高苏维埃非常会议通过决议,暂停苏共在苏联全境的活动。人们至今对"8·19"事件的评价分歧很大。有人认为这是一场政变,有人认为它是挽救濒于解体的苏联的最后尝试。俄罗斯官方的说法则是"叛乱"。2001年,原苏联最高苏维埃主席、现国家杜马议员卢基扬诺夫在"8·19"事件10周年之际指出:"10年来,我的观点始终没有改变,即这是一场组织得糟糕的挽救苏联的尝试。"同年,全俄社会舆论研究中心向1600名居民作了抽样调查。在被问及"紧急委员会成员的首要目的是什么"时,27%的人认为是巩固自己在权力结构中的地位;16%的人认为是防止苏联解体;15%的人认为是维护苏共的权力;9%的人认为他们没有明确的纲领。①

"8·19"事件后,戈尔巴乔夫为新联盟条约而奔忙,此时苏联境内大部分共和国虽然都宣布了独立,但并不反对加入新联盟。1991年12月7日,俄罗斯总统叶利钦、乌克兰总统克拉夫丘克、俄罗斯最高苏维埃主席舒什科维奇在白俄罗斯首都明斯克郊外的别洛韦日树林会晤。在会晤过程中,"克拉夫丘克首先宣读了关于乌克兰独立的决定。"②8日,三国领导人签署《独立国家联合

---

① 《光明日报》2001年8月24日。
② [俄]维克托·安德里亚诺夫:《叶利钦传》(上),辽宁人民出版社2001年版,第276页。

协议》,"叶利钦第一个签上了自己的名字。"①《协议》认为"苏联作为国际法主体和地缘政治实体将停止存在",宣布废除1922年12月30日建立苏联的条约,同时宣布他们已自愿组成"独立国家联合体"。12月25日晚,戈尔巴乔夫宣读了他的辞职声明——《告人民书》。12月26日晚,苏联最高权力机关举行最后一次会议,从法律上宣布苏联终止存在。

这个阶段,由于苏联的政治改革和经济改革的交互作用,导致政治上失去控制,特别是对于一个以行政命令为主要控制方式的国家来说,骤然急剧的变化必然破坏多年来在经济上形成的密切联系,使经济剧烈下降。而当这种结果出现后,要想重新恢复,是非常艰难的。

(三)第三个是叶利钦时期:1992年1月—1999年12月叶利钦主动辞去俄罗斯总统职务

这一时期又可以分为两个阶段:一个是1992年前后的"休克疗法"阶段;一个是1993年以后的整顿和加强国家控制阶段。

1992年前后的"休克疗法"阶段,最能深刻地反映俄罗斯体制转型的特点:在没有充分准备的情况下就全面实行市场经济。苏联全面改革之前,其经济改革虽然提出了扩大企业自主权、实行民主管理方针等措施,但市场机制发挥作用的核心——价格机制——仍不起作用,主要产品的市场价格,以及工资、利率仍主要由国家计划决定。1990年7月苏共二十八大之后,戈尔巴乔夫和叶利钦共同委托经济学家沙塔林院士制定了《向市场经济过渡——构想与纲领》(也称"沙塔林方案"或500天计划),其核心内容是500天内完成私有化和价格自由化。同时,以当时政府总理雷日科夫为首的政府也形成了《苏联关于形成可调节市场经济的结构和机制的政府纲领》,其核心内容是先制定法律,减少赤字,分阶段向市场经济过渡。后来,虽然戈尔巴乔夫委托经济学家阿甘别基扬将两个方案捏合在一起,形成《稳定国民经济和向市场过渡的基本方针》,并于1990年10月18日在《真理报》上公布,但伴随着政治动荡,《基本方针》并没有付诸实践。到1991年底,随着苏联解体,俄罗斯政府独立执政,便采取更为激进的办法向市场经济过渡。俄罗斯政府中以副总理盖达尔为代表,极力主张实行以货币主义理论为基础的"休克疗法"改革纲领,这个纲领于1991年10月28日俄罗斯第五次人代会上获得通过。"休克疗法"的主要内容是:一次性大范围地放开价格,形成自由价格制度,为建立市场经济创造必要的条件;实行严厉的财政政策,紧缩银根;大规模实行私有化;实行外贸体制改革,打破长期实行的国家垄断对外经贸体制,朝着尽快建立自由化的对外经贸体制及刺激

---

① [俄]维克托·安德里亚诺夫:《叶利钦传》(上),辽宁人民出版社2001年版,第278页。

出口的方向发展。1992年,俄罗斯宣布放开价格,同时,大规模推进私有化进程。所谓的"休克疗法"主要是指价格自由化和私有化两个问题。

关于价格问题,"休克疗法"的理论依据是:计划向市场的转变涉及经济中相互作用的方方面面,只有同时转变,才有总体效应。由于价格长期不变,政府补贴是重要的财政支出。比如面包价格30年不变,而农业投入成本在不断上升,因而面包的生产成本也在逐年上升,政府为了阻止面包零售价格的上扬,不得不向农民提供补贴,而且补贴数额越来越大,预算补贴造成财政赤字,进而引发通货膨胀。此后,"休克疗法"开始实施,政府取消了对农场和工厂的补贴,除面包、牛奶、汽油等15种基本商品实行最高限价外,其余商品价格全部放开,同时限制中央银行发放大笔贷款。"休克疗法"的设计者和领导者盖达尔、丘拜斯等人,其理论逻辑是无可挑剔的:暂时的高价能使一些消费者离开市场,并能吸引新的供给来源,加速企业生产,还能促使形成新的中间商,生产发展了,最终将降低通货膨胀率。但问题并没有那么简单,他们忘记了一个最主要的事实:俄罗斯(苏联)是高度集中的计划经济体制的发源地,传统的斯大林模式首先在苏联形成与发展起来,并已有70年的历史,根深蒂固,可以说覆盖了整个社会和经济的各个领域。苏联的中央计划控制着2500多种商品,而中国的中央计划只控制着1300种商品。① 在这种僵硬的传统体制下,工业中、商业中存在着大量的垄断组织,它们不可能对市场信号作出迅速反应。虽然私有化进程已经开始了,但它们中的大多数人观念没有变,仍视自己是中央计划下的一部分,即使有个别人转变了观念,但也不具备客观条件。比如当时取消了国家计委和国家物质供应委员会,生产目标、协调资源、批发贸易方面出现真空,有人想搞批发业务,"但一些中间商连电话号码簿和行业指南都找不到,因为在此之前电话簿是保密的,新商人找不到供应商和客户。"② 这和波兰形成了鲜明的对照。波兰的"休克疗法"之所以还算成功,就因为波兰的高价引起了预期的反应:波兰有着众多的私营小零售商,还有私营的批发商和制造商,更重要的是全国80%的农民从未顺从过集体化运动。独立的农户和私营主响应了高价的刺激,生产发展了,商品多了,价格自然逐渐回落。而俄罗斯"休克疗法"实施后,商店里东西虽逐渐增多,但与其说是产量增加,还不如说是高价吓跑了一部分消费者,特别是领养老金的人和其他工薪阶层。仅仅是需求方面的平衡起到了作用,而供应方面则没有多大变化。其中主要的原因,就是在体制结构没有变动的情况下,就全面进行价格改革,由于缺乏大量独立的企业,高物价不能刺激生产的增长,价格长期居高不下。而价格长期居高不下,又使企业缺乏发展

---

① 薛君度、陆南泉主编:《新俄罗斯政治经济外交》,中国社会科学出版社1997年版,第135页。
② [美]马歇尔·戈德曼:《失去的机会》,第102页。

基金,甚至连简单的再生产也难以维持,生产进一步下降,从而形成恶性循环。表2-5是俄罗斯"休克疗法"后几项主要的经济指标,从中可以看出:价格大幅度上涨,老百姓买不起东西,政府被迫发行货币、增加工资、增加贷款,从而使紧缩银根的初衷也没有实现。

表2-5　1992年1月—1993年6月俄罗斯经济中的货币供应量和信贷①

(单位:10亿卢布)

项目 时间	货币供应量	增幅(%)	政府给国营企业的信贷	增幅(%)	消费品价格增幅(%)
1992年1月	951.4	12	439.4	17	345
1992年2月	1069.5	12	516.6	35	38
1992年3月	1194.2	14	697.3	32	30
1992年4月	1359	10	918.1	12	22
1992年5月	1495.2	9	1025.3	2	12
1992年6月	1630.6	28	1041.8	34	19
1992年7月	2082.3	25	1393	34	11
1992年8月	2609.5	32	1860	16	9
1992年9月	3435.8	28	2153.2	27	12
1992年10月	4381.6		2731		23
1992年11月					26
1992年12月					25

这种情况产生了两个严重的后果:第一,人民生活水平急剧下降。零售物价曾在一夜之间上涨三倍,这对老年人和工薪阶层是残酷的。笔者是这种状况的见证人。1994年6月笔者去一个退休者家里,老人屋里仅有几件旧式木制家具和一小堆土豆,每月退休金不足14美元。"改革者们既年轻又经历不多,他们感受不到因他们的改革而给人们带来的苦难,从而缺乏给予关心。"今天他们被大多数俄罗斯人所抛弃,自然也就在情理之中了。第二,企业拖欠债务严重。由于银根紧缩,企业缺少发展资金,由此导致两种现象,一是拖欠工人工资,二是企业之间互相拖欠。1992年,俄罗斯企业拖欠工资达2200亿卢布。两个拖欠加到一起,1992年1月企业欠款总额为370亿卢布,到1992年8月激增到32000亿卢布,而到了1994年初则高达250000亿卢布。由于从政府和中央银行得不到钱,企业之间就建立起自己的信贷关系。这种互相拖欠的最严重

---

① [美]马歇尔·戈德曼:《失去的机会》,第108页。

后果,是把许多好企业也拖垮了。

关于私有化问题,俄罗斯的私有化包括工商企业和土地的私有化。工商企业的私有化分为小私有化和大私有化。大私有化又分为两阶段:第一阶段为"证券私有化",通过发给居民私有化证券无偿地转让国有资产;第二阶段为"现金私有化",通过出售企业股票有偿地转让国有资产。

1. 小私有化

小私有化指商业、服务业及小型工业、运输和建筑业的私有化,从1992年起到1993年基本完成。截至1993年年底,实行小私有化的企业约6万家,占商业和服务业企业的70%,占轻工、食品和建材企业的54%—56%,占建筑企业的43%,占运输部门企业的45%。

小私有化的方式主要是赎买租赁的财产和商业投标,以这两种方式私有化的企业分别占小私有化企业总数的43.7%和41.4%。从发展过程看,小私有化的方式前后有所变化。赎买租赁财产方式的比重先上升后下降,商业投标方式的比重则先下降后上升。这与发放私有化证券直接相关。总的趋势是,商业投标和股份制的比重上升,赎买租赁财产和拍卖的比重下降。具体情况详见表2-6。

表2-6 小私有化方式结构(为当年小私有化企业总数的百分比)①

单位:%

年份	投标	拍卖	赎买租赁财产	股份制
1992年	45.2	19.2	32.1	3.4
1993年	35.3	4.6	56.2	3.9
1994年	52.2	0.9	31.7	15.4

小私有化方式的变化使形成的新所有制形式中,劳动集体所有制的比重下降,法人所有制的比重上升。这两种所有制形式相比,后者更有利于企业经济状况的改善。

2. 大私有化第一阶段

俄罗斯的大私有化指大中型企业的私有化,基本途径是实行股份化。大私有化的第一阶段从1992年7月起至1994年6月底止,历时2年。这一阶段的特点是通过发放私有化证券无偿地转让国有资产,故称为"证券私有化"。实施证券私有分三个步骤:

第一步,1992年7—9月,将一定数额的大型国有企业(属于州和联邦一级

---

① 资料来源:[俄]《社会和经济》1995年第7、8期,第35页。

所有的、固定资产超过5000万卢布的企业)改造成开放型的股份公司。为使股份化大型企业达到预定数目,以保证私有化过程中股票的充分"供给",对大型企业采取主动私有化与强制私有化结合的办法进行。

第二步,1992年10—12月,发放私有化证券。凡俄罗斯公民,不分年龄、社会地位、收入水平,每人获得1万卢布的私有化证券。当时共发放1.5万亿卢布的证券,相当于国有资产的35%。私有化证券可用于三个方面:(1)企业职工可以用证券以优惠价格购买本企业股票,每个公民都可以在专门的拍卖市场上用证券购买任何企业的股票。(2)可将证券交给投资基金会,作为该基金会的股东。而投资基金会用收集到的证券购买私有化企业的股票,一般将拥有许多企业的股票,以降低投资风险。在获得企业股票红利后,再分发给自己的股东。(3)可将证券出售变为现金,这对生活无保障的居民阶层具有重要意义。

第三步,从1993年开始,在专门的拍卖市场上出售私有化企业的股票,公民可用私有化证券购买这种股票。

股票上市前,按三种优惠方案首先向本企业职工出售,实行股份制的大中型企业职工可以在三种方案中选择一种。第一种方案是,企业职工可以无偿获得占企业法定资本25%的无表决权的优先股票,还有权以低于票面价值30%的优惠价格购买不超过法定资本10%的有表决权的普通股票,企业领导人还可以再购买5%的有表决权的股票,其余60%的股票将在拍卖市场公开出售。第二种方案,企业职工可以按国有资产委员会规定的价格购买占法定资本51%的有表决权的普通股票。第三种方案,企业职工可按30%的优惠价格购买相当企业法定资本20%的有表决权的股票;而在特殊情况下(企业承担不破产和完成私有化计划的责任,或承担偿还外债的任务),还可按票面价格再购买20%的有表决权的股票。从股份化的实际过程看,采取第二种方案的企业最多,约占75%以上,采取第一种方案的企业占20%左右,只有约2%的企业选择了第三种方案。

为保证有充分的股票供公民用证券购买,政府规定私有化的企业必须把自己股票的35%以上投放市场。随着私有化的进行,盖达尔政府曾经打算1994年将再次发放私有化证券,以推动私有化的进展,计划到1993年使私人资产占国民经济固定资产总额的比重达到30%,1994年达到50%,1995年达到60%。由于证券私有化存在的问题,切尔诺梅尔金政府执政后,没有再次发放私有化证券,并宣布到1994年6月底证券私有化阶段结束。

3. 大私有化第二阶段

从1994年7月1日起俄罗斯的大私有化进入第二阶段。这一阶段与上阶段的根本区别,是从主要以私有化证券无偿转让国有资产,过渡到按市场价格出售国有资产,故被称为"现金私有化"。针对大私有化第一阶段存在的问题,政府在"1995—1997 年经济改革和发展规划"中指出,大私有化第二阶段应做到:(1)保证形成真正负责的能有效经营的所有者;(2)促进企业投资;(3)寻找对无效企业感兴趣的人。

同第一阶段相比,大私有化第二阶段最重要的原则和最大特点,是把私有化过程同投资活动结合起来,并允许投资者获得企业股票控制额。为了实现这一原则,政府决定采取以下新的措施:

(1)在决定股票、投资者感兴趣的企业和需要投资者大量追加费用的项目的出售方式时,采取区别对待的态度。

(2)把企业资产和不动产作为一个统一体来出售,办法是把企业占有的地段列入企业资产的组成部分,或把这些地段以优惠价格出售给先前已被私有化的企业。

(3)把出售企业股票进款的 51% 转入企业本身的投资账户。

(4)为了吸引大投资者,股份公司发行股票的出售工作,由不少于法定资本 25% 的控股者进行。

(5)将出售先前固定为联邦所有的股票控制额的一部分,近期首先出售仍由有关财产基金支配的股票,以及查明不适合联邦所有的股票控额。

(6)预先公布 1995 年和以后几年出售国有资产的计划进度表,给有潜力的购买者以时间,以便吸收必要的资金。

(7)确保在国外金融市场销售一部分股票。

为了筹集资金和增加投资,俄罗斯在 1995 年还采取了国有股票抵押贷款的方法,即把私有化企业的国家股份抵押给银行,银行直接或者在对企业进行一定整顿后出售这些股票,国家将得到贷款的一部分作为预算收入,一部分用于企业投资。股票出售后偿还贷款。

通过大、小私有化,到 1995 年底俄罗斯实现私有化的企业共 12.2 万个,占现有企业总数的 50%,非国有经济成分的产值占国内生产总值的 70%。组建股份公司 2.7 万个,其中国家控股的股份公司(包括控股和黄金股)为 4849 个,占 18%,国家参股的股份公司为 1.02 万个,占 37.6%,完全私有化(国家没有股份)的股份公司为 1.2 万个,占 44.4%。①

对俄罗斯大小私有化的评价是个很复杂的问题,如果从对国家控制能力的角度来看,私有化是失败的,其最主要的表现,是私有企业迅速增加,但整体效益却急剧下降。企业数量增加情况见表 2-7。

---

① [俄]《经济与生活》1996 年第 6、10、19 期。

表 2-7 俄罗斯(前苏联)企业和经济组织数量的统计①

地区\年代	1990 年	1991 年	1992 年	1993 年	1994 年	1995 年
列宁格勒州	2367	2446	2867	4091	11118	19543
科米共和国	2515	2517	5261	11277	13058	14639
莫斯科市	17141	33791	147507	270786	332913	397957
莫斯科州	8186	9025	18178	34684	62924	79157
下诺夫哥罗德州	6340	6384	7174	14298	27330	38944
萨马拉州	4668	4824	7990	15787	38305	45427

很明显,在实行"休克疗法"以前,企业数量基本上没有什么发展,仅莫斯科市有些发展。"休克疗法"以后,企业数量奇迹般地增长,但实际上效益不高,具体情况见表 2-8 和表 2-9。

表 2-8 俄罗斯经济部门产品的收益率(盈利率)(%)②

	1993 年	1994 年	1995 年	1996 年	1997 上半年
工业	32.0	19.5	20.1	9.2	10.1
农业	31.6	-10.0	-3.1	-22.2	-17.4
建筑业	27.8	23.2	23.3	11.6	8.7
运输业	15.4	10.3	15.1	2.9	8.1

表 2-9 俄罗斯企业亏损的范围(和总企业数量之比)(%)

	1992 年	1993 年	1994 年	1995 年	1996 年	1997 上半年
工业	7.2	7.8	22.6	2.64	43	47.2
农业	14.7	10.0	58.7	55.0	75	79
运输业	20.7	16.6	28.8	31.5	58	64.5
建筑业	7.6	5.9	14.5	17.7	35	44.1

和工业私有化相比,俄罗斯农业私有化的效果更是不尽如人意。在戈尔巴乔夫农业改革没有搞好就迅速转入政治领域后,俄罗斯也开始了农业的私有化改革。1991 年 12 月以后,叶利钦总统发布了三个加紧进行土地改革的命令:一是 1991 年 12 月 27 日发布的《关于实现土地改革紧急措施的命令》;二是

---

① Госкомстат России. Регионы России. Москва, 1997, C.1-162.
② 同上。

1993年10月27日发布的《关于调节土地关系和发展土地改革的命令》；三是1996年3月7日发布的《关于实现公民的宪法土地改革的命令》。按照这三个命令，相继取消了国家对土地的垄断，把收归国有的土地发还给农业生产者所有，将集体农庄和国营农场的土地分成份额，大部分无偿转给农民所有，实现农村庄园、果园、菜园的土地股份化和私有化。这期间，还制定了确定土地私有制和允许土地自由买卖的《俄罗斯联邦土地法典》，并提出"造就100万个农场主"的口号。但实际上，截至1997年年底，只建立了27万个个体农户和家庭农场，其生产能力也很低，仅占整个农业总产值的2%。从整体上说，俄罗斯农业形势进一步恶化。俄罗斯农业用地有2.11亿公顷，可耕地面积为1.3亿公顷，每年需要食用粮食5500—6000万吨，加上其他用粮，总共需要8000万吨。近几年俄罗斯的粮食产量为：1991年8800万吨，1992年1.09亿吨，1993年9900万吨，1994年8130万吨，1995年6500万吨，1996年6900万吨，1997年8800万吨，1998年不足4900万吨。诚然，造成农业形势恶化的原因是多方面的，比如不利的天气条件、国家对农业投入的减少、农业科技发展的滞后等，但最主要的，是由于没有经过试验和充分准备，就实行了土地私有化和自由买卖的激进改革政策，产生了不好的后果，使得俄罗斯目前仍没有找到一条适合本国国情的农业发展道路。确认土地私有制和允许土地自由买卖的新的《俄罗斯联邦土地法典》，至今尚未在俄罗斯国家杜马通过，最后一次表决是在1998年12月23日，杜马450名议员中赞成的178票，反对的127票。这说明目前在俄罗斯农业发展道路上，决策层并没有取得大体一致的见解。反对土地自由买卖的主要有俄联邦共产党，包括俄联邦农业部的相当一部分官员。比如，俄联邦共产党主张在土地国有的前提下，"坚持土地有期限的租赁，承包期限不超过50年"。反对土地私有化和自由买卖的党派和人士，主要有三点理由：第一，俄罗斯农业主要不是土地所有制问题，而是管理问题。俄罗斯土地广阔，气候多变，交通不畅，受交通、气候、贮存等条件限制，每年农业损失率占整个产量的30%—50%。第二，俄罗斯地广人稀，土地特征是大而平展，适合于机械化的大农业，只有发展农工商一体化的综合生产联合体，才是发展农业的唯一出路。第三，俄罗斯缺少个体经济的传统，而集体经济的传统却十分悠久，即使搞私有化，也是一个逐步展开的长期过程，起码现在不具备这个条件。

"休克疗法"设计者的美好愿望是，尽快建立自由化的对外经贸体制，刺激出口。但由于企业原来技术含量就低，加上急剧通货膨胀，没有资金进行技术改造，产品滞销，以及暴富群体的出现，致使外国商品通过正式的和走私的渠道源源不断流入俄国市场，民族工业进一步受到打击，特别是生活必需的日用品和食品方面，形成有钱的买外国商品，没钱的自己生产（非产品）的局面。民族产品市场不断萎缩，在民族工业特别需要国家保护的时候，国家却抛弃了它们。

由于经济滑到崩溃的边缘,人民生活水平急剧下降,国家的政治控制能力也大大削弱。"休克疗法"实行期间,对地区行政主要领导的调查表明,17%的人认为政府有能力有资格领导,60%的人认为政府丧失了控制和发展的能力,70%—80%的人对政府的财政、债务、税收和政治状况不满意。这些人都是各地区的领导,他们的不满影响着更广大的基层,到1995年前后,出现各地的独立倾向,特别是从1992年6月开始,对俄联邦总统否定的比例超过了肯定的比例。

还有一个更需要提及的方面,就是民族文化受到极大冲击,西方各种文化产品进入国内市场,充斥各个角落。民主派打着学习美国的旗号,一切照搬西方,导致社会精神支柱丧失,人心混乱,这种严重的后果至今仍然存在。

总的来说,1992—1994年实行"休克疗法"期间,是俄罗斯国家控制能力下降最快的时期。诚然,在这之前的苏联解体和在这之后的整顿时期,经济也在下降,但"休克疗法"加剧了这种下降,其中1994年下降幅度最大。企业亏损的范围,1993年是7.8%,到1994年迅速上升到了22.6%;经济部门产品的收益率,1993年工业是32%,1994年降到19.5%;农业1993年是31.6%,1994年全面亏损为-10%。好在俄国地大物博,资源丰富,否则一般国家是经不起这种经济大滑坡的。固然,现在对"休克疗法"作出定论还为时过早,但有一点已经很清楚,就是"休克疗法"在时机的选择上是错误的。任何重要改革,在国家没有经济能力的前提下,不宜搞幅度颇大的变动,而应该让原有结构的功能得以发挥,积累一定的实力,人民群众得到实惠后,再进行大的改革。因为国家经济能力一旦下降,政治威信降低,文化出现混乱,再想恢复谈何容易。

从1993年10月流血事件前后,俄罗斯开始了对激进转型模式的大调整。1992年3月31日,《俄联邦条约》正式签署,当时构成俄联邦的88个主体中有86个签署了该条约,只有鞑靼斯坦和车臣—印古什两个共和国没有签署该条约。这是一个重大进步。但随后出现的"共和国化"的进程使得各州都相应变成共和国,民族分离主义倾向日益严重。1992年底,经多方努力终于签订了由各联邦主体参加的《联邦条约》(除鞑靼斯坦和车臣共和国外)。1993年4月25日,俄罗斯平和、顺利地举行了全民公决,5月5日俄全民公决中央委员会公布全民公决最后结果:64.5%的选民参加了全民公决,其中58.7%的人对叶利钦表示了信任;53%的人赞成总统和政府的社会政策;31.7%的人赞成提前选举总统;43.1%的人赞成提前选举人民代表。前两个问题以超过半数获得通过,后两个问题未能超过半数未获通过。全民公决后,以叶利钦为首的掌握着执政权的民主派与以哈斯布拉托夫为首的控制着议会多数的政府反对派之间再度爆发冲突。至1993年10月4日,叶利钦以武力占领议会所在地"白宫",通过流血的方式平息了这场冲突。1993年12月12日,举行宪法草案全民公决,

54.8%的登记选民参加了全民选票,其中赞成新宪法草案的选民共32,937,630人,占参加投票选民的58.4%;反对的选民共23,431,333人,占参加投票选民的41.6%,新宪法获得通过,此后确定12月12日为俄罗斯"宪法节"。俄罗斯形成了以总统制为核心的国家权力体制。1994年4月28日,俄罗斯总统、总理、联邦委员会主席、国家杜马主席、80多个联邦主体各派政治力量代表200多人出席《社会和睦条约》签字仪式,有关人士在条约上签字,这表明俄国内紧张对立情绪得到缓解。

同时,为了缓和地方分裂主义,俄和平解决了"鞑靼"和"车臣"问题。1994年2月15日俄中央政府同"鞑靼共和国"签署了《关于划分权限和互派全权代表的条约》,条约规定:鞑靼共和国保存自己的宪法和法律,可与外国签订不违背联邦宪法的任何协定,可独立进行对外经济活动,但要定期上缴联邦政府30%的税收。① 这被认为是俄罗斯在社会转型问题上的一个突破。1994年底,俄中央政府又用"军事对抗"平叛、解决了"车臣"问题,1996年5月,双方签署协议,同意车臣维持现状,被搁置5年。1996年7月,叶利钦蝉联俄罗斯第二届总统。从叶利钦蝉联总统到1999年辞去总统职务,叶利钦所能做的,就是进一步加强国家的有效控制,特别是在1998年的金融危机前后,叶利钦制定了"外汇走廊"政策,加强外汇管理,其激进转型的消极影响仍然在起作用。

(四)第四个时期是普京时期:普京执政的十多年,实际上可分为四个时期

第一个时期是1999年8月—2000年5月,叶利钦选择普京为总统接班人,并亲自将普京送上了最高政治舞台。1999年8月9日,俄罗斯总统叶利钦签署命令,解散斯捷帕申政府,任命普京为代总理,并向国家杜马提名普京为新总理。同时,叶利钦在电视讲话中宣布,普京是他的总统接班人。1999年8月16日,国家杜马以233票赞成通过叶利钦对普京的总理提名。叶利钦随后签署命令任命普京为联邦政府总理。1999年12月31日,叶利钦宣布辞职。叶利钦发表电视讲话后,普京从当日12时起开始履行代总统的职责。

叶利钦选择普京作为接班人是他长期考察并深思熟虑的结果。叶利钦自己表示:"任何牺牲、任何撤职、任何政治配置的变动都不可能出于偶然或者仅仅是战术方面的考虑;每走一步,我都必须考虑到整体战略,考虑到中心任务。"②普京在这个期间,主要做了三件事:一是于1999年12月29日发表《千年之交的俄罗斯》一文,全面阐述了其治国理念,其内容就是"爱国主义,强国

---

① 薛君度、陆南泉主编:《新俄罗斯政治经济外交》,第97页。
② [俄]叶利钦:《午夜日记》,译林出版社2001年版,第119页。

意识,国家观念,社会团结",明确表示要通过国家干预、发展经济致力于社会和睦。二是严厉打击车臣非法武装。1999 年 9 月 14 日,俄罗斯国家杜马通过了关于达吉斯坦局势、保障俄罗斯国家安全以及反恐怖活动措施的决议。9 月 23 日,俄罗斯联邦军队开始对车臣非法武装展开大规模围剿。10 月 1 日,俄军进入车臣境内打击车臣非法武装分子。俄罗斯选民对车臣局势及联邦中央在车臣采取的反恐怖主义行动的态度在 12 月 19 日举行的议会选举结果中得到了反映。选举结果表明,无论在联邦选区还是在单一选区中,无条件赞成在车臣采取坚决果断行动、主张彻底消灭恐怖分子、面对西方压力采取强硬态度的候选人得到了俄罗斯选民的最大支持。三是为自己的统治寻求社会政治基础。1999 年 9 月 27 日,"团结"运动宣告成立。普京表示支持,并亲自参与组建和宣传。1999 年 12 月 19 日俄罗斯举行了新一届国家杜马选举,"团结"竞选联盟获得 23.24% 的选票,加上单席位选区夺得的席位,共获得 72 席,成为国家杜马第二大党。在新一届国家杜马的政治力量配置上,左派力量不仅失去了绝对多数地位,而且进入国家杜马的政治派别都不同程度地表现出对普京的认可。政权可依靠的政治力量第一次在国家杜马中占据了优势。叶利钦表示,新一届议会的选举结果表明民众已将未来希望交给新一代政治人物,他的历史使命已经完成。

第二个时期是 2000 年 5 月至 2004 年 5 月普京担任总统的第一个任期。普京总统在这个任期中,主要抓了几件事:一是提出强国战略,集中力量发展经济。这期间 GDP 累计增长近 30%,2003 年俄罗斯 GDP 总量为 4315 亿美元;人民生活水平也有明显提高。1999 年职工月均工资为 64 美元,养老金仅为 16 美元,而到 2003 年,这两项指标分别增长到 180 美元和 60 美元。四年中居民的实际收入增加了 50%,生活在贫困线以下的居民从 1999 年占总人口的 29.1% 下降到 2003 年的 22.5%,失业率从 1999 年的 12.6% 下降到 2003 年的 8.4%。二是强化国家权力,特别是中央权力,包括成立了 7 个大联邦区,由总统任命全区代表。建立了国家权力垂直体系,叶利钦时期联邦主体通过的法规中有 3500 多项不符合俄罗斯宪法和联邦法律,到 2001 年有 4/5 已得到修正;①打击车臣分裂势力和恐怖主义,维护国家统一;支持政党制度建设,支持"统一俄罗斯党"一党独大,在杜马中超过半数。三是实行积极的社会政策,主要包括:打击寡头,解决寡头干政问题;打击官僚腐败。2003 年开展了全俄的反腐肃贪运动,清理了一大批贪赃枉法的官员和警察。2004 年 3 月,成立了俄国家反腐败委员会。把解决贫困问题作为重要目标,强调让人民群众从经济发展中得到实实在在的好处。在他的第一个总统任期内,居民实际收入的增加始终高

---

① 《普京文集》,中国社会科学出版社 2002 年版,第 275 页。

于GDP的增长:在2000—2003年的4年间,俄罗斯的GDP分别增长了9%、5%、4.1%和7.3%,而居民人均实际收入则分别增长了9.3%、6%、7.1%和14%。1999年,俄罗斯职工月平均工资只有64美元,养老金不到20美元;而到了2004年初职工平均工资已提高到214美元,养老金将近70美元。在普京和俄政府的督导下,过去长期存在的拖欠工资和养老金问题已基本得到解决。

第三个时期是2004年5月至2008年5月普京担任总统的第二个任期。这个时期普京也主要做了四件事:一是全力发展经济。普京任期的最后一年,即2007年,是俄罗斯顺利发展的一年,经济增长率达到了创纪录的8.1%,国家外汇和黄金储备接近5000亿美元,稳定基金达到3.84万亿卢布,人均购买力已跃居世界第7位,当年俄罗斯市场就销售外国品牌汽车62.2万辆,同比增长61%,GDP总量超过1万亿美元,进入全球最大10个经济体行列。[①] 仅在莫斯科就呈现出一派生机勃勃的建设景象,卢布也连续升值。可谓俄罗斯更"漂亮"了,卢布更"值钱"了,俄罗斯更"结实"了,名车更"招摇"了,人民更"气顺"了。二是深化政治体制改革,包括对行政管理体制、司法制度、联邦体制和地方自治进行改革。这些改革都是实质性的。最主要的是改革地方行政长官的产生方式,取消了地方选民普选地方行政长官的制度,代之以联邦总统提名,地方议会批准的方式;同时,取消了杜马选举中的单席位选区制度,要求国家杜马的代表从全国的政党名单中选举产生。三是进行综合性的社会改革,全力提高人民的生活水平。从2005年开始,大幅度提高科教文卫等领域的工资和退休人员的工资;并在2005年制定了2006—2008年国家预算,计划在此基础上再将这些领域和退休人员工资提高百分之四十。四是建立健全法律体系,推行依法治国的方略。2004年12月20日通过修改后的《政党法》,规定了严格的建立政党的基本条件:政党应该在半数以上的联邦主体拥有地方分支机构;政党人数不应少于50000人,在一半以上的联邦主体中拥有分支机构其成员不得少于500人,其余分支机构的成员不得少于250人。

第四个时期是2012年3月普京时隔四年再次担任俄联邦总统。尽管普京以63.64%的得票率胜出,但反对普京的呼声也日益强烈。从2011年度俄国家的杜马选举开始,俄罗斯各地先后发生了若干次反对普京的示威游行。就在5月普京就职的前一天,就有超过70万人在莫斯科几个地方集会反对普京。普京执政理念就是"主权民主"、强调国家的调节作用,坚持强权政治,但这使得俄罗斯经济结构不合理,社会腐败日益严重;这些深层次矛盾暴露之后,人们要求摒除个人专制,减少国家干预,进一步推进政治民主化和经济市场化。这个阶段普京最基本的政治倾向,就是在"国家主权"和政治民主之间实现平衡。

---

① 2008年3月18日《人民日报》。

他上台后,公开表示"降低国有经济成分比例";加强宪法权威;并任命了一大批年轻的领导人。俄罗斯的改革也在稳步推进。

四、中国体制转型进程的宏观描述

中国的体制转型,从1978年党的十一届三中全会为起点,到党的十八大,经历了三个大的阶段。

(一)第一阶段:从中共十一届三中全会至1992年中共十四大前后,中共第三代领导集体的形成和社会主义市场经济体制的确立

从中共十一届三中全会到1980年前后农村家庭联产承包责任制确立之前,这可以看做思想和实践的准备时期。这个时期有三件大事:一是正确判断国际和国内形势。20世纪80年代初期,邓小平明确提出,世界面临两大问题,一是和平,二是发展,这两大问题一个也没有解决。同时认为"争取更长一点时间的和平"是可能的。① 这种从"准备打仗"向争取和平的思想方式的转变,实际上为我们发展经济做了必要的准备。二是进一步解放思想,从1978年开始的"真理标准问题的讨论"继续向深入发展。1978年召开的十一届三中全会,充分反映了思想解放的氛围,全会实现了三大历史转变:第一个转变,就是重新确定了实事求是、一切从实际出发、理论联系实际的马克思主义思想路线,实现从"两个凡是"向实事求是的转变;第二个转变,就是果断停止使用"以阶级斗争为纲"的口号,实现从1979年起把全党工作的重心转移到经济建设上来;第三个转变,就是在建设社会主义的发展途径上,实现从封闭和墨守成规向改革开放转变。三是建设经济特区,为全面的体制转型积累经验。1979年1月6日,广东省、交通部联合向李先念副总理并国务院报送《关于我驻香港招商局在广东宝安建立工业区的报告》,1979年7月,面积为2.14平方公里的蛇口工业区开工建设。7月15日,中央和国务院批转广东省委、福建省委的报告,决定:先在深圳、珠海两市划出部分地区试办出口特区,待取得经验后,再考虑在汕头、厦门设置特区。② 1980年5月,中共中央和国务院正式决定,将"出口特区"定名为"经济特区"。1980年8月26日,五届全国人大常委会第十五次会议批准建立深圳、珠海、汕头、厦门四个经济特区。③

从1980年前后农村家庭联产承包责任制的确立,至1984年10月城市改革全面展开,经济体制改革的重点在农村。这个时期有三个基本的特点:一是

---

① 《邓小平文选》第2卷,人民出版社1994年版,第241页。
② 《改革开放三十年——决定当代中国命运的重大抉择》,中央文献出版社2008年版,第45页。
③ 同上书,第46页。

以农村联产承包责任制为起点的分权改革全面展开,直至取得丰硕成果;二是对企业管理体制进行"试点"改革,为以后积累了丰富的经验;三是采取计划和市场双轨体制下的调节手段,为向市场经济过渡创造条件。

党的十一届三中全会公报指出:"现在我国经济管理体制的一个严重缺点是权力过于集中,应该有领导地大胆下放,让地方和工农业企业在国家统一计划的指导下有更多的经营管理自主权;应该着手大力精简各级经济行政机构,把它们的大部分职权转交给企业性的专业公司或联合公司;应该坚决实行按经济规律办事,重视价值规律的作用"。① 以此为起点,中国开始了集权向分权、计划体制向市场体制的转型。

第一,家庭联产承包责任制成为中国分权和市场化改革的突破口。家庭联产承包责任制最初是农民自己的创造,曾遭到各方面的指责,邓小平对这种做法表示了坚决的支持。1980年9月,中共中央召开各省、自治区、直辖市党委第一书记座谈会,讨论加强和完善农业生产责任制问题,并写出了讨论纪要。会后将这个纪要以《中共中央关于进一步加强和完善农业生产责任制的几个问题》的通知形式下发各地,随着这个通知的贯彻,实行包产到户和包干到户的生产队,迅速由1980年占全国生产队的50%,上升到1982年6月占全国生产队86.7%的规模。② 到1984年,全国农村基本上都实行了家庭联产承包责任制。联产承包责任制振兴了整个农业。1983年与1978年相比,全国农业总产值增加910亿元,增长46.3%,平均年增长7.8%,粮食增产825亿多公斤,平均年增长6.2%。③ 家庭联产承包责任制带来两个显著变化:一是人们看到了分权的社会意义。1982年12月中央政治局讨论农业体制改革问题,明确指出:联产承包制扩大了农民的自主权,克服了管理过分集中的问题;二是农业开始由自给自足向专业化、商品化、社会化生产转变。随着农业生产效率的提高,推动农民用剩余劳动力和资金发展多种经营,分工分业,从事商品生产。至1983年年底,全国已有各种专业户2482万户,占农村总户数的13.4%。④ 这为农村经济由计划向市场过渡创造了条件。

第二,城市经济体制改革和政治体制改革开始进行试点,稳妥起步,积累经验。一是兴起企业扩大自主权试点。中共中央于1979年4月召开了工作会议,确定最近几年内,国民经济将以调整为中心,城市改革只能在局部领域进行,认真调查研究,搞好试点。改革要侧重于扩大企业自主权,增强企业活力,实行严格的经济核算,认真贯彻按劳分配原则,把企业经营好坏同职工的物质

---

① 中共中央文献研究室:《三中全会以来重要文献选编》(上),人民出版社1982年版,第6—7页。
② 王洪模等:《改革开放的历程》,河南人民出版社1989年版,第246页。
③ 根据《中国经济年鉴(1984)》历年国民经济统计资料推算。
④ 中国农业年鉴编辑委员会:《中国农业年鉴(1984)》,农业出版社1984年版,第209页。

利益挂起钩来,同时要划清中央和地方的管理权限。试点企业扩大自主权的主要内容有:允许企业自销一部分产品;国家把占利润总额7.5%的收入留给企业支配;企业可自行扩大再生产。二是进行城市综合改革的试点,具体内容就是商业或工业全行业同政府职能部门签订经营承包合同,确定盈利分配比例;放宽小商品的价格,允许实行优质优价;有的承包合同还涉及干部任免自主权等问题,这种改革首先在沙市、常州等市推行,收到了较好的效果。三是稳步推进政治体制改革。1980年2月党的十一届五中全会提出着重解决权力过分集中、兼职副职过多、党政不分、以党代政等问题。此后,在少数企业中试行厂长负责制和公司董事会领导下的经理负责制,并在四川等地试行取消人民公社旧体制,建立党政企分开的农村基层组织的新体制。

第三,实行计划和市场调节的双轨体制。农村实行承包制后,农民把剩余产品拿到市场上销售;企业在完成国家计划后,按市场指导价格自行销售一部分产品和实行利润留成。市场调节机制开始形成。1982年9月党的十二大提出了"计划经济为主,市场调节为辅"的改革原则。

这个阶段最重要的成果,就是突破了传统计划经济观念的束缚,提出了建立社会主义商品经济的目标。这一步一经迈出,便产生了深刻的影响,使改革成为不可逆转的潮流。

"文化大革命"以前,在中国政府机构和学术界,占绝对统治地位的是苏联计划经济的那一套,虽然有的经济学家如顾准,早就提出过市场经济的观点,但是刚一露头就被政治运动打下去了。"文化大革命"使得中国经济走向崩溃的边缘,也给予人们思考的空间,开始对计划经济进行反思。粉碎"四人帮"后,一些经济学家把改革的取向指向了市场,1980年由薛暮桥等人起草的《关于经济体制改革的初步意见》,明确提出:"我国现阶段社会主义经济,是生产资料公有制占优势、多种经济成分并存的商品经济。"但这种认识并没有成为决策层的共识。从1981年冬季开始,强调社会主义只能是计划经济的观点重新抬头,但改革的实践使人们开始认识到商品经济的优越性。到十二大,虽然在这方面有一定的进展,但仍然没有取得实质性的突破。十二大报告的提法是:"计划经济为主,市场调节为辅",没能在计划经济还是市场经济的认识上取得进展。

然而,市场取向改革的要求是压制不住的。经过人们的实践和理论界的艰辛探索,建设"社会主义有计划的商品经济"或"社会主义商品经济"成为1984年9月党的十二届三中全会的基调。最后,这一提法被写入这次全会通过的《关于经济体制改革的决定》,从而实现了社会主义理论的重大突破。虽然"社会主义有计划的商品经济"这个提法有点绕弯子,不够明朗,但毕竟为改革确立了正确的方向。大多数经济学家认识到,所谓商品经济,就是以市场为基础配置经济资源的市场经济。

从1984年10月至1992年10月党的十四大,体制改革的重点由农村转向城市。这个时期的基本特点是:

第一,城市经济体制改革全面展开。农村分权改革的成功为城市改革提供了一定的物质基础和社会条件。1983年,我国人均占有粮食已达759斤,接近世界平均水平;农村经济向专业化、商业化转变,要求疏通城乡流通渠道,为日益增多的农产品开拓市场;全面改革有了广泛而浓厚的群众基础和思想基础;前段时间的城市试点改革积累了丰富的经验,全国安定团结局面日益巩固。中共中央审时度势,于1984年10月召开十二届三中全会,通过了《关于经济体制改革的决定》。

《决定》在理论上的重大贡献是,突破了把计划经济同商品经济对立起来的传统观点,确认我国社会主义经济是公有制基础上的有计划的商品经济。这是我国经济体制改革的基本理论和基本实践。《决定》围绕着这个根本立足点,系统地阐明了建立充满生机的社会主义经济体制所需要解决的主要问题:增强企业活力是经济体制改革的中心环节;建立自觉运用价值规律的计划体制,发展社会主义商品经济;建立合理的价格体系,充分重视经济杠杆的作用;实行政企职责分开,正确发挥政府机构管理经济的职能;建立多种形式的经济责任制,认真贯彻按劳分配原则;积极发展多种经济形式,进一步扩大对外和国内经济技术交流。

十二届三中全会以后,以城市为重点的整个经济体制改革从1985年起全面展开,主要进展有:

(1)在坚持公有制经济的主体地位并使之进一步壮大的前提下,多种经济成分得到发展,原来的单一公有制结构有很大改变。1987年同改革前的1978年相比,在全国工业总产值中,全民所有制企业的产值有相当的增长,而它所占的比重由77.6%下降到59.7%,仍占绝对优势;集体经济由22.4%上升到34.6%;个体经济、私营经济、"三资"企业和其他非公有制经济成分则由几乎为零上升到5.6%。在社会商品零售总额中,全民所有制商业由54.6%下降到38.7%,集体商业由43.3%下降为35.7%,非公有制经济成分由2.1%上升到25.6%。全国城镇个体工商等行业从业人员由15人增加到569万人。所有制结构的这种变化,成为社会转型的经济动因。

(2)按照政企分开、所有权和经营权适当分离的原则,改变了统收统支的国营企业经营方式,进一步扩大了企业的自主权,具体表现为普及承包制即利润盈亏包干的责任制。

1987年同1978年相比,国营企业留利占利润总额的比重由3.7%上升到40%以上(扣除各种税费,实际留利约占20%),使企业增强了自我改造和自我发展的能力。到1987年,全国已有80%的国营企业采取各种形式的承包经营责任制。

租赁制也是企业实现所有权和使用权分离的重要形式。比之承包制,它进一步斩断了政府、企业的行政经济关系,使之自然而然地真正成为独立的商品生产者和经营者。1986年,全国已有6万多家国营商店实行了租赁制。作为产权改革的尝试,各地开始在一些企业实行股份制。1984年11月,上海飞乐音响公司为筹集资金,在本厂职工中发行股票,后来又向社会公开发行股票。从1985年开始,沈阳市先后在40家企业进行企业资产股份制的试点。在实行承包制、租赁制及试行股份制的同时,还有组织地在全国推行厂长(经理)负责制。

(3)改革计划管理体制,国家宏观调控的范围和方式得到调整与改进。1987年与改革前相比,国家计委管理的指令性计划的工业产品从120种减少到60种,其产值占工业总产值的比重由40%下降到17%;国家统配物资由259种减少到26种;国家计划管理的商品由188种减少到23种;全国用于生产和建设的资金,由财政筹集的从76.6%下降到31.2%,由银行筹集的从23.4%上升到68.8%。经济杠杆在宏观调控中的作用明显增强。

第二,在横向联合中培育市场体系。1986年3月23日,国务院颁布《关于进一步推动横向经济联合若干问题的规定》,指出横向联合不受地区、部门、行业、所有制的限制,鼓励形成新的经济联合组织,发展一批企业群体或企业集团。1986年底,全国各类生产、科研联合体已突破1万个,建立跨省区的经济协作区网络20多个。到1987年底,全国又建立3.2万个新的横向经济联合组织。横向经济联合的发展,促进了各种商品市场的培育和发展。到1987年,全国已有贸易中心2200多个,城乡农贸市场6万多个。生产资料、资金、技术、劳务、房地产、信息市场都开始形成。所有这些,为社会主义市场经济的建立创造了条件。

第三,政治体制改革稳步进行。我国的政治体制是脱胎于革命战争年代,而在社会主义改造时期基本确立的,是在大规模群众运动和不断强化指令性计划的过程中发展起来的,其主要弊端是权力高度集中,官僚主义严重,束缚经济的发展。

1986年6月10日,邓小平指出:"不搞政治体制改革不能适应形势。改革,应该包括政治体制的改革,而且应该把它作为改革向前推进的一个标志。我们要精兵简政,真正下放权力,扩大社会主义民主,把人民群众和基层组织的积极性调动起来"。① 1987年10月党的十三大上,中共中央提出了进行政治体

---

① 《邓小平文选》第3卷,人民出版社1993年版,第160页。

制改革的蓝图。此后,政治体制改革从7个方面展开:(1)实行党政分开。党的领导是政治领导,即政治原则、政治方向、重大决策的领导和向国家政权机关推荐重要干部。(2)进一步下放权力,逐步划清中央和地方的关系。(3)精简政府机构,合并和裁减一些专业管理部门。(4)改革干部人事制度。通过对国家干部进行合理分解,实行分类管理,建立了国家公务员制度。(5)建立社会协商对话制度。(6)完善了社会主义民主政治的若干制度,主要表现为:各级人大的立法和监督职能进一步加强;各种选举制度,特别是农村基层组织的选举制度走向制度化;民主党派和民主人士的作用得到发挥;各种群众团体开始按照各自特点独立自主地开展工作。(7)加强社会主义法制建设。

历史发展到了1992年,这年前后接连发生了几个大的事件:一是1989年"政治风波"之后,以江泽民为核心的中共第三代领导集体形成。二是1992年初邓小平视察南方并发表重要谈话。邓小平在南方视察时,明确了社会主义市场经济体制的地位,指出:不要以为搞点市场经济就是资本主义道路,没那么回事。计划多一点还是市场多一点,不是社会主义与资本主义的本质区别。计划经济不等于社会主义,资本主义也有计划;市场经济不等于资本主义,社会主义也有市场。计划和市场都是经济手段。三是1992年10月召开了中共十四大,大会明确提出了我国经济体制改革的目标是建立社会主义市场经济体制。四是1993年11月中共十四届三中全会通过了《关于建立社会主义市场经济体制若干问题的决定》,提出建立现代企业制度,重点发展包括资本市场、劳动力市场、房地产市场、技术市场和信息市场等在内的生产要素市场;转变政府职能,以间接手段调控经济运行,建立合理的收入分配制度和社会保障制度;建立社会主义法治经济。中国的体制转型发展到了一个更高的层次。

(二)第二阶段,从中共十四大前后至2002年中共十六大,社会主义市场经济运行平稳,健康发展

这期间,围绕着建立社会主义市场经济体制,中国的经济体制转型又发生了几次大的事件:一是1997年中共十五大,第一次提出了"邓小平理论"的概念,同时提出了"公有制可以有多种实现形式",将公有制为主体、多种所有制经济共同发展作为一项基本经济制度;二是1998年开始的大刀阔斧的经济机构改革,撤销了一大批主管经济和企业的专业行政部门;三是2001年11月中国正式加入世界贸易组织,中国经济对外开放速度进一步加快。纵观这个阶段,在向市场转型的过程中,我国比较好地解决了以下几个问题:

第一,比较好地解决了中央政府的控制问题。换言之,比较好地解决了集权向分权、计划向市场转型之间的关系问题。一般说来,计划体制向市场体制转型,是集权向分权转型的经济前提,只有建立了完善的市场经济体制,才能从

根本上实现从集权体制向分权体制的转变。但分权不等于权力分散,在这个过程中怎样保持中央政府的控制能力至关重要。为了调动地方的积极性,从1985年起,我国实行"划分收支、分级包干"的财政体制。从1988年起进一步改进包干制,对全国37个地区(不含广州、西安两市)分别实行不同形式的财政包干制。其主要形式有:①收入递增包干制;②总额分成包干制;③总额分成加增长分成包干制;④上缴额递增包干制;⑤定额上缴包干制;⑥定额补助包干制。"分灶吃饭"的财政体制使我国各中间层次有了利益的独立性,使分权改革成为不可逆转的趋势,并调动了地方政府的积极性,促进了各地经济的发展。但这种体制是一种过渡性的体制,存在着严重的弊端。各地为了扩大所管地区的实力,采取偷税漏税、虚报假报、地区保护等手段,形成"弱中央、强地方""诸侯经济"等局面。中央政府财政收入占GNP比重不断下降,从1982年的19.9%下降到1989年的6.9%。这种状况说明,集权向分权转型,绝不是简单地中央向地方分权。中国既不可能实行中央集权体制,也不可能实行地方分权体制,只能采用中央集权和地方分权的混合体制。这一体制的基本原则是统一性和多样性相结合。这是由中国国情决定的。为了解决"分灶吃饭"的弊端,从1995年开始:①实行中央和地方分税制。这实际是通过法律手段明确划分中央和地方关系,确定中央和地方的税收比例后,将原有税务部门分为国税局和地税局,各收各的税;②开征个人所得税。通过实行个人收入申报制度,加上人均收入水平提高,个人所得税占税收比重越来越大;③取消预算外资金。

　　第二,比较好地解决了市场经济体制基本要素的协调发展问题。这其中首先是价格问题。在计划经济体制下,生产的商品是由行政命令集中分配的。商品价格不是由市场决定,而只是在商品从一个企业转到另一个企业时起到说明资金流量的被动作用。名义价格常常几年乃至十几年都不变。但为了在企业生产过程中产生现金剩余,原材料和中间投入品相对于最终产品的价格被保持在低水平。这些受控的价格并不反映国内的或国际的相对稀缺性,任何在这些价格下自由竞争商品开放市场的企图都会导致反常的资源配置。但对价格体系进行改革是非常难的。难就难在我们这种转型中的社会主义国家同一般的发展中国家不同,我们有大批的国有企业,有长期受计划支配的历史。我们的通货膨胀很大程度上是由于企业产权改革滞后造成的。由于各地区有了相对的利益独立性,势必引发高投资规模、高货币信贷投放。投资主体产权不明确,效果不好,只有不断追加投资。这时放开价格,必然引起通货膨胀。出现通货膨胀后,大多数企业既要自主经营,又不自负盈亏。所以宏观经济调控手段很难奏效,只好通过行政手段控制物价继续上涨。1994年我国通货膨胀率高达20%以上。这么高的通货膨胀率,一部分原因是投资体制、企业体制在尚未改革条件下所引起的投资规模失控,另一部分原因则是价格改革大大超前企业改革,而有效供给未能适时增长。价格改革难还难在我们是一个发展中的大国,人口众多,资源有限,对一些基本生活必需品,国家必须保证有效长期供给。基于上述原因,1994年以后,我国将价格改革同企业产权改革有机结合起来。价格采取渐进式的放开,到目前,几种重要的商品价格,如铁路票价、原油价、电价、统配煤价、棉花价、部分钢材价等,仍没有放开。同时,进行企业产权改革。产权改革不等于产权私有化,实质上是明晰产权。在计划经济下,国有企业所有权是清楚的,即属于全民所有,但产权不清楚,即投资主体、资产承担责任等都不明确,实质上成了政府机构的附属物。明晰产权的含义包括:确定企业的投资主体,使投资者自负盈亏,使企业自主决策,自主经营。产权明晰以后,企业的转让、合并、扩建和对外参股控股也就有了前提。明晰产权的重要途径是实行股份制。

市场经济也要求各方面的协调发展。1993年12月15日,国务院决定实行分税制,对中央和地方财政税收做出明确划分,分别征收。1993年12月25日,国务院做出《关于金融体制改革的决定》,建立政策性金融与商业性金融分离,以国有商业银行为主体、多种金融机构并存的金融组织体系。同时,还对外贸体制进行改革,将外贸进口的指令性计划,改为指导性计划;扩大企业进出口经营权;降低关税总水平。从1996年4月1日起,4000多种商品进口税总水平降至23%,1997年10月1日又降至17%左右。① 医疗、住房市场化改革也逐步进行;福利性分房制度向住房商品化制度转变,集资建房、具有部分产权的商品性住房也开始试验。社会保障制度的改革也全面启动,买断工龄、"退养"制度等多种尝试都取得了进展。

第三,比较好地解决了政治改革同经济改革协调发展问题,特别是建立社会主义法治经济问题。这个阶段以法治建设为主线,党和国家的制度化和法制化向纵深发展。这个阶段最主要的背景,是建立社会主义市场经济体制到了攻坚阶段;1989年政治风波之后,人们对政治体制改革有着强烈的要求;经过激烈的社会动荡,广大人民急切盼望社会主义法制建设的发展。为此,这个时期的政治发展顺应人民的要求,主要体现在三个方面:

1. 完善中国政治制度的基本政治构架

1989年12月23日,中共中央公布《中共中央关于坚持和完善中国共产党领导的多党合作和政治协商制度的意见》,提出"加强中国共产党和各民主党派之间的合作和协商","进一步发挥民主党派成员、无党派人士在人民代表大会中的作用","举荐民主党派成员、无党派人士担任各级政府及司法机关的领导职务","进一步发挥民主党派在人民政协中的作用","支持民主党派加强自

---

① 《改革开放三十年——决定当代中国命运的重大抉择》,中央文献出版社2008年版,第102页。

身建设"。

在民主进程中,中共将完善人民代表大会制度作为推进民主进程的重要内容。1990年3月12日,中共中央作出了《关于加强党同人民群众联系的决定》,明确提出"要在深化政治体制改革中,推进社会主义民主和法制建设,积极疏通和拓宽党同人民群众联系的渠道"。1990年3月18日,江泽民在参加七届全国人大三次会议时指出,"建设社会主义民主政治,最重要的是坚持和完善人民代表大会制度",其中的关键是,"党要尊重和支持人大依法行使职权"。① 1992年10月12日,在中共十四大上,江泽民提出了完善基本政治构架(人大制度、政协制度、民族区域自治制度);完善法制,实现民主化和科学化;改进决策机制;精简机构等重要内容。会议还提出了"加强党的建设和改善党的领导"的重要命题,并指出"党的团结是党的生命"。

上述成果逐渐上升到国家法律的层面。1993年3月29日,八届人大一次会议通过《中华人民共和国宪法修正案》,将"中国共产党领导的多党合作和政治协商制度将长期存在和发展"写入《宪法》。1993年4月24日,国务院第二次常务会议审议通过了《国家公务员暂行条例》,1993年8月10日,由总理签署国务院令予以发布,自1993年10月1日起实施,这标志着中国的公务员制度正式建立。

2. 全面推进政治体制改革

十四大以后的政治体制改革,重点在加强党的自身建设上。1994年9月28日,中共十四届四中全会通过《中共中央关于加强党的建设几个重大问题的决定》,首次以全会的形式来集中讨论和解决党的建设问题,重点讨论了党的组织建设问题,并第一次提出了党的建设"新的伟大工程"的命题,对继续有效加强党的建设和改善党的领导具有重大战略意义。会议提出要"坚持和健全民主集中制","加强和改进党的基层组织建设","培养和选拔德才兼备的领导干部"。《决定》特别强调,党的领导"需要以完备的法制来规范和保障"。1996年10月10日,中共十四届六中全会通过《中共中央关于加强社会主义精神文明建设若干重要问题的决议》,提出"加强精神文明建设首先要从严治党,搞好党风","执政党的党风关系党的生死存亡。越是实行各项经济改革和对外开放政策,共产党员尤其是党员领导干部越要坚定共产主义信念……""对县级以上领导干部要集中进行一次以讲学习、讲政治、讲正气为主要内容的党性党风教育"。

1997年9月12日,江泽民在中共十五大上明确提出:继续推进政治体制改革,进一步扩大社会主义民主,健全社会主义法制,依法治国,建设社会主义

---

① 《江泽民文选》第1卷,人民出版社2006年版,第113页。

法治国家。并指出"发展社会主义民主政治,是我们党始终不渝的奋斗目标。没有民主就没有社会主义,就没有社会主义现代化。社会主义民主的本质是人民当家做主。国家一切权力属于人民"。关于政治体制改革的基本任务,就是在完善基本政治架构的前提下,进一步推进机构改革,"按照社会主义市场经济的要求,转变政府职能,实现政企分开,把企业生产经营管理的权力切实交给企业;根据精简、统一、效能的原则进行机构改革,建立办事高效、运转协调、行为规范的行政管理体系,提高为人民服务水平;把综合经济部门改组为宏观调控部门,调整和减少专业经济部门,加强执法监管部门,培育和发展社会中介组织。深化行政体制改革,实现国家机构组织、职能、编制、工作程序的法定化,严格控制机构膨胀,坚决裁减冗员。深化人事制度改革,引入竞争激励机制,完善公务员制度,建设一支高素质的专业化国家行政管理干部队伍。"在推进机构改革的同时,还需要完善民主监督制度,"深化改革,完善监督法制,建立健全依法行使权力的制约机制。坚持公平、公正、公开的原则,直接涉及群众切身利益的部门要实行公开办事制度。把党内监督、法律监督、群众监督结合起来,发挥舆论监督的作用。加强对宪法和法律实施的监督,维护国家法制统一"。

中共十五大之后,围绕着政治体制改革采取了几项强有力的措施:一是进一步扩大民主。在巩固基层民主选举的基础上,中共十五届五中全会做出了"扩大公民有序的政治参与,引导人民群众依法管理自己的事情"的重大决定;二是进一步加强党的自身建设。2001年9月26日,十五届六中全会通过《中共中央关于加强和改进党的作风建设的决定》,提出"执政党的党风……关系到党和国家的生死存亡"。《决定》强调了关于党的作风建设的几个要点:"一、加强和改进党的作风建设的极端重要性和紧迫性;二、加强和改进党的作风建设的指导思想和主要任务;三、坚持解放思想、实事求是,反对因循守旧、不思进取;四、坚持理论联系实际,反对照抄照搬、本本主义;五、坚持密切联系群众,反对形式主义、官僚主义;六、坚持民主集中制原则,反对独断专行、软弱涣散;七、坚持党的纪律,反对自由主义;八、坚持清正廉洁,反对以权谋私;九、坚持艰苦奋斗,反对享乐主义;十、坚持任人唯贤,反对用人上的不正之风;十一、加强对作风建设的领导"。

3. 建设社会主义法治国家

1993年11月14日中共十四届三中全会通过了《关于建立社会主义市场经济体制若干问题的决定》,这是一个具有里程碑意义的文件。文件明确提出:社会主义市场经济是法制经济,"法制建设的目标是:遵循宪法规定的原则,加快经济立法,进一步完善民商法律、刑事法律、有关国家机构和行政管理方面的法律,本世纪末初步建立适应社会主义市场经济的法律体系"。① 1996年10月10日,中共十四届六中全会又通过了《关于加强社会主义精神文明建设若干重要问题的决议》,明确提出"要在全体人民中进行遵守宪法和法律的教育,普及法律常识,增强民主法制观念"。② 通过以上文件可以看出,强调宪法的作用,提出完善法律体系这个目标,突出普及法律的意义,是这个时期建设法治国家的三个显著特点。

1999年3月15日,九届人大二次会议通过宪法修正案,将"中华人民共和国实行依法治国,建设社会主义法治国家"写入宪法,这既说明了中国政治发展取得的巨大成绩,也表明了中国以后实行"依法治国"方略的坚强决心。

(三) 第三阶段:从2002年中共十六大到中共十八大,中国的体制转型向纵深发展

2003年10月,中共十六届三中全会通过的《中共中央关于完善社会主义市场经济体制若干问题的决定》指出:"坚持以人为本,树立全面、协调、可持续的发展观,促进经济社会和人的全面发展。"这是中共中央文件第一次正式提出科学发展观。

社会主义市场经济按照科学发展观的要求健康发展。到2007年中共十七大前后,中国体制转型和经济发展又出现了许多深层次的问题:能源消耗过多,特别是能源中煤炭比重过高,使中国能源系统效率明显降低,环境保护压力加大;人口和粮食安全问题,主要是建设用地增长太快;环境污染问题,汽车尾气成为重要的污染源;城乡和地区差距进一步拉大;深层次体制改革和政府职能转变的问题,通过政企分开、官商分开促进经济健康发展,是一项重要的任务。为此,2007年10月召开的中共十七大,明确提出了转变经济增长方式的战略任务,即"实现未来经济发展目标,关键要在加快转变经济发展方式、完善社会主义市场经济体制方面取得重大进展。要大力推进经济结构战略性调整,更加注重提高自主创新能力,提高节能环保水平,提高经济整体素质和国际竞争力"③。

十七大以后,我们基本上实现了"三个转变":一是实现经济增长由依靠投资、出口拉动向依靠消费、投资、出口协调拉动转变;二是实现经济增长主要由第二产业带动向依靠第一、第二、第三产业协调带动转变;三是实现经济增长由主要依靠增加物质资源消耗向主要依靠科技进步、劳动力素质提高、管理创新转变。

---

① 《改革开放三十年重要文献选编》(上),中央文献出版社2008年版,第747页。
② 同上书,第876页。
③ 《改革开放三十年重要文献选编》(下),中央文献出版社2008年版,第1722页。

随着社会主义市场经济的不断确立,对政治改革也提出了更高的要求。我国的政治体制改革,以政治文明为主线,政治发展向纵深发展,将人的全面发展和人民当家做主作为政治发展的本质要求。

2002年11月8日,江泽民在中共十六大的政治报告中,明确提出了中国政治发展的概念,指出政治发展的目标,就是"发展社会主义民主政治,建设社会主义政治文明",并同时提出了"政治建设"的概念。① 政治发展、政治文明、政治建设三个概念的提出,反映了中国人民坚持社会主义政治发展道路的坚强决心,也表明了我们"借鉴人类政治文明的有益成果"②的开放意识,更向人民展现了政治发展的重要地位和明确目标。

报告明确提出,要建设社会主义政治文明,最根本的是要把坚持党的领导、人民当家做主和依法治国有机统一起来。党的领导是人民当家做主和依法治国的根本保证,人民当家做主是社会主义民主政治的本质要求,依法治国是党领导人民治理国家的基本方略。十六大报告特别强调我国发展民主的主要道路就是党内民主。党内民主是党的生命,对人民民主具有重要的示范和带动作用。要以保障党员民主权利为基础,以完善党的代表大会制度和党的委员会制度为重点,从改革体制机制入手,建立健全充分反映党员和党组织意愿的党内民主制度。扩大在市、县进行党的代表大会常任制的试点。积极探索党的代表大会闭会期间发挥代表作用的途径和形式。按照"集体领导、民主集中、个别酝酿、会议决定"的原则,完善党委内部的议事和决策机制,进一步发挥党的委员会全体会议的作用。改革和完善党内选举制度。建立和完善党内情况通报制度、情况反映制度和重大决策征求意见制度。

以政治文明建设为主线,国家政治制度的基本框架不断完善,逐渐纳入法治国家的轨道。2004年3月14日,十届全国人大二次会议通过《中华人民共和国宪法修正案》,将推进"政治文明"和"国家尊重和保障人权"写入《宪法》。在建设社会主义政治文明这个目标的统领下,各项政治发展的具体任务也不断推进:首先是党的自身建设。2004年9月19日,中共十六届四中全会通过《中共中央关于加强党的执政能力建设的决定》,明确提出不断提高"驾驭社会主义市场经济的能力","建设社会主义先进文化的能力","构建社会主义和谐社会的能力"以及"应对国际局势和处理国际事务的能力",并规定减少各级党委副书记的职数,党的领导要进一步规范化;其次是中国政治制度的框架不断完善。2005年2月18日,中共中央公布了《中共中央关于进一步加强中国共产党领导的多党合作和政治协商制度的意见》,不久又提出了《中共中央关于加

---

① 《江泽民文选》第3卷,人民出版社2006年版,第553页。
② 同上书,第554页。

强人民政协工作的意见》。这两个文件重申:"中国共产党领导的多党合作和政治协商制度是我国的一项基本政治制度,是具有中国特色的社会主义政党制度。""进一步完善政治协商的内容、形式,并将政治协商纳入决策程序"。

中共十六大以后,政治发展的标志性成果,就是科学发展观思想的提出。2005年10月,在党的十六届五中全会上,胡锦涛指出,科学发展观是社会发展的重要指导思想。科学发展观对政治发展的影响主要表现在强调全面、协调、可持续发展,既包括政治发展同经济、文化、社会发展相协调,也包括政治系统内部各要素的协调发展。在科学发展观的指导下,政治发展稳步推进。2006年10月11日,中共中央作出《关于构建社会主义和谐社会若干重大问题的决定》,强调"加强制度建设,保持社会公平正义",这是构建和谐社会的基本途径。同时,其他方面的政治改革也向深入发展。2007年"强县扩权""省直管县"的试点工作全面展开。2007年11月,国务院第165次常务会议通过了《政府信息公开条例》,要求信息公开要覆盖大多数机构,"原则上全部公开","公开程序和救济渠道"。

2007年11月8日,胡锦涛在中共十七大政治报告和后来的重要讲话中,全面论述了政治体制改革问题,更加强调发展的协调性,其主要内容包括:(1)意义和影响:"人民民主是社会主义的生命,"要坚持进行政治改革,发扬社会主义民主①;(2)前提和原则:这种改革是社会主义制度的自我完善,"必须坚持正确政治方向"②;(3)优势的利用:充分发挥现有制度的优势,"把政治协商纳入决策程序"③;(4)内涵的把握:政治改革就是扩大社会主义民主,要"依法实行民主选举"④;(5)全面的统筹:将马列主义同中国国情,公平和效率,自主和开放,政治和经济,改革发展和稳定等十个问题统筹起来。⑤

十七大以后,按照科学发展观的要求,中国政治发展稳步推进。2008年5月13日,中共中央印发《建立健全惩治和预防腐败体系2008—2012年工作规划》,提出了建立惩治和预防腐败的框架,包括教育、制度、改革、加强巡视工作、加大惩治力度等内容,充分反映了我国反腐败的思路和坚定决心。2009年4月,全国人大通过了《关于修改全国人大常委会议事规则的决定》,人大的工作进一步走向规范化。我国基层民主工作也深入发展。2009年7月至8月,中共南京市委在363个城市社区全部采取公推直选方式,顺利产生了新一届党

---

① 《改革开放三十年重要文献选编》(下),中央文献出版社2008年版,第1726页。
② 同上书,第1727页。
③ 同上。
④ 同上。
⑤ 同上书,第1753页。

组织领导班子。① 2009年9月18日,中共十七届四中全会通过了《中共中央关于加强和改进新形势下党的建设若干重大问题的决定》,提出了"建设马克思主义学习型政党"的号召。同时,《决定》提出"坚持和健全民主集中制,积极发展党内民主",以党内民主带动人民民主,以党的坚强团结保证全国各族人民的大团结。到中共十七届五中全会明确提出要积极稳妥推进政治体制改革,重点也是强调改革的综合性。2011年1月,我国郑重宣布:中国特色社会主义法律体系已经形成。② 社会政治发展的协调性表现得更加明显。

  2012年11月中共召开了第十八次全国代表大会,会议明确提出将中国的改革不断推向前进。会议将"紧密联系群众""反腐倡廉"和进一步下放权力作为改革的重点。从2013年开始的全党的群众路线教育实践活动深入发展,使党的群众路线的优良传统作风得到了发扬光大,进一步提高了党的威信,全国人民建设中国特色社会主义的信心日益增强。特别是2013年11月召开了中共十八届三中全会,习近平总书记在会上明确指出:"实践发展永无止境,解放思想永无止境,改革开放也永无止境,停顿和倒退没有出路,改革开放只有进行时,没有完成时。"并向全党提出了基本的要求:第一,增强推进改革的信心和勇气。第二,坚持解放思想、实事求是。第三,坚持从大局出发考虑问题。全会通过了《中共中央关于全面深化改革若干重大问题的决定》,明确提出"必须在新的历史起点上全面深化改革",中国再一次开始了改革开放的新征程。

---

① 刘杰主编:《中国政治发展2010年》,时事出版社2010年版,第21页。
② 2011年1月27日《人民日报》。

第三章 中俄两国体制转型社会历史背景的比较

一、中俄体制转型历史传统的比较

俄罗斯是一个有着独特历史传统的国家。俄罗斯社会的"两极化"、村社式的集体主义、集权制三个方面的历史传统十分鲜明,而且对当今的社会改革影响深远。

第一,"两极化"的传统。俄罗斯的政治文化传统十分丰富,欧亚两种文明的交汇;东正教的"群体意识和责任意识";专制主义的传统;好走极端的复杂性格,是其中的重要内容。这些内容又通过"两极化"浓缩起来;这种两极化具体说来,反映在俄罗斯社会内部,就是上下层之间的"断裂性"使得社会缺少中间连接点,左右摇摆。俄罗斯社会的很多现象,如走极端、价值分裂,都可以在"两极化"特征中找到原因。

这种"两极化"的社会发展过程,呈现出十分复杂的现象。在莫斯科公国时期,就已经出现了两极化的端倪。1649年《会议法典》问世,农奴制在莫斯科公国得到最终确立,封建专制制度进一步巩固,但同时,"俄罗斯精英阶层慢慢地、犹豫地转向各种西方方式","供彼得大帝表演的舞台已经搭好"。[①] 上层西方化和下层封建化的矛盾开始出现。1694年彼得亲政,就开始出现两极化:被传统文化所局限的普通人民的世界观,和不断开阔视野的克里姆林宫上层的世界观,使"两极化"开始出现。彼得大帝时期,即1694—1725年,彼得强行改革,把俄罗斯拖入欧洲,特别是彼得提出了"创建强大的贵族国家的宗旨",强制在贵族中间传播新知识,比如,彼得1704年挑选了600名未成年的"最显贵的"贵族子弟,让他们学习"识字、算术和几何学",将贵族带入新阶层的殿堂。[②] 彼得后期两极化社会形成,其内涵就是上层进一步欧化,下层进一步平民化,两者尖锐对立。到了叶卡捷琳娜二世时期,1762年—1796年,两极化又增加了新的内容:欧化的上层进一步专制;平民化的下层要求自由活动的空间,两者之间

---

① [美]尼古拉·梁赞诺夫斯基:《俄国史》,上海人民出版社2013年版,第205页。
② [苏联]B.B 马夫罗金:《彼得大帝传》,商务印书馆2013年版,第193页。

出现真空。19世纪的黎明时期,保罗一世王朝、亚历山大一世的政策、尼古拉一世的统治,一直贯穿着斯拉夫派和西化派的争论,"两极化"又加进了新的内容。一般说来,上层更倾向于西化,下层更倾向于斯拉夫文明,到1861至1905年,形成了固定的两极,一极是独裁专制,一极是激进派和革命派。尽管这"两极"的内涵是变化的,但上层和下层一直处于对立状态,缺少联系上下层的中间阶层,构成了俄罗斯社会的基本特征。两极社会形成的原因,主要是地理上同西方接近,受西方文化影响大;但广阔的土地和封建传统,又要求专制主义的统治。

第二,俄罗斯是一个缺少市场经济传统的国家。我们通过村社制这一侧面对此会有一个深刻的理解。村社制是俄罗斯社会最基本的特征之一。① 俄罗斯封建制度始于9世纪古罗斯国建立之初,延续到19世纪中叶(1861年),历时近一千年。早期的封建社会就存在村社制(又称公社)。9世纪之前的古罗斯居民的劳动组织是农村公社,这是一种地域公社,不同于以血缘为基础的氏族公社。农村公社处理民事纠纷和刑事案件,实行连环保制度。公社内部全部土地归公社所有,以家庭为单位进行劳动生产。后来,贵族、教会的世袭领地制开始建立,并依靠特权任意侵占公社的土地。早期封建社会的土地以封建大地主的世袭领地制为主。村社社员因天灾人祸向封建主借债或与其订立契约,被迫沦为依附农民的数量不断增加。14—15世纪,以莫斯科公国为中心的东北罗斯开始了统一过程,并在15世纪末和16世纪初建立了中央集权的莫斯科国家。中央集权国家建立后,莫斯科大公把大量土地赐给中小贵族,封地制不断扩大,世袭领地制不断缩小。与封地制伴随而生的是农奴制。15世纪末开始的农民农奴化现象,在东欧国家普遍出现。西欧资本主义发展,粮食价格上升,封建主为了在西欧市场出售更多的粮食,迫使农民由缴纳货币代役租转为服劳役,使其永远束缚在土地上成为农奴。农奴制和村社制并存,是当时俄罗斯社会的真实写照。16世纪随着中央集权专制帝国的形成,农民农奴化的过程加剧;封地制也进一步扩大,很多农民为了防止成为农奴而越来越依附于公社。这样,俄国发生了数位一体的转化过程:自由农民向农奴转化,农户地产向"公社份地"转化,准私有的世袭领地向国家授予的封地转化,古典色彩的"地主"向"公社主"转化,松散型的自由"米尔"向紧密型的农村公社转化,而松散型的诸侯与霸主政治也向中央集权的专制国家转化。农民属于公社,公社属于国家,而国家将其赐予贵族,并从而实现专制国家对包括贵族与农民在内的全体臣民的严格控制。这样一种公社世界—农奴制—中央集权专制主义三位一体的传统体制,加上以东正教为核心的意识形态,便构成了封建俄国或前近代俄

---

① 根据俄语的音译,村社又称"米尔"。

国的总框架。在这一框架中公社处于关键地位:公社属于国家,所以公社社员又是专制国家的臣民,而国家将其赐予贵族,于是公社社员又成了贵族的农奴。正是公社世界中这种社员—农奴—臣民三位一体的身份,使得俄国严酷的农奴制与高度的中央集权融为一体,而不像其他国家的农奴制那样领主称雄与皇权衰弱。①

公社的职能有:(1)土地公有,定期重分。重分时为求"平均",远近、肥瘠、水旱条件不同的每片土地都要求切成许多长条,户户有份,此即所谓的村社条田制。领主或者通过公社征取代役租而不设自营地,或者自营地也作为条田插花分散于农民份地中并定期重划,真正处于公社之外的私有地产在改革前是不多的。(2)连环保。即公社集体为社员个人承担责任,同时个人处于公社束缚之下。这尤其表现在租税征收上,实行"征税对社不对户,贫户所欠富户补"的原则。公社作为一个整体向国家与主人承担纳税义务,国家与主人不直接与农户打交道。在连环保中某户如果欠税,他将因连累全社而受到巨大压力。如果他逃亡,那么不用国家与领主出面,公社就会千方百计把他弄回来。但另一方面,连环保等于借租税征收实行"一平二调",削富益贫,农民的分化因而更受抑制。(3)劳动组合。公社虽以"公有私耕"为主,但并非完全"单干",在许多生产环节上实行"集体主义"的劳动方式,除份地外还有部分土地作为"共耕地",国家常用扩大"共耕地"来作为保证赋役的手段。(4)强制聚居与强制耕作。公社取消了以前"黑乡"时代的独户村,实行强制性大村落制,禁止社员任意迁居以逃避管束。在耕作方面,除"共耕地"与领主自营地上的"劳动组合"外,农户份地上的家庭耕作也不是自主的,由于公社的插花条田制形成他人过境权、敞地制、公牧制诸惯例,各户的轮作顺序与农事日程都必须由公社统一计划,强制各户执行,以便于敞地放牧和避免穿越条田时的践踏损失。这样便剥夺了农户的经营自主权。(5)"村社民主"与"畜群式管理"的统一。公社中实行无视人权的"习惯民主",盛行"5个人作出决定便可剥夺第6个人的权利"的原则,村会可以对社员私行刑罚,甚至草菅人命,而这种无视人权的"大民主"为"公社式"的专制制度提供了基础,正如C.维特所说:"从行政警察的角度看公社更加方便:放一群牲口总比一头一头地放来得轻松。"②

公社生活给俄国文化与俄罗斯人的心态都打上了明显的烙印。公社世界的"民主"与专制、"平均"与等级压迫对其成员的"保护"与束缚,使俄国成为一个"非个性化的集体主义意识的国度,这种意识的实现是教会的愿望,同时

---

① 金雁、卞悟:《农村公社、改革与革命——村社传统与俄国现代化之路》,中央编译出版社1996年版,第二章。

② 谢·尤·维特:《俄国末代沙皇尼古拉二世》上卷,新华出版社1983年版,第392页。

也是所有反对教会势力的愿望,所有知识分子的、文化和社会思潮的愿望"。①俄国东正教哲学的核心概念是"一致性"②,神学权威霍米亚科夫曾把它定义为"在多样性中保持统一",并解释说:"人在教会中发现自我",而且也只有在教会中才能充分实现自我。③

近代俄国第一场大改革即 1861 年"农奴改革",就是一次"父夺子利"的改革。贵族割占公社部分最好的土地为私有,从而由"公社主"变成了地主,公社社员因此不再是贵族的农奴。然而公社的束缚依然,只是其土地因"割地"而缩小了,而农民还要为这已经减少的份地交纳"赎金",并且还不是以户而是以公社的名义赎地,即赎下的土地仍是公社的份地而非农户的地产。这就好像一个"大家长"把宗法式大家庭的颇大一部分家产席卷而逃,同时却仍把"子弟们"圈在"大家庭"中。于是,子弟们的第一个愿望便不是如何"分家"而是怎样追回被盗窃的大家庭财产了。这就形成了以捍卫公社为宗旨的民粹派运动。它在改革后 20 年间成为俄国反对派的主流。

然而,胜利了的"家长"不仅没有维护"大家庭",反而实行了彻底的"分家"。1907 年起,俄国开始了摧毁传统公社、实行土地私有化并确立资本主义产权制度的"斯托雷平改革"。用斯托雷平的话说,国家原先要"抑强扶弱",充当"公社精神"的化身,而今不然了,"国家是为强者而存在的!"

斯托雷平改革大大加速了这一变化。"父夺子利"式的不公正改革,首先使得"父亲"声望扫地,随着沙皇从"公社之父"变成"公社破坏者",传统皇权主义的民众心理基础被破坏。随着改革的进展,精英层对沙皇的敬意在淡化,大众对沙皇的敬意消逝得更快。其次,"父亲唆使长子抢夺家产"的做法也导致了"兄弟"矛盾加剧,俄国农村除了农民反对贵族之外又出现了公社农民反对独立农民(退社者)的潮流。据统计,从 1907 年改革开始到 1914 年 9 月 1 日止,递交土地私有申请的 269 万农户中,只有 71.8 万户即 26.6% 得到了村社的允许,183 万户(占递交申请农户的 67.8%)是强行分离的,而 1/10 的分离者"由于害怕同村社人的打击而撤回了自己的申请"。④ 20 世纪 90 年代的档案研究也表明"农民骚乱"中的"反改革"案件在这几年急剧上升,1907 年只占总发案的 5.1%,1908 年为 14.3%,1909 年为 23.3%,1910 年已达 75%。⑤ 斯托

---

① J. 梅纳德:《俄国农民及其研究》,伦敦 1942 年版,第 455 页。
② 该词由宗教会议派生而来,由宗教会议神圣的"一致性"引申出凌驾于个体之上的"集体性"原则。
③ E.J. 西蒙斯:《俄苏思想中的延续与变革》,哈佛 1955 年版,第 277 页。
④ A.M. 安菲莫夫:《1961—1914 年改革时期俄国农民公社发展的某些特点》,见《苏联历史》1980 年第 4 期,第 36—40 页。
⑤ II.H. 泽利亚诺夫:《1907—1914 年欧俄农民公社》,莫斯科 1992 年版,第 154 页。

雷平改革的基本思想是消灭村社,把份地引入自由市场的流通轨道。1905年开始的改革,到1916年1月1日,共有247.8万户(占村社农户26%)和1519.9万俄亩耕地(占村社耕地14%)脱离了村社。在1907—1915年间,由脱离村社而建立的独立田庄和独家农场有154万个(占全体农户12.5%),拥有耕地1510万俄亩(占全部份地11%)。上述数字说明,脱离"村社"的比例是很低的。①社会上维护公社的情绪从鼓吹"村社社会主义"的社会革命党之兴衰明显可见。该党在改革前对农民影响很小,在农民联合会与第一、二届杜马的农民代表中屡受冷落。然而改革后其势力迅速上升,从微不足道的小团体一举成了1917年有百万之众的全俄第一大党,不仅在农村苏维埃中一统天下,在城市苏维埃中也曾有半壁江山。

1917年革命前夕,谷物的商品率仅达26%。农业资本主义发展不足,自然经济还在农业中占优势。斯托雷平的改革没有达到摧毁村社的目的,仍有87.5%的农民在村社中生活。广大中小农势单力薄,对村社有依赖心理,不愿脱离村社而沦为无产者。② 十月革命后,这种状况也没有改变。村社不仅在十月革命中"复活"了,而且发展到空前的程度,甚至包括了那些历史上本来早已没有村社的地方。在主要农业区,几乎全部土地(98—99%)都属于村社;即使在村社化程度最低的西部和西北地区也占到70%左右。后来村社继续复活,到新经济政策时期的1927年有96%的土地与95%的农户在村社中。

1917年后的俄国一方面打倒了沙皇与地主,表现出强烈的"反传统"色彩,另一方面却以复活并强化了的公社世界消灭了独立农民,体现着一种"超传统"的方向。革命后的俄国与其说如列宁所言成了农民"小资产阶级的汪洋大海",不如说成了35万个传统公社的汪洋大海。村社经济的非市场化(自给自足)倾向与村会政治的专横倾向一直令苏维埃政府头痛不已。

由上可见,俄罗斯社会的基础,既不同于中国的"家庭本位",也不同于西欧社会的"个人本位",而是"村社本位"。俄罗斯的"村社"有如下几个特点:

(1)"村社"内实行民主制。村社内"一切实权都归马尔克会议(Markversammlung),也就是村社享有充分权力的全体成员大会。在这些会议上推选出作为村社代表的百人长,并解决一切重大问题"。③ "根据15—16世纪文书记载,村社('乡')的一切决议都是由'村社长和全体农民',也就是由乡米尔作出的。"④

(2)村社在其成员之间独立分派租赋。"在贡赋方面,独立分派赋税和向

---

① 刘祖熙:《改革和革命——俄国现代化研究》,北京大学出版社2001年版,第4页。
② 同上书,第5页。
③ [俄]H.п.巴甫洛夫——西利万斯:《俄国封建主义》,商务印书馆1998年版,第218页。
④ 同上书,第219页。

乡民征收赋税之权属于乡。政府将各种税赋合成一总数交给村社(乡)去负责处理,该村社按每个乡民的财产确定应缴的份额。乡的分派或摊派税赋的权利是以相应的义务为基础的,它们可以保证这种摊派的公平合理,可以防止由于当局的滥用职权而造成某个乡民的负担过重。"①

(3) 村社具有司法方面的权力。"俄国中世纪村社(乡)与德国马尔克村社一样,除了上述的税赋权以外,还有某些重要的审判权。"②"村社在司法方面完全同它在缴纳贡赋方面受连环保制约一样受到制约,它应对在自己境内所犯的某些罪行负有完全责任。"③

(4) 村社的土地定期重新分配。"产生土地重新分配的条件是土地的紧缩。村社是在大部分农民若干土地不足时开始的。村社已经没有闲置的土地,它重新分配土地是想以牺牲土地多的人来帮助土地少的人。这种土地紧缩引起了时间相隔不同的土地定期重新分配(2 至 30 年,或时间更长一些)。"

(5) 村社还直接干预农民的家庭生活。村社承认并支持家长在农民家庭中的权威,认可他们在家庭中拥有绝对的权力。村社规定家长有权"完全按照自己的意志"体罚有过错的家庭成员;晚辈"不得评论他们是否作的公正;若有抵制和抗令不遵之举,即予殴打惩治。"④村社承担着规范其成员行为道德准则的职责,对未婚同居、"通奸"等行为进行体罚;村社还关注农民的婚姻问题,对那些不及时结婚的农民,通过征收罚金、强制结婚等措施予以制裁⑤;村社还负责解决农民的家庭财产纠纷,农民分家和遗产争议的所有案子都由村社直接负责。

1927 年以后,苏联开始了全国性的集体化运动,用行政的手段以"全苏大公社"取代了 35 万个传统小公社。斯大林在 1927 年 12 月召开联共(布)第十五次代表大会时所作的报告中指出:"苏联农民摆脱困难的出路在于:……把分散的小农户转变为以公共耕种制为基础的联合起来的大农庄。……别的出路是没有的。"⑥

到 1929 年初,苏联共有 2500 万个体农户,其中贫农户占 35%,中农户占 60%,富家户占 4%—5%。⑦ 就这样,苏联走上了一条非市场经济的道路。

从上述发展过程可以看出,俄罗斯有着村社集体主义的传统,有着专制主

---

① [俄]H. п. 巴甫洛夫——西利万斯:《俄国封建主义》,第 223 页。
② 同上书,第 228 页。
③ 同上书,第 234 页。
④ Крестьянская Община В Сибири ⅩⅦ-начала ⅩⅩв. Новосибирск 1977г. л. 115.
⑤ Александров. В. А. Сельская община В России ⅩⅦ-начала ⅩⅨв. Масква, 1976г. л. 162.
⑥ 《斯大林全集》第 10 卷,人民出版社 1954 年中文版,第 261 页。
⑦ [苏]安·米·洛克拉托娃主编:《苏联通史》第 3 卷,生活·读书·新知三联书店 1980 年版,第 603 页。

义的传统,有着东正教的传统。这些传统综合到一起,使得俄罗斯缺少"企业经营精神"①,换言之,缺少效率观念而更加重视社会公平意识。忠实于叶利钦的政治学家阿列克谢·基瓦在为政府献策时写道:"对于一个平凡的俄罗斯人来说,社会公平的思想比民主的思想更为重要……集体利益和国家利益重于个人利益。集体主义和团结精神重于个人主义。在俄罗斯,个性没有得到应有的尊重,个人的自身价值没有被赋予具体的内容。人们对于财富的观念,对社会差别的观念,是很淡漠的。强大国家的观念,强大军队的观念,爱国主义思想仍然具有很大的影响力,精神因素的观念仍然受到高度的评价。精神激励因素的作用仍然是至为崇高的。"②这种思想意识通过东正教进一步强化了。俄国政治家罗伊·麦德维杰夫指出:"韦伯认为,路德和加尔文所进行的宗教改革是16世纪人们思想和伦理观上的一个转折。当时新教伦理成为了改变人们生活方式这一复杂链条的原始环节,于是便出现了可以称之为'资本主义精神'的思维体系和感悟现实的方式。这种精神的基本实质在于:赚钱的目的不是为了花费、生活阔绰和任意挥霍;赚钱的目的是要把钱攒起来,尽可能限制自己的要求,更多的用于开办事业,重新让所赚的钱运转起来,让它们增值和成倍增长。敛聚财富的新道德和'资本主义精神'的形成所需的时间不是几十年,而是几万年。"③20世纪由美国人泰罗创立的"科学管理制度"将资本主义精神推向顶峰。④"但是在俄罗斯人民的生活方式和思想意识中不曾存在发生过这样的进化,传统的东正教是不可能促成这种变化的,因为东正教的伦理同西方的伦理论和敛聚财宝的观点没有任何相近之处。""我们都知道,东正教的伦理严厉谴责追求暴利的企图,甚至谴责财富本身;东正教倡导大公无私、仁慈善良、造福大众、彼此信赖和自我牺牲。"⑤这种思想并不是没有社会意义,但从发展市场经济角度来分析,则是有着很大消极性的。

第三,集权主义的传统。俄罗斯的早期国家制度发端于基辅罗斯时期的大公政权,大公是罗斯人精神和社会生活的领导者。到了伊凡三世时期,通过实施加强中央对地方管理的改革和颁布1497年全国第一部法典,为俄国君主专制制度奠定了初步基础,统一的俄罗斯中央集权国家的版图也已基本形成。瓦西里三世时期,莫斯科大公借助"第三罗马"理论的力量将权力进一步巩固和扩大。伊凡四世成为俄国历史上第一位沙皇,他依靠正在兴起的封地贵族,以加强皇权为目的,进行了涉及政治、经济、司法、军事四方面的改革。在伊凡四

---

① [俄]罗伊·麦德维杰夫:《俄罗斯往何处去》,新华出版社2000年版,第41页。
② 同上。
③ 同上书,第44页。
④ 阿·德拉夫琴科:《马克斯·韦伯的社会学》,莫斯科,1997年,第110—121页。
⑤ [俄]罗伊·麦德维杰夫:《俄罗斯往何处去》,第44页。

世去世后的16世纪末至17世纪初,俄罗斯曾因王权归属的不稳定出现了混乱时期,僭称王现象的出现说明了俄国社会对君主政权的依赖性。彼得一世开启了俄国现代化的历程,通过面向西方、自上而下的改革再度巩固了中央集权,俄国绝对君主制最终得以确立,国力的大幅增强将莫斯科国家变成了俄罗斯帝国。最终,"对最近500年间俄罗斯国家历史演变的研究显示,最本质的东西是权力集中于一个中心及实行严酷的集中管理体制。"①不仅如此,俄罗斯(苏联)的历史还有着鲜明的特殊性,那就是四个特殊的五年,进一步强化了实行单一的计划经济的冲力。

苏联的社会主义模式是怎样形成的,这是一个复杂的问题,但历史原因都是不可否认的。十月革命以后,俄罗斯(苏联)的历史是有明显的特殊性的,这种特殊性可以概括为四个特殊的五年:

第一个特殊的五年,是从1917年十月革命到1922年苏共第十二次全国代表会议全面推行新经济政策,这个五年可以概括为"战时共产主义"体制的五年,或者说是国内战争的五年。由于俄国的资产阶级对十月革命采取敌视的态度,他们联合地主和白匪,采取武力的方式向新生的苏维埃政权进攻,列宁领导工农劳苦大众奋起反击,并实行战时体制,这种体制的基本特征主要有:(1)建立中央集权的工业管理体系。工业全部国有化,国家建立工业管理总局,企业实行一长制;(2)从粮食垄断制到"余粮"征集制。所谓余粮征集制,就是实行粮食的数字摊派,必须完成;(3)限制市场和私人贸易;(4)平均主义的分配制;(5)试行经济关系实物化:职工实物工资的比例逐年提高,1918、1919、1920年分别为47.7%、79.3%、92.6%;(6)劳动义务制和劳动军事化。总之,一切为了前线,将国家的作用推到了极致。

第二个特殊的五年,是从1928年到1932年年底,苏联工业产值超过农业,提前实现工业化,即现代化(工业化)进程中的第一个五年计划。1925年联共(布)第14次代表大会将工业化做为中心任务,斯大林在会上号召苏联用至多10年的时间,跑完落后于先进资本主义国家50—100年的差距。为使社会主义工业化有计划地展开,会议制定了1928—1937年的两个五年计划,1928至1932年为第一个五年计划。从1928年开始,工业化全面启动,集中全国的力量,快速将农业国变成工农业国。莫斯科地铁、莫斯科运河等大项目都是这时启动的。到1932年年末,顺利地完成了第一个五年计划,苏联工业产值超过了农业总产值,占总产值的一半以上,实现了社会主义的工业化。到1932年年底,苏联工业总产值从1928年的世界第5位上升到第3位,机器制造业从第4

---

① [俄]亚·维·菲利波夫:《俄罗斯现代史(1945—2006)》,吴恩远等译,中国社会科学出版社2009年版,第65页。

位上升到第2位,电力从第10位上升到第7位,石油从第3位上升到2位,机床从第12位上升到第6位。① 这种集中力量由国家启动的工业化进程,进一步强化了集权的发展模式。

第三个特殊的五年是从1940年夏天的战争动员至1945年5月卫国战争胜利的卫国战争时期。1939年9月德国进攻波兰,苏联重新划定苏波边界。随着苏波边界日益紧张局面的加剧,1940年夏苏联就开始了战争动员。从这年夏天开始,苏联的很多部门开始转向战时状态,大的企业开始实行军事化管理。1941年6月德国全面入侵苏联,苏联进入战争状态。国民经济和人民生活实行军事化管制,国家集权的倾向大大加强。全国人民只有一个目标:用武力打败法西斯,维护国家的独立。到1945年5月彻底打败了德国法西斯,取得了卫国战争的伟大胜利,苏联人民在欢庆胜利的同时,也真切地感受到了这种体制的优越性。

第四个特殊的五年,是从1948年全面启动东欧复兴计划,到1953年斯大林逝世,是战后集中恢复的五年。战后的欧洲,哀鸿遍野,到处漂泊的流浪人群食不果腹,上无片瓦,下无立锥之地。"屋漏偏逢连夜雨",1947年的冬天是欧洲历史上最寒冷的冬天,从伦敦到莫斯科,从巴黎到华沙,冻死冻伤数百万人。美国认识到,再不承担起复兴欧洲的责任,将被苏联席卷。1947年6月,美国国务卿马歇尔在哈佛大学演讲中提出"援助欧洲复兴计划",拿出170亿美元援助欧洲各国复兴经济。美国国会批准了计划。1948年3月,英国、法国、荷兰、卢森堡、比利时在比利时首都签署《布鲁塞尔条约》,结成五国联盟,这是"北约"的雏形,也是落实马歇尔计划的实体。苏联针锋相对,把东欧领导人请到莫斯科,准备实施东欧经济复兴计划,称为"莫洛托夫计划"。以冷战为背景的复兴计划在1948年全面启动。战争中苏联有1700座城市变为废墟、2万多个村镇焚毁、3200个工厂被毁。苏联人民行动起来,"30年代搞工业化的那种劲头和气势又回来了"。② 大约到1953年,战争创伤基本治愈,苏联进入了正常的发展轨道。

在斯大林逝世之前,苏维埃政权一共存在了36年,这36年中,有20多年是在非常特殊的情况下度过的。这些特殊情况的共同特点,就是任务紧迫,目标单一,生存危机。这种情况下最好的办法就是集中权力,采用非常手段来达到目标。一个政权同人的一生很有相似的地方,即早期所形成的特点对后来将产生深远的影响。斯大林的社会主义模式,正是在这种特殊的背景下形成的,其基本特点是中央集权;突出行政控制的手段;国家计划就是法律;排斥市场调

---

① 中共中央宣传部理论局:《世界社会主义五百年》,学习出版社2014年版,第99页。
② 冯精志:《苏联图志》,中共党史出版社2007年版,第253页。

节经济;强调政治动员的作用。这种模式后来直接影响到苏联社会主义的发展,并把这种模式做为一种普遍规律给固定下来,成为各社会主义国家效仿的榜样。

相较于俄国,中国商品经济的历史比较久远。鸦片战争前的中国农村有两大特点:

第一,自给自足的自然经济占据统治地位。中国封建社会的基本经济结构,是以家庭为基本生产单位,以手工劳动的小农业与家庭手工业相结合(表现为耕织结合,"男耕女织")为基本特征。农民生产的目的是为了自给,生产工具一般自备,生产工序通常在家庭内部完成,自用后多余的产品才拿去出卖。封建统治阶级从农民那里剥削得来的租税,主要也是供自己享用,而非用于交换。

第二,中国农村虽然存在着相当发达的商品经济,但这种商品经济与其说是自然经济的对立物,不如说是自然经济的补充物和组成部分。鸦片战争以前,中国农村商品经济已相当发达。尽管就全国而论,农民男耕女织,从事的主要是自给性生产,但就某些地区(如松江、上海一带)、某些行业(如丝织业)而论,确实存在着较大规模的商品生产,农产品(包括经济作物与粮食)也在相当程度上开始商品化。商品生产的发展促进了社会分工的发展。例如,纺织生产工具和生产环节就出现了专业化的倾向。在流通领域中,除了体积小、价值高的奢侈品贸易外,还出现了棉花、蚕丝、丝织品、瓷器、烟草、盐、铁器等大宗消费品的长途贸易。①

尽管确实存在着相当发达的商品经济,但任何自然经济,即使再完全、再彻底,由于地理位置和自然资源的限制,也不可能生产出其所需要的一切,商品交换和市场或多或少的存在。无论中国还是外国,商品生产和交换都曾经与占统治地位的自然经济长期共存过,而在相当长的时期内,这种商品生产与交换的存在不仅没有导致自然经济形态的瓦解和崩溃,反而带来了诸如中国汉唐盛世一类的封建制度下自然经济形态的高度繁荣。为什么会出现这种情况呢?一方面由于生产力水平的低下(例如交通条件与工具落后)对商品经济发展水平产生限制;另一方面商品经济自身与自然经济具有一致性。

中国农村自然经济的初步瓦解是从 1840 年鸦片战争开始的。由于外国资本主义的入侵,使中国农村自给自足的自然经济开始瓦解;但与此同时,中国农村自然经济对外来的商品经济的顽强抵抗,又使这种瓦解的速度和程度受到极大的限制。

---

① 李可、章铮等:《走历史必由之路——中国农村经济发展道路研究》,上海社会科学院出版社 1991 年版,第 93 页。

早在鸦片战争之前,英国就曾经向中国输出棉纺织品,但这种输出几经周折,很不顺利。对此,利令智昏的英国资产阶级只看到清政府闭关政策的影响,根本看不到自然经济的作用。在他们眼里,"中国有庞大的人口,其人富有积极的消费的性格,如果把那个国家的市场开放给自由贸易商人,则英国货在那个市场上的销量将比其余全部世界的总销量还要大",《南京条约》签订后,英国资产阶级欣喜若狂,他们认为,中国市场是如此广阔,"我们全部工厂的出产也不够供给她一省的衣料的","只消中国人每人每年需用一顶棉织睡帽,不必更多,那英格兰现有的工厂就已经供给不上了。"但实际情况却与英国的想象相反。英国输华货物总值,1840年为52万英镑,1844年增至231万英镑,随后进入徘徊状态,直到第二次鸦片战争爆发,始终在150—220万英镑的水平上波动。1854—1858年与1833—1835年相比,英国对华出口值从平均每年85万英镑增加到196万英镑,而中国对英出口值却从378万英镑增加到916万英镑。对此,英国资产阶级感到茫然不解。"拥有如此庞大人口的中国,其消费我们的制造品竟不及荷兰的一半,也不及我们那人口稀少的北美或澳大利亚殖民地的一半,赶不上法国或巴西,赶不上我们自己,不在西印度之上,只比欧洲大陆上某些小王国如比利时、葡萄牙或那不勒斯稍微多一点点,这好像是一个奇怪结局"。①

受外界刺激发展起来的商品经济,有以下几个特点:

第一,农村商品生产的发展,本来应该造成两极分化,迫使一大批破产农民成为工人。但是,由于外国资本主义和本国封建地主阶级的压迫和束缚,中国工人阶级,特别是产业工人人数增加极为缓慢。产业工人人数,1894年约为10万,1913年约为120万,1919年约为200万,1923—1927年约为260万。1933年中国产业工人人数仅占全国人口的0.7%,而同期美国为14%,德国为21%,英国为22.6%。即使加上手工业工人(据不完全统计,1920年约为510万人)及各类工人家属,人数也是有限的。直到1952年,在国民经济有了相当大的恢复和发展后,全社会劳动者中第二、三产业劳动者合计只占16.5%。因此,大多数破产农民并不能流入城市,从而彻底摆脱自然经济的束缚,而只能在农村苦苦挣扎。第二,贫苦农民虽然只有小块土地,其收成除维持生活外所剩无几,但在各种剥削压迫下,不得不把一部分用于自身消费的产品也用于出售以交租交税,到青黄不接之时再借债买回,表3-1就反映了这种情况。一旦这一类农民的经济状况有所改善,他们就不会再出售那么多的商品粮,而留给自己消费。第三,小农通常是"脚踩两只船",同时进行商品生产与自给性生产。即使是全

---

① 严中平:《英国资产阶级纺织利益集团与两次鸦片战争史料》,载《经济研究》1955年第2期,第124页。

部土地都用来种植经济作物,也决不意味着他们不会种粮。所以,他们的商品生产是以自给性生产为后盾的。

表 3-1 1922—1923 年黑龙江流域农村各阶层对市场的依赖程度①

每户耕作面积	农作物出售额占产额的比重(%)	每人每年购买饮食费用占饮食品总值(%)
15 垧以下	56.9	58.7
15—30 垧	55.5	16.4
30—75 垧	58.2	15.2
75 垧以上	61.9	6.4

综上所述,中俄历史传统有两个重要的差别:一是中国商品生产的历史比俄罗斯要久远,尽管中国历史上的商品经济也不是很发达。特别是鸦片战争以后,由于外国资本主义的大规模入侵,中国形成了发达的现代化城市和落后的乡村并存的二元经济格局,城市中的轻纺工业比较发达,程度不同地将一小部分手工业和农业纳入到了商品经济中去。二是俄国社会以村社为本位,有着极其深远的集体主义的传统;中国的社会以家庭为本位,有着深远的家庭个体经济的传统。这个差别对中俄改革模式的影响是非常明显的,应引起我们的高度重视。应该说,俄罗斯的农业改革从苏联时期就开始了。到了戈尔巴乔夫时期,如前所述,开始全面学习中国农业改革的经验,允许农民家庭租赁国有和集体农场的土地。但家庭化的个体农场发展缓慢,到了 20 世纪 80 年代后期,实行土地租赁的农户不足 2%。即使到 1994 年,在大规模的土地私有化法律通过之后,个体农场也只拥有 6% 的农户和 5% 的农用土地。② 而中国在短短的几年间,99% 的农户都实行了家庭联产承包制。之所以形成这种巨大的反差,有的学者认为,中俄之间的经济规模,特别是市场规模和结构存在着重要区别:俄罗斯地广人稀,农场之间距离远,没有密布的居民点和小集贸市场;中国早期的农业改革可以通过快速搞活的农村集市小自由贸易支持农民家庭小生产。而俄罗斯没有这个条件。③ 这种观点是很有见地的。但历史传统的原因也是不容忽视的。因为当中俄(苏)共同对传统的农业集体化的生产形式进行调整的时候,中国有着家庭生产的传统,便很顺利地就转向以家庭为基础的联产承包责任制;而俄罗斯有着村社的传统,村社是一个扩大了的"大家庭",经常干涉农民的家庭生活。俄罗斯没有家庭生产的传统,这使得俄罗斯改革之初就想

---

① 资料来源:严中平等:《中国近代经济史统计资料选编》,科学出版社 1958 年版,第 329 页。
② 周其仁:《产权与制度变迁》,社会科学文献出版社 2002 年版,第 75 页。
③ 同上书,第 76 页。

建立资本主义农场,但俄罗斯又没有这方面的基础,只好在家庭农场和集体农场之间长期徘徊,长时间没有找到适合自己特点的农业改革道路。

二、中俄体制转型的国情背景的比较

中国和俄罗斯都是国情比较特殊的大国。中国国土面积960万平方公里,人口13亿;俄罗斯国土面积1707万平方公里,人口1.5亿。中国的国情特点可以概括为:国家特别大,人口特别多,历史特别长,发展特别不平衡,综合国力比较弱。俄罗斯的国情特点可以概括为:国家特别大,历史呈间断性,国土面积横跨欧亚两大洲,民族构成复杂,国民素质比较高,综合国力比较强。

中俄两国国情最相似的一点,是两国都是大国,国情因素中诸多因素都是从大国这个特点派生出来的。这就需要对大国这一概念进行分析。

衡量国家大小的标准主要是基本体积。它包括国家的人口、领土面积、资源等,具体说来,大国就是人口众多、幅员辽阔、资源丰富。曾任美国中央情报局副局长和美国国务院情报研究司司长的雷·克莱因,于1977年出版了《世界实力评估》一书,书中认为5千万人口是区别国家大小的一个重要的分界线,15个拥有5千万以上人口的国家,绝大部分是世界强国,正因为人口是大国的首要标志,所以中国、印度、俄国、美国、日本等国在国际事务中都发挥着重要的作用;幅员,也就是国土面积,通常以50万平方公里作为一个重要的分界线。资源也是一个重要指标。我们以中国、印度和巴西为例,这三个国家已探明的烟煤储量约占世界总储量的50%,水电资源储量占77%,铁矿石储量占21%,铝土储量占15%,锡储量占25%。苏联和现在的俄罗斯资源丰富,更是人所共知了。按照上述标准,中国和俄罗斯都应该是"超级大国"。

一般说来,国家大,特别是人口多,历史长,经济相对落后等因素都会影响到国家体制。国家大,情况复杂,要求实行集中统一领导;人口多,导致提高人口素质是一个漫长的过程,也要求通过社会集中控制保证社会稳定;历史长,传统文化影响深远,不同文化碰撞必然带来社会的震荡,也要求加强国家的集中控制,这些因素的作用已经得到公认。

具体说来,两国国情比较相像的地方主要有:

(一) 中俄社会经济发展不平衡

国土面积大,一般说来会导致发展的不平衡。而政治经济发展的不平衡又要求制度和体制的多样性,这就增加了国家控制的难度。"发展的阶梯理论"和"地理决定论"充分论证了:任何国家在工业化之初,现代工业总是先集中在一个或少数几个地区,而余下的空间则成为区位上不发育的边缘。这样的空间组织必然表现为一种"二元结构"或"核心—边缘结构",即:由先进的、相对发达的核心区与落后的、不发达的边缘组成的空间系统。区域核心—边缘关系的最低层次即城乡关系。"发展的梯级理论"认为:在人类社会发展的历史过程和现实的格局中,有些地区先行发展,有些地区则滞留在后;有些地区进步较快,有些地区步履迟缓。这也可以说是人类社会发展所必不可免的代价。迄今为止,人类社会就是从这样一种发展模式中走过来。因此,任何时代、任何国家、任何地区乃至任何行业,社会生产力的发展都是不平衡的、多层面的,各国、各地区、各产业的近代化进程,总是鲜明地表现出一种时间、地域和层次序列,不可能整齐划一、齐头并进。

区域二元结构对制度、体制的影响主要为:(1)核心区经济发展条件优越,政治机构集中,制度化程度高,因而处于支配地位;边缘区经济发展条件较差,政治力量分散,制度化程度低,因而处于被支配的地位。(2)发达核心区域的制度模式,为边缘落后区域作出了榜样,会使边缘落后地区产生紧迫感,同时也容易产生冒进情绪,加剧生活矛盾。(3)要求"有控制的不平衡"发展战略,即加强集中控制。如果任其经济自然演进,资金会流向发达地区,扩大不平衡。通过政治压力来反对传统的资源流向,帮助提高边缘地区的经济水平,是保证整体发展的基本条件。缩小不平衡的差距是一种必然趋势,但是这需要经历一个过程,国土面积大,这个过程就更长,一切问题都出现在这个时间差上。苏联和俄罗斯存在着明显的发展不平衡的问题。在苏联辽阔的土地上,西部发达,东部落后,差距太大。从苏联建立以后,一直设法开发东部,使地区经济的发展走向均衡。在开发东部问题上,西部地区成为前进的基地,西部为东部提供了70%的机械工业产品,90%—100%的动力设备和大批熟练工人和科技人员。苏联从20世纪20年代起差不多每10年就有一个对东部地区开发的规划,并且逐步取得了进展。

在第二次世界大战前的3个五年计划期间,苏联除了在西部工业区发展新的工业部门外,在东部也开辟新的原料和燃料动力基地。到第二次世界大战爆发时,苏联在东部地区建起了具有全国意义的专业化生产基地,如乌拉尔—西西伯利亚的全苏第二煤炭冶金基地,哈萨克斯坦的全苏第三煤炭基地,乌拉尔—伏尔加河流域的全苏第二石油基地,乌拉尔、哈萨克斯坦和北高加索的有色冶金中心,伏尔加河流域和乌拉尔的机械工业中心。此外,还建立了化学工业、森林工业和木材化学工业中心。1940年苏联工业总产值比1913年增长了10.9倍。与此同时,乌拉尔、西伯利亚和远东地区的工业,增长了13.5倍,哈萨克斯坦增长了21.2倍。东部地区大型工业的发展,为卫国战争做了物质上的准备。但在此期间,苏联对各经济区的综合发展没有给予应有的重视,片面地强调专业化生产,而且对各地区专业化产品品种限制得过窄。这导致了不合理的远距离运输。

第二次世界大战期间,德国法西斯向苏联突然进攻,占领了苏联西部地区大部分领土,使苏联主要工农业生产基地遭到巨大的破坏。战争因素促进和加快了东部地区经济的发展。西部许多重要工业企业,纷纷撤退到乌拉尔以东地区,并在原有的工业基础上,建立起强大的军事工业,有力地支持了战争的胜利。东部(包括乌拉尔)和东南部(伏尔加流域)的基本建设投资占全国的比重,由1940年的46.3%猛增到1942年的78.6%和1943年的74.5%。在四年战争中,乌拉尔地区的工业总产值增长了2.6倍。这些地区的工业生产结构也发生了变化,机械工业、化学工业、有色冶金工业、有色金属加工业、燃料动力工业以及其他工业都有了新的发展,从而形成了独立的工业体系。

但是,从全国范围来讲,苏联还未能做到较均衡的发展,从产值、人口、基础设施特别是交通、通信设施情况看,西部和东部差距还是很大的,发展区域经济的任务还十分艰巨。苏联解体前,其欧洲部分仍占全国工业总产值的80%,工业固定资产的75%,人口的75%。

目前,俄罗斯随着市场经济的发展,条件比较好的西部地区发展速度超过东部地区,不平衡进一步扩大。这可以通过综合经济指标和居民收入两个方面体现出来:

第一,关于综合经济指标(取最发达地区和最落后地区进行比较),详见表3-2:

表3-2　1995年俄罗斯地区经济差距状况[①]

	工农业总产值	利润	基本建设投资
俄国指数	100	100	100
中央地区	20.9	23.3	20.6
远东地区	5.8	3.4	5.2

第二,关于居民收入,1995年莫斯科市市民人均月收入1804千卢布,而印古什共和国和鞑靼共和国分别为116千卢布和193千卢布,相差10倍左右。[②]

中国是世界上经济地区差异最大的国家之一。中国在第七个五年计划(1986—1990年)中对经济区域的划分作了正式规定,把全国划分成3个大的经济区,即东部、中部、西部。东部地区包括:辽宁、北京、天津、上海、河北、山东、江苏、浙江、福建、广东、广西、海南12个省份和直辖市。中部地区包括:黑

---

① 《регионы России》том.1. госкомстат Росскии,Москва1987, C.364-368.
② 同上书,第454页。

龙江、吉林、山西、内蒙古、安徽、江西、河南、湖北、湖南9个省份。西部地区包括：四川、云南、贵州、西藏、陕西、甘肃、青海、宁夏、新疆9个省份。

中国的发展不平衡表现在以下三个方面：

第一，资源组合类型多样化，自然条件十分复杂。

仅从水资源、能源、主要地下矿产资源、可利用土地资源、耕地丰度及气候生产力资源等五大基本资源分布的情况看：人均资源拥有量差距悬殊。资源富集程度超过全国平均水平的地区分别为内蒙古、青海、山西、新疆、贵州、云南、陕西，全部处于中西部内陆地区。除山西外，结构变动的条件都不甚理想。

资源的空间分布集中。水资源70%主要分布在西南及其毗邻的华南诸省；能源主要分布在华北的山西和内蒙古；主要地下矿产资源的集中地区西起四川、湖北、沿东北向伸展至辽宁，连接西北五省；耕地丰度和气候较优的地区也自四川、湖北始，顺长江向南延伸至江苏，连带山东和河南；可利用土地资源的主要分布区则多为环北部和西部边境的省份。它们大多偏集一隅，彼此叠合的程度很低。

各地区内部的资源配合不协调。配合较好的仅有安徽、新疆、贵州、云南、四川等5个省份，配合较差或很差的省份有21个，因此区域间的相互依存性很强。在一个广大的范围内，并不存在各省、区独立推进结构变动的可能性。

第二，资源与人口组合的"双重错位"。

中国物质生产能力①的分布，却同资源分布的状况形成了鲜明的对照：资源分布侧重于中部和西部的内陆地区，而主要生产能力则侧重于长江一线和东南沿海，除四川、湖北的叠合程度较好外，大多呈现为两相对峙的局面。工业资源（水资源、能源、主要矿产资源）与工业生产能力的分布表现得尤为明显：能源上集华北，水资源下聚西南，主要矿产偏于中部，而东南沿海的山东、江苏、上海和广东却占全国工业生产能力的12%。② 农业资源中（水资源、可利用土地资源、耕地丰度及气候资源），虽然主要农业生产能力同水资源、可利用土地资源的分布相差很大，但同耕地丰度及气候资源的分布大体一致。只是它们的叠合并没有带来与之相适应的农产品加工能力。由于未被迭合在内的辽宁、上海、浙江和广东占全国农产品加工能力的28%，结果还是把这一能力的分布拉成与工农业总体生产能力和工业生产能力相似的状况。

中国资源分布与生产能力的错位现象，既反映了当前地区间经济水平不平衡的事实，又包含了长期发展的开发以及新经济区的建设，这种错位将会得到

---

① 资料来源于世界资源研究所、中国科学院等编译：《世界资源》，北京大学出版社1990年版，第505—507页。

② 林兆木、邵宁主编：《跨世纪的发展思路研究》，中国计划出版社1995年版，第210页。

某种调整。但是,调整的幅度大小、速度快慢,从根本上取决于各地区经济要素供给的状况。据考察,以实际积累额标识的资金,集中指数高达92;以工业固定资产值标识的已有资产存量,集中指数为79;以大学毕业人口标识的智能资源,集中指数为83;以经济活动人口标识的劳动力,集中指数为79。① 这些要素的偏集地区,绝大多数与生产能力的分布相同,同资源的分布相对。

第三,自然条件相差极其悬殊,在发展过程中不平衡日益加剧。

由于中国东、中、西部自然条件相差极端悬殊,尽管国家采取了有力的措施,但是区域间的发展不平衡还是日益加剧。在新中国成立时所面临的是极不平衡的工业区域发展格局。全国70%以上的工业和交通运输设施集中在占全国面积不到12%的东部沿海狭长地带。新中国成立后,经过3年的经济恢复,从1953年开始实施的第一个五年计划规定:为了改变原来的工业地区布局不合理的状况,必须建立新的工业基础。在这一指导思想下,"一五"时期苏联援建的156项工业基本建设项目中有五分之四布局在内地;694项限额以上重点工程(含156项苏联援建项目)有472项在中西部,占68%。各个时期东、中、西部三大地带基本建设投资比重(全国所有制),见表3-3:

表3-3 各个时期三大地带基本建设投资比例(全民所有制)②

(单位:%)

时期 地区	一五时期	二五时期	1963—1965年	三五时期	四五时期	五五时期	时期	1990年	1991年	1992年	
东部	36.9	38.4	34.9	26.9	35.5	42.2	47.7	52.5	50.9	48.7	50.2
中部	28.8	34.0	32.7	29.8	29.9	30.1	29.3	25.5	23.3	24.4	24.7
西部	18.0	22.0	25.6	34.9	24.5	19.9	17.2	15.9	16.8	17.1	16.5
未分地区	16.3	5.6	6.8	8.4	10.2	7.8	5.8	6.1	9.0	9.9	8.6

但值得提出的是,改革开放以前的均衡布局战略,虽然使得中西部地区在非常落后的基础上得到较为迅速的发展,促进了我国工业布局的趋向均衡,但是均衡布局战略影响了对东部沿海原有经济、技术存量优势的充分利用;而在中西部地区,由于工业化的起点太低,传统落后的农牧业与现代的工业并存,落后的农业区和现代化中心城市并存,落后的自然经济形态与集中的计划经济形态并存,而且两者之间缺少联系,经济呈典型的"二元结构",因此宏观经济效果不理想。中西部地区虽然取得了较快的发展速度,但与东部地区的差距却拉

---

① 林兆木、邵宁主编:《跨世纪的发展思路研究》,中国计划出版社1995年版,第208页。
② 同上书,第210页。

大了。以人均国民收入衡量,1953年东、中、西之比为1:0.78:0.64,1979年扩大为1:0.6:0.56。

改革开放以来,中国实行了"非均衡布局战略",从强调地区均衡发展转而注重整体发展速度和宏观经济效益,注重充分发挥和利用各地区优势尤其是沿海工业区的经济技术效益,注重充分发挥利用各地优势尤其是沿海地区的经济技术区位优势。

"六五"计划明确指出,要积极利用沿海地区的现有基础,"充分发挥它们的特长,带动内地经济","继续积极支持和切实帮助少数民族地区发展生产、繁荣经济"。"七五"计划提出,中国经济发展水平客观上存在着东、中、西三大地带差异,发展的总体目标是"要加速东部沿海地带的发展,同时把能源、原材料建设的重点放到中部,并积极地做好进一步开发西部的准备",同时"继续鼓励一部分地区、一部分企业和一部分人先富起来"。1988年以后,又提出并实施了"沿海地区经济发展战略",对东部沿海开放地区从财政、税收、信贷、投资等方面进一步提供优惠。同时,国家投资的重点也大幅度向沿海地区倾斜。这种非均衡的发展战略,对促进整个国民经济的发展起到了很大的推动作用,但地区间发展水平的差距进一步拉大。以1992年为例,东部地区工业生产增长明显快于中西部,东部各省工业总产值增长达23.8%,比中、西部高出10个百分点左右。参见表3-4:

表3-4　1978—1994年东、中、西部国内生产总值占全国比重的变动情况①

(%)

年份 地区	1978	1991	1994	增减比重
东部	52.5	54.9	58.5	+6
中部	31.0	28.2	27.4	-3.6
西部	16.5	16.3	14.1	-2.4

东、中、西部国民收入的差距也进一步扩大,参见表3-5:

表3-5　东、中、西部人均国民收入及比值②

项目 年份	收入(元)			比值	东西部相对差
	东	中	西	东:中:西	(%)
1953				1:0.78:0.64	36

---

① 周振华主编:《中国经济分析1995——地区发展》,上海人民出版社1996年版,第34页。
② 资料来源:《经济研究参考》,1995年第26期,第11页。

续表

年份\项目	收入（元）			比值 东：中：西	东西部相对差（%）
	东	中	西		
1979				1：0.60：0.56	44
1986	762	519	395	1：0.68：0.52	48
1991	2283	1198	1095	1：0.52：0.48	52

中俄社会发展不平衡对体制产生的影响是非常大的。它对体制提出的一个直接要求就是加强中央政府的调控能力。客观地讲，这种不平衡最初形成的主要原因是自然环境的特殊性，非均衡发展战略的政策又加剧了这种不平衡。无论对社会还是对个人来说，这种不平衡都是不公平的，如果任其发展下去，势必导致"诸侯经济"，甚至有可能引发社会动荡。因而，就有一个如何发展和协调区域经济的问题。此外，中俄这种发展不平衡还同民族问题联系起来，相对落后的地区，一般都是少数民族相对集中的地区。如何协调各民族发展的水平，这也是关系到一个大国政治统一、民族团结的大问题。这就要求加强中央政府的调控能力，并要有体制上的保障。

（二）中俄都比较重视基础设施建设

首先，中俄作为大国，为了保证本国的独立和安全，并在世界上发挥作用，当然要有一定的军费支出，维持一支强大的军队，建立和发展独立的先进的军事工业。中俄两国都有广阔的疆界，出于国家安全上的考虑，都要保持一定的军事优势，要优先发展重工业，特别是军事工业，这些部门都要由国家控制，成为国家安全的重要基础。这种强大的重工业、军事工业部门成为体制转型需要解决的重要课题，增加了体制转型的难度。

美国中央情报局苏联问题专家 R.盖茨认为，苏联之所以垮台，是由于军备压力超过其国民经济的承受能力，而苏联之所以走上这条扩军的绝路，那是从肯尼迪到里根这几届总统采取的对峙政策所致。美国凭着其雄厚的经济实力推出一轮又一轮的军备竞赛。苏联领导人出于意识形态的分歧和民族主义的情绪而与美国比赛花钱，结果到了"星球大战"这一轮时苏联经济再也无法支撑下去了。与这种观点相联系的，就是认为苏联之所以垮台，是国家生活中强大的重工业集团，特别是强大的军事工业集团极力反对改革所致。

一般说来，大国与小国的情况不同，大国的国土面积很大，有很长的边境线或海岸线，又与许多邻国接壤。在一个大国的国内，又有许多不同的民族和种族，这些民族和种族又与邻国的相同民族和种族有着不同程度的联系及相互影响。大国比小国又具有众多的人力、丰富的资源及相当的财力。因此，大国的国防问题往往成为该国的重大问题和首先考虑的战略问题之一。这是关系到大国国内政局稳定和经济、社会发展的一个极为重要的因素。军事实力又是大国地位的重要组成部分。世界上研究综合国力问题,除了经济实力、科技水平等重要因素外,一个国家的军事实力也是衡量该国在世界上地位的极其重要的因素。

美国、苏联、中国、印度、巴西军事费用的支出都比较多,其中尤以美苏两个超级大国的军费开支数额巨大。这在很大程度上是由于大国的地理环境及其在世界上的地位和作用造成的。军费开支的数额,必然对各大国的经济发展产生相当的影响。我们可以从战后的历史比较中,研究如何处理好军事费用与经济的关系,以有利于本国经济稳定、健康的发展。

以美苏两国为例,苏联的国民经济基础虽然不及美国,但军事工业却相对发达,苏联的军事费用开支在战后的 45 年里,也是增长很快的。自 20 世纪 60 年代以来,一直呈上升趋势,在 1970—1973 年间达到顶点。据苏联过去公布的数字,军费开支一直比较低,仅占国民生产总值的 2.4% 左右,占财政收入的 5%—7%。如 1975 年,苏联财政收入为 2188 亿卢布,军费支出为 174 亿卢布,1985 年财政收入为 3906 亿卢布,军费支出为 191 亿卢布,1988 年财政收入为 4690 亿卢布,军费支出为 202 亿卢布。① 1989 年苏联第一次公开披露当年的实际军费开支为 773 亿卢布,占国民生产总值的 8.5%,占国民收入的 12.1%。世界各国一般把军费开支分为五大项:人事费、物质保障及军事训练费、武器装备采购费、军事科研费及军事建筑费。过去苏联只把前两项作为军费开支公之于世,而把后三项列入其他预算之中。1989 年公布的数字为过去公布数字的 4 倍。实际情况是,在 20 世纪 70 年代,苏联的军费开支占国民生产总值的 11%—13%,年增长总的军费开支中,采购及科研费高达 85%。苏联军队的人事费仅占总军费开支的 10%,而西方要占到 30% 左右。据伦敦战略研究所的计算,苏联的军费开支,从 1960 年到 1976 年增加了 3.7 倍,每年增加 10.2%;从 1972 年起,苏联军费开支超过美国,达 844 亿美元,1976 年更达 1270 亿美元。美国的军费开支 1972 年为 766.74 亿美元,1976 年为 879.50 亿美元。据日本《读卖新闻》1983 年 8 月 10 日的分析,1982 年苏联的国民生产总值只占美国的 55%,而 1980 年美国军费开支为 1680 亿美元,苏联军费开支却高达 2520 亿美元。据苏军总参谋长莫伊谢耶夫大将在 1989 年 6 月 11 日《真理报》上撰文说,1989 年的人均军费开支美国为 1300 美元,而苏联则为 2700 卢布(当时比价 1 卢布 = 1.10 美元)。

苏联的国民生产总值低于美国,而军费开支占国民生产总值的比重又高于美国 2 倍以上。由此可以看出,苏联在军费开支方面的花费是多么巨大。美国

---

① 程极明:《大国经济发展比较研究》,人民出版社 1997 年版,第 203 页。

中央情报局在1983年3月估计,苏联军费开支占其国民生产总值的15%—17%,而美国则为6%。苏联常规武器生产的数量很大,据1974—1982年统计,其坦克的生产量为美国的2.7倍,装甲车为美国的7.6倍,火炮及火箭发射器为美国的38.1倍,作战飞机是美国的2倍,洲际导弹是美国的5.9倍。

中国在这方面不如苏联(俄罗斯)突出,但同样有军事地位的问题。中国近代史上多次受帝国主义的侵略,特别是日本帝国主义的侵略。新中国成立以后,中国有台湾问题,在东南沿海一带驻有重要的军事力量。同时,与接壤国也发生了一些边界纠纷,如20世纪50年代末、60年代初发生的中印边界反击战;60年代末期的中苏边界冲突;70年代末期的中越边界争端;80、90年代的中日钓鱼岛问题等。从陆地广阔的边界到漫长的海岸线,都要有足够的军事力量维护国家的安全。中国边界还有一个特点,就是同世界上三个大国,即俄罗斯、印度、日本在陆地或海洋连接。正是基于上述原因,中国对安全问题十分敏感,把国家安全放在重要地位。中国的军事工业相对发达,而且出于军事上的考虑,建设了好多"大三线""小三线"的军事设施和工厂。中国军队在数量上也是相当可观的。这些都要求国家要有相当规模的财政支出。1995—1997年,中国年度国防费分别为636.72亿元、720.06亿元和812.57亿元人民币。这期间的国防费占同期国家财政支出的比例,分别为9.3%、9.1%和8.8%。① 应该说这个数字和比例在大国中是比较低的,但由于中国是个发展中国家,这个费用和比例已经大大高于教育等费用了,这是大国地位所决定的。大国的地位决定了要有军事优势,军事工业也要由国家来控制,这样国家才有保卫国家安全的基本能力,但体制转型必然要影响到这种控制和能力。如何在分权转型过程中尽量保持这种控制能力,是大国,特别是中俄两个大国要正视的问题。

其次,中俄都比较注意基础设施建设。

一般说来,大国由于人口多,面积大,出于国家经济地位上的考虑,要求形成独立的经济体系。而一些中小国家和地区则不然,它们可以充分发挥某一个方面的优势,形成独具特色的经济模式,政治上或经济上依附某个大国。比如,在新技术革命的推动下,从20世纪50年代到70年代初期这二十多年的时间里,发达国家的经济迅速地向技术密集和资金密集型工业发展,而把许多劳力密集的轻纺工业让给了中国台湾地区、韩国、新加坡这一类新兴经济体。这就使这些新兴经济体的加工出口业发展获得了良好的机遇。能否设想把中俄变成外国资本的大加工厂呢?首先,这是不可能的。因为如果这样做的话,不仅经济不能起飞,而且由于没有一个独立、完整的工业体系和国民经济体系,许多方面依赖外国,就连政治上的独立也很难保持。其次,大国依靠别人,出了大的

---

① 中华人民共和国国务院新闻办公室:《中国的国防》白皮书,见《人民日报》1998年7月28日。

问题,别人想帮你也帮不成。试想,中国这么多人口,如果粮食出了问题,哪个国家有能力帮助解决呢?即使有,也仅仅是少量的,有限度的,主要还得靠自己解决。俄罗斯近些年一直进口粮食,成为经济发展的极大负担。所以,大国本身的地位、特点决定了一定要有自己的独立的经济体系。

此外,也是因为国家大,建立独立经济体系的费用很高。仅举一个常识性的例子,中国修一条从北京到西藏的铁路,俄罗斯修一条从莫斯科到远东的铁路,哪个小国家能承受这么高的费用呢?可见,中俄基本建设的费用都比较高。

新中国成立初期,基本建设投资虽然一般占到工农业总产值的十分之一,但年人均基建费用仍然很低,详细情况见表3-6:

表3-6 新中国成立初期基本建设投资分析表①

年份	工农业总产值	基建投资	人口	年人均基建费用
1953	960 亿元	80 亿元	58558 万	13.66 元
1954	1035.3 亿元	75 亿元	60129 万	12.44 元
1955	1103.7 亿元	93 亿元	61921 万	15.60 元
1956	1286.5 亿元	148 亿元	63139 万	23.40 元
1957	1241 亿元	154 亿元	64381 万	24.06 元

苏联和俄罗斯基本建设投资状况如下:

表3-7 苏联(俄罗斯)基建投资占社会总产值和工业产值的比重分析表②

(单位:亿卢布)

年份	社会总产值	工业产值	基本建设投资	基建投资占社会总产值的比重(%)	基建投资占工业产值的比重(%)
1985	8262	4760	1110	13	23
1986	8525	4950	1212	14	24
1987	8777	5100	1284	15	25
1988	9164	5300	1383	15	26
1989	9545	5430	1439	15	27
1990	10007	5560	1440	14	26
1991	20357	11830	2105	10	18
1992	278136	161350	26702	10	17
1993		1094000	252000		23

---

① 根据《中华人民共和国国民经济和社会发展计划大事辑要(1949—1985)》,红旗出版社1987年版;《中国统计年鉴(1985)》,中国统计出版社1986年版计算。

② 根据《独联体国家经济统计手册》,时事出版社1994年版,第64、66、67、87页的数字计算。

中俄两国国情因素中,区别较大的有两点:第一,两国的人口构成极不相同。中国的农村人口占全国的80%。而在苏联,农村人口为34%,在俄罗斯为26%。因而,苏联—俄罗斯的较大部分人口是在工业,尤其在国营工业就业。① 俄罗斯国民文化素质较高,具有科技人才优势。在相对落后的发展中国家,俄罗斯是为数不多的消灭了文盲的国家之一。1997年全俄15岁以上的9110万居民中,受过相当于高中以上文化教育的占73.9%,其中受过大学教育的占16%。② 而中国目前还有2亿多文盲。第二,两国综合国力相差较为悬殊。评价综合国力有两个重要的指标,即资源和科技实力。俄罗斯具有科技的优势,尤以航天工业的科技水平为代表;俄罗斯有着得天独厚的资源优势,"金、木、水、火、土"都位居世界前列。中国主要资源人均占有量则不及世界平均水平的三分之一。

三、俄罗斯体制转型的社会政治背景分析

苏联和俄罗斯的体制转型起始于20世纪80年代中期的戈尔巴乔夫执政时期,戈尔巴乔夫之前的三任领导,安德罗波夫执政仅仅1年有余,契尔年科仅仅执政9个月,他们都只是过渡型的人物;勃列日涅夫执政时间最长,达18年之久,体制转型前的体制特征几乎都是在这个时期形成或巩固的,因此,说到苏联和俄罗斯转型前的社会政治背景,只有通过对勃日涅夫时期的分析,才能有一个准确的把握。对比之下,中国转型的社会政治背景比较明确,那就是中国的体制转型接续在"文化大革命"之后,"文化大革命"构成了中国体制转型的社会政治背景。

20世纪90年代俄罗斯多次民意测验都认为,勃列日涅夫时期是比较好的时期。实际上,恰恰这个时期的僵化和停滞,直接导致了激进改革模式的形成。这从一个侧面反映了体制转型的复杂性。

勃列日涅夫时期呈现出三个明显的特点。

(一) 政治上由稳定到僵化

比较起来,勃列日涅夫执政时期是苏联历史上政治局势最稳定的时期。我们看到,在列宁执政的7年间,经历了三年的外国武装干涉和国内战争,阶级斗争和党内斗争都很尖锐,政治局势和社会形势并不稳定。在斯大林执政的29年间,先是出现几次激烈的党内斗争,接着搞"大清洗",随后经历四年烽火连

---

① [美]马歇尔·戈尔曼:《失去的机会》,第185页。
② 杨振家:《剧变前后的苏联和俄罗斯经济》,世界知识出版社1997年版,第248页。

天的卫国战争,战后又发生几起重大政治冤案,整个政治局势和社会形势长期动荡不安。赫鲁晓夫执政的 11 年间,党内斗争频而尖锐,领导决策不断变化,党政机构反复改组,干部队伍大起大落,因而造成社会动荡和人心不安。在戈尔巴乔夫执政的 7 年间,社会制度逆转,国家性质剧变;夺权斗争激烈,政局变幻莫测;经济困难重重,人民生活恶化;游行示威不断,民族冲突迭起;全国各地多次发生流血事件,死伤人数众多。这是苏联从剧烈动荡走向彻底崩溃的最后时期。而在勃列日涅夫执政的 18 年间,国际形势趋向缓和,国内不曾有战争,党内斗争也不像过去和后来那么尖锐和激烈,政策变动较小,重大人事变动不多,党政机构和干部队伍比较稳定,国家统一,民族团结,社会秩序良好,整个政治局势和社会形势没有出现动荡和不安。这种稳定,既是勃列日涅夫时期的特点,也是这一时期的成就。

但是,这种稳定的背后,是思想上的严重僵化,传统的政治体制变得更加完善,其弊端也更加严重。

首先,这种过分的中央集权和严格的部门管理体制,窒息了地方和人民群众的积极性,使社会主义民主仅仅成为一种招牌。"党开始越来越不管自己的事务,而越来越多地去管其他政府机构的工作"①长期实行的一党执政、一党独存、党政融合、以党代政体制,没有任何监督,缺乏不同社会阶层参与国家管理的渠道。苏联著名理论家、社会活动家,现任俄罗斯科学院院士格·阿·阿尔巴托夫回忆说:"代表机关,包括最高苏维埃不能(更确切些说,是不允许)制定,甚至讨论真正的政策问题。有时在会议之前,党中央机关的某个人会给你打电话,并且说:有人认为你必须发言。我所参加的外交事务委员会在开会之前也是这样的。马上就会递交你一份发言草稿。"②"党的干部队伍的长期稳定,党内的选举任期流于形式。很多州委书记、部长、党和苏维埃机关的负责人占据自己的职务达 15—20 年之久,想出了一套很高超的保护十分无能的官员的办法,使他们不为自己的行动承担任何责任。例如,如果发现州委书记在本州应届选举中有可能落选,就把他调回到苏共中央组织部担任视察员职务,两三年之后又推荐他(实际上是任命他)到另一个州去担任州委书记。不称职的部长从一个部调到另一个部,或者'为他'建立某个新的部。"③这就导致干部队伍的终身制,导致了高层领导集团形成"老人集团"。特别是政治生活缺乏民主,劳动人民当家做主的权利受到限制,宪法规定的公民权利有许多不能兑现,连利加乔夫在《戈尔巴乔夫之谜》一书中也说:"以前几十年人民代表选举完全

---

① [俄]格·阿·阿尔巴托夫:《苏联政治内幕:知情者的见证》,新华出版社 1998 年版,第 307 页。
② 同上书,第 305 页。
③ 同上书,第 309 页。

是形式化,使选举者消极对待。一切都是安排好的,没有州党委的许可谁也进不了候选人名单。……当然,这并不表明代表中没有称职的……但无选择的选举当然是过时的,不民主的,应该改变。"

其次,党政机关的干部特权和腐败现象相当严重。当时的领导干部,享受高于普通职工几十倍的高薪,享受名目繁多的补助,享受兼职兼薪,拥有高级别墅、交通工具和特殊商品供应等等。特别是领导干部搞裙带关系、贪污受贿、结党营私、损公肥私的现象相当普遍。当时,全国性的大案要案多次发生,层出不穷。1980年破获的"黑鱼子酱走私案",涉及冶金部、贸易部、食品工业部、太平洋舰队等部门的300多名干部,使国家遭受几百万卢布的经济损失。所谓"乌兹别克黑手党"案件,涉及乌兹别克党中央第一书记拉希多夫等一大批领导干部,他们虚报棉花产量100万吨,从国库骗取20多亿卢布的收购资金。

特别需要提及的是,苏联长时间的体制僵化形成了一个官僚特权阶层。这个官僚特权阶层的制度基础,就是特权制度。这种特权制度"有点类似某种贵族制度。与荣誉相联系的终身制,享受着生活水平和各种特权(用品的供应、住宅的保证、医疗和休假,甚至丧葬)。""早在30年代所有这些已经形成完整的制度。"①这个官僚特权阶层,在勃列日涅夫时期日益壮大。官僚特权阶层形成的基本原因,是特权制度的不断发展。苏联有着大量的隐秘特权。1945年4月,苏联实行特定职务工资制,比原来的职务工资高出1倍半。斯大林逝世的1953年,苏联部长级工资是5000至6000卢布,加上特定工资6000至8000卢布,合计有11000到14000卢布,而职工最低工资约为250卢布,相差44至56倍。② 可以说,在斯大林时期就已形成党政官僚高薪特权阶层。后来赫鲁晓夫想做一些改革,遭到高薪者的强烈反对,赫鲁晓夫为了保住自己的权力,也只好不了了之,可见官僚特权阶层力量之大。到了勃列日涅夫时期,工资差距更是扩大到上百倍。同时,特权制度进一步完善。被任命的官员按照级别享受由国家发津贴提供的、秘密封闭的特殊高级服务:高级住宅、私人医疗设备、宾馆和度假设施、高级轿车(在苏联,轿车的需求远远大于供给),以及以低价格向他们提供普通百姓无法买到的进口食品。例如,当鲍里斯·叶利钦成为政治局候补委员时,他和他的妻子被配给了"三位厨师、三位女服务员、一个女仆、一位花匠师和一个园丁组",原来属于戈尔巴乔夫的一座别墅也转移给了叶利钦。这座别墅"有大理石墙壁,有无数特大号房间,并配有自己的影院"。

并不是每一位被任命的官员都享受同等的待遇。特权是根据每一个人在官僚等级中的地位进行严格分配的。但这些人的总体生活水准要比其他人高

---

① [俄]格·阿·阿尔巴托夫:《苏联政治内幕:知情者的见证》,第311页。
② 宫达非主编:《苏联剧变新探》,世界知识出版社1998年版,第66页。

得多。依照当时苏联的生活标准,高级官员是非常富有的。特别是在勃列日涅夫时期,这种对商品短缺的处理方法是进行政治和社会控制的有力手段。叶利钦在他的自传中对这种手段也进行了描绘:"谁在职务阶梯上爬得越高,谁就生活得越舒适,谁也就会对失去这种生活更加感到不情愿和痛苦。这样他们也就变得更加顺从更加可靠了"。所以他特别强调:"令人奇怪的地方在于,没有任何一件东西属于这些享受特权的人。所有这些奇妙的东西——别墅、配给品、私人享用的海滨避暑地——都属于体制。体制能够把这些东西赋予他们,也同样能够把它们剥夺回去。每个身处体制中的人都非常脆弱,高级领导人、党的总书记也不例外。因而它的确是一种特别有效的控制手段。"最后,官僚体制越来越庞大,享受官僚特权的人数越来越多。"官僚主义的管理机关膨胀到令人难以置信的规模——仅在农业中管理机关的人数就达到 300 万人(比美国农民总数还多)"。① 综合各方面材料,勃列日涅夫时期在各级政府部门、工厂和国营农场、集体农庄从事行政工作的人员达 2500 万人。在各级政府部门从事行政工作的人员达 1800 万人。②

（二）经济上由发展到停滞,传统经济体制已走到尽头

在勃列日涅夫执政的前十年(1965—1975 年),苏联经济发展速度比较快。如 1965 年的固定基金为 100,到 1975 年已增至 209;第九个五年计划期间(1971—1975 年)的工业总产值为第七个五年计划期间(1961—1965 年)的 218%,投资额为 203%,国民收入为 186%。这就是说,苏联的整个经济实力大体上翻了一番。因此,勃列日涅夫在 1976 年的苏共二十五大上洋洋得意地说:"我们总共只用了十年时间,就已经使过去几乎用半个世纪建立起来的经济实力增加了一倍。"1975 年后,苏联经济的增长速度大大减慢,但从勃列日涅夫整个时期看,苏联经济还是有所发展的。可以说,勃列日涅夫时期的经济规模和发展水平,是苏联历史上最大和最高的。

在经济有所发展的同时,人民生活水平也不断得到提高。职工的月平均工资,1965 年为 96.5 卢布,1981 年增至 172.7 卢布,增长 79%,集体农庄庄员的月平均劳动报酬,1965 年为 51.3 卢布,1981 年增至 120.6 卢布,增长 140%。戈尔巴乔夫尽管再三批判勃列日涅夫,也不得不承认:苏联人民"对近二十年来人均实际收入增长一倍,主要食品价格没有上涨这一点感到满意。"可以说,勃列日涅夫时期的人民生活,是苏联历史上最好的。

1975 年以后,苏联经济发展有所放慢,经济增长率逐年下降。以国民收入

---

① 宫达非主编:《苏联剧变新探》,第 301 页。
② [苏]米·谢·戈尔巴乔夫:《真相与自白——戈尔巴乔夫回忆录》,第 177 页。

为例,1966—1970年的"八五"计划期间,年平均增长率为7.7%;1971—1975年的"九五"计划期间,年平均增长率为5.7%;1976—1980年的"十五"计划期间,年平均增长率为3.7%;1981年和1982年,年增长率分别仅为3.3%和2.6%,已降到苏联历史上的最低水平。而且,这种低速增长还是在不正常的基础上,依靠在国际市场上高价出售石油和在国内大量生产、销售含酒精饮料达到的。按戈尔巴乔夫后来的说法,这种增长速度已"达到危机点"。他说,苏联的国民收入年增长3%是不够的,计算表明,至少需要增长4%,否则要影响人民生活水平的提高。所以,勃列日涅夫后期的苏联经济,实际上已处于停滞状态。

(三)改革上由起步到停止,错过了改革的最后良机

在勃列日涅夫执政期间,现代资本主义经过不断调整,处于相对稳定的和平发展时期,它们逐渐倾向于依靠科技和经济手段来争夺市场,而避免依靠战争手段。同各主要国家生产现代化的要求相适应,世界经济出现高度国际化和市场一体化的趋势,对外贸易、对外投资、国际协作和技术转让等等有了重大发展。特别是20世纪60—70年代掀起新的科技革命浪潮,电子信息、生物工程、新材料、新能源、航空航天等新产业纷纷崛起,发达国家的产业结构和经济增长方式发生了重大变化。在这种情况下,世界社会主义运动也进入新发展阶段,许多社会主义国家根据新的时代精神,力求突破传统体制的束缚,探索改革开放、发展本国经济的新路。总之,新的时代和新的形势对苏联产生巨大的压力,同时也为苏联的改革开放提供了空前有利的时机。

但是,勃列日涅夫时期的苏联背离了新的时代精神,并没有利用当时实行改革开放的有利时机,而且根本看不到实行改革开放的必要性和紧迫性。在政治方面,高度集权、缺乏民主的传统体制没有得到任何改革,相反,其个人迷信、个人专断、党政融合、以党代政、干部特权、领导职务终身制等等弊病更加固定起来,并有所发展。在经济方面,1965年虽然实行过"新经济体制",但只是在减少计划的指令性指标、扩大企业自主权等方面做做文章,一点也没有突破高度集中的计划经济体制。从1971年开始,甚至只讲"完善"和"发展"原有体制,否定和讳言"改革",而所谓的"完善"和"发展",实际上倾向于加强集中管理,在许多方面比赫鲁晓夫时期还不如,向后倒退了。特别是勃列日涅夫面对世界科技革命的浪潮,只是空谈科技革命和集约化,不采取实际的有效措施,仍然死守传统的经济结构和偏重发展传统的产业部门,使苏联的科学(除军事技术外)和经济水平越来越落后于西方。在对外方面,一方面闭关锁国,只同经互会国家发展"经济一体化",自我孤立于国际经济体系;另一方面又进一步推行扩张主义,到处伸手,扩大势力范围,加紧军备竞赛,同美国争夺世界霸权,从

而极大地耗费了宝贵的资金。这一切都同苏联的理论僵化有关,当时大肆宣传的"发达社会主义"理论美化了现实,掩盖了矛盾,使整个国家满足于现状而迷失了方向。

判断某种方针、政策正确与错误的程度,是和时代背景及历史所提出的要求联系到一起的。勃列日涅夫时期,伴随着科学技术革命和经济大发展,各主要资本主义国家都在进行政治和行政的改革与调整,为经济的持续发展注入活力,可是,勃列日涅夫时期的苏联又一次错过了改革开放的时机。这是苏联历史上第三次错过时机。客观地说,这次错过的是苏联历史上最好的改革时机,因为勃列日涅夫执政18年,时间很长,当时的政局和社会形势最为稳定,人民生活水平也较高,有足够的时间来探索和实行改革开放。而且,当时苏联所感受到的时代精神最为强烈,而传统体制的弊病也暴露得更加严重、更加明显,改革已经极为紧迫,已经时不我待。然而,勃列日涅夫领导集团的认识却极为迟钝,根本不思改革,还比不上赫鲁晓夫。所以,这次错过时机,比前两次危害更大。此后,苏联的形势变得十分严重,危机逼近了。

基于上述分析,无论国际国内的形势和状况,都迫切要求体制改革,而勃列日涅夫的所谓"改革",恰恰是思想僵化的鲜明体现。勃列日涅夫时期一直强调,改革要遵循三项基本原则进行:一是扩大企业经营管理的自主权,以利于提高企业的主动性和积极性;二是管理经济由行政方法与经济方法相结合,逐步转向以经济方法为主,加强经济杠杆作用;三是贯彻国家、企业和个人三者利益结合的原则。为了实现以上三项改革基本原则,采取了一系列具体措施。但改革一直在传统经济体制范围内转圈子,这突出表现在以下几个方面:

一是改革的保守性,即改革是修补性的。改革的指导思想是:在不改变国家集中统一的计划原则下,适当扩大企业权限。在实践中,国家仍然通过集中下达的指令性计划控制企业生产经营活动。勃列日涅夫时期,仅在由国家计委编制下达的工农业生产计划中,就包括了约4000个产品品种,约占工农业总产值的80%—90%;生产资料通过国家计划实行统一调拨的部分占95%以上,企业通过批发贸易自由采购的生产资料一直未超过5%;企业利润的83%左右由国家直接或间接地支配。在这样的条件下,企业不可能成为商品生产者,独立自主地经营。

二是改革缺乏坚决性,遇到阻力和困难就动摇、退缩,通过的改革决议不能执行,导致改革原地踏步。最为典型的例子是,当改革出现了一些问题后,一些人就对改革提出疑问和反对,在此情况下,在1965年全面推行"新经济体制"时经常使用的"改革"一词,在1971年的苏共二十四大后,就不准用了,而改用"完善"一词。在改革过程中,这种摇摇摆摆的做法,当然不可能使改革取得良好的效果。

三是改革缺乏综合性。在苏联传统的体制模式下,计划、物资、价格、财政、信贷、基建、劳动工资等体制,相互之间有着密切的联系,是一个完整的整体。对旧体制的改革如果不综合配套地进行,不仅难以取得预期的改革效果,并且还会产生很多矛盾。在勃列日涅夫时期,苏联的经济体制改革本身是不配套的,如为了搞活微观经济,就不断扩大企业自主权,而宏观调控体制却未作出相应改革,各级部门还是采取老一套的行政方法干预企业活动,实行烦琐的监督,这必然会引起许多矛盾。

造成这种现象的根本原因,还是前面已经提到的苏联严重存在的官僚特权集团。

苏[俄]历史上官僚特权集团的成员,有很多人同时又是地主、房产主、高利贷者或资本家等等。苏联官僚特权集团成员的新特点是他们本人并不直接占有生产资料,也未必有很多存款。其特权是来源于他们掌握的权力,这种权力的基础不仅是国家的财政收入,而且包括由他们掌权的社会主义公有制的资产。因此苏联的全民所有制(即国有制)和集体所有制(即集体农庄所有制)是局部的变性和变形的,即公有制局部变为官有制。于是这个官僚特权集团也就成为体制改革的主要阻力。他们害怕改革使自己失去既得权益,所以千方百计扼杀改革中有人提出的创新思想。例如在苏联党政领导人和理论界中,从布哈林到沃兹涅夫(曾是政治局委员、国家计委主任),从尤罗夫到列昂捷夫(二人均为著名经济学家),有不少人先后在不同程度上都曾提出社会主义要发展商品市场经济,但是都被党的主要领导人扣上"右倾机会主义""资产阶级思潮""修正主义"等帽子。在勃列日涅夫时期,还专门特制一顶"市场社会主义"的帽子,把主张发展市场经济的社会主义者定性为"西方资产阶级代理人"。他们如此坚决反对市场经济,表面上是为了捍卫马列主义纯洁性,把计划经济视为社会主义本质特征,其实并没有认清不发达国家未经过商品市场经济的大发展,在自然经济和半自然经济基础上搞指令性计划经济是超阶段的,实践已经证明是有重大缺陷的,是非改不可的。他们如此顽固地反对市场经济,并不单纯是认识问题,不单纯是教条主义在作祟,而是利益问题,是封建主义特权驱使。因为党政官僚特权集团中的许多人,长期以来从全民所有制和集体所有制的计划经济体制中旱涝保收,得到很多法定和非法定特权的好处。如果改为市场经济,他们认为这样公有制就会真正变为人民大众公有,还要冒市场风险,结果势必失去自己的权益。

四、中国体制转型的社会政治背景分析

中国体制转型的社会政治背景具有广义和狭义的理解:广义的理解是这种

改革接续在中共执政三十年以后：狭义的理解是这种改革直接接续在"文革"之后。同时，这种体制转型也可以从经验延续和吸取教训的角度去理解。

中国体制转型的直接社会政治背景，就是中国的体制转型是接续在"文化大革命"的十年动乱之后。这种社会政治背景对体制转型的影响体现在以下两个方面：

第一个方面是"文化大革命"使人们直接认识到渐进改革的正确性。第一，"文化大革命"是给中国人民带来灾难的一次动乱，是毛泽东晚年所犯错误的集中体现。但从思想方法上说，毛泽东认为社会主义还很不完善，要对社会主义进行"改革"。毛泽东把"文化大革命"当作对社会主义进行改革的一场"大试验"，从这个意义上说，这也是在进行"探索"，尽管这是非常不成功的探索。我们应该明确这样一种认识：毛泽东的错误毕竟是在寻找中国自己的建设社会主义道路中走入歧途的。毛泽东所犯的错误不是教条主义的错误，不是思想僵化的错误，而是探索中的错误。它和苏联领导人所犯的错误不同。苏联领导人长期以来，没有以发展的历史观点和态度来对待社会主义。他们的思维方式被"来自僵化概念的武断定理和传统所左右"①，他们把20世纪20—30年代形成的一套国家控制模式凝固化、教条化，对日益暴露的理论僵化、体制的弊端和政策的失误视而不见，一次又一次地贻误了纠正错误和探索的时机。邓小平在总结这个历史教训时，没有放弃独立探索自己道路的努力，没有照搬别国的模式和经验，使其在很短的时间内找到了一条适合中国国情的社会主义建设道路。

第二，"文化大革命"给中国社会带来了极大的震荡。人们通过"文化大革命"看到了政治动荡带来的严重后果，也通过"文化大革命"看到传统的计划经济体制显然能比"文化大革命"中实行的那种极端的、置经济发展于不顾的行为更有利于经济的发展。因此，有了"文化大革命"这样的"预演"，经历、目睹了十年动乱的灾难性后果的中国领导层与社会民众，已形成一种强烈的"秩序情节"，对政治动荡有着特别敏感、强烈的反映，人心思治。经历了一个多世纪的动荡，多灾多难的中国再也经不起政治动荡的折腾，再也难以接受急风暴雨式的社会大变动。这种社会心态无疑决定了中国必然特别关注于保持政治秩序的稳定性，决定了中国对改革异常谨慎的态度。稳定，成了高于一切的价值取向。而苏联则没有这样一个"预演"，长期在"超稳定"的社会结构中生活，感受不到内部"动乱"所带来的严重后果。在广大人民群众的社会心态上，对稳定的重要性也就不可能有真正意义上的理解。

第三，"文化大革命"将中国传统的管理体制搞得千疮百孔。"文化大革

---

① 叶利钦：《我的自述》，东方出版社1992年版，第140页。

命"结束后,很多管理机构尚在恢复当中,包括党的机构、各级权力机关和行政机关。至于司法机关和各级社会团体组织,更是处于恢复的起步阶段。在体制转型之初的1976年末至1977年的上半年,相当一部分行政管理人员仍在"五七"干校学习,全国的各级管理机关的行政管理人员不超过800万人。一个很简单的道理,从现有体制中得到利益的人越少,体制转型的阻力也就越小。中国在体制转型初期所处的状况正是如此。到1982年前后,虽然中国行政管理机构的工作人员已经膨胀到近2000万人,但中国的体制转型已经进行到不断深入的阶段。

第二个方面是"文化大革命"使人们间接认识到中国改革的必要性。"文化大革命"之后,人们的生活水平提高缓慢,开放的格局初步形成后,国外、境外的信息被大量输入,联想到国内的状况,人们有一种强烈的改革愿望。上述背景说明,中俄两国都是缺少市场经济传统的国家,又都经历了比较长时间的计划经济体制的过程,人们已经形成了根深蒂固的计划经济的思维方式和生活习惯。所以,在体制转型过程中,就要充分考虑到原有体制的僵硬程度、历史经济传统的影响、人们在计划体制下形成的价值观的相对稳定的状况。这种背景从一定意义上也说明了渐进转型模式是正确的选择。

中俄两国的国情背景还有一个方面是不能忽略的,那就是民族问题。中国的民族问题这里就不展开论述了。

苏联原是一个多民族、多国家的政治联合体。它有15个加盟共和国、20个自治共和国,还有18个自治州和民族专区。占有面积2240万平方公里,居世界第一。

十月革命前后,在俄共(布)领导的红军的帮助下,原俄国版图上的一些民族国家的无产阶级在与资产阶级势力的斗争中,先后夺得了政权。在粉碎外国武装干涉和结束国内战争后,列宁为首的布尔什维克党采取了比较正确的民族政策,主要批判大俄罗斯民族主义,强调民族平等,使分崩离析的各民族国家又逐渐地联合起来,1922年,俄共十月全会通过了列宁的建议,各苏维埃共和国自愿、平等地联合成一个新的国家——苏维埃社会主义共和国联盟,同时每一共和国保有自由退出联盟的权利,当时有乌克兰、白俄罗斯、南高加索共和国联邦和俄罗斯加盟,1922年12月20日,在莫斯科举行了第一次代表大会,通过了成立宣言和联盟条例,列宁当选为联盟人民委员会主席。每一个共和国加入联盟都经历了复杂的政治斗争过程,从加入的时间看,苏联成为一个庞大的国家体系,经历了近20年。

1922年10月30日加盟的有:俄罗斯联邦、乌克兰、白俄罗斯;1924年10月27日加盟的有:乌兹别克斯坦、土库曼斯坦;1929年10月16日加盟的有:塔吉克斯坦;1936年12月5日加盟的有:哈萨克斯坦、吉尔吉斯斯坦、亚美尼亚、阿塞拜疆、格鲁吉亚；1940年8月初先后加入的有摩尔多瓦、立陶宛、拉脱维亚、爱沙尼亚。

伴随着经济发展和社会政治上的进步，苏联各民族形成了团结互助的新凝聚力，集中表现在社会主义建设取得了举世瞩目的成就，特别是德国法西斯军队兵临莫斯科城下的严峻时刻，苏联各族人民同心同德，浴血奋战，各民族子弟兵组成的红军直捣希特勒的老巢——柏林，并协助东南欧各国获得解放。但是，苏联共产党在执行民族政策的实践中有严重错误，大俄罗斯民族主义影响很深。卫国战争时在处理民族问题上伤了一些民族的感情。比如，有的少数民族由于少数人投靠德国侵略者，结果导致整个民族遭难，有11个民族被流放，直到1967年才陆续平反。此外，各民族相互间、民族共和国内部也有不少历史遗留问题。至于各民族共和国与联盟中央的矛盾更是经常发生。

苏联形成一个庞大的国家是很不容易的，深层次的民族矛盾是不可低估的。可是，苏联共产党在这个问题上，长期过高地估计了联盟的统一性，认为各族人都称自己为"苏联人"是民族政策的胜利，忽视了民族关系的敏感性和脆弱性。戈尔巴乔夫的"公开化"方针就没有考虑过在民族问题上将会引起何等风波。大家一齐高喊："公开性""民主化""多一点曝光"，这就像一把把火种扔在民族问题的干柴上，一哄而起，相当多的苏联社会动乱是从民族问题上爆发的。1986年12月中旬，阿拉木图发生动乱，起因是抵制中央派俄罗斯人接替哈萨克族人担任党的第一书记。波罗的海三国——爱沙尼亚、拉脱维亚、立陶宛，从1987年8月23日起，借二战前夕的苏德互不侵犯条约纪念日，反对苏联吞并三国，举行示威游行。此后，民族问题一年比一年闹得厉害，成为苏联国内动乱的特点。1988年，亚美尼亚人与阿塞拜疆人发生冲突，为边界问题打了几年仗。格鲁吉亚是一个仅有6.97万平方公里、544.9万人的小共和国，但却有两个自治共和国，其内部的武装冲突也很严重。所有这些都反映了对民族问题的复杂性估计不足。

五、中俄两国不同的社会历史背景对转型模式的影响

中俄两国不同的社会历史背景对转型模式的影响是深远的，历史发展过程中的必然因素和偶然因素在独特的历史背景下统一和表现出来：

第一，中俄两国最基本的国内局势：中国在经历了1966—1976年的"文化大革命"之后，社会处于贫穷的小幅"动荡"之中，到了1978年前后，绝大多数人都认为有必要进行改革，其共识程度是比较高的。而1985年，苏联的情况却截然不同。大多数苏联人认为，1985年的苏联是一个超级大国，经济运转相对正常，社会秩序相对稳定，国际地位也稳固，对是否要进行改革还无法达成较高

的共识。这直接影响到两国以后的改革模式。

第二,中俄两国的国家和政党机构面临的情况也非常不同。中国传统的领导方式、领导权威、领导权力和凝聚力及领导机构的规模和人员,都在"文革"中受到了严重的削弱。对改革而言,较为保守的人士不可能对主张改革的人实行有组织、有规模、有目标的抵制。即使不同意某些改革的具体措施,也只能是搞一些"小动作",对改革进程不起大的作用。相比之下,戈尔巴乔夫领导的改革,却受到了来自党的政治局、军方高级将领、军工重工业集团的有组织的抵制。

第三,中俄两国领导改革的领袖人物截然不同。中国改革的领导者是邓小平,他是第一代领导集体的核心人物之一,有着丰富的革命经验和威望。他能够放手大胆地实施改革的措施,他身边还有一大批经验丰富的老革命家。而俄国改革的重担都落在了像戈尔巴乔夫这样的中年革命家身上,还有一些缺乏经验的地方官员,他们只能在党内元老确定的、十分有限的政治经济框架内进行改革的尝试;矛盾激化到一定程度,又走上过分偏激的方向。比如,戈尔巴乔夫实施了一些激进的经济改革——如1988年,他推出了私营企业合作社。这是自列宁执政以来苏联人第一次获得私营企业的权利——但一年之后他被迫收回成命。

第四,中俄两国的社会经济条件完全不同。中国当时仍然是个农业国,80%的人是农民,仍在为争取有权在自己的土地上耕种而奋斗。邓小平给了他们这种权利。结果,农村形势马上得到改观,甚至连那些极度怀疑的人都被迫承认,改革取得了成功。从农业着手,邓小平又开始在工业和经济的其他部门实行改革。戈尔巴乔夫面对的却是另一种完全不同的局面。不同于中国,军工行业是苏联经济的基石。为了刺激经济并使其多元化,苏联必须大幅压缩并改革已经渗透到几乎所有部门的军工制造业——从制造洲际导弹到生产女式鞋类。但这种主张遭到了军方高级将领的强烈反对。理由是一目了然的,即美国和北约对苏联的国家安全构成了直接威胁。他们抵制这种改革具有意识形态和军事上的理由。此外,戈尔巴乔夫试图实行的农业改革还因苏联集体农场持续50年的落后状况、共产党官员对任何形式的改革的激烈反对以及农民缺乏改革热情而搁浅。与中国的情况形成鲜明对比的是,苏联农民没有那种即使在较为自由的经济条件下为改善自己的生活而更加努力工作的愿望。总而言之,调整以军工行业为基础的、已实现工业化的苏联经济,远比调整以农业为基础的中国初级经济要困难得多。

第五,中俄两国的外交环境也相差甚远。苏联是世界的一极,冷战后期苏美对峙仍然存在,不可能一下子完全从对峙中撤出来,维持大量的军费和外交支出是不可避免的,工业结构的调整遇到了外交上的阻力,西方对苏联的遏制也相当严重;中国刚从相对封闭的状态下走向世界,其广阔的商品市场引起了西方的关注,这些都为灵活的外交政策创造了条件,在此基础上形成了务实的外交政策。

分析中俄两国转型的初始条件,很容易得出这样的结论:"中国的渐进主义改革道路和俄罗斯的休克疗法都是由其初始条件决定的,无法避免的"。[①] 实际上这种观点是直观的简单推论。很显然,领导人的作用,加之下一章分析的具体原因,很多都带有主观努力的印迹,并不是单纯的条件的演变。

---

① 肖梦主编:《中国经济三十年经典回望》,香港和平图书有限公司 2009 年版,第 363 页。

第四章　中俄两国体制转型模式形成的原因比较

分析中俄两国体制转型模式形成的原因,需要从两个方面出发:一是客观原因,包括原有体制的状况、传统文化的影响、人们的社会心理积淀等等;二是主观原因,即改革的主体如何利用客观条件,采取合理的转型模式。如果只承认客观因素的作用而否定主观上的努力,就是历史的宿命论;如果只承认主观因素的作用而否定客观因素的作用,就是历史的唯心论。从主观和客观相互作用的过程中分析转型模式形成的原因,是我们的一个基本出发点,对今天将有更明显的指导意义。

一、中俄两国体制转型模式形成的经济原因分析

中俄两国转型之前的经济方面的初始条件截然不同,主要表现在两国经济发展差距比较大。具体说来:

第一,中国是个整体上比较贫穷的国家。中国实际人均收入水平大大低于俄罗斯水平,据世界银行估计,1996年中国人均GDP的PPP(实际购买力平价)值为1000美元(1990年美元价),俄罗斯则为6440美元,相当于中国人均GDP水平的6.4倍。由于国家的贫穷,社会保障网络只覆盖了国有部门的职工——占人口总数的大约20%。薄弱的基础设施和强调地方自给自足的方针造成地区专业化程度较低,也生成了为数众多的中小型企业。正是由于俄罗斯居民的基本生活水平相对较高,因而对改革的期望值就相对高一些,改革的任务更为艰巨;由于中国经济总体水平较低,发展的余地就更大,政策施展的空间也比较大,容易收到效果。

第二,中国经济的中央计划程度和中央管理程度远远低于苏联,地方政府享有更大的自主权并开发了巨大的管理能力,这为中央建立放权程度更高的经济体制做好了准备。

第三,中国农村人口大大高于俄罗斯的总体水平,其比例,中国为82%,俄罗斯为26%。同时,中国农业劳动力占总人口就业比重大大高于俄罗斯,中国

为71%,俄罗斯为13%。此外,中国还面临着如何解决庞大的日益增长的农业剩余劳动力的问题;更需要提及的是,由于农业部门长期受到严重压制,农业存在着巨大的增长潜力,所以一放开农业就立即产生了效益。1981—1984年间,农业的年平均增长率为10%,其主要原因是实行家庭农业生产的激励措施。这就使中国可以将过剩的农村劳动力配置于新建的农村工业部门,从而在1978—1994年期间创造了1亿个新的工作机会并促进了今后的改革。就是说,中国主要是作为一个以农业为主的国家开始转轨过程的,而且劳动力重新配置的范围也远远大于俄罗斯。

关于中俄两国改革初始条件的差异,详见表4-1:

表4-1 俄罗斯和中国:两个截然不同的国家[①]

指标	俄罗斯		中国	
	1990年	1994年	1978年	1994年
就业的部门性结构(总数的百分比)				
工业	42	38	16	18
农业	13	15	71	71
服务业	45	47	14	25
总计	100	100	100	100
国有部门的就业	90	44	19	18
货币和支出				
M2占GDP的百分比[A]	100	16	25	89
人均GNP(美元)	4110	2650	404[B]	530
以购买力评价计	6440	4610	1000[b,C]	2510

注:[A]:数据为季度比例的平均值。

[B]:1990年为美元。

[C]:世界银行工作人员估计。

资料来源:国际货币基金组织。各年([b]):世界银行数据和工作人员估计。引自《世界银行图表集》。

尤其需要指出的是,中国的改革发端于"文化大革命"之后,更确切地说,是带着"文化大革命"的创伤进入新的历史时期的。在经历了十年剧烈的动乱之后,中国走上了渐进改革的平稳发展道路,这其中的必然性是不言而喻的。

"文化大革命"所导致的中国经济结构的严重不合理,为通过调整结构促

---

① 世界银行:《从计划到市场——1996年世界发展报告》,第21页。

进发展留下了比较大的余地。

从1966年到1976年这十一年间,中国工农业总产值按可比价格计算,平均每年增长7.1%。社会总产值年平均增长率为6.8%,国民收入年平均增长率为4.9%。但对于这种增长,应辩证地分析。"文化大革命"时期的这种增长,有三个基本的特征:

第一,国民经济内部增长的比例严重不平衡导致国民经济各部门的比例关系严重失调,主要表现为重工业,特别是能源工业超常规地发展,而农业增长十分缓慢。

首先,在工农业总产值中,只有重工业所占的比重上升,其余都呈下降的趋势。具体数字如表4-2:

表4-2　1966—1976年中国工农业总产值构成①

年份	占工农业总产值(%)				占工业总产值(%)	
	农业总产值	工业总产值	轻工业总产值	重工业总产值	轻工业总产值	重工业总产值
1966	35.9	64.1	31.4	32.7	49.0	51.0
1967	40.1	59.9	31.8	28.1	53.0	47.0
1968	41.9	58.1	31.2	26.9	53.7	46.3
1969	36.3	63.7	32.0	31.7	50.3	49.7
1970	33.7	66.3	30.6	35.7	46.2	53.8
1971	31.8	68.2	29.3	38.9	43.0	57.0
1972	30.9	69.1	29.6	39.5	42.9	57.1
1973	30.9	69.1	30.0	39.1	43.4	56.6
1974	31.9	68.1	30.3	37.8	44.4	55.6
1975	30.1	69.6	30.8	39.1	44.1	55.9
1976	30.4	69.6	30.7	38.9	44.2	55.8

重工业产值增长的过程中,能源工业更呈现出飞速发展的态势:原油产量,1966年为1455万吨,到1976年达到8716万吨,平均每年增加726万吨,年增长率为19.6%。原煤产量,1966年为2.52亿吨,1976年达到4.83亿吨,平均每年增加2310万吨,年增长率为6.7%。原油、原煤、天然气再加上水电等能源,合计一次性能源(折标准煤)的状况如表4-3。②

---

① 国家统计局:《中国统计年鉴(1983)》,中国统计出版社1983年版,第20页。
② 《中国统计年鉴(1983)》,第249页。

表 4-3 1966—1976 年中国能源产量

年份	能源生产总量(折标准燃料,万吨)	占能源生产总量的(%)			
		原煤	原油	天然气	水电
1966	20833	86.4	10.0	0.8	2.8
1967	17494	84.1	11.3	1.1	3.5
1968	18715	83.9	12.2	1.0	2.9
1969	23104	82.2	13.5	1.1	3.2
1970	30990	81.6	14.1	1.2	3.1
1971	35289	79.3	16.0	1.4	3.3
1972	37785	77.5	17.3	1.7	3.5
1973	40013	74.4	19.2	2.0	4.4
1974	41626	70.8	22.3	2.4	4.5
1975	48754	70.6	22.6	2.4	4.4
1976	50340	68.5	24.7	2.7	4.1

表 4-3 中,合计一次性能源(折标准煤),平均每年增长 9.2%。值得注意的是,从能源生产增长同整个工业生产增长的比例看,在十年动乱以前的 14 年和以后的 6 年,都是工业总产值增长速度高于能源增长速度,只有十年内乱期间工业总产值增长速度低于能源增长速度。详见表 4-4①:

表 4-4 1953—1982 年中国能源产量与工业总产值年增长量对比

年度	能源产量平均每年增加量(标准煤,万吨)	能源平均每年增长(%)	工业总产值平均每年增长(%)	能源增长速度同工业总产值增长速度比例(以工业速度为1)
1953—1966	1140	10.9	12.9	0.84
1967—1976	2951	9.2	8.5	1.08
1977—1982	2739	4.8	9.4	0.51

可见,"文化大革命"前的 14 年,能源每增长 0.84%,工业总产值即可增长

---

① 参见李成瑞:《十年动乱期间我国经济情况分析》,《经济研究》1984 年第 1 期。

1%;而十年内乱期间,能源增长1.08%,工业总产值才能增长1%;"文化大革命"后的6年,能源每增长0.51%,工业总产值即可增长1%。这说明十年内乱中是在能源有很大浪费的情况下使工业总产值增长的。

其次,农业生产增长缓慢。详见表4-5①:

表4-5 "文革"期间中国经济结构状况

比值 行业	社会总产值(%)			国民收入(%)		
	1966	1970	1976	1966	1970	1976
农业	29.7	27.8	25.4	43.6	41.3	41.0
工业	53.1	54.8	58.1	38.2	40.1	43.3
建筑业	6.4	7.1	8.0	3.7	4.1	4.9
运输业	3.3	3.1	2.9	4.2	3.8	3.8
商业	7.5	7.2	5.6	10.3	10.7	7.0

从表4-5可以看出,"文化大革命"期间,国民收入(各部门净产值)中,农业的比重逐年下降,从1966年的43.6%降到1970年的41.3%,又降到1976年的41.0%。诚然,工业产值比例上升农业产值比例下降,也可以认为是工业化进程中的正常现象,但是即使将这种正常因素考虑进去,非正常的因素导致比例失调也是十分明显的:参考其他统计数据,一是重工业在投资总额中的比重过大,"一五"时期为36.1%,"文化大革命"期间的"三五"时期为54.5%,"四五"时期为52.1%,依靠投资倾斜拉动重工业产值的高速增长②;二是农村从总体上失去了独立的积累能力,其维持和扩大再生产,越来越依靠国家财政和信贷的支持。国家财政用于农业的支出,从1957年的7.9亿元,提高到1978年的76.6亿元,对农民的农业贷款的规模提高了31倍,农民的债务有了很大的增长③;三是农业人口占总人口的比重基本没有发生大变化,1949年为89.4%,1975年为82.7%,④城镇化速度极其缓慢。上述事实说明"文化大革命"期间中国的工业化进程并没有加快,工农业产值的变动,更多的是由于重工业投入过多,农业投入不够导致的农轻重比例失调。还有一个史实更能直接证明上述观点,"文化大革命"前五年,即从1961年到1965年,工农业总产值的构成中,农业产值比例由34.5%提高到37.3%;工业产值比例由65.5%下降为62.7%。⑤"文化大革命"后,中国的工业化进程加快了,农业总产值的比例反而上升了。

---

① 《中国统计年鉴(1983)》,第15页,第24页。
② 参见《共和国经济大决策》第2卷,中国经济出版社1999年版,第319页。
③ 《中国统计年鉴(1981)》,第395—396页。
④ 《中国统计年鉴(1985)》,第186页。
⑤ 《中国统计年鉴(1983)》,第20页。

到1982年,农业总产值占工农业总产值的比重,由1976年的30.4%上升到33.6%。

第二,积累和消费的比例严重失调,人民生活水平提高缓慢。详见表4-6、表4-7[①]:

表4-6 1966—1976年中国积累和消费的构成

年份	国民收入中积累与消费的构成(%)		积累额的构成(%)	
	积累	消费	生产性积累	消费性积累
1966	30.6	69.4	68.9	31.1
1967	21.3	78.7	82.2	17.8
1968	21.1	78.9	78.5	21.5
1969	23.2	76.8	76.2	23.8
1970	32.9	67.1	71.8	28.2
1971	34.1	65.9	76.2	23.8
1972	31.6	68.4	78.7	21.3
1973	32.9	67.1	73.7	26.3
1974	32.3	67.7	75.4	24.6
1975	33.9	66.1	73.4	26.6
1976	30.9	69.1	79.3	20.7

表4-7 1966—1976年中国居民消费水平(元)[②]

年份	全国居民	农民	非农业居民
1966	132	106	244
1967	137	111	251
1968	132	106	250
1969	135	108	250
1970	140	114	261
1971	142	116	267
1972	147	116	194
1973	155	123	306
1974	155	123	314
1975	158	124	324
1976	161	125	340

---

① 《中国统计年鉴(1983)》,第25页,第27页。
② 同上书,第484页。

由于积累率过高,必然影响到消费。在这十年中,粮、肉、布的消费水平提高很少,食用植物油还有所降低。如果同新中国成立以来历年的情况比较,1976年每人平均消费粮食381斤,还略低于1952年(395斤)的水平,比新中国成立以来最高水平的1956年(409斤)低28斤;食用植物油低于1952年(4.2斤)的水平,比最高水平的1956年(5.1斤)低1.9斤;棉布略低于1956年(25.9尺)的水平,比最高水平的1959年(29.2尺)低5.6尺。

第三,经济效益大大降低,国家财政产生赤字。

"文化大革命"时期经济的发展,主要是依靠大量消耗能源和原材料而取得的,而不是靠提高经济效益取得的。表4-8数据显示了全民所有制独立核算工业企业几种经济效益指标。

表4-8 1966—1976年我国全民所有制独立核算工业企业几种经济效益指标①

(单位:元)

经济指标	1966年	1976年	1976年比1966年增减(%)
每百元资金实现的税金和利润	34.5	19.3	-44.1
每百元固定资产净值实现的税金和利润	46.6	29.0	-37.8
每百元工业总产值实现的利润	21.9	12.6	-42.5
每百元固定资产原值实现的总产值	110	96	-12.7
每百元总产值占用的流动资金	23.5	36.9	57

表4-9显示国家财政收支状况。

表4-9 1966—1976年我国财政收支总额②

(单位:亿元)

年份 \ 项目	总收入	总支出	收支差额
1966	558.7	541.6	+17.1
1967	419.4	441.9	-22.5
1968	361.3	359.8	+1.5
1969	526.8	525.9	+0.9

---

① 参见李成瑞:《十年动乱期间我国经济情况分析》,《经济研究》1984年第1期。
② 《中国统计年鉴(1984)》,中国统计出版社1984年版,第417页。

续表

年份 \ 项目	总收入	总支出	收支差额
1970	662.9	649.4	+13.5
1971	744.7	732.2	+12.5
1972	766.6	766.4	+0.2
1973	809.7	809.3	+0.4
1974	783.1	790.8	-7.7
1975	815.6	820.9	-5.3
1976	776.6	806.2	-29.6

"文革"期间,财政收入有了相当的增长,这反映了经济规模的扩大,但由于经济效益下降,财政不能与生产同步增大,而财政支出则比财政收入增大更多。十年中有四年是赤字,最后三年即1974—1976年则连续发生赤字。十年中账面赤字共计36.1亿元,实际上的赤字还要大得多。有些国营企业把次品废品出售给国家物资部门和商业部门而缴纳的税金和利润,实际上是一种虚假的收入,用这种虚假的收入所作的开支形成一种变相的财政赤字。由于财政困难,对于应当由财政拨付的流动资金拨付不足,从而造成过多的信贷支出和货币发行,实际上也是变相的财政赤字。此外,由于人为地压低人民消费,应当由财政开支的不开支,欠了账,以后要还,这也为以后一定时期内的财政难以达到完全平衡埋下了隐患。

综上所述,在中国整个国民经济体系中,重工业增长很快,能源工业呈超速增长,这是一种更加粗放型的增长,它为国民经济其他部门的增长留下了巨大的潜力,譬如,农业在国民经济体系中增长很慢,农业发展的潜力就很大。仅以粮食生产增长率为例:"三五"计划期间为4.5%,"四五"期间降到了3.2%,1956年到1976年20年间,粮食增长和人口增长每年平均都是2%,也就是说,20年人均粮食没有增加。[①] 农民收入更是少得可怜。1978年,我国农村约有1.12亿人每天只能挣到一角一分钱,有1.9亿人每天挣到一角三分,有2.7亿多人每天可以挣到一角四分。山西省雁北地区平鲁县的农民每天只能挣六分钱。所以有些农民哀叹:"堂堂七尺男子汉,人民公社好社员,雨天一身泥,晴天一身汗,早起干到日头落,不如母鸡下鸡蛋!"有的地方农民出工在村头上看见地上有个东西闪亮,拾起来竟是一枚五分硬币,于是叹道:"这一弯腰比干一

---

① 陈大斌:《饥饿引发的变革》,中共中央党校出版社1998年版,第14页。

响活挣得还多!"①山西是当时"学大寨运动"搞得最红火的地方,可是在省会城市太原,讨饭的农民充斥大街小巷。在延安,从1978年1月到7月下旬,延安市民政局遣返讨饭的有2000多人。一次公安人员干涉一个70多岁的老汉在饭店要饭,老汉质问:毛主席、共产党哪一条政策规定不准要饭?没有粮吃就在家里等着饿死?② 用一句朴素的话说,中国的农民太穷了。经济虽有了增长,但人民生活水平的增长十分缓慢,这为提高人民生活水平留下了巨大的潜力;整个经济活动中效益的下降,为以后加强管理提高经济效益留下了余地。总之,"文化大革命"把中国经济拖到了崩溃的边缘,这为原有体制能量的释放留下了巨大的回旋余地。

实际情况也是这样,"文化大革命"刚一结束,国民经济各方面都呈现出飞速发展的局面。最初的发展,主要来自原有体制累积起来的经济潜力的释放。长期以来,平均主义"大锅饭"加上重型经济结构,导致我国经济内部隐伏着两个方面的潜能:供给方面压抑着巨大的增产可能,需求方面潜藏着巨大的国内市场。到1978年,摆在人们面前的严酷事实是:能源紧缺,全国20%的生产能力闲置;基本建设规模过大,已难为有限的国力所承受;农业基础落后,相当大比重的农村人口处于温饱线以下;城市就业不足,2000多万劳动人口在到处寻找工作。这种局面的出现,理所当然地引发了新中国成立以来国民经济的第二次大调整,亦称为"渐进式"改革。与20世纪60年代初期国民经济调整所不同的是,此次在常规性的调整过程中启动了对原有经济体制的改革。

渐进式改革有力地触发了两大潜能的释放。相比之下,农村可释放的潜能就更大。因为我国农村长期处于一种"贫困的强制平衡机制"之中。这表现在农村的三个基本矛盾上:

其一,狭窄的活动空间从根本上限制了农村经济持续增长的可能。农村经济的内涵和功能日趋单一化,到后期几乎完全变成了粮食经济。中国人均不到两亩耕地,如果占人口总数80%的农民既不可能被城市经济所吸收,又被限制在"土里刨食"的狭小空间里,命运可想而知——人口的增长和收益递减规律的作用将抵消掉增产的收益。新中国成立以来,我国粮食增产的速度是比较高的,而农业总产值增长很慢,农民收入增长得更慢,正是这一机制作用的结果。其二,不恰当的生产关系抑制了农民的生产积极性。在"大锅饭"的体制下,干好干坏一个样,农民逐步失去了对生产的热情。其三,"贡赋"过于沉重,加剧了农村经济发展的困难程度。自1953年实行统购统销之后,国家一直通过低价购买农产品,从农村取得资金积累。这种方式一直持续了20多年,大约拿走

---

① 陈大斌:《饥饿引发的变革》,中共中央党校出版社1998年版,第20页。

② 同上书,第22页。

了农产品商品量的一半以上。长期存在的沉重负担进一步恶化了农村的状况。

"文化大革命"刚一结束,中国就进入了经济结构调整的时期,这种调整大大推动了经济的发展。先看社会总产值:1976 年为 5433 亿元,1977 年为 6003 亿元,1978 年为 6846 亿元,1979 年为 7642 亿元,1980 年为 8496 亿元;再看国家财政收入:1976 年财政收支 -29.6 亿元,1977 年 31.0 亿元,1978 年 10.1 亿元。最后看居民年消费水平,1976 年为 161 元,1977 年为 165 元,1978 年为 175 元,1979 年为 197 元,1980 年为 227 元。[1] 其中农村经济出现了奇迹般的增长。特别是在 1979—1984 年,6 年间总产值增长 67.5%,每年平均递增 9%;粮食产量增长 33.6%,平均每年递增 4.9%;棉花产量增长 180.4%,平均每年递增 18.8%;油料产量增长 127.1%,平均每年递增 14.7%。在生产迅速发展的同时,农民收入水平得到大幅度提高,6 年中农民人均收入增长 166%,平均年递增 17.2%。这种在较高水平基础上的持续高速增长,是新中国成立以来从未有过的,在世界上也十分罕见。

综上所述,中国在改革开放之初之所以走上渐进式改革道路,一个重要的原因就是原有体制蕴涵着巨大潜力,通过合理调整,极大地促进了经济的发展,并产生了以下效果:第一,人们对原有体制有一种认同感,认为改革没有必要对原有体制从根本上"动大手术"。第二,人们的收入增长幅度比较快。由于劳动力收入水平低,特别是农村劳动力收入水平低,加上广大农民没有享受国家福利的好处,20 世纪 70 年代许多农民的生活处在维持生存的最低水平上,对他们来说,体制改革,任何新的经济活动方式,都是一种改进,都能比以前提供更高的收入,这样一来,增量改革就容易实现得多。第三,发展缓解了社会矛盾。经济发展之后,国家掌握的资源就比较多,就可以在蛋糕做大后重新分割,人们也会以更加平和的心态对待社会矛盾,渐进改革也就成为人们的正确选择。

二、中俄两国体制转型模式形成的社会过程和心理原因分析

苏联的体制转型开始于 1985 年。在此之前苏联经历了 21 年的社会"稳定",这种"稳定"是建立在体制僵化基础之上的,社会深层次暗含着极其严重的不稳定因素。勃列日涅夫 1964 年 10 月 14 日取代赫鲁晓夫上台执政,1982 年 11 月 10 日在位期间逝世,在苏联执政达 18 年之久。苏联后来又经历了最高领导人连续三年的急剧更替进入转型时期。这个时期,一方面苏联保持了前所未有的稳定局面,经济总体上有了很大的发展,综合国力仅次于美国居世界

---

[1] 《中国统计年鉴(1983)》,第 20 页;《中国统计年鉴(1984)》,第 417 页。

第二位;另一方面社会积累的问题越来越多,经济增长速度放慢,农业危机日益严重,体制上的障碍因素表现得越来越明显。

1981年苏联遭受特大旱灾,"高度紧张的气氛笼罩着政治局、苏共中央书记处和部长会议。大家积极的寻找着购买粮食的渠道。""为了从美国、加拿大、澳大利亚购买粮食,有关部门开始筹集资金,这已不是第一次了,全苏联的购买量是如此之大,以至于在世界上激起一股愤怒的浪潮。人们抱怨道:苏联庞大的胃口使得那些真正需要粮食的国家买不到粮食"。到了1982年11月,"苏共中央的局势就已经非常紧张了。国家的发展令人惊慌,虽然尽了最大的努力政治局的决定根本没有被执行,人民已经失去了信心,盼望着发生重大变革"。① 但已经思想僵化的主要领导人对此无动于衷,"勃列日涅夫已不再能领导党和国家了。政治局会议上,他坐在那里,目光呆滞,看起来对他周围的一切,出席会议的人的身份,以及他们要讨论的问题都一无所知,他照着助手为他准备好的,用特殊打字机打出的特大号字体的稿子宣读。经常糊涂得把同一句话念了一遍又一遍,然后可怜兮兮地向周围望一眼,就好像承认自己的虚弱。为了缩短达成结论所需的时间,契尔年科会帮助他把会议结束;大家都会迅速地表示同意,然后在一种惊愕的气氛中,离开会议室。"②

僵化的庞大的官僚机构对社会发展的阻碍作用越来越明显。苏联部长会议所属的64个部和20多个国家委员会及直属的正副部长级领导干部达到800多人。以黑色冶金工业部为例,这个部共有正副部长19人,其中部长1人,第一副部长3人,副部长15人。一件普通的公文的传阅,经常要几个星期,甚至一两个月。

这种特定的社会过程对苏联人们的社会心理产生的影响是深远的:一方面是国家表面上十分强大,在世界上所起的作用也十分重要,这满足了人们的大国心态。今天同俄罗斯人谈话,还能明显地感觉到他们对当时大国心理满足的留恋;而另一方面,又对社会现实强烈不满,用戈尔巴乔夫的话来说,当时人们认为"不能再这样过下去了"③,表现出一种极端的倾向。

根据后来的社会调查资料证实,当时人们的社会心态有两方面的明显特点:一是对当时的社会状况明显的不满意,特别是对官僚特权阶层的腐败状况不满意;二是长时间受到集权方式的"高压",对社会混乱的严重后果缺乏实践上的认识。

而中国的情况同苏联正好相反。经历了十年动乱的中国人民,当时的普遍

---

① [俄]瓦列里·博尔金:《震撼世界的十年》,昆仑出版社1998年版,第25页。
② 同上书,第26页。
③ [俄]米·谢·戈尔巴乔夫:《真相与自白——戈尔巴乔夫回忆录》,第117页。

心态就是要求社会稳定,这也是在改革开放初期选择渐进改革模式的重要原因。然而,怎样保持社会稳定,却是一个十分复杂的问题。当时社会不稳定的主要因素,就是"文化大革命"时期造成的大量冤假错案还仍然存在。在当时百废待兴的状况下,只有分清一些大是大非的问题,妥善处理好历史遗留问题,即平反冤假错案,才能有真正的安定团结局面。

1978年12月中央工作会议期间,有人对以前在中央工作的某些人表示不满。对此,邓小平找一些同志谈话,说得很恳切,邓小平说:这也可以"算我一个请求,要以大局为重"。他说"道理在你们那里、在群众那里,因为你们说的都是对的。揭批百分之百的正确。但是现在,的确有个大局问题。外国人对其他没有兴趣,主要是看中国安定不安定。我是有意识地、自觉地和稀泥。稀泥必须和,有意识地和,否则不利。只有和稀泥,才是正确的。"邓小平强调:国内需要一个安定团结的局面。现在,国内国际局面很好,这个来得很不容易。当前安定团结确实重要。要给人民、给国际一个安定团结的形象。凡是有损于这个,给人以错觉,极为不利。这是大局。① 显然,当时中央对冤假错案的平反问题是持十分谨慎态度的。

在中央工作会议期间,会外也发生了一些值得注意的动向。一些群众受到天安门事件平反的鼓舞,在西单"民主墙"上贴出小字报,要求追究阻挠平反冤假错案的领导同志的责任,有的甚至提出要全盘否定毛泽东同志,并引起了群众间的争吵。后来,发展到一部分人到天安门广场举行自发集会,发表演说。② 对此,邓小平明确指出:工作要跟上,要积极引导群众。现在人心思定,乱是脱离群众的。安定团结是实现四化的必要政治条件,在这个问题上,小局要服从大局,小道理要服从大道理。③

正是按照顾全大局的原则,全国开始了平反冤假错案的工作。从"文化大革命"结束到1982年底,基本上完成了平反"文化大革命"中冤假错案的任务,全国共复查平反被立案"审查"的干部230万人,集团性的冤假错案近2万件。④ 此外,还复查了"文化大革命"前历史遗留的案件424万余件。⑤ 中央纪律检查委员会从1978年12月成立到1979年8月,不到一年时间查处或批转了15万多封党员和群众来信。⑥ 1979年9月14日,中共中央和国务院从中央

---

① 于光远:《我亲历的那次历史转折》,中央编译出版社1998年版,第283—284页。
② 朱佳木:《胡乔木同志在十一届三中全会上》,见《回忆胡乔木》,当代中国出版社1994年版,第314页。
③ 同上。
④ 朱元石主编:《共和国要事口述史》,湖南人民出版社1999年版,第7页。
⑤ 同上书,第29页。
⑥ 马齐彬、陈文斌主编:《中国共产党执政四十年》,中共党史出版社1989年版,第445页。

机关抽调1000多个干部参加处理来京上访人员的问题,并陪同上访人员返回原地,推动各地党政部门实事求是地解决他们的问题。① 1979年12月31日,中共中央批转最高人民法院党组《关于善始善终地完成复查纠正冤假错案工作几个问题的请示报告》。《请示报告》中说,三中全会以来,全面复查了"文化大革命"以来判处的反革命案件和普通的刑事案件,纠正了一大批冤案、假案和错案。1967—1976年的10年中的冤、假、错案,已复查了241000余件,约占总数的83%,其中纠正了131300余件,约占复查的54%。②

1980年5月15日,中央书记处对在"三支两军"中犯错误干部的处理问题上作了重要批示,指出:在"文化大革命"的历史条件下,部队的一些人在"三支两军"中犯错误是难免的。对他们犯错误的原因,要进行历史分析,还要看本人对错误的认识和态度。对待历史问题,只能按政策办,宜粗不宜细,宜松不宜严。1980年6月19日,中央发出《关于处理"文化大革命"中一些干部在报刊和文件上被点名批判问题的通知》,《通知》对"文化大革命"中在中央、地方以及军队的报刊、文件上被错误点名批判的同志,宣布一律予以平反。对这些同志的评价,以中央或各级党委的复查结论为准。

但是,从1979年年初开始,全国又出现了一些不安定因素,社会上极少数人利用中共平反冤假错案纠正自己错误之机,散布怀疑和否定四项基本原则的言论,提出"社会主义越超历史阶段",应"补资本主义的课";有的打着"要民主""要自由""要人权"的旗帜,成立非法组织,出版非法刊物,张贴大小字报,煽动一部分群众在北京和国内的其他一些城市、地方闹事,北京西单的"民主墙"就是一个主要论坛。"有的地方发生了少数人结伙闹事的事情。这些人为了实现自己的要求,竟然冲击机关,殴打干部,阻塞交通,破坏生产,严重地扰乱了公共秩序。"③

在这种情况下,邓小平受党中央委托,于1979年3月30日出席理论工作务虚第二阶段会议,发表《坚持四项基本原则》的讲话,树起了反对资产阶级自由化斗争的旗帜。中共中央、国务院发出《关于进一步加强全国安定团结的通知》,《人民日报》和其他一些报纸杂志,也连续发表一系列社论和评论员文章,上海市和北京市又先后发出专门通告,"西单民主墙"很快在北京墙头消失,全国各地的秩序亦趋于稳定。影响安定团结局面的做法遭到了人民的普遍反对,中央和邓小平关于制止个别地方混乱行为的做法得到了人民的普遍拥护。1979年11月,五届全国人大常委会第12次会议讨论了北京"西单民主墙"的

----

① 马齐彬、陈文斌主编:《中国共产党执政四十年》,中共党史出版社1989年版,第446页。
② 同上书,第450页。
③ 《工人日报》,1979年2月18日。

问题,许多委员指出,有些人别有用心利用"西单民主墙"进行违法活动,扰乱社会秩序,干扰四化建设的顺利进行,需要加以处置。12月,北京市革命委员会发布通告,规定今后凡在自己单位以外张贴大字报,一律改在月坛公园内的大字报张贴处,禁止在"西单墙"和其他地方张贴。1980年2月,党的十一届五中全会决定向全国人大建议修改《宪法》第45条,取消公民"有运用大鸣、大放、大辩论、大字报的权利"的规定,因为历史经验已经证明,"四大"作为一个整体从未起过积极的作用。4月,五届全国人大常委会第14次会议讨论了中央的建议,认为取消"四大"符合全国人民的意愿和要求,同意中共中央建议取消原《宪法》第45条中公民"有运用大鸣、大放、大辩论、大字报的权利"的规定,决定提请五届全国人大第三次会议审议通过。

全国人民坚决拥护中央和人代会的建议和决定。广大群众通过"文化大革命"的教训,渴望安定团结,特别是渴望法制保护下的安定团结。上海某公司一位工人贴了一张批评领导人的大字报,然后手捧宪法等待逮捕。有人将这位工人扭送到公司保卫处,保卫处的负责同志将这位工人送回家中,公司领导派去专人同他谈话,做思想政治工作,在群众中引起积极反响。《人民日报》于1979年2月21日发表特别评论员文章,提出做好发扬民主的引导工作,认为"文化大革命"中不正常的民主生活应该结束了,贴完大字报就等待逮捕,是不正常状况的一种反映,我们应该通过民主和法律,来保障人民群众权利的实现。这说明我们强调的安定团结,是在充分尊重人民民主权利的基础上实现的。① 所以,尽管当时我国百业待兴,平反冤假错案又进行到了高潮,但全国人民人心思治,法制建设逐步走上正轨,全国整体形势越来越趋于稳定,这可以从社会治安状况和民间纠纷状况两方面反映出来。

表4-10 1981—1987年全国公安机关立案的刑事案件变化情况②

年份	1981	1982	1983	1984	1985	1986	1987
立案数: 所占百分比,以1981年为100	100	84.1	68.6	67.8	60.9	61.5	64.1
立案数(起)	890281	748476	610478	514369	542005	547115	570439

① 《人民日报》,1979年2月21日。
② 《中国法律年鉴(1988)》,法律出版社1989年版,第819页,第820页。

表4-11 调解民间纠纷状况①

年份	1981	1982	1983	1984	1986
调解民间纠纷:(万件)	780.54	816.58	697.82	674.86	633.29
人民调解委员会(万个)	76.47	86.00	92.71	93.96	97.75

通过表4-10、4-11的统计可以看出,全国刑事案件总体上呈下降的趋势,调解民间纠纷仅在1982年略有上升,随后逐年下降,全国安定团结的局面开始形成。当时无论是领导人还是人民群众,反对动荡要求稳定的一个重要的原因,就是看到了"文化大革命"那种动乱局面不可能把中国的事情搞好。许多人用"文化大革命"这个反面教材,来论证安定团结的重要。仅1981年1月、2月两个月时间,《人民日报》就发表多篇社论和署名文章,核心内容就是要安定团结,不能再搞"文化大革命"了。2月8日《人民日报》发表社论,指出:"十年动乱不仅没有把社会主义民主向前推进半步,反而把本来不够完善的社会主义民主和社会主义法制摧残殆尽。我们在粉碎'四人帮'以后所以能够有步骤地扩大人民民主,使民主逐步制度化、法律化,正是因为我们有了安定团结这样一个社会政治条件。广大人民群众对这一点有深刻的体会。"

中国共产党在人民群众普遍要求稳定的社会心理基础上,对"文化大革命"的经验教训进行客观总结,是中国走上渐进改革方式的又一重要原因。正如邓小平所指出的:"现在的方针政策,就是对'文化大革命'进行总结的结果。"②

中国共产党在"文化大革命"中犯错误是不足为奇的,因为没有一个党是不犯错误的,重要的问题是能否从错误中学习,取得教训。既要从自己所犯的错误中学习,也要从别人所犯的错误中学习,而自己所犯的错误往往是更好的教科书。

"文化大革命"是毛泽东领导发动的。毛泽东领导"文化大革命"的基本方式就是搞"大民主",通过"大鸣、大放、大字报、大辩论"的手段将人民群众的政治热情充分调动起来。在这个过程中,毛泽东将精神因素的作用推向极端,他认为,人民群众中有极大的政治热情,只要将这种热情焕发出来,什么人间奇迹都能创造出来。这种过分夸大精神因素的做法是有其历史原因的。众所周知,中国革命是在长期的敌强我弱的情况下展开的,中国共产党一贯强调发挥人的主观能动作用,发挥自己的政治优势,并在艰难困苦的斗争中,由弱变强,取得了胜利。新中国成立后,中国共产党保持了这股革命锐气,推动了各项建设事

---

① 《中国司法行政年鉴(1995)》,法律出版社1996年版,第1299页。
② 《邓小平文选》第3卷,第223页。

业的发展，特别是农业合作化任务的迅速完成以及社会主义改造的成功，使毛泽东等党的高层领导人过分相信了主观能动作用，"以为有了党的领导，有了社会主义制度，有了强有力的思想政治工作，有了群众运动的方法，我们就有了万能的法宝"。①

但问题还出在另一方面，就是在重视精神因素的同时，政治活动没有以一种稳定的制度和法制作保障。"'文化大革命'在全国范围停止了宪法和法律的作用，从国家主席到一般公民的人身自由没有了，抄家、抓人、打人、斗争"。② 政治动员和政治参与是一种大众行为，在这个过程中，不可避免地会产生意见分歧，尤其在法制化程度不高的国家，过分广泛的动员和参与容易使政府失去对社会的控制。这就特别需要用法律和制度加以制约。"文化大革命"恰恰在这个重要问题上出现了失误。造成这种失误的社会原因在于：第一，由于没有很好贯彻按劳分配的原则，"文化大革命"时期全国基本上都是大锅饭，各中间层次缺少利益的独立性，广大群众没有社会参与和遵守法制的经济动力。第二，人民群众缺少社会参与和遵守法制的文化基础。一定的法制保障下的社会参与程度是与参与者的文化基础成正比的。由于人民群众的文化素质低下，使"文化大革命"期间的群众参与虽然表面上轰轰烈烈，范围也很广泛，但实际上参与的程度是极其有限的，根本没有深入到社会的实质内容，更缺少法律保障。各派之间互相争斗，社会参与仅仅按照一个模式进行，唯我独"左"，唯我独"革"，不允许有不同意见存在；大量冤假错案不断出现；一些人既是社会参与成员，又是破坏法律的不法分子。这种没有法律保障的社会参与导致了社会的严重动乱。

这种严重的恶果表明，"不改革不行，不制定新的政治的、经济的、社会的政策不行"。③ 正是基于上述情况，中国共产党客观对待和总结了"文化大革命"的教训，正确地把握了以下几个问题：

第一，坚持毛泽东思想的科学体系。这是最基本的政治原则问题。否定"文化大革命"，自然涉及毛泽东晚年的错误。"'四人帮'被粉碎之后，我们国内理论务虚会上也曾出现过一股否定毛泽东和毛泽东思想的思潮，搞得相当厉害"。④ 有的人要从根本上否定毛泽东，有的人说："我们只拥护'正确的毛泽东思想'，而不拥护'错误的毛泽东思想'。这种说法也是错误的。"⑤ "在那种情况下，邓小平同志出来讲了要坚持四项基本原则，情况好了一点，但是，否定毛

---

① 薄一波：《若干重大决策与事件的回顾》下卷，中共中央党校出版社 1993 年版，第 720 页。
② 《胡乔木谈中共党史》，人民出版社 1999 年版，第 90 页。
③ 《邓小平文选》第 3 卷，第 266 页。
④ 《邓力群文集》第 3 卷，当代中国出版社 1998 年版，349 页。
⑤ 《邓小平文选》第 2 卷，人民出版社 1994 年版，第 171 页。

泽东的思潮并没有完全制止,党内也还有不同意见。在讨论制定第二个若干历史问题决议时,个别同志的发言就很出格。好在就在这个时候,通过实践的检验,通过《关于建国以来党的若干历史问题的决议》,坚持维护毛主席的历史地位,坚持和发展毛泽东思想。"①在维护毛泽东思想的历史地位这个原则问题上,邓小平起了至关重要的作用。在评价毛泽东的问题上,邓小平提出了两个重要的观点:一是"我们坚持的和要当作行动指南的是马列主义、毛泽东思想的基本原理,或者说是由这些基本原理构成的科学体系"②,而不是个别的论断。因为中国革命和建设的历史已经证明:毛泽东思想从科学体系上说是正确的,是中国革命和建设经验的科学总结;二是评价毛泽东不仅是对待毛泽东个人的问题,也是涉及到评价中国人民革命历史的问题。"毛泽东同志的事业和思想,都不只是他个人的事业和思想,是半个多世纪中国人民革命斗争经验的结晶。"③否定毛泽东思想,也就等于否定中国共产党人领导人民进行革命的历史。这实际上为正在进行的改革定下了基调,即承认中国共产党领导人民进行革命和建设的历史主流是好的,改革是在马列主义、毛泽东思想科学体系指导下的改革,是党领导的革命和建设事业的延续,是有领导有步骤的社会主义制度的自我完善。

第二,在个人和制度的关系上,不过分追究个人原因,侧重点是寻找制度上的原因。邓小平在总结"文化大革命"的教训时指出:"单单讲毛泽东同志本人的错误不能解决问题,最重要的是一个制度问题。毛泽东同志说了许多好话,但因为过去一些制度不好,把他推向了反面。"④邓小平还明确指出:"现在有些同志把许多问题都归结到毛泽东同志的个人品质上。实际上,不少问题用个人品质是解释不了的。"⑤他认为:"文化大革命的十年浩劫,这个教训是极其深刻的"。"不是说个人没有责任,而是说领导制度、组织制度问题更带有根本性、全局性、稳定性和长期性"。⑥

"文化大革命"中毛泽东所犯错误的一个重要内容,就是个人凌驾于制度之上。"毫无理由地改组政治局、书记处,使中央文革小组成为凌驾于整个中央之上的机构。这是党章所不允许的。对于中央文革小组,毛主席说过,等于政治局加书记处。凭空搞出一个资产阶级司令部、无产阶级司令部,这也是党

---

① 《邓力群文集》第3卷,第349页。
② 《邓小平文选》第2卷,第171页。
③ 同上书,第172页。
④ 同上书,第297页。
⑤ 中共中央文献研究室:《关于建国以来党的若干历史问题的决议注释本》,人民出版社1983年版,第85页。
⑥ 《邓小平文选》第3卷,第333页。

章所不允许的。"①出现这种现象,并不是说我们国家的根本制度有问题,而是有着复杂的多方面的原因。我们通常所说的广义上的制度,不仅包括有形规则,即法律、规章,也包括无形规则,即道德、习惯和各种传统因素。西方经济学中的制度学派和新制度学派,都非常重视无形规则的作用,是有一定积极意义的。"由于中国革命的一系列胜利,长时间的胜利,使毛泽东同志在党内、在人民中的威信愈来愈高,把功劳、荣誉愈来愈集中在个人的身上。毛泽东增长了一种个人的骄傲情绪。"②党的民主集中制不断受到削弱,而且建国后没有集中力量认真地清除封建主义思想影响。这使毛泽东一方面忽视了有形规则的体制建设,使我们国家体制上有很多不完善的地方;另一方面又忽视了无形规则的制度建设,"长期封建主义在思想政治方面的遗毒仍然不是很容易肃清的"。③"而且建国后没有集中力量认真地清除封建主义思想影响,这样造成了一种在党的生活、国家生活里发展个人专断的条件。"④这说明在坚持基本制度的前提下,通过体制改革防止毛泽东的悲剧重演,是摆在我们面前的一个重要任务。正因为如此,邓小平明确指出:"过去行之有效的东西,我们必须坚持,特别是根本制度"⑤,而"要着重研究体制的改革"。⑥ 这就是说,毛泽东之所以犯错误,主要是体制上的原因,这本身就把改革定位在体制改革上;同时也说明,中国是个历史悠久、传统思想影响深远的国度,体制中的无形规则对有形规则的制约作用十分明显,改变人们的习惯和观念不是一朝一夕所能完成的,这也决定了改革只能是渐进的。

第三,在民主和法制的关系上,以法制作为民主政治建设的重点。邓小平的当代政治发展观是在对"文化大革命"进行深刻反思的前提下形成的,其中最富有特色的地方,就是强调法制建设是民主政治建设的重点。从一般理论意义上讲,民主是法制的基础,法制是民主的保障,可是这种理论上的概括,一旦和具体实际相结合,情况就要复杂得多。民主是个涵义丰富的概念。最早的资产阶级民主制度是在反对封建专制制度和特权的斗争中建立起来的。比如英国资产阶级议会中有过三种力量在斗争:一是王权的力量;二是诸侯的力量;三是市民的力量。当时市民的力量要求民主,要求取消或减弱王权和诸侯的特权,这时民主的内容更多地表现为争取自由和平等,其他早期资本主义国家也经历了类似的情况;而后现代化国家,特别是像中国这样的落后的社会主义国

---

① 胡乔木:《胡乔木谈中共党史》,人民出版社1999年版,第89页。
② 同上书,第93页。
③ 《关于建国以来党的若干历史问题的决议注释本》,第39页。
④ 《胡乔木谈中共党史》,第97页。
⑤ 《邓小平文选》第2卷,第133页。
⑥ 同上书,第282页。

家,是先运用政权的力量建立起广泛的社会主义民主制度,人民虽然有了广泛的民主,但由于受文化落后和独特的历史传统等多种因素的影响,民主制度时常遭到破坏,而这种破坏又经常是来自于领导人的主观意志,因此这时民主建设的内容更多地表现为法制化。邓小平敏锐地抓住了这个关键的问题,提出通过健全法制来实现人民民主。邓小平指出:"我们吃够了动乱的苦头"①,因此要"一手抓建设,一手抓法制"。② 中共十一届三中全会以来,法制建设一直是我国社会主义现代化建设的一个重点,这种法制建设从两个方面逐步展开:一是制定各种法律和法规,使人民群众有法可依。到1998年6月26日,全国人大及其常委会共制定了333件法律和有关法律问题的决定,其中五届人大60件,六届人大63件,七届人大87件,八届人大118件;国务院制定了700多件行政法规,各省、自治区、直辖市的人大及其常委会制定或批准了6000多件地方性法规。③ 二是进行全国性的法制教育,使人民群众有法必依。1985年11月,六届全国人大常委会第13次会议通过了《关于在公民中基本普及法律常识的决定》,1987年1月,第19次会议通过了《关于加强法制教育维护安定团结的决议》。到1987年底,全国有4.2亿人口参加普法,占应普法对象的56%。④加强法制建设的现实意义,就在于保证改革在法制约束下进行,这本身就是渐进改革的最基本特征。

三、中俄两国体制转型模式形成的体制原因分析

这个问题主要从原有体制的僵硬程度来进行分析,而反映这种僵硬程度的,有两个最基本的指标,即计划的程度和中央同地方的关系。

(一) 计划的程度

计划体制的核心是"社会配给",即政府对主要资源实行统一的调配。这种思路所依据的是这样一系列假设,即政府能够得到所有经济领域的有关供需的确切信息,能够分析信息并进行经济上比较合理的分配,并且能够有办法、有效率地落实这些分配决策。这些假设虽然与实际相差甚远,但政府的计划部门无视这一点,而是想方设法要对社会发展和经济增长实行直接和完全的控制。1978年,中国94.4%的农业生产和97.5%的工业生产都按国家规定的价格出售,服务行业几乎百分之百的产值也由国家控制。指令性计划实际上成了资源

---

① 《邓小平文选》第2卷,第189页。
② 《邓小平文选》第3卷,第154页。
③ 《改革开放20年活页文选》(8),学林出版社1998年版,第22页。
④ 张寿、有林主编:《改革与发展(1983—1987)》,中国计划出版社1988年版,第54页。

配置的唯一手段。

苏联的计划体制是斯大林在20世纪20年代为实现工业发展和经济增长的目标而创设的,它是一种极端形式的计划体制。所有事务都由在莫斯科的国家计划委员会计划和指挥:如资金和预算,产品的种类、数量和质量,以及资源的调拨和分配,等等。所有一切都是由庞大的、等级森严的国家各部来组织进行。各部部长们坐在苏联部长会议的办公室里接受和听从来自国家计划委员会的命令和党的指挥。这种计划被称之为"指令性计划",因为下面的工厂和农庄对国家计划委员会和各部作出的计划命令必须服从和遵守。计划就是法律,不服从计划就是违法。苏联计划体制的基本特征表现为:

第一,各加盟共和国(以及较小的联盟单位)的独立性要受到以下方面的严格限制:它们的预算完全受国家计划委员会的支配;在其领土内的大约90%以上的工业生产都由在莫斯科的各部进行控制。

第二,各级苏维埃组织也受到严格的限制,它们对资金及其运用没有多少支配权。如果某些需求是被纳入"计划"之内的话,那么各共和国和地方苏维埃实际上就不具备满足本国人民这种需求的能力,它们根本无法代表自己的选民的需求和利益。它们只是中央政府的代理机构,在自己所辖地区内负责无条件地执行中央政府的政策。

第三,国家行政机构变得越来越庞大,因为"有效"管理经济生活成为政府的核心职能。例如,在1984年就有22个国家委员会负责计划事宜、制定全国的工资标准、规定上百万种不同商品的价格、组织协调生产供给以及鼓励工业技术革新等等。中央政府由59个部组成,它们除了执行一般行政职能(如国防、外交和医疗健康等)外,还控制着工业、农业和外贸领域的每一个较大的分支部门。这还不包括那些具有联盟—共和国双重管辖权限的各部以及只有共和国内管辖权限的各部。如果全部统计起来,则大约有800多个部!但相对莫斯科而言,这些部也没有多大的自主性。尽管我们很难获得可信的数字,但是到20世纪80年代中期,整个行政机构各部门的确雇用了1400万人,约占劳动力总数的12%。另外还有1100万人在工厂或农庄从事行政工作。戈尔巴乔夫经常抨击这种"膨胀的行政机关"。据他自己估算(1989年),为了维持这个庞大的机构的运转,国家每年要花费大约400亿卢布(按1989年的汇率,这大约值4亿美元)。

第四,计划高于法律。相对于计划,法律和立法机构同样失去了权力。"计划"的命令经常与法律和规范发生抵触。因为"计划"最为重要,法律也被抛在一边。政府各部对妨碍其行动的法律置之不理。例如,苏联曾经制定过许多控制环境污染的法律,然而在实践中它们只是一纸空文。

实际上,到20世纪70年代末期,没有任何人和组织能够控制这个庞大的官僚帝国,即使是共产党也对其束手无策。正如戈尔巴乔夫在1986年所抱怨的那样:"相对于苏联计划委员会而言,不存在其他的权威,不存在总书记,不存在中央委员会。它们(指计划委员会——笔者注)我行我素。"

苏联的公有化程度和计划经济的程度都是很高的。从理论上说,苏联主要存在国家全民所有制和劳动人民集体所有制两种形式,但实际上,两种所有制没有什么重要的区别,集体所有制也采取全民所有制的运行方式。比如在农村,国家所有制的国营农场,无论亏盈,都由国家承担下来;集体所有制名义上自负盈亏,而实际上,集体所有制也由国家包下来。到20世纪50年代初期,国家每年给集体农庄规定的各种生产指标多达200—250个①,同国营农场没有什么区别,只不过还保留一个自负盈亏的牌子而已。苏联从1966年起对庄员改行有保障的劳动报酬制度,使庄员的收入比较稳定,庄员劳动报酬同农庄当年生产好坏之间的联系减弱了。由于农庄在分配收入时首先保证劳动报酬基金,农庄如有资金不足时可以向银行贷款,这就使之产生对国家的依赖思想,一有困难就向国家伸手要贷款,而国家一次又一次地豁免农庄所欠的债务。1982年苏共中央五月全会决定,注销历年拖欠苏联国家银行的贷款债务共97亿卢布,其中集体农庄48亿卢布,国营农场49亿卢布。② 在这种情况下,许多农庄没有实行经济核算,1981年仅俄罗斯联邦就有5200多个集体农庄(占农庄总数的43%)没有实行经济核算。③ 由于集体农庄效率低下,农产品成本高,国家为了保持社会控制,对农产品的定价又比较低,国家只好加大对农业的补贴。1981年苏联用于肉、奶等食品的预算补贴达330亿卢布,占全部预算支出的11%。1983年增加到450亿卢布,占全部预算的近13%。④ 1989年,国家用于补贴农副产品的资金,达到1080亿卢布,占全部财政支出的20%以上。⑤ 中国也存在着价格补贴制度,但程度比苏联要差很多。1978年价格补贴的金额为93.86亿元。⑥ 而同年中国的财政收入为1121.1亿元⑦,价格补贴占财政收入的8.3%,低于苏联的水平。价格补贴过高,反映了计划经济僵硬的程度,也成为俄罗斯后来实施休克疗法的重要原因。

中国的计划体制和计划工作既源于苏联,又同苏联有着很大的区别。

应当承认,我国在大规模建设刚开始时,是学了苏联计划工作一些经验的。

---

① 金挥等主编:《苏联经济概论》,中国社会科学出版社1985年版,第526页。
② 海闻主编:《转轨中的俄罗斯经济》,企业管理出版社1996年版,第203页。
③ 金挥等主编:《苏联经济概论》,第555页。
④ 中国苏联经济研究会编:《苏联经济(1982)》,人民出版社1984年版,第202页。
⑤ 海闻主编:《转轨中的俄罗斯经济》,第87页。
⑥ 童宛生、邹向群主编:《中国改革全书——价格体制改革卷》,大连出版社1992年版,第5页。
⑦ 《中国统计年鉴(1983年)》,第445页。

周恩来比较直率地说过:"大家知道,我们在开国的三年,恢复了财政经济以后,就进入了第一个五年计划。那时候,由于我们没有经验,不得不首先而且必须学习苏联的计划经济。"① 例如,"一五"开始编制全国计划,国家计委在编制1953年年度计划时,学习苏联50年代的做法,拟定了全国计划表格共257张,指标3381个。但是我们一开始就没有照搬苏联的经验,而是注重和中国的实际相结合。由于苏联的计划太烦琐了,中国1954年编制年度计划时就简化了,计划表格只有161张,指标2451个。又如,对工业计划,当时苏联专家曾建议,要我们把全国所有工厂都收归中央集中管理,由国家对所有工厂下达指令性计划。由于我们有根据地、解放区管理工业的经验,我们没有这样办,只规定了一部分关系国计民生的重要工厂由中央各部直接管理,对大部分工厂实行全国统一计划,由中央和地方分级管理,根据不同情况分别下达繁简不一的计划指标。对农业计划,由于我们有根据地、解放区管理农业的比较丰富的经验,更没有全盘照搬苏联对集体农庄也下达比较烦琐的指令性计划的做法。陈云曾经指出:"苏联专家搞的表太复杂,不能完全照搬,必须和我们的现状结合起来。中国是农业大国,不可能把每家有几个鸡、几头猪都统计起来。中国开始建设时,计划的线条是粗的,将来由粗到细。"②

但即便是这样,这种计划体制也严重束缚了地方和企业的积极性,地方领导和企业反应很大。安徽省委书记曾希圣反映:淮南两万多人的大煤矿,矿领导在财政支出上仅有200元以下的批准权,无增加一个人的权力。天津市委同志反映:新中国成立后前三年中,中央只给天津地方工业安排了20万元基建投资,建什么都要报中央有关部门批准,甚至连市里设多少电影队,每队配多少人,也都要报经中央主管部门同意。③ 毛泽东1955年外出巡视工作期间,听到了各地负责同志对计划体制的意见,于1956年4月发表《论十大关系》,强调不能照搬苏联经验。

根据毛泽东的上述思想和中央的决策,国务院在1957年11月作出了关于改革工业、商业、财政管理体制的三个决定,适当扩大了地方和企业的权限,这直接涉及计划问题。

首先,扩大企业的计划权。在生产计划方面,国家下达的指令性计划指标,由原来的12个减为4个,即主要产品产量、职工总数、工资总额、利润;在基本建设方面,原来国家下达的4个指令性指标(总投资额、限额以上项目、动用生产能力、建筑安装工作量),维持不变。国家计划只规定年度计划。季度、月度

---

① 《周恩来经济文选》,中央文献出版社1993年版,第528页。
② 《陈云文选》第2卷,人民出版社1984年版,第137页。
③ 薄一波:《若干重大决策与事件的回顾》(修订本)下卷,人民出版社1997年版,第808页。

计划由有关部、局和企业自行规定。简化计划程序，由两下两上改为两上一下。其次，扩大企业的财权。企业的利润，由国家和企业实行全额分成；分成所得必须大部分用于生产事业方面，同时适当照顾职工福利。最后，扩大企业的人事管理权。除企业正副厂长、经理和主要技术人员外，其他一切职工由企业负责管理。企业的机构在不增加职工总数的条件下，由企业自行调整。这三个改革体制的文件由国务院在当年11月提交全国人大常委会批准，自1958年起实行。1958年9月，中共中央、国务院作出《关于改进计划管理体制的规定》，提出实行"以地区综合平衡为基础、专业部门和地区相结合的计划管理制度。"以后各个时期的计划，根据具体的形势和任务，都不断地发生变化和改革。综合起来，中国的计划体制和工作有三个方面的创造：

（1）在计划形式上的创造。从20世纪50年代起，适应多种经济成分的存在，对国营经济实行直接计划；对私人资本主义经济和个体经济，实行间接计划。同是国营经济，根据企业规模和工作水平的不同，其直接计划的繁简程度也不一样。如对中央各部直属的国营企业，实行比较全面的计划；对地方国营企业，计划则比较简单些，只下达几项主要指标；对公私合营这种高级国家资本主义，计划更简单些；对资本主义工业，国家的间接计划并不下达到企业，只由省市区计委估算其工业总产值和主要工业产品产量；对个体手工业，只由省市区计委估算其总产值；对个体农业，国家计划只作出一个估算性计划，其实现主要通过政策措施和经济办法加以引导；到1956年农业合作化以后，仍然实行间接计划，国家主要通过一系列政治工作和经济措施，如对粮食实行"三定"（定产、定购、定销）政策，对经济作物主要靠价格政策（如对粮棉比价规定7斤或8斤粮食的价格相当1斤棉花价格）、农贷政策、预购合同制度、税收政策等，调动农民的积极性，以促进计划的实现。1958年实行《关于改进计划管理体制的规定》后，国家计委管理的工业产品，从1957年的300多种减少到1959年的215种，按产值计划，仅占全国工业总产值的58%；国家财政收入由中央直接征收的比重也从40%降至20%；中央统配、部管物资减少到132种，减少了75%；供销工作也改由地方为主组织。①

（2）在计划次序上的创造。在编制计划的次序时，我国从"一五"计划起学习苏联优先发展重工业的做法，按照重工业、轻工业、农业的次序，安排国民经济计划。经过几年实践，慢慢感到苏联这种做法不妥当。1956年毛泽东在《论十大关系》中就提出我们要多发展一些农业和轻工业，以便使重工业更多更好的发展。1957年毛泽东在《关于正确处理人民内部矛盾的问题》中，把这

---

① 国家经济体制改革委员会历史经验总结小组：《我国经济体制改革的历史经验》，人民出版社1983年版，第71页。

作为"中国工业化的道路"提出来。1959年庐山会议前期,毛泽东总结了1958年"大跃进"的经验教训:重工业挤了农业和轻工业。为了提醒大家重视农业和轻工业,指出"过去安排(国民经济计划的次序)是重、轻、农,这个次序要反一下,现在是否提农、轻、重?要把农、轻、重内在的关系研究一下。……这样提还是优先发展生产资料,……重工业要为农业、轻工业服务。"①这里所说的按照农业、轻工业、重工业的次序来安排国民经济计划,指在制定国民经济计划时,要先把农业生产及其需要安排好,然后根据农业所能提供的原料和市场的需要,安排好轻工业的生产,最后根据农业、轻工业的发展速度和生产规模,决定重工业的发展速度和生产规模,避免孤立地发展重工业,造成国民经济比例失调。

(3) 在计划方法上的创造。经过"一五"计划时期的实践,我国探索出自上而下逐级编制计划和进行综合平衡这一编制计划的基本方法和原则。中央各部门在各地区平衡的基础上编制全国范围的专业计划;中央计划机关在地区平衡和专业平衡的基础上,进行全面的综合平衡,编制国家的统一计划。②"综合平衡"一词,是我国创造出来的,是"俄国人的书本"里所没有的。苏联编制计划的方法是平衡表法,主要是编制一套国民经济平衡表,以物资平衡表为基础,还有价值平衡表和劳动力平衡表,使资源和需要相互适应。我国的综合平衡则是考虑到国民经济是一个相互联系和相互依存的有机整体,各个部门和各种产品之间存在着错综复杂的经济技术联系,作计划时要努力做到统筹兼顾,适当安排,瞻前顾后,留有余地。这是因为,根据辩证法和认识论,经济生活中的社会生产和社会需要这一对矛盾,经常处于不平衡状态,需要通过计划工作,按一定比例分配社会劳动力,自觉地使两者相互适应,保持平衡,求得矛盾暂时的相对的统一,以促进国民经济按比例地协调发展。

(二) 关于中俄两国转型前中央和地方的关系

中国的改革具有内在逻辑性。新中国成立后实行的三位一体的传统计划经济结构——扭曲的宏观政策环境、计划的资源配置制度和毫无自主权的微观经营机制——是在资本稀缺的经济和重工业优先发展战略内衍生出来的。它的主要问题是产业结构扭曲和劳动激励不足造成低下的经济效率。早在20世纪70年代末以前,中国政府就看到了这些问题,并数次采用中央政府和地方政府行政性分权的方式来解决这些问题。事实上,从20世纪50代早期开始,中

---

① 《毛泽东文集》第8卷,人民出版社1999年版,第77、78页;另见《周恩来经济文选》,第414、423页。

② 《毛泽东选集》第5卷,人民出版社1977年版,第387页;另见《中华人民共和国计划法(资料汇编)》,法律出版社1982年版,第44页。

国政府就开始探索以一条不同于斯大林模式的战略来发展经济。这种战略在"文化大革命"时期发挥到了顶点,使中国省一级以及省级以下的地方体制完全不同于苏联的斯大林模式。

中国高度集中的计划经济体制形成于20世纪50年代中期。这种体制在实践中暴露出很多的弊病,因此,从1956年至1958年,进行了中央与地方关系的第一次大调整。1956年,毛泽东发表了著名的《论十大关系》的讲话,指出:"我们的国家这样大,人口这样多,情况这样复杂,有中央和地方两个积极性,比只有一个积极性好得多。""应当在巩固中央统一领导的前提下,扩大一点地方的权力,给地方更多的独立性,让地方办更多的事情。"①正如《剑桥中华人民共和国史(1966—1982)》所讲:"尽管毛一直强调高度集权的国家,但在1956年里,毛最直接关心的却是扩大地方的权力。因为他认识到现存的集权程度是自己拆自己的台。"②

这次调整的标志是中共中央、国务院于1956年10月30日颁布的《关于改进国家行政体制的决议(草案)》。此后,又陆续颁布了《关于改进工业管理体制的规定(草案)》《关于改进商业管理体制的规定(草案)》《关于改进财政管理体制和划分中央和地方财政管理权限的规定(草案)》,并于1957年、1958年全面推行。这次调整的措施是依照职权划分的七条原则,统一领导,分级管理,对计划、工业、财政、商业、教育等管理体制进行改革,重点是实行地方分权,大规模地全面下放权力。这次调整将中央一部分部属企业下放给地方管理,大量的企业和事业管理权(包括有关的计划、财务和人事管理)、基本建设项目审批权、劳动管理权、财税权下放给了地方。地方因此在财政金融体制上具有了一定的独立意义。20%的企业利润由所在省市参与分成;地方固定比例分成收入有:农业税、工商税;地方财政固定收入有地方国营企业收入(利润、折旧基金)、地方事业收入、印花税、利息所得税等;地方的财政支出有:地方国营企业支出、经济建设事业费等等,而且地方在支出上也可以自行安排年终预算的节余。

1958年经济管理体制调整的中心就是把中央各部所属企业下放地方管理,扩大地方管理工业的权限。下放工作从1957年就开始了。1957年11月,轻工业部第一批下放了43家纸厂和胶鞋厂,接着又下放了食品工业总厂。同年12月,纺织部下放了其在11个省、自治区、直辖市的59个大中型纺织企业。1958年3月,陆续下放了143个纺织企事业单位。1958年4月,中共中央和国

---

① 《毛泽东著作选读》下册,人民出版社1986年版,第729页。
② [美]罗德里克·麦克法夸尔、费正清主编:《剑桥中华人民共和国史(1966—1982)》,海南出版社1992年版,第12页。

务院发出《关于工业企业下放的几项规定》，提出"除开一些主要的、特殊的以及'试验田'性质的企业仍归中央继续管理外，其余企业，原则上一律下放，归地方管理。"从1957年底到1958年6月15日止，冶金、机械等9个工业部门陆续下放了8000多个单位。中央各工业部所属企事业单位80%以上交给了地方管理。① 中央各部所属企业和事业单位，从1957年的9300个减少到1958年的1200个，下放了88%。中央直属企业的工业产值占整个工业总产值的比重，由1957年的39.7%下降到1958年的13.8%。②

  由于权力下放多了一些，快了一些，造成了经济混乱。于是，从1959年开始，中共中央、国务院又相继发出了一些规定和指示，将下放的权力逐步收回，强调在工业管理中要实行高度集中的统一领导，以迅速扭转国民经济困难局面。这次的管理体制调整，对于制止经济生活中的混乱，扭转国民经济下降的局面，起到了一定的作用。但"大跃进"期间下放给地方的权限并没有全部收回，经过调整以后的管理体制并没有回到第一个五年计划后期那种状态，各级地方所拥有的人财物力和管理权限，相对来说还是扩大了。不仅如此，当经济调整初见成效，经济生活趋于正常时，中央又采取措施，适当地逐步地继续扩大地方经济管理权限。从1964年起，国务院又颁布相关法规，根据"大权独揽，小权分散""统一领导，分级管理"的原则改进计划管理体制，逐步对地方下放权力。但调整的步子较小，中央管的范围还是偏多，集中的权力偏大。

  1970年至1974年，进行了中央与地方关系的第二次大的调整，权力大量流归地方。从1970年始，先后将包括鞍钢、大庆油田等大型骨干企业在内的2600多个中央直属企业、事业和建设单位下放给省、市、自治区管理，有的又从省下放到专区、市、县管理。在财权方面，实行"收入按固定比例留成，超收另定分成比例，支出按指标包干"的办法，给地方极大的财政自主权。与此同时，物资管理体制进行了较大变动，重点就是扩大地方的物资管理权限。在基本建设投资方面，地方投资权也在不断扩大。到1974年，地方所拥有的经济管理权限已经相当大，而且比较系统。各地都力图利用这些权力，建立各自比较独立的经济体系。但是实际上，国家整体上集权的体制没有改变，权力下放仅仅是技术性的。1978年12月召开的十一届三中全会指出，现在我国经济管理体制的严重缺陷是权力过于集中，地方应该有更多的经营管理自主权。于是从1979年开始，又陆续采取了一些扩大地方管理权限的措施。

  中央与地方关系的调整，使得中国的中央计划体制不同于苏联的斯大林模式，中国地方政府有一定的资金来发展地方经济。一方面，中央把一些原国家

---

① 《新华半月刊》，1958年第13号。
② 董辅礽主编：《中华人民共和国经济史》，经济科学出版社1999年版，第330页。

直属企业移交给了地方,这种权力的转移为地方政府的发展所必需的资金提供了两个来源:工业产品和企业折旧基金。这成为地方投资资金最为稳定和最大的来源。企业折旧基金的重要性使得企业监督管理和收入之间的联系更为紧密。1970年国家规定,原来上缴财政的折旧基金,全部下放给地方,其中一部分留给企业,一部分由地方调剂,用于技术改造和综合利用。另一方面,伴随着多次的中央与地方关系的调整,中央财权不断下放,使地方政府一直在财政收入分享上保持一定的比例,地方因此有了资金发展地区经济,具体情况见表4-12:

表4-12 中央—地方收入分享比例(%)

	1955年	1959年	1965年	1971年	1976年	1984年
中央	78.1	47.6	62.2	59.5	46.8	46.6
地方	21.9	52.4	37.8	40.5	53.2	53.4

资料来源:1955年、1959年:N.拉迪:《中国经济增长分布》,第38页,剑桥大学出版社;1965年:田义农、朱福林、向华成:《论中国财政体制的改革》,第56页;1971年、1976年:徐义、郑宝森:《中国财政:1977—1980》,第42页;1984年:《财政》1986年第3期,第2页。

在财政支出方面,地方所占比例也稳步上升。在改革开始前夕的"五五"期间,中央财政支出的比例占财政开支的比例从"一五"计划期间的74.1%下降到49.4%。如表4-13:

表4-13 中央财政支出占收支总额的比重(%)

	"一五"	"二五"	1963—1965年	"三五"	"四五"	"五五"
收入	45.4	22.7	27.6	31.2	14.7	15.6
支出	74.1	48.1	59.7	61.1	54.2	49.4

资料来源:《中国财政统计》(1950—1991年)。

注:中央财政收入是本级组织征收的收入,不是按财政体制计算的收入,其中包括国内外债务。

即使是在中央收回权力时期,中国的地方领导也是"上有政策,下有对策",只要中央的管理放松,他们就从财政预算中钻空子,截留资金,发展地方经济。新中国成立后的头三十年,预算外资金数量上的变化很好地表明了掌握预算外资金的经济单位(各级部门、企事业单位和地方政府)可支配的资源的变化。预算内资金是由国家根据需要统一集中分配的资金,支配权属于国家。预算外资金作为资金分流的产物,是国家预算的补充,自收自支,分散使用,支配权属于各地方、各部门和各单位。预算外资金的这一特点有利于各地方、各部门和各单位因地制宜地解决自身的各种问题,满足各种不同的需要。建国以后到1978年以前中国的预算外资金有相当大的增长。见表4-14:

表 4-14 各个时期预算外资金收入、预算收入、国民收入和增长速度表

	预算外资金收入	预算收入	国民收入
一、绝对数（亿元）			
"一五"时期	87.91	1318.53	4053
"二五"时期	391.35	2116.62	5480
1963—1965 年	193.27	1215.11	3553
"三五"时期	430.54	2528.98	8031
"四五"时期	915.29	3919.17	11382
二、平均增长速度（%）			
"一五"时期	14.1	12.3	8.9
"二五"时期	19.3	0.2	-3.1
1963—1965 年	5.9	14.7	14.7
"三五"时期	6.0	7.0	8.3
"四五"时期	20.0	4.2	5.5

资料来源：邓英淘、姚钢、徐笑波、薛玉炜：《中国预算外资金分析》，中国人民大学出版社 1990 年版，第 4 页。

1978 年与 1952 年相比较，预算外资金收入增加近 25.5 倍，由 13.6 亿元增至 347.1 亿元；而相比之下，财政收入增加仅 6 倍，国民收入仅增加 5 倍。从表 4-14 可以看出，预算外资金收入在绝大部分时期内，其平均增长速度明显快于财政收入和国民收入的增长速度。1972 年国家规定，新建县办企业在两三年内，所得利润可留 60% 给县。从 1966 年到 1977 年，县级政府手中所掌握的预算外资金占国家总预算从 14.5% 增至 35.6%。除此之外，相当可观的集体企业的收入也被地方截留。所以，单纯用预算内收入不能正确反映地方政府实际的公共收入，地方的公共收入还包括一部分预算外收入和各种非规范收入。这些收入中的大部分被包括进预算中，而且处于中央的计划监督之下。然而，到 20 世纪 70 年代中期，地方政府在保留和花掉大量预算内和预算外收入方面，有了更大的制度弹性。由于国民经济受到很大的破坏，许多地区生产下降，在预算执行过程中往往出现一些事前预料不到的因素，结果形成超收地区的超收全部归地方支配，而短收地区中央又必须进行补助的局面，有些地区还把财政收支包干指标层层分解到省以下的地区和县。这样，既分散了地方机动财力，也增加了中央进行集中和统一调配的难度。甚至有不少地方巧立预算外资金项目，化预算内为预算外。所以，中央与地方多次的权力调整，使得地方拥有一定的资金来发展经济。

中央向地方的分权,不仅体现在国有成分(或者称作计划成分或预算成分)内的分权,还体现在计划部分(中央和地方)和非计划部分之间的分权。计划部分是指国家的国有企业,国有企业的所有者是"全体人民",它们的生产和销售由国家计划统一安排,其预算也是计划内。而集体企业的预算不在计划内,其分配和安置也不在国家计划内。集体企业和国有企业共同的特点是它们都由国家管理,农村集体企业由县和乡管理,城市集体企业由城市或国家工厂管理。在"文化大革命"期间,集体企业成分增长了14%—17%之多,几乎是国有企业的两倍。在城市,一些集体企业处于地方各个部门的管理监督之下,并将利税上缴给国家。然而,一部分由地方管理监督的企业则在上缴国家利税之后,将所有利润交给地方政府。因此集体成分是一个快速增长的、在国家预算外产生相当可观的收入的部分。在中国很多地方集体经济是蓬勃发展的地方经济中的一个核心成分。

多次的权力下放,使得地方政府行政管理技术大大发展。企业管理权、计划权、物资管理权、地方投资权的扩大使地方政府在经济管理方面除管理功能与中央相似之外,还使地方政府拥有了一种协调管理经济的功能,地方政府将地方经济的不同成分整合在一起,协调管理发展。在某些情况下,这些管理技术代表了对中央计划经济的适应,从某种程度而言,甚至是操纵了中央计划经济,比如说利用截留的税收和人为地降低本地区产品的价格来发展经济。

以上这些现象使传统的计划经济产生了裂缝。地方行政管理技术的提高和地方经济发展资金的获得,使得地方能在中央计划经济之外发展地方经济,基层政府具有较大的自主权,而且地区之间的相互联系是水平的、市场取向的,这种结构削弱了行政控制,强化了市场活动,刺激了市场取向的非国有企业的发展;地方集体经济成分的发展也使国有企业和非国有实体之间的交换和贸易变得容易,甚至有利于发展市场贸易。

总之,中央与地方关系的多次调整使得中国出现地区经济分割的趋势,这个趋势即使在中央将权力收回的时候也十分明显。一直到"文化大革命"之前,中国地方和企业的自给自足趋势十分明显,在工业方面分割成许多独立、封闭的单位。地方政府对自给自足十分积极,他们从经济分割中得到很多好处:不依赖他人而能自我满足。而多次权力的下放,使得中国经济结构发生了很大的变化,一个重要的趋势就是整个经济被分割成许许多多相互隔绝的单位。这有些类似于"蜂窝状"的经济(cellular economy)。澳大利亚国立大学中国研究中心负责人奥德立·多尼索恩在1972年12月撰文指出:"文化革命严重地冲击了中国的组织结构。它的后果是削弱了行政管理和放松了控制,使中国走向'蜂窝状经济'的趋势不断强化。"当时一位原南斯拉夫驻中国记者也指出:"整个国家正在形成无数独立的或相对独立的生产中心。"很明显,中国的地方政府有资源、技术和组织,它们不像苏联一样,它们能向中央的管理发出挑战。而正是在这些地方经济中蕴涵着中央计划经济所没有的市场成分。因此,中国尝试走一条与苏联斯大林模式不同的道路,其内容的一个重要方面就是不断调整中央与地方的关系,这种调整的结果使改革前中国和苏联面临的情况完全不同,这也就决定了它们以后所走的道路的不同。

苏联一直实行高度集中的经济管理体制,这种高度集中性表现在国民经济管理的各个方面,而从中央与地方的关系看,突出地表现在对工业的管理权限上。斯大林时期苏联形成了高度集中的部门管理体制。1932年,苏联最高国民经济委员会改组为重工业人民委员部,同时还成立了轻工业人民委员部和林业人民委员部。这些都是全联盟的,管理全苏所有企业,地方几乎没有任何管理的权限。1934年在各加盟共和国的自治共和国设立了地方工业人民委员部。从此,工业部按企业隶属关系分为全联盟部、联盟兼共和国部、共和国部。由这些部来层层管理各级企业。中央企业的产值占了工业总产值的绝大部分。到1950年时,中央企业的产值占工业总产值的67%。

在财政方面,财政资源过多地集中于联盟预算,加盟共和国无力发展地区经济。在20世纪50年代中期以前,苏联一直实行高度集中的财政体制,加盟共和国和地方的财政权限较小。主要表现为:

(1)在整个国家预算支出总额中,联盟预算所占比重不断增大,加盟共和国预算和地方预算所占比重不断缩小。到1955年,联盟预算所占比重高达73.9%,而加盟共和国预算和地方预算只占26.1%。

(2)国民经济建设方面的支出主要由联盟预算拨款,加盟共和国预算支出主要用于社会文化设施费用。1955年,加盟共和国预算中,用于发展国民经济的拨款只占36.9%,而用于社会文化设施的支出占56.4%。预算支出的这种结构是加盟共和国经济权限较小的一种反映。

(3)苏联最高苏维埃在批准联盟预算时,对加盟共和国预算不仅规定基数总额,而且规定各项具体支出限额。预算执行过程中获得的补充收入和年终节余,加盟共和国也无权留用。

20世纪50年代中期,赫鲁晓夫针对经济管理体制中的很多弊病,进行了大胆的改革。其中重要的内容就是精简机构,裁减冗员,下放企业,扩大地方和企业的自主权。仅1953—1956年间,就撤销了一半以上部的和主管部门的司、处、管理局和总管理局,精简了90多万名行政管理干部,把1.5万多个中央直属企业下放给地方管理。在财政体制改革方面,增加了加盟共和国的预算,国家预算只规定各加盟共和国的预算收支总额,不再划分共和国预算和地方预算,加盟共和国预算支出转为主要用于发展国民经济。在生产和计划供应方面,加盟共和国部长会议有权批准加盟共和国的部、主管机关和所属企业生产计划和产品分配计划,有权支配本加盟共和国范围内所有企业超过季度计划和补充任务生产的部分或全部产品。此外,在税收、基本建设审批权等方面赋予了地方较大的权限。1957年,赫鲁晓夫又改组了工业和建筑业的管理体制,将工业和建筑业的业务管理重心转移到地方。同时建立经济行政区,把工业和建筑业企业下放给经济行政区的国民经济委员会管理。改组后,中央直属企业的产值在全苏工业总产值中的比重由45%下降到6%。

但是由于赫鲁晓夫对改革考虑不周,过分仓促和简单化,片面强调地方机构的作用,忽视中央机构必要的集中,地方在权力扩大的同时并没有能很好发展地方经济,反而导致"地方主义""分散主义"泛滥,造成了国民经济的混乱。从1960年开始,赫鲁晓夫开始重新强化中央对国民经济的集中统一领导,重新调整经济行政区及其领导机构,在很大程度上恢复了某些部门管理权,重新加强中央集权。

勃列日涅夫上台后,又进一步恢复了部门管理制度,加强经济的集中领导。在中央和地方的权力划分上,中央进一步加强了集权,地方的自主权极小。

首先,把以前下放给地方管理的部分企业又收归国有,把黑色冶金、煤炭、化学和石油等工业部改为全联盟部。而且,归加盟共和国管的企业生产多少、生产什么,都由中央批准的计划规定,加盟共和国不能自主决定,从而仍难以进行自主经营和综合发展本地区经济。此外,在物资供应上实行物资分级计划管理,供应指标按主管系统下达,调拨量由供委机构统一实现。通用物资由国家计委和国家供委管理和分配,加盟共和国有权管理和分配的只是本共和国企业生产并在本共和国消费的产品,以及位于本共和国境内的中央企业超产产品的50%。所以,归加盟共和国支配的产品极少。

其次,在财政权力方面,实行了中央财政为主,兼顾地方财政的原则,重新加强中央对财政的集中管理。联盟预算重新增多,而加盟共和国和地方预算下降。加盟共和国预算用于发展国民经济的支出所占比重下降。

勃列日涅夫下台后,安德罗波夫接任苏共中央总书记。他任职14个月,提出了一系列改革思想,并开始了以扩大企业自主权为中心内容的改革试验。但由于其任职时间较短,很多改革措施未得以全面推行,改革的效果也不明显。而契尔年科执政期间没有什么新的建树。苏联中央集权体制仍没有改变。

纵观苏联的历史,20世纪30—40年代,苏联一直强调中央集权,在卫国战争期间以及战后恢复期间,具有更充分的理由实行中央集权制。赫鲁晓夫时期对中央集权制进行了较大冲击,实行国民经济委员会体制,给予地方以较大的权力。但由于其他政策上的失误致使"地方主义""分散主义"泛滥,造成政治经济上的严重后果,这在历史上是作为分权的错误、教训而总结的。勃列日涅夫的体制改革又趋向了加强中央的集中统一。这样在苏联领导人中形成了一种强烈的信念,即苏联在政治、经济、军事、文化等方面的胜利都是在集中制下取得的,并且把集中制与社会主义优越性混淆起来,造成了苏联领导人维护中央集权的本能。

后来,苏联这种高度集中的中央集权计划经济愈演愈烈,一直延续到戈尔巴乔夫上台。严格地说,苏联的地方各级政府,除了在赫鲁晓夫改革的短暂几年中有一定的自主权之外,其余的时间管理和经济权限非常小。与中国的地方政府相比,苏联的地方政府在计划和管理方面缺少经验,多年高度集中,一成不变的中央集权计划经济体制又使它们缺少财权、资源。总之,他们缺少经济管理的硬件和软件,甚至于缺少进行管理的"自信",不知如何运用手中的权力——如果他们有的话。所以,在改革前,戈尔巴乔夫和邓小平面临的是完全不同的情况。

特别需要提及的是,由于中央集中控制经济运行,地方没有积极性,造就了许多大企业。苏联的企业和中国正相反,主要是国家控制下的大企业。美国马萨诸塞理工学院的斯坦利·费希尔曾做过美苏工厂规模的比较:"按照拥有职工1000名及1000名以上的大型工业企业的职工人数占整个工业职工总人数的比重来衡量,在美国为26%,已通常被人们认为偏高了,而在苏联高达73.3%。如果苏联的一个工厂、水坝或机床不是最大的,那倒是需要解释了。在苏联,'小'肯定是不好的,如果有人认为'小'也就是好,那他就会被看作是不正常的。人们所说的'恋大成癖'在苏联遍地都是"。①

造成这种现象的原因之一,是苏联从理论上认为"大型或者超大型企业拥有较之小型、甚至中型企业更大的优越性,在计划、组织、利用储备、采用新的生产方法或新产品尤其如此。因此,苏联大多数都是大型或巨型企业,而小企业,甚至像公共浴室、洗衣房以及理发店则合并成立统一的联营组织,归公用事业部领导。大型化也反映在产品上。苏联能够生产世界上最大的挖掘机和发电机,也能生产最大的机床、载重汽车、拖拉机和联合收割机。但整个工业部门都不重视生产小型拖拉机和小型电站。轻工业产品的品种十分缺乏,几乎每一家大型企业都力图扩大自己的地盘,许多大企业拥有自己的铸造部门或自己的电站。企业本身这种不计成本的做法在整个工业系统中通行无阻。企业还建立自己的社会服务体系,其中包括住宅、幼儿机构和休养体系。全国出现了几百个新城市,其居民生活仅仅同一个或两个大型企业的生产联系在一起。"②

---

① [美]马歇尔·戈尔曼:《失去的机会》,第12页。
② [俄]罗伊·麦德维杰夫:《俄罗斯往何处去》,第11页。

四、中俄体制转型模式的政治文化原因分析

(一) 中俄政治文化的含义和共同特征

应该说,中俄不同转型模式的形成,主要是现实原因所致。但随着两国转型进程的不断发展和深入,文化传统的因素也越来越强地显示出来。当我们研究政治文化原因时,首先碰到的是两难选择问题:一是必须承认政治文化的作用。人类现代化的历史向我们昭示,传统政治文化在现代化历史上具有重要意义。世界上从未有任何一个国家或民族,以否定自己的政治历史传统来实现现代化的挑战,因而,应该从传统中构建"现代政治文化主体意识",找到国家精神动员的工具。实际上,在中俄社会转型过程中,中俄各自的政治文化都起到了很大的作用,其表现出的特点,既有共同性,也有差异性。通过这种比较研究,中俄都可以更清楚地看到各自政治文化的优势和不足,进而发挥优势,克服不足,找到构建"民族主体意识"的基本材料,为国家精神动员打下坚实的文化基础。二是也必须看到政治文化是个很复杂的问题,难以进行实证分析,其精确性值得怀疑。美国学者理查德·莱亚德和约翰·帕克在论述俄罗斯政治文化时,曾讲过一段精彩的话,他们说:19世纪英国旅行家认为日本人懒惰不可能富有。20世纪40年代有人认为,韩国历史上有那么多次政治巨变,经济上也不会成功。后来又有人认为中国儒学压制了企业精神不像有什么前途。亚洲最有希望的国家是印度,因为他们有良好的管理体制,广大的中产阶级以及说英语的精英们。事实证明这些结论都不很准确。"这些例子说明的道理不是人们没有能够从文化特点的角度正确解释一个国家的行为,而是说明文化是个很复杂的问题,完全不能依靠它来准确地预测行为"。①

政治文化是一个比较复杂的概念,同民族精神、民族性格等概念相近,难以用实证性方法予以确定。如果从一般意义上理解,政治文化主要是指影响人们政治活动的传统因素。

从政治文化的类型来分析,一直有两种截然不同的政治文化相互抗衡:一种是标榜个人主义、自由主义与竞争分权原则的政治文化;一种是主张集体主义、国家崇拜的集权型的政治文化。两种政治文化很难判断出谁优谁劣,因为它们是不同条件下的产物,各自代表了工业化进程规律的一个方面。以英、美、法为代表的内生型现代化国家经过长时间的竞争、摩擦,在市场经济基础上建立了以"三权分立"为特征的政治制度,形成了以个人主义、自由主义与竞争原

---

① [美]理查德·莱亚德等:《俄罗斯重振雄风》,中央编译出版社1997年版,第13页。

则的政治文化。外生型的后现代化国家在开始搞现代化时,遇到的第一个阻力来自于已实现了工业化的国家,在面临着激烈竞争的国际环境的条件下,为了在竞争中取胜,弥补经济实力的不足,它们在经济上不得不采取依靠中央集中控制的手段来加速经济发展,所以这类国家形成了集体主义、国家崇拜的集权型的政治文化。

中俄同属于后现代化国家,其政治文化都属于后一种类型,只不过是中国更多地表现为国家崇拜,俄国更多的是民族崇拜。中国政治文化中,国家崇拜观念是以家庭本位为基础的,逐渐演化为皇权本位。这种国家崇拜的政治文化在发展趋势上具有两重性:首先,国家崇拜观念如果以家庭本位的皇权主义为核心,就会走向国家人格化的崇拜,表现出消极性,这是国家崇拜观念发展的主导趋势。中国传统的政治文化尽管有重民、爱民、民为邦本等理论,但爱民不是目的,目的是君主和帝王。尽管国家崇拜观念在不同历史时期具有不同的表现形式,但就其性质而言,表现为两个层次:第一个层次是国家权力拜物教。在国家对经济实行超常控制的条件下,政治权力必然成为谋求经济利益的捷径。在封建时代,所谓"三年清知府,十万雪花银""升官发财"等就是对权力崇拜教的真实写照;第二个层次是在国家权力崇拜基础上国家人格化崇拜。封建王朝的"朕即国家"和社会主义条件下的个人迷信、个人崇拜有某种共同性,即把国家权力视为个人权力。当国家权力蜕变为个人权力时,国家崇拜就会演化为个人崇拜,并必然导致为权力终身制和世袭制。其次,国家崇拜观念如果以民族主义为核心,就会走向爱国主义,表现出积极性,成为国家凝聚力之所在。皇权主义和民族主义的区别,从质的方面说,一个是盲目的,一个是理智的。盲目和理智通过量化的形式表现出来:一个是以个人为中心,一个是以群体为中心,这种群体性的外延越宽泛,越体现社会的进步,越体现理智代替盲从的程度。

俄罗斯政治文化在国家、民族、家庭的关系上,更多地表现出民族崇拜,这构成了俄国政治文化的基本特征,其实质是俄罗斯民族利益高于一切,即大俄罗斯主义。它起源于俄罗斯民族主义。早期的俄罗斯民族主义在性质和具体内容上与后来的大俄罗斯主义有本质的区别。在15世纪80年代前,俄罗斯基本上是一个被侵略和被征服的国家和民族。13世纪初,蒙古人入侵俄罗斯,俄罗斯民族受奴役达240年之久。1480年,伊凡三世靠"将近20年的耐心的工作",终于"把莫斯科从鞑靼枷锁中解救出来",同时,伊凡三世还征服了俄罗斯各公国。到15世纪末俄罗斯国家基本统一。在反抗异族压迫的过程中和伴随俄罗斯统一国家的形成,俄罗斯民族的民族意识开始觉醒。然而当俄罗斯民族壮大和沙皇政府羽翼渐丰以后,俄罗斯民族主义的性质和内容发生了质的变化。15世纪80年代以后,俄罗斯统治者继续对周边国家和民族进行侵略和兼并,到16世纪中期,俄罗斯国家的领土面积扩大到280万平方公里。本来是单一的俄罗斯民族国家,成了拥有100多个民族的多民族的国家;处于东欧一隅的莫斯科公国,也成了庞大的俄罗斯帝国。彼得一世被马克思称为"的确是近代俄罗斯政策的发明者",在他统治期间,俄罗斯的对外政策开始了由"地域性蚕食"向"世界性侵略"体制的转变,而大俄罗斯主义在理论上和实践上更加趋于成熟。彼得一世在为其皇位继承者所立的遗嘱中指示:"俄罗斯将有使命在将来成为欧洲的统治民族,永受神的光辉指引,并得到神的支持。"①为此,彼得为建立中央集权国家进行了一系列的改革。彼得的军事改革以建立一支强大的中央集权的军队为目标,为此,1698年解散了"射击军",1699年开始实行征兵制。彼得的行政改革目的是建立中央集权的国家。他把全国分为八个省,每省设省督一人,拥有行政和军事大权,直接听命于中央。19世纪后,大俄罗斯民族主义又增加了泛斯拉夫主义的内容。泛斯拉夫主义是18世纪末19世纪初产生于西部斯拉夫各民族中的一种民族思潮和文化运动,同时也是有意识地引向寻求种族血亲关系的共同根源,也是心理和政治需要的产物。②西部的斯拉夫民族,包括捷克人、斯洛伐克人,长期处于奥地利的殖民压迫之下,一些知识分子呼吁斯拉夫人以自由平等为基础组建联邦国家,共同对付外来的侵略。沙皇政府和俄罗斯民族主义把俄国看作是斯拉夫世界的领导者,进一步向外扩张,在这个过程中,俄罗斯民族主义思潮不断强化并日趋完善。19世纪40年代,国民教育大臣乌瓦罗夫鼓吹三位一体的教育纲领:东正教、专制制度和国民性。③到19世纪40、50年代,俄国著名教育家乌申斯基提出教育三原则:民族主义、科学、宗教。④19世纪60年代斯拉夫主义者"断言俄罗斯有三个基础,即东正教、君主专制和民族性"。⑤就是苏联建立后,大俄罗斯主义也未消除。尤其是从20世纪30年代开始,通过各种途径,如强制普及俄语等来搞"俄罗斯化",用民族同化政策来代替民族平等,从而激化了民族矛盾。⑥

总的来看,中国与俄罗斯国家崇拜和民族崇拜的政治文化,表现出三个共同特征:

第一,最基本的特征是属于集权型的政治文化。中国国家崇拜概念的深层含义是皇权主义。"普天之下,莫非王土。"君主是全社会的最高主宰,神圣不可侵犯,人人都要服从君主,这是传统政治文化的核心。以国家为最高所有权支配下的小农经济为基础,外靠以专制皇权为核心的行政力量,内靠以血缘关

---

① 陈之骅主编:《世界史研究动态》,1980年第2期,第33—34页。
② 亨利·赫垣巴哈等:《俄罗斯帝国主义》,生活·读书·新知三联书店1978年版,第94页。
③ 孙成木等主编:《俄国通史简编》下,人民出版社1986年版,第29页。
④ 同上书,第249页。
⑤ [俄]尼·别尔嘉耶夫:《俄罗斯思想》,生活·读书·新知三联书店1995年版,第49页。
⑥ 《世界历史》,1996年第4期,第105页。

系为纽带的宗法关系,这构成了中国封建社会运行的基本特点,也是理解中国传统政治文化的钥匙。俄罗斯政治文化同样表现出集权的倾向,"俄罗斯有着漫长的独裁传统"。① 当代俄罗斯政治家、前莫斯科市市长卢日科夫认为,决定俄罗斯社会经济进程特点的主要因素是,"在近千年的时间里,俄罗斯整个国家归一个人所有"。②

第二,中俄两国政治文化都表现出集体精神和对个性自由的否定。众所周知,中国政治文化"注意人与人的关系","更多地考虑社会问题,非常重视现实的人生。"③"中国人把文化的重点放在人伦关系上,解决人与人之间怎样相处"。④ 强调把"人"放在一定的关系中去理解,要求每个人在他的所处的社会关系中发挥作用,由此演化为注重集团意识、集体行为。随着近代中国独立地位的丧失,这种集团意识和集体行为进一步强化,人们"从救国救亡的目的出发,认为当时最重要的不是个人自由,而是国家独立富强,为此对个人自由加以限制是必要的。"⑤俄国政治文化也表现出集体精神和对个性自由的否定这种落后国家所具有的一般规律。之所以如此,主要原因在于俄国的村社制。自古以来俄国绝大多数人口,生活在村社之中,而村社生活所需要和培育的,正是集体精神。从宏观上看,村社是赋役承担者的集合体,是一种向国家地主负责的集体,离开村社,个人难以生存,也为法律所不容。村社的各种制度在一代又一代的农民身上培育着集体主义精神。"斯拉夫的或俄罗斯的民族精神自古就是集体主义的"。⑥

第三,中俄政治文化都表现出重视道德的倾向。中国政治文化中,从孔子的"为政以德",到孟子的"以德服人",无不表现出对伦理道德的极大关注。特别需要指出的是,这种对伦理道德的关注,是隶属于皇权主义的。中国政治文化强调国家崇拜和皇权本位,势必导致对国家和君主的绝对服从。从家庭本位的个人对家长的隶属到皇权本位的个人对君主的隶属皇权观念深入人心,对个人强调反躬自省的道德修养成了社会个人的最高价值标准。俄国政治文化中同样"偏重精神生活,注重自身的道德完善。追求精神理想,不满足于平庸的物质生活,这是十九世纪俄国知识分子的生命价值观"。⑦"道德性、道德评价和道德动机,在俄国知识分子的心灵中占据独一无二的地位。如果用一个词来

---

① [美]理查德·莱亚德等:《俄罗斯重振雄风》,第15页。
② 董晓阳:《俄罗斯利益集团》,当代世界出版社1999年版,第283页。
③ 庞朴:《中国文化传统的继承和发扬问题》,见《论中国传统文化》,生活·读书·新知三联书店1988年版,第75页。
④ 梁漱溟:《中国文化要义》,见《论中国传统文化》,第137页。
⑤ 丁守和:《中国近代思潮》,见《论中国传统文化》,第358页。
⑥ [俄]弗兰克:《俄国知识人与精神偶像》,学林出版社1999年版,第22页。
⑦ 同上书,第3页。

表述俄国知识分子的这种倾向,可称之为道德主义。俄国知识分子除了对人、行为及事物状态作好与坏、善与恶的道德界定而外,不知道任何绝对价值、任何标准和任何社会方针。"①

中俄国家崇拜和民族崇拜的政治文化,既有其积极作用,可以成为进行现代化建设的重要工具,但也有其消极一面,它成为官僚主义、个人崇拜等现象的重要文化根源。

（二）中俄政治文化的差异性及其形成的原因

俄罗斯民族崇拜的政治文化的一个基本特色,"是它深刻的人文精神"。从世界政治文化发展的总体来看,从文艺复兴时代开始,人们开始承认人的作用,认为"人是自然界的一个部分"。但在俄罗斯哲学家看来,世界是人的一部分,因为人远远大于人本身,之所以这样,在于人存在一种大不可量的东西,这就是人的精神世界。俄国哲学家眼中的人是三维的人：人是精神——灵魂——肉体的有机体；精神是超自然的,是人的最高本质的体现。② 哲学家的任务,就是一方面要揭露现实中对人,特别是对人的精神的奴役；另一方面,对人的精神实在性予以证明：人的精神之所以是一种真实存在,是因为人性之中内在地包含着神性。神人学说是俄罗斯宗教哲学的基本主题之一。③ 这种哲学上的神人学说反映到政治文化中来,使俄国政治文化有着丰富的"人民性"内容,这种"人民性"同东正教文化的结合,产生强烈的人道主义和救世主义倾向,即拯救人类的思想。应该看到,宗教对俄国政治文化产生了重要影响,主要表现为东正教中的救世主义是俄罗斯人道主义的重要思想根源。宗教是对人类的终极关怀,它在俄国人身上产生了一种特殊的使命感,认为拯救人类是自己的义务,按照俄国人的说法,这是一种救世主义,这种救世主义与东正教的产生有关。公元9世纪起君士坦丁堡教会开始向东欧和北方传教,并将圣经译成斯拉夫语。公元988年基辅罗斯公国大公弗拉基米尔皈依基督教,宣布东正教为国教。1054年君士坦丁堡宗主教色路拉里乌和罗马教皇利奥九世为审定教义和人事安排等问题大动肝火,最后各将对方开除教籍了事,东西方教会因而正式分裂。此后,西部教会自称公教,即天主教；东部教会则自称"正教",因宗教仪式中主要用希腊语,故又称"希腊正教"。"希腊正教"为中世纪拜占庭的国教。13世纪初,罗马教皇英诺森三世发动第四次十字军东征。1204年攻陷君士坦丁堡,册封威尼斯人莫洛西尼为君士坦丁堡首任拉丁宗教主,使东正教君士坦

---

① ［俄］弗兰克:《俄国知识人与精神偶像》,学林出版社1999年版,第3页。
② ［俄］别尔嘉耶夫:《自由精神哲学》,莫斯科1994年版,第382页。
③ ［俄］弗兰克:《俄国知识人与精神偶像》,第10页。

丁堡的权力受挫,也使东西方教会矛盾达到顶点。1453年土耳其奥斯曼帝国征服拜占庭后,俄罗斯正教会在东正教的地位逐渐上升。救世主义在俄国成为一种有影响的思潮。

在基督教的历史上罗马曾长期被认为是基督教的中心。公元476年,西罗马帝国灭亡,东罗马帝国首都君士坦丁堡意欲取而代之,以第二个罗马自居。随着拜占庭帝国的灭亡,圣索菲亚大教堂改为清真寺,基督教徒蒙受了巨大的耻辱。在这种情况下,俄国出现了把莫斯科称为第三罗马的说法,认为俄国人注定负有捍卫和发扬基督教的历史使命,俄国是基督世界的中心,是基督教的希望所在。也正因为如此,俄罗斯是一个与众不同的民族,是上帝的选民,俄国则是"唯一被赋予某种使命并正在把整个欧洲作为某种腐朽物、面目狰狞的恶魔和注定要灭亡的东西而加以推翻的国家"。① "在正在到来的世界历史时期,俄罗斯的使命是把自己的新想法告诉世界,正如拉丁国家和日耳曼国家已经做过的那样。以俄罗斯为首的斯拉夫族人应该揭示出自己的精神能力,使自己的得到神启的魂灵得到展示,斯拉夫族正在取代那些曾经发挥过自己的作用的民族,这些民族已经衰落了,而斯拉夫族,是属于未来的民族。……在俄罗斯,早就出现了这样的预感,认为这样一个历史时刻终将到来,那时,俄罗斯将被赋予在精神方面实现重大发现的使命,而世界精神生活的中心将移至俄国"。② 有人甚至提出,一切圣徒都讲俄语。这种救世主义也通过东正教的教义反映出来,东正教认为每一个人都在亚当的原罪中犯了罪,拯救既要依靠自己,也要依靠天主,而首要的是自身必须择善,天主才能帮助他们,因此,每个人都应该起来行善。东正教的人道主义倾向还通过人的集体性表现出来。一些俄国学者指出:东正教就是俄国文化,而东正教的实质在于"共同性"(соборность)和"世界性"(вселенскость)这两个概念,也即一切人的统一和宗教对整个世界的庇护,人类在信仰和友爱中的统一。③ 尼·别尔嘉耶夫则说:"俄罗斯人总是喜欢在温暖的集体中、在土地的使人消融于其中的惬意的环境中、在母亲的怀抱中生活。骑士精神锻造着个人的价值和荣誉感,造就着个人的坚定性。"④ 连俄罗斯的宗教信仰也带有了集体的色彩。"俄罗斯的宗教信仰是一种女性气质的信仰,是一种集体的、从生物学意义上使人感到温暖的信仰,它给人一种神秘的温暖感。在俄罗斯的宗教信仰中,个人的宗教因素发展不充分,它惧怕离开集体的温暖而落入个人宗教信仰的寒冷和烈火之中。这样的宗教信仰拒斥男

---

① [俄]尼·别尔嘉耶夫:《俄罗斯思想》,第9页。
② 同上书,第21页。
③ [俄]霍罗斯:《历史十字路口的俄罗斯思想》,载《自由思想》1992年第7期。
④ 转引自安启念:《东方国家的社会跳跃与文化滞后》,中国人民大学出版社1994年版,第140页。

性气质的积极的精神道路,它与其说是基督的宗教,不如说是圣母的宗教、大地母亲的宗教、照耀着肉体生活的女性神灵的宗教。"①

这种"救世主义"的人道主义,后来受到西方文化的影响,又注入了新的内容。18 世纪前 25 年彼得大帝的改革时代,俄罗斯文化被建设得像是"欧洲文化的一个复制品"。② 这是俄罗斯人道主义迅速发展的时期,一方面,"改革的追随者都是专制制度坚定的支持者";另一方面,"俄罗斯与西欧的科学和文化接触,促进了人道主义和唯理论的学说和观点对俄罗斯文明社会的渗透"。③ "在彼得时代,意识的发展迈出了重要的一步,对于人的个性及其在社会中的地位有了新的认识。人不再仅仅被视为万恶之源(教会始终坚持这一点),而开始被当作一个能动的个性,其价值首先被确定为造福于祖国"。"人应当成为公民和爱国者的新愿望"开始形成。④

到了 18 世纪下半期,俄罗斯"启蒙运动的思想成了批判封建主义国家形式的武器,它论证了对专制政权加以限制的必要性"。⑤ 拉季舍夫认为:"专制制度为最违反人之天性的秩序"。⑥ 这个时期,启蒙思想家通过批判专制主义把人道主义思潮又大大推进了一步。"卫国战争和 1813—1814 年的国外远征,影响到俄罗斯社会所有阶层并极大地促进了公民感和社会积极性的爱国主义思潮,加速了民族自我意识的增长"。⑦ 19 世纪 20 年代,"贵族中的优秀人物"⑧挺身而出,同腐朽的封建农奴制度斗争,发动了"十二月党人"起义。"十二月党人"多数都是出身贵族,他们切身体会到地主和农民,主人和仆人之间地位的悬殊,进而理性地认识到"专制制度是违反人类天性的一种制度",要求废除农奴制,在法律面前人人平等。"十二月党人"的起义,唤醒了平民知识分子的革命激情,把人道主义思潮从上层传递到下层。俄罗斯历史学家认为:"俄罗斯文学最深刻和最本质的题材之一是关于人民的问题,这是它最显著的一个特征。俄罗斯文学中的人民题材正是在十二月党人起义之后开始巩固和发展的。"⑨后来的平民知识分子和革命民主派,开始认识到对人民群众进行启蒙教育的极端重要性,提出:"只有在文明、教育和人道的成就中俄罗斯才有望获

---

① 转引自安启念:《东方国家的社会跳跃与文化滞后》,第 141 页
② [俄]M.P.泽齐娜等:《俄罗斯文化史》,上海译文出版社 1999 年版,第 117 页。
③ 同上书,第 125 页。
④ 同上书,第 126 页。
⑤ 同上书,第 148 页。
⑥ 同上书,第 149 页。
⑦ 同上书,第 175 页。
⑧ 《列宁全集》第 19 卷,人民出版社 1963 年版,第 328 页。
⑨ [苏]M.B.涅奇金娜:《十二月党人》,商务印书馆 1989 年版,第 154 页。

救"①,主张通过传播文明,发展教育,宣传人道主义,提高人民的素质以实现社会变革。19世纪60—70年代,革命民主派主张通过革命的途径来进行社会改造,承认人民革命是社会变革的主要手段,这时的人道主义和人民革命紧密结合起来。后来俄国学者在论述俄罗斯思想时,充分肯定了俄罗斯政治文化中的人道主义倾向。比较早的谈论俄罗斯思想的是K.C.阿克萨科夫在19世纪50年代写的《关于俄罗斯的思想》和《再论俄罗斯的思想》两篇文章,他尖锐地批评了西化派否认斯拉夫文化没有人民性的倾向,认为人民性、服务于人类是俄罗斯思想文化的基本特征。② 1880年,陀思妥耶夫斯基在莫斯科普希金纪念碑落成仪式上的讲话,更明确地表达了他对俄罗斯思想的理解:"是的,俄罗斯人无可争辩的是全欧洲的和全世界的。成为真正的俄罗斯人,成为完全的俄罗斯人,仅仅意味着成为全世界、全人类的兄弟。成为真正的俄罗斯人将意味着力图把友好带入到矛盾的欧洲。通过俄罗斯精神,这种全人类相统一的兄弟般的爱的精神,使欧洲脱离不幸。这种爱是按照欧洲基督教的教义所规范、所赞成的爱。"③

十月革命后,列宁强调:新的社会主义文化应该代表劳动人民的利益,为无产阶级、为社会主义而进行的阶级斗争任务服务。它的基础是真正的人道主义,它属于人民,并为全体劳动人民创造力的发展提供不同的空间。斯大林时期,一方面苏联社会经济文化发展比较快,人民的文化水平大大提高,要求扩大民主以利于人的全面发展;另一方面,集权倾向越来越明显,两者之间的反差不断扩大。赫鲁晓夫上台后,反对斯大林的个人崇拜,人道主义思想开始复苏。1960年3月《共产党人》第10期发表《对人的社会主义关怀》文章,主要内容是:苏联建立的社会主义是高度人道主义的,是以关心人为最高原则的正义制度,"它是人类最先进的人道传统的实际体现。"文章强调:"人道主义,人性是社会主义国家活动的主导原则之一"。④ 1961年,赫鲁晓夫在苏共二十二大的总结报告中指出:"我们党的政策贯穿着伟大的共产主义思想,一切为了人,为了人的幸福。"

在苏联体制转型初期有一种颇为奇突的现象:1985年开始的改革先是从经济体制改革搞起,并在工厂和农村实行了"承包制""合同制"等措施,当这些改革还没有取得明显的社会效果时,在1987年1月召开的苏共中央全会上,突然把改革的重点转向政治领域,特别是开始把"抽象的人道主义和民主看成是

---

① [苏]M.B.涅奇金娜:《十二月党人》,商务印书馆1989年版,第179页。
② С.В. бушуева. история государства российского. Москва издательство 《Книжкая палата》,1994, С.18.
③ 同上书,第20页。
④ 沈志华等编著:《苏联共产党九十三年》,当代中国出版社1993年版,第542页。

改革的战略目标"。① 要理解这种令人费解的现象,就需要从历史文化传统上寻找原因。

俄罗斯人道的、民主的社会主义的提出,是有深刻文化背景的。1985年3月11日,戈尔巴乔夫上台执政,上台后就着手经济体制改革,1986年2月提出"根本的经济改革"方针,强调苏联的政策是在"有计划地和全面地完善社会主义"的方针下进行的。但后来发现,经济改革遇到很大阻力,1987年苏共中央一月全会对前几年推行的改革进程进行了分析,得出一个重要结论:改革的阻力在很大程度上是来自于对社会主义概念的教条主义理解而产生的保守思想。在当时,很多苏联学者对阻碍改革的因素进行分析,发表了不少论著,提出在苏联存在阻碍机制,它主要包括四个内容:教条主义理论;在这个理论基础上产生的经济管理方法;国民经济比例本身的失调;干部因素,主要指官僚主义。关于如何克服改革的上述阻力,当时苏共认为,必须迅速改变社会意识,改变人们的心理与思维方式,否则改革就难以推进并取得成功。1987年下半年,戈尔巴乔夫的《改革与新思维》一书出版,接着,他在庆祝十月革命70周年的大会上又作了题为《十月革命与改革:革命在继续》的报告。这期间,戈尔巴乔夫对传统的社会主义理论概念进行了分析与批判,提出改革的最终目的是使社会主义"具有现代化的社会组织形式",充分地揭示了社会主义制度的"人道主义本质"。从戈氏发表的论著与讲话看,有关社会主义的主要论点有:目前的社会主义概念还停在20世纪30—40年代的水平上,而那时苏联面临的是完全不同于现在的任务;在苏联并没有完全贯彻列宁的社会主义思想;苏联改革的目的是从理论和实践上完全"恢复列宁的社会主义概念"。到了1988年6月,戈氏在苏共第十九次全国代表会议的报告中,首次提出了"民主的、人道的社会主义"这一概念,但这次代表会议的决议并未采用这一概念,即尚未被全党接受。1989年11月26日,戈氏在《真理报》发表了《社会主义思想与革命性改革》一文,系统地论述了"人道的、民主的社会主义"概念。1990年2月召开的苏共中央全会通过的向二十八大提出的苏共纲领草案中,才作为党的正式文件用了"走向人道的、民主的社会主义"这一概念。这个概念大致包括以下内容:人道主义与自由,强调人是社会发展的目的;公有化的和高效率的经济;社会公正;真正的人民政权;高度的文化素养和道德;主张和平与合作。这种人道主义,成为苏联改革很快由经济上转入政治上的重要原因。后来,美国学者建议戈尔巴乔夫应该效仿中国搞经济改革,戈尔巴乔夫说,如果不以"民主化、公开化"改变人民思想,"不出三天,我就会被人赶下台"。② 这从一个侧面反映出了政治

---

① 江流、陈之骅主编:《苏联演变的历史思考》,中国社会科学出版社1994年版,第56页。
② [美]马歇尔·戈尔曼:《失去的机会》,第188页。

体制改革的社会基础。

而中国传统政治文化中,有关参与、民主、个性、人权等方面的思想资源,其蕴藏"极其稀薄"。诚然,有的学者,如胡适、陈焯、陈嘉异等人提出中国古代也有民主传统,但其他一部分学者对此持否认态度。当代学者也有人认为"人文主义是中国传统政治文化的根本特征",但他们也都承认,中国传统政治文化的人文主义,"所强调的往往是人的义务,而不是个人的价值"。① 实际上,中国传统文化中的主体部分还是"忠君"的国家人格崇拜思想。更可怕的是将这种"忠君"思想转化为伦理道德传统,让人民群众"顺从"。千百年来,这种由"君"特别是"明君"来为老百姓作主的思想深入人心,一切政治活动的目的,不是为了"人",而是为了"君"。这严重制约了中国民主化的进程。诚然,中国改革先从经济搞起,特别是以农村为突破口,主要是现实的经济条件决定的,人口大国,吃饭是第一位的,这是最大的"人道",也反映出中国领导人的远见卓识。但这也与政治文化传统有关,即使有个别人要"民主",讲"人道",也不会在社会上引起广泛的反响。可是当中国解决了温饱问题,开始真正进行民主建设时,"落后的优势"就变成了"落后的劣势",摆在我们面前的将是一条布满荆棘的漫长道路,因为我们缺少这方面的传统。

古老的斯拉夫文化和东正教传统与西方文化的交融与冲突,塑造了俄罗斯人的独特精神,这种神秘的"俄罗斯灵魂"常令东西方世界困惑不解。这种交融与冲突,使俄罗斯政治文化呈现出"无根基性"②,而中国政治文化的传统再生力强,源远流长。不过,任何国家的政治文化都有自己的基础,都是人们政治活动长期积累的结果,不存在着"无根基性"的问题。俄罗斯政治文化的基础,就是俄国的国情和俄国人民的政治实践。这里所说的"无根基性",主要是指俄国在对待本国政治文化和外来政治文化的关系上经常处于摇摆状态。它来源于俄国历史的"间断性"和地理位置上的"东西方大跨度性"。"间断性是俄罗斯历史的特点。俄罗斯历史上已经存在了不同形式的五个时期。有基辅俄罗斯、鞑靼压迫时期的俄罗斯、莫斯科的俄罗斯、彼得的俄罗斯和苏维埃的俄罗斯。"③这种曲折发展的间断性历史,又使俄国形成了自己独特的地缘政治特征。世界上每一个国家都有自己的地缘特征,俄罗斯最基本的地缘政治特征,在于它处在东西方的交界处。"自然的地理与精神的地理是相适应的"。④ 横跨欧亚大陆不仅仅是俄国在地理位置上的特点,更是它在文化上的特点。在人

---

① 朱日耀等:《论中国传统政治文化》,吉林人民出版社1987年版,第10页。
② [俄]尼·别尔嘉耶夫:《俄罗斯思想》,第25页。
③ 同上书,第3页。
④ 同上书,第2页。

类历史上,欧洲和亚洲形成几种不同的文化,笼统地讲,即我们通常所说的西方文化和东方文化。俄国在地理位置上的特点决定了它处在东西方两种文化的交界处,受到东西方文化的共同影响。"俄罗斯在现代初期是欧洲特征和东方特征的混合物"。① 19世纪俄国著名思想家恰达耶夫说过:"我们处在世界的两大部分——东方和西方之间,一只手依撑在中国,另一只手依撑在德国,我们应当把精神世界的两个最重要的原则——想象与理性在自己身上结合起来,把整个地球的历史汇于我们的文明之中。"②俄国的历史,就是一部俄国在东西方之间探寻、徘徊以及东西方文化在俄国斗争融汇的历史。普列汉诺夫认为,动摇于东西方之间,是俄国历史最重要的特点。③

而中国则是一个典型的东方社会,早在数千年之前,就独立形成了自己所特有的文化。由于中国几千年的"农业—宗法社会"长期延续,使得中国传统文化再生力强,一直保持着独立的、一以贯之的发展系统。在古代少有的几次和外来文化的交流过程中,也是将外来文化的因素纳入自己的体系中去。鸦片战争以后西方列强用炮舰敲开了中国的大门,开始了中国传统文化和西方文化的正面"交锋",从魏源的"师夷长技以制夷"的技术革新时期到康有为等人的"西艺(科技)非要,西政为要"的制度革新时期,再到五四新文化时期的"打倒孔家店"的意识形态革新时期,这三个时期一个比一个激烈,一个比一个"彻底",但这实际是对外来文化的选择、改造、吸收的过程,以中国文化为核心来吸收外来文化的合理成分的思想方式并没有改变。五四以后,中国思想界所讨论的东西方文化问题,其实也是指中国文化传统与外来的西方文化的关系,这并不是说中国文化自身具有两重性,也即具有东西方两种色彩。况且在这个过程中,以中国文化为"本位"来建设"新型"的文化的思想方式,一直在中国思想界占据主导地位。而这种东西方文化的冲突方式在俄国则迥然不同,它横跨欧亚大陆,置身于东西方的交界处,虽为大国但文化起步较晚,面向东西方两处文化吸取营养,是俄国文化与生俱来的特点,因而它不可能不具有两重性,离开这种两重性也就没有俄国文化的本身了。恰达耶夫说:"我们如此奇怪地在随着时间而运动,我们每前进一步,过去那一瞬对我们而言都永远地消失了,这是整个都靠借用和模仿而形成的文化的必然结果。我们完全没有内部发展,没有自然而然的进步,我们的每一个思想都把旧思想干净彻底地排除在外。"④这一说

---

① 《世界文明史》第2卷,商务印书馆1992年版,第279页。
② 转引自《普列汉诺夫全集》第23卷,莫斯科1926年版,第15页。
③ [俄]普列汉诺夫:《俄国社会思想史》第1卷,商务印书馆1988年版,第14页。
④ 转引自安启念:《东方国家的社会跳跃与文化滞后》,中国人民大学出版社1994年版,第129页。

法完全否定了俄国社会自身的文化创造,否定了俄国文化思想在变换其东西方文化色彩的同时的继承性,因而遭到许多人的批评,但他认为,时而面向西方,时而面向东方,选择吸收他人文化,是俄国文化发展的特征,这一点是正确的。从俄国东西方政治文化冲突的历史看,一开始就表现出两种文化各持一端,激烈对抗。17世纪初叶,俄国经历了数百年的东方化发展之后开始面向西方,但最初就表现出崇欧和排外两种倾向,这两种倾向通过宗教冲突表现出来。东正教的捍卫者竭力抵制西方思想的渗透,最后导致俄罗斯东正教的分裂。而上层贵族则对西方生活方式和建筑顶礼膜拜,法国式的服装、西式建筑、西式豪华摆设极为盛行。19世纪30—40年代斯拉夫派和西方派的争论,更是各走极端。斯拉夫派迷恋彼得大帝以前的"纯朴的俄罗斯",歌颂"村社原则"和"集体精神",对彼得改革持批评态度;西方派则强调世界历史的共同规律,认为俄国与西欧没有任何本质的不同,要走西方文明发展之路。20世纪初,俄罗斯思想界出现"新精神哲学"思潮,力图超越近百年来俄国斯拉夫派与西方派的争论,主张以精神自由为核心的自由主义,在思想史上产生了深远的影响。但实际上,也没有形成以一种文化为主"兼容并蓄"的思想方式。历史上的"斯拉夫派"和"西方派"的争论演变为今天的"欧洲——大西洋主义"和现代"斯拉夫主义"的激烈争论。争论双方都在挖掘历史,企图从历史中找到俄罗斯社会的运动规律,并以此证明自己理论和主张的合理性,双方也都认为找到了"确凿"的证据。"欧洲——大西洋主义"的基本观点是:俄罗斯本来就是欧洲的一部分,只是由于鞑靼蒙古人入侵和布尔什维克的革命,才使俄罗斯同西方文明分开。"俄罗斯是欧亚国家,这是个地理事实……,但是,从历史的倾向、文化优势、价值取向体系和文明的观点来看,俄罗斯是欧洲民族"。① 这派的代表人物盖达尔明确提出俄罗斯发展的战略应该是:"改变社会经济制度结构本身,努力抖落许多世纪形成的特性层,恢复同欧洲已经中断的在社会和文化上的统一,从'东方'的道路上转到'西方'的道路上来"。② 现代"斯拉夫派"则对彼得大帝的改革持批判态度,认为彼得大帝仅仅照搬西方文明和文化的某些成果,忽视了西方文明和文化形成的心理环境,为了加快俄罗斯的工业和军事力量的发展,"过度地践踏了俄罗斯的历史精神、人民信念、灵魂和习惯"。③ 他们反对俄罗斯"西化",强调俄罗斯的土壤不适合西方文明的生长,"应该恢复已经中断了的历史发展的继承性,立足于本国极为丰富的精神财富以及独特的道德——

---

① [俄]尼·科列科夫:《全球变革时代的俄罗斯》,载《自由思想》1994年第2—3期。
② [俄]伊·盖达尔:《国家与演变》,莫斯科:欧亚出版社1995年版,第52—53页。
③ [俄]亚·索尔仁尼琴:《20世纪末的俄罗斯问题》,载《新世界》1994年第7期。

宗教和社会政治生活的基础之上"。① 可以预见,这种争论还会继续下去。

这种东西方双重性的文化特征,在人民群众的心理上也有明显的反映。1998年9月末10月初,俄罗斯独立的社会和民族问题研究所的学者,向3000个公民进行问卷调查,题目是:俄罗斯是东方还是西方国家,结果如表4-15:②

表4-15　1998年俄罗斯人对自己国家的定位

	西方	东方	拒绝回答
从文化上看	59.6%	16.8%	23.6%
从民族性格上看	44.3%	16.6%	39.1%
从经济形态上看	22.8%	51.3%	25.9%

俄罗斯政治文化上的东西方"双重性"的特点,表现为在发展顺利的情况下,便忽视对外来文化的吸收,盲目排外;而在发展受到挫折的条件下,又忽视对本国文化传统的继承,崇西媚外。苏联从20世纪60年代起,经济发展一直呈下降趋势,到1985年开始被迫进行"改革开放",人们更多地了解到了欧美各国的发展,"西方派"占据上风。又由于冷战时期主要是美苏争霸,美国和苏联在经济发展水平上差距拉大,更多的人把目光投向美国,"西方派"又更多地表现为"美国派"。1990年向1200个调查对象进行的问卷调查表明,有一半左右的调查对象认为应该以美国为学习的唯一标准。③ 这种社会文化现象,是俄罗斯实行激进转型方式,引起社会动荡的重要原因。特别是1992年实施"休克疗法"前后,"休克疗法"的设计者更明确地提出学习美国。诚然,美国是当代世界经济最发达国家之一,但问题的关键是美俄历史传统差别太大。美国是个移民国家,没有历史的包袱,建国之初就建立了民主制度,形成政治经济各自独立运行的二元结构。俄国是一个有着"漫长的独裁传统"的国家④,看不到这一点而一味学习美国,势必会导致社会动荡。可喜的是,经过激烈的社会动荡,人们已经认识到了这种双重性带来的严重后果,特别是认识到了俄罗斯需要符合国情的整体价值观,1994年的一次对专家学者的民意调查,题目是什么思想可以成为俄罗斯整体的价值观,结果如表4-16⑤:

---

① [俄]根·久加诺夫:《强国》,莫斯科信息出版社1994年版,第29—32页。
② 见[俄]《独立报》1998年12月9日。
③ [俄]《苏维埃俄罗斯报》1998年11月6日。
④ [美]理查德·莱亚德等:《俄罗斯重振雄风》,第15页。
⑤ Рывкина Р. В. экономическая социолиская переходной России. Москва издательства "ДЕЛО", 1998, С.406.

表 4-16　1994 年俄罗斯人信奉的价值观的状况

俄罗斯精神复兴思想	35%
俄罗斯经济复兴思想	17%
俄罗斯民族风格的复兴	11%
社会主义思想	5%
自我保护和生存的思想	4%
创造自由市场的思想	4%
宗教思想	1%
共产主义思想	1%
拒绝回答	22%

　　中国传统政治文化中一以贯之的东方文化传统,对当代中国社会转型模式的选择有一种好处,就是注重对传统政治文化的继承,容易找到传统政治文化和现实改革相结合的连接点,有利于社会稳定。同时,在设计中国发展道路上,注重从本国的传统出发。中西方文化冲突上以中国传统文化为基础吸收外来文化的思想方式,从某种意义上说是从中国实际出发思想的文化源泉,因为这种思想方式包含了下列内容:中国是一个国情比较特殊的国家;中国传统文化源远流长,是中国国情的产物,有其存在的必然性;对西方文化采取批判吸收的态度。固然,中国近代自戊戌变法以来,那种以西方文化为本位的激进主义虽然影响了中国的历史进程和发展前途,但从中国实际出发的思想主线一直没有间断,孙中山、毛泽东、邓小平三位伟人的成功,都得益于此。1892 年 9 月 2 日,孙中山为上海求是中学成立五周年题词:"实事求是"。① 这种思想作风对毛泽东产生的影响是极深的。毛泽东曾经说过,我听过孙中山多次讲演,"从他注意研究中国历史情况和当前社会情况方面,又从他注意研究包括苏联在内的外国情况方面,知道他是很虚心的。"② 毛泽东也很注重从中国实际出发,1941 年冬天中央党校大礼堂落成,他亲笔题写了"实事求是"四个大字,镶嵌在礼堂正面的墙上。从此,实事求是成为毛泽东思想的精髓和中国共产党的思想路线的科学表述。邓小平继承和发展了毛泽东思想,邓小平理论也是实事求是思想路线的产物,这种思想方式和思想路线的实施,保证了中国在稳定的前提下社会改革的健康发展,同俄罗斯那种偏激行为导致的社会动荡形成了巨大的反差。但在继承中国传统文化和从实际出发的思想方法过程中,如何防止走上

---

① 广东省哲学社会科学研究所历史研究室等编:《孙中山年谱》,中华书局 1980 年版,第 299 页。
② 毛泽东:《纪念孙中山先生》,《毛泽东著作选读》下册,第 755 页。

文化和方法的保守主义,增强理论和方法的创造性,则是必须注意的。

俄罗斯政治文化在思想方法层面上,表现出"好走极端"的特点。俄国哲学家弗兰克说:"俄罗斯政治文化发展中有这样一种现象:看似如此稳定而坚固的知识分子之道德基础何以如此迅速而彻底地动摇和崩塌?如何解释那些纯粹正直,受过优秀人物教诲的俄国知识分子,竟能在一夜之间就堕落到行凶抢劫和兽性的肆无忌惮。"①实际上,"好走极端",从某种意义上说,就是激进行为。诚然,"好走极端"并非科学的术语,也非贬义词,只有在同中国思想方法上的"中庸之道"相比较的情况下才能成立。这种"好走极端"的思想方式同俄罗斯民族重感情的特点结合起来,表现得就更加突出。陀思妥耶夫斯基形象地描绘出俄国文化中"好走极端"和重情感的特点,他说:"一个人,不管他是谁,无时无地不想随心所欲,根本不去考虑要符合理性和个人利益的要求,背离个人的最高利益行事,实际上是完全可能的,在我看来,甚至有时候是绝对必要的。一个人自己的自由意志,哪怕它狂放不羁,自己的异想天开,哪怕它荒诞不经,自己的幻想,哪怕它有时近乎疯狂——这些才是人最好的最大的利益。"②有人认为,俄罗斯文化"缺乏理性精神",这种概括并不一定准确,只不过是"极端"和"激情"的流露掩盖了理性的思维。

俄罗斯政治文化中"极端性"的主要含义是指这种文化缺少妥协、让步精神,使得社会纷争很难统一,往往都是通过激进手段实现社会变革的。别尔嘉耶夫说:"俄罗斯民族是一个非常好走极端的民族。它可以入迷、可以失望,总是给人一些出人意料的东西,引起人们对自己的强烈的爱或恨。这是一个使欧洲各民族不安的民族。"这种好走极端的现象,被公认为俄罗斯文化的重要特点,也是主要缺点之一。③ 美国俄罗斯问题专家马克·拉伊夫对俄国极端性的描述是客观的:尼古拉一世时期,"独裁沙皇和激进知识分子两极限制了社会适应这些变化的程度,使社会一直四分五裂。因此一个强大自主的公民社会从没能发展起来"。④ 导致这种好走极端,往往通过激进手段解决社会矛盾的现象的原因是很复杂的,需要作进一步的探讨和论证,但以下几点应该引起关注:第一,首先"必须从物质生活的关系矛盾中,从社会生产力和生产关系之间的现存冲突中去理解"⑤,即俄国社会矛盾冲突严重,难以通过调和和改良的途径实现社会进步。第二,俄罗斯文化中的东西方两重性很难协调,各种极端现象的文化根源,可以归结为对待外来文化和本国文化的分歧无法统一。第三,俄

---

① [俄]弗兰克:《俄国知识人与精神偶像》,第46页。
② [美]理查德·莱亚德等:《俄罗斯重振雄风》,第47页。
③ [苏]利哈乔夫:《论俄罗斯人的民族性格》,载《哲学问题》,1990年第4期。
④ [美]拉伊夫:《独裁下的嬗变与危机》,学科出版社1996年版,第163页。
⑤ 《马克思恩格斯选集》第2卷,人民出版社1972年版,第83页。

罗斯社会"两极化"的特征。俄罗斯由于资本主义的弱小，没有形成强大的中产阶级。一极是专制君主，另一极是"激进的知识分子"，"两极之间，是一个不断变化的社会天地，无论是专制君主还是知识分子都争取这个社会中各类人的支持"。① 没有一种力量能够调节"两极"之间的冲突。第四，小农经济的负面影响。俄罗斯是一个小农经济占优势的国家，1861年农奴制废除后，小农经济进一步发展，这一点和法国大革命前的社会状况十分相似。小农经济自给自足，对外界情况了解甚少，特别是小农经济不与市场直接联系。契约、妥协等行为是在市场交换过程中培育出来的，不与市场相联系的小农经济，成为"极端主义"的广泛社会基础。

正因为上述复杂原因，"极端性"成为俄国历史发展的重要特征。首先，从历史上看，俄罗斯民族就好走极端。俄罗斯的社会改革几乎都是通过强制手段完成的。"莫斯科王朝的集权主义制度；动乱时期的分裂；彼得改革的强制性；俄罗斯生活中最可怕的溃疡——农奴法；对知识界的迫害；十二月党人的死刑……"，所以，"俄罗斯民族的历史是世界上最痛苦的历史之一"。② 其次，面对当代激烈的政治动荡，俄国人更反映出好走极端的特点：先是对本国文化显示出好走极端的特点。这主要表现为因循守旧、故步自封。苏联解体的重要原因，是由于苏联领导人长期以来没有能够以一种发展的历史的观点和态度来正确对待社会主义。他们的思想被"来自僵化概念的武断定理和传统所左右"。③ 后来进行改革又跳到另一个极端，政治上实行"美国式"的民主，经济上急剧向私有制经济转变，导致人们之间的收入两极分化，"10%的最高收入和10%最低收入之间的差距已超过12倍"。④ 这种"极端性"的特点，在现今丝毫也没有减弱，仅1998年10月—12月三个月时间，俄罗斯就爆发了五次影响全国的政治冲突：一是"反犹太主义"和"禁共风"的对立；二是民主派议员加琳娜·斯塔罗沃伊托娃被暗杀引起的冲突；三是围绕是否恢复"捷尔任斯基纪念碑"在卢波扬卡广场发生的群众冲突；四是围绕是否取缔"法西斯党"，即"俄罗斯民族复兴党"所引发的冲突；五是共产党准备启动"弹劾总统机制"所导致的议会和总统之间的斗争。就是在今天人们的政治心态中，也能看出政治主张各持一端很难统一的特点。

中国传统政治文化在思想方法上和处事原则上崇尚中庸，少走极端。中国传统政治文化中崇尚"中庸之道"，这是无可争议的。"中庸"几乎就是儒学的代名词之一，这不仅因为经孔子口述流传下来的一部典籍名为《中庸》，更因为

---

① [美]拉伊夫：《独裁下嬗变与危机》，第149页。
② [俄]尼·别尔嘉耶夫：《俄罗斯思想》，第5页。
③ 叶利钦：《我的自述》，东方出版社1992年版，第140页。
④ 见[俄]《消息报》，1995年8月9日。

他反反复复地讲述中庸,对中庸之道推崇备至,以为"中庸之为德也,其至矣乎!民鲜久矣。"①但我们又可以举出种种违背中庸的事实:灭门九族、斩草除根等等走极端的事件。实际上的确是这样,中庸在中国漫长的历史中作为一种理想高扬着,却常常难以实现,其原因有二:一是同样由于传统的中国社会中小农经济占优势,中产阶级力量弱小。而中产阶级是"中庸"的阶级基础。亚里士多德在《政治学》中就明确指出:"最好的政治团体必须由中产阶级执掌政权";"凡邦内中产阶级强大的,公民之间就少党派而无内讧","凡是平民政体中存在着较多的中产阶级,分享较大的政权,显示着中间的性格,就比寡头政体较为安定而持久。"②二是中庸的鼓吹者从来没有理解中庸所依赖的两极间必要的张力。例如,保守主义与激进主义,从来都是一个社会的政治思想最重要的两极。而只有当一个社会中存在着深刻的保守主义时,它的激进派才可望脱出浅薄;同时又只有在这个社会中存在着激进派的批判和乌托邦理想时,保守派才可能更新它的原教旨理论。而中国传统儒学千方百计维持自己学说的正统和自己理想的推行,极力漠视和调和不同思想派别间的差别。而当社会失去了两极和其间的张力时,无论人们对中庸如何心向往之,实际上都难于实行。

问题也就恰恰出在这里,中庸之道越是难于实行,人们就越把中庸作为追求的理想境界。这样一个事实是人们都公认的:中国社会变动的特点,都是人们极力想通过改良的办法来完成社会变革,而当改良实在走不通了,才被迫通过革命的手段来进行。而更能体现"中庸"特征的,主要是大众的心理层次。由于中国社会阶级矛盾尖锐,过激行为是屡见不鲜的,但对于过激行为,大众心理是反感的。大众心理层次上"中庸"的基本含义就是避免走极端。中国老百姓中流传的一些"箴言",鲜明地反映出大众心理对"中庸"的追求,比如"树大招风""不要得理不让人""人怕出名猪怕壮""两物相持取其中",都反映出中国人的处事原则。我们讲"中庸"对转型方式的影响,更多的也是从大众心态这个角度理解的。最近几年的民意测验显示,老百姓都把"社会稳定""避免两极分化""良好的社会治安",作为重要的追求目标。我们讲中国选择渐进转型方式的文化原因,也是从"中庸"型的中国大众心理不愿意接受极端行为这个角度论述的。

中国传统政治文化的"中庸"特征,促使人们在考虑问题时注重实际,防止偏激,但也容易误入文化上的保守主义,错过机会,影响社会发展。近代以来中国社会发展缓慢,与这种思想方式有直接的关系。而重视极端,富于创造,虽有利于社会的发展,但也容易忽视对现实国情的研究,使创造脱离实际,使社会发

---

① 《论语·雍也》。
② [古希腊]亚里士多德:《政治学》,商务印书馆1996年版,第206、207页。

展"欲速则不达"。"休克疗法"可以视为这种思想方式的典型例子。"休克疗法"的设计者自认为在理论的严密方面是无可挑剔的,即通过一次性开放价格,取消对农场和工厂的高额补贴,高价能使消费者离开市场,又能吸引新的供应来源,最终将降低通货膨胀率,但他们没有看到俄国工业中存在着大量垄断组织,农民都享有计划经济下的福利,他们没有对市场信号做出迅速反应,结果物价上涨了,但新的供给来源仍不足,物价始终没有降下来。按照"中庸"的思想方式,这种直接涉及千百万人民生活的改革,一定要采取慎重的态度,特别要经过反复的试验。

综上所述,中俄之所以选择不同的体制转型模式,深层次的政治文化原因是不可忽视的。论证这种政治文化原因所起的作用,并不是要证明中俄两国选择不同转型模式的必然性和合理性,而是要说在设计体制转型模式时,要充分考虑到政治文化背景的复杂性和由此带来的积极和消极的影响,从而使体制转型模式更加符合本国社会的要求和时代发展的需要。

第五章 中俄两国体制转型中重大事件和代表人物评述(一)

一、当代中国改革起点的政治分析

很多学者对中国改革起点做了深入的研究,并认为中国改革顺利起步是因为中国有独特的优势。对这种独特优势的研究有四种代表性的观点:

一是"落后的优势"。中国改革初期人均GDP才约236元,而当时的苏联已有6565元。① 由于太落后了,只对生产关系稍加调整,就会引起生产的增长;增长的余地大,很容易走上渐进的发展道路。生产关系调整的余地很大,是改革起步阶段成功的重要原因。②

二是"资金的优势"。中国有一个特殊的国情,就是有港澳台地区,当时这些地区有大量的资金投资内地。到1983年年底,批准的外商投资企业1361家,实际投资10.1亿美元。1984年和1985年,新批外商投资企业4925个,协议外商投资金额82.2亿美元,外商实际投入19.1亿美元。上述相当一部分是港澳台和海外华人的投资。海外华人投资的增加使得中国改革开放初期经济快速发展。一句话,雄厚的资金导致外向型经济的发展,是改革初期成功的重要原因。

三是"比较的优势"。中国1949年开始进入现代化进程,是一个后发现代化国家,具有后发优势。中国这种后发优势的潜力1979年以前就存在,但那时中国不知道如何利用这种潜力,试图在农业经济的基础上,建立与高收入国家相似的资本密集型行业或技术密集型行业,政府想要支持发展的行业恰好违背了中国的比较优势。改革开放以来,中国认识到了这一点,采用一种"双轨制"方式。一方面,中国继续给重点行业中不能自生的企业提供过渡性的保护,另一方面,中国在自己具备比较优势的行业如劳动密集型行业里放开行业准入,因此中国能同时实现稳定与强劲的增长。增长又逐步为中国改革那些没有比

---

① 《中国统计摘要(1995)》,中国统计出版社1995年版。参见武力主编:《中华人民共和国经济史》上卷,中国时代经济出版社2010年版,第649页。

② 樊纲:《渐进改革的政治经济学分析》,上海远东出版社1996年版,第177页。

较优势的行业创造了条件。这样中国逐步迈向了市场经济。①

四是"块块的优势"。"中国的层级制是一种自1958年以来就存在的以区域'块块'原则为基础的多层次、多地区的形式(M型经济)。中国在M型组织中,层级的基层政府(农村地区的乡、村政府,城镇的区、街道政府)与其上级政府之间没有多少讨价还价的权利,但它们却有很大的自主权得以在国有部门以外建立市场取向的企业来使本地区得到发展。而且,地区之间争先致富的竞争也迫使地方政府容忍甚至鼓励私有企业的发展"。中国的"块块"体制导致非国有经济的迅速发展,是中国改革成功的重要原因。②

上述观点都是很有见地的,都从一个方面对中国改革成功起步做了深入的分析。从政治学方面再进行研究,也有助于我们深入理解这个问题。

(一)作为从上至下,由执政党发动的改革,其改革的动机是至关重要的

执政党代表最广大人民群众的根本利益,这是改革启动最重要的前提。具体说来,从毛泽东到邓小平,人民主权理念的一致性,保证了改革的成功启动。

中国共产党的宗旨,就是全心全意为人民服务。要保证党始终代表人民群众的根本利益,就必须要加强党的自身建设,这是中国共产党的成功经验。

从一般的意义上说,社会主义国家的执政党不会成为某一集团和阶层的代表。因为社会主义国家的经济关系就是社会主义公有制,国家的基本生产资料归全体人民所有,执政党仅仅是代表全体人民来行使权力,保证生产资料的有效运行。而实际则不然,社会主义国家也很容易产生代表自身利益的特权阶层。因为,执政党及其领导人在代表广大人民管理国家的过程中,如果没有有效的监督,同样会将管理国家的权力变成获取个人利益的工具,并且这个过程有其自身的惯性。一旦通过权力获取经济利益之后,就会拼命保护这些利益,久而久之便形成了代表其自身利益的特权阶层。苏联共产党的演变过程,充分地说明了这个问题。

毛泽东比较早地看到了执政党蜕变的危险性,因此,为了防止党脱离群众,他系统地提出了党自身建设的理论,并制定了强有力的政策和措施:

第一,密切联系广大人民群众。通过多种渠道保证党能够倾听到群众的呼声。其中最主要的就是干部定期参加劳动和调查研究的制度,规定党政机关每星期都要有半天时间到郊区和农村参加体力劳动。毛泽东多次提到,"要做系统的,由历史到现状的调查研究",现在"大家做官了,不做调查研究了","要搞

---

① 林毅夫:《中国"奇迹"的经济学解释》,2010年3月5日《人民日报(海外版)》。
② 钱颖一:《现代经济学与中国经济改革》,中国人民大学出版社2003年版,第179页。

几个点,几个调查的基地,下去交一些朋友"。①

第二,严格的政治学习制度。坚持日常的政治学习。各单位每个星期都有半天的政治学习时间,毛泽东特别强调要把不同地区相互学习"这样一种方法,定为制度"。② 除此之外,定期进行整党、整风,"一年、两年整一次风"。③ 通过批评和自我批评,反思自己的行为,将各种不良行为在刚出现时就加以制止。这样,既保证了党的路线、方针、政策的贯彻执行,又能有效防止各种错误思想的滋生。

第三,严格控制各级领导干部的生活标准。新中国成立伊始,就对各级领导干部的生活待遇作出了明确规定,而且不断完善。这些规定既保证了各级干部有一定的特殊待遇,又不使这些差别过大。比如1955年我国取消供给制和包干制,建立工资制,我国干部系统的工资,最高的是行政一级,月工资500元左右;最低的是二十三级,月工资50元左右,最高的和最低的相差十倍左右。现在来看,这些规定还是比较科学的。

毛泽东对官僚主义和官僚特权阶层的坚决反对使各级党政干部难以形成固定的既得利益,更难以形成既得利益集团,客观上为改革的成功启动创造了有利条件。因为对绝大多数干部群众来说,原来的体制中都没有什么既有利益需要守护,反而人心思变,只要改革,绝大多数人都会从中获益。改革开放初期,中央的重大决策向广大干部传达中,基本上都"反应强烈",得到了广大干部的拥护。④ 这同苏联改革初期一些干部对改革的激烈抵触行为,导致戈尔巴乔夫认为党内存在一个"障碍机制","决定绕开他们",大规模地撤换干部形成了巨大的反差。⑤

邓小平继承了毛泽东反对官僚特权的思想。在改革初期,他也专门讲过对各级领导干部的生活待遇要严格规定,包括住房、管好自己的子女、用车费等问题,认为还要"把我们的老章程恢复起来",并在改革开放初期就通过了《关于高级干部生活待遇的若干规定》。邓小平还明确说:"作出这个规定稍迟了些,实在是因为顾不上。但现在再不作这样的规定,我们就无法向人民交代了。"⑥

以邓小平为代表的党的领导集体对官僚特权的反对以及对干部的管理和

---

① 《毛泽东文集》,第八卷,人民出版社1999年版,第253页。
② 同上书,第349页。
③ 同上书,第135页。
④ 中共广东省委党史研究室编:《广东改革开放决策者访谈录》,第240页。
⑤ 参见[俄]亚历山大·卢金:《俄罗斯与日益强大的中国》,载北京大学主办《国际政治研究》2010年第2期,第100页。江流、陈之骅主编:《苏联演变的历史思考》,中国社会科学出版社1994年版,第296页。
⑥ 中共中央文献研究室编:《改革开放三十年重要文献选编》(上),中央文献出版社2008版,第84页。

纪律约束,使得党政干部等强势群体在改革开始后,难以像俄国体制转型时期的所谓"精英阶层"那样肆无忌惮地攫取公共利益,在产权变革中,将公产变为私产,形成具有极强"分利"倾向的寡头集团。这为改革初期各项变革在平稳有序中进行创造了条件。

改革的顺利启动也得益于党在长期领导中国革命和建设的过程中形成的优良传统与作风:一是党十分注重自身建设,形成了理论联系实际、密切联系群众、批评与自我批评的三大作风;二是政治动员的传统,包括政治宣传、深入的思想工作、树立先进典型等等。归结为一点,就是一切工作都围绕着人民群众展开。从倾听群众呼声到动员群众、组织群众、服务群众,把"一切为了人民群众"作为立党之本。正因为如此,党作为一个长期执政的大党,始终保持着旺盛的生命力和勃勃生机。

总之,三十年来的改革开放所以能较为顺利地发展,就在于党始终代表着广大人民群众的根本利益,始终把民生问题放在党的工作首位。根据最近十年中国社会科学院发布的社会蓝皮书,按5级量表赋值方法测量(5分最高,1分最低)中国城乡居民总体满意度列表5-1①:

表5-1 2000—2009年中国城乡居民总体满意度

年份	2000	2001	2002	2003	2004	2005	2006	2007	2008	2009
赋值	3.25	3.44	3.50	3.42	3.53	3.40	3.47	3.48	3.58	3.54

诚然,中国目前面临着两极分化扩大的趋势,这个问题已经涉及党的执政基础,只有解决这个问题并将贫富差距控制在一定范围之内,才能保证人民群众的满意度持续保持在一定的水平。

(二) 坚持实事求是的思想路线,是改革开放成功的思想源泉

"这条思想路线,贯穿于二十年来我国改革开放和经济社会发展的全过程。"②如果从改革的起点来分析,思想路线的作用就更加明显,这种思想路线具体表现为"三个统一":

首先,解放思想与政治原则的统一。

党的十一届三中全会之前,中央召开了著名的中央工作会议。邓小平在闭幕式上作了题为"解放思想,实事求是,团结一致向前看"的讲话,其核心就是强调解放思想、实事求是。中国社会主义制度从建立的那天起,可供选择的模

---

① 汝信、陆学艺、李培林主编:《2008年中国社会形势分析与预测》,社会科学文献出版社2007年版,第156页;《2010年中国社会形势分析与预测》,社会科学文献出版社2009年版,第129页。

② 《改革开放三十年重要文献选编》(下),第1001页。

式并不多,或者说,只有苏联的模式可供借鉴。毛泽东做了许多有益的尝试,但从总体上说,并没有突破苏联模式。个别地方,比如平均主义的分配制度,可能比苏联模式还有更多空想的成分。加上改革开放之前的十年,"林彪、'四人帮'大搞禁区、禁令,制造迷信,把人们的思想封闭在他们假马克思主义的禁锢圈内,不准越雷池一步"①。

正因为如此,中央明确提出要解放思想、实事求是。邓小平在这个过程中起了决定性的作用。1978年5月11日,《光明日报》以"本报特约评论员"的署名,发表了《实践是检验真理的唯一标准》一文。5月12日《人民日报》和中央、地方的许多报纸都转载了这篇文章。当邓小平得知有人不同意会议文件中某些符合实际的新提法后,于6月2日在全军政治工作会议上发表了重要讲话,他明确指出:实事求是,是毛泽东思想的出发点、根本点。② 是否坚持实事求是,这是如何看待马列主义、毛泽东思想的问题。从社会中产生的思想,是否正确地反映了客观规律,只有放到社会实践中去,经过实践检验才能证明究竟是正确的还是错误的,此外再无别的检验真理的办法。

在解放思想的过程中,出现了一些思想混乱,主要是对社会主义一系列原则的怀疑甚至是否定。对此,1979年3月邓小平及时地提出了"坚持四项基本原则"。指出要在中国实现"四个现代化"必须在思想上坚持社会主义道路;坚持无产阶级专政;坚持共产党的领导;坚持马列主义、毛泽东思想。后来通过的《关于建国以来党的若干历史问题的决议》,就是解放思想与政治原则高度统一的体现。

1987年3月3日,邓小平在会见美国国务卿舒尔茨时说,"国外有些人过去把我看作是改革派,把别人看作是保守派。我是改革派,不错,如果要说坚持四项基本原则是保守派,我又是保守派。所以比较正确地说,我是实事求是派。"③

其次,务实态度与小康战略的统一。

务实是邓小平思想的一个十分鲜明的特点。1977年他刚复出工作不久,就着力推进科学和教育的发展。仅用了很短的时间,就恢复了高考制度,并召开了全国科学大会。邓小平当时考虑最多的是如何发展和走向富裕的问题。他认为国家这么大,人口这么多,不能总是这样贫穷。他说:"现在说我们穷还不够,是太穷,同自己的地位完全不相称","讲社会主义,首先就要使生产力发展,这是主要的。只有这样,才能表明社会主义的优越性。社会主义经济政策

---

① 《改革开放三十年重要文献选编》(上),第2页。
② 《邓小平文选》第2卷,人民出版社1994年版,第114页。
③ 《邓小平文选》第3卷,第209页。

对不对,归根到底要看生产力是否发展,人民收入是否增加"①。邓小平思想的主线非常清楚,就是以发展生产力为核心。农村改革、教育改革、科技改革,党的建设都深刻地体现了务实的态度。

更为可贵的是,邓小平还将这种务实改革同小康社会的发展战略紧密结合。1979年3月21日,邓小平在会见英中文化协会会长马尔科姆·麦克唐纳为团长的英中文化协会执行委员会代表团时,提出了"中国式的四个现代化"的概念。② 两天后,他在中央政治局会议上又把"中国式的四个现代化"表述成"中国式的现代化"。③ 7月28日,邓小平在接见山东省委和青岛市委负责人的谈话中说:"如果我们人均收入达到一千美元,就很不错,可以吃得好,穿得好,用得好。"④1979年12月6日,邓小平在会见日本首相大平正芳时明确提出:我们四个现代化的概念,就是"小康之家"。这是邓小平第一次用"小康"来描述我国四个现代化的战略目标。⑤

邓小平的"小康"发展战略,有几个基本点:第一,"小康"是最基本的目标,要防止急躁情绪,发展一定要稳步;第二,人均1000多美元,发展的成果要"完全用之于整个社会,相当大一部分直接分配给人民",不能像西方国家那样大的贫富差距。⑥ 第三,这是一个战略目标,大约用20年的时间来实现它。后来邓小平进一步明确了"三步走"的发展战略,使小康目标更加具体。

第三,局部试验与全面推广的统一。

中国是一个大国,各地情况千差万别。从实际出发,理论联系实际,实事求是,一定要从具体的实际出发,又要有一般的指导,要达到这样一种状态,就是先进行局部的试验,取得一定的经验之后,再逐步推广。中国农村的改革,从1978年就开始了,安徽、四川等省分别进行试点。到1982年中央才发出了"全国农村工作纪要"的一号文件;联产承包责任制在全国推广。城市和企业的改革,从1979年就开始了,特别是扩大企业自主权的试点,先在一百多个国有大中型企业实施,到1980年6月试点企业达到6600个。这6600个大中型试点企业,约占全国预算内工业企业总数的16%,产值的60%,利润的70%。⑦ 直到1984年10月,中央才做出了"经济体制改革的决定";更为典型的是特区制度。1979年中央决定建立特区,并通过了相应的文件,经过了大约十年的试

---

① 《改革开放三十年重要文献选编》(上),第139页。
② 《邓小平年谱》(1975—1997年)(上),中央文献出版社1998年版,第496页。
③ 同上书,第497页。
④ 同上书,第540页。
⑤ 《邓小平文选》第2卷,第237页。
⑥ 同上书,第259页。
⑦ 中共中央党史研究室第三研究室部:《中国改革开放30年》,辽宁人民出版社2008年版,第74页。

验,各地才纷纷建立开发区并施行优惠政策。

(三)改革突破口的合理选择,即在原有体制薄弱和矛盾的焦点地带有所突破

中国的改革最初选择在农村的基层并得到了中层和高层的大力配合和支持,形成了一个整体推进的合力。这种合力的形成也是中国改革健康启动的重要原因之一。

迈出改革的第一步是十分艰难的。在改革之前,中央政策明确规定不许包产到户,人民公社制度被写入当时的《宪法》,具有政治上的合法性。大寨的道路是当时农业的发展方向。历史上多次包产到户的尝试,都被看成是公有制的对立物,都在政治运动中烟消云散了。1978年兴起的改革,是中共内部上、中、下,即中央政府、地方政府、基层群众三方合力的产物。

1. 改革之前——1978年:基层农民的生死抉择

1978年12月,安徽省凤阳县小岗村十八户农民,决定在保证交够国家公粮和集体提留的前提下,实行分产到户,并写成契约,每个人都按了手印,保证严守秘密。这颇具悲壮意味的一幕,被认为是农村改革的起点。实际上,在此之前,中国基层农民有过多次创新的改革,因为得不到支持而夭折了。1956年安徽芜湖地区生产组包工包产;1956年四川江津地区包产到户。同年浙江永嘉县也推行包产到户。1962年,甘肃省临夏回族自治州70%以上的生产队在短期内解体,推行"包工包产到户"和"大包干到户",成为西北全区的一大政治事件。

实际上,基层农民的创新也是被"逼"出来的。以小岗村为例,1966—1978年13年中人均口粮只有200多斤,十个工分只值二三角钱,穷到"农民种田,国家给钱,缺吃少穿,政府支援"的地步。饥饿使人口锐减,全队1100亩土地荒掉了1000亩。从全国来看,1978年底人均年度纯收入为133.57元,比1957年仅增长60.62元,每年平均增长率只有2.9%,其中90%以上为实物,货币收入不足10%。同时,约有2亿人口尚得不到温饱。当时有一份关于某个贫困地区的内部报告曾经指出,过去我们不仅剥夺了农民的财产,也剥夺了农民的自由。这是造成农民贫困状况几十年改变甚少的两个重要根源。①

2. 1977—1982年:"擦边球"——地方政府的灵活选择

改革经历了一个从点到面的过程。个别地区的农村改革,点燃了中国农民的希望之火。但这种希望之火,如果没有地方政府的支持,很难形成燎原之势。

---

① 吴象:《农村第一步改革的曲折历程》,见《百年潮》1998年第3期。

当时,中国的地方政府处于"两难"的困境:一是在垂直控制的政治体制中,不可能违背中央的政策;二是又能直接感受到基层群众的疾苦。拿这场改革先行的安徽省来说,1977年全省28万多个生产队,只有10%能够维持温饱,其中,67%的生产队人均年收入低于60元,25%的生产队人均年收入低于40元。① 他们所能采取的最好办法,就是应急性的和灵活性的方针,我们将这种方针称之为"擦边球"策略,这在当时整个改革体系中具有划时代的意义。

1977年6月,中央调派万里任中共安徽省委第一书记。上任伊始,万里深入农村,调查农村实情,了解基层干部群众的想法。1977年11月,通过了《关于当前农村政策的几个问题的规定》(简称"省委六条"),对原有的农村政策作了较大幅度的调整,明确提出:要尊重生产队的自主权;落实按劳分配制度;减轻生产队和社员的负担;允许和鼓励社员经营自留地和家庭副业;允许生产队根据不同农活建立不同的生产责任制,可以组织作业组,也可以责任到人;以及队干部参加集体生产劳动等。"省委六条"公布以后,立即在全省农村产生强烈反响,社员们倍感欢欣,争相传告。

1978年2月,中共四川省委也通过了类似的《关于当前农村经济政策的几个主要问题的规定》的文件,在四川推行相对宽松的政策。不久,贵州、内蒙古等一些省、区的领导干部不愿再等待下去,开始在自己的职权范围向传统的农村政策发起冲击。

然而,就在地方政府支持农民自发创新之时,来自上层及各个方面的阻力、压力也迎面袭来。1979年3月15日,《人民日报》发表署名张浩的读者来信,题为《"三级所有,队为基础"应该稳定》。这封信坚决反对搞"分田到组、包产到组"。② 一石激起千层浪,就在基层干部群众茫然若失的关键时刻,万里到基层做工作,表示"联产承包制是省委决定的,你们放心干,有什么问题省委负责。"1979年4月,贵州省委下发通知,明确作出"深山、偏僻地区的孤门独户,实行包产到户,也应当允许"的规定。③ 其他省、区、市的领导也同样,这场风波渐渐平息下去。

3. 1982年—1986年:中央积极引导

毫无疑问,在改革开放初期,党中央密切关注国内外政治经济的发展,因势利导、适时地调整并出台新政策,紧紧把握改革的大方向,这是中国顺利走上改革道路的最重要原因。

---

① 丁龙嘉:《改革从这里起步——中国农村改革》,安徽人民出版社1998年版,第7页。
② 《人民日报》1979年3月15日。
③ 中共中央党史研究室第三研究部编:《新时期农村改革与发展》,中共党史出版社2009年版,第23页。

安徽农村实行改革后,争论还在继续,特别是在上层。1980年2月,国家农委主办的刊物《农村工作通讯》发表《分田单干必须纠正》的文章,指责包产到户是"分田单干,导致两极分化"。接着又在第3期上刊登《包产到户是否坚持了公有制和按劳分配》,批判"包产到户既没有坚持公有制,也没有坚持按劳分配,它实质上是退到单干"。5月31日,邓小平同中央有关负责人就农村问题发表了重要谈话:"农村政策放宽以后,一些适宜搞包产到户的地方搞了包产到户,效果很好,变化很快。……有的同志担心,这样搞会不会影响集体经济。我看这种担心是不必要的。"①9月,中共中央印发《关于进一步加强和完善农业生产责任制的几个问题》的会议纪要。纪要指出:"加强和完善农业生产责任制……要根据实际情况,采取各种不同的形式……可以包产到户,也可以包干到户,并在一个较长的时间内保持稳定。实行包产到户,是联系群众,发展生产,解决温饱问题的一种必要措施,不会脱离社会主义轨道,没有复辟资本主义的危险。"②从1982年到1986年,中共中央连续5年下发5个关于农村改革和农村政策的"1号文件",这5个1号文件指明了包产到户、包干到户的社会主义集体经济性质,标志着党在改革开放时期农村政策的初步确立,巩固和发展了农村改革的成果,促使中国农村在短短几年时间内发生了深刻而影响深远的变化,并由此启动了中国经济体制改革的历史巨轮。

这其中特别需要论述的就是"擦边球"策略。中国从社会主义计划经济向市场经济转型,有三个基本的背景:一是中央集中控制下的层级制约体制;二是把社会主义理想变为现实的仅有苏联一种模式;三是政策权威高于制度权威。在这种背景下,想一步到位取得制度上的重大突破十分困难,除非采用流血的方式,像苏联那样。事实证明是不可取的。而可利用的,就是政策本身的伸缩性。像安徽的"省委六条"是典型的利用政策伸缩性的"擦边球"策略,其中提出"根据不同农活建立不同的生产责任制""落实按劳分配制度"等,都可以从不同角度理解。改革者正是从积极方面来理解和发展了这些政策,推动了改革的发展。更重要的,还要正视人们的"有限理性"。原有的制度和政策中,有合理的,也有不合理的,在打"擦边球"的过程中,验证哪些是合理的和不合理的,合理的推广,不合理的取消。1979年国务院下发国发〔1979〕74号文件,主张大力发展社队企业,要求各省、地、县都要成立社队企业管理局。但当社队企业发展起来后,同原有的体制发生了激烈的冲突。河南卢氏县兴办桐油加工厂,收购本社农民生产的桐油籽,与县粮食和供销系统发生了尖锐的冲突,官司一直打到邓小平那里。农民坚决支持新的政策,不久国务院发出公告,撤销了粮

---

① 《邓小平文选》第2卷,第315页。
② 刘鲁风、何流、唐玉芳主编:《中华人民共和国要事录》,山东人民出版社1989年版,第576页。

食部和全国供销总社。① 诚然,也有反面的例子。改革开放初期,建立外向型经济和经济特区,由于有些政策不明确,导致走私猖獗,中央迅速采取措施,保证了经济的顺利发展。"擦边球"策略从正反两个方面显示出了优势性。很多改革的亲历者都充分肯定了"擦边球"策略。1983年任广东省省长的梁灵光在回忆广东改革的历史时说:"灵活掌握和运用中央赋予的特殊政策、灵活措施,不断开拓创新,是保证广东在改革开放中先走一步的关键。"②

(四)历史唯物主义承认个人和历史传统在政治发展过程中的作用

杰出人物尤其是杰出的政治家,他们往往是一定历史任务的主要发起者和倡导者或是重大历史事件和社会变革的决策者、指挥者和组织者。他们鲜明的个性特征最终使历史发展呈现出丰富生动的具体面貌。邓小平个人的作用和党的领导集体对党的优良传统的挖掘和继承,是中国改革成功迈出第一步的重要原因。

在中共的第一代领导集体中,邓小平是其中的核心成员,能力也是十分突出的。毛泽东曾在不同场合谈到过他的接班人问题,其中主要涉及两个人,就是刘少奇和邓小平。③ 1956年中共八大以后,邓小平就处在中央领导工作的第一线。"文革"后期他曾主持过中央的日常工作。邓小平几上几下的经历,使得他在中央和全国人民中间建立了极高的威信。毛泽东去世后,以邓小平为代表的老一辈革命家勇敢地承担起了历史的重担。

邓小平不是一个人,而是整个第二代党的领导集体的代表,与陈云、李先念、邓颖超、彭真、薄一波、王震等一起构成了党的领导集体,加上后来相对年轻一些的领导干部,形成了一个坚强的领导核心。这个领导核心富有丰富的革命经验,特别是具有坚强的革命意志。在改革的进程中,这种意志比什么都重要,是改革措施不断贯彻执行的保障。

以邓小平为代表的中央领导集体,继承了党的民主集中制的优良传统,特别是较好地挖掘了党内民主的积极因素,在改革开放的初期,多次面对复杂的社会问题,作出了符合实际情况的判断和科学决策。仅举宝钢为例,宝钢的建设从深入调查、反复论证、集体决策,到五届人大三次会议上代表质询;经过了抢建到调整、退够再到复建进而扩建充分反映决策的民主性。④ 党的决策过程可以概括为:深入实际,充分讨论;局部试点;反复协商;集体决定。在这个过程

---

① 1980年6月25日《人民日报》;《百年潮》杂志2010年第8期。
② 中共广东省委党史研究室:《广东改革开放决策者访谈录》,第205页。
③ 参见:逄先知、金冲及主编:《毛泽东传》(下),中央文献出版社2003年版,第1173页。龚育之、石仲泉:《邓小平建设有中国特色社会主义理论新论大纲》,上海辞书出版社1994年版,第41页。
④ 陈锦华:《国事忆述》,中共党史出版社2005年版,第102页。

中,将民主和集中有效地统一起来。经过"文化大革命"的教训,党内民主传统逐步恢复,并在实际政治生活中显示出较大的优越性。这种独特的党内民主传统有以下几方面的内容:

第一,坚持集体领导。1980年2月29日中共十一届五中全会通过的《关于党内政治生活的若干准则》,就是以制度化的途径实现集体领导,反对个人专断,并对如何实现集体领导作了具体的规定。从党的七大以来,党内就形成了集体领导的传统。尽管这个传统曾一度遭到破坏,但改革开放以来很快就恢复了。重大问题一定要集体讨论,最后是少数服从多数,实际上改革初期的决策也是这样做出的。

第二,坚持党内要有一个核心。列宁在论述无产阶级政党运行的原则时明确指出:群众是划分为阶级的,阶级通常是由政党来领导的;而政党是由相对稳固的领袖集团来主持的。列宁论证了无产阶级政党的一个基本原则,就是党内要有一个完整的层级制约体系,保证其运转的高效率。这是由无产阶级政党面临的艰巨任务和特殊形势所决定的。党内的领导核心可以是一个人,也可以是几个人。中国共产党是一个大党,成员复杂,任务艰巨,领导核心就显得非常重要。对此,邓小平曾总结说:"任何一个领导集体都要有一个核心,没有核心的领导是靠不住的。第一代领导集体的核心是毛主席。……第二代实际上我是核心……进入第三代的领导集体也必须有一个核心……也就是现在大家同意的江泽民同志。"①这个核心,是我们事业发展的重要保证。

第三,坚持制度创新。中国共产党是无产阶级政党,代表着最广大人民的根本利益,创新是她的生命力所在。建党初期同国民党的"党内合作";土地革命时期的"创建红色政权";抗日战争时期同国民党各自保持独立政权和军队的"第二次合作";新中国成立后的"大区制度""人民代表大会制度""政治协商制度"和民族区域自治制度,都很好地体现了制度创新,对党和国家的发展起了重要的作用。改革开放初期设立顾问委员会也是很典型的制度创新,其着眼点是寻求发挥老同志的作用与提拔年轻干部之间的平衡。

中国的改革开放启动之初,也正是党和国家领导人新老交替之时,或者说,是党的第一代领导集体和第二代领导集体的交替之时,如何解决领导干部的终身制问题被尖锐地提出来。一方面,要提拔年轻干部,正如邓小平所说:"错过时机,老同志都不在了,再来解决这个问题,就晚了,要比现在难得多,对于我们这些老同志来说,就是犯了历史性的大错误。"②但另一方面,又要"让一大批原来在中央和国务院工作的老同志,充分利用他们的经验,发挥他们的指导、监督

---

① 《邓小平文选》第3卷,310页。
② 《邓小平文选》(1975—1982),人民出版社1983年版,第286—287页。

和顾问的作用。"① 正是在这种背景下,1980年8月18日,邓小平明确提出:"设立一个顾问委员会(名称还可以再考虑),连同中央委员会,都由党的全国代表大会选举产生,并明确规定各自的任务和权限"。② 1982年9月,党的十二大决定设立顾问委员会。

中央顾问委员会在改革初期发挥了巨大的作用,包括:反对资产阶级自由化,深入开展大规模调查研究,支持对经济的治理整顿;坚决支持平息"1989年的政治风波",培养年轻干部等。到1992年10月党的十四大,中央顾问委员会光荣地完成了历史使命。

在一大批年轻干部走上高级领导干部岗位的同时,发挥老同志的作用,是改革成功的重要原因。因为,他们都是党内最优秀的人才和精英。"最优良的政体就该是由最优良的人们为之治理的政体"。③ 世界各国尽管政体不同,功能不一,但有一条原则是共同的:担任公职的人,"他们都具有出众的才德,擅于为政,而且邦内受治的公众都有志于,也都适宜于,人类最崇高的生活"④。

西方国家历史上贵族政体中元老院的作用是很突出的。就是现代社会,也要有德高望重、富有远见的人组成专门机构,集中考虑国家的大政方针和长远规划,如英国的上议院,美国的参议院,俄罗斯的联邦院等。中国在改革开放初期成立的顾问委员会,这个机构实际上起到了"元老院"的作用。

(五)将改革和开放有机地结合,以开放推动改革,是中国改革开放过程中最成功的经验之一

开放的合理性在于符合制度变迁的规律,有利于制度创新的发展。因为制度变迁过程中的一个因素,即制度体系中的软性因素,如习惯、传统等,常常滞后于制度体系中的硬性因素,如规章、法规等。如何使制度变迁中的软性因素和硬性因素协调发展,是改革过程中必须处理的重要问题。换一个角度说,改革的某些政策不能太超前,太超前了人的观念跟不上,就会造成激烈的冲突;但又不能太保守,太保守了不会推动改革向前发展。这个"度"是很不好把握的,永远也没有一个恒定的标准。要想准确把握这个"度",最好的办法就是扩大开放的力度,让传统与现代、东方与西方的多元文化形成一个自由交流的空间。文化没有优劣之分,但却有先后之别;中国是相对落后的国家,我们要向发达国家学习先进技术和管理经验,也要吸取西方政治文明的合理因素。文化上的充分交流,会影响到人们观念的变化,这有利于对改革政策的理解,缩小现实和理

---

① 《邓小平文选》(1975—1982),人民出版社1983年版,第299页。
② 同上。
③ 亚里士多德:《政治学》,商务印书馆2009年版,第177页。
④ 同上。

想的距离,减弱人的观念之间的冲突。中国改革开放的初期历程充分证明了这一观点。中国改革开放初期有两次大的举措和制度创新,都同开放联系在一起。

第一次是引进外资。1978年5月,中央派谷牧副总理率领一批省部级领导干部赴西欧考察。6月30日,十多位中央政治局委员听取汇报。在汇报中,资本主义国家飞速发展的现实;发达国家资金过剩,技术寻求市场,商品要找销路的紧迫感;国际通行的卖方信贷、买方信贷、补偿贸易,吸收国外投资的经验;等等。在中央领导层引起了极大的震动,很快就促成了国家外国投资管理委员会的成立。六五期间,我国利用外资总额达到200亿元。①

第二次是建立经济特区。1978年11月邓小平访问了新加坡裕廊工业园区。1979年4月,广东省、福建省两省要求特殊政策。中央立即召开工作会议,决定创办经济特区。并在7月15日,中共中央、国务院发出了50号文件决定广东、福建两省实行特殊政策、灵活措施,在深圳、珠海、汕头、厦门建立经济特区。1980年8月27日,五届人大第十五次会议通过《广东省经济特区条例》完成了建立经济特区的国家立法程序。大洋彼岸的美国《纽约时报》第二天就刊登了这个消息,并称"铁幕拉开了,中国大变革正轰然鸣响"。1984年1月22日至2月16日,邓小平视察了广州、深圳、珠海、厦门和上海,充分肯定了创办经济特区的举措。5月4日,中共中央、国务院以中发[1984]13号文件批转《沿海城市座谈会纪要》,决定开放沿海大连、秦皇岛、天津、烟台、青岛、连云港、南通、上海、宁波、温州、福州、广州、湛江、北海等14个沿海城市。1988年又通过了建立海南经济特区的决定,中国对外开放向深入发展。

开放的最大收获就是逐步改变着人们的观念。改革的每一步都是有争论的。但通过开放,眼界开阔,很多争论迎刃而解。1978年5月广东省的领导参加了以国务院副总理谷牧为团长的中国政府代表团到西欧访问,回来后向广东省处级以上干部3000多人进行传达,争论了很久的各级权力下放问题得到解决。② 国际上出口加工区的经验,成为中央下发1979年50号文件的重要原因。③ 思想观念的改变,是制度文明建立的前提。而制度文明的建立,是一个国家走向富强的重要原因。翻开一部世界史,可以发现一个带有规律性的现象,凡是坚持开放的,都是比较富强的;凡是闭关的,都是相对落后的。

开放的作用还表现在对国家软实力发展的贡献方面。软实力(soft power)的概念,最早由哈佛大学肯尼迪政府学院教授约瑟夫·奈在《注定领导》一书

---

① 武力主编:《中华人民共和国经济史》上卷,第709页。
② 中共广东省委党史研究室编:《广东改革开放决策者访谈录》,第240页。
③ 中央50号文件,即批转广东、福建两省特殊政策的报告。

中提出,他将一个国家的综合国力分为"硬实力"和"软实力"。硬实力是指一个国家的经济、军事与科技实力;软实力则是指一个国家的文化影响力,包括意识形态和政治价值的吸引力、民族精神和社会文化的感召力、政治动员的能力、运作国际组织的能力等。中国现在的经济总量已居世界前列,最迫切的就是要提高软实力。

在政治软实力的构建方面,"和谐社会"在战略意义上体现了国家发展的价值取向,具有民主法治、公平正义、诚信友爱、充满活力、安定有序、人与自然和谐相处等人文内涵。① 进一步扩大开放,同西方政治文明进行交流,有助于构建和发展我国的政治软实力。西方的政治文明有不同的层次性:法治、选举、人权等具有一定的普遍意义;多党竞争、议会政治仅在西方国家具有普遍意义;"委员会制"仅在个别国家有存在的意义。总的来说,这些文明成果的实现形式和途径,在不同的历史阶段、不同的国家,各不相同,没有统一模式,这种世界文明的多样性是不以人的意志为转移的。② 只有通过开放交流,让不同的文明成果共生共存,才能确定哪些是适合我国国情的发展道路。特别需要指出的是,通过开放走入世界舞台,我们才能参与国际政治规则的制定,争夺国际政治的话语权,为世界政治文明的发展做出贡献。

二、苏联解体的体制原因分析

苏联解体是中俄体制转型过程中的最重要事件之一。1991年"八一九"事件后,苏联国内局势进一步恶化,虽然戈尔巴乔夫盼望签订新的联盟条约,但各加盟共和国的独立倾向越来越明显。1991年12月8日,俄罗斯、乌克兰、白俄罗斯三国领导人在白俄罗斯首都明斯克郊区的别洛韦日树林签署独立国家联合体协议,苏联解体已成事实。

1991年12月25日晚,在克里姆林宫上空飘扬了六十九年的苏联国旗在寒风中悄然落地,升起了代表俄罗斯的白蓝红三色国旗,这标志着苏联的解体和作为苏联继承国的新俄罗斯的出现。苏联解体所包含的内容有:(1)列宁缔造的、有九十三年历史和拥有1800万党员、在苏联已执政七十四年之久的苏联共产党,丧失了执政党的地位;(2)存在六十九年之久的苏维埃社会主义共和国联盟解体,原有的15个加盟共和国宣布独立;(3)苏联解体后宣布独立的15个加盟共和国,无一例外地宣布彻底与斯大林时期形成与发展起来的高度集中

---

① 陈锦华等著:《开放与国家盛衰》,人民出版社,2010年版,第408页。
② 温家宝:《关于社会主义初级阶段的历史人物和我国对外政策的几个问题》,《人民日报》2007年2月27日。

的政治、经济体制决裂,朝着经济市场化、政治民主化方向的体制转轨;(4)俄罗斯和其他从原苏联独立出来的各共和国,不再坚持原来的社会主义发展方向,体制改革也不可能是对原苏联社会主义制度的完善与发展,而是朝着人类社会创造的共同文明和西方所认同的价值观念方向发展。

对苏联解体原因的分析,有几条原则是必须要明确的:第一,一定要从具体的史实出发进行研究,即苏联解体的过程要搞清楚,特别是关键的史实,不能有任何随意的猜测;第二,苏联解体是20世纪的重大历史事件,这种重大的历史事件,不是简单的单一原因,而是复杂的综合原因;第三,要有正确的理论框架和分析方法,搞清楚各种原因之间的逻辑关系,进而从中找出起支配作用的主要原因;第四,从起支配作用的原因中,要吸取教训,找出带有规律性的东西。

(一)苏联解体历史过程的简要分析

苏联解体的直接原因,不外乎"民族矛盾尖锐""经济没有搞好""改革失败""人民群众不满"等等。这其中改革失败是主要的,改革如果成功,不可能导致解体。那么,改革又为什么失败了呢?这种失败是个人要负主要责任,还是体制,或其他因素要负主要责任呢?围绕苏联解体的问题,可以分成以下几个阶段:

第一阶段:从1985年3月至1988年6月苏共第十九次代表会议。1985年3月11日戈尔巴乔夫当选为苏共中央总书记,一个月后,他在苏共中央四月全会上提出了需要"继续变化和改革"的问题,这次全会后来被看作是"改革"的起点。从这时到十九次代表会议,改革是全面的,并不是像通常所说的只进行政治改革而不进行经济改革。这个时期主要做了几件事:一是提出"加速发展"战略,全力发展经济,提高人民生活水平;二是进行经济改革,主要是扩大企业自主权,在农村推行承包制;三是贯彻"法律先行"原则,颁布了一系列法规,如"个体劳动者法"等,有些是冒进的,如允许私人创办银行等等;四是提出"人道、民主社会主义"思想,进行政治改革。

上述四个方面的改革都在同时进行,比如在1986年,苏共中央就正式出台了《根本改革经济管理基本原则》,强调扩大企业自主权。同时,苏联最高苏维埃通过了《企业法》,规定企业是独立经济核算、自主经营、根据社会需要进行生产的社会主义商品生产者。不能认为戈尔巴乔夫不搞经济改革。

问题的关键是,这个时期的改革为什么收效甚微?从1985年到1988年这三年时期,经济可能还是负增长。戈尔巴乔夫个人要负责任,但改革阻力太大也是不可忽视的原因。现在人们更倾向于戈尔巴乔夫个人的因素,比如美前驻苏联大使马特洛克认为,戈尔巴乔夫改革难度本身较大,既可能成功,也可能失败,关键在于领导是否得当。戈尔巴乔夫改革之所以失败,除了苏体制自身存在缺陷之外,主要是由于戈尔巴乔夫决策失误所致。如戈尔巴乔夫仍通过中央计划机制和政策稳步推进改革,当可控制后果并使经济稳定发展。1985年戈尔巴乔夫上台时,人民希望他继续传统的改革战略,但戈尔巴乔夫不满足于勃列日涅夫的方法,转而按照其"新思维"大搞激进改革,遂使政治不稳,并导致经济不稳。斯坦福大学学者麦克福尔也说,戈尔巴乔夫改革时机选择得当,并在经济获得增长之后才实施政治改革,则政权面临的挑战将会小得多。此外,如戈尔巴乔夫先进行全苏选举,后进行共和国选举,叶利钦也将会首先全力投入全苏选举;如叶利钦当选全苏总统,将不会再极力瓦解苏联。麦克福尔还说,如苏共其他领导人不发动"八一九"政变,或戈尔巴乔夫能防止政变发生,叶利钦将既难以找到借口推动苏联的解体,也不会出现核心权力真空使其有机可乘,苏联仍可能会以某种方式存在。乔治·华盛顿大学政治学教授雷德伟认为,如戈尔巴乔夫的新联邦条约早两年出台,苏联就有可能避免解体的命运。

实际上,改革难度太大,特别是体制本身的阻力太大,可能比个人因素更重要,这种阻力为改革成功留下的余地太小了,或者说僵化的体制和观念已经十分严重了。诚然,苏联体制本身不会直接导致苏联的解体,但这种体制阻碍了改革的进程,导致了经济的下降,最终导致了苏联的解体。

第二阶段:1988年6月至1991年8月19日的"八一九"事件。

戈尔巴乔夫在1988年6月至7月间召开的苏共第十九次代表会议上,提出要把苏联社会改建成为"人道的、民主的社会主义"社会,指出这样的社会具有以下七个特征:一是"真正的、现实的人道主义制度";二是"有效益的和活跃的经济制度";三是"社会公正的制度";四是"具有高度文化素养和道德的制度";五是"真正民主的政治制度";六是"各民族真正平等的制度";七是"渴望和平,渴望加强与社会主义兄弟国家的合作和协作,渴望……与各国人民和各个国家建立正常的和文明的关系的制度"。于是,其改变苏联社会制度的具体计划开始浮出水面。

实际上,苏联体制本身的弊端是十分严重的,最主要的是中央集权,限制了各加盟共和国和各地区的权力。各加盟共和国很小的事情,都要经过中央政府的批准,比如,哈萨克斯坦要在阿拉木图修一些公共厕所,都要经过莫斯科中央政府的批准。从1988年以后,人们开始对苏联体制进行深刻反思,这其中也出现了过激行为,人们的愤怒程度在加剧。从体制上看,苏联这种体制弊端主要有:

(1)苏联现代化发展严重失衡,国家过于强大,社会却过于脆弱,严重阻碍苏现代化。(2)苏联当局为换取政治太平,长期给个人酗酒和逃避现实的权利,人们对国家事务逐渐失去兴趣,日益依赖政府提供生活保障,主动性和创新精神越来越少,而特权阶层则因享有种种既得利益也丧失了改革的积极性,因而使苏联社会缺乏改革的社会基础。(3)苏联是一个领土辽阔的多民族的联邦制国家,造成民族分裂的因素很多。苏联的国家认同主要强调苏联作为超级大国的实力,号召人们拥戴苏联。而这种人为的认同感实际上很差,且难以适应时代的变化,从而使戈尔巴乔夫必须先行的政治改革和社会变革风险大增。实际上,在改革进程中,随着国外影响不断增强,人们更加清楚地了解苏联的历史并且渐渐适应其他形式的认同感,这种心态的改变使原来的国家认同感不断弱化。当戈尔巴乔夫的改革推动思维方式的转变,改变了人们的历史认识之后,这种认同感更加弱化了,甚至导致了社会精神方面的危机超过了物质方面的危机。于是,改革失控、失败,国家解体也就在所难免了。

苏联体制还有一个致命的弱点,就是过度集权,培养不出优秀的政治家。如果我们过分强调戈尔巴乔夫个人的责任,那么不禁就要反问,这种体制怎么能将这样的庸才扶上一个大国领导人这么高的地位呢?

在苏维埃政权年代,苏联在科技方面、在军事领域、在某些生产部门培养出了强有力的领导干部,但没有在政治领域培养出强有力的领导干部。在普遍的意志品质和智力水平方面,斯大林周围的人弱于列宁周围的人。这种退化一直持续到赫鲁晓夫和勃列日涅夫时期,在戈尔巴乔夫时期仍在发生。在戈尔巴乔夫时期已经没有像柯西金、葛罗米柯、安德罗波夫、乌斯季诺夫这样的人了,那些人决定了70年代的政治领导水平。戈尔巴乔夫经常撤换高层领导人,但是,他在撵走那些不太无能的领导人之后,却用更加无能但却更加听话的人顶替了他们的位置,虽然这些人很快就跟他发生了冲突。戈尔巴乔夫不会识别人。更坏的是,他还有一个不好的、对一个政治领导人来说不能允许的特点:几乎在每一次会见自己周围的人、文化活动家、人民代表时,戈尔巴乔夫总是在大部分时间里自己说话,不给对话者发言的机会。有时候,戈尔巴乔夫邀请人征求意见,他自己却讲一个小时、两个小时、甚至三个小时,然后告别。他很不喜欢听消极的消息,甚至政治局委员去向总书记报告,他也不喜欢。戈尔巴乔夫对批评意见反应迟钝,他的最受欢迎的文化活动界的对话者后来也指出了这一点。戈尔巴乔夫不是专制君主或独裁者,是一个可以接近的人,但他不善于做一个强有力的民主领导人。大多数会议,他都专横地主持;会上,内部的不信任和外部的自信奇怪地结合在一起。他总是预言,而不是做事,推迟了许多最重要的决定。结果,"过场走了",但完全是按另一个方向走的。

苏共第十九次全国代表会议之后,社会的主导情绪是向苏共发难。在1989年5月苏联第一次人民代表大会上,所谓"持不同政见者"的代表人物萨哈罗夫正式提出取消关于确立苏共领导地位的苏联《宪法》第六条,并组织游行示威,要求修改宪法。在1990年2月召开的苏共中央全会上,戈尔巴乔夫与萨哈罗夫等人相呼应,说什么党的地位"不应当通过宪法来强行合法化"。根据他的建议,全会文件承认苏联已出现多党制这一现实,宣布"全民的法治国家排除任何一个阶级的专政","社会的发展不排除再建立若干政党的可能性",表示"苏共不谋求垄断权"。这就等于拱手让出了苏共的领导权。1990年3月14日,第三次苏联人民代表大会正式通过《苏联宪法修改补充法》,对原第六条苏共领导地位的规定作如下修改:"苏联共产党、其他政党以及工会、共青团、其他社会团体和群众运动通过自己选入人民代表苏维埃的代表并以其他形式参加制定苏维埃国家的政策,管理国家和社会事务"。同时规定"苏联公民有权结成政党"。3月15日,戈尔巴乔夫在总统就职演说中公然说:"这次人民代表大会修改《宪法》第六条和第七条,开辟了苏联社会民主发展的新阶段。从今以后,苏共将与其他政治团体在同等的条件下行事"。

第三阶段:从1991年8月19日的"八一九"事件至1991年12月的苏联解体。

1991年的"八一九"事件,有着深刻的政治背景,主要还是在苏联"联盟"的问题上。从1989年9月至12月中旬,苏联各加盟共和国纷纷通过"独立宣言"或"主权宣言"。1991年3月17日,苏联就是否保留联盟问题举行全民公决,80%的公民参加了公决,其中四分之三以上赞成保留联盟。公决后,1991年4月24日,戈尔巴乔夫单独与9个加盟共和国领导人商量新联盟条约,发表联合声明,即"9+1声明",决定大大削弱中央权力,加强主权共和国权力,承认波罗的海三国独立。1991年6月12日,叶利钦当选俄联邦总统。1991年8月15日,新联盟条约正式文本公布。联盟结构更加松散,中央权力大为削弱。苏联高层的一部分人忍无可忍了。1991年8月19日凌晨,副总统亚纳耶夫宣布夺取权力,成立紧急状态委员会,在苏联部分地区实施紧急状态,并派坦克部分开赴莫斯科。坦克遭到市民的阻止,部分坦克开到"白宫"前面,叶利钦跃上坦克,发表谴责紧急状态委员会的讲话。8月22日,戈尔巴乔夫回到莫斯科。此后,莫斯科出现了二个政治中心,一个是以戈尔巴乔夫为首的苏联总统机构。一个是以叶利钦为首的俄罗斯联邦总统机构,后一个权力似乎更大一些。俄联邦大楼里的新闻发言机构,成为苏联舆论的主要喉舌。苏共被勒令停止活动。苏联正式承认波罗的海三国独立。1991年9月2日,乌克兰宣布脱离苏联。戈尔巴乔夫依旧为新联盟条约到处奔走。

1991年11月14日,苏联国务会议讨论并原则同意新联盟条约草案。戈尔巴乔夫主持会议。与会各加盟共和国领导人同意建立一个松散的和较小的新"主权国家联盟"代替苏联,同时废止苏联宪法。这是对苏联的致命一击。1991年12月8日,叶利钦等俄罗斯、白俄罗斯、乌克兰三国领导人在白俄罗斯首都明斯克郊区的别洛韦日签署了关于建立"独立国家联合体"的《别洛韦日协定》,并发表声明:"鉴于签订新联盟条约的谈判已经走入死胡同,各共和国退出苏联和建立独立国家的进程已成为现实","苏联作为国际法的主体和地缘政治现实,将停止其存在"。1991年12月25日,戈尔巴乔夫发表电视讲话,宣布苏联解体。在凛冽的寒风中,苏联国旗从克林姆宫的顶部徐徐落下。有人记下了这个时间:7时39分。

通观上述过程,自然涉及叶利钦和戈尔巴乔夫的责任问题。关于苏联解体的原因,叶利钦认为:"8月叛乱(指1991年8月19日的反戈尔巴乔夫事件——引者说明)以后,所有共和国都迅速做出反应,纷纷发表独立声明……联盟机构全部陷入了休眠状态","以戈尔巴乔夫为代表的中央已彻底丧失斗志,也失去了新生民族国家对他的信任。"①"为了不再诱发新的叛乱,不再出现以武力改变现状的新图谋并使一触即发的形势稳定下来,必须改变我们相互关系的结构,改变我们相互关系的线条,如果从更大的政治范围来说,就是改变新的主权国家——俄罗斯和苏联的相互关系的结构和线条。"②"所以,我出现在别洛韦日树林,我的决心就是这样定下来的。"③戈尔巴乔夫则把苏联解体归结为叶利钦等人的阴谋。似乎叶利钦妨碍了他的改革,一个人搞垮了苏联。他认为:"苏联绝对有可能维持,"只不过是"所谓国家紧急状态委员会打断了新联盟条约的签署过程",但"改革苏联的过程原来仍可以继续推动。在八月政变过后,别洛韦日的阴谋又对苏联做出最后一击"④。他强调说:"我们现在知道叶利钦确实实行了一种旨在使苏联解体的计划,事实上,早在十一月二十五日以前很久,他已经这样做了。"克拉夫丘克在他所著《帝国的末日》一书中指出,"叶利钦和乌克兰以及白俄罗斯领导人之间一直就有秘密协议和协调行动,秘密合作关系事实上早在联盟条约的筹备工作展开之际已经建立"。

(二)关于苏联解体各种观点的一般分析

中国学者在分析苏联解体原因时的侧重点亦各不相同,有的强调意识形态的作用,有的强调共产党本身的原因,有的强调经济因素,有的强调民族问题,有的强调西方和平演变的作用,有的从苏联推行霸权主义的对外政策加以分析,有的则强调体制因素的作用,也有人把苏联的解体归结为戈尔巴乔夫改革政策失误的结果。近期更多的论著则认为苏联解体的原因错综复杂,不能简单地确定为一两个原因,可称作"综合因素论"。这种观点认为,苏联解体是"冰冻三尺,非一日之寒",有主观因素和客观因素,有历史原因,也有现实的种种问题,不能人为地强调一种或几种原因而忽视另外的原因。应该说,在苏联解

---

① [俄]叶利钦:《总统笔记》,东方出版社1995年版,第123页。
② 同上书,第134页。
③ 同上书,第134—135页。
④ [俄]戈尔巴乔夫:《俄罗斯的教训》,台湾猫头鹰出版社2001年版,第225页。

体这样一个具有世界影响的事件中,多种因素都起了重要作用。问题的关键是,如何根据历史唯物主义的基本观点,找出苏联解体的带有根本性的、深层次的原因,或者说是带有主导作用的因素,而不是简单地把各种有关因素,甲乙丙丁地加以罗列、不分主次,更不能采取实用主义的态度。根据苏联解体过程中呈现出的种种现象,任意夸大或缩小某个因素的作用。论述苏联解体主要原因中,比较系统的观点可以概括为以下几种:一是"个人因素决定论",把苏共领导人及其政策摆在所有原因的首位,认为苏联之所以解体,是因为出现了戈尔巴乔夫、叶利钦这样的人物。显而易见,过分夸大个人的作用不符合历史唯物主义的观点。二是"和平演变论",把西方势力的和平演变看作是苏联解体的根本原因,夸大外部因素的作用同样不符合历史唯物主义。三是"改革原罪论",把苏联的改革看作是苏联解体的肇端,认为苏联社会主义建设的70年中,成就是主要的,戈尔巴乔夫的改革打断了苏联社会发展的正常进程。这种观点既不符合唯物主义的发展观,也不符合事实。四是"经济根源论",强调当代苏联的经济危机是苏联解体的主要原因,认为进入20世纪80年代以来,苏联经济效率大幅度下降,导致人们对社会主义的信任危机。这种观点没有看到经济效率下降的深层次原因,因而是肤浅的。实际上,苏联解体的根本性原因是体制问题,就是说苏联的传统体制由于弊病太多,而且长期没有改革,积重难返。正如邓小平所讲的,制度问题"更带有根本性、全局性、稳定性和长期性"。① 而以僵化的思维方式对待制度和体制,问题就严重了。

因此,研究苏联解体,一定要搞清楚各种因素之间的逻辑关系。最初起因是民族矛盾,民族矛盾的起因是经济没有搞好,包括改革没有搞好,生活水平下降。生活水平下降是由多种因素造成的,但主要原因是传统的计划体制使人们缺少动力,而缺少动力是因为长时间拒绝改革。僵化体制背后是僵化的思维模式,认为社会主义一切都好,为了维持这种僵化的模式,就是封闭,封闭的目的,就是不让人们知道外面情况,认为自己什么都好。封闭背后的原因,或者说封闭的体制和封闭的思维模式深层次的原因,是苏共党内的特权阶层。从社会人的角度分析人的心理。相对的优越感是人自我满足的重要因素,社会上的人都缺少物质供应,但自己却有,达到自我满足,尽管全社会的人生活都很一般,缺少物质供应,但一小部分人却有,显示出地位很高,也达到自我满足。这部分人拥有相当大的权力,便堂而皇之地打着坚持社会主义的旗号反对改革。苏联几次进行市场经济的讨论,一些高级领导和著名学者,难道他们不知道市场经济对于发展生产的促进作用吗?不知道西方的生活水平高吗?他们经常出国,比谁都清楚,但就是不允许国内搞改革,因为要维护自己的利益。这种格局一经

---

① 《邓小平文选》第2卷,人民出版社1994年版,第333页。

形成,便很难打破。而当世界潮流向前发展,西方的优厚的生活方式、生活用品通过走私的方式运到苏联国内,人们愤怒了,被愚弄的头脑开始独立思考了,革命起来了,几乎没有力量能够挡住了。将现有的一切,不管是合理的还是不合理的都打烂了。中国一些外交官回忆,20世纪五六十年代去苏联,肥皂有异味,手纸硬邦邦的刺手,火柴划不着火;可是到了七八十年代再去,还是那个样子。20世纪30年代的地铁,号称世界最先进的,可是到了90年代去,还是那个样子,只是线路更加老化了。如果说,普通老百姓不知道西方发展到了什么样,官员和学者还不知道吗?三天两头往外国跑的人还不知道吗?真理是最朴实的,很多都是常识性的东西;本来是很简单的事,却搞得很复杂。西方的和平演变,戈尔巴乔夫放弃社会主义,叶利钦的阴谋居心,都是重要的原因之一,但不是最主要的。当然也不是说戈尔巴乔夫和叶利钦一点责任都没有,而是说到了这时候,给他们成功的余地已经很小了,僵化的体制和模式的责任更大。

(三)体制和思想的长期僵化是苏联解体的根本原因

我们先重点分析一下体制问题。十月革命以后,俄国和苏联的政治体制就其实质来说是国内战争时期的领导体制,其特征是权力集中、党政一体、干部委派。内战结束后,列宁就把完善、改进政治体制提上了日程。他要求在党内结束"极端集中制""战斗命令制""委任制",代之以"工人民主制"。从20世纪20年代末开始,苏联政治体制进入了新的发展阶段。斯大林时期的政治体制并没有像列宁晚年嘱托的那样,向民主化的方向转变。相反,总的趋势是将原来就高度集中的政治体制推向极端,形成了政治体制的"斯大林模式",其具体表现是:(1)党的最高领导机构和最高领导人实际上掌握国家的立法权力和行政权力,有权直接插手政府部门,作出决策,实行监督。党内民主机制以及政治体制各要素之间的制约机制萎缩,监督机制名存实亡,形成少数人以至于一个人的专权。(2)全社会各层次的重要决策大都由中央集中作出。苏联名义上是联邦制,实际上加盟共和国独立权限很小,"每个加盟共和国都有自己的国家计划委员会,但他们都隶属于莫斯科全苏计划委员会。各加盟共和国政府不能自筹资金,也无权根据情况变化去改变莫斯科制定的价格或标准。"①地方苏维埃和基层更俯首听命于中央。(3)国家是经济的管理者和组织者,从上而下实行政体不分的部门管理。国家计划具有法律性质,政府对企业和经济组织的人、财、物、供、产、销有绝对支配权,企业缺乏自身发展的活力。(4)个人崇拜盛行,领袖的思想被奉为圭臬,缺乏学术自由,全社会开放性、公开性水平很低,基本上处于封闭状态。(5)层层委派的干部制度。苏联建国初期将具有较高

---

① [美]马特洛克:《苏联解体亲历记》上,世界知识出版社1996年版,第41页。

政治素质的干部以委任方式输送到各级领导岗位的做法,后来沿袭下来并定型化,形成制度。党、政、企业以至群众团体的干部层层由上级委派,衍生出实际上的干部任职终身制。(6)法制不健全且屡遭破坏。党的口号、政策和领袖的指示可以代替法律、高于法律。

  从1953年赫鲁晓夫上台执政到戈尔巴乔夫1991年下台,苏联的体制改革没有停止过。但由于改革是在传统体制框架内进行的,不但没有取得成功,反而越来越将这种体制推向极端。这是分析苏联解体的一个关键点。苏联集权体制有两个最基本的特征,就是政治上的高度集权,经济上的高度计划,而两者又都是以公有制为基础的。我们从以下三个方面可以看出苏联的改革是怎样将集权体制又推向极端的:第一,所有制关系单一化理论观点不断发展。苏联在长时期内不是以能否促进生产力的发展为标准来衡量所有制形式,而是以公有化的程度高低为标准来衡量所有制的形式,导致所有制关系的单一化。实际上十月革命胜利后,俄国经济相当落后,应建立多种形式的所有制关系,以适应不同层次的生产力发展水平。然而,苏联把国家所有制看成是一种最完善、最彻底的社会主义公有制形式。1951年出版的由苏联科学院经济研究所编写的《政治经济学教科书》的观点颇有代表性。书中写道:"国营企业中的生产关系是最成熟的、最彻底的。"同时认为,集体所有制是社会主义所有制低级的、不发达的形式。苏联所有制关系的单一化、国家化就不可避免。根据这些理论观点,体制改革的方向是把集体所有制提高、过渡或"融合"到国家所有制。赫鲁晓夫时期提倡进一步合并集体农庄和把集体农庄改变为国营农场。1959年以前,苏联城市中还存在手工业合作社,到50年代末则已全部合并到国营企业。1957年至1970年苏联农村中有27%的集体农庄改为国营农场。① 同时严格限制个体经济。勃列日涅夫时期不允许在苏联境内与外国资本合办企业。第二,经济管理集中化和指令化。计划是管理国民经济的唯一手段,而指令又是推行计划的唯一手段。国家通过指令性计划对企业的生产、流通、交换和分配等各个方面的活动实行控制和监督,企业生产出来的产品由国家包销,价格由国家规定。诚然,20世纪50年代中期也曾对计划体制进行过改革。1957年5月最高苏维埃通过《关于进一步改进工业和建筑业管理组织》的法令,撤销10个全联盟工业部,15个全联盟兼加盟共和国工业部和113个相应的加盟共和国部,并将全国划分为105个经济行政区,有些权力相应下放。但从1960年开始重新集权,至1963年,中央管理机构反而比以前增加了2.3倍。② 这种管理模式在苏美军事竞争的背景下,发展为带有准军事型的经济模式。到20世纪

---

 ① 江流、陈之骅主编:《苏联演变的历史思考》,中国社会科学出版社1994年版,第118页。
 ② 同上书,第44页。

60年代之后,苏美军备竞赛不断升级和加剧,苏联优先发展军事工业,军工产品的生产处于绝对优先的地位,并不断挤掉民用工业的生产。这又大大强化了计划和产品经济的地位。第三,政治上更加集权。1961年10月,苏共二十二大提出干部任期制,认为"经常地更换党的机关成员,能防止权力过分集中"。① 具体规定:各级党组织领导成员连任不得超过三届,基层组织书记不得超过二届。② 但到了1966年苏共二十三大时,这些规定基本上都取消了。勃列日涅夫就整整连任了四届。而且随着发展,主要权力越来越集中于党的第一书记。

"苏联模式"的成因是很复杂的,但有两点是不可忽视的:一是社会主义建立前后的国际压力。第一个社会主义国家苏联曾长期处于资本主义的威胁之中,这就迫切地需要在经济迅速增长的基础上增强其军事实力,因而必须把重工业的发展放在优先发展的位置,必须集中有限的人力、物力、财力,实行赶超型的发展战略。二是社会主义都是通过革命建立起来的,社会主义领导者们对指令性方式的偏好与他们领导革命的经验习惯是分不开的。他们认为经济建设是另一类战场,驾轻就熟地使用了领导革命的经验,即指令性的领导方式。"苏联模式"在一定时期内对国家的控制是有效的,并且取得了令世人震惊的伟绩:莫斯科运河、莫斯科地铁、莫斯科大学主楼工程……这些宏伟工程至今还发挥着巨大的作用。遗憾的是,这种控制模式没有随着时间的推移不断改革和发展。

体制僵化源于思想上的僵化。这种体制僵化的思维模式,其核心理念就是认为自己的体制和制度是最好的。第一,完全拒绝西方文明,没有吸收西方文明的积极因素;第二,完全拒绝对社会主义其他国家经验的借鉴,以老大自居:入侵捷克,孤立中国,打击波兰,将社会主义国家早期的改革都扼杀在摇篮中;第三,完全拒绝对自己的体制进行深刻的反思,将国内的改革派统统打倒。一句话,拒绝进行理论创新,将丰富的、发展着的马克思主义理论变成了僵化的教条。

问题的关键是,这种僵化的思想方式是如何形成的?这种僵化的思想方式,主要来源于对社会主义本身,特别是对社会的发展阶段问题的错误认识。1936年,斯大林宣布苏联"所有的剥削阶级都消灭了"③,"社会主义体系在国民经济一切部门中的完全胜利,现在已经是事实了"④,"我们苏联社会已经做到在基本上实现了社会主义,建立社会主义制度,即实现了马克思主义者又称为共产主义第一阶段或低级阶段的制度。这就是说,我们已经基本上实现了共

---

① 沈志华等编著:《苏联共产党九十三年》,当代中国出版社1993年版,第566页。
② 江流、陈之骅主编:《苏联演变的历史思考》,第46页。
③ 《斯大林文集(1934—1953)》,人民出版社1985年版,第85页。
④ 同上书,第84页。

产主义第一阶段,即社会主义"。1939年,联共(布)十八大则宣布苏联正逐步向共产主义过渡:"苏联在第三个五年计划(1938—1942)中进入了新的发展阶段,即完成无产阶级的社会主义社会建设并从社会主义逐渐过渡到共产主义阶段。"第二次世界大战以后,1952年召开的联共(布)第十九次代表大会对苏联社会主义社会所处发展阶段提法有了新的变化,即宣布苏联建成了社会主义社会。大会通过的苏联共产党章程写道:"苏联共产党组织了工人阶级和劳动农民的聪明,经过1917年伟大的十月社会主义革命,推翻了资本家和地主的政权,建立了无产阶级专政,肃清了资本主义,消灭了人剥削人的现象,建成了社会主义社会。"①这次大会在宣布建成了社会主义社会的同时,规定"现在,苏联共产党的主要任务是:从社会主义逐渐过渡到共产主义,最后建成共产主义社会"②。赫鲁晓夫主持苏共中央工作之后,仍沿用十九大的提法。1956年2月召开的苏共二十大,赫鲁晓夫在报告中仍然认为苏联当时是"逐步从社会主义向共产主义过渡",并认为"建成共产主义社会已成为苏联各族人民的实际任务了"。

  1959年1月27日,赫鲁晓夫在苏共二十一大的报告中正式提出了共产主义全面建设理论。他宣布:苏联已经"进入一个新的、极重要的时期"——全面展开共产主义社会建设的时期。这个时期的主要任务,是建立共产主义的物质技术基础。1961年10月,在苏共二十二大上赫鲁晓夫在继续肯定苏联已经进入全面展开共产主义建设的同时,把急于向共产主义过渡的思想发展到了极端,宣布要用"二十年基本上建成共产主义社会",并具体规划了时间表。

  1964年10月赫鲁晓夫下台,勃列日涅夫在1964年10月苏共中央全会上批判了赫鲁晓夫的"主观主义和唯意志论",提出"要实事求是地、科学地估计社会主义建设的问题与前景。"此后,苏联已不再使用"全面展开共产主义社会建设的时期"这一提法,也放弃了"1980年基本上建成共产主义社会"的口号。1967年11月3日,勃列日涅夫在纪念十月革命50周年的讲话中,重新提出了列宁的"发达的社会主义"的概念,第一次正式宣布:"在我国建成的发达的社会主义社会,是'各尽所能,按劳分配'的原则占统治地位的社会。"1971年3月30日,勃列日涅夫在苏共二十四大的总结报告里,强调了社会主义社会阶段划分的重要,论证了苏联已建成发达社会主义,他提出:"苏联人以忘我的劳动建成了发达的社会主义社会。"1977年10月,勃列日涅夫又进一步指出:"社会主义在自身基础上完善的时期,即成熟的、发达的社会主义时期,是社会改造的一

---

  ① 转引自薛汉伟:《社会主义社会阶段划分的理论和实践》,安徽人民出版社1987年版,第100—101页。
  ② 同上。

个必要环节,是从资本主义走向共产主义道路上的一个相当长的发展时期。"1977年通过的苏联《宪法》用宪法的形式把"苏联已经建成发达的社会主义社会"这一结论固定下来。

这种对社会发展阶段错误认识的形成,有三个重要的原因:第一,基本理论上的失误,即在生产力和生产关系问题上,不是把生产力,而是把生产关系作为社会发展程度的标准,只要把生产关系搞得越"先进",就越能证明社会的优越性。按照这种观点,既然社会主义公有制的生产关系是先进的、优越的,那么它一经形成,就该维持不变,依靠它就能不断提高社会生产力。如果生产力不能向前发展,就应该把生产关系搞得更先进。历史证明,这种观点是不符合实际的,是不利于社会主义的发展的。

第二,片面理解社会主义工业化和农业集体化取得的成绩。苏联从1925年俄共(布)第14次代表大会决定把工业化作为全党和全国人民的中心任务开始,到1937年第二个五年计划完成为止,仅仅用了12年时间就基本上实现了国家工业化。1937年全国工业产值在工农业总产值之中的比重已由1913年42.1%上升到77.4%;到1940年又上升到85.7%。1937年生产资料的生产比1913年增长9倍,其中机器制造业和金属加工业增长将近19倍,化学工业增长14.2倍。① 苏联人民创造的"工业化奇迹",从根本上改变了苏联经济在世界经济中的地位,大大缩小了苏联与各发达的资本主义国家在经济上的差距。1937年苏联工业生产水平由1913年的世界第五位和欧洲的第四位发展为世界第二位和欧洲第一位。苏联工业总产值在世界工业总产值中的比重由1913年的2.6%上升为1937年的10%。② 这种比较所得出的高增长固然同资本主义国家在1929—1933年爆发了经济危机有关,但从另一个方面也确实反映了苏联国民经济调整发展和综合国力空前增强的历史事实。同时,人民的生活水平提高很快,1937年全国国民收入已由1913年的210亿卢布增加到963亿卢布(按1926—1927年度的不变价格计算),劳动人民总消费水平提高了100%。③ 职工实际工资1940年比1913年增加了5倍。集体农庄庄员的实际收入在1934—1937年间也增加了1倍多。④ 苏联社会主义工业化和农业集体化的高速发展,冲昏了人们的头脑,造成了这样一种幻觉:以为在实现社会主义国家工业化和农业集体化之后,仍然可以用这种速度,甚至更快的速度去建立无阶级的社会主义社会。而高度集中的、忽视市场机制的经济体制的形成,也促使人们以为可以很快抛弃重视市场机制的新经济政策,而没有也不可能认识

---

① 《苏联工业统计资料汇编》,统计出版社1957年版,第9页。
② 《苏联国民经济60年》,三联书店1979年版,第28页。
③ [俄]萨姆索诺夫主编:《苏联简史》第2卷,1972年莫斯科版,第259页。
④ 江流、陈之骅主编:《苏联演变的历史思考》,第30页。

到在实现工业化期间起过积极作用的这种体制,在工业化实现以后,必须改革。当原有体制的弊端还没有完全暴露出来的时候,又爆发了卫国战争。工业化进程和大规模的战争相衔接,是导致对社会主义发展阶段问题错误认识的重要契机。

第三,不注意国家的对外开放和了解资本主义的发展状况,盲目地夜郎自大。由于过高地估计自己的成绩和优势,加上不注意国家的对外开放和了解资本主义的发展状况,就无法对自己国家在国际上所处的地位及所取得的成绩和不足作出符合实际的估计和评价,这是导致苏共领导人错误认识社会主义发展阶段的一个重要原因。20 世纪 30 年代末苏联虽已建立起一批具有当时先进技术的重工业,但整个国民经济的技术水平与西方发达资本主义国家相比仍然有很大差距。联共(布)十八大决议列举的苏联与西方资本主义国家在人均计算的重要工业品产量方面的比较数字表明,苏联不仅远远落后于美国,而且也仅为英国、德国、法国的 1/2 或 1/3,这从一个侧面反映了这种差距。然而,联共(布)领导人在一些地方却作了"基本上实现了社会主义"这样过高的估计。①

正是由于对社会主义发展阶段的错误认识,导致苏共延误和拒绝改革,从而最终导致苏共失权,苏联解体。道理很简单,因为,既然社会主义已经很完善了,处于发达阶段,并把直接过渡到共产主义作为主要的任务,并且用它来衡量一切,那么任何改革都变得毫无必要,即使提出也会遭到否定。比如勃列日涅夫时期,改革的形势已经十分紧迫,改革的条件也已相当成熟。但勃列日涅夫生性谨慎,求稳怕乱,就是不想搞改革,到 1971 年苏共二十四大前后,苏联的改革基本上处于停滞和后退的趋势了,从此对原有的体制只讲"完善"和"发展",讳言"改革"。与此同时,勃列日涅夫提出的"发达社会主义"理论美化现实社会,掩盖了存在的问题,夸大了成绩,满足于现状。在这种情况下,改革就显得毫无必要了。

正是从斯大林开始苏联历届主要领导人的僵化的思想方式,导致了体制上的僵化;体制的僵化又导致了众多的社会问题不能及时地解决,使得各种社会矛盾,诸如官僚特权集团同人民大众的矛盾,不断加剧,而且这些矛盾交织到一起,越积越多,这为后来的改革者的成功留下了较小的余地。不是说戈尔巴乔夫、叶利钦等人没有责任,而是说僵化的思想方式和僵化的体制所起的作用更大。时隔苏联解体 20 年后,即 2011 年 12 月中国《环球时报》对近万名中国民众就苏联解体的原因进行调查,有 52.7% 的人认为"政策失误,制度僵化,政治

---

① 参见薛汉伟:《社会主义社会阶段划分的理论与实践》,安徽人民出版社 1987 年版,第 92 页。

腐败,丧失民心"是苏联解体的主要原因。①

苏联解体的影响也是深远的。毫无疑问,苏联解体给我们提供了深刻的教训。一个庞大的"帝国"由于内部原因瞬间倒塌。完善和发展中国特色社会主义制度,推进国家治理体系和治理能力现代化,是我们正确的选择。苏联解体对世界格局乃至以后的发展也有深刻的影响。苏联解体前后,华约解体、冷战结束、北约东扩、俄罗斯降为"二流国家"。进入21世纪,随着俄罗斯国力的日益恢复,同北约东扩的冲突越来越严重。2014年爆发了"乌克兰危机":2月,亲欧美的民主派通过游行示威上台,罢免了亲俄的总统亚努克维奇;3月,在原苏联内部原属于俄罗斯、1954年划归乌克兰的克里米亚地区举行全民公决,96、77%的民众同意归属俄罗斯。俄罗斯坦然接受,在短时间内通过了克里米亚入俄的法律文件,克里米亚成为俄罗斯的一部分。欧美反应激烈,宣布了对俄罗斯个别高官限制入境等的一系列制裁措施。俄罗斯针锋相对,宣布了限制欧美个别高官入境的反制裁措施,俄罗斯和欧美关系骤然紧张。普京总统由于在处理"乌克兰危机"过程中的果断和强硬,其支持率骤然上升至75%,这从一个方面反映出了俄罗斯人的心态。这种危机的深层次原因,还是苏联解体后地缘政治发展的重要结果。

三、戈尔巴乔夫的改革思想评述

戈尔巴乔夫出生在20世纪30年代初俄罗斯南部斯塔夫罗波尔边疆区一个农村家庭。外祖父曾在"大清洗"中被捕入狱,而祖父则因反对加入集体农庄而被流放西伯利亚。1933年发生的大饥荒对他家摧残严重,他爷爷的5个孩子饿死了3个,只剩下他爸爸和一个叔叔。20世纪30年代大饥荒和"大清洗"的情景,在戈尔巴乔夫幼小的心中留下了强烈的印象。在他出任苏共中央总书记以后,在审查影片《忏悔》时,当他看到秘密警察敲一位无辜音乐家的门,要逮捕这位音乐家时,他甚至"强忍住泪水",回忆起外祖母给他讲述外祖父被捕那天晚上的事。②

戈氏这样的经历和感受在苏联是许多人都有过的,对他们这代人来说是非常典型的。20世纪30年代斯大林犯下的严重错误,不仅在斯大林去世不久的50—60年代,而且在80—90年代,依然随着"民主化"和"公开化"的进程而强烈震撼着苏联广大干部群众,使之成为人民厌弃苏联社会主义制度的一个重要

---

① 环球舆情调查中心主编:《中国民意调查》,人民日报出版社2012年版,第322页。
② [美]达斯科·多德尔、路易斯·布兰森:《戈尔巴乔夫——克里姆林宫的异教徒》,新华出版社1991年版,第2页。

的原因。强制集体化和逼迫征粮带来的可怕饥荒和30年代中后期的"大清洗",由父、祖辈将其亲身经历和体验讲述给了子孙们,而这种对人刺激极大的残酷事件很容易在儿童的心灵上打上深深的烙印。从这样的体制下成长起来的一代,有一种对于他们所生存的这个制度天然的厌恶和恐惧,而为了继续生存下去,他们又必须慢慢地去适应这一制度,并从中谋得人生的发展。这就使其养成了一种双重的性格,除了对于制度的适应外,自幼开始的心灵的扭曲也已经种下了日后反叛的种子。

家庭的影响对于儿童的成长起着重大的作用,而青少年时期所接触的思想的影响则直接关系着一个人一生的发展。戈尔巴乔夫在回忆中说:"我们这一代在战争中还是孩子。战争的烈火烤红了我们的脸,给我们的性格和整个世界观打下了深深的烙印。"又说,"父亲上前线后,家里的许多活也得做。1942年春天起,又加上了菜园里的活,菜园供养着全家人。母亲天刚亮就起床,开始刨地除草,然后把活交给我,就去农庄的地里干活。……我们这些战时的孩子跨过童年,一下子就进入了成人的生活。"① 战时的生活养成了戈尔巴乔夫早熟和独立的性格,他中学女友提供的他在历史课上纠正老师错误的情节,对此就是一个绝好的注脚。对于战后的农村情况和斯大林的农村政策,他就持有独立见解。在放映有关战后农村生活题材的影片《幸福的生活》的当时,戈氏就以批判的目光加以看待。② 1991年在一次同莫斯科大学老同学的会见中,一个同学曾说,当年人们曾因戈氏的激进思想把他看作"持不同政见者"。戈氏当时不同意这种说法,但承认"对发生的事态持批评态度,却深入我的思想"。戈氏夫人赖莎在她的一本书中曾引用戈氏1953年夏天在他家乡斯塔夫罗波尔地区检察院实习时写给她的一封信,信中流露了他对当地政权机关的强烈不满。戈氏自己承认,他当时"心中的抗议和不满已经充分发展了"。"于是我决定与检察院一刀两断"③。可见此时戈尔巴乔夫的思想深处已经具有对于正统观念的叛逆,而这样的思想则直接成为接受赫鲁晓夫路线和苏共二十大的基础。

而另一方面,戈尔巴乔夫又是正统教育培养起来的政治人物。他并不是一开始就是一个叛逆者,如果从青年时代戈尔巴乔夫的叛逆性就昭然若揭的话,他早已成了反抗这种制度的殉葬品,决不会当上共产党的最高领袖。一种生存的本能和渴望成功的心理使这位农民出身的少年首先以一个适应者的身份进入到这种体制中来,并在这个制度中成长,逐渐成为这种制度的一个宠儿。他少年时就非常出众,16岁时获得"劳动红旗"勋章,并因此被推荐进入莫斯科大

---

① [俄]米·谢·戈尔巴乔夫:《真相与自由》,社会科学文献出版社2002年版,第27页。
② 托马斯·巴特森:《戈尔巴乔夫出山前后》,新华出版社1987年,第198页。
③ [俄]米·谢·戈尔巴乔夫:《真相与自由》,第48页。

学法律系学习。21 岁加入苏联共产党,24 岁以优异的成绩毕业后回到家乡担任共青团的工作,27 岁即担任共青团斯塔夫罗波夫区委员会第一书记,39 岁升任该区党委第一书记。47 岁又升任苏共中央委员会书记,48 岁当选苏共中央政治局候补委员,一年后成为正式委员,54 岁成为苏联最高领导人。在苏联的官僚体制下戈氏可谓平步青云,成为这一制度的最大受益者。

戈尔巴乔夫从中成长的这套政治体制是在斯大林时期建立起来的,即人们常说的斯大林模式。自 20 世纪 50 年代后期开始,为克服斯大林个人崇拜的后果,赫鲁晓夫曾对斯大林时期的干部制度做了若干改革,主要是用领导干部的任期制、轮换制取代过去的终身制。这种改革的初衷和基本方向是值得肯定的,是向着更加民主、高效、合理的目标发展的。但勃列日涅夫上台后,以求稳怕乱为宗旨,借口这一改革造成干部的不稳定,全面取消了这一干部制度的改革。这样就在事实上造成了领导干部的终身制在 70—80 年代又如斯大林时期那样全面推行开来。勃列日涅夫执政 18 年,直至老死任上。其后两任虽任期不长,依然是旧戏重演。老人执政,又集党、政、军全权于一身,全国之命运亦系于苏共第一书记于一身。这种政治统治秩序已达 20 年之久,"老人政治"已成苏联政治的严重危机之一。接连三位最高领导人老死任上之后,不能不惊醒全党:必须从年轻者中遴选最高领导人。那么,何人年轻呢? 当时政治局委员的平均年龄是 70 岁,60 岁以下者唯有戈尔巴乔夫一人。在这群老人中,可选择的余地甚小。在这样的局面下,戈尔巴乔夫被遴选推举出来,绝对不是偶然的。可以说,戈尔巴乔夫上台,完全是勃列日涅夫恢复斯大林体制造成的,他作为斯塔夫罗波夫的官员和政治领导人,主要是在勃列日涅夫时期被培养起来的。他之所以在残酷的权力竞争中被最高当权者遴选出来,从区委书记成堆的竞争中冒将出来,并成为政治局中最年轻的委员,在很大程度上得益于这个体制的特权化和极权化。整个国家的命运、所有国民的命运,乃至党和国家的高级干部的命运都操纵在那几个老人手中。

(一) 关于戈尔巴乔夫的改革思想

1. 改革指导思想的失误

戈尔巴乔夫的改革思想,主要通过他的《改革与新思维》一书表现出来。戈尔巴乔夫认为他的改革思想来源于列宁思想,"向弗·伊·列宁求教是改革的思想源泉"①。具体说来:第一,"列宁关于必须考虑客观经济规律要求,关于计划工作和经济核算,关于善于利用商品货币关系、物质刺激和精神刺激的论

---

① [俄]米·戈尔巴乔夫:《改革与新思维》,新华出版社 1987 年版,第 22 页。

点",是改革的思想源泉之一。① 第二,列宁认为,社会主义和民主是不可分割的。劳动人民是通过争得民主自由而执掌政权的。他们也只有在全面发扬民主的条件下才能巩固和行使这种权力。"②这是改革的又一思想源泉。第三,列宁的"创造性地对待社会主义建设的理论和实践的方法",是改革的重要的思想根源。"那些曾经迫于形势而采取的和反映我国具体历史条件的社会主义建设方式和方法,被奉为典范和被理想化了,并被当作普遍的不可更改的教条。结果形成了内容贫乏的、公式化的社会主义面貌,它拥有一个臃肿庞大的集中管理体系,对人们多种多样的利益以及他们在社会生活中的积极作用估计不足,而且明显表现出平均主义倾向③,"对这种体制进行改革是符合列宁改革思想的。实际上,在如何进行改革问题上,戈尔巴乔夫是有创新的,就是民主化和公开化的思想。戈尔巴乔夫指出:"加强苏联社会的民主原则,发展自治,扩大我们整个体制的工作的公开性和开放性。我们现在清楚地看到,这一强大的动力使社会多么快地动起来了。"④民主化、公开性的提出,是苏联的改革中具有决定性意义的大事。戈尔巴乔夫的逻辑很明确:社会僵化已经很严重了,完善社会主义要求所有工人都要对改革倾注热情,改革应在每一个工作岗位,每一个劳动集体,整个管理系统,以及党和政府机关,其中包括政治局和政府中进行。⑤ "一切已知的'来自上面的革命'之所以存在弱点和不彻底性,正是由于缺少来自下面的支持,缺少与群众协调一致的行动"。⑥ 群众之所以没有积极性,又是因为社会主义生活不民主使他们缺乏主人翁意识,因此,改革必须从扩大民主开始,公开性是发扬民主的充分体现,这样才能发扬社会主义的优越性,调动人民群众的积极性,实现改革的预定目标。戈尔巴乔夫的逻辑不能说没有道理,但问题在于事情远比他所想象的要复杂得多。后来的事实证明,民主化和公开化的提出启动了一条客观的、不以任何个人的主观意志为转移的逻辑链条⑦,它使得苏联的改革成为一场戈尔巴乔夫本人乃至苏联共产党都难以控制的意想不到的改革。

在笔者看来,戈尔巴乔夫有两个问题是不能回避的:第一,他对列宁改革思想的理解不全面;第二,民主化并不等于一定要搞公开化,他对改革突破口的选择是有问题的,对体制改革的艰巨性和复杂性认识不足。

---

① [俄]米·戈尔巴乔夫:《改革与新思维》,新华出版社1987年版,第22页。
② 同上书,第31页。
③ 同上书,第50页。
④ 同上书,第32页。
⑤ 同上书,第65页。
⑥ 同上书,第32页。
⑦ 参见安启念:《东方国家的社会跳跃与文化滞后》,中国人民大学出版社1994年版,第323页。

首先,戈尔巴乔夫对列宁主义的深层内容缺乏了解,未能抓住列宁主义改革思想的精神实质。众所周知,列宁,特别是晚年的列宁,提出了改革体制、发扬民主、利用商品货币关系等思想,但还有问题的另一方面:列宁主义的本质是主张在经济文化落后国家进行特殊的社会跳跃,进行社会主义革命。由于经济文化落后,特别是由于人民群众文化水平低下,先进的理论要从外面灌输进去,所以,列宁主义中富有特色的是列宁的建党思想,而建党思想中富有特色的是民主集中制思想。由于面临着夺取政权的艰巨任务,列宁更强调按照集中制的原则建设党的组织。他说:"无产阶级的无条件的集中制和极严格的纪律,是战胜资产阶级的基本条件之一"。① 十月革命胜利以后,列宁对民主集中制所强调的侧重点,有一个随历史条件变化而变化的思想发展轨迹。诚然,他更多的是强调实行党内民主,但有一点没有变,就是反对派别活动,提出"特别需要保持党的队伍的统一和团结,保持党员互相之间的完全信任,保证在工作中真正齐心协力,真正体现无产阶级先锋队的意志的统一。"②按照列宁的思想,经济文化落后的国家跳跃过资本主义阶段进入社会主义,其权力和思想走向是自上而下的,是一个由人精心设计并控制的过程,而且是一个长期的过程,如果不坚持集中制的原则,就容易失去政权。这种特定环境决定了"高度集中"为列宁主义的本质特点之一。应该承认,这种高度集中并不否认民主。民主是一个十分复杂的概念。列宁讲述要发扬社会主义民主,但怎样发挥民主,落实到具体的操作层面上,就更复杂了。总的趋势是民主不断扩大,但这是一个过程。列宁曾提出过加强工人阶级的监督;正确处理好集中制与民主制的关系;要进行扫盲,提高群众的文化素质;实行任期制;建立具有权威性的监督机关,都是具有积极意义的措施,但绝对不能将这些仅仅归结为"公开化"。

其次,民主化并不等于"公开化"。固然,列宁在《怎么办》这篇文章中,曾讲过"完全的公开性"是"广泛民主原则"的必要条件,但随后列宁又指出,"在秘密状态下,这个原则是无法实现的。"③实际上,"公开化"是个很宽泛的概念,实现"公开化"要具备一些必要的条件,特别是中俄这样的后现代化国家。戈尔巴乔夫提出的"公开化"原则,反映出他对体制转型的艰巨性和阻力缺乏足够的认识,在体制转型突破口的选择上出现严重的失误。当改革的阻力非常大时,为了在改革过程中保证国家控制能力的实现,改革突破口的选择就显得非常重要。苏联社会转型的阻力之所以大,其原因就是长时期实行计划经济,社会中的绝大多数人都能在体制内得到一份既得利益。特别是各级政府官员,企

---

① 《列宁选集》第4卷,人民出版社1972年版,第181页。
② 同上书,第478页。
③ 《列宁选集》第1卷,人民出版社1972年版,第347页。

业的领导,更是这种体制的直接受益者,大量的特权制度使他们得到大量实惠,成为改革的阻力。对改革者和各种"异端"分子采取严厉的措施,又造成了大量的冤假错案。长时期的封闭和集权,使广大人民群众对这些缺乏了解。在这种情况下,改革的突破口就要选择多数人都能接受的方案。当然,做到这点的确不容易,但也绝不是说就没有这种可能性。中国选择的是农村联承包责任制作为突破口。苏联能否也选择农村或者是企业改革作为突破口,是值得研究的。但实际上,戈氏选择了"公开化"作为突破口,先是大量特权制度被揭露,腐败现象引起人们的深恶痛绝,对苏联共产党开始怀疑乃至反感,直到坚决反对。接着,自发地形成了一场无比广泛、无比深刻的对70年苏联历史的反思运动。原因很简单,由于缺乏民主化和公开性,苏联历史上有许多鲜为人知或虽然知道却只能缄口不谈的重要问题,沉默了几十年,一旦有机会,不可能不开口。这场运动自1987年起,持续近三年之久,高潮是1988年,至今仍未绝迹。在当时的苏联,报刊、广播、电视、文艺作品、讲台、学术会议,乃至大学教研室的业务活动和人们的街谈巷议,都以反思苏联历史为热点。反思的具体内容,开始是对斯大林时期种种不人道行为的揭露、谴责与批判,很快进而扩展到对十月革命以来直到改革运动兴起整个苏联历史的批评。由于苏联共产党贯彻民主化、公开化方针,主动放弃对社会舆论的引导,对历史的批判反思涉及的内容越来越多,调门越来越高,实际上成为对斯大林及斯大林所领导建成的社会主义制度的全面控诉。这场反思运动的深度和广度颇为惊人。在斯大林写于20世纪50年代初的《苏联社会主义经济问题》一书中受到批评的经济学家雅罗申科,年过90,在西伯利亚某小城隐居数十年,也被人在1989年找到,在《真理报》上发表大块文章控诉斯大林和赫鲁晓夫。直到1990年末,还有文章这样写:有人说,关于斯大林已经讲得够多的了,不要再给过去抹黑了。不,讲得还不够,还应当再讲很多时间。斯大林政权的根子不仅要在俄罗斯传统和斯大林本人那里找,还要从人的史前时期,从人的"动物性"存在中去找。①

这场历时数年的历史反思,对于苏联共产党和苏联的社会主义制度无异于一场空前的灾难,其直接的后果是斯大林及其他苏共领导人、社会主义、马克思主义威信扫地,苏联70年的历史被弄得一团漆黑。

苏联共产党和社会主义以及马克思列宁主义威信的丧失,是民主化、公开性方针带来的结果,但它又造成了一系列新的变化。民主化、公开性方针的重要,远不在于给人们以言论自由,它所改变的不是人们对这个或那个具体问题的看法,而是改变了全部苏联社会生活的权力走向。在过去,苏联的权力走向是自上而下,广大群众一切都要听命于克里姆林宫的指示,在民主化、公开性方

---

① 参见[苏]《新时代》杂志,1990年第11期。

针下,群众不仅赢得舆论自由,而且自十月革命后第一次得到就干部问题等的决定权,权力走向变为自下而上。无论个人还是政党,其政治生命都取决于能否得到选票。在这样的情况下,丧失了威信的苏联共产党,处于非常困难的选择关头:或者坚持原有的立场,但这将如东欧各国的共产党一样为群众运动的潮流所淹没;或者顺应群众潮流,改变原有立场,这样还有可能以原则换取选票,保住自己的执政党地位。以戈尔巴乔夫为首的苏联共产党做了后一种选择。但这样一来,苏联的改革运动发生了根本性的变化,它不再是苏联共产党控制之下的一场运动。相反,苏联共产党倒必须随时调整自己,以便迎合群众的自发需要。苏联共产党发动的改革,革到自己头上了。

上述变化的后果,便是苏联共产党的步步退让。在1989年东欧剧变的强大压力之下,1990年苏共同意修改《宪法》,删去了关于苏共一党执政的条文,多党制成为合法;1991年,俄罗斯选举总统,攻击苏共成为拉选票的有效手段,结果以反对苏联共产党而闻名的叶利钦当选;1991年8月19日,苏联瓦解在即,为挽救苏联和苏联的社会主义制度,一些著名的共产党人发动政变,遭到广大群众的激烈反对,苏共被查禁,结束了政治生命。同年12月底,苏联正式宣告解散,改革的发动者戈尔巴乔夫下台。从以上可以看出,民主化、公开性方针的提出,实际上启动了一条以铁的规律性必然导致苏联解体的逻辑链条:民主化、公开性导致了历史大反思,而大反思又大大损害了苏联共产党和苏联社会主义制度的形象;民主化、公开性改变了苏联的权力走向,在自下而上的民主之下,形象受到严重损害的苏联共产党只能节节败退,直到自己垮台和国家解体。

由此可见,如果站在苏联共产党的立场上,改革给党和党的事业带来的灾难,党本身,特别是党的主要负责人戈尔巴乔夫,确有责任,他们错就错在选择了民主化和公开性作为改革的突破口,以至于玩火自焚。

2. 戈尔巴乔夫放弃苏共领导是严重的失误

戈尔巴乔夫个人要负责任,他最主要的失误,就是抛弃了苏共的领导。做为苏联这样一个大国,一定要有一个领导核心,我们可对苏联的政治体制做一些分析:

在苏联的政治体制中,国家结构的联邦制服从于共产党的民主集中制,这是维系苏联得以稳固运行的根本。苏联共产党规定,下级机关"绝对服从"上级机关的决议,党员"绝对服从"上级机关的决议。于是党的权力逐步向上一级机关集中,全党的领导权最终集中在中央政治局和书记处。但是,戈尔巴乔夫后期,苏共中央自愿打破了党内的高层权力结构,要求共产党不再管理国家机关,中央政治局和书记处失去了管理党和国家的权力。在苏共中央丧失领导权后,加盟共和国有自由退出苏联的权利,却不再有绝对服从苏共中央的义务,这就注定了苏联解体这样一个结局。

按苏共《党章》规定,代表大会是党的最高机关,在两次代表大会之间,中央委员会是党的领导机关。在两次中央全会召开期间,政治局是领导中央委员会工作的机关。书记处"领导日常工作,主要是检查党的决议的执行情况和选拔干部"。因此,从理论上讲,苏共的高层权力结构应该是:代表大会掌握着党的最高领导权,中央委员会接受代表大会的领导,政治局和书记处受中央委员会的领导。

代表大会每隔4—5年召开一次,但代表大会的会期、议程、决议、中央委员会人选等都由中央委员会确定,实际上是由政治局和书记处酝酿决定。因此,代表大会的召开,经常是例行公事地通过政治局和书记处的决定而已。由于中央委员会也不是常设机关,在中央全会闭会期间,党的重大事务都由政治局处理。而且,政治局也不进行日常办公,因此书记处就经常代行了政治局的许多职权。在政治局和书记处之间,如果多数政治局委员会否决书记处的决定,书记处只能服从政治局。所以,事实上,苏共的实际领导权掌握在中央政治局和书记处手中。

总书记领导政治局和书记处的日常工作。中央委员会、政治局、书记处之间实行民主集中制,最主要的,是下级服从上级,党内权力逐步向上一级机关集中,集权制逐步形成。

苏共对国家实行直接领导。苏联宪法第6条规定:"苏联共产党是苏联社会的领导力量,是苏联政治制度以及国家和社会组织的核心。"在实践中,苏共中央政治局和书记处不但能够领导全党,而且能够通过各级苏维埃和政府领导全联盟。最高苏维埃名义上拥有立法权、监督权和干部任免权,但苏维埃在履行这些职权时必须接受苏共中央政治局和书记处的领导。最高苏维埃审议的法律、法规,一般都是党内已经讨论成熟的决定。最高苏维埃审议法案的行为,其实是将党的决定转化为国家的法律法规。正如斯大林所说,共产党的口号"具有法律效力,应当立即予以执行",党"并不是直接实现这种专政,而是借助于工会,通过苏维埃及其支脉来实现这个专政"。至于最高苏维埃任免政府领导及公职人员的行为,实际上也是执行党的决定,因为干部人选一般都是由共产党中央酝酿产生的。中央政府是最高苏维埃政府的一部分,当然也要接受苏共中央的领导。

在客观效果上,苏共中央政治局和书记处掌握着全党、全国的领导权,恰好是维持苏联稳固的关键。由苏联宪法赋予各加盟共和国"自由退出联盟的权利",故从理论上讲苏联本身是非常松散的联盟。而且,由于加盟共和国之间既有根深蒂固的民族矛盾,又有激烈的地区冲突,使联盟存在着可能解体的危机。而苏联共产党民主集中制的存在,恰好能够化解这种危机。在共产党的领导下,各加盟共和国的苏维埃和政府都必须服从加盟共和国党中央,加盟共和国党中央则又必须"绝对服从"苏共中央。于是,加盟共和国虽然有"自由退出"联盟的权利,同时又必须履行"绝对服从"苏共中央的义务。在苏共中央的集中领导下,加盟共和国不能随意行使其退出苏联的权利,使松散的联盟得以成为稳固的国家。

苏联这种体制有两个致命的问题:一是在党内总书记的权力太大,极容易趋向个人专制;二是党对国家直接领导,限制了国家和政府的权力。戈尔巴乔夫在1988年6月召开的苏共第19次代表会议上,也指出了这样两个问题,但却走向了取消党的领导方面。1990年3月,苏联第三次非常人民代表大会决定实行总统制,取消共产党法定的领导权。大会通过的《关于设立苏联总统职位和苏联宪法(根本法)修改补充法》规定:"苏联公民有权结成政党",一切政党"应在宪法和苏联法律的范围内进行活动"。这次大会对宪法作了修改。《宪法》序文删除了"共产党——全体人民的先锋队的领导作用增强了"一句。第6条改为:"苏联共产党、其他政党以及工会、共青团、其他社会团体和群众运动,通过自己被选入人民代表、苏维埃的代表并且以其他形式参加制定苏维埃国家的政策,管理国家和社会事务。"这等于废除了共产党的法定领导权,苏共将与其他政治团体在同等条件下行事。在这次大会上,戈尔巴乔夫当选为苏联总统,苏联改行总统制。苏联的权力核心从苏共中央政治局、书记处转移到总统委员会。

1990年7月,苏共二十八次代表大会发布的《纲领性声明》,不再提党是"领导力量"和"核心",放弃了苏共的政治和意识形态垄断地位。该《声明》规定:"国家权力机关和管理机关有权做出干部任免决定,党内的干部任免权由上级机关下放给党组织和全体党员"。苏共第二十八大通过的《党章》,不再要求下级机关"绝对服从"上级机关决议,反而规定:"各加盟共和国共产党是独立的",如果不同意苏共中央政治局做出的决议,"加盟共和国共产党中央委员会有权不执行这一决议"。至此,苏共的高层权力结构发生了根本的改变。

诚然,苏共党内有特权阶层,即使这样,也不能抛弃党的领导。

戈尔巴乔夫多次强调:在苏联改革的阻力主要来自于管理阶层,他说:"1986—1987年之交,我感到党内和管理阶层在强烈抵制。"①戈尔巴乔夫便开始针锋相对,大规模地撤换干部。"从1983年开始,几年内有90%的州委书记和加盟共和国党中央书记被替换。市委和区委书记在80年代后期的轮换,把这一级别党的干部更新了2—3次。"②"根据1986年的官方统计,(苏联)全国共有1770万行政人员。戈尔巴乔夫在1986年的2—3月党的第27次大会和

---

① 《尚未结束的历史——戈尔巴乔夫访谈录》,中央编译出版社2003年版,第15页。
② [俄]尼·伊·香日科夫:《大国悲剧》,新华出版社2008年版,第25页。

1988年6月党的第19次全国代表会议上,正式宣布了反对官僚主义斗争的运动。"①"在1985年6月至1988年6月期间,部长会议主席团14名主要成员中替换了12名,其他2名成员因赞同'改革'被留了下来","到1988年年初,各部66%的在编人员被撤职、转岗或裁减"。②戈尔巴乔夫通过行政手段反对行政手段,这样改革是不好的,最后导致党的领导的丧失。

3. 经济改革失误,成效低下是直接原因

改革一定要保证人民生活水平的不断提高。这样才能减少改革的阻力。戈尔巴乔夫为此做过深刻的反思:"我们没有利用人民群众的巨大的支持。我不知道,还有哪个政权得到过如此巨大的支持。然而,我们从1990年春天开始逐渐失去这一支持。我们也没有利用解决市场问题的时机。人民一直在等待,可我们却没能抛弃陈旧的观点,把资金——数十亿美元的资金都花费到那些已经过时的大项目上。应当使人们的需求、收入与市场保持平衡,让一部分国防工业企业生产优质民用品。这样的话,人民就会理解叶利钦以及激进民主派的做法,也就不会发生叛乱了。"③

(二) 关于戈尔巴乔夫的性格特征和工作作风

实际上,戈尔巴乔夫成为自身局限性和性格的牺牲品。诚然,戈氏的优点是很多的,思想开放,思维敏捷,能言善辩,精力旺盛,但是,其局限性和性格的缺点也是很明显的。第一,优柔寡断。"戈巴尔乔夫喜欢速断速决;但当面临难题时,他常常犹豫退缩,最后通过一项毫无约束力的决议。"④戈尔巴乔夫这种优柔寡断作风的形成,很大程度上取决于他个人经历。戈尔巴乔夫从中学时代到上大学,一直做团的工作和做党的工作,他习惯于遵循中央制定的路线,认为自己的工作取得成绩、得到赞扬和掌声是应该的事。他16岁就获得了政府的奖励。在中学,他是团组织负责人,毕业成绩优异;接着又免试进入莫斯科大学,在那儿仍然是团组织负责人,并再次以优异的成绩毕业。这些年来伴随戈尔巴乔夫的一直是表扬、扶持,也不乏对其能力的赞赏。这些在他从莫斯科大学毕业后也可以看出来,当时戈尔巴乔夫没有去当检察官、去做那难以自我表现的日常工作,而走的是一条从做共青团工作到做党内工作的升迁之路。在社会组织中的工作总能使他抛头露面,但他没有经受过生产实践的锻炼。也许戈尔巴乔夫的不幸(不是他的过错)就在于他一生从事的都是机关工作,给他

---

① [澳]科伊乔·佩特罗夫:《戈尔巴乔夫现象》,社会科学文献出版社2001年版,第101页。
② 同上书,第148页。
③ 《尚未结束的历史——戈尔巴乔夫访谈录》,第11页。
④ [俄]瓦列里·博尔金:《震撼世界的十年》,昆仑出版社1998年版,第153页。

造就了一副"柔软的"脊柱,而不是坚强不屈的性格。第二,缺少深入实际的工作作风。戈尔巴乔夫领导改革的一个基本特点是说得多,做得少。"他到处讲话,仓促决策,毫无实效"。① 戈氏上台不久,就到各地巡视,发表讲演,为改革呐喊。当然,这是非常必要的。1985 年夏天,戈氏"在列宁格勒稍事参观后便去了基辅和第聂伯罗彼得罗夫斯克,每到一处他都向党的干部和经济工作干部以及工人发表演讲,这一次见面给许多人留下了难忘的印象。干部和工人头一次见到一位不用别人搀扶,'有口才的总书记',能用通俗易懂的语言解答人们提出的种种问题,时常离开讲稿,凭着记忆并根据听众的兴趣结合自己参观各地企业和社会设施后的感受滔滔不绝地讲着"②。问题的关键不在这里,主要在于改革要想成功,除了宣传之外,更重要的是扎实的组织工作。现在有的俄国学者在总结苏联改革教训时,就把戈尔巴乔夫和邓小平加以比较,认为戈尔巴乔夫最缺少的就是坚强的意志品质和务实的工作作风,而这两点对改革的成功是至关重要的。

分析戈尔巴乔夫的改革思想和戈尔巴乔夫所处的改革环境,可以从一个侧面证明,大国的体制转型,起点的选择是非常重要的。起点选择的社会意义,在于选择阻力较小,能一步步把转型引向深入的问题展开,使国家能够牢牢掌握对转型进程的控制。而领导人的意志品质和务实的工作作风也是不可忽视的,这有利于排除干扰,正确决断,保证对转型进程的有效控制。

---

① [俄]瓦列里·博尔金:《震撼世界的十年》,昆仑出版社 1998 年版,第 208 页。
② [俄]瓦列里·博尔金:《戈尔巴乔夫沉浮录》,中央编译出版社 1996 年版,第 129 页。

第六章　中俄两国体制转型中重大事件和代表人物评述(二)

一、叶利钦改革思想简评

（一）叶利钦领导改革的简要经历

鲍里斯·尼古拉耶维奇·叶利钦,1931年6月出生于苏联乌拉尔山区的斯维尔德洛夫斯克州里茨基区的布特卡村。爷爷和父亲都是农民。少年时代家境贫寒,"没有吃的,庄稼收成特别低,所有人都被赶入集体农庄;当时对所有的人都实行没收富农财产的政策。土匪经常出没,几乎每天都能听到枪声,到处是枪声,到处是抢劫和杀人"①。少年时代的叶利钦表现出双重性格:一是聪明好学,兴趣广泛,学习成绩大都很好,功课基本上都是5分。二是不守纪律,富于冒险,"常常打群架,每群60到100人,我总是加入这些群架中去。有时候我也挨别人揍。"②10岁时和小伙伴从军火库中偷走2颗手榴弹,跑到郊区摆弄,手榴弹突然爆炸,他来不及跑远,将左手的两根指头炸掉。③ 1949年,他考入乌拉尔基洛夫工学院建筑系。读大学期间喜欢运动,当过学生体育部部长。1955年,毕业后一直在基层从事技术工作。1959年被任命为斯维尔德洛夫斯克州南方建筑托拉斯的总工程师,其间,他表现出明显的不受驯服的性格,经常同领导发生冲突。1961年加入苏联共产党。1968年任斯维尔德洛夫斯克州党委建筑部部长。1976年任斯维尔德洛夫斯克州党委第一书记,一干就是十年。1981年当选为苏共中央委员。1985年任中央书记,莫斯科市委第一书记。1986年2月当选为苏共中央政治局候补委员。其间,通过对高级干部特权制度的了解,对社会主义产生反感,"拍马屁和唯命是从所得到的报酬是享受各种优惠待遇。如专门的医院、专门的疗养院、漂亮的餐厅和那赛似'皇宫盛宴'的特制佳肴,还有舒适的交通工具。你在职位的阶梯上爬得越高,归你

---

① [俄]叶利钦:《我的自述》,东方出版社1992年版,第17页。
② 同上书,第21页。
③ 同上书,第24页。

享受的东西就越丰富,你若失去这些东西便会感到更痛苦、更委屈,因而你也就会越来越顺从,工作越加卖劲"①。"共产主义完全可以在一个单独的国家里为那些获取权位的少数人而实现。"②因此,"应该从党本身,从它的机构开始改革"③。他在1987年10月的中央全会上发言,主张加快改革步伐,同戈尔巴乔夫发生公开冲突。11月被解除政治局候补委员和莫斯科市委第一书记,改任国家建委第一副主席。1988年6月在苏共第十九次全国代表会议上,他作了长篇发言,集中表达了自己的改革主张:(1)反对个人崇拜;(2)把失职的人开除出政治局;(3)前段改革没有取得成果,没有明确的"主攻方向";(4)允许反对派存在,实行公开性和多样性;(5)取消各种特权;(6)平反以前的冤假错案。1989年3月全苏联第一次普选人民代表,在莫斯科的80个候选人中,他以89.44%的高票列第一位。1990年1月他组成了苏共"民主纲领派"。5月29日当选为俄罗斯联邦最高苏维埃主席,7月12日,在苏共二十八大上宣布退出苏联共产党。1991年6月,他以57.3%的选票当选俄罗斯联邦总统。同年的"八一九"事件成为其政治生活的转折点,他先是协助戈尔巴乔夫平定了"政变",其间曾站在坦克上向群众发表讲演,威信迅速上升;后又向戈尔巴乔夫发动进攻。1991年12月31日苏联解体后继任俄罗斯联邦总统。1996年再次当选。1999年12月31日发表电视讲话,辞去总统职务,并对自己的改革事业做了初步的总结:"我自己也曾相信一切都可以一蹴而就,仿佛轻松一跃就可以越过所有困难。事实上没能一跃而过。在这一点上我太幼稚。有些问题的确极其复杂。我们是在不断犯错误和经历失败的同时向前迈进的。"④

(二)叶利钦执政前期的简要分析(1991—1996)

叶利钦的改革思想,以激进的改革思想为起点,以渐进的改革思想为结束,按照其思想发展的过程,呈现出三个明显的特点:

第一个特点,对特权制度和腐败现象的不满,是激进改革思想的直接诱因。叶利钦刚被选为中央政治局候补委员,立刻分配给他了一座"坐落在莫斯科河畔的那幢别墅,绿树环绕、面积很大,有运动和游乐场地。每间屋子都有卫兵守护,还有报警器"。并为他配备了"3个厨师,3个服务员,1个清洁女工,还有1个花匠"。⑤用叶利钦自己的话讲,对此很反感,"我本人,我妻子,我们全家都习惯于自己动手干活。在这儿,我们却不知该做什么是好。这儿,是根本不允许

---

① [俄]叶利钦:《我的自述》,第128页。
② 同上书,第129页。
③ 同上书,第140页。
④ [俄]叶利钦:《午夜日记》,译林出版社2001年版,第444页。
⑤ [俄]叶利钦:《我的自述》,第129页。

有独立自主性的。奇怪的是,这样的排场并没给人以方便和舒适。这座大理石建筑到底能给人多少温暖呢?"①这期间,叶利钦对特权制度有了更深刻的认识。特权制度等级是分明的,"一切都是经过精心考虑的:处长虽不享有专用的小汽车,但他有权替自己预定用车;副局长享有一辆专用的'伏尔加',而局长则有另外一种更好的有专用电话的'伏尔加'。"②苏联建有特供制度,"购买'克里姆林宫贡品'只需花它的一半价钱就行了,送到这儿来的都是精选过的商品。全莫斯科享受各类特供商品的人总共有 4 万。国营百货大楼有一些柜台是专为上流社会服务的。而那些级别稍稍低一点的头头们,则有另外的专门商店为他们服务。一切都取决于官级高低。"③叶利钦认为,特权制度使领导者意志消沉,"如果你爬到了党的权力金字塔的顶尖,则可享有一切——你进入了共产主义!那时就会觉得什么世界革命、什么最大限度提高劳动生产率,以及所谓世界大同啦,就都不需要。"④特权制度严重脱离群众,高级干部出门有专门的车队,"'吉尔'车尚未来得及开出大门,沿途的各个岗亭就已得到通知。于是,一路绿灯,'吉尔'车不停地,痛痛快快地向前飞驰。显然,党的高级领导们忘了诸如'交通堵塞'、交通信号灯、红灯这样一些概念"。⑤ 特权制度巩固了专制制度,制约了民主的发展,"在苏共中央要有独立自主的政工干部——这样的话连说出来的可能性都没有。"⑥所有这一切,都是制度造成的。由此叶利钦以为,"应该从党本身,从它的机构开始改革。"⑦

第二个特点,政治体制和经济体制改革应同步进行。叶利钦认为:"对社会主义的那种教条式的概念不会很快地消失。由于以往多年的惯性,这些概念还将存在很长一段时间。"现在的官僚体制严重压制了人民的改革热情。"在社会上发生的所有重大事件中党组织落在了后面","应当大力裁减党的机关工作人员(也裁减 50%),并且坚决地变革党的机构。"⑧很显然,叶利钦认为,改革首先要从改革党的组织开始。1990 年前后,叶利钦还认为,经济改革未能及时地与政治体制改革同步进行。实际上,叶利钦是想通过政治改革,来调动人民群众的积极性,以促进经济的发展。实际上事与愿违,政治改革引发了社会动荡,阻碍了经济的发展。后来叶利钦也承认了这一点。叶利钦辞职后,对此进行了深刻的反思。虽然他仍然认为:至今我仍然坚信,当时,在 1991 年,我

---

① [俄]叶利钦:《我的自述》,第 129 页。
② 同上。
③ 同上书,第 130 页。
④ 同上书,第 129 页。
⑤ 同上书,第 133 页。
⑥ 同上书,第 128 页。
⑦ 同上书,第 140 页。
⑧ 同上书,第 8 页。

做出的选择是正确的。我认为,不论是放开消费品的价格,还是被称之为"休克疗法"的整个自由化方案都是正确的。① 因为我们不要忘了以前是什么状况。"我曾经是政治局候补委员,莫斯科这座大城市的领导人,我清楚地知道,在有些人如此津津乐道不久前的过去,国家处于多么绝望的境地。……商店里,甚至莫斯科的商店里空空如也,糖、烟草和其他生活必需品一律凭票供应,国家飞快地吃掉了西方国家提供给我们的'人道主义援助'。我想提醒一下,这笔数目是几亿美元!隐性的通货膨胀比现在公开的通货膨胀厉害得多。"② 正因为如此,"盖达尔做了最重要的事情。他教会大家——从部长到装卸工人,按照市场来考虑问题,教会他们赚钱。我也坚信,如果我们让他的班子再干上一年,经济就会向前冲刺,工业的正常发展就会开始,我们任何一届政府都梦寐以求的西方投资就会启动。"但是,"盖达尔的任何法令在议会上院都无法通过,任何一项与民生休戚相关的改革都会遭到极其强烈的、政治上的破坏,我们遭遇的不是共同的努力和耐心,而是暗中不满,继而便是极为强硬的抵制。这就是政治自由的代价。政治自由完全不意味着自动的,完全意义上的经济自由,相反,经济自由和政治自由常常相互矛盾"③。

第三个特点,是渐进改革性质的"和平赎买"思想。如前所述,苏联的解体是"制度僵化症"的必然结局。国营企业与国家计划部门之间在长期博弈后逐渐组成了分利联盟,形成了由企业领导人和经济管理部门的领导人组成的相对稳定的既得利益阶层。而当这种分利集团严重阻碍了技术进步,使得苏联经济长期停滞不前,上层领导人认识到非改不行的时候,这个强大的分利集团成了改革的阻力。在这种情况下,叶利钦通过私有化的政策,对这些经济管理部门的官僚采取了"赎买"的政策,使他们变为企业家,让他们赚了许多钱。叶利钦说得很明确:俄罗斯改革的阻力非常大,"俄罗斯历来抵制试验者。在俄罗斯想些什么是很困难的,而想摧毁些什么就更困难"。④ 反之,"我未说我们必须从零开始,所有能够利用的我们都利用了,摧毁这么一个大国的整个国家管理机器是一条招致灭亡的道路。因此,凡是能安排有经验的'旧'执行者的部门,我们都安排了。"⑤但也要承认,"近几年任何一个大国都未经历过如此之多的动荡。这也迫使我们不得不更换'渡河的马',这对我个人来说,无疑是极其痛苦的过程。"⑥结果,这些人由改革的阻力变成了改革的动力。"俄罗斯新贵"的

---

① [俄]叶利钦:《午夜日记》,第 120 页。
② 同上。
③ 同上书,第 121 页。
④ [俄]叶利钦:《总统笔记》,第 225 页。
⑤ 同上书,第 152 页。
⑥ 同上书,第 153 页。

"出身",无论在政府机关中,还是在俄罗斯的大亨中,目前占大多数的是那些在20世纪80年代与党政机关和经济机关有密切关系的人。俄罗斯科学院社会学所的调查表明,截至1995年,在政府和叶利钦的亲信中有75%的人是前苏联的官僚,他们曾是苏共、共青团、苏维埃和经济机关的高级领导人。有82%的地方领导人和74%的俄罗斯政府官员来自前苏联的官僚机构,61%的大工商业企业家也来自这一机构。① 美国学者的统计资料也认为:"目前俄罗斯最富有、最有影响的企业家中,有近2/3是原党政机关要员。"② 还有详细的统计资料证明,新的政治精英主要由过去的党和苏维埃工作人员组成,而新的经济精英则来自原共青团干部和经济领导人,详见表6-1。

表6-1 苏联上级指定任命的精英比例(%)③

	总统周围	政党领袖	地区精英	政府	实业精英
总计	75.0	57.1	82.3	74.3	61.0
其中:来自党的	21.2	65.0	17	0	43.1
来自共青团的	0	5.0	1.8	0	37.7
来自苏维埃的	63.6	25.0	78.6	26.9	3.3
来自经济方面的	9.1	5.0	0	42.3	37.7
其他	6.1	10.0	0	30.8	8.2

叶利钦的"和平赎买"政策实质上是对因改革而受损的情况给予补偿。经济学理论上有一个重要的概念,就是所谓的"帕累托最优"的概念。这一概念以意大利经济学家、序数效用理论和新福利经济学的重要创始人之一帕累托命名,是现代经济理论的基石之一。"帕累托最优"指的是这样一种情况:这时所考察的经济已不可能通过改变产品和资源的配置,在其他人(至少一个人)的效用水平至少不下降的情况下,使任何别人(至少一个人)的效用水平有所提高。反之,所谓"帕累托无效率",指的就是一个经济还可能在其他人效用水平不变的情况下,通过重新配置资源和产品,使得一个或一些人的效用水平有所提高。在存在经济无效率的情况下,若进行了资源重新配置,确实使某些人的效用水平有所提高,而与此同时,其他人的效用却没有降低,这种重新配置就称为"帕累托改进"。在"帕累托改进"的情况下,由于没有一个人状况变坏,只有某些人状况变好,因此意味着社会福利的"毫不含糊的"增进。而若在某种经济状态下,一种重新配置导致某些人状况变好,另一些人状况变坏,由于个人之

---

① 《国外社会主义研究》1998年第28期。
② [俄]《真理报》1995年4月19日。
③ [俄]《消息报》1996年1月10日。

间的效用无法比较,我们无法确定总社会福利水平究竟是提高了,还是降低了,这种情况就被称作"非帕累托改变"。我们遇到的更多的情况,正是"非帕累托改变"。对于现实生活来说,"非帕累托改变"更有重要的意义。比如经济体制改革的目的是对我们的现状进行有益的改进,人们也正是这样来为改革论证的。但是,问题的复杂性在于,在许多情况下,人们的利益是不一致的,这时,当人们说改革是好事的时候,就需要注意到一个重要的问题,这件好事是以怎样的标准评判的? 由于经济体制改革是社会上利益分配关系的改变,改革过程中,在许多情况下,都会使一些人的利益受到损害,或者是暂时的损害,比如,苏联计划经济体制下的生产效率是低下的,特别是国有企业制度下对企业实行的行政管理导致政企不分,也是低效率的,但改革企业制度和政企之间的关系,却意味着取消一部分政府官员的权力,使他们丧失相当的既得利益,他们会反对改革,甚至是激烈的反对。因此,要给他们以必要的补偿。

叶利钦"和平赎买"政策补偿的具体做法和形式有物质补偿和精神补偿两种,它们主要是通过国有企业私有化的过程实现的。俄罗斯国有企业私有化的要义,是建立以现代私有制为特征的资本主义生产方式。这表现在:第一,国有企业私有化既不是个别地区、个别部门的私有化,也不是全部国有企业百分之百的私有化。俄罗斯划出一块不准私有化的国有财产,约占全部国有企业和财产的30%,主要包括公共部门和国家安全保障部门,或者属于非营利性部门。第二,国有企业私有化就是国有财产转变为"私有财产",但不仅仅是直接转变为个人的私有财产,也包括转变为公司法人的私有财产。第三,私有化企业的组织形式基本上是有限责任公司和股份有限公司两种,对于大中型企业来说,只能改为股份有限公司。企业的产权,除了国家控股的企业外,要全部落实,明晰到个人和法人,国有资本份额通过出售而退出企业。迄今为止的俄罗斯国有企业私有化有三个基本特点:快速私有化、无偿私有化和股份化。在这个大背景下,对官员和企业领导人的"和平赎买"通过以下措施实现:(1)通过"私有化的隐蔽阶段",改变部分官员和企业领导人的角色,使他们变为合营企业的领导人或者是股份公司的股东。所谓"私有化的隐蔽阶段",是指1988—1992年进行的"避开人们耳目进行的这种私有化,其目的是将经济的基础设施,包括对工业的管理、银行系统、分配系统实行私有化。在这个时期一些部变成康采恩,国家银行变成了商业银行,国营供销机构变成了交易所、合营企业和大商行。"① 一是"一些部被撤销,在它的废墟上建立了以股份公司出现的康采恩。部长退职,股票控制额转到国家手中,其余的股票在部领导之间分配,康采恩的领导多数都是被撤销的部的领导,著名的天然气公司就是这样问世的"。二是

---

① [俄]《消息报》1996年1月10日。

"在部的财务局的基础上建立商业银行,其董事长是原部里的财务局长或副局长。石油化工银行、工业无线电技术银行及其他一些部门银行就是这样产生的"。(2)在股份化的过程中,企业领导人有权得到更多股票。例如,根据第一种私有化方式,25%的公司股份无偿分给本公司的工人和管理人员,但这部分股份无表决权。管理人员可以另外购买总共5%的公司股份(这部分股份有表决权)。此外,工人和管理人员一起还允许按7折价购买总共10%的股份。购买这些股份可以用卢布或者国家发给的凭证付款。全国约有17%的国有企业私有化选择了这种方式。① 在这种规定下,由于管理人员少,管理人员额外又可多得5%的股票,容易使"企业经理往往最后成为企业所有资产实际上的主人"②。美国经济学家马歇尔·戈德曼经过调查认为:"这跟美国企业的情况一样,原因在于管理层以外人员持有的股票通常很分散,以致没有人能对现在的经理和董事所享有的管理特权进行制约,提出挑战。我参观过的莫斯科郊外波多利斯克的拉切工程股份公司看来就是这种情况。该公司一半股份由其一般职工持有,35%的股份被一些希腊投资者买下。但公司的实际控制掌握在11名高级管理人员的手中,他们共持股15%。该公司实行私有化后,管理层将原有2500名职工削减到1500名。这就反映出管理层的权力大于一般职工。有时,管理层在获得控制权方面也得到地方政府当局的帮助,结果是地方政府当局也分享了战利品。这一做法被称为'掠夺化'。此外,经理的行为开始显示出,似乎他们是企业唯一的业主,开始出售企业资产的情况也时有出现。他们通常以低价将企业资产卖给自己的朋友和亲属。这种类似的事件在美国被称为'财产剥夺',它为把公共财产转变为私人财产提供了方便。副总统鲁茨科伊称这种情况是彻头彻尾的腐败和偷盗。他还专门点出丘拜斯犯有可比作偷窃的种种罪恶。"③有的材料还证实,按照有关规定,"普通职工得到的优惠股票不得超过法定最低工资的26倍,而企业领导人可高达法定最低工资的2000倍"④。

叶利钦的"和平赎买"政策,其目的是为了在"经济转型"过程中保持国家的控制能力。按照美国政治学家奥尔森的集体行动逻辑的理论,社会分为不同的利益集团,每个利益集团为追求共同利益常常会采取一致行动,但是集体行动并不是总能达成的,因为存在着外部收益和搭便车现象,这削弱了集团中一致行动的动力。然而,小的利益集团可能比大的利益集团容易形成集体行动,因为规模小不仅意味着更小的组织成本和更大的利益,而且统一的速度也更

---

① [美]马歇尔·戈德曼:《失去的机会》,第133—134页。
② 同上。
③ 同上书,第135页。
④ 高鸿业主编:《西方经济学与我国经济改革》,中国社会科学出版社1994版,第309页。

快。结果,小的集团在政治过程中往往更具有优势,更有能力影响政策的制定。俄罗斯经济转轨前的体制中形成了相对明确的社会利益集团,包括最高领导层、政府、议会和党派精英、地区精英、实业界、知识阶层、普通群众等等,而每一个集团又可以进一步细分,如实业界又分为燃料集团、军工集团、农工综合体、金融集团,普通公众又有退休老人团体、工薪收入者、青年团体等。俄罗斯的经济转轨政策是俄罗斯国家(联邦政府)及各利益集团利益要求的综合反映,其制定与实施都受到各利益集团的影响。虽然各利益集团对于经济转轨政策制定与实施的影响力不同,但各集团总是设法通过影响政策制定与实施来增加自身利益。政府在制定和实施经济转轨政策时,不得不对各种利益进行协调。重要的是,在协调这种利益关系时,出于自身利益最大化的考虑,政府必须重视那些对其执政起着重要支持作用的集团的利益,如实业集团、农业集团、金融集团以及行政官僚和企业经理等。虽然对这些集团的利益倾斜常常意味着鼓励寻租而不是鼓励生产,会影响转轨中的经济效率,但政府不得不以此作为换取支持的代价。

从特殊的意义上说,俄罗斯政府是一个能力相对较弱的政府。表现在它面临着强大的竞争对手,政府人员行政能力差,政府实际掌握的资源量减少,缺乏完备的法律体系保障政府的权威等,这使俄政府抵御各利益集团寻租活动的能力较弱,在具体政策制定中不得不经常调整政策以迎合利益集团的要求。俄罗斯利益集团的形成可以追溯到苏联时期。虽然苏联时期社会的分化很缓慢,没有形成以明显的收入水平为划分标准的利益集团。但是,苏联的经济管理方式以另外的形式形成了苏联经济中的各种利益集团,即按部门和行业划分的不同利益集团。这种部门划分的利益集团一直延续到俄罗斯经济转轨时期,其中特别有影响力的如军工部门、能源部门、农业部门和机械制造部门等。尽管政府要考虑国家利益,但政府能力的相对薄弱使其不得不为照顾利益集团的利益而调整可能原本正确的转轨政策,如按照企业经理的意愿维持内部人员控制的企业制度,即使在私有化以后也是如此;价格放开的时机和形式以牺牲普通公众的利益,换取政府负担的解脱而很少注意其生产性刺激导向;财政金融政策的摇摆多变,对企业的重税剥夺;对农业部门和能源部门的违背经济效率的补贴和优惠;等等。

评价叶利钦的"和平赎买"政策,也需要以上述现象为基本依据。首先,由于维护了主要利益集团的利益,"和平赎买"政策使社会获得了暂时的稳定和发展,但这种稳定和发展是以牺牲社会上多数人的利益为代价的。其次,对主要利益集团的"赎买"不是通过刺激生产来实现的。作为一项重大的制度变迁,经济转轨政策的目标主要是建立一套新的经济制度结构,以最大限度保护和刺激经济主体创造财富的努力,抑制或消除非生产性的"寻租活动"。达到了这一目标,就可以说经济转轨政策是成功的;反之,如果伴随着经济转轨过程出现了大量的非生产性逐利活动,财富的生产和创造必然受到不利影响,经济转轨就不能认为是成功的。俄罗斯经济转轨过程中存在着大量的非生产性寻租行为,包括合法地在政策中体现出来的利益集团的行为,也包括本书未涉及的非法行为(如黑社会的经济活动、灰色经济等),这些合法的非生产性行为源自转轨政策的固有缺陷,其深层原因则在于政府利益与社会利益的差异。由此,叶利钦的改革政策,逐渐地丧失了广大人民群众的支持。这预示着以后俄罗斯的社会转型将面临严重的困难。

从1992年1月至1996年6月叶利钦再次当选总统这个时期,是俄罗斯经济下降速度最快的时期,也是俄罗斯人民生活水平下降幅度最大的时期。但叶利钦却在全民公决中能赢得半数以上的信任票,并连任总统,这是为什么呢?这种看起来似乎很矛盾的现象应该如何解释呢?

固然,叶利钦的威信在这段时间里总的来看是不断下降的,但叶利钦的三个明显的特点,也可以说是他的三个优点,在这段时间里表现得十分充分,这三个特点和优点的展现,是叶利钦能够获得选民信任的重要原因:

第一,叶利钦坚强的性格,赢得了俄国人的赞赏。俄罗斯民族是一个多灾多难的民族,又是个受东正教思想影响深远的民族。俄罗斯民族在历史上多次受到外族的侵略,使俄罗斯处于动荡之中,人民养成了一种坚毅的性格。东正教思想的重要内容,认为俄罗斯是上帝选择的民族,俄罗斯要拯救世界,培育了俄罗斯人的"世界责任感"。这使得俄罗斯人在文化心理结构上崇尚性格坚强、敢作敢为的英雄人物。叶利钦具备了这一特点。"叶利钦最喜欢挑战,最善于应付危机。虽然身处险境,但也镇定自若。"[1]1991年8月19日政变事件刚发生。"19日中午1时,叶利钦走出大厦,跳上反戈一击倒向叶利钦的塔曼师坦克连的110号坦克,宣读了《告俄罗斯公民书》"[2],表现出了极大的勇敢精神。在俄罗斯改革最困难的时期,叶利钦也表现出了这种精神。

"1991年12月的最初日子里,列宁格勒市没有得到一公斤肉的供应,想买点什么必须凭票。香烟紧缺,烟民们曾几次在高峰时阻断涅瓦大街的交通。"[3]叶利钦对改革信心十足,"叶利钦所有的正是戈尔巴乔夫所完全没有的:做出必要的决定,哪怕是冒险的决定的能力和加以贯彻实施的技能"。叶利钦对下属明确表态:"一切由我负责……"[4]曾担任过俄罗斯外交部部长的安德烈·科

---

[1] 关雪凌等:《叶利钦传》,世界知识出版社1998年版,第133页。
[2] 同上书,第133页。
[3] [俄]列昂尼德·姆列钦:《权利的公式——从叶利钦到普京》,新华出版社2001年版,第339页。
[4] 同上书,第339页。

济列夫说:"叶利钦从未大事声张地讲过自己。这样做合乎他的本性。我从未听到他做过某种自我分析。但他明显地表露出苏维埃的领袖风度。这是遗产。他曾当过州委书记。他是这样一个人,他认为他能够而且应该来领导,对他来说这是很自然的角色。"①

第二,叶利钦是改革形象的代表,有比较雄厚的政治资本。叶利钦是依靠改革起家的。在1987年10月的苏共中央全会上,叶利钦尖锐地批评了党内的现状和戈尔巴乔夫,遭到了26位中央委员和政治局委员的批评,20天以后,叶利钦被解除了莫斯科市委第一书记的职务。1989年3月,他以89%的高得票率当选为苏联第一届人代会代表,并且在5月第一次人代会期间当选最高苏维埃代表。1990年5月29日,又当选为俄罗斯联邦最高苏维埃主席。在改革中,叶利钦确实提出了很多有见地的思想。叶利钦原来是苏共的重要领导人之一,对苏共内部的情况比较了解,他在1990年7月的苏共二十八大上退出了苏共。他特别激烈地反对苏共内部的特权制度。1991年6月12日,叶利钦竞选俄罗斯总统时,"同这些特权做斗争是他重要的竞选口号。"②投票结果表明,全俄参加投票的居民占有选举权的1.06亿居民的74.66%。6名候选人中,叶利钦得票率名列榜首,获得57.3%的选票,雷日科夫位居第二,仅获16.85%的选票。③ 当时的苏联人民对特权制度是非常反感的。

第三,叶利钦是一个十分讲究斗争策略的人。首先,总的来说,这段时间调整经济政策,从激进的政策向渐进的政策转变,以安抚民心。1993年以来,叶利钦停止了大规模的私有化,他多次在讲话中强调"俄罗斯经济虽然将以私营企业为主,但仍保留国有企业和国家控制的股份,同时将对属于国家的资产进行有效管理。"他还特别指出:"国家应占有51%的国有大企业的股份",我们赞成一个新口号:"合理管理国有资产。"④1996年新年伊始,叶利钦在讲话中大讲要提高人民生活水平,国情咨文更是把社会政策作为重要内容。⑤ 其次,每逢在全民公决或者选举之前都对当前的政策和人事安排作出重大调整,以赢得多数人的认同。1992年12月,叶利钦迫于人民代表的压力,撤换了政府总理,由切尔诺梅尔金接替盖达尔。1993年4月25日举行了全民公决,俄国公民中64.6%有权投票的人参加了公决。投票的人中,有58%的人对总统表示支持,53%的人支持改革的政策。这种结果是叶利钦取得的重大胜利。这种胜利与1992年的撤换总理的让步政策有直接的关系。1996年竞选总统时,1月,叶利

---

① [俄]列昂尼德·姆列钦:《权利的公式——从叶利钦到普京》,新华出版社2001年版,第24页。
② 同上书,第166页。
③ 关雪凌等:《叶利钦传》,第122页。
④ 同上书,第249页。
⑤ 同上。

钦的支持率急剧下降,对政治家的支持率,处于第一位的是久加诺夫——17%,叶利钦处在倒数第二位——5%。久加诺夫取胜看来不成问题。但后来反对派达成协议,50个左派组织和政党决定提出叶利钦为总统候选人。6月16日第一轮选举结束,叶利钦得票率为35.2%;久加诺夫31.95%;列别德得到1100万张选票,大约占15%,比亚夫林斯基高出一倍。叶利钦立刻同列别德进行谈判,撤换了部分政府官员,以取得列别德的支持。也正是在列别德让步之后,叶利钦取得了选举的胜利。叶利钦在处理许多具体问题上,表现出明显的缓和倾向。对苏联时期的很多苏共各级领导机关和各级政府机关的工作人员都进行了妥善的安排。"1993年10月冲突之后,莫斯科市长卢日科夫建议把列宁从陵墓里迁走,甚至准备好了有关命令的草案。但是叶利钦没有签署。"①所有这些都鲜明地体现了叶利钦的策略思想。

(三)叶利钦执政后期的简要分析(1996—1999)

叶利钦的激进改革一开始就缺少坚实的社会基础,最后一步一步地同"寡头"结合在一起,形成了"寡头统治",这是叶利钦一生最大的悲剧,也是他1999年12月份放弃总统权力的真实原因。通过对这个问题的研究,可以深刻理解转型过程中的利益集团问题。

1992年1月开始的俄罗斯激进改革方案,是由一批政治经济方面的精英进行设计,并在叶利钦总统的领导下进行的。但这个转型方案一开始就缺少社会基础和政治基础。整个转型计划都由叶利钦总统颁布实施,人民代表大会(议会)的权力非常有限。企业的经理、农庄的领导人最初也赞成激进的改革计划,因为这给他们提供了自由定价的机会。但他们没有想到价格是上涨了,但社会需求和购买能力却急剧下降。反对改革的人们结成了统一战线。到1992年夏天,一个强大的反改革联盟已经形成,其组成人员有改革中失利的群体、工厂经理、厂长、工人和农场、集体农庄的领导人,还包括一些政见不同的知识群体。这时,人民代表大会(议会)尽管具有非民主血统,仍然成为社会的代言人,表达社会对激进经济政策引致的严重社会经济后果的忧虑和关注。叶利钦总统与议会之间的斗争贯穿于1992年全年。前者主张继续推进激进式改革,后者则表示要关注社会的呼声。叶利钦做出了一定的让步,1992年年末撤换了激进改革的代表——代理总理盖达尔,由切尔诺梅尔金接替。无奈经济形势继续恶化,议会继续要求停止激进的改革政策,叶利钦不肯再做出让步。最终,这场争论在1993年9月总统攻击议会的事件中达到了高潮,叶利钦采取武力手段攻占议会所在地白宫,平息了这场争论。随后,新《宪法》获得通过,叶

---

① [俄]列昂尼德·姆列钦:《权利的公式——从叶利钦到普京》,第449页。

利钦总统被授予巨大的权力,议会(杜马)则变得软弱无力。然而,经济形势继续恶化,国际石油价格下跌,急剧私有化造成许多企业被出卖,被迫停产。叶利钦不得不从自由放任的资本主义向"统合资本主义"转变。一些大型产业集团在逃避硬预算制约和外国竞争方面被授予某种优先权。在改革后期这种结构也为大型金融财团(寡头)的腐败铺平了道路。这些财团面对软弱无力的议会和社会,明目张胆地侵吞国家财产,中饱私囊。在这种情况下,俄罗斯关于政治制度的决策,特别是总统拥有极大的权力,成为制定灾难性经济政策的关键诱因之一。诚然,寡头,特别是金融寡头的形成,有着极其复杂的社会原因,但他们是激进转型的产物,这一点是确定无疑的,后来又是靠着叶利钦开始不断发展并涉足国家政治生活,这也是确定无疑的,我们简单地看一下他们的形成过程:

亚历山大·斯摩棱斯基:1946年出生的犹太人,最初在出版社的印刷所里做职员。1980年开始偷印《圣经》,一本《圣经》的价格是50卢布,相当于苏联人均月收入的一半。1981年,因人告发,克格勃逮捕了斯摩棱斯基。在监禁的过程中,在监狱的建筑队劳动改造,他看到了建筑行业的巨大潜力。1987年建立合作建筑企业,开始在乡村从事车库和小别墅的建设,经济效果和社会效果都非常好。1988年戈尔巴乔夫颁布《合作企业法》,很多合作企业已经走在向正规私人企业发展的道路上。"《合作企业法》有一项重要的政策:允许组建金融或信贷业务的合作机构,换句话说,就是银行。斯摩棱斯基终于在衰弱的社会主义提供的这条缝隙里交了好运。"[1]1989年,斯摩棱斯基建立了自己的银行。"1992年,他的银行在总收入6.1亿卢布的基础上净赚了2.4亿卢布。一个年轻人从印刷《圣经》开始,又奉命组建第一批合作企业中的一个建筑公司,到抓住经济匮乏造成的建筑缺口的别墅建筑商,他可算是相当成功了。"[2]

米哈伊尔·霍多尔科夫斯基:1986年毕业于莫斯科门捷列夫化工学院,后留校任学院的共青团副书记。戈尔巴乔夫上台的前三年,有四百万团员,到1988年下降到38万人。团员们纷纷退团的时候,收缴团费是很难的。霍多尔科夫斯基开了一个青年咖啡馆,这是他第一次从事商业活动。1988年,他自筹经费,承包了一个高温研究所。苏联体制下有两种资金:一是现金;二是非现金信用。1987年,他开始涉足把相对无用的非现金信用兑换成有广泛需求的现金,甚至更有价值的硬通货。1987年12月28日,团中央给地方团组织下达了一套新的金融规定,允许他们按照自己的意愿筹集和支配资金,允许他们有自己的银行账户。这正好同霍多尔科夫的业务相吻合。几乎同时,他又成立了"青年科技创造中心"。同样是利用戈尔巴乔夫的《合作企业法》,他于1988年

---

[1] [美]戴维·霍夫曼:《寡头》,中国社会科学出版社2004年版,第31页。
[2] 同上书,第45页。

12月正式注册,建立了梅纳捷普银行。

这里涉及一个大家都关心的问题:为什么共青团的干部经商的多?主要有以下原因:一是共青团组织急剧衰弱,很多专职团的干部面临着失业的危险,有一种强烈的危机感;二是国家和共青团组织颁布了一些特殊的政策,这些政策有一定的前瞻性;三是青年人思想活跃,勇于进取,成为改革的先锋。后来霍多尔科夫斯基又同木材商合作,换取外汇。并以银行做后盾,投资石油工业,其事业又上了一层楼。

鲍里斯·别列佐夫斯基:同样是犹太人,他是一个科学家。其第一笔生意是卖软件,向国家科委推销,卖了几万张软件的副本,这是他赚到的第一笔大钱,大约有100万卢布。后来,又通过销售伏尔加汽车,即把汽车低价卖给外国人,赚取外汇,用卢布付给厂家。后来又从事股票投资和资源投资,"他的公司以1亿美元的价格得到了西伯利亚石油公司(Sibneft)51%的股份"。接着又投资新闻出版业,控制了俄罗斯公共电视台(ORT),"他在1993年至1994年就进入了叶利钦的小圈子"。1996年在瑞士达沃斯召开的世界经济论坛上,"他和其他俄罗斯寡头由此达成了达沃斯协议:搁置因争夺财富而产生的争议,帮助叶利钦在6月的投票中获连任。"①普京当选总统后,在三个问题上同普京发生矛盾:一是反对武力解决车臣问题;二是反对普京加强中央权威的若干措施,主张加强地方自治;三是在自己所有的俄罗斯公众电视台,公开报道普京的负面信息。由此同普京出现了公开的冲突。

弗拉基米尔·古辛斯基:一个偶然的机会,发现俄罗斯人,特别是年轻的女人喜欢用手镯来辟邪,于是开始偷废弃的铜电缆,后来开始收购铜电缆,生产铜手镯。20世纪80年代中期,他成立了一个合作企业,生产手镯,每天的收入就达25.9万卢布。之后,他成立了建筑公司,到各地承揽业务,并供养了千余人的保安队牵制土匪。同样受《合作企业法》的支持,成立了自己的银行——桥银行。1988年,开了一家名叫Lnfeks的合作企业,这实际上是一家咨询公司,负责帮助西方投资者了解在苏联做生意的复杂情况。1993年2月创办《今日报》,后来又创办了独立电视台。

弗拉基米尔·波塔宁:依靠对外贸易起家。父亲是外贸部的官员,利用他父亲的关系,1983年至1990年在苏联外贸部担任过高级官员,并开办了自己的贸易公司——俄罗斯国际控股公司(Interros)。随后,投资金融产业拥有奥涅克辛银行,并与米哈伊尔·普罗霍罗夫合办了MFK银行。"1995年,波塔宁提议政府向他自己的及其他的金融和工业集团出租石油公司和其他国有公司,

---

① [英]西蒙·皮拉尼:《普金领导下的俄罗斯——权力、金钱和人民》,中国财政经济出版社2013年版,第38页

以换取贷款。叶利钦的私有化战略顾问阿纳托利·丘拜斯批准了这一计划。"
"1995年便开始'拍卖'参加者的名额。整个过程非常不透明,外国投标者被排除在外,未获批准的俄罗斯公民也无权加入,贷款没有还,国家也失去了这些公司。波塔宁下属的银行也大捞了一笔,以1.25亿美元获得了西丹克石油公司(Sidanco)51%的股份,又以1.7亿美元的价格获得了诺里尔斯克镍公司(Norilsk Nicke)38%的股份,这家公司是全世界最大的镍、铂、钯生产商。"①

客观地说,这些"寡头"们的起步,有些是靠勤奋和智慧致富;有些是靠政策上的漏洞;有些则是靠犯罪。从国家权力角度应该检讨的主要有两点:一是中央权威的失落,共青团等组织可以擅自下发文件,从事非法的经济活动;二是金融政策的失误。1988年公布的《合作企业法》就允许私人创办银行。在很多配套措施没有健全的情况下,就允许私人创办银行,放松金融管制,这是后来造成混乱的重要原因。

客观地说,叶利钦开始同这些"寡头"的关系还是比较正常的,发生质的变化,还是在1996年大选前后。俄罗斯共产党在1995年12月份的杜马选举中大获全胜,成为议会第一大党。在1996年1月份的民意测验中,叶利钦的支持率仅为3%—4%,而久加诺夫达到了20%。② 民众对叶利钦的一系列负面看法:"年迈的、患病的、许诺但又不履行诺言的、对法律和命令的执行不加监督的、有不良习惯的"。③ 1996年的年初,丘拜斯带着银行家们同叶利钦会面,并向叶利钦报告了目前的严重局面。第二天,叶利钦在"寡头"们的建议下,组建了新的竞选总部。"寡头"们在丘拜斯的组织下,联合起来支持叶利钦,这种支持表现在:一是政治上的支持。1996年5月2日,叶利钦宣布他将下令军队撤离车臣,并与车臣反抗组织头目在格罗兹尼附近的机场进行了会晤。5月27日,金融寡头们在《俄罗斯日报》上发表了一封公开信。这封信极其谨慎但明确表示了对共产主义的仇视和对叶利钦的支持。二是控制舆论工具。古辛斯基控制着独立电视台和《论据与事实》等报纸。《论据与事实》的发行量达1000万份,别列佐夫控制着俄罗斯公众电视台和《独立报》。这些舆论工具都成为宣传叶利钦的重要阵地。"在6月16日第一轮大选到来的前5个星期内,叶利钦在一些新闻节目中露面的次数是他对手的3倍。"④ 三是经费上的支持。第一轮投票结束后,得票率为叶利钦35.28%,久加诺夫32.08%,列别德14.52%。寡头们在选举活动的最后一星期,给了列别德大量资助,好使他动员自己的支持者把票投给叶利钦。银行家维诺格拉多夫把他的革新商业银行抵押给了列

---

① [英]西蒙·皮拉尼:《普金领导下的俄罗斯——权力、金钱和人民》,第37页
② [美]戴维·霍夫曼:《寡头》,第328页。
③ [俄]格·萨塔里罗夫等《叶利钦时代》,东方出版社2000年版,第548页。
④ [美]戴维·霍夫曼:《寡头》,第343页。

别德,其实这一切都在丘拜斯集团控制中。"列别德一切按我们吩咐做事",维诺格拉多夫说,他总共资助了列别德1000万美元。① 至于寡头们到底为叶利钦花了多少钱,没有人清楚。但有一点是清楚的,"选举经费的主要来源其实是署名财政部政府的储备资金,这笔资金是财政部长签发的,在1996年5月,财政部长下达第六号财政部公债,发行了17.5亿卢布。金融专家们告诉我政府把这些钱裹在他们信任的银行里是无可非议的。"②实际上,寡头们低价购买政府公债,再高价卖出,这是十分明显的。

叶利钦终于如愿以偿地当上了总统。权力到手了,自然要给"寡头"们以回报。"寡头"们在叶利钦的支持下,事业突飞猛进地向前发展。竞选刚刚结束,别列佐夫斯基就对《金融时报》记者发表谈话,认为七家财团控制着约50%的俄罗斯经济。1996年10月29日,别列佐夫斯基被任命为克里姆林宫安全协会的代理会长。1996年11月份,俄罗斯政府发行了10亿美元的欧洲债券,这是继1917年"十月革命"之后从国际资本市场上引进的第一笔资金。这些债券多数都被"寡头"们所购买。波塔宁在贷给政府1.3亿美元用以买下一家名叫西丹科的石油公司51%的股权之后,也将之转入自己账下。别列佐夫斯基以较小成本便坐上了西伯利亚石油公司的头把交椅。他在1995年贷给政府1.001亿美元使政府获得该公司51%的股权,在18个月之后,以1.1亿美元的价格将这一股权归入自己账下。古辛斯基也得到了报偿。俄罗斯天然气垄断公司购买了独立电视台公司30%的股权,从而为古辛斯基提供了为扩张实力而急需的资金。叶利钦也签发了一道命令,准许古辛斯基全天候占用第四电视频道,这是一项重要的特权,它将使古辛斯基拥有更多的时间去播放广告、新闻和电影。

叶利钦也并非主观上想和"寡头"们搞到一起,他也清楚地知道"寡头"在人民心中的形象是不好的,但是,由于共产党采取强硬的立场,如果选举失败,自己的下场是很清楚的,权衡利弊,也只好依靠这些"寡头"了,这是叶利钦的悲剧,也是俄罗斯的悲剧。叶利钦之所以走到这一步,有着重大的失误:第一,他认为俄罗斯可以轻易地接受市场经济。实际上,市场经济是一个复杂的制度体系,既包括人们的观念、习惯,也包括一系列规章和法律,要循序渐进,才能收到好的效果,最起码也要先进行示范,使人们看到市场经济的优越性,强制性地实行市场经济,人们的观念跟不上,有意无意地都成了市场经济的障碍,到头来,只能导致人们观念上的尖锐对立,进而加剧社会的动荡。第二,没有充分发挥议会等机构的作用,总统权力过大,最终走向新的专制。俄罗斯最初的政治

---

① [美]戴维·霍夫曼:《寡头》,第345页。
② 同上书,第346页。

设计还是比较好的,但由于人们观念上的冲突越来越严重,为了推行其激进主义的转型理念,权力越来越集中,最后,叶利钦成了专制主义的代表。随意撤换总理,经常否定议会决议,留下的后遗症越来越多。第三,思想上的偏激和固执。具体体现在同共产党的尖锐对立上。在改革的重大问题上,往往很难说谁对谁错,正确的往往就是折中的、大家都能接受的方案。诚然,俄罗斯共产党也有其自身的责任,如多次弹劾总统,还要公审叶利钦。俄罗斯共产党实际上当时代表了弱势群体的意见,叶利钦应该做出必要的让步,但却完全不让步,一定要斗出个你死我活,最后只能求助于"寡头"的帮助。实际上叶利钦已经认识到了这个问题,如果再干下去,真正会成为"寡头"的代言人,便急流勇退,把权力交给了普京。从这一点上说,他还是明智的,还是能以国家利益为重的,这一点也是应该肯定的。

二、俄罗斯"私有化"评述

俄罗斯"私有化"最基本的经济背景是1991年12月苏联解体后,俄罗斯全面推行市场经济的发展道路,而其直接的经济背景是国有企业效益下降,国家用于商品和企业的财政补贴上升,到了极其严重的地步。1984年4月底,财政部长戈斯捷夫在向政治局报告时说:"财政状况濒临危机边缘。通货膨胀过程已经开始。收入和支出的差额达3000亿卢布。"如果不采取措施,至1990年,仅对食用商品的补贴额就将增加到1000亿卢布。①

到1991年,苏联经济出现了崩溃的迹象。国内生产规模萎缩了12.8%,财政赤字占国内生产总值的比重,由戈尔巴乔夫开始执政时的2%跃至30%。主张私有化的精英们,幻想通过"一步越过深沟"的休克疗法,来消除经济危机。为此,在很短的时期中将国有财产的大部分改变成各种私有制形式,并一次性地取消国家对生活必需品的补贴,实行自由价格制度。俄罗斯私有化的速度是非常快的,具体情况见表6-2。

表6-2 1992—1996年俄罗斯私有化的进程统计

项目 年份	私有化企业的数量	
	一年内的总数	一年对总数的比量(%)
1992	45576	36.3
1993	42924	34.1
1994	21905	17.5

---

① [俄]阿·切尔尼亚耶夫:《在戈尔巴乔夫身边六年》,世界知识出版社2001年版,第162页。

续表

年份	私有化企业的数量	
	一年内的总数	一年对总数的比量(%)
1995	10152	8.1
1996	4997	4.0

俄罗斯采取了几种私有化方式,其中主要是股份制、购买租赁财产(超过一半企业)。具体情况见表6-3。

表6-3 20世纪90年代中期俄罗斯各类私有化的比率

私有化方式	1995年	1994年
股份制	27.6%	44.8%
拍卖	4.2%	4.4%
商业竞争	15.8%	24%
收购租赁财产	30%	20.8%
投资竞争	1.1%	1.2%
出售被清理的和未完工的建设项目的财产	4.2%	1.5%
其他	17.1%	3.3%

通过分析俄罗斯休克疗法前后经济体制中所有制变化的状况,可以更深刻地理解俄罗斯私有化的特点。具体情况见表6-4和表6-5。

表6-4 俄罗斯休克疗法前的所有制结构(%)

按照所有制形式	1980年	1990年
总数	100	100
国家所有制	86.9	88.7
合作社和集体农庄所有制	8.9	8.4
公民个人所有制	4.2	2.9

表6-5 俄罗斯休克疗法后的所有制结构[按照所有制形式企业(组织)的分布]

所有制形式	企业(组织)数量 1995年	%	企业(组织)数量 1996年	%
总数	1946276	100	2249531	100

续表

所有制形式	企业(组织)数量1995年	%	企业(组织)数量1996年	%
国家所有制(商业机构)其中包括：	230236	11.8	239835	10.7
(联邦所有制)	146891	7.5	141023	6.3
(联邦主体所有制)	83345	4.3	98812	4.4
市所有制	171116	8.8	197778	8.8
社会联合体所有制(机构)	53505	2.7	95014	4.2
私有制	1215938	62.5	14255548	63.4
其他所有制形式,包括混合所有制,外国法人没有国籍的公民和人员所有制	275481	14.2	291936	12.9

从表6-4和6-5分析看,1996年与1990年相比,在企业数量上俄罗斯国家所有制的比重从88.7%下降到20.6%。1996年,私人所有制企业和社会联合体所有制企业的数量已有68%,按照官方统计数字,私人部门和私人所有制已成为全国企业的大多数,是所有制形式结构中的主导因素。

工业中所有制的结构变化也是比较快的。1996年,私有企业已占到企业总数的87.1%,在总产值中和工业生产人员总数中的比重分别为25.2%和35%。具体情况见表6-6。

表6-6　1996年俄罗斯工业所有制所占的比重(%)

	企业总数	生产总值	工业生产企业总人数
全部工业其中包括各种所有制形式：	100	100	100
国有	3.0	9.2	13.8
市有	1.4	1.2	1.5
社会组织所有	0.3	0.2	0.6
私有	87.1	25.2	35.0
混合	8.2	64.2	49.1

资料来源:《俄统计年鉴:统计汇编》莫斯科1997年。

混合型所有制形式的企业属于大型和超大型公司,有大量从业人员,保留着一定份额。按照组织法律形式,股份制的和其他经济共同体都属于这一类。

统计表明私有企业的比重在增加,混合企业的比重在下降。很明显,这种趋势与国有股份进一步私有化有关。从 1992 年到 1997 年,俄罗斯经济中国有部门减少了近 2 倍。1997 年它的数量为 1992 年的 1/3。

表 6-7　1995—1998 年俄罗斯国有和市有企业(机构)

	1995 年	总数的 %	1996 年	总数的 %	1997 年	总数的 %	1998 年	总数的 %
总数	1946276	100	2249531	100	2505000	100	2711000	100
国有企业(机构)	324584	16.6	322240	14.4	202000	8	131000	4.9
市有企业(机构)	171116	8.7	197778	8.7	182000	7.2	166000	6.0

1995 年国有企业的份额占企业总数的 16.6%,1998 年为 4.9%,相应地市有企业的份额从 8.7% 降到了 6%。

表 6-8　1995 年俄罗斯国有企业的主要经济指标(%)

俄经济：总计	100
俄经济：总计	100
企业数量	16.7
工人数量	30.7
基金总值	42
产值(国内生产总值的现有价格)	30
基本资本的投资	31

表 6-9　1998 年俄罗斯国有、市有、私有企业(机构)的分布

	企业总数	国有和市有	私有
总数	2759900	324800	2032300
其中			
工业	341600	20700	269300
建筑业	289100	15700	244900
农业	336700	13800	316600
运输和邮电	73000	11800	50400
贸易与公共饮食	868300	25800	779800
教育	86100	67700	12000

表 6-10　1995 年工业部门中国有和市有的比例(%)

	企业总数	工业产值	工业生产人员数
整个工业	7.7	11	17.8
电力	43.2	13.7	22.1
燃料	15.1	3.9	11.2
石油开采	6.1	1.3	3.3
石油加工	2.9	0.1	0.9
天然气	2.2	0.1	0.8
煤炭	20.6	21.2	17.3
黑色冶金	3.2	0.3	0.5
有色冶金	6.0	5.6	8.7
化学和石油化工	4.4	10.3	17.6
机械制造和金属加工	5.7	18.9	24.1
林业、木材加工和纸浆造纸业	6.1	10.4	14.4
建筑材料	6.6	19	14.4
轻工业	8.3	8.1	9.7
饮食业	7.6	9.9	11.4

相比较而言，国有企业在电力、煤炭、化工、机器制造和金属加工、建筑材料、林业木材加工、纸浆——造纸工业占有很大的比重。这表明国家还是在一定程度上掌握了涉及国计民生的重点企业。这与 1993 年以后的渐进转型模式有着直接的关系。

在私有化过程中建立的股份公司，国有和市有在其中的作用具有下列特点：

表 6-11　私有化过程中的控股状况

股份公司的类型＼年份	1993	1994	1995	1996
一年内建立的股份公司的数量	13547	9814	2816	1123
国家和市所有制控股的股份公司	439	1496	698	190

续表

股份公司的类型＼年份	1993	1994	1995	1996
股份公司中国家股份在法定资本中的规模(%)：达到15%		553	48	9
16—25%		158	223	63
26—38%		418	189	68
39—51%		278	196	40
超过51%		89	42	10
在建立股份公司上发行股票：百万股	695	1129	856	429

上述情况说明，国家能直接控制的股份制企业比例是比较小的，更多的是国家一般性的参与。

按照俄联邦国家统计委员会的资料，1997年1月1日的情况是，从所有制改革开始私有化了125554个企业。按照私有化方式，私有化企业的结构如表6-12：

表6-12 按照私有化方式私有化企业的结构(%)

私有化方式＼年份	1992	1993	1994	1995	1996
股份化	5.1	31.1	44.8	27.7	22.5
拍卖		6.3	4.4	4.2	3.9
商业竞争		30.4	24.0	15.9	8.9
投资竞争		1.3	1.2	1.1	0.7
收购租赁财产		29.5	20.8	29.8	32.0
出售清理企业财产、没有完成的建设项目		0.4	1.5	4.2	5.8
出售不动产				15.4	22.9
出售土地				0.6	1.5
其他		1.0	3.3	1.1	1.8

在1993—1994年进行了第一阶段的私有化——广泛地改造了所有制关系。主要是国家所有制被改造成各种各样所有制形式：个人私有的、在经济共

同体这种形式上的部分私有、股份割让。从1995年起进入第二阶段:具有很高价格的对于国民经济影响特别大的企业开始了私有化(国家股份)。这种私有化对俄罗斯产生了深远的影响,其基本特点是,国家持有股份的混合所有制的比例在增长。这从一个方面反映了俄罗斯的私有化也从激进向渐进转型。

参考下面的工业企业的部门结构情况,可以更深刻地了解这个时期俄罗斯私有化的特点:

表6-13 俄罗斯所有制的部门结构(%)

项目 \ 年份	生产总值		
	1994年	1995年	1996年
整个工业,包括各种所有制形式	100	100	100
国有和市有的	21.5	11.0	10.4
私有的	15.0	18.9	25.2
混合的	63.3	69.9	64.2
按照工业部门电力:	100	100	100
国有和市有	30.9	13.7	14.0
私有	3.8	7.0	11.1
混合	65.3	79.3	74.9
燃料工业:	100	100	100
国有和市有	13.6	3.9	2.4
私有	2.3	2.2	3.1
混合	84.1	93.9	94.5
黑色冶金工业:	100	100	100
国有和市有	1.3	0.3	0.2
私有	4.6	10.7	25.0
混合	94.1	89.0	74.8
有色冶金工业:	100	100	100
国有和市有	22.2	5.6	4.9
私有	6.6	15.6	22.8
混合	71.2	78.8	72.3
化学和石油化工工业:	100	100	100
国有和市有	16.7	10.3	10.7
私有的	16.4	19.9	26.8
混合的	66.9	69.8	62.5

续表

项目 \ 年份	生产总值		
	1994年	1995年	1996年
机器制造和金属加工:	100	100	100
国有和市有的	29.8	18.9	18.8
私有的	15.6	20.4	27.8
混合的	54.0	60.0	52.7
林业、木材加工和纸浆—造纸工业:	100	100	100
国有和市有的	18.7	10.4	10.8
私有的	30.1	31.0	37.5
混合的	51.0	58.4	51.5
建筑材料工业:	100	100	100
国有和市有	26.8	19.0	13.3
私有	30.6	35	43.0
轻工业:	100	100	100
国有和市有	16.2	8.1	7.6
私有	37.2	46.5	56.3
混合	45.4	44.3	34.8
食品工业:	100	100	100
国有和市有	18.0	9.9	8.1
私有	30.1	37.8	47.0
混合	51.7	52.3	44.8

通过上述结构状况可以看出,在私有化过程中,国有的比重减少,私有和混合型则在增加。整个说来,在1994年—1996年,国有和市有的份额减少了近一半,1996年为国民生产总值的10.4%,而私有部分达25.2%,混合形式为64.2%。①

俄罗斯私有化过程中,经济效益是不好的。美国经济学家对1995年和1996年俄罗斯全国企业调查的评价是:不到1/4的俄罗斯公司是明确盈利公司,其中只有一小部分或许能够用其利润为现代化改造融资。大约有3/4的俄

---

① 上述关于俄罗斯私有化过程中的数据,除注明出处之外,均引自莫斯科大学经济系编:《俄罗斯经济体制中的所有制》一书,莫斯科1998年版。

罗斯公司需要激烈的深入的重组,这些企业中至少1/4应该破产。1996年6月,俄罗斯前第一副总理奥列格·索斯科维茨说,35%的工业企业在技术上已经破产。没有人知道已私有化的企业最终将如何走出困境,这些公司中的3/4有多少能最后成为盈利公司,有多少成为状态不确定的公司,有多少成为亏损公司。正如在20世纪80年代预测美国东北部和中西部的哪家钢铁公司将会破产,哪家将完全地、痛苦地进行自身重组是十分困难的那样,预测管理人才、资金、工人的聪明灵巧、运气、技术、咨询帮助以及市场窍门这些因素中哪些因素的结合将决定俄罗斯公司的结局同样也是非常困难的。支持私有化的一个基本观点,是认为私有化将资源从国家部门转移到私人手中,将提高资源的配置效率。其实,这种假设只有在完备的制度安排下才能成立,而私有化本身不能自动带来这种条件。

更重要的是,经过私有化,俄罗斯并没有实现向市场经济的转型。1999年俄罗斯经济学家发表文章认为:1992年苏联解体后开始的俄罗斯经济改革的第一阶段用了7年,现在还不能认为结束。在1998年联邦总统咨文中说,俄罗斯已建成了市场经济。这是不恰当的。1997年前金融稳定的标志还不意味着进入了经济稳定,经济稳定要求至少要停止生产下降,而在1996年生产下降还在继续,与1995年相比国内生产总值减少了6%。1999年俄罗斯基本遏制住生产下降的状况。2000年,俄罗斯经济增长7%,主要原因是原料及能源产量增长较快。2001年2月8日,俄罗斯国家海关委员会公布,2000年俄外贸总额为1366亿美元,比去年增长32.4%,其中出口1028亿美元,进口338亿美元,外贸顺差690亿美元,出口大幅度增长的主要原因是石油等价格上涨。因此,没有根据说,俄罗斯目前已经完成了从计划向市场经济的过渡时期。控制经济危机与完成经济体制改革相比,后者的任务更为长期和巨大。

总的来说,俄罗斯私有化的社会效果是不好的。众所周知,"私有化"造成国有资产大量流失,成为俄罗斯两极分化的重要根源。俄罗斯私有化的一个重要特征是"人民私有化",即每人一份有价证券。这表面上看起来很公平,但实际上却正好相反。1992年很多穷人开始出售私有化证券。当时俄罗斯面临着通货膨胀的大背景。最初收购私有化证券的价钱是每张1万卢布,1992年10月,跌为7000—8000卢布,1993年5月又跌到3000—4000卢布。到1993年12月31日,俄罗斯发放了99%的私有化证券。② 至1993年底,在分发给居民的1.47亿私有化证券中,只有0.23亿被出售和"得到清偿"。③ 当时,全国成

---

① [俄]罗伊·麦德维杰夫:《俄罗斯往何处去》,第210页。
② 同上书,第212页。
③ 同上书,第213页。

立了众多的证券投资基金会,目的是把证券换成企业的股票。证券基金会收购了俄居民大约1.15亿元私有化证券并换成股票,但股票也没有带来收入。只有换成好公司的股票,才能赚钱,大多数老百姓不掌握信息,更没有这方面的经验,换成的股票都成为一堆废纸。"人民私有化"导致俄罗斯出现5000万贫困的股票持有人,而只让2.5万—3万人富了起来。①

至于"现金私有化"的问题更多。在出售企业的过程中,由于社会环境不好,外资不愿意进来,本国又缺少有实力的公司和个人,这样,只好压价出售。"1992—1994年,俄罗斯市场上简直就没有人和组织能够,或者想拿出实际的钱去购买大工厂、体育场或飞机场。"②国家鼓励用私有化证券购买,"相当有名的企业都以可笑的低价转入了私人之手。例如,著名的圣彼得堡'波罗的海造船厂'就卖了15000张私有化证券,亦即按私有化证券票面价值计算卖了1.5亿卢布。"③"在莫斯科的私有化证券拍卖会上'明斯克'商店曾卖了20万张私有化证券。"④"苏联和俄罗斯著名的乌拉尔机器制造厂(曾有10万多人在这个厂工作),1993年6月用私有化证券实行了私有化。当时这个厂被估价为18亿卢布,按照6月份的汇率,也就是200万美元。"⑤这个价格在美国只能买一座别墅。"前苏联国家财产基金会主席斯坦尼斯拉夫·阿谢克列多夫把自己的私有化证券镶在了一个镜框里,并在下面题了字:物证——本世纪最大的欺诈行为。"⑥在人民的意识中,"私有化证券"一词成了"普遍的欺诈行为"的同义语。俄罗斯社会学家在1992年底针对"实行私有化对谁有利?"的问题进行了调查,在被询问者中,只有7.3%的人回答说:"对劳动人民有利"。到1994年年底,那些天真的回答者只剩下了1.4%,49.2%的人坚定地认为,实行私有化对"搞影子经济的人和犯罪分子有利。"⑦

之所以造成这种严重的社会后果,从宏观角度来分析,有以下几个原因。

1. 整体上缺少法律准备,经济漏洞太多,导致黑社会势力在一定程度上操纵了经济的发展

关于黑社会控制经济的说法是相当普遍的,但缺少确凿的证据,而且对"控制"的定义是相当模糊的。1993年有一份报告指出,莫斯科成千上万家小商亭每家都要交约为收入5%—10%的保护费。俄罗斯政府社会和经济政策

---

① [俄]罗伊·麦德维杰夫:《俄罗斯往何处去》,第214页。
② 同上书,第210页。
③ 同上。
④ 同上。
⑤ 同上。
⑥ 同上书,第223页。
⑦ 同上书,第224页。

分析中心在 1994 年 1 月 17 日的报告中说,黑帮拥有或控制了大约 40000 家企业,包括在国有部门的 2000 家企业。1994 年 2 月 19 日俄罗斯《经济学家》杂志引用这篇报告,大意是说 3/4 的私人企业被迫向犯罪集团交纳了收入的 10%—20%,150 个这样的集团控制了约 40000 家私有或国有企业以及全国 1800 家商业银行中的大多数。1995 年,俄罗斯科学院社会学所所长说政府认为全国的犯罪组织目前控制了 50% 以上的经济实体。同时,该所的报告说,40% 的企业家和 66% 的商业组织与犯罪集团有联系。黑帮已控制了 35000 家经济实体,包括 400 家银行,47 家货币交易所,1500 家国有部门的企业。

上述情况中有很多有待深入研究,但有几点是肯定的:第一,大量的中小企业,特别是中小商业企业,要交"保护费"。笔者 1994 年 10 月在莫斯科一个大市场上,目睹了黑社会收取"保护费"的情景。大约上午 10 点钟左右,黑社会收取"保护费",2 个小时之后,税务局的人来收税,双方真如像达成默契似的。第二,国有企业的领导人之所以要和黑社会联络,很大程度上是要通过黑社会将国有资产变卖,从中收取大量回扣,又通过黑社会将这些回扣转移到国外。第三,俄罗斯黑帮将资金汇到国外银行的账户上,然后以外国公司的名义作为外国资金投入重新引进,并可以享受国家优惠政策。

2. 俄罗斯私有化需要资金投入,但俄国环境不好,不能吸引外资

对所有的 18000 家已私有化公司进行现代化改造需要多少资金投入?如果把 1995 年俄罗斯全国调查中高层经理们所做的估计套用到所有的已私有化企业,这一数字在 1500 亿到 3000 亿美元之间。这一数字没有包括来自于俄罗斯石油和金属企业这一块的更大资金需求,也没有包括发展调整公路和通信设备这些基础设施所需的资金。即使这一数字小到 1000 亿美元,它也几乎是 1995 年俄罗斯政府全年预算 500 亿美元的两倍。进一步讲,这些估计数字只包括了资本投资的成本,而没有包括为了保证充分就业而对工资进行的补贴以及维持职工的许多社会福利所花费的成本。即使政府计划和控制经济的做法会取得成功——当然这一做法从来没有成功过,这一数字也表明没有一个俄罗斯政府能够以补贴的方式实现工业复兴。一个有着 70 年管理非市场经济历史的政府能够在一夜之间成为创造世界经济奇迹的艺术家吗?不可能。

没有一个政府能够承担得起将全部的年度预算用于企业的现代化改造的重任,即使企业能够有效率地运转。可行的办法只能是吸引外资,但由于俄罗斯投资环境不好,又不能吸引外商投资。据世界银行统计,1989—1995 年,累计外国直接投资的流入量,俄罗斯为 39 亿美元,中国为 1217.04 亿美元。外国直接投资流入量占 1994 年 GDP 的比重,俄国约为 2%,中国为 30%。① 在无法

---

① 世界银行:《从计划到市场——1996 年世界发展报告》,第 64 页。

有效吸引外资的同时,俄罗斯却出现了资金的大量外流。欧洲复兴银行估计,俄罗斯公民和公司在1989—1995年间至少向国外投资400—500亿美元,如果国内的投资环境有利的话,这些资金将返回国内。约达200亿美元的公众手持现金中的大部分可以很容易地在储蓄账户和共同基金中找到投资渠道。即使外国的工业援助每年能够达到几十亿美元——这是极其不可能的——外国援助也永远不能像重组俄罗斯自己的金融体系那样提供那么多的资金来源渠道。俄罗斯必须改善投资环境,只有这样它才能迎接这些挑战。

3. 私有化政策上的失误,没有发展中小企业

俄国的大中型企业——200名职工以上的企业——在经济中占据主导地位。1988年初,这些企业的职工数和产值占总职工数和总产值的95%。1000名职工以上的企业职工数和产值占75%。

1991年初,俄罗斯联邦约有23766个大中型企业和17万个小企业,小企业大多为零售商店。到1991年底,俄罗斯企业家已建立起约25万个新的小型私人企业,其中包括戈尔巴乔夫的立法所产生的合作企业。

到1992年12月,18个大企业已经卖给了公民;到1994年7月,转为私人所有制的大中型企业的数目已达15052个。1992年这些企业拥有17,000,000名职工,截止到1996年年初,17937家工业企业已被私有化了。这些企业的产值占工业总产值的88.3%,职工人数占工业总职工人数的79.4%,企业数量占大中型工业企业的77.2%。

随着倒闭企业的收缩,必须发展小企业以扩大生产和就业。"波兰1998年私营中小企业贡献了大约1/3的国家生产总值,并为非农业提供了大约60%的就业机会。1994—1997年在100万再就业的人群中,大部分是被新兴私有部门雇用的。"①但是预测小企业在未来的作用是十分困难的,因为关于小企业规模的估计彼此之间差别很大。俄罗斯联邦统计委员会认为,1996年900万家小企业的从业人员达900万,正好是俄罗斯劳动力的10%以上,他们创造出俄罗斯全部产值的11%—12%。莫斯科市来自小企业的税收占总税收的一半以上,而大型已私有化企业的税收在下降。这些小企业中许多是被私有化的商店和零售网点,但也有许多是企业家建立的新企业。1997年"与1990年相比,莫斯科的工业潜力缩小了2/3,传统工业企业部门的就业人数降低了一半。失业人数便相应地增加了。"②莫斯科政府重点发展中小企业,"今天注册的小企业不多不少整40万家,为我们创造出250万个就业岗位!现在,在莫斯科小企

---

① [波]格译戈尔兹·W·科勒德克:《从休克到治疗》,上海远东出版社2000年6月版,第182页。

② [俄]卢日科夫:《莫斯科,我们是你的儿女》,新华出版社1999年版,第264—265页。

业生产稳定的超过24万家,在小企业工作的人超过150万人。这样便补偿了城市裁减下去的工作岗位和从企业中拿不到的利润。"①而俄罗斯的其他地区小企业的发展十分艰难。

4. 转型过快,传统习惯严重制约了私有化的进程

对俄罗斯企业获得新资金的前景造成阻碍的一个因素,是其董事长的习惯思维。1995年和1996年俄罗斯全国调查中,有2/3的董事长说他和他的职工都反对将公司的大部分股权出售给投资者,尽管这能为公司带来进行现代化改造和重组所必需的全部资金。这种习惯思维没有一点商业意识。公司的经理们一味关注控制权,却忘记如果某投资者买去51%的股权的话,公司内部人员的股权虽然由59%降到20%,但是,一个重组后公司的20%股权也比一个每况愈下的公司的59%股权值钱。一些俄罗斯公司的高级管理人员说,他们宁愿公司破产倒闭,也不愿意从投资者那里得到所需的资金。这些公司等待和寻找投资者的时间越长,公司的价值就降低得越多,等公司最终找到投资者时——如果能找到的话,经理和职工们的股票价值也就损失得越多。

三、邓小平渐进改革思想研究

渐进转型方式的含义是十分丰富的,包括对前人改革思想的合理继承,转型起点、时机、方式的选择等等。邓小平渐进改革思想就是渐进转型方式的真实反映,在对渐进转型方式进行理论概括的同时,通过对邓小平渐进改革思想的个案分析,可以更深刻地理解渐进转型方式的内涵及其科学性。

邓小平渐进改革思想的一个基本特征,就是"中央要有权威"。改革的整个过程,都要从中国实际出发,有领导有步骤地进行。也正因为中国的改革过程是在中央权威的领导下进行的,使得中国在体制转型的过程中,国家控制能力不断提高,综合国力日渐强大。这种渐进改革思想包含以下几方面内容:对改革指导思想和方法的科学界定;改革起点的合理选择;改革初期推进改革的基本措施;对改革的程序安排和方式的确定。

(一)邓小平对改革指导思想和方法的科学界定

邓小平渐进改革思想的一个重要内容,是对毛泽东社会改革思想中合理因素的继承。中国社会改革正确的指导思想和方法,就是从实际出发,"走自己的路"②,邓小平指出:"我们取得的成就,如果有一点经验的话,那就是这几年

---

① [俄]卢日科夫:《莫斯科,我们是你的儿女》,第264—265页。
② 《邓小平文选》第3卷,人民出版社1993年版,第95页。

来重申了毛泽东同志提倡的实事求是的原则"。① 中国国情既特殊又复杂,更要注意从国情出发,坚持"革命和建设都要走自己的路"。② 但是,这也有一个怎样"从实际出发"和怎样"走自己的路"的问题。毛泽东一生都坚持"走自己的路",但晚年却犯了脱离实际的错误。这里的关键是要赋予"走自己的路"以科学的含义,反对教条主义,破除迷信,依靠群众的创造精神,有条件地学习外国的经验,自力更生地搞建设,这是毛泽东思想方法的核心所在。而毛泽东后来也恰恰是在这些问题上出现了失误。

首先,走自己的路,是以从实际出发、反对教条主义为基本前提的,但这并不意味着轻视理论的作用,不意味着不遵守客观规律。从哲学意义上说,人们要想正确地实践,就要坚持从实际出发,理论联系实际,实事求是,使主观认识同客观实际相一致。而主观认识同客观实际相脱离有两种基本形式:一种是照搬以前某种固定的模式,主观认识不能随着变化了的实际而发展,这就是教条主义的错误;另一种是夸大主观因素的作用,忽视客观规律,随心所欲,从反对教条主义走到轻视理论方面,这就是经验主义的错误。中国共产党在探索社会主义建设道路的过程中,程度不同地出现了冒进的错误。而冒进也有两种形式:一种是教条主义导致的冒进,照搬其他国家经验;另一种是经验主义导致的冒进。毛泽东在领导中国革命和建设的过程中,思想方法上一个最鲜明的特点,就是头脑中没有框子,勇于探索。毛泽东思想就是在反对教条主义的斗争中成熟起来的。但是在新中国成立以后,毛泽东过分强调走自己的路,对尊重客观经济规律的重要性认识不足,更多的是从主观愿望出发而犯了冒进的错误。这种倾向在1958年以后,特别是在"文化大革命"中表现得十分明显。

其次,走自己的路,其主要内涵之一就是要依靠群众,坚持群众路线。毛泽东群众路线思想的一个基本特征,是将唯物论、辩证法、历史唯物论有机地统一起来,毛泽东讲得十分明确:从实际出发、走自己的路,反映在社会生产实践中,就是要从人民群众的实际出发,这是历史唯物主义的基本出发点。而新中国成立以来社会主义建设速度方面的一些脱离实际的设想、口号,有的也确实是由群众中首先提出来的,后来得到毛泽东的肯定并得以推广,毛泽东十分自信他代表了群众的利益,而他恰恰在这个问题上脱离了群众,问题就出在依靠什么样的群众。马克思主义经典作家历来主张要对群众作具体的分析。列宁在领导俄国革命的过程中,深深困扰他的是群众文化水平的落后。由于文化落后,俄国的广大工人,尤其是占人口多数的农民,不可能自发产生社会主义觉悟,因此,列宁认为,不能让这些人通过民主的途径影响党的方针和政策,而是相反,

---

① 《邓小平文选》第3卷,第95页。
② 同上书,第94页。

"阶级政治意识只能从外面灌输给工人,即只能从经济斗争范围外面,从工人同厂主的关系范围外面灌输给工人"。① 这就决定了俄国在集中制原则下,党内的思想走向是自上而下的,这就导致:一方面,大政方针往往要由主要领袖发出,然后层层下达,贯彻落实。这样才能保证文化水平较低的成员组成的革命队伍在行动上保持高水准的统一;另一方面,从群众来说,由于文化落后造成了缺乏主体意识,而主体意识的不足又导致了权威崇拜心理。改变这种心理,这是一个长期的过程。在这个过程中,要特别注意发挥群众中有知识的那部分群众的作用。诚然,这部分人的情况是不一样的,要作具体分析。但我们强调的侧重点是,在国民整体素质低下的情况下,充分发挥有知识的群众的作用,既可以造成一种积极的文化氛围,激励整个民族提高自身的文化素质,又可以充分发挥知识阶层的作用,弥补革命队伍文化素质低下这一不足,防止个人专制的出现,并为领袖的决策提供科学的参考意见。这即是依靠群众的科学含义,但是,遗憾的是,我国在改革开放以前,由于对知识分子的作用认识不足,使得知识分子的作用没能得到应有的发挥,甚至将知识分子排除在"人民群众"这一范围之外。

再次,走自己的路,并不排斥学习其他民族和国家的经验。改革和开放是紧密相连的。但是,毛泽东在相当长的一个时期向苏联学习的同时,排斥其他资本主义国家的经验,不能不说是一种失误。而造成这种失误的原因,除了帝国主义的敌视封锁政策的客观原因外,主观上的直接原因是,对苏联社会主义模式有着错误的理解。20世纪50年代初期,从总体上说,中国共产党对斯大林的模式没有发生怀疑,特别是从社会性质上给予肯定,认为苏联是社会主义。苏共二十大以后,赫鲁晓夫在国内对斯大林模式进行调整,包括扩大企业权限;实行物质奖励;充分利用价值规律等,同时进一步大反斯大林。1956年底,毛泽东将苏联基本经验概括为五点:共产党领导;革命夺取政权;全民所有制和集体所有制的经济基础;计划经济;无产阶级国际主义。② 1961年10月,苏共二十二大通过决议将斯大林的遗体从红场上列宁墓中迁出。中国共产党对这些做法是不赞成的。在外交上,赫鲁晓夫加紧推行"美苏合作,主宰世界"的战略,并不惜牺牲中国主权和利益,力图将中国纳入苏联的全球战略轨道。毛泽东不仅在维护国家主权和民族利益上采取了坚决的态度,他还将赫鲁晓夫的种种做法看成是西方资本主义国家"和平演变"政策的结果。1962年10月,根据毛泽东意见拟定的党的八届十中全会公报指出:国外帝国主义的压力是党内产生修正主义思想的社会根源。在此后的中苏论战中,毛泽东明确把苏联模式的

---

① 《列宁选集》第1卷,人民出版社1972年版,第293页。
② 吴冷西:《忆毛主席》,新华出版社1995年版,第31页。

变化说成是修正主义的产生,以斯大林模式作为姓"资"姓"社"的标准,同时将西方"和平演变"造成的危害看得更加严重,导致对西方国家的一切做法都斥之为反动。显然,毛泽东对苏联模式的理解是有偏差的,他所理解的苏联模式确切地说是斯大林模式,对赫鲁晓夫的做法没有作具体分析,应当说,赫鲁晓夫对斯大林的否定有些是错误的,有些是探索性的。如果完全将其看成是西方"和平演变"不一定准确,特别是由此导致拒绝向西方学习就更失之偏颇。

邓小平在改革的指导思想和方法论上,从两个方面恢复和发扬了实事求是的思想路线。首先,继承和发扬了毛泽东勇于探索、"走自己的路"的思想方法,在总结毛泽东晚年所犯的错误的时候,坚持了这样一个认识:毛泽东的错误毕竟是在寻找自己的建设社会主义道路中走入歧途的,从思想方法上说,毛泽东所犯的错误不是教条主义的错误,不是思想僵化的错误,而是探索中的错误。这种错误同苏联领导人所犯的错误不同。邓小平在总结这个历史教训时,没有放弃独立探索自己道路的努力,没有照搬别国的模式和经验,使得我们在很短的时间内找到了一条适合中国国情的社会主义建设道路。

其次,纠正了毛泽东在"走自己的路"的过程中所犯的错误,赋予"走自己的路"以新的科学含义。第一,坚持从中国实际出发,"走自己的路"。主要是在领导原则上,坚持集体领导,在领导方法上,坚持调查研究。任何重大决策都坚持"先进行试点,取得经验后逐步推广"的原则。中国是一个情况复杂的大国,各地区的情况差别很大,加之经济还十分落后,必须尽快赶上发达国家。历史向我们提出的任务是十分紧迫的,不能再出现大的失误。而只有用理性认识指导实践,才能避免失误。所谓"试点",就是先取得局部的经验,然后用这种理性的认识去指导全局的实践,并在这个过程中使理论得到不断的完善。党的十一届三中全会以后,像"农村联产承包责任制"、工厂的资产经营责任制等重大决策,在实施之前,都进行了试点,以避免重犯主观经验主义的错误。第二,尊重知识,尊重人才,充分肯定知识分子的作用,在依靠什么样的群众这个问题上进行了拨乱反正。在继续坚持依靠工农群众的基础上,注重知识分子的作用。邓小平明确宣布:知识分子是工人阶级自己的一部分[1],并采取一系列重大措施,提高知识分子的社会地位,从而形成了重知识、重学历、重水平的良好的社会风气,使群众的整体文化水平大大提高。第三,学习外国,包括资本主义国家先进的管理经验。邓小平指出:我们搞建设"光凭自己的经验和教训还解决不了问题。中国要谋求发展,摆脱贫穷和落后,就必须开放,开放不仅是发展国际间的交往,而且要吸取国际的经验"。[2] 建立经济特区、实行股份制,这些

---

[1] 《邓小平文选》第2卷,人民出版社1983年版,第89页。
[2] 同上书,第266页。

都是学习西方资本主义国家经验的产物。事实证明,一切对我有用的东西都要学习,这样才能加快我国改革事业的发展。

(二) 邓小平与中国改革起点的合理选择

邓小平渐进改革思想的另一个重要内容,就是改革起点的合理选择。在改革之初选择社会阻力较小,多数人都能受益,又能带动全社会变革的改革方案作为改革的突破口,是极其重要的。这无疑有助于保持社会稳定,发展经济,使国家保持对全社会的有效控制。邓小平对中国改革起点的选择就是成功的一例。中共十一届三中全会后开始的农村经济体制改革,就是当代中国改革起点的合理选择。愈是随着中国改革进程的发展,这种合理性就表现得愈加明显。

1. 选择农村为改革起点的背景及合理性

中国的改革率先从农村开始并取得突破,可以说是举步维艰。在1978年11月召开的中共中央工作会议上,一个重要的议题就是农业问题。会议在讨论《关于加快农业发展速度的决定》和《农村人民公社工作条例(试行草案)》两个文件时,许多同志公开表示了不满,认为文件没有实事求是地指出当前的问题,有用的措施讲得也不够充分,应作较大的修改。有人谈到了这样的事实:全国现在有一亿几千万人的口粮在300斤以下,吃不饱肚子。1977年全国农业人口人均月收入还不到6元钱。建国快30年了,还有要饭吃的。还有的老同志对一些革命老区的贫困状况表示了极大的忧虑。他们谈道:延安抗日战争时还丰衣足食,现在有的地方竟然没有饭吃,没有衣穿;大别山老根据地一些农民还穿不上裤子,盖不上被子;贵州一些农民的生活水平,有的甚至还不如红军长征经过的时候。① 会议代表的认识是符合实际的。新中国成立三十多年来,我国经济在极其落后的基础上,虽然取得了令人瞩目的成就,但也存在着问题和矛盾。国民经济过分偏重于积累,城乡经济隔绝,就是这一历史时期我国经济发展的两个重要特征。在消费和积累的关系上,消费需求对国民经济增长的导向作用事实上被置于可有可无的地位。在第一个五年计划到此后的三次国民经济扩张,无一不是围绕基本建设而展开。由此导致1953—1978年中,社会生产总值平均年增长7.9%,而人均消费年平均增长速度只有2.2%(其中农村仅有1.7%);城市主、副食品限量供应,住房紧张;1978年农民的粮油人均消费量,比1957年还低。② 在城乡关系上,多年来形成的是一种非均衡的城乡二元社会结构。这种非均衡结构导致要素生产函数长期低于生产可能性边界,与之相关的人们的实际收益长期低于其潜在收益。在这种结构下,城市作为计划体

---

① 石仲泉、陈登才主编:《邓小平在1978年》,辽宁人民出版社1994年版,第241页。
② 转引自国务院农业发展研究中心:《走向现代化的抉择》,经济科学出版社1987年版,第9页。

制的核心受到国家的过分保护,农村则支撑着城市的工业发展。1978年前农业部门为工业化提供的资金为4881亿元,而在1952—1979年我国工业投资累计才只有3679.6亿元;新中国成立后三十年中城乡差距逐渐扩大,据统计,1964年城乡人均收入比例为2.2∶1,1978年为2.4∶1。到1979年,城市以19%的人口,占有了61.1%的国民收入。① 城市生活的先天保障的安逸与农村的普遍贫困形成鲜明的对比。从理论上讲,有重点的发展城市经济的"城市产业倾斜"战略,的确可在短期内造成城市的繁荣。但许多发展中国家的实践证明,这是以牺牲农业发展为代价的工业繁荣,实质上只是表面繁荣,从最终的结果看,这必然导致农村的进一步落后、城乡的进一步对立和社会的不稳定。我国的实践证明了这一点。

  基于对客观实际的正确分析,邓小平在中央工作会议上明确指出:"如果现在再不实行改革,我们的现代化事业和社会主义事业就会被葬送"。② 1978年12月召开的党的十一届三中全会,通过了《关于加快农业发展若干问题的决定(草案)》,开始清算农业工作中的"左"的错误,吹响了中国农村改革的号角。根据当时中国的社会状况,选择农村作为改革起点,其合理性是显而易见:

  (1)中国国情决定了改革必须从农村入手。中国是一个农村人口众多的农业大国,这就意味着:第一、农业是中国稳定的基础。邓小平多次讲到:"改革为什么从农村开始呢?因为中国人口的百分之八十在农村,如果不解决这百分之八十人的生活问题,社会就不会是安定的"。③ 第二、农业是改变中国落后面貌的关键,"农民没有摆脱贫困,就是我国没有摆脱贫困。"④邓小平指出的这两点抓住了问题的关键。美国政治学家亨廷顿在分析发展中国家政治稳定时曾写道:"一个起于现代化之中的国家的政府的稳定,依赖它在农村推行改革的能力"。⑤ 稳定是改革的前提,而稳定首先就是要有饭吃,像我们这样一个近13亿人口的大国,如果粮食出现问题,靠世界上哪个国家的帮助也无法解决。1988年四川缺粮,受交通条件制约,运了3个月还没有满足需要。农村改革成功,粮食多了,会大大提高农民乃至社会的满足感,构成了社会稳定的牢固基础。

  (2)农民在旧体制下生产积极性受到严重压抑,对破除旧体制的改革要求更为迫切,从而最具有改革的需要与动机。正如邓小平指出的:"坦率地说,在

---

 ① 王育琨等:《中国:世纪之交的城市发展》,辽宁人民出版社1992年版,第15页。
 ② 《邓小平文选》第2卷,第150页。
 ③ 《邓小平文选》第3卷,第117页。
 ④ 同上书,第237页。
 ⑤ [美]塞缪尔·亨廷顿:《变化社会中的政治秩序》,生活·读书·新知三联书店1989年版,第345页。

没有改革以前,大多数农民是处在非常贫困的状况,衣食住行都非常困难"。①我国农村过去是受政府控制的,但农民从没有像其他一些国家(如苏联)的农民那样与国家职工一起享受国家规定的各种社会福利。相反,农民不仅生活水平低,而且事实上被排斥在国有经济部门之外,不像城市国家职工那样有那么多旧体制下的既得利益需要维持,改革旧体制对他们来说是最有利的。通过改革,农村渴望获得新的就业机会和劳动收入,在农业中劳动边际生产率几近于零的情况下,任何能够产生收益的工作对他们来说都是有吸引力的。这样,非国有工业、商业、建筑业、运输业等就能够从很弱小、以手工操作为主的初始阶段上很快发展起来。

(3)农村经济关系相对简单,涉及面较小,从农村进行改革,有利于逐步探索经验,并对整个经济的冲击影响面较小。毫无疑问,原有的计划体系和计划体系下的经济结构的弊端是很明显的,但它却是一个有利于自我保持协调的相对平衡体。它的高度集中的指令性计划体系,它的经济运行的普遍低效率和低收益,它在平均主义分配原则基础上的较低的消费水平和它对外界信息的高度封闭性,使它在低水平上构造了一个相对稳定的利益结构。任何方向上对这种低水平结构的冲击,都会同时打乱原有的相对平衡与相对稳定。为避免改革中付出的经济与社会成本过大,不宜一步到位,全面展开,这样,改革采取先从农村突破再转向城市的策略最为妥当。我国农村经济体制最初的改革,也就是家庭联产承包责任制。在这个改革过程中,几乎全部农村人口都从这一改革中受益,即使是原来的公社干部,不仅收入大大提高,而且许多人后来因转化为"新能人"而保持了相对优越的地位。对于政府官员和城里人来说,农副产品的增加,对他们也是有利的。所以,尽管不能说没有人受到绝对或相对的损失,没有遇到阻力,但总的来说对多数人有利,农村改革进程也就较为顺利,在短短的几年中就实现了体制的过渡。

2. 农村联产承包责任制的体制分析

所谓体制,从一般意义上讲,是为了调整人们的相互关系而设定的制约规则,具体来说主要指各种机构职权划分的原则。1978年以前,我国农村以人民公社为基本的管理体制。这种管理体制有以下基本特征:(1)"政社合一"。人民公社既是农村社会的基层单位,又是国家政权在农村的基层单位,还是农村合作经济组织。公社内的农工商学兵,统归公社来管理;公社一般管理人员是国家干部和职工,由国家分配和任命;大队干部是半脱产的农民,其收入一部分参加本生产队再分配,一部分向全大队社员筹集。(2)"三级所有,队为基础。"生产队、大队和公社是逐级隶属的三级经济组织,其中生产队是基本核算单位,但

---

① 《邓小平文选》第3卷,第238页。

公社和大队有权向生产队调集人力物力,提取部分财力组织生产协作。(3)"统一经营,集中劳动,评工记分,按工分配。"农民报酬的支付,以其在集体中所付出的劳动时间为依据,年底时,根据集体合作组织的净收入(扣除上缴的税收和集体的积累以及公益金)和集体成员的总劳动工分,求得工分值,农民据此获得相应的收入。社员的主要收入,来源于集体分配。(4)自留地和家庭副业受到严格限制。自留地一般只准种蔬菜,只能在业余时间进行耕种,农民可以从事简单的养鸡、养鸭等副业生产。人民公社体制的优势和弊端都来源于它的高度行政化和组织性。依靠集中管理的力量,国家有效地长期维持了对农业的高积累,并在此基础上持续地进行了农田水利的基本建设,获得了较强的抵御自然灾害的能力。人民公社的弊端,则集中表现为抑制了广大农民的积极性、创造性和主动性。农民的努力程度不能与其收入的多寡直接挂钩。1978 年 12 月中央工作会议期间寻找农业发展缓慢的原因时,有的同志就指出:主要是过去我们在政策上对农民卡得太死。[①] 邓小平将此上升到理论高度,明确指出:"现在我国的经济管理体制权力过于集中",这"不利于实现现代化的经济管理和提高劳动生产率。"[②]实际情况确实如此。农业问题,说到底还是个管理体制问题。对这种集中管理体制的改革,实质就是个分权问题。中央工作会议期间,邓小平指出,应该有计划地大胆下放权力,"应该让地方和企业、生产队有更多的经营管理的自主权。"[③]但分权实质上就是要改变人们之间的利益分配关系,这自然就不可能使所有人绝对同时受益,因为某些个人或集团从既得利益出发就会反对体制改革。同时,一个社会的体制不是孤立存在的,它同这个社会的文化传统、经济制度、人民群众的文化素质、自我控制能力以及社会参与能力紧密相连。我国是一个封建社会历史长久的国度,有着"大一统"的政治文化传统;在建立了社会主义的经济制度后,又迫于后现代化国家发展的一般规律实行中央集权管理的行政体制;人民群众的文化素质普遍低下,自我控制和参与能力有限。在这种情况下,分权的阻力是非常大的。仅就联产承包责任制为例,自从农业合作化以来,包产到户屡次兴起,又屡次被压了下去。1956 年下半年,在浙江温州曾有 17.8 万余农户实行包产到户,后被弹压下去;1959 年整顿人民公社过程中,在河南等地出现的包工、包产到户的创造在"反右倾"运动中又被当作走"资本主义道路"给压制下去;1961 年春,安徽农村试行"田间管理责任制和奖励"的办法,即"定产到户,责任到人",实际上是包产到户,紧接着 1964 年部分农村也搞了包产到户,都遭到批判。这种艰难的历程从反

[①] 石仲泉、陈登才主编:《邓小平在 1978 年》,第 241 页。
[②] 《邓小平文选》第 2 卷,第 135 页。
[③] 同上。

面告诉我们,分权的阻力既有来自中上层的,也有来自下层的;既有人们既得利益因素的作用,也有传统保守势力的作用。因此,最初的分权,一定要有计划地进行,中央要保证对全社会实行有效的控制。同时,又要抓住集权管理体制的弊端进行改革,使分权成为不可逆转的态势。问题的关键,就是在遵循自上而下变革原则的同时,要善于发现自下而上变革的积极因素,并对之加以积极的引导,以减少分权改革的阻力。中国最初的分权改革之所以成功,其经验即在于此。联产承包责任制在个别地方搞起后,邓小平对这一"新生事物"大力扶植,并上升到思想路线高度,认为"从当地具体条件和群众意愿出发,这一点很重要"。① 并将这种做法同体制改革紧密结合起来,指出:"党的十一届三中全会以后决定进行农村改革,给农民自主权,给基层自主权,这样一下就把农民的积极性调动起来了。把基层的积极性调动起来了,面貌就改变了。"②更重要的是,联产承包责任制使中国的体制改革形成上下配合的态势。我们通常说,体制改革要从国情出发,其深层次的含义,就是要善于在各种复杂的因素中,找出"原生"的改革因素,并将此种"原生"因素纳入到社会主导体制中来。邓小平通过党的十一届三中全会成功地将"群众意愿"转化为党的方针和政策,这是解放思想、实事求是的具体表现,也是中国体制改革起点合理性的具体体现。

3. 联产承包责任制与农民观念的更新

改革起点合理性的一个基本标准,就是这种起点的选择能带动整个社会的变革,使改革成为不可逆转的态势。由于整个社会变革的阻力之一就是传统观念,因此,如果某种改革起点的选择能够引起人们观念上的变革,那么这种改革就有了一定的合理性。

这里讲的观念更新,具体是指联产承包制对农民市场观念形成的积极影响。市场观念主要包括法制观念、效益观念、竞争观念。近现代以来,中国土地制度安排曾经历了两次强制性制度变迁过程。第一次制度安排的结果是将土地的地主所有变成了农民所有;第二次制度安排的结果则是将土地的农民所有变成了集体所有,实现了土地的公有公营。地主土地所有制和社会主义的土地集体所有制都有各自性质不同的缺陷。在地主土地所有制的条件下,土地允许买卖,土地兼并就成为必然的趋势。农民耕种地主的土地,地主利用土地对农民任意进行盘剥,因而在农民眼里地主是没有任何信誉的,这种环境下自然不可能产生公平竞争的市场经济观念。而在土地集体所有制下,土地是公有公营的,农民不是相对独立的生产者,无法创造公平竞争的环境,因而也不能产生市场经济观念。联产承包责任制则克服了上述缺陷,有利于市场经济观念的

---

① 《邓小平文选》第 2 卷,第 238 页。

② 同上。

产生。

第一,联产承包责任制有利于产生法制观念。在联产承包责任制的环境下,农民以契约的方式同集体签订承包合同;一些专业户生产的产品要拿到市场,甚至是较远的市场出售;改革使得农民个人拥有的物质财富大为增加;所有这些,都自然要求农民动用法律武器保护自己的合法权利。由此,不少农民开始动用新闻媒体的力量来反映意见、表达利益,有的则直接诉诸法院。《人民日报》《法制日报》等全国性大报、各地方日报经常会收到农民来信,反映各种不合理现象和问题,以期引起有关部门的重视和处理。各地法院受理的农民上诉案件也急剧增加。农民上诉的问题除了乱收费、乱摊派外,还有买到假农药、假种子以及挂钩化肥不兑现等现象。四川省乐至县一年内就连续出现三起205户农户状告乡政府侵犯农民利益的行政诉讼案,结果农民全部胜诉。① 同时,国家也加强了农村的法制建设。据统计,自1978年以来,国家先后颁布了400多个有关农村和农业的法律法规和规章。农民法制观念的增强培育了公民的权利意识,并对各级党政干部形成一种有力的监督,这对于我国的政治发展走上民主化、制度化的健康发展道路是有利的。

第二,联产承包责任制有利于产生效益观念。中国传统文化产生于自然经济时期,主张"正其义不谋其利,明其道不计其功",缺少效益观念,纯粹以道义为标准来衡量经济活动的合理性。农村家庭联产承包责任制实行以后,把集体所有的土地长期包给各家农户使用,农业生产基本上变为分户经营、自负盈亏。农民生产的东西,"保证国家的,留足集体的,剩下都是自己的"。这种责任制使农民获得生产和分配的自主权,把农民的责、权、利紧密结合起来,迫使农民对自己的经济活动进行严格的核算。联产承包责任制实行后,农民收入急剧增加,就是效益观念提高的有力证明。具体情况见表6-14。

表6-14 25省(市、区)94村年户均收入状况及百分比

收入档次	土改时期	合作化时期	人民公社时期			责任制时期
			前半期	后半期	平均值	
200元以下	56.1	48.9	50.8	30.8	40	4.6
200—500元	36.8	39.7	35.6	37.6	40	4.6
500—1000元	6.7	10.1	11.9	26	18	40.1
1000—5000元	0.4	0.6	1.5	5.2	2	34.4
5000元以上						3.2

---

① 《经济日报》1993年5月13日。

不仅如此,为了提高效益,各种形式的农业社会服务体系也相继建立。辽宁铁岭县新台子镇经营管理开展社会服务,全镇59个财会人员承担686户家庭经济核算工作,使这些农民实现了生产讲成本、讲效益的经济核算制。① 江苏吴县村村建起了经营管理服务站,对村级经济的承包合同、资金、物资、财务等,加强管理和审计工作。

第三,联产承包责任制有利于产生竞争观念。竞争观念是和分权联系在一起的。联产承包责任制使农民认识到分权的重要意义,并最终推动市场竞争观念的确立。中国在改革开放以前的政治、经济体制是高度集权的,邓小平曾指出:"权力过分集中的现象,就是在加强党的一元化领导的口号下,不适当地、不加分析地把一切权力集中于党委,党委的权力又往往集中在几个书记,特别是集中于第一书记,什么事都要第一书记挂帅、拍板。"②体制转型的实质就是要分权,要逐步走向市场,把计划经济条件下的通过政治权力行政指令配置社会资源转变为市场经济条件下的主要通过市场机制配置社会资源。联产承包责任制的实质就是对农村经济活动的初步分权,在联产承包责任制下,农民有了生产经营的自主权,解开了多年来被束缚的手脚和思想。伴随着经济上自主权的获得,农民的开放意识、商品观念开始形成。由于商品经济本身的风险性,它的发展必然要孕育农民主动进取、顽强竞争的意识,克服小农经济所造成的中庸求稳心态。社会存在决定人们的社会意识,思想观念的变化首先是从能看得见、摸得着的具体实惠开始的。联产承包责任制的推行使广大农民都程度不同地受益,这就通过事实教育团结了不同看法者,使更多的人认识到分权和竞争的必要性,从而真心实意地支持和拥护改革。一部分农民富裕后将剩余的资金投资工业,使得农村私人企业迅速发展,这是农民竞争观念增强的有力证明。私人企业产值增长量占农村工业总产值增长量的比重,1984年为88.7%,1985年为88.7%,1996年为91.3%。③ 这种竞争观念为社会主义市场经济体制的最终确立起了重要推动作用,它为城市改革起了示范和榜样作用,在农村改革中形成的市场竞争观念为以后的城市分权和市场经济的全面展开作了观念上的准备。

同时也要看到,对农民观念转变的状况不能估计过高。我们完全可以举出一些相反的例子来论证农民法律、效益、竞争观念的落后,这恰恰说明观念是经过长时间积淀形成的,不可能在短时间内彻底转变,这也从一个侧面证明了以"给基层自主权"来间接触动观念变革是十分正确的。

---

① 《辽宁日报》1990年11月18日。
② 《邓小平文选》第2卷,第328—329页。
③ 杜海燕:《中国农村工业化研究》,中国物价出版社1992年版,第95页。

4. 农村联产承包责任制的政治分析

改革起点合理性的另一个标准,就是这种起点能够引起政治领域的相关变化,能够为政治体制改革作必要的准备。邓小平早就明确指出:"我们的最终目标是要发展社会主义民主。"①党的十一届三中全会制定的一系列政策,"就国内政策而言,最重大的有两条:一条是政治上发展民主,一条是经济上进行改革。"②由于中国基本上是个农业社会,农民在全国人口数量中一直占绝对优势,所以从整体的眼光看,社会主义民主是否取得了实质性进展,关键是要看广大农村民主的发展状况。然而长期以来,由于种种原因,我国农村的民主发展水平一直是比较低的,农村民主主要存在着如下障碍:

第一,传统的小农经济自给自足性强,农民生产的农产品主要不是为了交换,而是为了自身的消费,因此,商品率很低。农业合作化以来,农产品由国家统购统销,无法进入市场,商品率仍然很低。农村商品经济落后,导致农民思想上的封闭与僵化,不能接受现代民主意识的熏陶。特别是在传统的集体经济条件下,分配上的平均主义使得农民没有独立的经济利益需要保护,从而在根本上缺乏民主的原动力。

第二,广大农民文化水平低下,权威崇拜心理使得人们认识不到自己的价值。政治民主的第一层次,首先是要求公众的参与。人的受教育程度跟他参与政治的积极性和能力是成正比的。有人作过定量分析,按平均数来说,公民每多受一年教育,个人积极参与度(评分范围0—100)约增加0.25分③,足见受教育程度对公民政治参与的影响。而在我国经济不发达地区的广大农村,农民的受教育程度普遍较低。由于这些地区的经济基本上是建立在小规模生产、手工劳动的基础上,无论其生产方式或经营方式,都基本上游离于现代科学技术之外,因而很难对科学文化知识,特别是中、高层文化知识产生内在需要,这就造成了农村旧文盲未扫除、新文盲又产生的局面。在我国2.38亿文盲、半文盲队伍中,绝大多数都分布于经济、文化落后的农村。④ 与低下的文化水平相伴而来的是权威崇拜心理。文化水平落后引发的政治效应,必然是人民缺乏主体意识,崇拜权威。在我国农村政治发展中,虽然没有成套的西方社会那样的精英政治理论,但由于崇尚家长、崇尚皇权、崇尚权威的封建专制主义极为严重,因而实际上精英政治理论有着极为广阔的社会基础。精英政治意识深重地影响着人们的政治观念和政治行为。由于崇拜权威、依附权威,只能铸成附庸意识,

---

① 《邓小平同志关于坚持四项基本原则反对资产阶级自由化的论述》,中央文献出版社1989年版,第25页。
② 《建设有中国特色的社会主义》(增订本),人民出版社1987年版,第54页、第104页。
③ 邓伟志主编:《变革社会中的政治稳定》,上海人民出版社1997年版,第136页。
④ 李发林主编:《中国当前农业问题及其解决办法》,北京农业大学出版社1993年版,第292页。

形成卑微心理,农民在政治上必然表现为普遍的非参与倾向。

第三,农村封建宗法关系严重,人际关系中感情色彩浓厚,农民组织观念极为淡薄。列宁指出:"民主意味着在形式上承认公民一律平等,承认大家都有决定国家制度和管理国家的平等权利。"①这也就是说,民主是公民通过组织参与国家管理。在我国农村社会中,由于家庭的特殊地位以及传统伦理、习俗的影响,居民的社会交往活动范围十分狭窄,仅限于基本血缘关系的人们的聚集和往来,由此形成了封闭的单姓农村社区。在现代农村社会,虽然清一色的同姓同宗村落已不多见,但是,人们交往频繁的仍是沾亲带故的亲戚。近几年又复兴的续家谱、联宗祭祖活动也是这种浓厚的血缘观念的反映。这种重血缘关系的特点同重感情的政治文化结合起来,更加制约了现代组织观念的发展,严重阻碍着农村民主化的进程。

关于联产承包责任制和民主的关系,邓小平说得十分明确:"把权力下放给基层和人民,在农村就是下放给农民,这就是最大的民主。"②如果说联产承包责任制从经济上来说是提高农民的生活水平,从政治上来说则是开始了农村真正的民主化进程:

(1)个人利益和区域利益的相对独立性,为农民的政治参与提供了原动力。这种原动力最初表现为要求经济民主,然后从追求经济民主向追求社会民主过渡。家庭联产承包责任制的基本特征,是使基本经营单位和核算单位由生产队转移到农户,使农业生产经营者和生产者行为的合理化直接根植于个人利益和区域利益的基础上;是把集中统一的经营方式转变为以家庭为基本生产单位的分散灵活的经营方式,使农民生产的责、权、利统一起来。由于适合现阶段农村的生产力水平,因而家庭联产承包责任制一出现,就以不可阻挡之势推动了农村社会生产力的发展,给广大农民带来了实惠。问题的关键是这里出现了一个由经济民主为触发点的民主发展趋势,这就是:由于农民经营方式的变化,过去的集中经营变为各家各户分散经营;过去的集中分配变为以自主经营收入为主;过去的集体统筹变为分户负担。在这些看来很普遍的变化中,农民开始更加关注自身利益,关注村务管理,关注干部行为,从而增加了参与意识,对农村政策的风吹草动他们都非常敏感。这就以经济民主的扩大为起点,向政治和社会生活方面的民主延伸。

(2)农民收入水平的提高,自由支配时间的增加,社会活动空间的扩大,有利于提高农民素质,从而为政治参与创造了条件。首先,在家庭联产承包责任制下,农民收入水平有了前所未有的提高,消费结构发生变化,农民的消费水平

---

① 《列宁选集》第3卷,人民出版社1972年版,第257页。
② 《邓小平文选》第3卷,第252页。

向精神文化的享受方向发展,日益认识到智力投资的作用。1981 年农民文化消费占生活费支出的 2.43%,1985 年为 2.86%,1987 年则增长至 5.1%。[1] 随着农民文化素质的提高,他们对自身价值的认识也越来越深刻,日益成为具有自我意识和民主观念的政治主体。其次,农民可以自主地支配自己的剩余时间,他们可以用这些时间来学习文化,提高素质。党的十一届三中全会以来,我国农村劳动力的文化程度日益提高。具体情况如表 6-15:

表 6-15 农村劳动力文化程度状况变动表(%)[2]

年份\文化程度比重	文盲和半文盲	小学程度	初中程度	高中程度	中专程度	大专程度
1985	27.87	37.13	26.69	6.96	0.29	0.06
1988	23.83	38.47	30.37	6.84	0.41	0.08
1990	20.73	38.86	31.43	6.96	0.51	0.10
1992	16.20	39.05	36.21	7.82	0.60	0.12
1993	15.29	38.21	37.43	8.20	0.70	0.17

最后,农民社会活动空间的扩大,与外界联系和交往的密切,改变了他们传统的社交方式及内容。城市的新的生活、交往方式,新的思想观念源源不断地传到农村,不断唤醒农民的竞争意识和自我发展、自我奋斗的强烈愿望,并提高了农民的民主意识。

(3)农民现代组织观念增强,农村现代民主制度初见端倪,主要表现为村民自治成为农民参与管理的基本形式,使农村民主有了制度和组织保障。与家庭联产承包责任制相适应的新的农村管理体制形式——村民自治,自产生出来,便显示了强大的生命力,在全国各地农村迅速发展起来。1982 年宪法确认了农民们创造的村民委员会制度,1987 年全国人大又通过了《村民委员会组织法(试行)》,从而使这一制度在全国农村普遍确立起来。到 1992 年底,全国有 21 个省、直辖市、自治区人大结合各地情况制定了本地区的《〈村民委员会组织法〉实施办法》,使村民委员会制度进一步走向完善和制度化。农民通过村民自治这种组织形式,表达自己的意愿,参与国家管理。1992 年,吉林省梨树县各村先后召开村民代表会议 1648 次,提出参政提案 62000 多条,被采纳的有 46000 多条。在中国古老的农村大地上,社会主义民主正稳步向前发展。

---

[1] 李发林主编:《中国当前农民问题及其解决办法》,第 30 页。
[2] 根据《中国农村统计年鉴》,中国统计出版社 1991 年、1994 年各册计算。

(三) 邓小平与中国改革的程序安排

农村改革的直接目的,是解决全社会的温饱问题,改革也如期达到了目标。农村的成功经验,农村经济发展对城市的要求,为以城市为重点的整个经济体制改革提供了极为有利的条件。从1984年开始,改革重心进一步从农村推向城市。中国体制改革的这一程序选择,是由当时我国国民的消费水平及市场特征决定的。

随着1979年至1984年农村改革带来的国民经济的增长,我国普遍地结束了以满足温饱为中心的必需品消费阶段。新的消费特征悄悄地、不可阻挡地出现在我国人民的生活中,消费市场的总趋势是必需品的销售增长率减缓,非必需品的销售增长率大大提高,购买力"热点"发生转移。然而,社会对非必需品需要的增加却面临着我国传统的二元经济结构矛盾的制约。由于建国初期的国际环境、苏联模式的影响和我国经济的极端落后,我国在工业化初期就实施了重工业超前发展战略,这种发展战略的选择有其历史的理由并发挥过历史的作用,但这种发展战略是一种以粗放发展提高速度为中心的战略,是高指标、低效益、高积累、低消费的发展战略。这种战略导致了我国经济发展中强烈的二元结构特征。二元结构的强度一般用农业与非农产业间的相对国民收入差距来度量。美国著名数理统计专家茨涅兹的统计研究表明,世界发展中国家这一差距最大为4.09倍,我国在改革之初的1979年却高达6.08倍[①],为世界各国绝无仅有。这种二元结构使得市场结构性矛盾突出,产业结构和产品结构严重不适应消费需求结构。此外,这还导致深层次的体制性矛盾,因为对非必需品的需求是一种多样化的需求,要求企业有更快的反应能力,对企业也应该采取灵活的控制手段;而传统的以重工业为主的发展战略则是国家集中控制企业。已有研究表明,在人均收入和结构变革之间存在着有规律的联系。根据对107个国家经济发展的数据所作的统计分析,在人均国民生产总值265—1075美元的阶段,是各国结构变革最迅速的时期。当然,国家大小不同和天赋资源的不同,对结构变动的可行道路具有不同的影响。大国可以在收入水平较低时就进入结构变动迅速时期。如达到工业化的最高速度(以制造业在国民生产总值中比例的增长率来度量),大国在270美元(1970年美元,下同);拥有少量资源的小国在630美元;拥有丰富资源的小国则在580美元。可见,拥有大规模国内市场优势的大国,达到产值结构最迅速变化阶段的时间可以早于其他类别国

---

① 王积业、王建主编:《我国二元结构矛盾与工业化战略选择》,中国计划出版社1996年版,第3页。

家。① 我国是一个拥有众多人口的大国,因此,必须不失时机地发动国民经济的结构改革,并为此进一步推动原有体制和机制的改革。

当历史提供新的选择机会时,邓小平审时度势地得出了解决结构性矛盾的根本出路在于体制改革的结论。正是在这种背景下,1984年10月,中共十二届三中全会通过了《关于经济体制改革的决定》,全面启动了城市的经济体制改革。城市的经济体制改革以扩大企业自主权为重点,并开始深刻促及传统计划管理体制。针对传统体制中集中计划过多,对企业生产经营统得过死的弊端,政府一开始就确定了以扩大企业自主权为突破口的方针,确立了改变政府和企业的各种关系,使企业从行政实体的附属物向具有经营自主权和相对独立利益的经济实体转变的主旨。在体制改革之前,企业由于缺乏利益的约束和预算的约束,对价格的变化和市场的变化没有反应,从而导致供求数量没有变化。体制改革的目标就是使政府与企业分开,明确财产关系,使企业成为自主经营、自负盈亏的商品生产者。在既有利益约束,又有预算约束的条件下,企业就会接受市场发出的价格信号并因之调整供给与需求,以适应市场上变动着的情况,并使自己在变动着的市场上实现预期的收益。

经济发展的结构变革,使产业结构走向合理,第一产业在国民生产总值中所占的比重开始逐步下降,进入工业化的常规过程。轻重工业内部结构也有明显变化,轻工业的比重不断上升。城乡人民的生活得到迅速改善和提高,消费水平增长很快。城乡人民收入、储蓄情况、住房情况、耐用消费品的拥有量、就业情况等都有了很大的变化。体制改革成功的重要原因之一,就是真正采取了提高个人消费水平的措施。它使改革一开始就得到了一个比较宽松的环境,使人民在改革中能得到比较多的实惠。个人消费水平的提高又强有力地推动了经济的增长。只需指出,农村的住宅建设和城市的家电普及这两大消费需求,是中国改革开放以来经济增长的两大支柱。

经济体制改革的深入和发展,对政治体制改革提出了愈紧迫的要求。由于党的十一届三中全会以后经济建设和经济改革极为迫切,因此没有来得及对政治体制的弊端作全面纠正。随着由农村到城市改革的逐步展开,现行政治体制的弊端越来越成为商品经济进一步发展的障碍。经济主体的独立化、经济利益的多元化和微观经济决策的分散化趋势,要求权力过分集中的政治体制在保证中央政令统一的前提下,向适当分权转变。靠经济体制改革不能解决的问题必须由政治体制改革来完成,否则经济体制改革就会陷入僵局或反复。从中国改革的经验来看,政治体制改革要取得成功,首先必须进行市场取向的改革;而市场取向改革要取得成功,又必须有与此相适应的政治体制改革。邓小平敏锐地

---

① 参见国务院农业发展研究中心:《走向现代化的抉择》,第24页。

觉察到这个问题,他说:"现在看,不搞政治体制改革不能适应形势。改革,应该包括政治体制的改革,而且应该把它作为改革向前推进的一个标志。"①正是在这样的背景下,邓小平自1986年6月以后,多次强调要考虑政治体制改革问题,要求政治体制改革要有一个蓝图。这个蓝图,要立足我国国情,实事求是,充分考虑我国的社会历史条件和现实承受能力,同时还要兼顾长期和近期两个方面,避免只考虑长远而不顾及眼前,或者只顾及眼前而忽视长远的倾向。据此,在党的十三大上,正式提出了进行政治体制改革的伟大任务,把政治体制改革目标确定为:"建设有中国特色的社会主义民主政治","建立高度民主、法制完备、富有效率、充满活力的社会主义政治体制"。

从农村改革到城市改革,从经济体制改革到政治体制改革,这是一个根据经济政治发展的内在规律不断深入的发展过程,呈现出了一浪高于一浪的波澜壮阔的画卷。

(四) 邓小平与中国改革方式的确定

计划经济如何向市场经济过渡,这是经济理论需要面对的一个全新的课题,也是当代中国体制改革面临着的一个重要问题。这其中包含着经济改革和政治改革以什么样的方式推进、如何解决所有制和价格体系等一系列复杂的问题。邓小平明确指出:中国的体制改革,"必须有领导有秩序地进行"②,"匆匆忙忙地搞不行",如要那样搞"一定会出现'文化大革命'中那样'全面内战'的混乱局面"③,要坚持渐进式改革。这种渐进改革思想,有着深刻的内涵和丰富的内容,务实主义的观念模式,试验性的方案选择,同迂回式的改革发展战略,体现在改革的实际进程中,构成了体制渐进改革思想的基本特征。

1. 务实主义的观念模式

这种观念模式的实质,就是一切从实际出发。就思想方案的出发点分析,在具体的实践中找出改革的积极因素加以扶植。联产承包责任制在个别地方搞起后,对这一"新生事物"大力宣传,认为"从当地具体条件和群众意愿出发,这一点很重要"④,并将这种"原生"的因素纳入到社会主导体制中来,将"群众意愿"转化为党的方针政策。就经济体制改革目标的建构历程来看,中国经历了多年反反复复的探索,最终才确立了社会主义市场经济体制的理论框架。我国在改革之初并没有确立一个一成不变的目标模式,改革目标是不断随着改革

---

① 《邓小平文选》第3卷,第160页。
② 同上书,第277页。
③ 同上书,第285页。
④ 同上书,第316页。

的推进而深化，随着主客观情况的变化而不断地得到修正、调整的。邓小平著名的"摸着石头过河"的思想，从实践的角度看首先具有目标论的意义：要"过河"是明确的，但"过河"指向的只是解决问题，而并不意味着已经知道了究竟在哪一点上岸，不知道河那边是什么样的经济体制；"摸着石头"本身不仅在方法论上有避开困难走的倾向，而且首先在目标论的意义上表明了具体的改革目标的可变性和可调整性。

2. 试验性的方案选择

任何一种大的改革措施，都是在经历了小范围的反复试验，取得了经验，群众心理有了准备以后才在全国范围内推行，避免了全局性的失误。事实上，经过试验，再行推广的制度安排方式，恐怕于效率最佳、费用最省两方面都是一种经济的方式。采取这种制度供给方式，比较明显的功利之处就在于降低政府因知识的不完全性而产生失误的可能性。在没有经验可供借鉴的情况下，从点和局部做起，从一个地区、一个行业做起，逐步推广，可以通过试验，不断纠正错误，避免犯大错误。同时，先试点，后推广，可以避免抽象的意识形态争论，通过大胆地试验，通过实践来统一认识。在改革之初，思想僵化半僵化的状况还相当严重，一些重大的改革措施，如果试图通过争论来统一大家的认识，几年、十几年也未必成功，把时间都争论掉了，什么都干不成；相反，通过大胆地试，思想较快地得到了统一，步子反而加快了。从1979年开始搞家庭联产承包责任制，到1983年基本完成。从1979年4月邓小平提出"还是办特区好"，到1988年4月13日建立海南省大特区，都是经过不断试验，逐渐地统一了人们的认识。试验的观点，说到底就是实践的观点，是科学方法论的具体体现。

3. 迂回式的改革发展战略

这主要是指在改革过程中，先从难度较小的方面入手，然后逐步向难度较大的问题过渡，由局部性改革逐步扩展到整体性配套改革。以家庭承产联产责任制的实施为第一推动力，改革从农村向城市逐步推进，农村改革的经验被运用于城市改革，而城市改革从企业经营机制到价格体系，各方面都经历了一个逐步深化的过程。以对外开放带动对内改革，改革从沿海向内地逐步推进。这种逐步推进的开发格局，是同地区推进的改革和经济发展格局相结合的。实践证明：市场发育程度较低的中国，选择某些城市和地区，首先选择与港澳台临近的、过去商品经济比较发达的沿海城市和地区，采取优惠政策，引进国外资金、技术和管理经验，允许部分地区先活先富，有力地推动了中国的改革和经济发展。中国的经济特区和沿海开放区已成为市场发育最快、经济最有活力的地区。

四、普京执政的理论与实践

(一) 普京治国方略的本质

弗拉基米尔·普京,1952年10月7日生于列宁格勒市(现圣彼得堡市)。1975年毕业于列宁格勒大学法律系。此后,他在苏联克格勃系统工作15年,其中1985年至1990年在民主德国工作。1990年回国后,普京先后担任列宁格勒大学校长外事助理、圣彼得堡市市长顾问、市政府对外联络委员会主席和圣彼得堡市第一副市长。1996年8月出任俄总统事务管理局副局长,1997年3月出任俄总统办公厅副主任兼监察局局长,1998年5月任总统办公厅第一副主任。他1999年3月任俄联邦安全会议秘书,8月9日被任命为第一副总理兼代总理,8月16日就任总理。1999年12月31日,时任俄联邦总理的普京出任代总统,2000年3月26日当选为俄罗斯联邦总统,并于5月7日正式宣誓就职。2004年3月,普京赢得大选胜利,连任总统。2008年5月7日,普京正式卸任,结束八年总统任期,转任政府总理。2012年3月,重新当选为俄罗斯总统,任期六年。

普京治国理念的核心内容,就是"强国意识"。具体说来,是以俄罗斯传统思想为出发点,以现实社会需要为依据,提出了大国和强国之路的治国路径理念。

普京的治国思想,是他在1999年底发表的《千年之交的俄罗斯》中提出的"俄罗斯思想"。① 它包含的内容是:(1)"爱国主义",即对"自己的祖国,自己的历史和成就而产生的自豪感",也是为建设强大国家的一种"心愿";(2)"强国意识",强调俄罗斯过去与将来都是"强大的国家",这"决定着俄罗斯人的思想倾向和国家政策";(3)"国家观念",即认为拥有强大权力的国家"秩序的源头和保障,是任何变革的倡导者和主要推动力";(4)"社会团结",强调俄罗斯人向来重视"集体活动","习惯于借助国家和社会的帮助和支持"来"改善自己的状况"。显然,"俄罗斯思想"实际上是带有浓厚原俄罗斯民族主义色彩的爱国主义,其核心是"大国"和"强国"观念,具体说来,突出国家的地位与作用,恢复俄罗斯的大国和强国地位。关于这一点,普京在2000年7月8日向俄罗斯联邦议会提交的总统国情咨文中说得更加明确。他说:"俄罗斯唯一的选择是选择做强国,做强大而自信的国家,做一个不反对国际社会,不反对别国的强国,而是与其共存的强国"②。普京的一切举措,都是围绕着"强国"思路而展开的。

---

① 《普京文集》,中国社会科学出版社2002年版,第602页。
② 《普京文集》,第77页。

普京强国思想,是以传统的俄罗斯思想为思想基础的。传统的俄罗斯思想是一个博大精深的思想体系,包括国家观念、集体意识、大俄罗斯主义等等,但其中最本质的东西,还是大国和强国意识。俄罗斯国土广阔,疆域漫长,要有庞大的官僚体系和人数众多的军队来维持和保护这个国家;国家观念深入人心,"俄罗斯是世界上最国家化、最官僚化的国家,在俄罗斯的一切都可能转化成政治的工具。"[①]俄罗斯又是受东正教影响深远的国家。东西方教会分裂之后,莫斯科有"第三罗马"之称,"俄罗斯民族的思想界感到,俄罗斯是神造的,是赋有神性的"[②]。大俄罗斯主义一直在俄罗斯人的思想深处占有重要地位。现在俄罗斯自由民主党领导人日里诺夫斯基多次讲过,俄罗斯不止一次地拯救了世界。因此,这种大国和强国意识,是对传统俄罗斯思想的继承和超越。

普京的强国思想,也是针对复杂现实问题的正确选择。普京1999年12月31日履行代总统职权时,俄罗斯面临着极其严峻的形势:

一是俄罗斯社会各阶层已对政府工作严重不满,民众基本丧失了对国家政权的信心。1996年以来,叶利钦的身体健康问题成为引发俄罗斯政局动荡的重要诱因,加上1998年以来,叶利钦频繁撤换政府总理的做法,以及政权内部的混乱状况更是加剧了政权危机:安热罗—苏真斯克地区和尤尔加和托普卡地区的铁路工人举行了罢工,社会情绪严重左倾;从1993年开始,俄罗斯各地区第一次纷纷加入了反总统运动。梁赞州杜马在1998年5月底向叶利钦发出一封公开信,要求总统"自愿迅速辞职",公开信引起了连锁反应,伏尔加格勒州等的议员也先后发出这种呼吁。与此同时,1998年8月的金融危机极大地削弱了叶利钦的政治地位,原先与克里姆林宫关系密切的精英阶层也对政府工作不满。莫斯科市长卢日科夫认为:1998年的经济危机不是基里延科政府几个月工作生成的危机,而是制度的危机。任何按照丘拜斯或切尔诺梅尔总理的主宰者原则建立起来的金字塔都必定会倒塌。普里马科夫出任总理的政治冲击波甚至使很多政治观察家认为叶利钦已耗尽了自己的根基,遭到彻底的失败。俄共等议会党团在1999年国家杜马中提出了对叶利钦的不信任案。要求叶利钦辞职的呼声也成为俄罗斯政治中的热点问题。

二是关系国家稳定根本大局的政体问题也成为俄罗斯发展的焦点所在。地方权力在叶利钦时代自行其是,不仅严重削弱了中央政府的权力,更造成国家根本大法——《宪法》权威的旁落。但是,叶利钦政权已经难以顾及中央与地方的关系问题。在中央政府层面,俄罗斯的政体问题已经成为政治矛盾的导火索。1998年9月,俄罗斯总统、联邦委员会、国家杜马和政府之间甚至签订了政治协定草案,提出关于修改俄罗斯联邦宪法的立法动议,在国家权力机关

---

① [俄]别尔嘉耶夫:《俄罗斯的命运》,云南人民出版社1999年版,第6页。
② [俄]别尔嘉耶夫:《俄罗斯思想》,第1页。

之间重新分配权力,以便扩大俄罗斯联邦会议两院的权力和监督职能,扩大俄罗斯联邦政府的权力,协调立法权力机关和执行机关的行动。美国学者甚至认为,总统权力式微的直接后果就是政府职能的实施没有杜马的同意越来越困难,俄罗斯开始具备稳定的议会政府的特征。1999年2月,普里马科夫在外交和国防政策委员会上谈到国内政治和经济问题时,提到彻底修宪一事迫在眉睫。新宪法应以联邦会议的文本为基础。而且,在整个修宪进程中要征求各权力机构的意见。尽管1999年9月国家杜马未能通过俄共等左翼议会党团提出的限制总统解除总理职务权力的宪法修正案,但是确保政治体制的稳定甚至已经成为俄罗斯政治发展的最低要求。

三是各派政治力量之间,特别是俄共和叶利钦为代表的右翼的斗争,已经到了不可调和的境地。俄罗斯共产党当时已经成为议会第一大党,叶利钦的很多提案在议会都无法获得通过,俄共还启动了弹劾总统程序。此外,俄罗斯经济形势十分危险,国内生产总值在4000亿美元左右,不及改革之前的一半,俄罗斯人民迫切要求改变现状。

普京提出的"大国"和"强国"的治国理念,恰恰可以解决这些问题,也能够为各派政治力量所接受。以"大国"和"强国"的理念来提高人民的信心,增加政府的能力,调和各派政治力量的矛盾,是完全符合实际的。俄共领导人格·阿·久加诺夫在2004年发表文章,纪念斯大林诞辰125周年,文章的题目就叫做"强国的建设者",文章认为斯大林是"伟大的国家主义者",是"强国的建设者",俄罗斯"要成为强国",必须实现"强国思想和斯拉夫思想的有机结合","中央集权制和多种经济成分经营自由与主动权的结合",改变目前的经济和政治的混乱状态。①

(二)普京治国理念的具体内容

1. 寻找自己的改革之路的思想方法

普京的治国理念,也是他的思想方法的必然产物。普京上台以后,特别强调"寻找自己的改革之路"。他说:"每个国家,包括俄罗斯,都必须寻找自己的改革之路。我们在这方面还不是很有成效,只是在最近一两年才开始探索自己的改革道路和寻找自己的发展模式。只有将市场经济和民主制的普遍原则与俄罗斯的现实有机地结合起来,我们才会有一个光明的未来。"②

普京的"寻找自己的改革之路"的内涵主要包括:(1)反对照搬外国课本上抽象的模式和公式。作为"俄罗斯复兴和繁荣的战略,它应当以在市场改革和

---

① [俄]久加诺夫:《强国的建设者》,《世界社会主义研究动态》,2006年第3期。
② 《普京文集》,中国社会科学出版社2002年版,第6页。

民主改革中一切好的东西为依据,只能采取渐进的、逐步的和审慎的方法。""只有将市场经济和民主制的普遍原则与俄罗斯的现实有机地结合起来,我们才会有一个光明的未来。"(2)俄罗斯传统的价值观是社会团结的支撑点。普京指出,在一个四分五裂、主要社会阶层和政治力量信奉不同的价值观和意识形态的社会里不可能进行有成效的建设工作。90年代"俄罗斯改革艰难而缓慢的原因之一就是公民意见不一致,社会不团结。精力都耗费在政治内讧上,没有用在解决俄罗斯改革的具体问题上"。① 普京强调,俄罗斯的传统价值观应当成为实现社会团结的基础。它们是爱国主义、强国意识,强有力和有效的国家、社会和睦。

在《千年之交的俄罗斯》中普京明确表示:"我反对在俄罗斯恢复任何形式的国家或官方的意识形态。在民主的俄罗斯不应当有强制性的公民意见一致。任何社会意见的一致都只能是自愿的。正因为如此,在目标、价值观、发展水平这样一些主要问题上意见一致是十分重要的。"普京否定了"国家意识形态",提倡"政治自由",即"精神自由、思想多元化和新闻自由"。但这并不是说国家不需要一致的意识形态,而是强调在"目标、价值观、发展水平这样一些主要问题上意见一致是十分重要的",它必须建立在自愿的基础之上。普京所希望的俄罗斯社会是建立在"多种所有制、经营自由和市场关系"的基础之上的,"高于各种社会、集团和种族利益的超国家的全人类价值观"。

2. 坚决打击"寡头"和腐败现象,确保国家权力代表俄罗斯的整体利益

由于普京是叶利钦指定的继承人,"寡头"们对普京曾抱有幻想。别列佐夫斯基曾希望普京一如既往善待"寡头"。普京明确表示,"不能只照顾少数寡头利益,要遵循经济规律办事。"执政不久的普京,很快就集中精力解决"寡头"问题,其坚持的基本原则是使"寡头"们远离权力的中心,其切入点,是从反偷税漏税开始。2000年5月11日,普京就任俄罗斯总统后的第3天,俄罗斯国家税务警察以偷税漏税为名,对传媒巨头古辛斯基所拥有的俄罗斯最大的媒体垄断集团之一的"桥媒体"总部所属4个机构进行了搜查。6月13日,俄罗斯最高检察院扣留了古辛斯基,后来"取保候审"。12月12日,古辛斯基在被他称为"第二故乡"的西班牙落网。古辛斯基是"新闻媒体帝国"——桥新闻媒介控股公司董事长,是最早把触角伸进大众传媒领域的私人集团,因屡屡报道对普京政权不利的消息而被当权者视为"主要内部敌人"。② 普京执政八年加强了国家对媒体的管理和控制,俄罗斯国家杜马也通过《国家支持大众传媒和书籍出版法》。普京极力抑制金融寡头对媒体的影响,遏制西方资本的大规模渗

---

① 《普京文集》,第8页。
② [美]戴维·霍夫曼:《寡头》,第489页。

透。"古辛斯基事件"发生后,俄罗斯寡头们立即联合起来。从寡头们的反应看,他们把拘留古辛斯基看做对自己的生意、也是对自己安全的威胁。① 普京不为所动,坚持打击寡头。2001年4月14日,古辛斯基操纵的独立电视台遭受重创,电视台董事会被解散。独立电视台被新领导班子强行接管。古辛斯基苦心经营多年的媒体王国走向崩溃。俄罗斯国内发生的"媒体革命"甚至引起了强烈的国际反应。2001年4月17日,美国国务院新闻发言人就俄罗斯天然气公司强行接管独立电视台事件发表声明,称美国对这起事件及俄罗斯的新闻政策"缺乏公开性和透明度"表示担忧。②

"寡头"介入政治,这是叶利钦时代的一大特点。资本与权力的结合,在当代俄罗斯得到了充分的体现。别列佐夫斯基曾理直气壮地说:"俄罗斯的大资本家当然要同政治家搞在一起!在政治家身上下财注,这才是一本万利的投资。"在莫斯科流传着这样一个政治笑话:谁要想进入俄罗斯政府当副总理、部长或到总统府当官,必须经过别列佐夫斯基的职业介绍所同意才行。③ 别列佐夫斯基自然成为普京打击的对象。就在普京执政之初提出一系列政治改革措施时,别列佐夫斯基立即表达了他的反对立场。2000年5月31日,别列佐夫斯基在《生意人报》上全文刊登了致普京的公开信,对普京加强中央权力的政治举措提出质疑。2000年6月21日,别列佐夫斯基在一次外国投资商会议上说,为俄罗斯制定战略方针是普京的责任,但事实证明这位总统的所有战略决定都表明他没有战略。别列佐夫斯基表示,他坚信反对派很快会从左派运动中产生。但事态的发展并没按照他的意愿进行,国家杜马对普京的法案采取配合的态度,普京政治改革的反对派没有很快出现。2000年7月17日,别列佐夫斯基宣布,他准备在7月19日申请放弃杜马议员的资格。在解释这一决定时,他强调主要的原因是坚决反对总统提议的政治改革。2002年1月22日,俄罗斯新闻出版、广播电视部部长列辛根据法院要求,签署命令停止了别列佐夫斯基投资控股的TV—6电视台的播出。流亡国外的别列佐夫斯基多次公开发表言论,攻击普京限制新闻自由,并企图重返俄罗斯政坛。鉴于别列佐夫斯基对普京政权的一系列政治挑战,2002年10月,俄罗斯总检察长办公室以诈骗罪正式起诉别列佐夫斯基及其同伙,并发布全球通缉令。2003年3月26日,别列佐夫斯基在伦敦落网。俄罗斯总检察院准备将其引渡回国,但别列佐夫斯基说服英国政府同意了他的政治避难要求,但随后迫于各种压力自杀。

2003年10月25日,俄罗斯首富、尤科斯石油公司总裁米哈伊尔·霍多尔

---

① [美]戴维·霍夫曼:《寡头》,第486页。
② *Russia's Endangered Media*, NEW YORK TIMES, April 18, 2001.
③ 周志淳:《两年普京》,世界知识出版社2005年版,第26页。

科夫斯基在新西伯利亚机场被俄罗斯联邦安全局人员扣押,被带回莫斯科接受俄罗斯总检察院的调查。10月25日,俄罗斯总检察院对霍多尔科夫斯基提起刑事诉讼。2004年12月19日,俄罗斯尤科斯公司的核心产业尤甘斯克石油天然气公司的股份进行拍卖。贝加尔金融集团以93.7亿美元的价格购得了尤甘斯克公司76.79%的股份。几天后,属于国有的俄罗斯石油公司宣布收购贝加尔金融集团,从而将拥有俄罗斯17%的石油储量的尤甘斯克公司收归国有。2006年8月1日,莫斯科仲裁法院裁定尤科斯破产,并启动了破产程序。2007年11月21日,尤科斯公司的破产管理人列布贡宣布,他从联邦税务局获得了将尤科斯从国家法人登记目录中注销的证明。尤科斯公司已不复存在。

普京与寡头由于俄罗斯发展道路的选择问题必然会进行摊牌。霍多尔科夫斯基事件就是集中表现。普京政府显然反对尤科斯扩大对俄罗斯石油业的控制,当然更不愿意尤科斯落入外国投资者,尤其是美国人的囊中。尤科斯作为俄罗斯第二大石油公司,如果其将近一半的资产落入美国人手中,这涉及未来俄罗斯战略资源的控制权问题。而霍多尔科夫斯基的参政愿望更让普京感到不安。霍多尔科夫斯基公开表示在2008年45岁时弃商从政,觊觎总统宝座。俄罗斯《独立报》10月20日至24日对"国内100位最有影响的政治家"排名调查中,霍多尔科夫斯基仅次于普京、卡西亚诺夫、沃洛申和丘拜斯。同时,2003年以来,霍多尔科夫斯基一直同时资助俄共、俄右翼联盟和"亚博卢"集团,试图赚取政治资本;控制舆论工具《莫斯科新闻》,任命在2001年4月独立电视台风波中名噪一时的独立电视台总监基谢廖夫做主编。普京担心,一旦霍多尔科夫斯基资助的人进入国家杜马,美国有可能通过这些议员影响俄罗斯的发展。

尤科斯事件打击了寡头参政,得到民众广泛支持。霍多尔科夫斯基公布资助名单的政党资助者均遭失败。克里姆林宫通过打击寡头赢得了杜马大选。"尤科斯公司案件"使左派和右派均遭到打击,这次大选实际上是对普京反对寡头的事件进行了一次全民公决。霍多尔科夫斯基的被捕不仅没有引发俄罗斯社会动荡,反而成为普京在2003年国家杜马选举前提前分化组合俄罗斯各派政治力量的富有成效的举措。

普京的反腐败有三大措施:其一,惩办腐败官员:2001年秋季,俄当局掀起"反贪风暴"。2003年6月又开展"猎狼行动"。2006年开展两次反腐风暴:第一次是5月12日,撤换了俄联邦安全局、内务部、总检察院、海关总署和俄联邦委员会的17名腐败官员。第二次从9月13日开始,撤换了19名腐败高官。其二,成立反腐败领导机构。2004年1月12日,普京召开反腐败工作会议,成立直属总统的"反腐败委员会",决心向各级权力机关的腐败现象作斗争。"反腐败委员会"主席由政府总理担任,成员有议会两院议长、宪法法院院长、最高法院院长和最高仲裁法庭庭长,主要任务是研究腐败现象的根源,在立法和执法等方面制定有效的对策。3月15日,普京发表讲话说,要建立一种制度,使任何官员都不能以国家利益为掩饰中饱私囊。其三,制定部分反腐败法规。2002年7月,俄颁布的新行政法典开始生效,其中规定,交通警察无权向违章司机直接收取罚金和没收驾驶执照,违章司机须到银行交纳罚款,只有法院才有权作出吊销驾驶执照的裁决。这是针对交通警察随意罚款和受贿行为的重大措施。同年8月,普京批准国家公务员行为准则,强调公务员要忠诚高效地履行职责,根除滥用职权现象。

3. 建立强有力的国家权力体系,加强国家对市场经济的调控

关于建立强有力的国家权力体系,这是普京强国战略的主要起点,他认为:"俄罗斯需要一个强有力的国家政权体系,也应该拥有这样一个政权体系。"①"俄罗斯独立以来,确立了总统制度和联邦制国家结构形式,但并没有真正建立起一个职权分明、相互协调和统一有效的国家权力体系"。国家实际上是处于四分五裂的分散状态,许多权力机关犹如一个个孤岛,"在它们之间没有建立起稳固的桥梁,没有使各级权力机关之间有效的相互作用"。② 加强纵向的国家权力体系,确立联邦中央与地方权力机关之间的关系,整顿政治法律秩序,成为解决国内政治问题上的战略性任务。普京强调指出,巩固国家,即所有机构和各级政权是一项战略性任务,"很显然,不解决这个关键问题,我们就无法在经济和社会领域取得成就。"③为此,普京采取了几个重大步骤:

首先,在全国设立七大联邦区,任命总统代表进行管理。俄罗斯是一个联邦制国家,共由89个联邦主体组成,其中包括21个共和国、1个自治州和10个自治专区、49个州、6个边疆区、2个联邦意义的市(莫斯科和圣彼得堡)。俄罗斯联邦宪法和联邦条约确定了俄罗斯联邦中央和各主体的法律地位和权限划分。然而,当时由于苏联刚刚解体,俄罗斯存在着严重的经济和政治危机,社会和民族矛盾十分尖锐,俄罗斯联邦内的一些共和国纷纷要求独立和扩大权力。在这种情况下,俄罗斯联邦总统和议会不得不向各共和国和联邦主体作出更大的让步,并希望得到地方政权的支持,以维护联邦国家的统一。由于联邦各主体自主权力过大,严重削弱了联邦中央的权威。有些联邦主体的法律与俄联邦的宪法和法律相抵触,使联邦中央的法律政令无法有效地执行,造成法律冲突和政出多门。根据俄媒体所披露的情况,一些地区享有无限的立法自由,有的几近于完全独立。高达30%的地区立法,包括关于财产权、税收和关税的法令,违反了联邦的法律。正如普京所指出的:"在俄罗斯,联邦关系还不成熟,

---

① 《普京文集》,第10页。
② 普京总统2000年的国情咨文,《俄罗斯报》2000年7月11日(俄文版)。
③ 普京总统2001年的国情咨文,《俄罗斯报》2001年4月4日(俄文版)。

也不发达。地方的自主权常常被解释成分裂国家的行动。……我们还没有真正的联邦制国家。"①为此,建立联邦区,在联邦区任命俄罗斯总统的代表就成为一个重要步骤。这项措施的实质是,把总统垂直的权力体系扩大到地区,"它不是改变行政区域边界,而是提高政权的效率。不是要削弱地方的政权,而是创造条件来加强联邦制度"。② 2000 年 5 月 13 日普京发布总统令,把全国划分为七个联邦区,每个大区分别管理几个联邦主体,由总统任命全权代表进行治理。这七个大区是远东联邦区、西北联邦区、中部联邦区、北高加索联邦区、乌拉尔联邦区、西西伯利亚联邦区、伏尔加河沿岸联邦区。总统任命的 7 名联邦区全权代表中有前总理基里延科,还有 5 名将军,其中有领导北高加索联邦区的将军卡赞采夫。

其次,确定了俄罗斯总统和联邦中央对联邦主体立法和执行机构实行干预的权力。俄罗斯各联邦主体和地方领导人都通过选举的方式产生,联邦总统无权任免,由此使得联邦中央对地方领导人无法进行有效的监督。普京刚刚宣誓就职后,就开始大刀阔斧地进行行政改革。普京于 2000 年 8 月 1 日签署的《关于联邦主体国家权力机关组织的普遍原则法》规定,俄联邦政府和总统有权整顿国家的法律秩序。如果联邦主体立法机关通过的法律文件违反了俄罗斯宪法和法律,俄罗斯总统有权对其提出警告;如果该立法机关第二次通过违反联邦宪法和法律的法案,俄罗斯联邦总统有权向国家杜马提交解散该立法机关的议案。如果联邦主体的最高领导人违反俄罗斯宪法和法律,俄罗斯总统可以对其提出警告;如果第二次违反,总统就可以撤销其职务,任命联邦主体临时最高领导人。2005 年 3 月,普京明确提出,地方行政最高领导人选举之前,要由联邦总统提出候选人。后来这一主张得到了法律的确认并予以实施。

再次,改革俄议会上院即联邦委员会的组成方式。俄国家杜马通过了总统提交的《俄联邦委员会组成办法》的议案。按照新的规定,联邦委员会(上院)作为一种常设机构,每个联邦主体选派两名代表参加,一名来自立法机关,一名来自执行机关。其成员在 4 年任期中不得成为杜马的代表和联邦主体立法机关的代表,不得担任国家高级职务,不得被选举为地方领导人。这意味着联邦委员会的成员职业化,改变了联邦委员会由各联邦主体执行和立法机关领导人组成的方式。实际上它既加强了上院的立法和监督职能,也削弱了地方领导人对联邦中央的制约权力。

关于加强国家对市场经济的调控。普京认为:"俄罗斯必须在经济和社会领域建立一套完整的国家调控体系。"③具体内容包括:第一,严格税收制度;其

---

① 普京总统 2000 年的国情咨文,《俄罗斯报》2000 年 7 月 11 日(俄文版)。
② 同上。
③ 《普京文集》,第 13 页。

典型事例是逮捕和审判霍多尔科夫斯基,追缴尤科斯石油公司偷漏的高达100多亿美元的欠税。从经济上剥夺控制着国家石油资源的寡头资产,实现经济资源向国家的集中,普京的办法主要是大幅度提高税收:一是每吨原油的出口关税从2004年5月份的35.2美元迅速提至12月份的101美元;二是严格自然资源利用税的征收,2004年1月至7月即征收自然资源利用税78.85亿美元,占同期联邦中央税收的27.19%。2004年12月,国有的俄罗斯石油公司以拍卖方式购得尤科斯石油公司下属的最大子公司——尤甘斯克石油天然气公司,普京终于迈出了对国家重要资源重新国有化的第一步。

第二,提高能源等部门国家控股的比例:能源特别是石油和天然气是俄罗斯经济的命脉。根据世界银行的资料,2004年,燃料能源综合体保证了俄罗斯80%的出口,俄国内生产总值的1/4由石油天然气收入构成。叶利钦时期的私有化使得80%以上的石油资源控制在私人财团手中。近年来,国际原油价格的飙升,解决石油资源控制权的问题越来越紧迫。普京通过对传媒大亨古辛斯基和克里姆林宫"教父"别列佐夫斯基的打击,一方面达到了杀鸡骇猴、敲山震虎的效果,另一方面形成了社会支持的有利氛围。2003年10月,普京决定打击有着浓厚西方背景的"尤科斯"石油公司,矛头指向俄罗斯首富霍多尔科夫斯基。10月28日,俄罗斯总检察院对霍氏提出7宗罪行,主要涉及金融诈骗,偷逃国税,侵吞巨额资产等,其数额累计高达10亿美元之多。2004年12月,俄联邦政府依司法裁定,拍卖尤科斯属下尤甘斯克油气公司76.79%的股份以抵偿偷逃税款,使最终购买者国有独资的俄罗斯石油公司增加石油开采能力6500万吨/年。

采取市场手段,由国家控股企业收购私有西伯利亚石油公司。2005年9月,俄联邦政府控股的天然气工业公司以131亿美元收购西伯利亚石油公司72.6%的股份,增加石油开采能力3500万吨/年。

以上做法使俄联邦政府控制的石油开采能力由占总开采量7.5%提高到了30%,总计约1.4亿吨/年。国有化壮大了俄国有能源企业,使俄政府拥有了对能源工业的有效控制力。

第三,通过法律的形式,保证国家对要害部门的控制。

① 采取立法手段,把资源开采审批权收归联邦政府。2004年以来,俄联邦政府一直在加紧准备《矿产法》修正案,国家杜马于2005年12月开始一读审议。修正案最重要内容是把联邦与联邦主体两级政府共有的油气开采审批权完全收归联邦政府,改"两支笔"为"一支笔"。

② 依照《自然垄断法》(1995)和《天然气供应法》(1999)的规定,天然气工业公司(气产量占全俄90%)垄断天然气管道建设、运输和出口权。其他私有天然气开采和出口商无权建设干线管道,且需从天然气工业公司获得相应配额

才能使用干线管道。这一垄断权利使天然气工业公司成了决定其他企业开采量和出口量的阀门。

③ 依照《自然垄断法》，国有的石油管道运输公司和国有成品油管道运输公司分别垄断石油和成品油干线管道建设和运输权。所有石油和成品油生产企业无权建设干线管道，且需从上述两公司获得相应配额才能使用干线管道运输。这一垄断权利使上述两国有公司成了调控其他公司石油和成品油产量及出口量的杠杆。

④ 依照《自然垄断法》和《电力法》(2003)，国有统一电力系统公司（发电量占全俄70%）垄断全俄电力生产、传输和调度权。

⑤ 依照《自然垄断法》，国有的俄铁路公司拥有俄100%铁路基础设施。依法拥有垄断地位的还有核电建设和生产、邮政、供热以及海港、空港服务。

第四，支持和扶植国有企业。

① 组建俄罗斯"统一飞机公司"。据美国《航空周刊与航天技术》杂志2006年2月27日报道：2月21日，俄总统普京签署命令，将俄罗斯的主要航空工业整合为"统一飞机公司"（俄文缩写OAK）。将整合到该公司的企业包括苏霍伊、米格、图波列夫和伊留申，以及伊尔库特公司等。组建OAK的总统令原定在2005年8月签署，但有关该公司性质和组成形式的争论使之推迟到现在。

总统令中明确规定，俄政府应在OAK中持有至少75%的股份，剩余部分则将由私人投资者持有。

② 支持俄罗斯石油公司获得更多油气资源。2005年12月7日，从私有的控股集团手中购得过25.9%上乔纳大型油气田股份，并正在洽购伊尔库茨克州政府手中的另11%的股份；2005年12月16日，俄罗斯石油公司竞得紧邻上乔纳的东苏戈丁油气田开采权。预计，俄罗斯石油公司不久将从尤科斯手中获得尤卢勃切诺-托霍姆大型油气田开采权。东西伯利亚新油田开采权的变化，表明俄罗斯石油公司将主导该地区油田开发，并主导与中国的石油合作。

③ 支持统一电力系统公司购入动力机器公司股份。2005年12月7日，俄政府批准了统一电力系统公司以1.014亿美元购入私有的动力机器公司22.43%的股份。后者是俄最大的发电和配送设备制造企业。此交易明显加强了统一电力系统公司的实力和垄断地位。

④ 支持国有的对外贸易银行资本和业务扩张。2005年12月21日，俄联邦政府决定把中央银行持有的其他数家俄境外银行的股份全部转给对外贸易银行，使后者完全持有或控股这些银行，不仅银行资本剧增，且迅速扩大了在伦敦、巴黎、法兰克福、维也纳和卢森堡的金融业务。对外贸易银行将成为俄境外融资和外贸结算的核心金融机构。

4. 实行多种积极的社会政策,全力提高人民的生活水平

俄罗斯现阶段面临着一个严重的社会问题,就是两极分化,贫困人口过多。特别是科学和教育等主要领域的工资太低。普京从重视教育、卫生入手解决贫困问题。在每年9月份新学年开学之际,普京都会到学校去看望师生并发表讲话,这已成为惯例。2000年9月1日,他去的是俄罗斯鲍曼技术大学。2001年9月1日,普京去的是国立莫斯科师范大学。在2004年12月底的记者招待会上,普京作为优先任务提出,减少国家贫困水平,进一步巩固财产权,推进行政改革,改革卫生和教育体系,减少税收负担,发展抵押贷款体系。

2005年9月初,普京集中谈了解决社会问题的一些想法。关于卫生改革,普京承认状况不是很好,强调必须特别注意发展基础医疗机构。到2006年,医生的工资应在现有的基础上增加1万卢布;而护士的工资应在现有的基础上增加5千卢布。关于教育改革,2万所学校应当向国际开放,到2008年之前这类学校的数量应当达到3万所。要为中学生、大学生和青年学者建立专项基金。高素质研究人员的月平均工资应增加到3万卢布。关于住房政策,提出到2007年的任务是保证住宅建设的数量有较大增加,与2004年相比不少于三分之一。关于公用事业,支持天然气公司实施大规模的国家煤气化计划的建议。在近三年内应投资350亿卢布支持这个计划。① 普京的计划一提出,在社会上引起了广泛的反响。能见到的具体措施有:

(1) 增加预算,提高科教人员的工资。2005年9月5日普京召开政府委员会的扩大会议,宣布了一个重要的新方针,就是在2005至2006年,增加1000亿卢布的预算,大规模地提高中小学教师和医疗单位人员的工资。计划中小学教师的工资在现有的基础上每月增加1万卢布;医院服务人员的工资在现有的基础上增加5000——1万卢布。关于增加医疗方面的预算,具体见表10-16(单位:10亿卢布)

表6-16 2006—2007年计划增加医疗费情况

	2006	2007
提高基层医疗单位工资	12.8	17.7
培训经费	0.2	0.3
巩固基层保健工作	17.9	19.3
高技术方面的帮助	4.1	12
信息支持	0.6	0.7
建设新的医疗中心	12.6	19.4

资料来源:[俄]2005年9月6日《消息报》。

---

① [俄]2005年9月6日《消息报》。

（2）提高工资和退休金。根据俄国家统计委员会资料,2002年4月俄罗斯人的平均收入达到3697.5卢布,与2002年3月相比增长13.1%,与2001年4月相比增长34.3%。消费水平恢复到了1998年金融危机前的水平。几年来拖欠的工资和养老金全部补发到位,退休金提高了60%,预算拨款单位职工工资略有提高。俄罗斯政府制定了2006—2008年国家预算,计划不断提高人们的工资和退休金,具体见图10-2(单位:卢布):

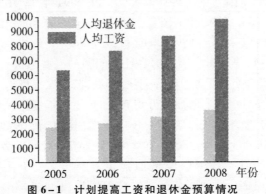

图6-1 计划提高工资和退休金预算情况

资料来源:(俄罗斯)2005年9月6日《消息报》。

5. 全力推行依法治国的方略

众所周知,"法制国家"已明确写入俄罗斯联邦现行《宪法》的第一条。在理论上,俄罗斯法学家把法律至高至上视为法治国家最重要的准则,认为法治国家是对人权的最大保障,它是依靠完善的法律体系、法律的普遍适用及对法律的严格遵守来实现的。普京在评价叶利钦时代时表示:"俄罗斯在政治和社会经济动荡、剧变和激进改革中已经精疲力竭。民族的忍耐力、生存能力和建设能力都已处于枯竭的边缘。社会简直要崩溃,从经济上、政治上、心理上和精神上崩溃。"那么,究竟在哪些方面犯了决定性错误呢? 普京认为,最主要的问题是意志削弱,失去完成所开创的事业的国家意志和坚定信念。另一个比较大的问题是缺乏严格和公认的规则。普京指出:"社会没有规则就不行。而国家的规则就是法律,是宪法纪律和秩序。""民主制度是法律专政,而不是根据职务应当维护这一法律的人的专政"。"规则对于所有人和所有地方来说都是需要的和重要的"。"只有高效率的、强有力的国家能按规则生活。只有这样的国家能保障自由——经营自由、个人自由、社会自由"。可见,为了整治和改造一个混乱和无政府状态的俄罗斯,普京将突破口选在了加强法制建设上。他明确提出:"我们坚持唯一的专制——法律专制"。① "目前俄罗斯有1000多部联

---

① 《普京文集》,第90页。

邦法,共和国、边疆区、州及自治区的法律也有数千部"。① "应通过联邦法律,而且首先是联邦法律来划分联邦中央和地方管理机关之间的管辖对象和权限"。②

普京十分关注法律法规的统一问题,多次强调,社会不应四分五裂,要"统一法律空间",各地区权力一律平等,不能有特殊化。"联邦主体通过的法规中有3500多项法规不符合俄罗斯宪法和联邦法律,其中五分之四现已得到修正"。③ 普京还通过法律手段促进政党的法制化。2000年末,普京向国家杜马提交了《俄罗斯政党法》草案。2001年2月7日,国家杜马以280票赞成、109票反对、4票弃权的表决结果一读通过了《俄罗斯政党法》。2001年6月,《俄罗斯政党法》最终经国家杜马通过、联邦委员会批准,普京总统于7月初签署生效。《俄罗斯政党法》在促进政党体制法制化方面起了重要作用,其特点是将政党活动纳入法制和国家管理轨道。《政党法》明确规定,国家财政将对在竞选中突破3%大关的政党给予支持;强化国家对政党的管理,除加强对政党登记程序的管理——由司法部预先审查申请登记的政党的党纲和章程以确保其与现行法律相符外,还明确规定政党登记的最低标准:政党只有在正式成员1万人以上并在全国半数以上地区分别拥有100人以上党员时,才能获得登记,并且取消了地方政党的概念,政党只能是在全联邦意义上的政党。

（三）普京治国方略的理论基础和启示

普京治国方略的理论基础,就是"强国"基础上的主权民主理念。普京指出:"俄罗斯是按照本国人民的意愿,选择了自己的民主制度的国家"。"作为一个主权国家,俄罗斯能够也将自主地决定民主道路上的一切时间期限,以及推进民主的条件"。④ "但俄罗斯发展民主必须依法而行"。⑤ 普京强调:"我们十分清楚,不发展民主制度,我们是不可能使国家强盛的。我们当然会这样的。但是,我们自己当然是会独立地去做到这一点的"。"我们可不希望在我们这里有像伊拉克那样的民主"。⑥

普京总统执政以来,俄罗斯采取一系列措施,整顿经济秩序、强化中央权威。几年来,普京的拨乱反正和治理整顿的做法受到越来越多的俄罗斯民众的支持,政府的调控能力进一步增强,俄罗斯外交更加灵活主动。普京的治国理

---

① 《普京文集》,第11页。
② 同上书,第273页。
③ 同上书,第275页。
④ 同上书,第187页。
⑤ 同上书,第188页。
⑥ 同上书,第375页。

念有着深厚的社会基础。经历了苏联解体与20世纪90年代的动荡与危机,特别是在看到独联体国家相继爆发类似"颜色革命"的政变以后,俄罗斯社会上下更加深刻认清了美国和西方发动民主攻势的目的和本质。苏联败亡和独联体内乱使得俄罗斯人终于认识到谁是敌人,谁是朋友。2005年年底,俄罗斯一家著名的民意调查机构"巴什基罗娃及伙伴"公布的一项调查结果显示,72%和80%的俄罗斯人分别认为戈尔巴乔夫和叶利钦时期走了一条错误的道路,只有1%的人希望生活在叶利钦时期。与此同时,有67%的被调查者认为,普京领导的俄罗斯正走在一条正确的道路。通过打击车臣分裂势力、打击财团寡头、整顿传媒等手段,俄政局稳定,经济好转,俄罗斯社会对自己所选择的发展道路更加自信,政党和知识精英在民主及国家发展模式问题上的共识进一步增强:俄罗斯不会照着别国画好的图样发展,推进民主应符合俄罗斯的现实、历史和文化传统。普京在2005年的国情咨文中强调:"俄罗斯将就如何贯彻自由和民主原则做出自己的独立决定,这必须从本国的历史、地缘政治及其他国情出发。作为一个主权国家,俄罗斯能够也将自主地决定民主道路上的一切时间期限,以及推进民主的条件。"

主权民主的提法最先出自克里姆林宫,最早出现是在2005年5月总统办公厅负责政治事务的副主任苏尔科夫的一次秘密报告中。在这次对俄罗斯商界高层人士的讲话中,被称为"俄罗斯政治设计师"的苏尔科夫严厉批驳了自由派的"西方式的自由民主理论",提出了"有民主,但更要主权"的观点,并号召俄罗斯政治和商界精英要在政治民主方面形成共识,尽快形成俄罗斯式的民主发展观。2006年2月7日,苏尔科夫在"统一俄罗斯"党骨干分子大会上详细阐述了主权民主的思想。7月份圣彼得堡"八国峰会"期间,俄罗斯与西方的"民主之争"到达顶峰。8月底,在莫斯科举行的一次高层政治研讨会上,"主权民主"正式成为"统一俄罗斯"党的政治指导思想。

普京最重要的政治顾问、俄罗斯政治设计的主要人物、总统办公厅副主任弗·苏尔科夫把俄罗斯民主解读为"主权民主",即根据本国历史、地缘政治、国情和法律,由本国自主确定的民主。他说:"有人认为民主比主权重要,我们不这样看。我们认为,这两者都重要","民主化过程本身非常复杂,自下而上的运动是理想,而在实际中这一过程要复杂得多,因此简单化的模式对俄罗斯来说并不现实"。"我们希望成为一个开放的民族并与其他开放的民族按照平等的规则,而不是在外部强加的力量下进行合作"。在回答西方对俄罗斯民主政治的指责时,苏尔科夫首先援引了90年代初西方媒体的一些文章,其中说道当时俄国内黑势力的猖獗,甚至渗透到国家的各个政权机构,他认为,"我们要远离的正是这种民主,而且越远越好"。值得注意的是,苏尔科夫拒绝了过去人们用"可控民主"的说法对俄罗斯民主的那种概括,认为主权民主更能解释俄罗斯的现实。

普京的治国理念与实践给我们以深刻的启示：在体制转型的过程中，如何使政治制度与经济制度避免恶性循环，而做到良性互动，这首先是一个尖锐的实践问题。叶利钦时期的改革，政治制度的发展为"寡头"和某些特殊的利益集团提供了某种特权保障，使政治与经济出现了恶性循环。反之，广泛的政治改革促进了经济的发展；经济的发展又使人们对政治改革充满了信心，"同时还因为良好的经济绩效提升了民众对产生这种结果的政治体制的支持。"中国、波兰、爱沙尼亚和俄罗斯普京时期的改革都是良性互动的典型案例。其次从理论上说，经济改革推动了经济的发展，经济的改革和发展又为政治改革创造条件；政治改革反过来又进一步推动经济的发展；但这仅仅是理论上的描述，要想让政治和经济做到良性互动，要有很多中间环节的支撑条件，这些支撑条件主要有：

第一，对利益集团的规范和限制。改革一定要打破原有的利益集团，对新产生的利益集团也要进行一定的限制。利益集团在改革的初期都是有一定积极作用的，这种作用随着改革的深入越来越小，然后会变成阻碍作用。民主选举往往是打破利益集团垄断的好方式，但是在改革初期，要保持稳定，又不能全面推行普遍的选举。

第二，传统思想资源的充分利用。连接政治和经济的纽带就是价值体系。因为在转型时期，各种思想、各种观点、各种方案都会出现在现实的舞台上，这些思想观点和方案如果差距太大，就会发生冲突；如果没有差距，就产生不了新的改革方案。既要解放思想，发扬民主，又要使人们向着一个明确的目标前进，最好的办法，就是找到大家大致都能接受的思想基础。根据历史的经验，只能到传统思想的体系中去寻找，将传统思想体系中最精华的因素找出来，做为将改革不断推进的思想武器。

第三，提升国家的控制和执行能力。政治和经济的互动，一定要通过国家这个载体来实现。国家的控制和执行能力是一个复杂的问题。苏联实行中央集权，国力强大，但外强中干，一夜之间分崩离析。"美国的福利国家建立得比较晚而且仍处于低水平。美国市场管制非常少，而且在20世纪八九十年代，美国曾率先降低其福利国家的水平"，"但是，美国在另一意义上又是一个非常强的国家"，"美国建立的是一套有限政府制度，在历史上就限制了国家活动的范围。但在这个范围内，国家制定及实施法律和政策的能力非常之强"。① 国家能力的内涵十分丰富，但有效的垂直控制系统，完整的制度和法律体系，以及有

---

① ［美］弗朗西斯·福山：《国家构建：21世纪的国家治理与世界秩序》，黄胜强、许铭原译，中国社会科学出版社2007年，第6页。

力的执行制度和法律,无疑是其中的重要内容。

第四,各项政策的科学和完善。支撑转型向前发展,除了思想、路线等因素外,各项具体政策的科学性也是非常重要的,因为政治和经济需要具体的政策连接起来;政治和经济的互动需要具体的政策支持。诚然,政策的具体内容是很多的,但有几项政策是要特别注意的:一是开放政策,包括吸引外资,创造良好的投资环境;二是国家宏观调控政策,包括社会福利、保护弱势群体、有效的社会救济;还有很多,不在此一一列举。

第七章 中俄两国转型模式与国家控制能力

"国家能力"即 state capacities。国内外学者对于"国家能力"的界定有很多,大致可以分为两类:第一种侧重于宏观,将"国家能力"界定为国家实现自身意志和目标的能力,例如 Theda Skocpol 把国家能力定义为"实施官方目标,尤其在克服强大社会集团实际或潜在的反对或者面对反抗性社会经济环境时实施官方目标"的一种方式①;我国学者王绍光和胡鞍钢认为"国家能力是指国家将自己的意志(proference)、目标(goals)转化为现实的能力"②。第二种是侧重于微观,将"国家能力"界定为有效治理社会的能力,例如美国政治学家米格代尔认为国家能力是"国家通过种种计划、政策和行动实现其领导人所寻求的社会变化的能力"③;弗朗西斯·福山认为国家能力是"国家制定并实施政策和执法的能力特别是干净的、透明的执法能力"④;世界银行 1997 年世界发展报告也将国家能力界定为国家"有效地实施并推动集体行动的能力,它包括法律与秩序、公共卫生以及基础设施等"⑤。本书重点研究国家控制能力,更侧重于微观方面的定义。

国家能力是个比较复杂的概念。有的学者明确指出:孤立地讨论国家能力是强好,还是弱好,是没有意义的。⑥ 本书是以计划体制向市场体制转型为背景研究国家控制能力,即在从计划体制向市场体制转型的过程中,在新旧体制胶着、利益分化显露、政治文化价值观碰撞的条件下,如何保持国家对转型进程

---

① 转引自(德)托马斯·海贝勒:《转型国家的战略集团与国家能力》,载《经济社会体制比较》2004 年第 1 期。
② 王绍光、胡鞍钢:《中国国家能力报告》,辽宁人民出版社 1993 年版,第 6 页。
③ [美]乔尔·S.米格代尔:《强社会与弱国家——第三世界的国家社会关系及国家能力》,张长东等译,江苏人民出版社 2009 年版。
④ [美]弗朗西斯·福山:《国家构建:21 世纪的国家治理与世界秩序》,黄胜强、许铭原译,中国社会科学出版社 2007 年版,第 7 页。
⑤ 世界银行:《1997 年世界发展报告:变革世界中的政府》,中国财政经济出版社 1997 年版,第 3 页。
⑥ 张曙光:《经济学(家)如何讲道德》,生活·读书·新知三联书店 2001 年版,第 111 页。

的有效控制。

一般来说,以国家能力为基础的国家控制能力表现为三个基本要素:第一,中央政府的财政控制能力。美国过渡经济学家麦金农指出:转型"第一要务是平衡中央政府的财政,财政控制应该优先于金融自由化"。① 体制转型,特别是像中俄这样大国的体制转型,是一个利益与权力重新调整的过程,需要政府对某些利益受损的社会成员实行利益补偿;需要加强基础设施建设;需要强行推行市场经济原则;需要建立法律框架运行的机制;需要保证人民生活水平不断提高从而刺激转型的积极性;所有这些都要以财力为后盾。第二,国家的法制化能力。这个问题背后的实质是大众的社会参与问题。集权向分权转型,必然伴随着社会民主化的发展。如何将大众参与纳入法制化的轨道,保持社会平稳向民主化过渡,唯一的途径就是法制。第三,国家政治文化的整合能力,即通过意识形态等精神因素动员人民的能力。现代化的进程已表明:在社会转型时期,政治文化的动员作用是至关重要的。政治文化的整合能力,其实质是如何找到传统政治文化向现代转化的连接点,即如何在转型过程中重塑民族主体的政治文化。有了政治文化的更新,就有了进行广泛社会动员的工具。

中俄都是转型中的大国,上述三种控制能力就显得更为重要。人口众多,历史悠久,意味着转型要受政治文化和大众参与复杂化的影响。而财政能力所受的影响更是不言而喻。大国意味着要承担比较大的国际责任,国际事务开支比较大;大国的地大物博导致经济单位相距比较远,基本建设费用就比较高;同时,大国还有其他一些意想不到的因素。俄罗斯政治活动家罗伊·麦德维杰夫说过:"俄罗斯三分之一的领土属于极北地带和接近极北地带的地区。在整个美洲的北部地区只有居民 100 万左右,或者说只占美国和加拿大人口的 0.5%,而在俄联邦 1.48 亿人口中,在俄罗斯北部地区居住的人口不久前曾超过 1200 万,现在至少也有 1000 万人居住在北部地区。在世界上最大的首都当中,没有一个首都的冬天像莫斯科的冬天这样漫长和严酷。零下 30—40 摄氏度的严寒对西欧和美国的大城市来说是不可思议的,而对叶卡捷琳堡、车里雅宾斯克、托木斯克、伊尔库茨克、克拉斯洛亚尔斯克、新西伯利亚和哈巴罗夫斯克来说则是不足为奇的事情。莫斯科也偶尔会出现那样的严寒天气。所有这些情况都会大大增加基本建设、供暖和照明设施的费用。俄罗斯幅员的辽阔也加重了运输费的开支。""即使采用最经济的经营管理,俄罗斯每单位的能源消耗量也会超过美国、日本和西欧国家。"②这说明,中俄在体制转型过程中,国家一定要有较强的控制能力。

---

① [美]麦金农:《经济市场化的次序》,上海三联书店 1997 年版,第 3 页。
② [俄]罗伊·麦德维杰夫:《俄罗斯往何处去》,第 36 页。

一、两种转型方式与国家财政控制能力

国家的财政控制能力,主要是指中央政府所掌握的资金的状况,这主要通过国家预算表现出来。从 1991 年开始,俄罗斯的国家预算出现了危机,具体情况见表 7–1①:

表 7–1 1992—1996 年俄罗斯预算收支情况

年份	1992	1993	1994	1995	1996
俄罗斯联邦国家预算收入	2485.9 十亿卢布	25589.0 十亿卢布	124477.0 十亿卢布	224400.5 十亿卢布	347200.0 十亿卢布
俄罗斯联邦国家预算支出	2253.4 十亿卢布	26879.5 十亿卢布	194495.3 十亿卢布	284778.2 十亿卢布	435755.0 十亿卢布

需要说明的是,1992 年、1993 年的数字是官方公布的数字,显然不够准确。一是当时通货膨胀速度非常快,很难通过国家预算反映国家财政能力。1992 年通货膨胀率是上一年的 17.2 倍②,这本身就说明预算赤字是相当高的;二是官方有意隐瞒真相。根据学者的统计,1992 年上半年国家预算收入约为 8820 亿卢布。③ 1994 年以后是学术专著的数字,通过这些数字,也能看出预算赤字是相当高的。但由于通货膨胀的原因,这些数字都是天文数字,无法反映出国家能力下降的程度。

这里,笔者引用俄罗斯科学院美国和加拿大所所长谢尔盖·罗戈夫的话来说明这个问题的严重性。他说:"在 90 年代俄罗斯联邦的国内生产总值减少了一半,而由于目前的货币贬值和生产不可避免地进一步下降,国内生产总值按照汇率换算将不足 4000 亿美元。俄罗斯还在不久前(1998 年 8 月金融危机前)退出了世界十大经济强国,而现在我们不能希望高于第十五位或十六位的位置。在我国没有投资,没有投资就没经济增长。但主要的不幸在于,我们实际上国家预算崩溃了。我们是一个大国,它的预算数目却少于奥地利或比利时,而美国的国家预算高于俄罗斯 40 倍"。④

---

① Госкомстат России. Регионы России. Москва,1997,С.82.
② В. И. Зоркальцева. современная политическая история России,(1985-1997 годы)тем1. научное издание,Москва 1997,С.719.
③ 杨振家:《剧变前后的苏联和俄罗斯经济》,世界知识出版社 1997 年版,第 70 页。
④ [俄]《独立报》1998 年 10 月 3 日。

第一,国家基本支出急剧下降。仅以军事、科学两项为例,见表7-2①:

表7-2 1990—1996年俄罗斯军费与科学经费支出情况

年份	1990	1991	1992	1993	1994	1995	1996
总的军费开支占国内生产总值的比重(%)	7.6	11.1	4.5	4.8	6.6	3.71	3.76
总的科学经费支出占国内生产总值的比重(%)		0.96	0.54	0.49	0.46	0.33	0.28
总的科学经费占联邦预算支出的比重(%)		3.86	2.56	2.49	1.96	1.88	1.58

不仅如此,正常的法定拨款也不能实现。在1994、1995、1996三年国防部少收约1/3的法定拨款数额。1997年约少收40%,1998年少收近60%,到1998年11月30日,国家欠武装力量的债务约为700亿卢布(新卢布)。②

由于国家财政能力下降,不得不将一些重要的支出下放到地方政府。1993年—1994年,地区预算在社会、文化方面的支出已经上升到80%。③ 1995年俄国社会范围内基本生活费用总的收支状况(占国内总产值的%)见表7-3:

表7-3 1995年俄国社会范围内基本生活费用总的收支状况(占国内总产值的%)

项目	长期官方预算			国家预算外资金	混合资金(包括预算外资金)
	总和	名目			
		联邦预算	地区预算		
总收入	26.1	13.7	14.1	7.1	33.2
其中税收和保险收费	21.7	10.3	11.4	7.0	28.7
总支出	29.4	16.6	14.5	6.9	36.2
其中基本社会需要	11.9	1.9	10.0	63.9	18.7

涉及人民生活基本社会需要的联邦预算,仅占国内总产值的1.95%。

第二,国家投资急剧下降,投资体系出现严重危机。

---

① В.К.Левамов, Как живёшьРоссия, Москва, 1998. С.74.
② [俄]《独立报》1998年12月4日。
③ 薛君度、陆南泉主编:《新俄罗斯政治经济外交》,中国社会科学出版社1997年版,第169页。

表 7-4　俄罗斯投资活动分析表①

主要投资活动	同上一年相比%			
主要投资	1992 年	1993 年	1994 年	1994 年同 1991 年相比
总的	-40	-12	-27	-61
用于生产性投资	-44	-19	-36	-71
用于非生产性投资	-31	+1	-13	-36

国家的经济控制能力主要指国家的财政能力。俄罗斯国家财政能力下降的根源,主要在于国家生产能力和效益的下降,而国家生产能力和效益的下降,其主要原因在于激进转型急剧地打断了原有的经济联系。苏联实行的是高度的计划经济,这种计划经济同中国的计划经济相比,有两个明显的特点:一是区域之间严格的计划性。这种区域之间的计划不仅体现在苏联内部,还体现在"社会主义大家庭"中,越南成为苏联稻米的重要生产地,古巴是苏联食糖的重要生产地,而苏联则定期向它们提供能源。至于内部,这种联系就更密切了,"在苏联的计划经济当中,普遍做法就是一个政府部门负责管理某一种产品的生产。事实上,表 7-5 显示整个行业的很大部分生产集中于某一个工厂。"②

表 7-5　俄罗斯重要产品集中生产的程度

产品	最大一家工厂产量占整个国家总产量的比重(%)
自动洗衣机	90
炼焦设备	100
混凝土搅拌机	93
油井阀门	87
内燃机车	95
电气机车及车厢	70
叉车	87
煤矿升降机	100
机车升降机	100
聚丙烯	73
强化钢铁	55

---

① В. И. Зоркальцева. современная политическая история России, (1985-1997 годы) тем1. научное издание, Москва 1997, С. 721.
② [美]斯蒂格利茨:《〈经济学〉小品和案例》,中国人民大学出版社 1998 年版,第 71 页。

续表

产品	最大一家工厂产量占整个国家总产量的比重(%)
筑路起重机	75
缝纫机	100
油井泵	100
电车轨道	100
无轨电车	97

表7-5中生产这些产品的大工厂,都分布在不同的共和国区域内,比如苏联的缝纫机全部由乌克兰的一家工厂生产,其他各国对这种产品毫无生产经验。叉车由白俄罗斯的一家大工厂生产。近几年要求加强独联体的呼声越来越高,更多是从保持原有经济联系上考虑的。目前,"如果没有独联体国家的合作,俄罗斯只能生产现有产品总额的65%,乌克兰则只能生产28%,阿塞拜疆为15%,哈萨克斯坦为10%,吉尔吉斯和塔吉克为3%。此外,俄罗斯如果没有独联体的合作,只能生产现有种类的17%"。[①] 二是产品价格的严格计划性。苏联对产品的严格计划,是我们今天难以想象的,相当多的产品,把价格刻画或打印在产品的外观上,任何人不能随意改变。现在在俄罗斯,有人专门保存以前的产品,一看外观就知道当时的价格。中国虽然也实行计划价格,但商店有一定的按季节、质量的降价权。

如前所述,苏联和俄罗斯对这种计划经济采取了激进的方式进行改革:(1)苏联解体,急速割断了原有的经济联系。虽然苏联在改革初期也提出要改革计划体制,1987年6月苏共中央全会提出"要利用商品货币关系",1990年9月苏联总统的改革方案中也提出"向市场经济过渡",但实际上,1989年和1990年指令性计划的国家订货仍占全部订货的90%,国家计划程度很高。而苏联解体后,东欧国家和独联体国家纷纷向西方寻求经济伙伴,致使许多计划,特别是一些大的合作计划无法执行。(2)采用"休克疗法"突然放开价格,由此导致通货膨胀。生产单位原有的计划和联系中断,通货膨胀又使得缺少转产资本,生产自然急剧下降。至于生产下降的幅度,已有大量统计数字,这里仅举几个比较典型的。美国学者认为:"俄罗斯联邦在1992年1月突然取消国有部门内几乎所有的价格控制,并停止在该部门内实行正常的交货方式,是犯了一个重大错误。就如我们所见,这种大爆炸方法与中国的渐进主义是非常不同的"[②],这使得"俄罗斯经济衰退在1992年急剧恶化,国内生产总值下降19%,

---

[①] [俄]《独立报》1998年12月8日。
[②] [美]麦金农:《经济市场化的次序》,第292页。

物质生产净值下降了20%",1992年12月底的消费价格水平比1991年12月上升了26.3倍,而工业批发价格指数同期上升大约62.2倍,这些数字意味着月平均通货膨胀率分别为31.35%和41.4%。① 中国学者认为,俄罗斯自1992年1月开始实行激进的经济改革以来,生产一直大幅度下降。从1990年至1996年,俄罗斯国内生产总值下降50%以上。其中,机器制造业产值下降60%,轻工业产值下降70%,食品产量减少30%—40%。这一下降幅度大大超过苏联卫国战争时期(国民生产总值下降25%),也超过美国20世纪30年代的"大萧条"时期(1933年美国的国民生产总值比1928年下降30%)。② 下降最大的是1992—1994年这三年,至1995年才基本上停止了大幅度下降,1995年GNP比上一年增长-4%,1996年GNP比上一年增长-3%。③ 俄罗斯的通货膨胀率,1992年为161%,1993年为800%—900%。1994年为320%,1995年为131%,1996年为25%。④

而中国走的是渐进转型道路,其中最成功的经验之一,就是不急于激进转型,并在老企业周围建立新型体制的企业。这样,不至于在改制过程中导致生产下降。中国工业500强中,原有旧体制的老企业和按新体制建立的新型企业,大致上各占一半。位置靠前的,既有像大庆、一汽、二汽、鞍钢、武钢这样的老企业,也有像长虹、海尔、联想、方正、四通这样的新企业。诚然,旧企业中也有改制较快的,新企业中也有完全采用国有形式的,但大体上说,老企业是在原有体制上逐渐转变的,而新企业则一开始就采用新的体制,如股份制、经理制等。到目前为止,中国国内总产值中,有一半以上是改革以后新建企业创造的。国家有了经济实力,就能控制住形势,使得转型整体是有序的,期间虽然也出现一些大的波动,但很快就控制住了。例如1988年6月出现抢购风潮物价大幅上涨,为此1988年9月中共十三届三中全会提出治理整顿经济环境,要求价格改革要慎重,此后,大力压缩基建投资,控制信贷规模,压缩社会集团购买力,清理整顿公司,有效地控制了物价上涨。1993年,经济过热明显,基建投资摊子铺得过大,金融和房地产投机行为日益严重,由此导致全国零售物价上涨13%,大城市物价上涨22%。1993年6月开始,中央开始整顿金融秩序,控制货币发行,纠正违章拆借,制止各种乱集资,加强房地产管理,控制物价总水平上涨。到1996年,中国既控制了物价上涨,又保持了经济增长,顺利实现经济"软着陆"。到1997年国内生产总值达到74772亿元,按不变价格计算,是

---

① [美]麦金农:《经济市场化的次序》,第296页。
② 林水源:《转轨期中俄罗斯经济形势评析》,《东欧中亚研究》1996年第2期;《中国经济时报》1997年8月13日。
③ 资料来源:欧洲复兴开发银行,见《中国经济时报》1996年11月15日。
④ 同上。

1978年的5.92倍。据世界银行公布的资料,1997年我国国民生产总值在世界排名第7位,居发展中国家首位。① 究其原因,就是我们采取的是渐进转型方式,出现问题之后,有充足的时间去解决,国家牢牢掌握控制能力。俄罗斯经济分析研究所所长安德烈·伊拉里奥诺夫发表文章,专门分析中俄经济改革成果。他指出:"中国取得的前所未有的成绩,是最近几十年世界历史上的最重大事件之一。从1978年开始实施经济改革到1997年,该国国内总产值增长了4.7倍,年平均增长9.6%。在过去的19年,该国国内总产值增长了4.7倍,年平均增长9.6%。在过去的19年,中国的人均国内总产值增长了3.4倍,劳动生产率提高了2.5倍。""在同一时期内,俄罗斯的国内总产值却下降了30%。如果中国1978年国内总产值比俄罗斯少23%,那么1997年已是俄罗斯的5.2倍。如果中国1978年的人均国内总产值只有俄罗斯的11%,那么1990年已提高到23%,1997年则已提高到75%。"② 而这一切,都取决于两国不同的改革方式。

不过,在肯定生产提高的同时,也应该看到中国也有个财政能力相对下降的问题,即在改革中政府在财政方面的职能与地位大为下降。这主要表现为过去二十几年间政府预算收入占国内生产总值(GDP)比例的不断下降,从1979年的28%降低到1997年的11.7%,详见表7-6:

表7-6 1979—1997年总预算收入、中央政府预算收入与国内生产总值的比例(%)

年份	总收入与国内生产总值之比	中央政府收入与国内生产总值之比
1979	28.4	5.7
1981	24.1	6.4
1983	23.0	8.3
1985	22.4	8.6
1987	18.4	6.2
1989	15.8	4.9
1991	14.6	4.3
1993	12.6	2.8
1995	10.8	5.6
1997	11.7	5.7

这一数字不仅远远低于工业国家及新兴的工业化国家,而且不如许多低收

---

① 《改革开放20年活页文选》(1),学林出版社1998年版,第2页。
② [俄]《消息报》1998年4月1日。

入国家。政府在财政方面的职能与地位的下降使其推进经济与社会发展的能力大打折扣,这其中有些原因是不可避免的。

在计划经济体制下,国家从国有企业,特别是制造业的国有企业中获得财政收入。因为政府控制价格,可以确保国有企业保持高利润,并有充足的国民储蓄。国有企业的利润使政府拥有大量预算盈余,并用此进行新投资。但随着经济改革的进行,政府逐渐放弃了对大多数产品的价格控制,并在绝大多数领域内鼓励竞争。这一做法的结果之一是国有企业的利润大幅度下降。更重要的是,以前政府财政收入的保持和提高,是以中央对地方的集中控制为前提的,中央集中财力的最大弊端,是中央各部门的权力膨胀,大权独揽,四处伸手,压抑了地方的积极性。尔后,曾有条件地下放权力,但直到改革开放以前,从未跳出"是中央集权,还是地方分权"的圈子。20 世纪 80 年代以来,中央对地方实行"财税包干","分灶吃饭",在一定程度上促进了地方的积极性,但由于体制上的漏洞和政策本身的局限性,中央财政收入大幅度下降。1978 年,中央财政收入占 GNP 比重为 31.2%,到 1992 年这一比重下降至 14.2%,约下降了一半之多,是新中国成立以来的最低点。如果同其他国家相比较,1989 年中国中央财政收入比重为 16.7%,英国为 34.6%,德国为 45.9%,美国为 41.4%,法国为 46.1%,加拿大为 40.4%,澳大利亚为 37.1%。中国政府汲取财政能力尚不及这些国家的一半,已经成为一个"弱政府"。

中央政府财力不断下降,与此同时,地方财力迅速扩大,已经形成"弱中央、强地方"的局面。由于中央政府承担全社会经济管理和公共服务职能,主要市场经济工业国家和人口大国的发展中国家,中央政府财政收支占 GNP 比重在不断增加。据世界银行提供的资料,在 1972—1989 年期间,西方七国中央政府支出占 GNP 比重分别上升了 2.8%—10.3%。印度等上亿人口大国分别上升了 1.5%—19.8%。发展中国家中央政府支出占 GNP 比重由 1972 年的 19% 上升到 1986 年的 26%。这反映出这些国家中央政府的作用在不断上升,干预经济的能力不断强化。前南斯拉夫中央财政支出占 GNP 比重下降,从 21.1% 下降至 5.3%,下降了 15.8 个百分点。中国与前南斯拉夫有类似的趋势,从 19.9% 下降到 6.9%,下降了 13 个百分点。1989 年中国中央政府财政支出比重仅比前南斯拉夫高 1.6 个百分点,相当于印度的 39%,巴基斯坦的 32%,印度尼西亚的 33%,尼日利亚的 25%。中国中央政府的财政能力与实行地方自治的前南斯拉夫大体相同,无论是与市场经济工业国相比,还是与上亿人口的发展中国家相比,中国中央政府都是名副其实的"弱政府"。

在正常情况下,根据我国经济和社会发展现状及趋势,借鉴市场经济比较发达国家的经验,我国财政收入占国内生产总值的比重应逐步达到 20% 左右,中央财政收入占全国财政总收入的比重应达到60%左右。① 也有的学者主张,我国财政收入占国民收入的比例,近期达到25%,中期达到30%,长期达到35%以上。中央财政收入占总财政收入比重,近期应达到50%,中期应达到60%,长期应达65%以上。② 这些都是非常有道理的。

正因为如此,从1995年以来,中国实行了财政制度的改革:第一,国家财政收入实行分税制。中央财政收入独享部分由国税局征收;地方财政收入独享部分由省税局和县税局征收;中央与地方分享收入由国税局和地税局分别征收。第二,广泛开征个人所得税,并计划设立销售税、奢侈品税、继承遗产税、房地产税等。第三,取消预算外资金,清理各地"小金库"。由此,中央政府的财政能力一度有所提高。表7-7是从1986年至1996年我国中央的财政收入及其占GDP的比重③:

表7-7 1986—1996年中央财政收入占GDP的比重

年份	中央财政收入(亿元)	GDP(亿元)	中央财政收入占GDP的比重(%)
1986	2122.01	10202.2	20.80
1987	2199.35	11962.5	18.69
1988	2.57.24	14928.3	15.79
1989	2664.90	16909.2	15.76
1990	2937.10	18547.9	15.84
1991	3149.48	21617.8	14.57
1992	3483.37	26638.1	13.88
1993	4048.95	34634.4	12.56
1994	5218.10	46759.4	11.16
1995	6242.20	58478.1	10.67
1996	7407.99	68593.8	10.80

从表7-7可以看出,1994年以前基本上财政收入占GDP的比重都是以1个百分点左右的速度下降,而自1994年实行分税制后,1995年较1994年仅下降了0.49个百分点,1996年比1995年还上升了0.23个百分点。这充分说明分税制确实起到了增加中央财政收入的作用。

此后,一直到2013年,中央财政收入占GDP的比重,基本上都超过10%,

---

① 刘仲藜:《振兴国家财政的目标和政策措施》,《经济学动态》,1998年第1期。
② 王绍光、胡鞍钢:《中国国家能力报告》,第189—190页。
③ 《中国统计年鉴(1997)》,中国统计出版社1997年版,第42页、第239页。

比如2009年,当年的GDP是335353亿元,中央财政收入是35915亿元。①

此外,中央和地方之间财政收入的比重,中央一直处于上升的势态②:

表7-8 中央和地方财政收入及比重

年份	财政收入(亿元)	比重(%)		比重(%)	
		中央	地方	中央	地方
1978	1132.26	175.77	956.49	15.5	84.5
1980	1159.93	284.45	875.48	24.5	75.5
1985	2004.82	769.63	1235.19	38.4	61.6
1990	2937.1	992.42	1944.68	33.8	66.2
1991	3149.48	938.25	2211.23	29.8	70.2
1992	3483.37	979.51	2503.86	28.1	71.9
1993	4348.95	957.51	3391.44	22	78
1994	5218.1	2906.5	2311.6	55.7	44.3
1995	6242.2	3256.62	2985.58	52.2	47.8
1996	7407.99	3661.07	3746.92	49.4	50.6
1997	8651.14	4226.92	4424.22	48.9	51.1
1998	9875.95	4892	4983.95	49.5	50.5
1999	11444.08	5849.21	5594.87	51.1	48.9
2000	13395.23	6989.17	6406.06	52.2	47.8
2001	16386.04	8582.74	7803.3	52.4	47.6
2002	18903.64	10388.64	8515	55	45
2003	21715.25	11865.27	9849.98	54.6	45.4
2004	26396.47	14503.1	11893.37	54.9	45.1
2005	31649.29	16548.53	15100.76	52.3	47.7
2006	38760.2	20456.62	18303.58	52.8	47.2
2007	51321.78	27749.16	23572.62	54.1	45.9
2008	61330.35	32680.56	28649.79	53.3	46.7
2009	68518.3	35915.71	32602.59	52.4	47.6

诚然,这种状况是否合理,学术界的分歧是相当大的,但中央政府的财政能力不断提高,却是不争的事实。

---

① 《中国经济年鉴(2010)》,中国统计出版社2010年版,第288页。

② 同上。

二、两种转型方式与国家的法制化能力

(一) 法制化能力概述

国家法制化能力,从一般意义上讲,是政治主体为达到一定目的而运用政治法律、政治制度和政治规范等手段对个人或团体社会行为的有效控制。国家法制化能力是个复杂的概念。西方学者从社会控制的角度谈论国家能力的强弱,将服从(compliance)、参与(participation)和合法性(legitimation)作为衡量社会控制水平的指标。① 中国学者则将法制化能力理解为"合法化能力(legitimation capacity),是指国家运用政治符号在属民中制造共识,进而巩固其统治地位的能力。"② 中俄两国体制转型时期的法制化能力有其特定的涵义。由于两国原来都是中央集权下的行政层级控制的国家,广大人民群众的政治参与不够,特别是由于缺少对领导人的法制监督,程度不同地导致了个人专制。因此,法制化能力主要是处理好法制控制和政治参与的关系,即在人民群众有了政治参与动力和热情的情况下,特别是在对以前的失误进行反思的特定环境下,如何通过法制手段保护对国家的有效控制,使国家作出科学决策,并使国家的各项政策得以迅速有效地贯彻。诚然,从性质和长远来看,法制控制和政治参与是一致的,因为只有在人民群众广泛参与的情况下,法制控制才是有效的和稳定的,但在体制转型时期,两者又是矛盾的,由于法制不健全和人民群众受政治参与能力的制约,极容易产生社会动乱并重新回归到个人专制的体制下。这种通过法制手段进行的有效控制,有三个具体标准:一是法律健全状况和人民群众遵守法律的状况;二是中央运用法律的权威,主要是领导人在人民群众中的威信;三是社会稳定的程度,主要通过社会冲突状况反映出来。

具体到政治操作层面上,转型时期国家的法制化能力,主要是指对人民群众参与的控制和引导能力。人民群众遵守法制服从国家的法律控制,主要有两个原因:一是自己生活水平的提高;二是社会的公正程度。也有可能一时生活水平下降,但全社会普遍下降,社会整体上是公正的,这也能使人民群众保持对国家的信任,而服从国家的法律控制。但俄罗斯在这两方面都出现了问题:

第一,俄国激进转型使得生产急剧下降,导致人民生活水平的急剧下降,人民群众普遍出现不满情绪。"据俄罗斯国家统计局的统计,俄罗斯人必要的货币支出,1992 年—1996 年下降 43%。个人方面,工资收入下降 52%,退休金下

---

① 黎静:《后发展国家的国家能力》,见《现代化进程中的政治与行政》,北京大学出版社 1998 年版,第 362 页。
② 王绍光、胡鞍钢:《中国国家能力报告》,第 6 页。

降45%。全国21%的居民,大约有3110万人,生活在最低生活线以下。按照这个数字分析,贫穷人口在俄罗斯同1990年相比上升了14倍。"[1]与此相联系,"俄罗斯人现在普遍营养不足,营养中的蛋白质按正常标准缺乏35%—40%;营养中的热量已经下降到2200卡/天,而热量的基本要求为2500—3500卡/天。免疫能力下降,仅达到正常要求的50%。这一切都是由于生活水平下降造成的。俄罗斯人基本营养的消耗下降:从1990年到1996年,肉和肉产品——70公斤下降到48公斤/年;牛奶和奶制品——318公斤下降到235公斤/年;鱼和鱼类产品——15公斤下降到9.6公斤/年;土豆——94公斤上升到108公斤/年。"[2]由于生活、医疗保健水平的大幅下滑,俄罗斯人口的平均寿命在下降。据俄罗斯官方通讯社"俄通社—塔斯社"报道,俄罗斯统计局发表的统计数据表明:从1990年到1993年,俄罗斯人均预期寿命缩短了5岁。

表7—9 1989—1995年俄罗斯人寿命

年份	女人	男人	男女合计
1989年	74岁	67岁	70.5岁
1993年	72岁	59岁	65.5岁
1995年	71岁	57岁	64岁

同时,俄罗斯人口出生率也在下降,"最近10年,从1987到1996年,按照1987年以前10年正常的生育水平,几乎少生了600万个小孩。"[3]正因为如此,俄国的多次民意调查表明,大多数人民对改革的结果是不满意的。

中国实行渐进转型方式,经济发展以后,首先保证人民生活水平普遍有所提高。改革开放20年来,农村居民家庭人均纯收入由1978年的133.6元提高到1997年的2090.1元,扣除价格因素,实际增长3.4倍,平均每年增长8.1%,比1953—1978年平均每年实际增长3.3%快4.8个百分点。城镇居民家庭人均可支配收入由1978年的343.4元提高到1997年的5160.3元,扣除价格因素,实际增长2.1倍,平均每年增长6.2%,比1953—1978年平均每年实际增长1.1%快5.1个百分点。[4] 其次,在转型过程中贯彻补偿原则。我国的贫困人口从1978年的2.4亿人减少到1996年的5800万人左右[5](见表7-10)。老百姓生活水平提高了,对国家有认同感,大大增强了国家的控制能力。

---

[1] Сегоей глазьев. России и новый мировой цорядок. Москва, С.14.
[2] Сегоей глазьев. России и новый мировой цорядок. Москва, С.15.
[3] 同上书,第16页。
[4] 《改革开放20年活页文选》(7),学林出版社1998年版,第2页。
[5] 《光明日报》1998年7月24日。

表7-10 中国农村贫困缓解的阶段①

阶段	时间段(年)	贫困人口减少量(万人)	平均每年减少(万人)
统计值			
1978—1985	7	12500	1785
1986—1993	7	4500	643
1993—1996	4	22000	550
国家八七计划目标值			
1994—2000	7	8000	1143
1997—2000	4	5800	1450

资料来源：国家统计局，1990—1997年。

第二，伴随着激进改革的进行，各种配套措施和法律跟不上社会变化，社会上出现暴富群体，加剧了人民群众的不满情绪。苏联和俄罗斯，一方面是人民生活水平下降；另一方面，伴随着强大的有组织犯罪，一大部分国家财富流入了少数新贵和外国利益集团手中。社会转型实质上是社会集团和个人的利益调整过程，在这个过程中，要保证国家的有效控制，就要尽量保护社会的公正。这里有一个如何界定社会公正原则的问题。美国政治哲学家罗尔斯对社会正义观的内涵做了有益的探索，他在《正义论》中表达了这样的思想：假设人们在选择基本的正义原则时，处于"无知之幕"中，对于本人和其他人的社会地位、经济水平和知识能力等等完全不知道，不能预测自己在真实世界中的地位，因此他们所选择的正义原则，自然是那些利益最大化机会的原则。这种正义原则包括对制度的正义和对个人的正义两种，重点是对制度的正义原则，它有两条：(1)每个人都存在拥有与他人相同的最广泛的基本自由的权利。(2)社会的经济的不平等应该这样安排：其一，对每个人都有利，并使以往受益最少者享有较大利益(差别原则)；其二，在机会的公平平等条件下，地位和职务对所有人开放(机会的公平平等原则)。为了解决这两个原则可能引起的冲突，罗尔斯提出，第一条原则在构成社会制度和社会活动中是应该绝对的限制条件。即自由绝对优先于福利。② 第二条原则就是在保证自由的前提下，经济上奉行"合乎最少受惠者的最大利益"，也就是补偿原则，给能力弱的人以一定的经济补偿。③ 罗尔斯的补偿原则是富有特色的。他认为，自由是重要的，自由的价值是更重要的，人们从抽象的自由到实现自由的价值，要经过一系列中间环节。

---

① 汝信等主编：《1998年：中国社会形势分析与预测》，社会科学文献出版社1998版，第96页。
② [美]罗尔斯：《正义论》，中国社会科学出计1988年版，第56页。
③ 参见[美]罗尔斯：《正义论》，第2编第46节的内容。

"自由表现为平等公民权的整个体系;而个人和团体的自由价值是与他们在自由体系所规定的框架内促进他们目标的能力成比例的"。正是在自由到实现自由价值的过程中,罗尔斯开始涉及正义问题,"自由的价值对每个人来说都不是一样的,有些人具有较大的权威和财富,因此具有达到他们目的的更多的手段"。有的人"他们达到自己目标的能力甚至会更差"。这样,为使社会所有的人都能公平地实现从抽象自由到实现自由价值的过渡,就要给能力差的人以补偿。在此基础上,罗尔斯提出了一句名言,就是"给最少受惠者以最大的利益"。这样的社会自由才是公正的。罗尔斯的这种思想,是以承认人类的每一分子都有同等的自由价值为基础的。这实际上是有道理的。特别是发展中的大国,由于天赋不同,受教育的程度不同,外部条件不同,人和地区之间的差别是很大的,要想加速发展社会生产力,就要充分发挥天赋高的人、条件好的地区的作用,这就是把效率放在优先地位的涵义。但这势必会拉大同天赋低的人、条件差的地区之间的差距。所以,公平既不是指收入的均等化,也不是指财产的均等化,而是指生产要素供给者在机会均等的条件下参与市场竞争。由于一般情况下机会不均等的竞争会导致收入分配差距过大,因此强调机会均等十分重要。机会均等,实际上就是通过补偿为能力低的人、条件差的地区创造发展的条件。而社会转型时期,为了实现公正,就更要贯彻补偿原则,因为对利益进行调整是通过制度创新来实现的。在制度创新过程中,往往制度建设跟不上社会转型的发展,这就给"能力高"的人提供了钻法律空子的机会,在这种状况下,更要给能力低的人予以补偿,而激进改革则仅仅是给能力高的人以补偿,渐进改革的合理性也在于此。俄罗斯在市场经济改革过程中,由于一夜之间价格放开,形成了"管理真空"。从上到下的行政命令式经济管理体制被取消,而新的符合市场经济的管理体制没有建立。经济可控性丧失的直接后果,是国有资产的大量流失,国有资产的大量流失势必导致两极分化。据俄国报纸披露:1994 年前后,俄罗斯人均月收入达 2.5 万美元(或 12500 万卢布)以上的富豪占人口的 0.6%—0.7%,或者更直观地说,约有 112.7 万人。这个数字可能低于实际数字。因为那些特别富有的人现在不大透露其实际收入。还约有 3.4%—3.6% 的居民(563.5 万人)人均月收入为 250 万—300 万卢布;人均月收入在 50 万—250 万卢布之间的约有 900 万人,占居民总数的 5%—5.7%。这样算来,9% 10% 的居民(1600 万人)可以归入富人阶层。属于下一个阶层——我们称之为中等收入阶层——的居民多一些,约有 4400 万—5100 万人,占居民总数的 27.3%—31.5%。该阶层居民的收入在 6 万—50 万卢布之间。这类居民中包括国家预算拨款单位的职工,股份公司、商业机构、银行系统和合资企业的工作人员,以及少部分学者与文艺界人士。接下来一个阶层是贫穷阶层,人数 4450 万,占居民总数的 27.2%—28%,人均月收入为 3 万—6 万卢布。当然,他们的所有收入都得用在吃上。最后一个阶层,实际上是乞丐,约5200万人,占33.5%—34.5%,其收入低于3万卢布,生活达不到最低标准。①

诚然,中国也有一个两极分化的问题,特别是中国地区之间的差距在不断扩大,中国的国有资产流失问题也十分严重。中国如果采用激进改革模式,上述问题的严重程度,将是不可设想的。

(二) 当代中国的政治参与方式与国家的法制控制

当代中国的政治参与方式与国家法制控制的关系,可以从三个层次来加以分析:

第一个层次,即一般理论意义上的层次。任何国家的政治参与,都要有一定的法制的保障。政治学理论把现代国家按政体(权力的来源)分为民主与专制,按国家权力运作的有效性与治理的力度和提供秩序产品的能力又分为"强国家"与"弱国家"。民主与专制、"强国家"与"弱国家"之间没有必然的对应关系。专制国家能有效地抑制各阶层各利益集团的讨价还价,降低制度变迁的交易成本,但强行配置权力使之失去合法性,从而造成公正危机,并给长远的发展留下隐患。反之,民主国家在运行过程中,充满了讨价还价的复杂的博弈过程,增加了制度变迁的交易成本,但由此形成的产权配置具有合法性与公信力,有利于国家的长治久安。两者之间的本质区别还是在于有无法治的基础和保障。所以,当我们讲到现代政治参与时,就一定离不开法制。

第二个层次,即特殊国情意义上的层次。由于受文化滞后的影响和缺少民主传统,中国人民的政治参与方式不可能是西方的以投票为基础的选举活动。这决定了中国人民的政治参与表现出独特的特点,这个特点可分为两个层次:第一个层次是以政治动员来唤起人们的热情,启发中国人民的觉悟,使之迈出政治参与的第一步;第二个层次是人民群众政治自主意识形成前提下的公民实际参与,包括政治协商等等。当然,在实际操作过程中政治动员和政治参与几乎是同时进行的。20世纪六七十年代中国政治参与和政治动员的基本特点,是重视精神因素的作用,而忽视系统的法制建设。人民群众参与表面上轰轰烈烈,范围也很广泛,但实际上参与的程度是极其有限的,根本没有深入到社会的实质内容。改革开放以来,随着社会经济的发展,人们的文化素质不断提高,独立人格意识逐渐形成,有了社会参与的可能性;而利益关系的调整又使得人们有了利益的相对独立性;受利益的驱动,有了社会参与的迫切性。这可能同国家集中控制的原则产生了一定的矛盾。从社会参与角度看,我国又一次面临着制度挑战。这种挑战再次验证了这样一条原则:经济发展对政治发展的最大要

---

① [俄]《论据与事实》周刊1994年6月15日。

求是政治稳定;而政治发展最根本的要求是打破政治稳定,为经济发展不断注入新的活力。问题的艰巨性就在于:要在国家有效控制的垂直行政管理系统与经济成分构成的各种相对独立的利益集团之间,找到一种能够发挥双方作用的替代物,使看起来尖锐对立的两者达到相对的平衡,最终使资源能够科学地配置。这种矛盾从政治发展角度来分析,就是国家集中控制与人民参与能力之间的矛盾,这个替代物,就是寻找国家有效控制和人民群众社会参与不断提高之间的结合的最佳点。通过前面的分析,这个最佳点已清楚地显现出来:我们这样一个大国,在国家控制能力和人民参与能力之间,过分强调哪方面都是不对的,这个最佳点就是法制。

第三个层次,即更特殊的转型意义上的层次。中国转型启动的一个重要原因,是人们逐步认识到中央集权下的计划经济已经阻碍了经济的发展,但人们对此认识的程度是不一样的,加上在转型之初无法找到判定人们认识对错的参照物,因为即使方案和政策正确,经济的增长也有一个过程。同时,随着经济的逐步增长,人们的参与意识越来越强烈。这样,非常有可能导致过分的政治参与,过分的政治参与导致社会动荡。中国在 20 世纪 80 年代出现了几次有影响的社会动荡就说明了这个问题。反过来,历史上有许多这样的例子,即有可能在没有多少政治自由和民主的情况下,使经济获得强劲增长并成功地进行经济改革。由此导致人们对经济发展与政治参与之间复杂关系认识上的巨大分歧。但由于经济有了很大的发展,人们容易找到衡量是非的参照物,这种分歧总是逐步地趋于一致。从中国转型的经验来看,每次社会动荡过程之中或之后,都不断健全有关的法律,通过法治调节人们之间的分歧,事实证明,这也是十分有效的。

(三) 当代俄罗斯(苏联)的国家法制控制能力和政治参与

1. 俄罗斯(苏联)政治参与的曲折发展

众所周知,苏联的体制转型,实质上是以"民主化、公开化"为真正的起点,经历了激烈的社会动荡。苏联解体前,尽管领导人口头上宣称坚持党和国家集中领导,而实际上是在各种法律还不健全的情况下,就引导人民走上了广泛参与政治生活的道路。这种广泛的政治参与,由于准备不充分,建立在对自己以前历史的否定上面,以西方的政治参与模式为基本目标。尽管苏联解体前后这些模式并没有全部确立起来,但已进行了具体实践并初具端倪,主要有:(1) 多党制。苏联解体前,已存在大量非法的政治性质的组织。1990 年 2 月 4 日,莫斯科 20 多万人集会,要求"把多党制写进宪法"。戈尔巴乔夫也多次讲道:苏共不应享有优越的政治条件,"即使实行了多党制,也不是什么悲剧","是符合社会的需要的"。并公开宣布"不允许任何政党进行垄断"。① (2) 普选制。1989年3月苏联选举人民代表,叶利钦与选民见面,有1.5万人参加集会表示支持他。这种通过集会方式扩大影响、影响选民的方式,已相当普遍。(3) 公开性。新闻自由已普遍实行,任意批评时政和领导人。(4) 保障人权。具体应保障哪些权利是不明确的,但当时非法集会已经常出现,人们普遍理解的人权,就是言论自由、集会、示威、罢工等权利,这主要是对以前专制体制的反思。

尽管苏联人民的文化素质比较高,但这不等于其法律素质也比较高。由于苏联长期实行一党执政的高度集中的政治体制,人们长期在这种条件下生活。更重要的是一些保障人民政治参与的法律都没有建立起来,在条件不具备的情况下,一下子就向西方的参与方式转变,再加上苏联是个大国,地区之间、人们之间的认识程度都有很大差异,这样,政治冲突就在所难免,而冲突的最高表现形式,就是苏联解体。苏联解体后,与西方国家不同,新俄罗斯所谓的"民主政治"、大众参与的过程不是在资产阶级反对封建专制斗争的背景下,而是在社会主义苏联发生悲剧性的剧变情况下进行的,所继承的政治遗产十分复杂:政治冲突、民族冲突、思维方式的差异等等。这预示着以后俄罗斯人民政治参与的道路不会是平坦的。实际情况也表明,在新俄罗斯建立初期,这种无序的参与继续向前发展,通过三个方面表现出来:第一,两个最高国家权力之间的矛盾:人民代表大会是最高国家权力机关,"总统班子"是最高执行权力机关,两者之间的法律关系不明确,国家实际上有两个政治中心。第二,政治多元化的正常运动缺少法律规范。20世纪90年代初,俄罗斯有3000多个政党,"走上街头"成为党派活动的主要形式。第三,地方分立倾向和民族分离倾向加剧。1992年3月31日,俄罗斯境内的各主体签署联邦条约,但鞑靼斯坦、车臣—印古什两个共和国拒签,一些边疆州不满意条约的内容,纷纷提出建立共和国,俄罗斯联邦面临重复苏联解体的危险,这也引起了人民群众的极端不满。有鉴于此,从1992年末至1993年初,俄罗斯走上了重建国家权威之路。

2. 俄罗斯重建国家权威加强法制的表现

俄罗斯重建国家权威的实践,是从对历史的深刻反思开始的。这也是合乎实际情况的,因为国家权力的弱化,正是片面的反传统的结果。

英国著名哲学家罗素在论及社会发展时,认为有两种基本力量推动社会发展,一种是政府控制力,一种是社会自由力。这两种力量是互动的,其合力的发挥是政府与市场的有效配合。俄罗斯政治与社会改革,起始于苏联戈尔巴乔夫时代。20世纪80年代,单一的政府主导的苏联社会弊端突出,苏联社会需要引入新的社会机制,充分发挥社会自由力量,使政府控制与社会自由形成发展

---

① 江流、陈之骅主编:《苏联演变的历史思考》,中国社会科学出版社1994年版,第74页。

合力。1987年戈尔巴乔夫提出"改革与新思维"学说,对原有的政治体制和社会价值进行了极大的否定,在注入社会自由力量的同时,也过度削弱了社会控制力。从戈尔巴乔夫到叶利钦时代的政治转型,社会意识形态转向资本主义,政党政治实行了多党制,国家政体实行总统制,向英、美等西方国家看齐,而在后果上都不同程度地出现了国家解体或分裂的现象。政府能力不足使俄罗斯的社会发展失去了有效保障力量,并为此付出了巨大代价。

俄国这样的东方大国,在社会政治与经济制度转轨过程中,国家出现动乱与分裂,政治陷入不稳定状态,其原因是非常复杂的,要理顺这一关系,总体上还要从国家的性质、社会政治、经济及历史关系中去寻找。东方的集权大国,国家的政治结构及运转方式与西方社会差异甚大,一旦国家制度急速转向西方社会,就会形成国家权力的空白,国家权力的削弱有一定程度的必然性。

其一,政治体系的历史性差异。西方的宪政民主体系与东方社会的集权体系运作方式差异甚大,当西方宪政民主突然降临东方社会的时候,社会难以适应,或者至少需要有一段适应的过程,以进行新的社会政治体系的重构。由于原有的国家力量消失,新引入的西方宪政民主又不能迅速填补权力空白,国家权力遭到削弱也就是必然的结局了。

其二,国家意志的表达方式不同。东西方社会国家和社会的历史关系不同,对俄罗斯等东方国家来说,国家作用在社会作用之上,社会对国家制约较小。而在英美等西方国家,国家从属于社会,在制度结构及运转方式上深受社会的制约。俄国传统的政治经验是运用集权进行国家控制与社会管理,社会始终处于被动地位,一旦国家从集权方式转向西方宪政民主制,国家对社会的控制松动,社会的一些组织力量就会反弹。当这种反弹无序,超出了国家承受力的时候,不是国家陷入了不稳定状态,就是打破国家的外壳使国家重组。

从苏联到俄罗斯,在社会转型中,随着国家权力被削弱,出现了政府能力弱化直至丧失的现象。就其10年来的政治发展方向来看,面对政治、经济、社会等复杂问题,俄政府往往力不从心,缺乏必要的政府权威。俄罗斯宪法赋予总统在内政、外交、行政和司法等方面的权力极为广泛,超过了美法等国的总统,但由于没有前苏共那样强大的政党组织为后盾,政府的权威也同样失去了强有力的组织保障,造成了行政不力。具体就表现为:政治失控、经济严重衰退、社会问题严重。这说明俄罗斯社会的新发展需要新的强力政府。

从1993年"十月事件"以后,主张重建俄罗斯国家权威的政治思想一度占了上风,以盖达尔为首的西欧主义和以日里诺夫斯基为首的民族至上思潮和欧亚主义,继承了俄国历史上斯拉夫派和西欧派的争论,进行了激烈的斗争,其焦点就在于是照搬美国式的民主还是承认俄国的特殊性。"休克疗法"的受挫,美援俄口惠而实不至,俄沦为西方国家的附属,国际地位急剧滑落,这些都严重伤害了俄罗斯人的民族自尊,导致国内民族主义情绪上扬。这种情绪的果实,就是1993年12月国家杜马选举中民主派的受挫和自由民主党的获胜。杜马选举结果显示,俄罗斯自由民主党的得票率比"俄罗斯选择"竞选联盟高出7.41个百分点。俄共重建刚刚10个月,在这次选举中得票率占第三位。在全联邦选举杜马代表的选举中,自民党、共产党和农业党三个反对派竞选联盟的得票率共计43.04%,获得联邦选区225个席位中的112个;而三个"民主派"竞选联盟的得票率仅为29.97%,代表席位78个,比前者低13.07个百分点和少34个席位。反映在政治思想领域,则是要求重建国家权威。1993年初,俄罗斯对国内200个专家学者进行问卷调查,受访者普遍认为俄罗斯需要强力政权,至于这种政权什么样,排在第一位的是:带有强力的执行能力的民主共和国——民主权威主义(领袖依靠政府和杜马形式),占26%;排在第二位的是:强力的总统制和执行政权和强力立法权之间的平衡,占19%。俄罗斯理论界的学者纷纷撰文,表达了这种思想倾向,其中有代表性的主要有:俄罗斯著名政治学家波·布格切夫于1993年发表专著《当代俄罗斯政治发展》指出:"俄罗斯国家发展的历史证明,俄罗斯需要严格的、强制的中央集权的国家管理,自由主义和民主思想与实际不相容,俄罗斯的实际是复杂的,国家性的思想是和狭隘的民族思想联系在一起的。从外引进的自由民主原则不会保证正在进行的改革。"诚然,引来的结果会破除专制,但俄罗斯宪法规定的民主、法制空间还没有形成,市场体系也没有,这些东西的确立需要上百年。因此,俄罗斯需要各地区小团体民主基础上的中央集权,这种中央集权,要继承历史上的传统。俄罗斯历史上经常是两种势力的冲突和协调:杜马管理和皇帝的专制管理。两种力量的平衡才能保证社会稳定。俄罗斯目前需要总统和议会相统一的新的联邦制。著名政治学家谢尔盖·加拉杜诺夫发表文章《民族至高无上的任务》指出:"俄罗斯目前的至高无上的任务,就是要加强国家控制,依靠自身的力量发展。国际上要独立自主,国内要集中力量发展教育和科学。要想加强国家控制,重要的是要解决民族问题,团结少数民族,承认每个民族都有世界意义。"①俄罗斯科学院院士、著名经济学家德·里沃夫发表文章《科学的倒退——经济的垮台》,从科学是经济发展的前提和基础角度指出:"俄罗斯目前科学家外流,科学面临倒退的局面。要通过国家的力量,扶持科学的发展。"②

俄罗斯重建国家权威思潮在实践上的标志,是确立以总统制为核心的国家权力体制。经过1993年10月的"宪法危机",到1996年的叶利钦再次当选总统,从形式上完成了重建国家权威的任务。但国家权威的实质是法律的控制,

---

① [俄]《独立报》1995年10月7日。
② [俄]《独立报》1995年3月22日。

这个问题的真正提出和付诸实践,还是从普京开始的。

国家控制能力,其最基本的衡量标准,是法制化的能力。经过了长期的动荡,付出了沉重的代价之后,俄罗斯对此有了较为清醒的认识,主要是通过普京当选总统后所作的国情咨文集中反映出来。2000年7月8日,普京作了《俄罗斯:强国之路》的国情咨文。在咨文中,普京指出:"在俄罗斯,国家从道义上有权要求人们遵守国家制定的准则这样一个时期来临了。""应当承认,影子经济猖獗、腐败盛行和大量资金流失国外在很大程度上是国家造成的,是规章制度不明和种种限制模糊不清和没有根据造成的。""正因为如此,我们坚持唯一的专制——法律专制,尽管我知道,这种表达方式并不是所有的人都喜欢。""国家公务活动需要专家,他们行动的唯一准则是法律"。为此,普京强调:"……作为稳定社会发展的保障,作为遵守人权的保障,完善政治制度和建设强国;实际改善联邦主体的条件,以便向国家公民确保充分的政治和社会经济权利;建立发展俄罗斯经济的法律保障,把它作为公民自由经营和积极开展业务的经济,确保在俄罗斯全境准确而有效地落实经济战略。"

三、中俄两种转型方式与国民文化的整合能力

国民文化的整合能力,主要是指国家领导者能够从传统政治文化中找到向现代社会转变的连接点,重新构建"民族主体文化",并以此作为精神动员的工具。

任何社会要想发展,都需要有社会精神支柱,要求国家通过精神因素对全社会进行广泛的动员。从一般国家控制能力角度分析,这是非常必要的,因为这可以提高人们的社会服务意识,减少社会"搭便车"行为,降低社会交易成本。除了这个一般意义之外,中俄两个转型时期的大国,在转型过程中,更需要依靠社会精神力量来提高国家的社会动员能力:

第一,中俄都是后现代化国家,面临着同发达国家的激烈竞争环境。特别是在世界经济全球化的今天,发达国家已经占据了竞争的有利位置。要想同发达国家竞争,仅靠物质因素是不行的——这方面中俄没有优势,还要靠精神力量。通过精神动员提高国家凝聚力,形成万众一心的态势,来弥补物质力量的不足。

第二,中俄都是转型中的大国。大国情况复杂,单靠利益驱动来调节人们之间的关系,其不合理因素是显而易见的。特别是中俄都存在国内发展不平衡问题。俄罗斯莫斯科和圣彼得堡的综合生活水平,高出其他城市50%以上。中国人与人之间和地区之间的差距也很大,社会发展极端不平衡。中国大学文化程度的人口仅占总人口的2%左右,而文盲、半文盲却占20%,还有5000万

残疾人口,500万痴呆人口。这种不平衡很难在短时间内消除,通过精神因素进行调节,使人们之间增加互相服务意识,特别是发达地区和素质较高的人的服务意识,这可以减轻不平衡产生的矛盾。

第三,中俄都是封建社会历史比较长的大国,缺少法治传统,社会硬性调节能力低下。当社会硬性调节能力低下的时候,就需要社会的软性调节能力来补充。中俄两国在革命时期和建设时期,都非常重视意识形态的作用,这其中有一定的必然性。

问题的关键是,国家怎样进行精神动员?这主要涉及动员的形式和内容两个基本问题。中国和苏联的精神动员形式,主要是靠战争年代留下的光荣传统,即通过群众运动进行动员。但在体制转型的时期,是不宜大搞群众运动的,因为体制转型是一项十分复杂的工程,对程序化、制度化和科学化的程度要求很高。"群众运动"一搞起来极容易受到领导人主观意志的左右,破坏程序化、制度化的原则。因此,在动员的形式上应该坚持法制化的原则。至于国家精神动员的内涵,就相对比较复杂了。从一般意义上讲,马列主义、共产主义世界观是社会精神支柱的主要内容。共产主义世界观是社会精神支柱的主要内容。共产主义世界观是要解放全人类,这是最基本的"正义"的抽象,可以调节社会中各种社会矛盾,但中俄是转型中的大国,从社会稳定转型的角度来说,更要从自己历史上的政治文化中,找到稳定的、持久的、有积极意义的因素,换言之,从自己传统的政治文化上找出和现代生活的连接点。一部人类现代化的历史向我们昭示:传统政治文化在现代化历史上是有重要意义的。世界上从未有任何一个国家或民族,是以否定自己的政治文化传统,来完成现代化的挑战的。因此,应该从传统中构建"现代政治文化主体意识",找到国家精神动员的工具。这种国民政治文化整合能力的基本内容和标准,通过三个方面表现出来:(1)发扬历史上的爱国主义;(2)发扬传统政治文化中的优点,而克服其不足;(3)找到对传统政治文化合理继承的方法与途径。实际上,在中俄社会转型过程中,中俄各自的政治文化,都起到了很大的作用,其表现特点,即有共同性,也有差异性。通过这种比较研究,可以更清楚地看到两国各自政治文化的优势和不足,从而发挥优势,克服不足,找到构建"民族主体意识"的基本材料,为国家精神动员能力打下坚实的政治文化基础。

中俄传统政治文化向现代转换的基本连接点,就是法制文化。中俄都是缺少法制传统的国家,中俄传统政治文化中,最重要的弊端就是缺少法制成分。

中国传统政治文化有三个最基本的特征:

第一,集权主义对分权原则的否定。中国传统政治文化最基本的特征是属于集权型的政治文化。中国国家崇拜概念的深层含义是皇权主义。君主是全社会的最高主宰,神圣不可侵犯,人人都要服从君主。而且把国家看成是君主的私有物,"国者君之车也"①,秦汉以后实现中央集权制,把皇帝统治的范围,通称为国家,有时也把皇帝直接称为国家。这是传统政治文化的核心。更重要的是,由于中国是小农经济的汪洋大海,缺少人员流动,处于宗法血缘关系的包围中。这种皇权主义是以宗法血缘关系作为维持的主要纽带的,这种皇权制度也是以家庭小农经济作为社会基础的。

第二,伦理关系对个性自由的否定。中国传统政治文化中的人是处于宗法血缘关系包围中的人,是失去主体意识的人,受各种各样的关系所左右。孔丘强调统治秩序,在家庭关系上力主长幼有序,孝悌忠信。在君臣关系上,主张"君使臣以礼,臣事君以忠"②。在国家政治体制上要求"礼乐征伐,自天子出"③,而不自诸侯、陪臣出。针对当时君不君、臣不臣的混乱现象,孔丘提出正名的主张。他认为如果他从政的话,第一件要做的事就是"正名",因为"名不正,则言不顺,言不顺,则事不成,事不成,则礼乐不兴,礼乐不兴,则刑罚不中,刑罚不中,则民无所措手足"④。孔子所说的"正名""礼乐",都是较严格的伦理关系。中国政治文化"注意人与人的关系","更多地考虑社会问题,非常重视现实的人生"。"中国人把文化的重点放在人伦关系上,解决人与人之间怎样相处"。强调把"人"放在一定的关系中去理解,要求每个人在他的所处的社会关系中发挥作用,由此演化为注重集团意识,集体行为。

第三,道德至上倾向对依法治国原则的否定。中国传统政治文化中,从孔子"为政以德"⑤到孟子的以德服人,无不表现出对伦理道德的关注。特别需要指出的:这种重道德的倾向导致了对法治的否定。"内圣外王"——政治与道德合一。孔子说:"人能弘道,非道弘人"⑥。荀子说:"有乱君,无乱国;有治人,无治法"⑦。即使是历史上的法家,如韩非等人,也没有跳出"凡治天下,必因人情"⑧的思想范式。

中国传统政治文化的最大弊端,就是重人治,轻法治,即实质是皇权大于法权。而皇权大于法权的深层次原因,是封建人伦关系大于法制,权大于法和情大于法的有机结合,构成了一个严密的体系,使中国始终没有形成系统的法治文化。这是历史给我们留下的沉重包袱。这种状况对社会经济发展起着严重的阻碍作用:第一,社会交易成本高。法制是减少社会交易成本最好的工具。

---

① 《韩非子·外储说右下》。
② 《论语·八佾》,见朱熹集注《四书集注》,岳麓书社1985年版第91页。
③ 《论语·季氏》,见朱熹集注《四书集注》,第206页。
④ 《论语·子路》,见朱熹集注《四书集注》,第174页。
⑤ 《论语·为政》,见朱熹集注《四书集注》,第77页。
⑥ 《论语·卫灵公》,见朱熹集注《四书集注》,第201页。
⑦ 《荀子·群道篇》。
⑧ 《韩非子·八经》。

没有法制,任何活动都要靠关系,自然会增大社会交易成本。第二,无法估计的预期影响效率。法制的预期是可以预见的,有了这种预见,各项社会活动可以一环扣一环地进行。没有法制,结果是捉摸不定的,由此导致无法从事下一步的工作。第三,无法形成大规模的社会经济活动。经济活动要讲规模,有规模才有效益。要想形成大规模的商务关系,人们要有安全感,这种安全感来自于法制,来自于规则。没有法制和规则,社会经济活动几乎都在熟人之间进行,这就形成不了大规模的商务关系。

特别需要提出的是,中国传统政治文化的某些特征,随着近现代中国革命的展开不断强化,这就是在原有的"老传统"基础上又形成了"新传统"。这些"新传统"同今天距离更近,对人们的价值观念、思维方式、语言规范,生活习惯,乃至行为模式,都产生着广泛而深刻的影响。第一,中国革命是在被压迫得不能利用合法斗争的时候展开的,一切革命工作都是在突破旧统治的法制中进行的,所以,"仇视法制的心理在我们党内和革命群众中有极深厚的基础"①。第二,中国革命是在客观条件极其残酷的敌强我弱的条件下展开的,通过政治动员发挥精神因素的作用,充分调动广大人民群众的革命热情,是克敌制胜的法宝。第三,中国革命是以武装斗争的形式展开的,各行各业,一切服从上级,事实上难以包容民主原则。至于白区的地下工作,上下级只能单线联系,更没有任何自由的余地。在这种特殊条件下,最迫切需要的是严密的组织和严格的纪律。这在一定程度上强化了人们的专断行为和服从意识。

俄罗斯的情况和中国是非常相像的。即使这样,构建新型的政治文化,不能急于求成。因为要找到传统和现实的连接点,是很不容易的。思想、观念、社会价值观不是一朝一夕形成的,想迅速改变也是不可能的。苏联和俄罗斯的激进转型,使得人们原有的思想、观念和社会价值发生变化,又没有找到一种新的社会价值观,只好盲目学习别人。"休克疗法"前后,甚至 1993 年"十月事件"前后,主张学习美国的"民主派"真可谓出尽风头。直到 1993 年 12 月的国家杜马选举,"民主派"的代表"俄罗斯选择"仍是议会第二大政党,但后来一落千丈。实际上,像中国和俄罗斯这样的大国,从国民意识整合能力方面分析,更不宜实行"激进转型"。仅举市场观念和社会整体价值观及政治文化的关系为例。社会转型的重要内容就是计划向市场的转变。中国和俄罗斯都缺少市场经济的传统,俄罗斯在这方面表现得更为明显:从农奴制,到普遍的村社制,一直没有形成大规模的市场交换关系。如前所述,1906 年斯托雷平的土地改革,虽然有了一定规模的私人经济和市场交换,但时间不长,到了 1928 年全国集体

---

① 《董必武选集》,人民出版社 1985 年版,第 416 页。

农庄化,同时伴随着工业化的全面展开,结束了私人经济和市场关系的短暂历史。在这种情况下激进转型,迅速向市场经济过渡,人们的观念跟不上变化了的形势,社会整体价值观丧失,根本谈不上找到传统政治文化和现代观念的连接点。政治文化是社会文化的一部分,同样受社会基本价值观的影响。这里需要特别提及的,就是目前俄罗斯社会"两极化"倾向的发展。俄罗斯历史上就有"两极化"的特征:两种对立的价值观无法统一。现今,不同年龄、阶层、集团的基本价值观冲突严重。诚然,在今天,价值观的多元化,也可能是改革的必然结果。伴随着利益多元化的发展,人们的思想观念、价值体系,也会呈现出多元化的倾向。但一个健康的社会,总要有一个整体的基本的价值观,这同价值观的多元化是不矛盾的。社会整体价值观不是短期形成的,对此应十分珍惜。苏联和俄罗斯的激进改革,由于经济、政治波动太大,人们价值观调整的过程跟不上变化了的社会现实,出现价值"真空"或各种非定型的价值观,反映在社会上,就是价值观冲突严重,加重了社会控制成本。经过激烈的社会动荡,俄罗斯人民已经认识到了这种极端性的严重恶果,特别是认识到了俄罗斯需要符合国情的整体价值观。1994年的一次对专家学者的民意调查,题目是什么思想可以成为俄罗斯整体的价值观,结果如表7-11:

表7-11 关于俄罗斯整体价值观的民意调查

整体价值观	赞同人数百分比
俄罗斯精神复兴思想	35%
俄罗斯经济复兴思想	17%
俄罗斯民族风格的复兴	11%
社会主义思想	5%
自我保护和生存的思想	4%
创造自由市场的思想	4%
宗教思想	1%
共产主义思想	1%
拒绝回答	22%

1998年11月最新一次民意测验结果显示,有一半被调查者明确表示西方的个人主义、自由主义价值不适合俄罗斯国情。[1]

中国文化中有着稳定的东方色彩和传统特征,在思想方法上和处世原则上

---

[1] [俄]《独立报》1998年12月9日。

崇尚中庸,少走极端,着眼于现世和人事,"有一种很大的好处,没有滚入过神秘的唯物主义(教条主义不过是愚昧,它不是唯理主义)的泥坑,中国人从来是经验主义的"。由此在中国发展的道路上,注重从本国的实际出发。这种思想方式和思想路线的实施,保证了中国在稳定的前提下社会改革的健康发展,同俄罗斯那种偏激行为导致的社会动荡形成了巨大的反差。但在继承中国传统文化和从实际出发的思想方法过程中,如何防止走上文化和方法的保守主义,增强理论和方法的创造性,则是必须警惕的。

第八章　中俄两国渐进体制转型模式的合理性(一)

论证渐进体制转型模式的合理性,有两个基本的标准:第一,这种转型模式是否促进经济的发展,人民的生活水平是否得到了提高。这是体制转型模式的效率标准;第二,这种转型模式是否比较有效地控制了国有资产的流失,促使人们尽量通过正当的途径来提高自己的收入,并将人们之间的收入差距控制在一定的范围之内。这是体制转型模式的公平标准。

关于体制转型模式的效率标准,就是在体制转型的过程中,是否通过改革,促进了社会经济的全面发展。从这个方面分析,渐进体制转型模式的合理性是显而易见的。

一、中俄两种体制转型模式的社会后果

中俄两种体制转型模式的社会后果,可以从经济发展速度、科学教育水平、经济结构、社会价值观的整合四个方面来分析。

(一) 中俄体制转型与经济发展速度

中国体制转型30多年来,经济总量不断扩大。2012年国内生产总值超过51万亿人民币,按不变价格计算,是1978年的近150倍。1979年至2012年,国内生产总值年均增长9.8%,大大快于体制转型之前29年年均6.1%的速度。这就是说,体制转型不但没有影响经济的发展,还大大推动了经济的发展。

俄罗斯是个资源大国,有发展经济的得天独厚的条件。转型前是世界经济大国。按照资源潜力的多数指标,俄罗斯在世界上占据领先的地位。按照领土面积俄罗斯占据世界第一位,该指标超过美国、中国、加拿大等国近一倍。按照人口数量俄罗斯占第六位,在中国、印度、美国、印度尼西亚、巴西之后。按照自然资源储备俄罗斯属于世界上富有国家。按照自然资源潜力的规模、多样性和综合性,任何一个国家都不能与俄罗斯相比。探明的和初步估计的矿产储备俄罗斯为28.5万亿美元。而预测的资源估计为140万亿美元。探明的煤炭储量

俄罗斯占世界的 23%,居世界的第二位;石油为 13%,居第七位;天然气为 45%,居第一位。俄罗斯是第二个采矿大国,仅居美国之后,按照铁矿的地质储量它占世界的第一位。按照农业用地(2.22 亿公顷)和耕地面积(1.32 亿公顷)的规模占第三位,仅在美国和印度之后;灌溉土地面积(570 万顷)占第五位,林木总储量(816 亿立方米)占世界第一位。俄罗斯每年的水资源总量(河流)估计为 4270 立方千米/年,约为世界流量的 10%,按照该指标俄罗斯占第二位,只在巴西之后,按照水能潜力(25000 亿千瓦小时,其中技术上可以利用的达 16700 亿千瓦小时)俄罗斯占世界第二位,位于中国之后。正如在 1998 年 5 月举行的全俄"国家资源评估"年度会议上所指出的,俄罗斯总的国家资源,包括所有国家支配和储存的再生和非再生经济资源,其中包括物质生产的和非生产的资源和形式、物质和非物质的资本、储备、价值、土地和地下资源、水和生物资源,按照俄罗斯国家统计委员会和俄罗斯科学院作的统计,总值约 340 万亿—380 万亿美元。

俄罗斯工业生产的最重要指标在 1990 年初是以下列数据作出的评估:煤炭开采为 3.95 亿吨(占世界第四位);石油产量 5.15 亿吨(占世界第一位);天然气产量 6400 亿立方米(第一位);生铁产量 5900 万吨(第三位);钢产量 9000 万吨(第二位);硫酸 850 万吨;矿物肥料 850 万吨(第四位);塑料 300 万吨(第七位);采伐木材 3 亿立方米(第二位);生产锯材 7500 万立方米;生产棉布 56 亿立方米(第三位);生产毛呢 4.6 亿平方米(第二位);生产丝织品 10.5 亿平方米(第五位);生产化纤织品 10 亿平方米(第七位);生产电力 1990 年为 10800 亿千瓦小时(其中热电站 82%,水电站 6%,核电站 12%),占世界第二位,仅在美国之后(32150 亿千瓦小时)。

按照科学技术发展水平这一指标,俄罗斯在 1981—1992 年期间在世界上也占据一个主要地位,总的科技潜力位于美国之后为第二位。在 1990 年苏联发表的科学著作的总数(34000 部)占第五位,在美国(226000 部)、英国(44900 部)、日本(44000 部)、联邦德国(34900 部)之后。

作为经济活动最终检验的适用标准是国内生产总值和国民生产总值。按照苏联中央统计局的估计,在 1985 年苏联国民收入相当于美国的 66%,其中认为国民生产总值也保持类似的比例,当时俄罗斯估计为美国国民收入的 31%,1981 年—1985 年苏联国民生产总值年增长速度按照官方统计为 3.7%,按照美国中央统计局的数字为 1.8%。后来俄罗斯发布的具体数字为:1988 年俄罗斯国内总产值为 10070 亿美元(占世界第五位);1989 年为 10220 亿美元(占世界第六位);1990 年为 9910 亿美元(占世界第七位);1992 年为 8050 亿美元(占世界第九位);1994 年为 6420 亿美元(占世界第十位);1996 年为 5850 亿美元(占世界第十三位);1998 年不足 4000 亿美元(位于世界第十五或十六位)。

如果按照人均国内生产总值计算,俄罗斯在这些年更加落后了。1989 年俄罗斯人均国内生产总值为 6919 美元(改革前时期的最高指标)或相当于美国水平(24098 美元)的 28.7%,占世界第五十五位;1990 年降到 6685 美元,移至第五十七位;1992 年降到 5416 美元,居世界第八十位;1994 年降到 4327 美元,移至第九十四位;1996 年降到 3962 美元,为美国类似指标(25536 美元)的15.5%;移到第一○二位。除了落后于比较发达的国家,甚至落后于保加利亚、罗马尼亚、土耳其、危地马拉、多米尼加、哥斯达黎加、马提尼克岛、巴拿马、哥伦比亚、秘鲁、乌拉圭、厄瓜多尔、阿尔及利亚、博茨瓦纳、埃及、突尼斯、约旦、伊朗、黎巴嫩、马来西亚、泰国等国。① 2000 年以后,俄罗斯的人均国内生产总值有所提高,但还是大大低于发达国家的水平。最主要的原因,还是改革初期生产下降得太快和太多,以至于后来都属于恢复性的。

(二) 中俄体制转型与科学教育的发展

中国体制转型前科学教育严重落后。体制转型过程中科学教育发展迅速。到 2012 年底,在校生数量已近 5 亿人,比 1978 年增长 20%。科技进步对经济增长的贡献率已达到 40% 以上。这些成绩取得的基本前提,就是经济的发展。改革开放以来,随着经济的发展,我国科学教育的投入不断增长。仅举教育为例,国家财政性教育经费大幅增加。进入 21 世纪以来,教育经费占国内生产总值一直在 2.8%—3.0% 之间,到 2012 年,已经达到 4%。② 我国举办着世界上最大规模的教育。

俄罗斯是一个有科学精神传统的民族。科学精神的内涵主要包括科学教育的社会地位,独立的探索与冷峻的社会批判态度,合理的实验和观察方法,严谨的研究规范和良好的学术风气等等。俄罗斯是一个具有丰富科学文化遗产的国家之一。高尔基曾写道:"在任何地方不到 100 年光景,都不曾像在俄罗斯这样人才辈出,群星璀璨……"整个俄罗斯的科学文化就是晶莹的群星座。19 世纪俄罗斯文学的繁荣以及 20 世纪苏联科学技术(尤其在征服宇宙空间方面)的惊人突破,几乎改变了整个世界。而巨大的变化成就又都是在极端恶劣的社会环境或自然环境中创造出来的。可见俄罗斯人民的创造力是多么伟大!埃德加·斯诺说过:曾在苏联住过的美国人,不论他们对苏联的政见如何,"无不称赞苏联人民的天才"。③

---

① 关于俄罗斯资源和经济状况的数字,均引自:С. В. Алексеев. Идеологические ориентиры России, Том. 1. Москва, Издательство ЗАо《книга и бизнес》,1998,С. 123.
② 中共中央宣传部理论局:《辩证看 务实办》,学习出版社、人民出版社 2012 年版,第 50 页。
③ [美]埃德加·斯诺:《战时苏联游记》,华夏出版社 1987 年版,第 139 页。

俄罗斯的科学精神起源于 17 世纪初西欧科学知识的传入。莫斯科等地仿照西方建立教会学校，招收贵族子女。到 18 世纪初彼得大帝时期，科学精神不断发扬光大。一大批以实验技能为基础的技术学校相继建立，如航海专科学校、炮兵学校、工程学校、医科学校等等。1724 年，参政院决定建立科学院。1725 年彼得大帝死后，科学院正式成立，并按科学水平选拔院士。18 世纪 40 年代以后，新成长的俄国科学家开始在科学院发挥重要作用，如罗蒙诺索夫便是其中杰出的代表。俄国人信奉"科学无国界"这一原则，同西欧各国密切的科技交往，极大地推动了俄国的技术进步，使其物理学、化学、天文学、地质学等学科不断走向完善。19 世纪初，俄国反动的教育制度不断发展，禁止农奴子女受教育，在学校里普遍开设神学课，各种技能实验课被取消。但由于这个时期俄国工业的发展，促进了自然科学研究的发展。1861 年农奴制度改革，为科学精神的发展注入了活力，科学院集中了大批中外学者，波波夫等人是其中的代表，俄国科学界跻身于世界科学强国之列。19 世纪末 20 世纪初，俄国进入帝国主义阶段，社会矛盾更加尖锐。由于沙皇长期奉行贵族教育，社会科学教育发展严重不平衡。1910 年，彼得堡居民的识字比例达 66.9%（六岁以下儿童不计入）。1912 年，莫斯科识字人数占全体居民的 64%。但在全国范围内，识字人数只占全部人口的 21%。为了改变这种状况，科学知识大普及是这一时期俄国科学发展的一个重要特点。许多著名的科学家参加了科普活动，并出现了一批成熟的科普作家。他们善于用深入浅出的语言把丰富的科学知识传达给广大群众。如隆克维奇出版了 50 本以上自然科学和生物学的小读物。普及科学知识的刊物大多是这个时期出现的。《环球》、《自然与人》、《自然》、《科学评论》、《科学之话》、《受欢迎的技师》都是比较有影响的科普刊物。各种科学协会，如"莫斯科教育协会""教授和教师学术研究会"等，在普及科学知识方面起了重要作用。"全俄自然科学家和医生代表大会"是当时俄国学者最大的活动中心。它一共有 14—24 个分会。在这种气氛下，自然科学新成就不断涌现。巴甫洛夫、米丘林是众多科学家中的杰出代表。十月革命以后，列宁和布尔什维克重视科学教育，拨出高额专款支持科学事业，巴甫洛夫、米丘林都得到专款进行科学研究。同时，在全国开展扫盲运动。从 1920—1940 年，苏联消灭文盲 5000 万，全国基本上消除了文盲，为科学精神的发展奠定了坚实的基础。社会主义工业化时期，国家更加重视科学的发展，扩建了苏联科学院。1941 年，苏联的研究机构达 1293 个，科学工作人员约 4.1 万人，科学院院士 119 人，通讯院士 182 人。同时，加大科教投入，1929—1930 年，苏联教育经费总额跃居世界首位。国家还积极扶植重点研究项目，从 20 世纪 30 年代开始，对宇航等研究项目加强领导，全力攻关，终于取得了令世界震惊的成果。

俄罗斯科学精神形成的主要原因包括：

第一,西方科学思想的影响。17世纪,西欧科学知识传入俄国。18世纪是俄国科学发展的重要时期。1724年参政院决定建立科学院,彼得大帝主张科学院兼备科学研究和教学。科学院第一批院士中没有俄国学者,都是从国外聘请的。虽然当时俄国学者中有的已有相当高的造诣,但彼得大帝认为俄国学者中尚没有合乎院士头衔的。外国科学家在科学院工作传播了西欧的科学精神并为俄国的科学发展作出了很大贡献。此外,按照西方模式建立的教育制度,是科学发展的基础。由于人才奇缺,彼得大帝曾从国外聘请人才向俄国人传授知识。但这个办法仍然不能满足各个部门对专门人才的需求,于是彼得大帝决定按照西欧模式创办新型学校。这种学校与17世纪的教会学校不同,是实用技术学校,传播具体的技能,更重要的是传授了西欧注重实验的科学方法。

第二,强烈的救世主义。它不仅贯穿于整个俄罗斯近代思想史,还贯穿于科学精神的发展过程中。"俄罗斯民族是上帝的民族,俄罗斯人要以严肃的态度对待万物。"这一观点在首先形成完整思想体系的哲学家索洛维约夫的思想中得以充分地表现出来。他从基督教的立场出发,力图把宗教、科学、哲学结合起来,创造出一种哲学与神学参半的"万物统一论"。同时,这种救世主义使大批科学家产生出一种责任感。至今在俄国人的心目中还认为"俄罗斯的确自古就负有一项历史使命:当一个解决别国无法解决的任务的国家"[①]。诚然,这种过分的救世主义极容易走向民族至上主义,但这确实使得他们能够在极其困难的情况下创造出惊天动地的业绩。

第三,贵族教育的发达。这种贵族式教育把广大人民群众排斥在受教育的范围之外,但这种教育也有两个优点:一是在国家经济落后、财力有限的条件下,可以集中力量,培养出一批优秀的科学人才。18世纪下半叶,俄国平均每年给一个贵族学校的经费达10万卢布,而给一个省的养老院的经费只有1万卢布。[②] 19世纪初,沙皇推行反动的贵族教育制度,禁止农奴的孩子进入中学和大学。从这时起,俄国的科学开始了突飞猛进的发展,到19世纪中叶,一批杰出的科学家、艺术家脱颖而出,如普希金、果戈理等都是贵族学校培养出来的。二是可以保持科学精神的延续和推动科学精神的发展。科学精神是以科学研究群体为载体的。这些科学研究群体最容易受到市场经济的冲击,一些科学教育工作者迫于生活的压力,被迫放弃自己对科学事业的追求,而从事盈利工作。贵族式的教育和贵族式的研究体制,使国家集中力量保证科学家的工作顺利进行,以减少社会对科学和教育的冲击,阻止教育和学术沦为功名利禄的奴隶,使科学研究的氛围得到保护。

---

① [俄]日里诺夫斯基:《俄罗斯的命运》,新华出版社1995年版,第211页。
② 孙成木:《俄罗斯文化1000年》,东方出版社1995年版,第86页。

特别需要指出的是,在苏联和俄罗斯进行激进转型的20世纪90年代,是世界科学技术飞速发展、知识经济形成的阶段。世界科学技术经历了第二次世界大战以后30多年的积累,达到了一个创新的"蜂聚"时期,发展到了依靠信息技术推动经济发展的一个"巨变"的时代。仅以美国为例,1993年美国新当选总统克林顿,在广泛听取经济学家和科学家们的意见后,果断地制定和实施了"信息高速公路"计划,为美国经济找到了新的增长点,到2000年美国信息网络产值达到8500亿美元,超过汽车业的7280亿美元,成为美国最大的产业。

本来,俄罗斯是有高科技方向的优势的,但到了20世纪90年代,科学技术却江河日下,就连传统的优势产业,如航天、通信卫星等领域,也呈现出下降的趋势。1997年,世界卫星通信市场中,各国所占的比例为:美国18.6%;欧洲13.0%;日本9.0%;俄国2.4%;电视卫星数量的比重:1991年,欧洲17%;美国50%;俄国30%;中国3%;到1997年这个比例变化为:欧洲39%;美国43%;中国2%;俄国16%。这一切,都根源于当代俄国的社会改革没有对科学和教育事业加以保护,导致科学和教育的严重下滑。

改革前,苏联(俄罗斯)科学拨款,一般不少于国内生产值的2%,基本上和发达国家在同一个水平,转型初期则大大降低了。下表是转型过程中俄联邦科研经费状况①:

表8-1 1991—1996年俄联邦科学经费状况

	1991年	1992年	1993年	1994年	1995年	1996年
国内生产总值(%)	0.96	0.54	0.49	0.46	0.33	0.28
占联邦预算支出(%)	3.86	2.56	2.49	1.96	1.88	1.58

科学教育工作者的社会地位急剧下降,这主要通过经济状况反映出来,下表是莫斯科1997年不同职业工资状况②:

表8-2 1997年5月莫斯科的工资状况

单位:千卢布

平均工资	1210.0
工业	1172.0
建筑业	1696.0
商业	1047.0
社会饮食业	806.0

---

① В. К. Левамов. Как живёшь Россия. Москва, 1998, С.74.

② социальная зашита населения. Москва, 1998, С.119.

	续表
平均工资	1210.0
教育	760.0
卫生、体育	870.0
科技	750.0
银行系统	1600.0

以上状况造成了科学家大量外流、科学研究水平下降、科学强国地位动摇的严重后果。据统计,从1989年到1992年,从苏联和俄罗斯到国外去生活的科学工作者,大约占科技工作者总数的10%。1995—2000年每年到国外去的科技工作者有7000—8000人。① 重要的学术出版单位莫斯科大学出版社,1997年以前每年大约出版500种学术出版物,而1998年仅出版250种学术出版物。② 俄罗斯科学强国的地位也受到挑战,具体情况见表8-3:

表8-3 世界主要国家科学技术潜力的几项指标③

世界主要国家	科学总开支（百万美元）（1996年）	占国民产总值(%)（1996年）	人均拨款（美元）	从事科学的科学家和工程师数量,在有劳动能力的一万人中	国家专利申请（1994年）	诺贝尔奖数量
英国	21381.8	2.05	364.8	135.0(1992)	18465	70
德国	36373.1	2.26	466.6	240.8(1991)	37199	59
美国	184665.0	2.54	680.9	962.7(1993)	107545	179
法国	27100.1	2.34	466.1	137.6(1992)	12666	24
意大利	12804.0	1.13	221.6	74.4(1992)	81446	
日本	81976.8	3.00	654.5	526.5(1993)	3191344	4
俄罗斯	5370.8	0.86	36.5	111.2(1993)	21179	10

目前,科学和教育问题已经引起了俄罗斯上下一致的关注,俄罗斯人民强烈要求发展科学教育,下面是一次民意调查情况:

---

① В. И. Кривохожа. России в новом мире времярешений. Москва 1997, C. 94.
② [俄]《独立报》1998年11月19日
③ [俄]《世界经济与国际关系》1998年第8期,第28页。

表8-4　在现在危机条件下,国家是否应当集中精力发展科学调查结果是
(占被调查人数的%):①

项目	1993年8月	1996年5月	1997年1月	1997年8月
是	58	64	72	70
不是	10	9	5	9
拒绝回答	32	27	23	21

诚然,俄罗斯也认识到了在这方面的严重失误,正在复兴和发展现代高科技,制定和通过了总统高技术纲要,强调集中进行现代高技术的研制工作,在资金投入上也加强了高科技的投入。1996年联邦预算为总统高技术纲要拨款1.12万亿卢布。同时还建立了总统下属的科学技术政策委员会,其工作机构是总统科技纲要中心,中心的任务是分析科学、技术工艺优先方面的发展状况,进行总统纲要项目的鉴定和立项,组织监督其执行,起草有关建议等。但是,由于经费欠账太多,短时间内无法奏效。2000年普京还在担任代总统的时候,就发表了"如果没有发达的科学,这个国家就没有未来"的重要讲话,明确指出:"美国在世界科技产品市场上占有20%的份额,而我们仅仅占有1%。"②至2014年,俄罗斯的科技实力已经大大提高。

(三)中俄体制转型与经济结构的调整

中国经济结构的调整,是同转变经济发展方式紧密联系在一起的。改革开放以前,中国经济结构的主要问题是农、轻、重的关系,即农业和轻工业的基础相对薄弱。改革开放以来经济迅速发展,特别是由于采取了渐进的转型模式,中国经济结构有了较大的改善,主要表现在:

第一,农轻重的比例关系基本协调。由于渐进转型模式先从农业领域进行改革,农业在改革初期就有了很大发展,到1984年基本上解决了粮食自给问题。农业的发展带动了轻工业的发展,20世纪80年代末期人民生活日用必需品能够保持正常供应。第二,农业、工业、服务业三个产业协调发展。渐进转型模式着眼于人民生活水平的提高,扩大内需,带动了服务业的发展。我国总体上三个产业的发展是协调的。③

---

① В.К.Левамов. Как живёшь Россия. Москва 1998, С.714.
② 《普京文集》,中国社会科学出版社2002年版,第18页。
③ 中共中央宣传部理论局:《理论热点面对面》,学习出版社、人民出版社2008年版,第58页。

表 8-5 我国三次产业对经济增长的贡献率(%)

年份	国内生产总值	第一产业	第二产业	第三产业
2000	100	4.4	60.8	34.8
2001	100	5.1	46.7	48.2
2002	100	4.6	49.7	45.7
2003	100	3.4	58.5	38.1
2004	100	7.8	52.2	40.0
2005	100	6.1	53.6	40.3
2006	100	5.6	55.6	38.8

资料来源:《中国统计年鉴(2007年)》

俄罗斯经济结构退化,主要表现在资源型的粗放产业发展迅速,科技含量高的高新技术产业严重萎缩。为了应付经济危机,解决商品短缺问题,大量出口资源型产品,进口深加工产品,使国内新兴产业发展不起来。原有的机械、化工等经济部门大规模萎缩,致使通讯、电子、生物工程等产品,同发达国家的差距越来越大。

俄罗斯为了维持正常的经济需求,靠出卖资源和半成品换取生活必需品,导致外贸畸形发展,经济结构严重退化,使俄罗斯经济很难在短时期有大的发展,这从俄罗斯经济结构和外贸状况中可以得到答案。美国学者乔纳森·特尼鲍姆认为"休克疗法"事实上等于自杀,更多的是从经济发展前景上分析的。他指出,目前俄国"在不同的生产部门,实物生产和投资跌至只有改革前的30%—40%;大部分技术上最先进的工业部门受到破坏;大规模的物质财富储备(特别是原料和初加工品)变现,许多东西在世界市场上以远低于其生产成本的价格被出售;外债大量增加,在过去的7年中,从苏联集团流向西方的财富其净值超过2000亿美元。"[1]俄罗斯目前的经济状况可以用一句话来概括:主要靠出卖资源和半成品维持经济的运行,这严重压制了高新技术产业的发展。我们可以从分析俄罗斯对外贸易状况入手:

表 8-6 20 世纪末俄罗斯对外贸易状况[2]

(单位:亿美元)

年份	总额	出口	进口	顺差+
1990	1478	787	691	+96

---

[1] [美]乔纳森·特尼鲍姆:《世界金融体系崩溃的历史进程》,《战略与管理》1998年第3期。
[2] 《独联体国家经济统计手册》,时事出版社1994年版,第122页。

续表

年份	总额	出口	进口	顺差 +
1991	954	509	445	+ 64
1992	793.81	423.91	369.90	+ 54.01
1993	700.03	429.71	270.32	+ 159.39
1995	1269			+ 332①

　　从外贸商品结构来看,俄罗斯的出口主要集中在能源、木材、食品原料等初级产品上。1989年,能源、木材、食品原料占出口总额的46.6%;苏联解体后,这种倾向进一步加剧:1995年前后,有5类产品占出口总量的80%,其中化肥和能源占45%,黑色和有色金属17%,化工10%,木材5%,农业原料3%;这种趋势在目前进一步发展,1998年俄罗斯出口总额的40%为燃料和能源产品。尽管俄罗斯1998年的外贸额同1997年相比减少了17%,但石油出口却增加了7%,天然气增加了2%。② 俄罗斯的进口商品主要有轻工业品、食品、电子高科技产品和机械设备。俄国"食品供应的60%以上依赖进口"。③ 近年来,由于家用电器和小汽车的进口增加,使得进口商品结构中机械和设备比重增加33%。④ 这带来了严重的恶果:一是为弥补国内财政赤字大量举借外债。截止到1998年6月底,俄国共有2000多亿美元的债务。⑤ 二是工业生产能力,特别是加工能力急剧下降。俄罗斯机器制造业产品出口比重从1989年的17.5%降至1995年的5.6%。⑥ 由于投资不足,俄罗斯设备老化严重,到2003年,原有设备将完全淘汰。20世纪90年代末,俄罗斯80%的工业产品在世界市场上缺乏竞争力。三是农业生产萎缩。由于进口农产品价格过高,相当一部分居民以自给自足的方式来满足生活需要。俄罗斯国土辽阔,根据1989年颁布的法令,城市居民每户在郊区可有600平方米的"自留地"。据粗略统计,莫斯科市民有三分之一在自己的别墅从事农业生产。每到10月份前后,各郊区通往市区的电气火车上,到处是运送农产品的城里人,场面蔚为壮观。这些农产品质量低下,主要供自家享用。这种小农经济严重阻碍俄罗斯大农业的发展。俄罗斯经济学家指出,就当前生产和出口的部门结构而言,俄罗斯更像阿尔及利亚、赞比亚、莱索托等国家。这一状况显然与当前整个世界经济和国际贸易发展的

---

① 1995年的经济数字见薛君度、陆南泉主编:《新俄罗斯政治经济外交》,第215页。
② [俄]《独立报》1998年12月30日。
③ [美]乔纳森·特尼鲍姆:《世界金融体系崩溃的历史进程》,见《战略与管理》1998年第3期。
④ 薛君度、陆南泉主编:《新俄罗斯政治经济外交》,第261页。
⑤ 《光明日报》1998年7月23日。
⑥ 同上。

水平及趋势不相适应,也与俄罗斯的大国地位不符。这种现象一方面反映了俄罗斯产品在国际市场没有竞争力,向西方出口能力不强,创汇有限;另一方面反映了更深层次的问题,即俄罗斯国内经济结构调整与进出口商品结构之间相互制约产生的"自发性和退化性的反工业化趋势"。由于产业结构的低度化引起了商品进出口结构的低度化,结果不得不依靠出口初级产品换取轻重工业制成品。这种低度化的进出口结构又促使产业结构向反方向调整,使俄罗斯参与国际分工滞留在浅层次和低水平上。

本来,苏联科学技术的发展就集中在重工业特别是与各种国防有关的领域。苏联在核技术、宇航等科学技术的最前沿领域与美国并驾齐驱,甚至在某些方面超过了美国,如苏联最早发射了宇宙飞船。但是,在微电子、新材料、新资源、信息技术、生物工程等新兴科技方面,与美国等国的差距较大。这种状况下如果有一个稳定的政治环境和有活力的市场经济体制,是有很大发展潜力的。但由于经济急剧下降,科学教育的投入迅速减少,特别是为了应付眼前的经济危机,使原材料工业畸形的发展,石油、天然气、木材等产业成为最热门的行业,优秀人才、巨额拨款都流向了这些产业,挤压了高新技术产业的发展。这种状况目前有了一些改变,但民用科技相对落后的局面还没有根本性的改变。

(四) 中俄体制转型模式与价值观念的调整

在把握价值观念对体制转型的影响过程中,最重要的是要处理好价值观念的一元性和多元性的关系。人们往往误认为资本主义民主国家的价值观念是多元的,社会主义国家的价值观念是一元的。其实,任何一个社会,总要有一个整体的基本的价值观念。美国人信奉自由、民主、个人权利至上、私有财产神圣不可侵犯;中国人信奉马克思主义、集体主义、社会共同富裕;苏联搞了70多年社会主义,社会主义的价值观有着深厚的群众基础,苏联解体后,俄罗斯共产党东山再起充分证明了这一点。只不过相对落后的原社会主义国家或现社会主义国家,要追上发达国家实现现代化,更加注重统一价值观的作用,以此作为社会动员的基本工具。这些国家发展到转型时期,会出现很多前所未有的新问题,加上发达国家价值观的"示范"作用,不可避免地影响到落后国家的价值取向,使得人们的价值观也有某种多元的成分。这其中最重要的是,要处理好价值观念的一元性和多元性的关系。社会整体的一元性的价值观不是短时间内形成的,特别是人口众多、历史悠久的大国,一元性的价值观更是民族文化长期积淀的产物,更应倍加珍惜和爱护。俄罗斯今天经济恢复中的主要障碍,还是人们基本价值观的对立。这种对立集中表现在三个方面:

第一,在政治信仰上的分歧。中国是社会主义国家,俄罗斯原来也是社会主义国家,人们普遍信仰社会主义的价值观念。而体制的激进转型,使传统的思想、观念和社会价值观受到挑战并发生动摇,但新的社会价值观又没有树立起来,只好盲目照搬,采取拿来主义。如俄罗斯1990年的社会调查表明:认同西方政治模式的人达到被调查对象的90%;1992年降到40%;1995年降到25%;1996年又降至12%。① 1998年9月末10月初,俄罗斯社会和民族问题独立研究所,以"俄罗斯公民怎样看待自己"为题,向不同年龄段的24个联邦主体,71个地区,3000个公民通过问卷形式进行调查。确定的命题及调查结果如下:

斯大林主义是不可饶恕的:16—45岁的调查对象,75%左右同意,其余不同意;46—65岁的调查对象,60%左右的同意,其余不同意。马克思主义是可以相信的:16—24岁的调查对象27.4%赞成;25—35岁的调查对象33.4%赞成;36—45岁的调查对象36.6%赞成;46—55岁的调查对象41.7%赞成;56—65岁的调查对象50.3%赞成。西方的自由主义民主观是不适合俄罗斯国情的:16—24岁的调查对象24.4%赞成;25—35岁的调查对象40.7%赞成;36—45岁的调查对象49.4%赞成;46—55岁的调查对象52.5%赞成;56—65岁的调查对象62.9%赞成。

表8-7 不同年龄段的公民的政治信仰状况②

思想政治信仰	不同年龄段				
	16—24岁	25—35岁	36—45岁	46—55岁	56—65岁
自由主义者	8.7	8.3	6.9	7.1	4.8
共产主义者	1.3	4.5	8.1	14.0	21.8
社会主义者	5.4	3.5	6.4	4.6	6.1
民族主义者	14.2	14.7	17.5	15.2	16.3
中派主义者	16.7	18.0	16.5	18.7	12.8
任何主义都不赞成	52.0	50.6	43.8	39.7	37.6

第二,在国家发展道路上的分歧。这个问题是同对自己国家历史的评价联系到一起的。1998年9月末,同样是俄罗斯社会和民族问题研究所,就俄罗斯公民怎样认识自己和自己的国家,向24个联邦主体,71个地区,不同年龄段的3000个公民进行了问卷调查。结果如下:

---

① [俄]罗伊·麦德维杰夫:《俄罗斯往何处去》,第50页。
② [俄]《独立报》1998年12月9日。

表8-8 对俄罗斯历史上不同时期的评价,肯定或者否定的比例①

苏联和俄罗斯不同的历史时期	共产主义者	自由主义者
1917年以前	+8.6	+18.5
斯大林时期	+22.5	+17.0
勃列日涅夫时期	+45.9	+25.0
叶利钦时期	-59.0	-21.0

表8-9 俄罗斯不同时期的主要特征②

名目	时期			
	1917年以前的俄国	斯大林时期	勃列日涅夫时期	现代俄罗斯
严重的经济危机	13.1	9.2	4.0	77.2
恐怖	2.6	67.9	1.9	30.9
社会保障	6.2	6.4	78.0	7.5
社会理想	18.3	46.0	30.8	6.5
民族冲突	5.4	7.3	3.8	85.9
法律秩序	6.4	80.7	11.7	1.3
经济的迅速发展	21.1	42.5	27.8	7.3
农业的提高	29.2	27.3	39.5	2.1
乐观向上的社会气氛	7.0	10.9	71.1	9.3
艺术的成就	34.5	8.1	48.7	9.6
人们之间的信任度	19.9	5.3	65.1	7.4
职业发展的可能性	3.7	4.5	50.6	41.2
成为暴富人的可能性	10.0	0.7	5.8	84.3
犯罪、强盗行为	2.6	3.5	2.8	93.5
对祖国的热爱	28.9	51.6	22.4	5.2
教育的成功	8.1	18.4	65.1	9.4
在世界上的威望	18.1	41.7	35.3	7.1
官僚主义	5.8	6.3	57.2	35.3

---

① [俄]《独立报》1998年12月9日。
② [俄]《独立报》1998年11月25日。

续表

名目	时期			
	1917年以前的俄国	斯大林时期	勃列日涅夫时期	现代俄罗斯
经济困难	6.3	3.4	10.4	82.2
政治自由和公民意识	10.0	1.7	15.5	71.7
科学技术的成就	4.6	21.0	66.9	9.7
自豪的感觉	13.4	39.8	39.8	7.9
对自我前途缺乏信心	4.0	6.4	2.4	88.0
信仰东正教	65.0	1.9	3.5	32.4
强大的工业	7.6	39.1	49.0	5.2
社会不公平	11.9	10.3	7.0	75.1
贪污受贿	2.9	2.0	23.2	77.7
没有精神支柱	2.1	12.3	9.3	77.4

在对国家发展道路的认识方面,总的看来,赞成自由主义激进改革的占7.2%,中间道路的占16.6%,独立的俄罗斯道路的占15.6%,共产主义道路的占10%,社会民主的占5.2%。此外,还有44.6%的不关心政治,哪个能改善生活就支持哪个。①

表8-10 您是否同意国家应该干涉私有领域②

回答	16—24岁	25—35岁	36—45岁	46—55岁	59—65岁
同意	29.6	37.1	42.8	50.3	59.7
不同意	34.9	32.1	29.7	25.2	17.0
拒绝回答	35.5	30.8	27.5	24.5	23.3

关于个人自由和社会均衡发展哪个重要:在调查对象中,16—24岁的44.1%赞成个人自由,34.8%赞成社会均衡发展;25—30岁的32.1%赞成个人自由,47.1%赞成社会均衡发展;36—45岁的22.9%赞成个人自由,54.5%赞成社会均衡发展;46—55岁的20.8%赞成个人自由,61.6%赞成社会均衡发展;56—55岁的20.8%赞成个人自由,61.6%赞成社会均衡发展;56—55岁的

---

① Российский независимый институт социальных и национальных проблем. Граждане России кем они себе ощущают и в каком обществе хотели бы жить?《Независимая газета》,1998-12-9(1).
② 同上书,1998—11—25(1).

13.4%赞成个人自由,71.8%赞成社会均衡发展。①

第三,在基本行为准则上的分歧。受德国艾伯特基金会委托,俄罗斯独立的社会和民族问题研究所于2000年3—4月就"俄罗斯人论20世纪俄罗斯的命运和对新世纪的展望"问题进行了广泛的社会调查。大多数调查对象认为:俄罗斯人心灵上的病态产生于最近10—15年。群众对社会整个思想道德观变化所作出的评价,具有史无前例的残酷的特点。大多数群众指出这些首先表现在俄罗斯人固有的传统的美德,如善意、真诚、诚实、大公无私、随时准备帮助别人以及尊重老人和妇女等优良品质遭到损害。与此同时还显现在人品方面:攻击性表现的增强及生活态度中的犬儒主义。在俄罗斯人品质变化中唯一值得称道的是积极性和主动性的增长。为了能够更准确地描述社会的道德面貌,在调查中向答题者提出对一系列行为进行评判,并作出自己的道德选择:同意或者相反。在提出的18种通常被认为是恶劣的、至少是不道德的行为中,大多数人认为只有其中6种(刑讯、吸毒、叛国、虐待动物、政治谋杀和靠算计别人致富)是不能接受的。而对于诸如逃税、躲避兵役、拾得别人财物不归还、卖淫等行为,30%—50%的人则表示了容忍的态度。

中国体制转型过程中,始终坚持四项基本原则,在这个一元性的基本价值观的指导下,解放思想、开拓创新。多次社会调查表明,人们对基本价值的认同,都超过80%。1992年至1994年,公众对改革的赞成度在90%左右;对改革的满意度在70%左右。② 到2000年,将近90%以上的公众希望通过政府部门和诉诸法律解决社会不安定的因素。③ 这些都是中国体制转型顺利推进的基本动力。

二、体制本身的约束条件与渐进转型模式的合理性

体制本身的约束条件包括硬约束和软约束两种。硬约束是指对体制进行改革过程中要考虑到体制本身的有形因素和规则的制约作用。这里有两点是要注意的:一是体制本身的"硬件"因素有些尽管不合理,但对体制转型也有制约作用;二是原有体制的硬约束本身就有一定的合理性。具体来说,体制本身的硬约束主要包括:

第一,如前所述的计划的程度。计划程度是由三方面组成的:一是计划体制的覆盖面。苏联是高度计划型的国家,国家计划几乎覆盖了所有"商品",高

---

① 吴恩远:《世纪之交的俄罗斯》,载《学术动态》2000年总1006期。
② 陆学艺、李培林主编:《中国新时期社会发展报告》,(1991—1995),江苏人民出版社1997年版,第98页。
③ 汝信主编:《2001年:中国社会形势分析与预测》,社会科学文献出版社2001年版,第31页。

达2500多万种,而中国的计划仅包括1300种商品[1];二是区域之间生产种类的严格分工性。中国在工业化建设的初期,也按照苏联模式,按区域划分生产种类,如东北的沈阳市是机器制造业基地;长春市是运输制造业基地;哈尔滨市是动力制造业基地。而苏联区域之间的计划性表现得更为明显,在前文已经介绍过了;三是商品价格的严格计划性。苏联相当多的产品,把价格刻画或打印在产品的外观上,任何人不能随意改变。中国虽然也实行计划价格,但商店有一定的按季节、质量的降价权。

第二,管理制度状况。在严密的计划体制下,形成了一整套严格的管理制度,这种管理制度和管理方式是相对有效的。比如,无论是中国还是苏联,国营企业对设备工具、行政费用和现金出纳等都有比较严格的管理制度,这保证了国有企业的正常运行。苏联的民航体系很发达,其规章制度甚至严格到飞行员用哪一只脚先登上飞机都有规定,违反了要受处罚,因此,苏联民航以其安全性而闻名。

如前所述,苏联是个高度计划型的国家,要想改变这种体制,也自然要改变原有的管理制度。原有的体制管理越是严密,打破这种体制越要逐步进行,因为人们已经相对习惯于这种生活方式,如果操之过急,势必引起混乱。而且根据现代组织理论,实行分权化和引入市场改革时,企业应特别重视用新的责任制来取代旧的责任制,否则经营部门易于滥用新获得的权力,导致代理成本的扩大。但是,苏联和俄罗斯的转型却违反了上述规律,对所有权结构进行任意而且过快的分散化,破坏了经营权的权威性和统一性,导致众多股东之间信息交流和协调成本的大幅度增加,这样做虽然瓦解了旧的责任制,但是新的有效责任制却难以建立起来,导致生产混乱、管理失控、效益下降,甚至生产被迫中断。例如,苏联的发电设备制造工业很发达,中国电力系统经常购买其设备,虽然其体制僵化,同部门的交涉时间较长,但批准后执行却很快;苏联解体并私有化后,同各个厂家的经理交易都要有现金贿赂,因此尽管其设备价格便宜,国内正规企业也难以再购买。[2] 上述实例说明激进转型造成"管理真空"和"责任虚置",是导致生产混乱的重要原因。

第三,体制的规模状况。中苏两国原来的体制规模都很庞大。中国的干部队伍,包括党政群机关及事业单位工作人员,1980年为2000万人左右,1985年为2656万人[3],1990年为3318万人;苏联在勃列日涅夫执政后期,全国党政干

---

[1] 薛君度、陆南泉主编:《新俄罗斯政治经济外交》,第135页。
[2] 刘涤源、谭崇台主编:《当代西方经济学说》,武汉大学出版社1983年版,第538页。
[3] 徐颂陶主编:《中国人事管理工作实用手册》,中国财政经济出版社1992年版,第36页,第20页。

部总数达到 1000 万人①,如果从学校、科研机构等事业单位广义的干部范围计算,苏联干部队伍超过 2500 万人②。从绝对数字上看,中苏两国干部队伍都是比较庞大的,但按照人口比例分析,苏联干部队伍比中国要庞大得多。

体制本身的软约束更是要引起注意的。这种软约束表现在以下几点:

(一) 体制内部无形规则对转型的制约作用

体制本身是十分复杂的,既包括有形规则,也包括无形规则。制度学派的代表人物凡勃伦把制度归结为在人们主观心理的基础上产生的思想和习惯。新制度学派的代表人物加尔布雷斯认为:现实的经济制度,只不过是心理现象的反映和体现。起决定作用的是法律关系、人们的心理以及其他非经济因素。③ 制度学派和新制度学派否认经济关系在生产体系中的决定作用,这是不对的,但他们看到了思想、习惯、道德等无形规则的作用,是值得借鉴的。实际上,规章、制度等有形规则和观念、习惯等无形规则是紧密相连的。有形规则决定着无形规则,无形规则对有形规则起着反作用。反映在具体的体制转型过程中,原有体制的规模、规章、制度等有形因素,直接影响到人们观念、习惯等因素的形成;而这种同原有有形因素相适应的无形因素形成后,又有相对的独立性,对有形规则起着维护作用。当有形因素发生剧烈的变化之后,无形因素则表现出明显的滞后性。

众所周知,马克思、恩格斯从理论上深刻地阐述了意识形态等因素对社会发展的巨大反作用。列宁在领导十月革命和巩固新生革命政权的过程中,深切地感受到了意识形态、道德、习惯等因素的制约作用,指出:"习惯的力量"是最可怕的④。20 世纪 80 年代兴起的新制度主义,更加看重习惯、道德等因素的作用,明确将这些因素作为制度的一个重要组成成分,认为"制度的组织给我们一种运行中的机构观念",形成无形的原则,"运行中的机构是无形体的和无形财产的连续"⑤。在社会的转型时期,这种作用表现得更明显。联系到中俄体制转型的具体实践,中国在转型的过程中,保持了社会主义的基本价值观,使得在改革过程中国家政策基本一致,如果说有分歧,也主要是在发展的具体方式上。这样,逐步地确立了社会主义市场观念。具体说来,在农村改革、建立特区、价格改革等问题上,都采用了逐步试验的办法,使人们认识趋于一致,能够团结一心,焕发了巨大的精神力量,促进了经济的发展。

---

① 高放主编:《科学社会主义的理论与实践》,中国人民大学出版社 1994 年版,第 255 页。
② [英]雷切尔·沃克:《震撼世界的六年》,改革出版社 1999 年版,第 32 页。
③ 刘涤源、谭崇台主编:《当代西方经济学说》,第 538 页。
④ 《列宁选集》第 4 卷,第 181 页。
⑤ 康芒斯:《制度经济学》下卷,商务印书馆 1987 年版,第 47 页。

表 8-11　1998 年我国公民对社会制度变革的接受程度[①]

接受程度 体制类型	完全接受	部分接受	不能接受	无所谓
政治体制	245(26.01)	622(66.08)	66(7.01)	9(0.95)
干部任用制度	132(14.03)	471(50.00)	339(35.98)	0(0)
法制制度	9(0.95)	509(54.04)	424(45.01)	0(0)
领导制度	179(19.01)	518(54.99)	236(25.05)	1(0.1)
分配制度	686(72.98)	217(28.04)	37(3.93)	0(0)
工资制度	28(4.04)	471(50.00)	488(45.96)	0(0)
物价制度	4283(44.90)	442(46.98)	77(8.17)	0(0)
经济体制	397(42.14)	490(52.02)	55(5.84)	0(0)
文化体制	215(22.82)	632(67.09)	64(6.79)	31(3.29)
境外文化	105(11.15)	762(80.89)	75(7.96)	0(0)

(括号里的数字表示百分比。本次调查发放问卷 1400 份,实际回收有效问卷 942 份)

表 8-11 统计数字说明,公民对不同类型的社会体制、同一体制的不同制度变革的接受程度虽然有着明显的差异,但部分接受以及完全接受的比例要高于不接受的比例。从完全接受程度的项目来看,前三位的分别是:取消"大锅饭""铁饭碗"的分配制度;价格由市场供需关系决定的物价制度;以公有制为主、其他所有制经济为辅的现行经济体制,都集中体现在经济体制变革的各个方面。经过二十多年经济体制改革,公民都通过自身获得的实际经济利益,从观念上认同了经济体制改革,同时这种认同又有利于更加深入的变革。50%以上的公民对达到部分接受程度,居前三位的选择依次为:境外文化对我国文化发展的影响、把文化事业推向市场、人民代表大会制度能代表人民意愿等。从不能接受的项目来看,居前三位的依次为:现行的工资制度、改革开放以来的法制建设、干部任用制度。居后三位的依次为:打破"铁饭碗""大锅饭"的分配制度,以公有制为主、个体经济为辅的现行经济体制,把文化推向市场的文化体制。这说明,这些方面的价值观念还有待在不断深化改革中逐步变迁。总的说来,中国改革过程中,人们的价值观在社会的经济体制改革的问题上基本上趋向于一致,虽然在法制建设和工资制度等方面有一定的分歧,但这些方面正是我们需要不断完善的地方,或者说,虽然存在着分歧,但不会形成像俄罗斯那样的价值观的离散状态。

---

① 资料来源:张大均、陈旭:《转型时期中国大陆城市公民社会心理承受能力的研究》,载《西南师范大学学报》1998 年第 2 期。

诚然,在任何社会,人们的价值观都不可能完全一致,但更多的分歧是在发展的具体形式和手段上,像俄罗斯这种关于国家发展方向上的对立,很大程度上是人为失误造成的。因为一个社会选择了某种具体的制度,本身就是人们价值观长期沉淀的产物,有一定的必然性和合理性。从发展的角度来看,要想改变,也应该采取渐进的办法,否则就要付出沉重的代价。叶利钦自己就承认,在他执政期间,特别是在激进转型的盖达尔政府时期,"任何法令在议会上院都无法通过,任何一项与民生休戚相关的改革都会遭到极其强烈的、政治上的破坏;我们遭遇的不是共同的努力和耐心,而是暗中不满,继而便是极为强制的抵制,这就是政治自由的代价"[1]。这种上层的严重对立,当时是阻碍俄罗斯经济恢复的严重障碍。仅以农业问题为例:俄罗斯农业私有化问题的效果不尽人意,以俄罗斯首任总统叶利钦为代表的执行权力机关和民主派主张土地彻底分给农民所有,并允许他们自由支配(包括出售、出租、抵押、赠送和继承)分得的土地。叶利钦特别强调实行土地自由买卖,认为这是农业私有化的主要标志和农业改革的关键。但实际上,截至 1997 年年底,只建立了 27 万个个体农户和家庭农场,其生产能力也很低,仅占整个农业总产值的 2%。致使俄罗斯农业形势进一步恶化。俄罗斯农业用地 2.11 亿公顷,可耕地面积为 1.3 亿公顷,每年需要食用粮食 5500 万—6000 万吨,加上其他用粮,总共需要 8000 万吨。近几年俄罗斯的粮食产量:1991 年为 8800 万吨;1992 年为 9000 万吨;1993 年为 9900 万吨;1994 年为 8130 吨;1995 年为 6500 万吨;1996 年 6900 万吨;1997 年为 8800 万吨;1998 年不足 4900 万吨。[2] 诚然,导致农业形势恶化的原因是多方面的,如不利的天气条件、国家对农业投入的减少、农业科技发展的滞后等等,但是,一个不可否认的关键原因是,在俄罗斯农业发展道路上,决策层并没有取得大体一致的见解。反对土地自由买卖的主要有俄联邦共产党、俄联邦农业党,包括俄联邦农业部的相当一部分官员。比如,俄联邦共产党主张在土地国有的前提下,"坚持土地有期限的租赁,承包期限不超过 50 年"[3]。曾一度在国家杜马中颇有影响的俄罗斯自由民主党"反对急于将土地私有化",主张"保持国有并转给个人、集体和国营农场等真正耕种者使用,但不允许买卖"。以著名经济学家亚夫林斯基为首的自称为民主反对派的"亚博卢"联盟,虽然强调"允许私人拥有土地",但对土地买卖问题持谨慎态度。他建议进行逐步的土地改革,详细拟定土地法典,坚持对出售土地的一系列限制等。被称为"政权党"的"我们的家园——俄罗斯"政治运动虽然拥护土地私有制和土地买卖,

---

[1] [俄]叶利钦:《午夜日记——叶利钦自传》,译林出版社 2001 年版第 121 页。
[2] [俄]《消息报》1998 年 10 月 28 日。
[3] [俄]《苏维埃俄罗斯报》1999 年 1 月 26 日。

但也不否定土地的集体所有制,也主张不允许将土地市场无限的自由化。

由于决策层对这种涉及人们的基本生活的政策无法达成共识,加剧了人们对国家的不满程度(如表8-12所示),这种不满又进一步阻碍了经济的发展。

表8-12 俄国公民对现有政权和现任领导人信任状况比例(占调查对象的%)①

名称	满意					不满意				
	95年1月	96年1月	96年5月	97年1月	97年8月	95年1月	96年1月	96年5月	97年1月	97年8月
俄联邦总统	9	12	20	17	14	74	73	65	73	67
俄联邦政府	8	12	14	14	12	69	68	65	72	68
俄联邦上院	7	7	11	10	9	60	66	59	65	56
俄国家杜马	10	14	15	14	13	61	60	61	64	61
俄联邦政府行政部门				9	7				74	68
国家安全委员会				10	8				66	64
俄地区领导人	11	17	17	28	15	59	57	59	62	49
俄政党和政治运动领导人	6	12	9	11	7	63	56	62	65	59

(二) 体制内部的协调发展与渐进转型模式

在体制转型过程中,我们遇到了一个似乎是无法解决的悖论:制度更新过程中的法规、规章等有形规则和习惯道德等无形规则之间,哪个更为重要?或者说孰先孰后?理想主义者总是希望两者齐头并进。但事实是,有形规则较之无形规则变更更为迅捷和容易。从一般意义上讲,上至国家、民族,下至集团、个人,形成稳定的价值观念,是一个长期的过程。要想改变这种稳定的价值观念,不是一朝一夕的事情,应该是一个长期的过程。同时也应看到,制度更新对形成新的价值观是有促进作用的。因此,一方面,规章法律变化不能过于迅速和频繁,要使人们的心理有一个适应过程;另一方面,又不能墨守成规,消极地等到文化观念变化之后,再去变革法律、规章,要充分看到规章、法律对于观念变化过程的促进作用。总之,要使规章和观念之间的裂痕不能太大,"当法律规定和根深蒂固的态度及信念之间展开鸿沟时,法律就不能改变人们的行为。"②这其中的度是很难把握的,最基本的一条,就是要注重从国情背景出发。

---

① 资料来源:[俄]克·列瓦绍夫:《你怎样认识俄罗斯》,莫斯科1998年俄文版,第13页。
② [美]埃尔曼:《比较法律文化》,三联书店1990年版,第277页。

因为制度选择和制度安排不是任意的，它是一个国家历史的延续。一般说来，历史积淀越厚重，现实中的选择余地就越小，这就是所谓的"路径依赖"问题。而在一些历史包袱比较轻，社会发展比较均衡，人们比较关注现实的小国家，激烈的制度变更会引起人们价值观念的急剧变化，又不至于引起社会的激烈动荡，就是说转型比较容易成功。而像中俄这样发展极端不平衡，传统影响深远，人口众多的大国，激烈的社会转型会引起规章和观念之间裂痕的拉大，是很难收到好的社会效果的。

中国和俄国都是发展不平衡的国家。中国社会发展不平衡的程度早已人所共知。俄国同样有一个发展不平衡的问题。2000年俄罗斯最高的10个主体的总产值占俄联邦国内生产总值的一半，相当于其他79个主体的总和，而最低的10个主体的总产值仅占约1%；从工业产值看，2000年上半年，15个主体的工业产值占全俄工业总产值的52.4%，而最低的15个工业总产值仅占0.4%；从税收看，2000年上半年，10个纳税主体上缴联邦预算的税款额占联邦预算税费总收入的63.6%，而缴款最少的17个主体的税款仅占1%；从生活水平指数看，只有7个主体的指标高于全俄平均水平。其中莫斯科最高，是全俄平均水平的4倍，居民实际支出达最低生活标准的8倍多。20个主体的居民实际支出在最低标准以下，其中最低指数为0.28，即居民实际支出达最低生活标准的28%。其余大部分主体的居民实际支出也仅维持最低生活需要。①

俄罗斯存在着各种地方利益集团，社会发展不平衡，使各种地方利益集团的矛盾和分歧更加激烈。一般说来，在各种利益集团中，少数民族聚集区容易产生分裂主义倾向；生活水平比较高，中产阶级比较集中的，都有一种持中的倾向，比如生活水平比较好的莫斯科市和萨马拉州，形成了卢日科夫集团和季托夫集团，他们反对激进自由主义的改革方案，苦苦追求第三条道路。卢日科夫认为："俄罗斯人更习惯于指望国家的帮助和支持。"以涅姆佐夫为首的下诺夫哥集团，同叶利钦有很大区别，主张改革的重心是培养和依靠中产阶级，具有平民主义色彩。② 社会发展的不平衡，造成了地域之间价值观念的差别，这种差别短时间内是很难消除的。

特别需要指出的是，中俄都是缺少市场经济传统的国家，特别是俄国，在这方面表现得更明显。一向反对激进改革的莫斯科市长卢日科夫说："我一向是'休克疗法'的反对派"。③ "在我们这里强制推行美国的、日本的那套游戏规则是无益的，也是危险的。用国际货币基金组织根据不发达国家的经济制定的

---

① 资料来源：中国国家外贸部欧洲司调查报告。
② 董晓阳：《俄罗斯利益集团》，当代世界出版社1999年版，第348页。
③ 卢日科夫：《莫斯科，我们是你的儿女》，第174页。

处方也行不通。因为不论是发达国家,也不论是不发达国家,都没有过俄国这样的情况。我指的是 70 年来我国根本不曾有过市场经济,这期间成长起几代人,他们根本就不知道怎样按市场经济法则生活。这就是说,我们在工作过程中,不是复制而是创造规范的法制环境,自己为建立有序的经济机制去打基础。"①实际上也确是如此。俄罗斯一夜之间就全面转向市场经济。从表面上看,已经完成了从计划向市场经济的转变,但人们的思维方式和观念还停留在传统的计划经济时代,由此造成"畸变经济"。比如市场经济是竞争意识,强调的是法治条件下的公平竞争,而现今俄罗斯由于市场法制不健全,黑社会控制了相当一部分经济实体;比如,市场经济强调效益竞争,注重管理核算,但俄罗斯的效益意识是较差的,仅莫斯科大学学生楼内,就有近三分之一的水龙头漏水,全国各地的资源浪费更是十分严重;再比如,市场经济强调的是时间意识和工作效率,但俄罗斯普遍存在劳动纪律松弛现象,晚来早走屡见不鲜。

除此之外,俄国还有一个东西方文化冲突的问题。中国是一个典型的东方国家,对外来文化的关系,一直保持着以我为主,吸取精华的思维方式。而俄国则迥然不同,它置身于东西方的交界处,向东西方两处文化吸取营养,是俄国文化与生俱来的特点,因而它不可能不具有两重性。从俄国东西方政治文化冲突的历史看,一开始就表现出两种文化激烈对抗。历史上的争论演变为今天的"欧洲—大西洋主义"和现代"斯拉夫主义"的论争。1998 年 9 月俄罗斯独立的社会和民族问题研究所的社会调查,更明显地反映出了俄国的东西方冲突的状况,具体见表 8-13:

表 8-13 俄罗斯离哪个国家更近,或者说,更像哪个国家(%)②

1. 从文化角度:										
美国		法国		德国	← →	中国		日本		印度
1	2	3	4	5	6	7	8	9	10	11
9.3	8.1	14.9	17.0	10.3	23.6	4.2	5.1	4.1	1.5	1.9
2. 从经济角度:										
美国		法国		德国	← →	中国		日本		印度
1	2	3	4	5	6	7	8	9	10	11
2.4	2.0	5.3	7.3	5.8	25.9	10.2	12.9	11.9	6.1	10.2

---

① 卢日科夫:《莫斯科,我们是你的儿女》,第 261 页。
② 资料来源:俄罗斯独立的社会和民族问题研究所的社会调查,见 1998 年 11 月 25 日[俄]《独立报》。

续表

3. 从民族性格角度:										
		美国	法国	德国	←→	中国	日本	印度		
1	2	3	4	5	6	7	8	9	10	11
7.1	5.2	10.0	11.5	10.5	39.1	5.0	4.5	3.5	1.6	2.0

中国的渐进转型模式,通过创办经济特区、试验性方案的不断完善等措施逐步推进,使人们对改革方案有一个比较、选择和认同的过程,使有形规则和无形规则协同发展,为各种价值观的交流和融合创造了条件。因此,这是一个合理的选择。

(三) 体制转型起点的选择与转型的深入

这里自然涉及一个问题:制度中的有形规则(法律、规章)和无形规则(道德、价值观念)之间发展变化的模式应该是什么样的? 毫无疑问,思考这个问题的出发点,就是历史唯物主义的经济利益决定思想观念的基本观点。具体说来,人们在实现经济利益的过程中逐步转变观念。列宁说得更明确:"要想影响千百万小农经济,只能采取谨慎的逐步的办法,只能靠成功的实际例子,因为农民非常实际,固守老一套的经营办法,要使他们采取某种重大的改变,单靠忠告和书本知识是不行的。"①中国转型起点的选择正是按上述原则进行的。

中国改革的起步阶段明显不是法规或官方意识形态这些正式规则的变动,更多是表现为习惯、民间价值观念或某些管理制度这些非正式规则的改变。②这种改革模式一方面节约了制度变迁的成本,因为当人们的基本价值观保持不变的情况下,从正式规则开始的改革会直接触动人们的利益和价值判断,从而导致人们的抵制和对抗,增大改革的摩擦成本;另一方面,这种改革模式,实际上更有利于人们在不断摸索的过程中进行公共选择,使人们在逐步达到非正式规则认同的基础上,对于建立何种新的正式规则达成一致。中国改革伊始,以邓小平为代表的中国政府的决策者,就率领全党在思想路线上冲破"两个凡是"的禁锢,反复强调实事求是、一切从实际出发、实践是检验真理的唯一标准,实现了全面拨乱反正。这就为以后的制度变迁提供了宽松的政治氛围,改变了社会政治和经济体制的软约束。这种宽松的氛围为广大人民的改革活动创造了有利的土壤,同时,中国政府的决策者还特别注重"虚实结合",让人民群众通过对国家经济发展及自身生活水平提高的切身感受来改变长期灌输形

---

① 《列宁选集》第 4 卷,第 107 页。
② 程虹:《制度变迁的周期》,人民出版社 2000 年版,第 289 页。

成的一系列偏见,用事实,也就是人民群众的自身利益来证明改革的必要性,从而使他们从内心支持和拥护改革。人们的价值观念是以人们的认识为基础的,只有当人们的经验与其思想不相符合的时候,他们才会改变原有的观点。中国转型之初,农村不仅有原来的"三级所有、队为基础"的产权结构,而且有包产到户、包产到组,另外还有大包干这种新型模式,究竟采取何种产权结构成为当时争论的焦点,人们的认识分歧很大。邓小平提出"不争论",让事实说话。由于当时多种产权结构并行,它们各自的生产效果能够形成一定的对比,特别是安徽凤阳的小岗村的包干到户,试行大包干后,作为试点的小岗生产队1979由多年低于全社平均水平的穷队变成了"冒尖队",全年粮食产量为13.9万斤,相当于1966—1970年五年本队产量的总和。① 这种新型的生产方式以其显著的增产能力,引起了其他省和地区农民的关注,使他们在思想观念上认识到包干到户相对于其他产权结构的优越性,他们在实践中不断转变着自己的认识,并逐步趋向于一致。1982年及以后的一段时间里,全国433.9万个已经包产到户的生产队中,有404.1万个在1982年夏季之前转而实行包干到户,包括了至少5亿农民。② 1982年6月底,602.79万个生产队中有404.06万个实行了包干到户,占总数的67%。③ 1980年实行包干到户和包产到户的生产队约为20%,1981年达45%,1982年达89.7%,1983年达99.5%。④ 在不断的比较和选择中,广大农民形成这样的共识:包干到户是有利于增产增收的最佳模式。这种共识使得农村经济体制改革有了坚实的思想基础,使联产承包责任制这种正式规则的推行更加便利,也更加巩固。

经过长期的改革,人们生活水平逐年提高,判断是非的标准就有了一个主要的参照物,就容易形成比较接近的价值观。在这种情况下,即使有一些分歧,也比较容易去解决。出现问题,就有解决问题的物质基础。具体来说,就是人民对改革的认同。国家体改委社会调查系统于1997年5月和11月分别在全国53个城市对2430户城镇居民进行了改革的态度的社会调查,结果显示,城镇居民对改革的赞成度仍处于84.9%的高位。63.3%的公众不同意"现在的改革越改越糟"这样一种说法。1997年9、10月份进行的一项全国城乡居民的相关调查也表明,公众对改革仍有很高的热情和期望,51.3%的被调查者赞同在今后一段时期应"进一步加大改革力度,掀起新的改革高潮",19.1%的被调查者赞同"维持现有力度,逐步推进改革",只有3.4%的被调查者认为"已改得

---

① 郭书田:《变革中的农村与农业——中国农村经济改革实证研究》,中国财政经济出版社1993年版,第14页。
② 丁龙嘉:《改革从这里起步——中国农村改革》,安徽人民出版社1998年版,第198页。
③ 农业部政策法规司等编:《中国农村四十年》,中原农民出版社1990年版,第139页。
④ 中国农地制度课题组:《中国农村土地制度的变革》,北京大学出版社1993年版,第17页。

差不多了,没有必要再搞改革"。① 以上多个维度的公众心态表明,改革确已进入攻坚阶段,公众对改革开始有利益判断,有理性思考,把较高的改革期望预埋在下一阶段的改革过程中,期望从下一阶段的改革中能获得新的利益。

诚然,人们在总体肯定的同时,对改革也有不满意的方面,前面提到的人们对腐败问题的关注,这从一个方面反映了人们是不满意的。还有一个问题,就是人民对法制建设的满意度一直不是很高。同样是国家体改委社会调查系统从1993年至1998年的跟踪调查,在有法可依方面,满意度一直维持在32%至25%之间,而且这种满意度近几年呈下降的趋势。这恰恰反映了渐进改革模式的局限性和需要深入的迫切性。②

反之,俄罗斯采取了激进的转型模式,迅速地打破了原有的经济联系,导致经济急剧下降,人们失去了对事物是非判断的基本参照系,也就丧失了判断是非的标准,从而进一步引发人们价值观念之间的分歧,导致社会动荡。总结俄罗斯转型的过程,似乎有这样一个规律:大的经济衰退之后,便是政治上的激烈冲突;政治上的激烈冲突,又导致经济的难以恢复。其实这个背后深层的原因是经济衰退。俄罗斯采用激进的改革模式以来,有两次大的经济衰退:一次是1992年以后"休克疗法"导致的经济危机,短短一年多时间,经济总量下降30%。这引发了三次震动世界的冲突:1993年10月的行政权力与立法权力之争,以叶利钦炮打白宫而结束;1994年爆发的车臣战争,现在虽没有了硝烟炮火,但车臣局势仍很复杂;1995年围绕杜马选举的俄联邦共产党和激进改革派之争,以共产党在杜马选举中大获全胜而结束。另一次是1998年8月的金融危机。这次危机导致人们生活水平急剧下降。1998年10月末,俄罗斯独立的社会和民族问题研究所在莫斯科和圣彼得堡,向2000个公民11个公民团体进行了社会调查。调查的主要内容是1998年8月金融危机后对国家的影响。金融危机前后居民收入的变化:(以家庭为单位)工人1998年7月收入291.9美元,10月降至108.0美元;工程师7月收入321.3美元,10月降至135.9美元;社会科学工作者7月收入354.3美元,10月降至157.7美元;商业工作者7月收入296.1美元,10月降至122.8美元;服务业7月收入317.1美元,10月降至113.6美元;企业家7月收入903.0美元,10月降至336.9美元;农村居民7月收入181.5美元,10月降至64.5美元;退休者7月收入217.8美元,10月降至87.4美元。③ 危机之后的1998年10—12月,仅仅三个月时间,俄罗斯政坛发生了五次影响全国的政治冲突:

---

① 汝信等主编:《1998年:中国社会形势分析与预测》,第150页。
② 同上书,第152页。
③ Российский независимый институт социальных и национальных проблем. Граждане России кем они себя ощущают и в каком обществе хотели бы жить?《Независимая газета》,1998-11-25(1).

第一次是"反犹太主义"和"禁共风"。1998年11月4日,俄共杜马议员退役将军阿尔贝特·马卡绍夫在奥斯坦基诺电视中心附近的集会上对叶利钦政权进行了激烈抨击,公开号召"逮捕10个犹太人"。他的讲话立即引起强烈反响。许多人要求杜马对马卡绍夫采取措施,取消他的议员资格,要求司法机关以"煽动民族仇视"的罪名追究他的刑事责任。俄共反对把解除马卡绍夫的议员资格的议案决议交会议表决。反对派认为,这实际上等于俄共默认或支持了其成员的立场。不久,俄最高检察院检察长斯库拉多夫宣布,将对马卡绍夫进行立案调查,追究其刑事责任。后来在强大的政治压力下,这个决定没有付诸实际。第二次是11月20日,俄罗斯民主派议员加琳娜·斯塔罗沃伊托娃在自己的寓所附近被暗杀。俄罗斯警方随即在圣彼得堡进行搜捕,逮捕了一些犯罪嫌疑人,但真正的凶手至今没有查明。这从一个侧面反映出俄罗斯社会治安的恶化状况。1998年俄罗斯犯罪案件达250万件,比1997年上升7.7%,其中恶性案件占案件总数的60%。杀人罪在暴力型犯罪中的比重已达到35%,而1997年这一比例为22%。① 第三次是"捷尔任斯基纪念碑事件"。捷尔任斯基是苏联著名的领导人,国家安全委员会(简称克格勃)的创始人之一。他的纪念碑原位于捷尔任斯基广场的中心,从1998年12月开始,关于是否应该恢复纪念碑,杜马进行了多次辩论,意见无法统一。12月6日,意见对立的两派群众在卢波扬广场发生冲突。纪念碑最后也没有恢复。第四次是反对"法西斯党"的极端行为。随着俄罗斯多党竞争体制的建立和人民生活水平的急剧下降,一些极端主义的政党也纷纷出现,比较有代表性的就是巴卡绍夫领导的俄罗斯民族复兴党。由于这个党有明显的法西斯倾向,多次向莫斯科市政府注册,都被拒绝,其领导人曾向司法部门状告莫斯科市长卢日科夫。1999年1月30日,俄罗斯民主党正在召开党的会议时,一伙号称"俄罗斯民族复兴党"的青年人闯入会场,大喊大叫,后被强行驱逐会场。俄罗斯政府下决心要同极端主义作斗争,争取在不长的时间内取缔各种极端组织。第五次是围绕着是否提前举行总统选举和是否启动"弹劾总统机制",议会和总统之间的斗争。从1998年10月至12月之间,叶利钦总统多次住院治疗,国家最高权力系统的正常运转受到影响。11月初,杜马议员已在审核"有关俄罗斯联邦总统健康状况的医疗鉴定的法案了","杜马仅差5票赞成票就能通过这一法案"②。一些党派提出应提前举行总统选举,遭到叶利钦的拒绝。1999年5月中旬,经俄共发起,启动了"弹劾总统机制",尽管这个"机制"没有被通过,但议会和总统之间的矛

---

① Расширенное заседание коллегии МВДРоссии преступлений,《 Советская Россия》,1999-1-16(2).

② [俄]叶利钦:《午夜日记——叶利钦自传》,第238页。

盾日益激烈。

以上事件都典型地反映了俄罗斯激进改革的过程中,政治上的激烈冲突。而这种政治上层的激烈冲突又有着强烈的衍射效应,种种斗争和后果会迅速扩散到社会生活的各个领域,破坏着原有的价值参照体系,从而引起整个社会价值的失范。而这种后果往往是难以估量的。因为这就使得人们失去了共同的价值基础,价值观的分裂加剧。仅仅是制度的创立或是发布并不能使社会面貌焕然一新,制度要产生预期的成效就必须要获得人们观念上的支持,只有这样,制度的执行效果才不会偏离原来的目标,否则,只会导致制度的异化,不仅无法达到改造社会的目的,往往使社会陷入比原先更加混乱的境地。当一个社会失去共同的价值参照体系,或者说是当人们彼此的价值判断无法一致时,任何颁布的正式规则都无法获得绝大多数人的认同,从而无法形成制度所依存的社会基础,在执行过程中遭到人们的消极抵制或是反抗。俄罗斯激进改革所造成的负面效果很大程度上要归咎于此。

三、中俄两国国情的特殊性与渐进转型模式的合理性

中国和苏联作为大国,其国情的基本特征就表现在发展的不平衡和基础费用高两个方面,对之进行分析,便能集中地反映出渐进转型的合理性。

首先,国土面积大,就容易导致发展的不平衡,使各地区的状况差别很大,也很难有一个统一的模式。发展的不平衡必然要求体制的多样性,更增加了体制转型的难度,也决定了必须给不同地区以充分的探索和选择的时间,不能采取激进的整齐划一的做法。中国是世界上经济发展不平衡十分明显的国家之一,其不平衡表现在以下三个方面:一是形成了明显的东部、中部、西部三个经济区,东部经济发达,中部次之,西部大都是相对落后地区;二是资源与人口组合的"双重错位":生产能力主要集中在东部地区。全国70%以上的工业和交通运输设施集中于占全国面积不到12%的东部沿海狭长地带。资源分布侧重于中部和西部的内陆地区。三是由于自然条件相差极端悬殊,在发展过程中不平衡日益加剧。以人均国民收入衡量,1953年东、中、西之比为1∶0.78∶0.64,1979年为1∶0.6∶0.56。1994年为1∶0.53∶0.43。① 苏联或俄罗斯,同样存在着明显的发展不平衡问题。西部欧洲部分,占全国工业总产值的80%、工业固定资产的75%、人口的75%,1995年莫斯科市市民人均月收入1804千卢布,而印古什共和国和鞑靼共和国分别为116千卢布和193千卢布,相差10倍

---

① 《中国经济分析1995·地区发展》,上海人民出版社1996年版,第34页。

左右。①

　　针对这种发展的不平衡,中国渐进式的体制转型模式,充分考虑到了各个地区的特殊性,坚持体制多样性的原则。一些有关体制转型的试验,多数都在发达地区进行,而对落后地区实行补偿性的稳妥的体制转型战略。1979年5月25日,党中央和国务院决定首先在京、津、沪进行企业管理体制的改革试点,主要内容是扩大企业自主权;1979年7月中央又决定广东、福建两省在外贸体制和财政管理体制上实行特殊的政策,比如对外资审批权限,投资总额在1000万元以下的,由两省自行批准。同时,对落后地区实行更优惠的政策和自主权。1980年2月1日,中央决定对民族自治地区实行财政包干,由一年一定改为五年不变,五年之内收入增长部分全部留给地方。最能反映体制多样性原则的,就是特区的创办。

　　苏联或俄罗斯采取激进转型方式,没有充分考虑到不同地区的特殊性,没有给各地区以充分的选择时间,激进转型方式也没有真正贯彻下去。有的学者认为:"俄罗斯没有全俄统一的转型模式。照搬西方的激进的自由主义转型模式并不是得到普遍推行的模式,在地方也没有得到普遍实施。"②从论述激进转型模式消极因素的角度来看,上述论点是正确的。如果说苏联和俄罗斯联邦中央照搬了西方的模式并推行了这个模式,那么有些地区却实实在在地在探索适应本地区特点和符合本地区利益的转型模式。例如,鞑靼斯坦共和国领导人就认为,西方的自由主义模式对其民族利益和文化有威胁,提出鞑靼斯坦的社会变革要以欧洲伊斯兰思想为基础,而不是以美国的自由主义和货币主义为基础。卡尔梅克共和国则考虑小民族在市场经济大潮冲击下如何生存的问题,表现出明显的东方保守主义倾向。俄罗斯滨海边疆区行政长官纳兹德拉坚科公开反对丘拜斯推行的私有化方法。滨海边疆区内一个变电站被私有化,纳兹德拉坚科坚决反对,并向仲裁法院提出诉状,要求纠正私有化结果,将该变电站交由远东能源公司,结果败诉。③ 莫斯科市市长卢日科夫在莫斯科及周围地区有着极大的影响,他在对转型理论进行研究的基础上制定了一套较为完备的政策。卢日科夫反对盖达尔的价格自由化和丘拜斯的强盗式私有化,认为俄罗斯人缺乏遵守法律的传统,更习惯于指望国家的帮助和支持,更希望国家作用的加强,俄罗斯改革不能采取激进方法,试图通过一下子打碎原有制度来达到潜力即刻实现的方法是没有前途的。卢日科夫主张:经济改革过程中,前进的速度不应快于思维方式变化的速度,因为改革体制触动了大量的社会关系,每一

---

①　俄罗斯国家统计委员会编:《俄罗斯的地区》上册,莫斯科1997年俄文版,第364—368页。
②　董晓阳:《俄罗斯利益集团》,第162页。
③　[俄]《共青团报》1997年9月30日。

步都应得到社会的理解和支持。1992年—1998年俄罗斯政府的主要错误就在于此。①

其次,维持一个大国运行的成本是比较高的,这主要是因为:第一,大国由于人口多,面积大,出于国家地位的考虑,要求形成独立的国民经济体系;第二,由于国家大,建立独立经济体系的费用就很高;第三,大国维持国家运行的成本也是比较高的。俄联邦1994年财政支出预算定数为194495.3十亿卢布,支出前几项的开支为:民族方面:40626.0十亿卢布;工业和基本建设:30721.2十亿卢布;国际活动:18078.6十亿卢布;国家义务服务:15312.2十亿卢布,仅这几项就占总支出的一半左右。②

苏联解体前,其财政能力比较强,主要表现在:1.苏联财政收入占国民收入的比重比较高,一般在65%左右,③同期各工业化国家财政收入占国民收入的比重,1985年瑞典为65%,法国为52%,英国为48%,联邦德国为47%,美国为37%。④ 2.苏联中央政府的财政收入占国民收入的比重也比较高,一般为35%,而1989年前后,美国为20.1%,英国为35.6%,法国为40.9%,德国为29.0%,意大利为38.2%。⑤ 3.苏联中央政府财政收入占国内生产总值的比重也比较高,一般在12%—16%左右,而1980年—1993年,印度为14%—17%,日本为12%—14%,巴西为20%—27%,美国为19%—23%,德国为28%—45%。⑥ 到了1991年,苏联财政能力急剧下降,前10个月联盟预算收入只及计划的58.9%。⑦ 苏联解体后,俄罗斯国家财政能力进一步下降。由于国家财政能力下降,国家投资急剧下降,投资体系出现严重危机:

表8-14 俄罗斯投资活动分析表⑧

主要投资活动	同上一年相比(%)			
主要投资	1992	1993	1994	1994年同1991年相比
总的	-40	-12	-27	-61
用于生产性投资	-44	-19	-36	-71
用于非生产性投资	-31	+1	-13	-39

---

① [俄]《经济问题》1998年第12期,第4—7页。
② [俄]波尼齐娜:《民族经济》(俄文版),莫斯科事实出版社1997年版,第190页。
③ 见《世界经济年鉴》1982—1985年各卷,中国社会科学出版社。
④ 王绍光、胡鞍钢:《中国国家能力报告》,第19页。
⑤ 同上书,第49页。
⑥ 《国际统计年鉴》1995年卷,中国统计出版社1996年版,第361页。
⑦ 《世界经济年鉴》1992年卷,第168页。
⑧ 《现代俄罗斯政治史》,莫斯科1998年俄文版,第721页。

国家财政能力下降导致投资下降,特别是用于生产性的投资下降,而要维持一个大国的正常运行,就要采取一些非常的手段,否则国家就要崩溃。这里举两组数字,就可以看出苏联和俄罗斯是怎样弥补国家财政能力下降造成的恶果的:一是截至1997年年底,俄罗斯外债总额为1451亿美元,而外汇储备仅为140亿美元①;二是"俄罗斯的出口额(按官方汇率核算)从1990年的增长4%提高到1996—1997年的20%,出口极大地高于进口,而这是在国内生产总值几乎以两位数减少的情况下进行的。"②很显然,中央政府只能靠举借外债和出口来弥补中央财政的不足,而出口,又都是以出卖资源为主。

集权向分权、计划向市场转型,必然要影响到中央政府的财政能力,因为要调动地方积极性,就要使地方有利益的独立性,这不可避免地会影响到中央政府的财政能力,再加上计划向市场转型,极容易出现财政失控。正如在前面的章节所提到的,中国之所以能很快加以自我调整,使中央财政能力重新提高,就在于走的是渐进转型的道路,中央掌握着政治控制能力,出现问题既有能力、也有时间去解决,这就是渐进转型的优势所在。

四、中俄两国体制转型的国际背景与渐进转型模式的合理性

从发展和转型的关系角度来考察,更能体现出渐进转型的合理性。发展是当今时代的主旋律。当前世界的发展呈现出两个基本特征:一是发展速度快。发达国家的发展是显而易见的。发展中国家的发展速度也在加快。发展中国家的国民生产总值的年平均增长率,20世纪80年代为4.3%,其中东亚国家高达8.4%,在全球生产总值中,发展中国家所占的比重,从1960年的13.4%上升到20世纪90年代初的23%。③ 二是以科技进步促进发展。20世纪90年代发达国家科学技术对经济增长的贡献率已达70%—80%。几乎所有西方国家固定资本投资在国民生产总值中所占的比重都已明显降低。北美的这一比重从20世纪60年代的24.8%降低到80年代的23.4%,西欧从20世纪60年代的29.4%降低到80年代的25.2%,日本从20世纪70年代的39.9%降低到80年代的35.9%。而同时经济增长的速度都加快了。④

要适应这种发展的特点,在转型过程中就不能以牺牲发展为代价,而要通过体制转型促进发展,再通过发展来保障体制转型的深入进行。要想达到这种态势,最重要的,就是要对原有体制进行全面的分析,承认原有体制建立和存在

---

① [俄]《世界经济与国际关系》,1998年第8期,第22页。
② [俄]《世界经济与国际关系》,第22页。
③ 杨成绪主编:《大变革——走向21世纪的世界经济》,首都经济贸易大学出版社1999年版,第90页。
④ 同上书,第50页。

的某些合理性,更要看到原有体制打下的良好的发展基础。以苏联为代表的社会主义国家相对集权型的计划体制形成的原因是很复杂的,大体有三点是不可忽视的:一是现代化进程的一般规律。越是后现代化国家,面临的已经实现了现代化的国家的竞争压力越大,越要相对集权;二是社会主义国家建立前后面临的国际压力,第一个社会主义国家苏联曾处于资本主义的威胁之中,中国建国之初也处于主要西方国家的封锁之中,迫切要求把建立独立的工业体系放在重要的位置上,必须集中有限的人力、物力、财力,实行不平衡的、赶超型的发展战略;三是社会主义国家都是通过革命建立起来的,其领导者们善于使用的指令性方式与他们领导革命的经验习惯是分不开的。这种体制的建立同当时的客观要求是相吻合的,因而促进了经济的发展。苏联从1928年开始实施第一个五年计划,到1932年3月,提前9个月完成,在4年零3个月的时间内,建成了1500多个新企业,到1932年年末,工业产值比重由1928年的48%增至70%[①],苏联由农业国一跃变成工业国。1932年苏联工业总产值比1928年增长了118.5%,若从1913年算起,则增长了234.5%。[②] 中国从1949—1956年仅7年时间,不仅迅速恢复了国民经济,还建成了独立的工业体系。1957年全国工业总产值达到783.9亿元,超过原定计划的21%,比1952年增长128.3%,平均每年增长18%。[③] 问题的关键在于,这种体制在一定时期内没有随着客观情况的变化而相应变化,没有对体制中的某些弊端进行改革。

当今天进行大规模的体制转型的时候,有两个问题是必须注意到的:一是如何利用原有经济基础促进发展;二是如何区分原存体制中的合理因素和弊端,以更好地除弊兴利,为持久的发展注入活力。任何人都不是先知先觉的神仙,转型所采用的最好的途径,就是让人们在实践中对新旧体制有一个比较选择的过程,这是符合历史唯物主义原理的,也是渐进转型模式的合理性和基本特征之一。

中国渐进改革的一个基本特征,是在旧体制周围建立一些新体制的经济单位,特别是一些新型的企业,这些新型的经济单位一般都建在经济特区、经济开发区、经济试验区,国家对这些企业给予优惠的政策,同时实行严格管理。而俄罗斯的激进式改革,则是在原有国营经济在工业部门几乎占100%的情况下,特别是在没有建立一些新型企业的情况下,一次性地把国有资产按不同价格转让出售给集体、合作社、股份公司、外国商人和个人,从而形成普遍的所有制转换。渐进性改革的双重体制并存的局面,实质上是功能性改革和结构性改革的

---

① 《苏联国民经济建设及计划文件汇编》,人民出版社1955年版,第278页。
② 同上书,第349页。
③ 国家统计局编:《中国统计年鉴(1993)》,第52页。

相结合,即一方面允许原有体制功能的继续释放,另一方面又需要通过结构调整建立新体制重新形成新的功能。双重体制并存的作用,决不仅仅在于使人们通过比较而转变观念,更重要的,在于使社会生产力保持一个较高的发展水平,起码使社会生产力不至于急剧下降;而激进改革导致新、旧体制不能衔接,从而导致生产的急剧下降。

在原有体制的周围建立新体制,造成两种体制并存的局面,能够保证正常的发展不被打断,但这里还有一个怎样加速发展的问题,在这里主要就是重视科学和教育,依靠科学技术来推动发展。而依靠科技推动发展的关键,是在体制转型过程中提高科学教育工作者的社会地位和生活条件。从这一角度更能反映出渐进转型的合理性。

诚然,中国和苏联及俄罗斯在体制转型过程中,都有一个科学技术人员和教师待遇下降的问题,出现这种情况从一定意义上说是正常的。科教人员工资待遇下降,有两个原因:一是国家能力下降导致科教人员工资待遇的绝对下降。原来科学和教育都是由国家拨款提供经费的。由于中俄体制转型的一个重要内容,就是改革权力过分集中现象,充分发挥地方的积极性。在放权的过程中,因为各种法律法规没有健全,漏洞很多,各个地区发展了,但中央财政能力却下降了。由于中央财政能力下降,必然会导致拨款减少。二是经济开放搞活,其他一些领域,特别是最终产品和流通领域的员工,生活水平上升比较快,个体户、私营小企业、乡镇企业发展都很快,而科学和教育往往不出最终产品。正因为上述两个原因,科教工作者的收入也相对下降。在中国就曾盛行"造导弹的不如卖茶叶蛋的","拿手术刀的不如拿剃头刀的"等说法。但科教人员待遇下降的状况并没有持续太长的时间,随着体制转型的深入,知识分子的待遇开始不断提高。中国目前这个问题解决得就比较好,知识分子的待遇和社会地位都得到了前所未有的提高。这可以从下面的统计数字中反映出来:

表8-15 城镇职工收入决定中人力资本作用的变化①

教育水平	1995年		1988年	
	简单分组后收入的相对比例	多元回归系数估计值	简单分组后收入的相对比例	多元回归系数估计值
大学及大学以上	217	0.623**	146	0.325**
大专	193	0.555**	122	0.261**
中专	179	0.533**	123	0.258**

---

① 赵人伟、李实等主编:《中国居民收入分配再研究》,中国财政经济出版社1999年版,第124页。

续表

	1995 年		1988 年	
高中	158	0.463**	107	0.241**
初中	153	0.404**	110	0.240**
小学	141	0.234**	115	0.175**
小学以下	100	0.0	100	0.0

注:① 被解释变量是职工个人的工资收入的对数。
② ** 表示该系数估计值是在 1% 的水平上统计显著的。

表 8-16 1988 年和 1995 年中国城镇不同行业的就业与工资的变动①

	不同行业就业人数占总就业人数的百分比(%)		不同行业工资相当于平均工资的百分比(%)	
	1988 年	1995 年	1988 年	1995 年
总计	100	100	100	100
农林牧渔业	5.80	4.58	73.21	62.12
制造业	37.84	36.60	97.88	94.38
商业、餐饮业	12.07	12.34	89.07	77.94
教育、文化艺术	8.02	8.41	100.00	108.48
科研、技术服务	1.06	1.17	110.53	135.79
国家机关和社会团体	6.20	6.85	98.28	109.34
其他行业	1.75	1.32	115.91	117.20

从表 8-15、8-16 中,可以反映出:第一,随着转型的深入,学历越高的,工资收入上升的趋势就越快。比如,大学以上文化程度职工的收入在 1988 年为 146 元,1995 年上升到 217 元,上升了 71 个百分点,上升的比例是最高的。第二,随着转型的深入,教育、科研领域的工资上升趋势超过其他领域。

但俄罗斯目前仍然没有跳出学历与工资待遇不成正比的怪圈,尤其是科学教育工作者的社会地位急剧下降,关于这一点在前面已有介绍。

导致上述反差局面形成的主要原因在于不同的体制转型模式。这里有必要对苏联和中国体制转型之前的科教体制状况进行一点分析。以苏联和中国的科教体制的基本特征,是产、学、研相分离,企业负责生产,科研院所和大学承担着科学研究的任务;研究出成果后上报国家,国家把成果交给企业进行生产。这种生产和研究相分离的体制,使最终成果通过企业的生产反映出来,而研究

---

① 赵人伟、李实等主编:《中国居民收入分配再研究》,中国财政经济出版社 1999 年版,第 216 页。

单位的贡献往往被忽略,特别是研究单位得不到应该得到的经济利益。研究和教育部门的生存主要靠国家拨款。苏联激进转型方式使得生产急剧下降,导致国家拨款额的急剧缩减。苏联和俄罗斯的科研经费拨款,1991年为国内生产总值的1.03%,1992年为0.57%,1993年为0.52%,1994年为0.47%。[1] 而中国的比例,1988年为1.77%;1993年为1.88%。[2] 国家拨款下降,自然会影响到科教人员的生活水平。不仅如此,对科教体制本身进行改革的过程中,两种转型方式的利弊表现得更充分:激进的"休克疗法"是将生产单位和研究单位在短时间内推向市场。这种转型模式的设想是很好的,即将企业推向市场后,企业就会主动向科研院所"求援",请他们帮助研究新产品,双方通过签订经济协议的方式共同走向市场。但实际上,这种设想很难实现。因为任何研究和生产都需要大量的启动资金。在没有见到成果的情况下,企业的领导者首先考虑的是将资金投入到扩大再生产方面,这就造成研究单位很难找到合作的企业。时间长了,便造成人才外流。俄罗斯1990年至1996六年时间内,平均每年有8000名科教工作者出国定居。有人到企业以个人名义同企业合作,有人自己单干。没有经济效益,生活水平自然就会下降。而渐进的转型模式的一个基本特征,是对原有体制暂时不做大的改革,先做管理政策的文章,比如健全岗位责任制,允许科教人员有条件地从事第二职业,允许科教单位兴办一些附属的营利性公司,然后进行局部改革,创办产学研一体化的新型科研单位,如北大方正、联想集团、四通集团等。这些新型体制的科研机构将研究、生产、销售统一起来,使人们更清楚地看到知识分子在科学研究和企业生产中的作用,而且这些企业一般来说起点高,吸引了一大批科研人员,效益普遍较好。中国一些富裕地区重奖科研人员,得到人们的普遍认同,就与这种新型体制的示范作用有很大关系。

---

[1] [俄]阿列克谢耶夫:《俄罗斯意况形态的定位》,莫斯科书籍与贸易出版社1998年俄文版,第165页。

[2] 游光荣:《中国科技国情报告》,湖南人民出版社1998年版,第109页。

第九章　中俄两国渐进体制转型模式的合理性(二)

在第八章中,我们论述了渐进体制转型模式合理性的效率标准。这一章,我们主要论述渐进体制转型模式合理性的公平标准。公平标准有两个基本内涵:第一,国有资产流失的程度。如前所述,体制转型是特指从传统的计划经济体制向市场经济体制转变,其中包含着原有属于全体人民的国有资产通过有偿转让的方式,向属于国家、集体和个人的多种经济形式的转移;在这个过程中,国有资产的流失是不可避免的,但流失得越少越好。第二,现有劳动报酬的分配原则。我们通常说要"按劳分配",但这是非常抽象的原则。体制转型过程中不公平的表现,主要在于优势行业,如金融、保险得到的回报比较多,而应该得到回报的科学技术、教育等行业却得不到保护。这是不公平的重要表现。由于上述两方面内涵涉及的范围都比较广泛,本章只是从中俄两国人民贫富分化的角度来论证上述两方面的问题。

一、中俄两国转型时期贫富分化的状况

(一)俄罗斯转型时期贫富分化状况

关于俄罗斯贫富分化的状况,在普京执政以前可以用一句话来概括,就是"两极分化"。两极分化并不等同于收入差距扩大。因为收入差距扩大既可以表现为穷人更穷和富人更富这样一种形式,也可以表现为穷人小富和富人大富等其他种形式。"两极分化"的绝对标准是指最高收入组的绝对(实际)收入提高的同时,最低收入组的绝对(实际)收入下降。

俄罗斯的改革,对于大多数民众来说,首先是贫穷问题。1992年价格放开以后,民众的个人收入和实际所得工资收入大幅度减少。对于大多数劳动者来说,这是最主要的收入来源。1993—1994年,生活水平平均指数开始稳定,但到1995年,又开始急剧恶化,具体见表9-1。

表9-1 俄罗斯居民收入情况(对上一年度的%)[1]

指标＼年份	1990	1991	1992	1993	1994	1995	1996
居民人均实际可支配货币收入	115	121	52	116	113	85	100
每一名职工的实际加算工资	112	97	67	100.4	92	72	106

表9-1是俄联邦国家统计局官方数据。根据俄罗斯学者的估算,居民购买力下降情况更加严重,参见表9-2。

表9-2 俄罗斯居民购买力实际收入下降情况(对1991年12月水平的%)[2]

指标＼年份	1991.12	1992	1993	1994	1995	1996
平均工资	100	30.8	31.0	28.4	21.0	22.3
人均月收入	100	28.3	33.1	36.8	32.0	32.0

苏联时期的政府总理雷日科夫说:"根据联合国欧洲经济委员会的计算,应当将那些个人平均收入低于国家人均收入三分之二的人列为最贫困阶层,在俄罗斯这一阶层包括近40%的居民。"[3]这一估计基本上是成立的。同时,按照俄罗斯官方公布的统计数字,1995年12月,以人均计算的每月最低生活标准为32.7300万卢布(约合100美元左右),有2900万人或者说人口中有20%的居民人均收入低于这一标准,具体情况见表9-3。

表9-3 俄罗斯人民的贫困程度[4]

	收入低于最低生活标准的人	
	(百万人)	占总人口百分比
1992年	50.2	33.5
1993年	46.9	31.5
1994年	33.3	22.4
1995年	36.6	24.7

---

① 程恩富等主编:《中俄经济学家论中俄经济改革》,经济科学出版社2000年版,第236页。
② 同上。
③ [俄]尼·雷日科夫:《大动荡的十年》,中央编译出版社1998年版,第484页。
④ 沈悦等编译:《转轨中的俄罗斯》,吉林教育音像出版社1999年版,第58页。

表 9-4　1994 年俄罗斯社会发展的危机指标与现实指标对比(1990 年为比较基础)①

指标	世界通行的危机指标	俄罗斯 1994 年指标	可能引起的社会政治和经济后果
居民中 1% 最富者与 1% 最穷者的收入比例	10∶1	15∶1	社会结构的对抗性
生活在贫困线以下的居民的百分比	10%	40%	居民的流氓化
最低工资和平均工资的比例	1∶3	1∶10	劳动力贬值
失业率	8%—10%	13%(含潜在失事业)	社会上极端贫困的人口的增长

其次是俄罗斯出现了一些暴富的群体。1997 年美国《福布斯》杂志公布的全世界首富 300 人名单中,俄罗斯实业家中,只有鲍里斯·别列佐夫斯基进入前 100 名,该杂志评估他的个人财产为 30 亿美元。列入总名单的还有 M. 霍多尔科夫斯基、B. 阿列克佩罗夫、P. 维亚希列夫、B. 波塔宁和 B. 古辛斯基。《福布斯》评估他们的财产在 4 亿到 24 亿之间。② 大金融工业集团在俄罗斯经济中占据了主导地位,仅 13 家最大金融工业集团的生产值就占国民生产总值的 24.94%。③ 奥涅克西姆银行集团总裁弗拉基米尔·波塔宁的个人财产价值为 30 亿美元。④ 金融工业集团总裁别列佐夫斯基的个人财产也有 30 亿美元。⑤

俄罗斯社会转型初期,居民的收入差别系数(10% 最高收入的居民和 10% 最低收入的居民货币收入之间的比例)只相当于 4.5 倍,然而到 1996 年这一比例上升到 13 倍。具体情况见表 9-5。

表 9-5　1991—1996 年俄罗斯居民的收入差别⑥

指标＼年份	1991	1992	1993	1994	1995	1996
10% 最有保障和最无保障居民收入之间比例(倍数)	4.5	8.0	11.2	15.1	13.5	13.0

---

① [俄]尼·雷日科夫:《大动荡的十年》,第 558 页。
② [俄]罗伊·麦德维杰夫:《俄罗斯往何处去》,第 270 页。
③ [俄]T. 切尔尼科夫:《谁主宰俄罗斯》,经济科学出版社 2000 年版,第 31 页。
④ 同上书,第 43 页。
⑤ 同上书,第 74 页。
⑥ 程恩富等主编:《中俄经济学家论中俄经济改革》,第 237 页。

续表

指标 \ 年份	1991	1992	1993	1994	1995	1996
货币收入低于最低生活水平的居民人数(百万人)		50.2	46.9	33.3	36.6	32.0
占总人口的百分比		33.5	31.5	22.4	24.7	21.6

俄罗斯官方公布的数字,也承认这种两极分化是十分严重的。10%最富有者的收入是10%最贫穷者收入的13倍。具体情况见表9-6。

表9-6 1991—1999年俄罗斯居民货币收入分配情况表(%)①

阶层 \ 年份	1991	1992	1993	1994	1995	1996	1997	1998	1999
货币总收入	100	100	100	100	100	100	100	100	100
最低收入阶层	11.9	6.0	5.8	5.3	5.5	6.2	6.2	6.3	6.1
次低收入阶层	15.8	11.6	11.1	10.2	10.2	10.7	10.6	10.8	9.4
中等收入阶层	18.8	17.6	16.7	15.2	15.0	15.2	15.1	15.0	9.4
次高收入阶层	22.8	26.5	24.8	23.0	22.4	21.5	21.4	21.1	18.2
最高收入阶层	30.7	38.7	41.6	46.3	46.9	46.4	46.7	46.8	53.2
总额系数	4.5	8.0	11.2	15.1	13.5	13.0	13.2	13.2	14.7

但是应当指出,在现实中,所执行的财政政策的紧缩程度与收入分化程度之间出现了反比。如1994年财政政策较为宽松,收入水平的差距有所拉大。相反,1995年货币财政政策较为严格,收入水平的差距有所减小。具体参见表9-7。

表9-7 1993—1996年俄罗斯居民货币收入的分化情况(%)②

指标	1993年	1994年	1995年	1996年(1—8月)
全部货币收入	100	100	100	100
把居民分为五类				
第一类(收入最低)	5.8	5.3	5.5	6.3

---

① 参见俄罗斯国家统计委员会:《俄罗斯居民生活水平和社会地位》,1998年俄文版,第118页。其中1998年和1999年的数字均为第二季度的统计数字。转引自张树华:《过渡时期的俄罗斯社会》,新华出版社2001年版,第113页。

② [俄]A.B.乌留卡耶夫:《期待危机:俄罗斯经济改革的进程与矛盾》,经济科学出版社2000年版,第74页。

第九章 中俄两国渐进体制转型模式的合理性(二)

续表

指标	1993年	1994年	1995年	1996年(1—8月)
第二类	11.1	10.2	10.2	10.5
第三类	16.7	15.2	15.0	15.6
第四类	24.8	23.0	22.4	22.4
第五类(收入最高)	41.6	46.3	46.9	45.2
基尼系数	0.398	0.409	0.381	0.377
德茨系数	11.2	15.1	13.5	13.0

资料来源:根据俄罗斯联邦国家统计委员会资料编制。

显而易见,居民收入水平的差距在高通货膨胀时期拉大,而在低通货膨胀时期有所缩小,这是因为"通货膨胀的债务"首先是由在社会上处于底层的居民来偿付的。

如何看待俄罗斯的这种收入差距,是颇有争议的。雷日科夫认为:"1992—1993年间形成的福利水平的差距,即使是根据资本主义国家的标准来衡量也是高得过分了,在这段时期10%的最富有家庭和10%的最贫困家庭之间的差距达1600%,超过西欧发达国家平均差别水平1倍,超出美国贫富差距水平0.5倍。"① 有关调查显示:俄罗斯近40%的财富掌握在7%的居民手中。同时,根据税务警察厅估计,有30%应交的税款被隐瞒,而某些材料显示,1994年总共只征收到40%左右的预期税收。②

俄罗斯经济学界的基本估计为:在整个20世纪90年代,俄罗斯人的生活水平下降了,居民的收入差距急剧扩大,差距的系数(10%最富有居民的收入与10%最贫穷居民的收入之比)由1985年的3.4%增加到1990年的4.2%、1991年的4.4%、1992年的7.3%、1994年的8.5%、1995年第一季度的15%。③ 基尼系数是国际上衡量贫富分化的通用指标。俄罗斯的基尼系数,官方的估计见表9-8。

表9-8 1992—1997年俄罗斯社会分化情况④

年份	基尼系数	德茨系数
1992	0.327	8.0

---

① 《俄罗斯过渡时期政治经济学》,第163页。
② 雷日科夫:《大动荡的十年》,第484页。
③ [俄]T.切尔尼科夫:《谁主宰俄罗斯》,第354页。
④ [俄]A.B.乌留卡耶夫:《期待危机:俄罗斯经济改革的进程与矛盾》,第113页。

续表

年份	基尼系数	德茨系数
1993	0.398	11.2
1994	0.409	15.1
1995	0.381	13.5
1996	0.375	13.0
1997	0.370	12.5

资料来源:根据俄罗斯联邦国家统计委员会资料编制。

普京执政的最初几年,俄罗斯基尼系数的波动性比较大。2000—2003年的基尼系数分0.396、0.398、0.40和0.407。[①] 而世界银行的估计,20世纪90年代中期为0.48,[②] 2007年为0.437。[③] 同时世界银行认为,在整个1988—1993年5年间,俄罗斯收入差距的扩大幅度超过了中国在过去18年改革期间收入差距扩大的幅度。

普京执政的近几年,俄罗斯人均收入增长势头强劲,但其社会两极分化和财富集中问题非但没能得到缓解,反而有扩大趋势。2010年,10%最富裕人口与10%最贫困人口的平均收入比值为16.5∶1。2011年,作为俄罗斯贫富差距最悬殊的地区,莫斯科的收入差异系数更是达到了惊人的26.8∶1。根据俄罗斯联邦统计局初步统计,俄罗斯居民收入低于最低生活标准的人口数量达到1810万人,较2010年增加1.1%,占俄罗斯人口总数的12.8%。[④]

(二) 中国转型时期贫富分化状况

关于中国的贫富分化状况:首先,对中国的贫富分化状况应该有一个最基本的估计。我国居民收入差距的扩大是与收入的共同提高相伴随的,在改革开放的前十年并没有出现明显的"两极分化"现象,近十多年来出现了较为严重的"两极分化"现象。

客观地说,改革开放以来,不管是富民还是贫民,不管是富区还是贫区,收入水平都有了很大提高。统计数字显示,1978—1998年,我国农村的家庭人均纯收入从133.6元提高到了2162元,城镇居民的家庭人均收入从316元提高到了5425元。随着收入的不断增加,绝大多数城乡居民的生活都有了明显的改善。在这个基础上的收入分化,主要的不是以大多数人生活水平下降为代价

---

① [俄]《俄罗斯统计年鉴2004年》,俄罗斯统计信息出版中心2004年版,第175页。
② 《光明日报》2001年3月30日。
③ 世界银行:《世界发展指标》(2010),中国财政经济出版社2010年版,第96页。
④ 《世界经济年鉴》(2012—2013),经济科学出版社2013年版,第299页。

的,而是以部分社会成员的迅速致富乃至暴富为特征的。虽然在经济发展中人们或家庭之间的相对收入差别扩大了,但包括贫困阶层在内的各个阶层的绝对收入水平都普遍提高了,只是低收入阶层的收入增长得最慢,其中部分人的收入可能没有增长。在结构转换和体制变革过程中部分人的收入一定程度的下降也是难以避免的,这里的关键是,不是多数人的收入下降了。就是说收入分配差别的扩大不是以贫困阶层的收入绝对下降,不是以牺牲穷人的利益为代价的。或者用马克思的话说,没有发生收入"绝对贫困化",至少穷人的实际生活水平没有下降。

但同时也必须承认,到了20世纪90年代中期,我国居民收入分配的不均等已经达到了相当高的程度。据世界银行的估计,我国城镇居民个人收入的基尼系数,1978年为0.16,1986年为0.19,1987年为0.20,1990年为0.23。农村居民个人收入的基尼系数,1982年为0.22,1984年为0.27,1985年为0.30,1986年为0.31。而据中国学者的估计,1978年中国居民收入的基尼系数不超过0.3,到1993年突破了0.40,2001年为0.45左右,2007年为0.48,最近几年略有上升,但处于一个相对稳定的状态,为0.48左右。①

各年的具体情况则比较复杂。根据国家统计局公布的数字,1978—1995年我国居民收入分配的基尼系数,具体见表9-9。

表9-9　1978年—1995年农村和城镇居民收入基尼系数②

年份	农村	城镇
1978	0.212	0.16
1979	0.237	
1980		0.16
1981	0.239	0.15
1982	0.232	0.15
1983	0.246	0.15
1984	0.258	0.16
1985	0.264	0.19
1986	0.288	0.19
1987	0.292	0.20
1988	0.301	0.23

---

① 中国发展研究基金会:《转折期的中国收入分配》,中国发展出版社2012年版,第320页。
② 赵人伟、李实等:《中国居民收入分配再研究》,第48页。

续表

年份	农村	城镇
1989	0.300	0.23
1990	0.310	0.23
1991	0.307	0.24
1992	0.314	0.25
1993	0.320	0.27
1994	0.330	0.30
1995	0.340	0.28

而同期中国社会科学院经济所课题组的两次抽样调查,具体情况参见表9-10。

表9-10　1988年和1995年的基尼系数[①]

年份	农村	城镇	全国
1988年	0.338	0.233	0.382
1995年	0.429	0.286	0.445

有的学者根据调查数据计算,1994年我国城乡居民家庭人均收入的基尼系数为0.434,1996年城乡合计的基尼系数为0.457。[②]

2000年以后,对中国居民收入分配的基尼系数,目前还没有一个使人信服的估计。各种相关研究的结论差异很大,但人们估计一般在0.39—0.55之间。世界银行估计,2005年前后为0.415。[③] 中国国家统计局2014年1月公布的最新统计数字,2013年中国的基尼系数是0.473。实际上,绝大多数学者则认为0.45至0.48是当前中国居民收入分配基尼系数的比较合理的估计值。[④] 按照国际通行的看法,基尼系数超过0.4的就属于收入分配极不均等的国家。由此分析,中国居民收入分配的不均已达到相当高的程度。进入21世纪,这个问题还没有很好地解决。2005—2010年,从区域看,城镇居民的高低收入差距由2.33倍扩至2.4倍;从98个行业大类看,在岗职工平均工资差距由7.8倍扩至

[①] 赵人伟、李实等:《中国居民收入分配再研究》,第49页。
[②] 李强:《社会分层与贫富差别》,鹭江出版社2000年版,第191页。
[③] 世界银行:《世界发展指标》(2010),中国财政经济出版社2010年版,第94页。
[④] 汝信等主编:《2001年:中国社会形势分析与预测》,社会科学文献出版社2001版,第148页。

11.9倍。①

二、中俄两国贫富分化的最基本特征及其形成的原因

中俄两国贫富分化的最基本的特征,是中国收入分配严重不平等表现为城乡收入差距和地区收入差距,虽然纯粹意义上的阶层收入差距也有扩大的趋势,但并不十分严重;而俄罗斯则表现出明显的阶层贫富两极分化的趋势。由此,从总体上判断,俄罗斯的贫富分化程度要比中国严重。

(一) 中国贫富差距的最基本特征和形成原因

中国贫富差距的最基本特征是:

1. 城乡收入水平严重倾斜

城镇居民和农村居民是中国社会两个最大的社会群体,它们之间收入差距的拉大是中国居民收入水平分化的一个重要方面。

1949年以后,中国为了实现赶超战略,实行了"扭曲的宏观政策环境,高度集中的资源计划配置制度和没有自主权的微观经营机制""三位一体"的经济体制。② 这种体制保证了农村资源特别是农村剩余资金源源不断地流向工业,从而促进了工业化的快速发展,但同时也使得在相当长一段时期内,中国的城乡收入差距偏大。1957年,城镇居民的人均收入相当于农民人均收入的3.48倍。到1979年,城乡收入比仍达2.5倍,"远大于亚洲其他低收入国家(平均为1.59倍),稍大于中等收入国家(平均为2.2倍)"。③ 1978年以后,农村改革先行一步,农民率先获益,历史上高居不下的城乡收入差距开始迅速缩小。1978—1984年,农民纯收入的增长速度快于城市居民收入的增长速度,城乡居民收入比缩小到1.71倍。但此后城乡居民收入差距又呈逐步扩大之势。1993年,城乡居民的收入差距比扩大到2.54倍,超过改革初期的差距;1994年城乡居民的收入之比为2.60倍,成为1978年以来差距最大的一年;1998年城乡居民的收入差距比虽然有所下降,仍高达2.51倍。如果考虑到城镇居民除生活费收入外,还享受大量的隐性收入,如住房补贴、公费医疗、价格补贴、单位内部发放实物等,城乡居民的实际收入差距还要高出许多。具体详见表9-11。

---

① 中共中央宣传部理论局:《辩证看务实办》,学习出版社、人民出版社2012年版,第3页。
② 林毅夫、李周等:《中国的奇迹》,上海人民出版社1994年版,第4页。
③ 世界银行:《中国:社会主义经济的发展(1981)》,中国财政经济出版社1982年版,第49页。

表 9-11　1985—1998 年城乡居民收入差距变动状况

年份	城镇人均生活费收入与农村人均纯收入差距			
	城镇（元）	农村（元）	城乡比（以农村为1）	绝对差额（元）
1985	685.3	397.6	1.72:1	287.7
1987	916.0	462.55	1.98:1	453.45
1989	1260.7	601.51	2.10:1	659.19
1990	1387.3	686.31	2.02:1	700.99
1991	1544.3	708.55	2.18:1	835.75
1992	1826.1	783.99	2.33:1	1042.11
1993	2336.5	921.62	2.54:1	1414.88
1994	3179.2	1220.98	2.60:1	1958.22
1995	3892.9	1577.7	2.47:1	2315.2
1996	4838.9	1926.1	2.51:1	2912.8
1997	5160.3	2090.1	2.47:1	3070.2
1998	5425.1	2162.0	2.51:1	3263.1

资料来源：相关年份《中国统计年鉴》。

城乡居民收入差距近几年又有所发展。按照经济学家们的估计，1999年城乡差距为 2.65:1，2000 年扩大为 2.79:1。若按可支配收入计算，城乡差距为 3:1；若只考虑货币收入，差距扩大为 4:1；若再把城市居民的各种福利性补贴考虑在内，差距进一步扩大为 5—6:1。[1] 到 2013 年前后，6 亿多农民与 6 亿多城镇人口的收入差距超过了 3 倍。[2]

2. 不同区域之间利益失衡

改革开放以来，无论是城市还是农村，我国根据地理位置和经济技术发展水平划分的东中西部三大地带，人均收入差距都呈扩大的趋势。[3] 具体情况见表 9-12。

---

[1] 刘方域、刘社建：《防止收入差距过分扩大》，见《人民日报》2002 年 2 月 26 日。
[2] 中共中央宣传部：《中国特色社会主义学习读本》，学习出版社 2013 年版，第 120 页。
[3] 参见赖德胜：《先富！共富？——中国转型期的收入分配》，湖北人民出版社 1999 年版，第 100 页。

表 9-12　我国东、中、西部三大地区人均收入比较

(单位:元)

年份	东部		中部		西部		东:中:西	
	城市	农村	城市	农村	城市	农村	城市	农村
1980		245		191		167		1.46:1.14:1
1985	1144	513	1032	380	1309	322	0.87:0.79:1	1.59:1.18:1
1989	2120	874	1721	535	2099	458	1.01:0.82:1	1.90:1.20:1
1994	4025	1812	2882	1104	3044	842	1.32:0.95:1	2.15:1.31:1
1997	6277	3005	4318	1978	4484	1399	1.40:0.96:1	2.15:1.41:1

资料来源:有关年份《中国统计年鉴》。

对于城市来说,由于在一段时期内国家对少数民族地区和边远地区实行高工资政策,在20世纪80年代中期,西部地区城市人均收入高于东部地区。进入90年代以后,东部地区职工的收入大幅度上升,二者的相对差距已从1989年的1.01:1上升到了1997年的1.40:1,绝对差距从21元猛增到1793元。东部与中西部农村居民收入差异也十分明显,东、西部相对差距由1980年的1.46:1扩大至1997年的2.15:1,绝对差距从78元扩大至1606元。2000年,东部地区12个省及直辖市农村居民人均现金收入平均为3649元人民币,比大陆平均水平高出1215元;中部九个省平均2171元,比大陆平均水平低263元;西部十个省和自治区平均1606元,比大陆平均水平低828元。

省与省之间人均收入差距比三大地带之间的差距更大。1980年,全国农村人均纯收入为205元,其中最高的上海市,人均为398元;最低的陕西省,人均为143元,前者是后者的2.78倍,绝对收入差距为255元。到1985年,人均收入最高的仍是上海市,为805元,人均收入最低的是甘肃省,为255元,前者为后者的3.16倍,绝对收入差距扩大至550元。进入20世纪90年代特别是1995年之后,虽然中央政府对地区差异问题高度重视,但高低省份之间的收入差距仍然继续扩大。仍以上海和甘肃为例,1998年甘肃省的人均收入为1393元,上海市的人均收入为5407元,后者是前者的3.88倍,绝对收入差距高达4014元。高低收入省份之间城镇居民收入差距扩大的幅度虽没有农村这样大,但也很明显。仅1991—1995年,人均生活费收入最高省(市)与收入最低省(自治区)之间的收入差距比就从2.15:1扩大到了1993年的2.50:1和1995年的2.65:1,绝对差额从1358元扩大到了4262.63元。到2013年,东部人均国内生产总值平均超过8000美元,中西部最低的地方只有1000多美

元。① 具体情况见表9-13。

表9-13 1991、1993、1995年省际城镇居民人均生活费收入差距变动状况②

年份	最高收入		最低收入		极值比	绝对差额（元）
	地区	元	地区	元		
1991	广东	2535	山西	1177	2.15∶1	1358
1993	广东	4275	内蒙古	1710	2.50∶1	2565
1995	广东	6849.65	内蒙古	2587.02	2.65∶1	4262.63

资料来源：有关年份《中国统计年鉴》。

世界银行的有关报告指出，世界上多数国家城乡收入的比率为1.5，这一比率超过2的极为罕见。但中国在1995年已经达到2.5。而且，如果加上城市居民所享有的实物性福利，城市居民的实际收入会增加72%。即使考虑到农民进城打工从而缩小城乡收入差距这一因素之后，1995年城乡实际收入的比率也在4左右。这是前所未有的城乡收入差距。③ 中国已经加入WTO，农民收入问题将面临更大的挑战。

造成这种现象的基本原因，是中国城乡之间的二元经济结构。中国独特的地理环境，使得中国经济发展严重不平衡，形成了明显的二元结构的经济特征。在非农产业发展较快的情况下，城乡收入扩大是一种必然现象。同时，也有政策上的失误。城乡收入扩大，在相当大的程度上同原有体制下的"政策惯性"有着密切联系。长期存在的城乡分割是原有体制下的一种政策产物。农产品的低价收购政策，对农民的税收政策、对农民税外负担政策、对城市居民的福利补贴政策，限制农民进城政策，都是原有政策的重要组成部分。

3. 城镇居民家庭收入差距也在扩大，但不是很严重

1999年，按五等分组的最高收入户平均可支配收入为12084元，是最低收入户平均2617元的4.6倍，绝对差额为9467元，比1986年的859元增加了8608元。④ 2005—2010年，城镇居民的高低收入差距由2.33倍扩至2.41倍；从98个行业大类看，在岗职工平均工资差距由7.8倍扩至11.9倍；城乡居民收入比虽呈现缩小趋势，但绝对值仍在扩大。⑤

中国阶层贫富分化也存在，但也不十分严重，近些年的统计数字也证实了

---

① 中共中央宣传部：《中国特色社会主义学习读本》，第120页。
② 参见唐忠新：《贫富分化的社会学研究》，天津人民出版社1998年版，第30页。
③ 汝信等主编：《2001年：中国社会形势分析与预测》，第149页。
④ 刘方域、刘社建：《防止收入差距过分扩大》，见《人民日报》2002年2月26日。
⑤ 中共中央宣传部理论局：《辩证看 务实办》，学习出版社，人民出版社2010年版，第3页。

上述观点:2001年11月,国家统计局经济景气监测中心的最新监测数据显示,2000年农村居民人均现金收入2434元,上海、北京、浙江、广东等五省市的人均现金收入,最高的是上海,为5915元,而贵州、西藏、甘肃、青海、云南等地的农村居民人均收入较低,最高与最低的省际差异为4倍多,而中国城镇居民家庭人均可支配收入最高的上海与最低的山西差异,仅为2倍多。

至于中国城镇居民内部贫富分化的原因,是一个很复杂的问题。中国采取渐进转型模式,也造成了这种分化:

价格双轨制造成国有资产流失。由于商品缺口大,如果放开价格,势必导致价格上涨。通过双轨制可以缓解压力。两种价格之差,成为一些国有企业和权力机关谋利的手段。将国家分配的商品高价转卖出去,有权分配这种商品和有权转卖的权力者将获利。

两种体制并存造成国有资产流失。比如国有企业的领导者,同时也是某个体企业的股东(也可能是他的亲属),或是定期向集体或个体企业提供优质原料,或是定期高价购买这些企业的劣质产品,从中受益。

体制转型过程中的垄断行为导致国有资产流失。垄断行为包括部门垄断、行业垄断,如电信、银行等部门的收入高于其他部门,这些部门受益,很多是因为以前国家的高投入,如有线通信等,加上垄断行为,使得这些部门从中大大获利。

体制转型过程中的"内部人控制"造成国有资产流失,对国有资产的集中控制逐步放松。各部门通过"内部人控制"将国有资产转化为本部门甚至个人资产。以住房制度为例,改革初期,房源多的部门将住房廉价卖给个人。

总之,由于中国采取了渐进的改革方式,在体制转型中出现了双重体制并存的局面。两种体制并存的优点是有利于人们的比较和鉴别,促使观念的转变,缺点是可供钻的空子比较多,使得一些人非法致富,如价格双轨制、垄断行为等等。渐进转型导致的无序行为不同程度地扩大了人们的收入差距。这是渐进改革所付出的代价和成本。但究竟付出多大的成本是合理的,这是有待探讨的问题。不过,相对而言,渐进转型比激进转型付出的成本要小,出现问题有时间解决,便于国家对改革进程进行有效的控制。

(二)俄罗斯贫富分化的最基本特征和形成原因

俄罗斯贫富分化的最基本特征,是生产下降、人民生活水平下滑的同时,出现了暴富阶层。俄罗斯出现两极分化的原因是很复杂的。我们先看一下俄罗斯民众的认识。俄罗斯的一个民意调查显示:82%的民众认为引入市场制度是贫困的原因所在,高达88%的人认为财富的来源是通过关系网,而更令人吃惊的是,有76%的人认为不诚实是获得财富的关键。具体情况见表9-14。

表 9-14　俄罗斯：贫困和富足的原因所在①

贫困		富足	
经济体制	82	关系	88
懒惰和饮酒	77	经济体制	78
不公平的机会	65	不诚实	76
歧视	47	机会好	62
不努力	44	有才能	50
无才能	33	运气好	42
运气差	31	努力工作	39

注：各数据为回答者选择该项的人数占总人数的百分比。

资料来源：Interfax-AIF 对 1585 个回答者的调查。莫斯科，1997 年 11 月。

问题的关键是，俄罗斯的少数人靠什么致富？卢日科夫尖锐地提出了这个问题："我们从前的全民财富哪里去了？为什么我们的改革已经进行了十年，而大多数公民仍处在贫困之中？生产在下滑，可是从哪里冒出来那么多大款？"卢日科夫自己回答道："我们从前的全民财富并不是不知去向，几乎全部都转入寄生资本的手中。他们不会有效地利用它，只能把它的大部分（直接或间接）输出国外。我们的大款们就是如此冒出来的。"②

概括起来，俄罗斯贫富分化的成因主要有：

1. 通过垄断行为出卖国家资源

俄罗斯丰富的自然资源对经济改革产生了深远的影响。俄罗斯原油、矿产、木材等原材料产量很高。由于苏联长期与西方市场隔绝，加上卢布与美元汇价不合理等因素，在 1989—1994 年间，苏俄原材料价格和世界市场的价格差距非常大。许多产品的国内价格只是世界市场价格的若干分之一：原油（1/100）、成品油（1/146）、机械（1/27）、天然气（1/12）、煤炭（1/61）、食品纺织等一些轻工产品（1/13）。1992 年价格放开后，这些产品的价格上升至世界水平。国内外市场的巨大差距，暗含着巨大的利润和无限的商机。各部门的主管官员、新生的商人相互勾结，先是争夺出口配额和许可证，然后用卢布低价收购石油、钢材等原料，运到国际市场高价抛售。有的学者估计，仅 1992 年，这类收入就高达近千亿美元，占俄罗斯国内生产总值的 30%。③

在此过程中，最主要的就是"利用地位和关系取得需要的进出口许可证、

---

① ［波］格译戈尔兹·W·科勒德克：《从休克到治疗》，第 257 页。
② ［俄］卢日科夫：《莫斯科，我们是你的儿女》，第 252 页。
③ 张树华：《过渡时期的俄罗斯社会》，第 145 页。

执照和限额。出口优惠不仅使得一些官员,而且使得商人成了暴发户。卡尔梅克自治共和国的年轻总统、百万富翁基尔·伊雷姆日诺夫毫不隐讳地说,他"最早赚的几百万靠的是出售石油和石油制品"①。在国家垄断出口体制下,权力的作用是非常大的。"根据生意人自己的供认,1992—1993 年间,出口木材的大宗买卖,没有一笔不是通过前林业部一位头头的儿子的中介成交的。按出口数量计算,林业还不及天然气、石油和冶金工业,但是它在 1993 年的出口交易额就有 14 亿美元了。"②倒卖出口许可证是出卖国家资源的重要途径。"例如,1992 年发给'香木缘'公司出口金属汞 600 吨的许可证,而这种汞当地并不生产。"③"还曾发过出口价值 8800 万美元的 329 吨锆的许可证,这种东西本地也不生产。"④"仅 1992 年就向 300 多家各种出口单位发放了约 1000 份从斯维尔德洛夫斯克州出口产品,主要是原料的许可证。"⑤

2. 通过侵吞银行贷款,把人民的存款变为个人的财富

1992 年的自由价格政策是引起少数富人和多数穷人两极分化的根源。盖达尔设想放开价格后,价格上涨不超过 2—4 倍,最坏的状况是 3—5 倍,企业对价格上涨信号作出反应,然后价格逐步回落。但事实是 1992 年前 1 个月价格就上涨了 300—400 倍。在 3 个月内,就将俄罗斯人民的存款毁掉了 99%。价格上涨的后果之一,是多数人领不到工资,企业缺少流动资金。国家被迫发行货币,向各生产单位发放贷款。这些贷款的数额是巨大的,存放在商业银行里,由银行经理和企业的厂长支配。国家给企业贷款的利息很低,一般在 10% 以下;而银行的经理、企业的厂长可以高额的利息再转贷给其他企业。在资金严重不足的情况下,贷款存在着广泛的市场,这种转贷的利息高达 25% 左右。这种转贷的差价都被银行和企业的领导人侵吞了。

通货膨胀曾是俄罗斯银行财富增长的主要来源。1992 年俄罗斯因通货膨胀引起的价格上涨为 1200%,1993 年为 800%,1994 年为 156%。⑥ 一般说来,商业银行可以毫无障碍地将俄罗斯经济部门支付的大部分通货膨胀税据为己有。在高通货膨胀时期,银行的法定基金和资产增长了 149—199 倍。⑦

3. 通过私有化政策侵吞国有资产

在出卖国有企业的过程中,由于准备不充分,程序上漏洞很多,出卖的企业

---

① [俄]罗伊·麦德维杰夫:《俄罗斯往何处去》,第 259 页。
② 同上。
③ [俄]维克托·安德里亚诺夫:《叶利钦传》(下),辽宁人民出版社 2001 年版,第 526 页。
④ 同上。
⑤ 同上。
⑥ [俄]T. 切尔尼科夫:《谁主宰俄罗斯》,第 334 页。
⑦ 同上书,第 335 页。

价格远远低于实际的价格,使得政府官员得到了大量回扣,私营企业主占了大量便宜。

4. 通过社会犯罪非法获取财富

俄罗斯的社会犯罪要比市场经济的发展快得多。"同 1984 年的犯罪率水平相比,1989 年的犯罪率水平达到了 115.4%,1990 年则达到了 155%。""1992 年第一季度俄罗斯的犯罪率与 1991 年第一季度相比提高了 33.6%。"①经济领域的犯罪率提高得最为迅速。官员收受贿赂成为普遍现象。"1991—1992 年时任莫斯科市长的加夫里尔·波波夫在回答记者提问时说,官员们收受贿赂就如同饭店服务员由于提供了良好的服务而收小费一样。"②这些经济犯罪主要表现为:第一,走私犯罪,根据瑞典海关资料,仅 1992 年 5 月至 9 月,就从俄罗斯经爱沙尼亚非法将 4.5 万吨有色金属运进了瑞典。③ 第二,地下经济活动。法律所禁止的各类经济活动都可以归入这种经济。比如用走私进来的酒精制造伏特加。"1993 年影响经济的收入高达 3.5 亿卢布"④。第三,黑社会控制经济收取大量的保护费。莫斯科有很多商品市场被黑社会控制,这些商品经营者为了自己的安全要定期交纳保护费。第四,贪污受贿。"英国一个'危机监督'小组 1998 年在伦敦发表了一份报告,其中认定,在俄罗斯,每年由于贪污受贿造成的损失竟高达 150 亿美元。"⑤

5. 通过购买政府短期国债获取财富

20 世纪 90 年代中期以后,俄罗斯政府推行紧缩财政政策,以降低过高的通货膨胀率。实行通货紧缩的结果是造成了政府财政"吃紧",财政面临着巨大的亏空。俄罗斯政府通过发行短期债券来解决燃眉之急。政府发行短期国债,为了支付债券利息,必须经常发行新的债券。但利率的提高,达到了不可思议的高度——16%—18%,从而保证国家的"债权人"收入增加。⑥ 据《鉴定人》杂志估计,1997 年初这些货币代用券的总额已接近 700 万亿卢布。许多银行实际上把所有的闲置资金都用于购买国家证券。这从表 9-15 中可以得到证实:

---

① [俄]罗伊·麦德维杰夫:《俄罗斯往何处去》,第 227 页。
② 同上书,第 229 页。
③ 同上书,第 230 页。
④ 同上书,第 231 页。
⑤ [俄]维克托·安德里亚诺夫:《叶利钦传》(下),第 523 页。
⑥ [俄]T.切尔尼科夫:《谁主宰俄罗斯》,第 335 页。

表9-15　1998年7月1日前购买大批国家证券(短期国债、
金融抵押债券等)的银行①

位次	银行名称	国家债券投入(亿卢布)	占流动资产的比重(%)
1	俄罗斯储蓄银行	1056.36689	96.1
2	首都储蓄—农工银行	50.09855	79.15
3	奥涅克西姆银行	42.91313	82.26
4	英科姆银行	37.07629	67.94
5	对外贸易银行	31.30141	60.87
6	汽车银行	19.23843	82.92
7	莫斯科银行	16.52963	95.78
8	莫斯科商业银行	13.71627	77.34
9	国家储蓄银行	12.77300	88.21
10	天然气工业银行	11.63061	59.92
11	俄罗斯信贷银行	10.33573	27.78
12	索芬特雷德银行	9.72769	75.60
13	国际商业银行	9.40392	81.88
14	梅纳捷普银行	7.84057	69.74
15	"托利"银行	7.13968	57.68
16	"泽尼特"银行	7.04553	95.84
17	工业建筑银行	6.83332	58.85
18	国际金融公司	5.76243	75.82
19	古塔—银行	5.52171	73.51
20	桥银行	5.20790	74.81

6. 通过偷税漏税侵占国家资产

1992年俄罗斯实施"休克疗法"以来,企业面临严重的困难。当时有70%的企业家都有过偷税、漏税的经历。1994年,总共只征收到40%左右的预期税收。② 1996年,俄罗斯有近一半的税金未能收缴,造成国库收支困难。为此,叶利钦总统下令成立"临时特别委员会"进行检查。1997年初,当时的俄罗斯检

---

① [俄]T.切尔尼科夫:《谁主宰俄罗斯》,第336页。
② [俄]雷日科夫:《大动荡的十年》,第48页。

察院总检察长尤·斯库拉托夫在向议会所作的题为《俄罗斯的法制状况与1996年检察院机关的工作》的报告中称,全俄260万法定纳税人中有1/3不向税务机关报表,不履行纳税义务。

三、中俄两国贫富分化与社会中间阶层

社会贫富分化的程度直接影响到社会中间阶层的状况。中俄两国社会中间阶层的发育都不是很健全。从整体上分析,中国的情况好于俄罗斯,基本原因在于俄罗斯的两极分化更为明显。

社会中间阶层是一个相对复杂的概念,同中产阶级、中间阶级、中等阶层等概念相似,没有一个明确的边界。本书使用中间阶层的概念,强调社会中间层不是某个阶级的代称,而是具有相近或相似特征,特别是收入处于中等或接近中等以上水平的阶层的合称。按照国际学术界的分类,社会中间层主要由两大部分人组成:一部分是所谓老社会中间层,包括中小私营企业主、个体工商户和富裕的自耕农;另一部分是所谓新社会中间层,主要包括大部分专业技术人员、经理人员、行政与管理人员、办事员、商业服务人员和技术工人等,他们不但在收入上处于中等及中等以上水平,而且在受教育程度和社会声望上也处于中等和中等以上水平。

当前中国中间阶层的主要构成包括:(1)小业主、小商贩等自营业者、个体户;(2)部分干部、知识分子;(3)私营企业主、乡镇企业家;(4)外资企业及高新技术企业的代理人和专业人员。而俄国中间阶层的主要构成包括:(1)从事商贸活动并通过某种经济活动获得收入的经济集团;(2)国家机关的代表;(3)各个部门和各个级别的国有企业负责人;(4)依靠出卖自己的智力生活的高级职业工作者;(5)业务水平较高、年轻并具有创造力的工人和集体农庄庄员。[①]

中俄中间阶层的一个共同特点,就是中间阶层内部——中下层部分的收入普遍偏低。中国现阶段中间阶层中,中下层比例最大(44.5%),其次为中中层(36.97%),最后为中上层(18.49%),内部分层呈金字塔结构。[②] 有的经济学家认为,我国城镇居民不同收入群体比较理想的分布格局是15%、25%、40%、12%、8%,他们依次是城镇居民家庭人均低、中等偏下、中、中等偏上和高收入人群所占的比重,这是一种橄榄型的分布,而目前城镇居民的收入结构是31.79%、32.36%、19.67%、8.95%、7.23%,是一种锥形的分布。[③]

---

① [俄]科萨尔斯、雷芙金娜:《俄罗斯:转型时期的经济与社会》,经济科学出版社2000年版,第374页。
② 陆学艺主编:《当代中国社会阶层研究报告》,社会科学文献出版社2002年版,第264页。
③ 徐振斌:《收入分配与社会稳定分析》,《人民日报》2002年2月26日。

俄罗斯在这方面表现得更加明显,1995年前后中间阶层的具体情况见表9-16。

表9-16 目前俄罗斯收入水平的结构①

居民类别	在居民中所占比重(%)	月人均货币收入情况(美元)
富裕阶层	3—5	2000以上
自由职业者	15	1000—2000
中间阶层	20	100—1000
困难阶层	20	50—100
贫穷阶层	40	50以下
其中社会底层	10—12	

从这些数字可看出,俄罗斯有20%的居民属于中间阶层,不过他们的收入却相差10倍。在专家学者们看来,这一集团的相当一部分(人均月收入100—300美元)无论是从其生活水平看还是从其物质状况的不稳定性看,都是勉为其难地被列入中间阶层。他们跌入贫穷集团的可能性要比他们进入较为富裕阶层的可能性大。在欧洲国家,只有人均月收入在700—1000美元的家庭才被认为是中间阶层的水平,不过这些家庭经济状况不稳定的问题也存在(如同俄罗斯的所有居民一样)。之所以出现这种情况,就在于中间阶层受到压制,特别是受到特权阶层的侵蚀。

中俄中间阶层的另一个共同特点,就是都受到暴富阶层的侵蚀。各级官员与商人之间建立了密切的业务联系。企业经营者的一部分财富,不得不拿出来贿赂官员。几乎每个重大的官员贪污案件,都有私营企业主的行贿行为。

俄罗斯社会的中间阶层,主要以传统产业中的中小企业主为主,但即使是这样,其数量也是不足的。根据俄罗斯贸易工业局下属的俄罗斯工贸合作信息网的估计(1997年),"按照国际标准,俄罗斯应当有不少于1000万个小企业,而我们现有的小企业数量不超过90万。其中只有46万在莫斯科登记注册。"根据俄罗斯国家统计委员会的资料,俄小企业数量从1995年的89.7万个下降到1997年的83.8万个。小企业的部门结构也在变化。44%的小企业从事贸易和公共饮食业,详见表9-17。

---

① [俄]科萨尔斯、雷芙金娜:《俄罗斯:转型时期的经济与社会》,第371页。

表 9-17　1993—1997 年俄罗斯各经济部门的小企业数量①

	1993	1994	1995	1996	1997	1997 年 7 月 1 日
总数(千个)其中(%)	560	865	897	877	828	838
工业	11	11	14	15	16	15
交通	3	2	2	2	2	2
建筑	13	11	14	17	16	17
贸易和公共饮食业	49	46	47	43	43	44
一般商业活动	4	7	6	5	4	4
科学和科学服务业	6	6	6	6	6	5
其他部门	14	16	11	12	13	13

资料来源：《俄罗斯统计年鉴》，1997 年，第 362 页。

俄罗斯以及外国的企业家、学者和政治家都经常对中间阶层没有发展表示遗憾，之所以表示遗憾，是因为与中间阶层有关的改革没有成功。这是俄罗斯市场改革陷入失败的有力论据，因为没有保证小商人的发展壮大。比如，有人这样写道："忽视小商人，对小商人的作用和潜力估计不足，是重大的战略失误。"②

中俄两国中间阶层的一个重要差别，就在于新兴的中间阶层在俄国没有发展起来。新兴的中间阶层，主要指随着科学教育的发展而出现的高科技工作者、专业技术人员和从事高科技工作的技术工人。如上章所述，中国和苏联及俄罗斯在体制转型过程中，都出现了科学技术人员和教师待遇下降的问题。随着体制转型的深入，知识分子的待遇应该不断提高。目前，中国这个问题得到了妥善解决，知识分子的待遇和社会地位都得到了前所未有的提高。而俄罗斯仍然没有跳出学历与工资待遇不成正比例的怪圈，特别是科学教育工作者的社会地位急剧下降。这种状况一直到 2002 年，也没有多大改变。表 9-18 的统计数字清楚地反映了这种情况：

---

① ［俄］科萨尔斯、雷芙金娜：《俄罗斯：转型时期的经济与社会》，第 328 页。
② 同上书，第 368 页。

表9-18　1992—1995年俄罗斯经济部门工作人员的月平均工资①

(单位:卢布)

	1992年	1993年	1994年	1995年
经济部门总人数	5995	58663	220351	483629
工业	7064	63447	228528	558142
农业	3984	36019	111266	225743
建筑	8051	77979	283295	660129
交通	8764	88361	330231	760662
邮电	5453	62969	271448	580094
贸易、公共饮食业、物质技术服务、销售与采购	4866	46773	173411	416038
信息计算机服务	4929	54245	234348	504758
地质与矿产勘探、大地测绘和水文气象台	9996	84015	304589	694727
市政住宅管理、非生产方式的居民生活服务	4919	54040	212561	519504
保健、体育和社会保障	3937	44612	167839	343745
教育	3680	40141	152209	306810
文化与艺术	3115	36374	137017	282308
科学与科技服务	3859	39645	171720	364881
信贷、财政与保险	1222	142557	459417	791860
管理机关	5661	67700	256749	532679

20世纪末21世纪初,随着俄罗斯人民生活水平的提高,俄罗斯的中间阶层发展得很快,也可以看成是形成了一个相对独立的中产阶级。有的学者将"受教育程度、社会职业地位、收入水平、自我认同看成是中产阶级的基本要素"。②"根据1999年的统计数据,俄罗斯几家权威研究机构得出的中产阶级在全体居民中的比例数字分别是:俄罗斯科学院综合社会问题研究所(NKCN PAHO)——18%;俄罗斯科学院居民社会阶级研究所(NCH)——25.6%;俄罗斯居民健康与经济状况纵向跟踪调查中心(RLMS)——22.8%;全俄社会舆论研究中心(BNOM)——19.7%;2003年综合社会问题研究所得出的数字为

---

① 沈悦等编译:《转轨中的俄罗斯》,吉林教育音像出版社1999年版,第56页。
② 王广振:《转型期俄罗斯中产阶级问题研究》,人民日报出版社2013年版,第57页。

20.9%,全俄社会舆论研究中心——25%。① 目前,关于俄罗斯中间阶层人数最权威的估计是普京总统,他在 2012 年的讲话中明确指出:"1998 年中产阶级占俄罗斯人口总数的 5%—10%,目前中产阶级占俄罗斯人口总数的 20%—30%。"②但总的来说,俄罗斯中间阶层或者中产阶级内部下层偏多,中上层偏少,形成这种状况主要有三个原因:

(1)作为传统中产阶级主要组成部分的企业家阶层力量薄弱,还处在发展阶段。中小企业发展困难重重,得不到国家政策的有力支持,同时还受到大型垄断企业的挤压,缺乏相应的社会经济环境和法律的保护。

(2)由于经济增长方式长期以来没有发生根本性的转变,科学和技术尚未真正成为主要生产力。特别由于激进的转型模式,国家的经济处于混乱之中,专业技术人员和知识分子的劳动得不到承认。他们中绝大多数人学非所用,收入相对下降,生活状况恶化,从整体上说已经沦为贫困阶层。

(3)所谓"新俄罗斯人",其致富并不是通过知识、能力和经验创造的,不是正常资本积累的结果,表现出寄生性和腐朽性,社会对其认同感较差,严重影响到中间阶层的形象。

四、中俄两国贫富分化与社会稳定

衡量一个社会是否发育健全,一个最重要的标准,就是看中间阶层是否发展起来。如果中间阶层发展起来了,社会就有了稳定的基础。自 20 世纪 40 年代起,在西方几个主要的现代化国家的社会分层结构中,均先后出现了以管理人员和公职人员为主的新中间阶层,亦称"中产阶层""新中产阶级""新中间层",约占社会就业人口的 40% 左右,已成为推动现代化社会发展、引导社会消费、稳定社会形势、定型社会规范及主流社会价值观的社会结构的主体力量。在日本,1975 年"新中间层"已占劳动人口的 34%。在美国,城市中间阶层占全国自立人口的比重,1950 年占 16.9%,1970 年占 18.2%;英国中间阶层 1951 年占 15.3%,1971 年占 19.1%;联邦德国 1950 年为 16%,1970 年为 16.1%;法国 1954 年占 18%,1972 年占 18.7%。③ 在发展中国家中,中间阶层对社会发展和稳定起着重要作用。1997 年亚洲金融危机,韩国和印度尼西亚都受到冲击,但韩国是应对能力最强、恢复最快的国家,这与韩国已经形成的庞大的社会中间阶层不无关系。参见表 9-19。

---

① 王广振:《转型期俄罗斯中产阶级问题研究》,人民日报出版社 2013 年版,第 58 页。
② 《普京文集》(2012—2014),世界知识出版社、华东师范大学出版社 2014 年版,第 3 页。
③ 陆学艺主编:《当代中国社会阶层研究报告》,第 248 页。

表 9-19 1965—1985 年韩国收入分配和贫困线的变化情况①

	1965 年	1970 年	1975 年	1980 年	1985 年
每 20% 人口的收入比例					
最低 20%（A）	5.7	7.4	5.7	5.1	6.1
第二组 20%（B）	13.6	12.8	11.1	11.0	11.6
第三组 20%（C）	15.5	16.3	15.5	16.0	16.2
第四组 20%（D）	23.3	22.4	22.4	22.6	22.4
最高 20%（E）	41.9	41.6	45.3	45.3	43.7
最高 10%	25.8	25.4	27.5	29.5	28.3
10% 人口的分配率					
（A+B）/E	46.1	47.4	37.3	35.5	40.5
基尼系数	0.34	0.33	0.39	0.39	0.36
月人均收入（千/韩元,按 1985 年不变价格计算）					
1. 平均数	34.7	46.9	70.7	105.0	137.7
2. 最低 40%	16.8	23.1	29.7	42.3	60.9
3. 平均消费	31.9	41.3	59.0	75.0	89.9
贫困收入（可接受的最低标准）					
1. 每月每人（千/韩元,按 1985 年不变价格计算）	33.5	47.1	57.9	69.9	84.9
2. 低于贫困收入线的家庭百分比	-	81.8	80.6	60.7	44.5

表 9-19 表明,1965—1985 年间,韩国人均收入的年均增长率达到 6.9%,占总人口 40% 的最贫困居民的人均收入的年均增长率也达到 6.4%。

相反,拉美国家的收入差距拉大,导致了社会的动荡。参见表 9-20:

表 9-20 20 世纪 80 年代拉美国家的基尼系数②

	1980 年前后	1989 年前后
阿根廷（首都）	0.408	0.476
玻利维亚（城市）	0.516	0.525

---

① [韩]宋炳洛:《韩国经济的崛起》,商务印书馆 1994 年版,第 184 页。
② 江时学:《拉美发展模式研究》,经济管理出版社 1996 年版,第 264 页。

续表

	1980 年前后	1989 年前后
巴西	0.594	0.633
智利	…	0.573
哥伦比亚（城市）	0.585	0.532
哥斯达黎加	0.475	0.460
多米尼加	…	0.503
厄瓜多尔（城市）	…	0.445
萨尔瓦多（城市）	…	0.448
危地马拉	0.579	0.595
洪都拉斯	0.549	0.591
牙买加	…	0.435
墨西哥	0.506	0.550
巴拿马	0.488	0.565
巴拉圭（首都）	0.451	0.398
秘鲁（首都）	0.428	0.438
乌拉圭（城市）	0.436	0.424
委内瑞拉	0.428	0.441

资料来源：拉美经委会：《80 年代拉丁美洲的贫困与收入分配》，1993 年 3 月 31 日，第 16 页。

收入分配不公导致政局不稳和社会动荡的事例在拉美不胜枚举，其中尤为引人注目的就是墨西哥恰巴斯州农民起义。位于墨西哥东南部的恰巴斯州以种植玉米、咖啡和甘蔗等作物为主。该地区不仅经济基础比较薄弱，而且收入分配不公的状况也很严重。例如，90％的咖啡生产者是小农，每户拥有的土地面积平均不足 5 公顷（在阿尔托斯等地只有 2 公顷），而 116 个大种植园主却拥有咖啡种植面积的 12％。1994 年元旦，数千农民组成的"萨帕塔民族解放军"袭击并占领了该州的一些城镇，扣押了当地政府的一些官员。"萨帕塔民族解放军"提出的口号就是要争取"工作机会、土地、住房、卫生保健、教育、独立、自由、民主、公正以及和平"。墨西哥政府紧急调集军队进行镇压，战斗中双方都有人员伤亡。此事在国内外引起了巨大的震动。虽然恰巴斯州农民起义不像过去出现在许多拉美国家的游击队或秘鲁的"光辉道路"组织那样经常诉诸暴力或恐怖活动,但他们对墨西哥政局的冲击却是非常大的。①

巴西在1985—1987年三年时间内,大地主与无地或少地的农民之间发生的冲突多达2264次,卷入冲突的人数为274万,433人被杀。② 2001年12月阿根廷爆发的全国性的骚乱,也与贫富差距拉大有直接的关系。

从1990年初至1999年末,俄罗斯社会也一直处于动荡之中,造成动荡的原因是多方面的,但经济下滑并伴随着贫富分化,是一个重要原因。20世纪的转型期间,俄罗斯发生的震动世界的冲突就有10次:(1)1990年3月至7月,经过多次冲突,苏联取消一党制,实行多党制;(2)1991年8月19日,最高权力层出现政变,国家处于紧急状态;(3)1991年12月,苏联解体;(4)1992年开始实施"休克疗法",国家经济急剧下滑;(5)1993年10月,俄罗斯最高权力机关和最高行政机关发生冲突,以"炮打白宫"结束;(6)1994年9月"黑色星期二",发生卢布危机,卢布大幅度贬值;(7)1994年12月开始军事围剿车臣分裂主义分子;(8)1995年杜马大选,俄罗斯共产党大获全胜,成为议会第一大党,从此开始了漫长的议会和总统权力之争;(9)1998年出现严重的金融危机,金融体系处于崩溃的边缘,人民生活水平再一次急剧下降;(10)1999年9月,莫斯科连续发生恐怖分子制造的爆炸案,200多名平民丧生,经查系车臣恐怖分子所为,俄罗斯军队对车臣非法武装进行围剿。这其中似乎有一个规律,每一次经济衰退之后,都是社会急剧的动荡:1992年"休克疗法"之后,当年大规模国内冲突达20余次;1998年8月金融危机后至当年12月末,大规模国内冲突就达5次。这背后的深层次原因,还是经济下降和贫富分化的共生。

从一般意义上说,中间阶层的社会特征主要表现在:第一,经济的独立性,拥有自己的企业或某些需要专门知识的特殊职能;第二,强烈的职业感,能够全身心地投入社会活动以发挥自己的社会价值;第三,强烈的公民意识和政治独立性,具体表现为要求法律保护。由此,中间阶层对社会稳定起着重要的作用。像中俄这样的社会转型国家,中间阶层的社会功能具体表现为:

第一,市场经济秩序的行为示范功能。如在市场经济活动中,遵守交易规则,以促进"公平竞争"的社会规范的形成;第二,新型社会价值观及社会规范的创建引导功能,特别是法制规范的创建和引导功能;第三,社会利益矛盾的缓冲功能。在社会分化加剧,贫富差距日益拉大的社会分层结构中,中间阶层在经济、政治、文化等方面均居于中间状态,这个阶层只要获得合法性地位及其社会认同,便有可能发挥该阶层的"中间价值"——预留社会政策调整空间,以缓解上、下两层的矛盾冲突。

---

① 江时学:《拉美发展模式研究》,第267页。
② 同上书,第274页。

五、中俄两国解决贫富分化问题的基本思路

通过上述分析可以看出,中俄两国的社会贫富分化与社会中间阶层的发育,是一个问题的两个方面。社会中存在严重的贫富分化问题,社会中间阶层就不可能发展起来;反之,社会中间阶层发展缓慢,表明这个社会存在着严重的贫富分化问题。中俄两国出现不同程度的贫富分化,有一个共同的原因,就是国有资产流失问题。相比而言,俄罗斯国有资产流失的数额更大。如前所述,俄罗斯的国有资产流失,培育了一批暴富阶层。据俄罗斯联邦共产党的估计,价值2000亿美元的500家大型国有民族企业,仅卖了实际价值的3%,大约70亿美元。[1] 究其原因,主要是采取了激进的转型模式。由于在准备不充分的情况下就全面实行了"休克疗法"等激进的措施,人们的观念严重滞后,各种法律规章不健全,操作过程的漏洞较多,为国有资产的流失提供了机会。特别是激进的转型模式使得出现问题后无法及时解决,甚至会造成失控状况。中国也存在着非法致富和国有资产流失的问题。但由于采取的是渐进的转型模式,能及时解决出现的问题。1984年以后,中国实行价格"双轨制",出现物价大幅度上涨,有些紧俏物资如钢材的计划价与市场价相差几倍,这使得倒卖钢材批件和实物的投机者从中渔利甚多。还有的党政机关通过创办各种公司倒卖国家紧俏物资大发横财。但这些问题都比较及时地得到了解决。如,1988年10月3日,中共中央、国务院作出关于清理整顿公司的决定。到1989年6月,全国各级党政机关开办的公司已撤销,合并6481户,与党政机关财务脱钩10386户,移交有关部门1063户,三项合计17930户,占党政机关办公司总户数的90.5%。

激进转型导致暴富群体的产生,影响是极其深远的。因为他们反过来进一步阻碍"中间阶层"的形成。俄罗斯社会学家认为,俄罗斯中间阶层的作用从三个方面被遏制住了,第一个方面来自国家;第二个方面来自犯罪集团;第三个方面来自大资本。中间阶层发展滞后,是俄罗斯社会动荡的深层次原因。

中国的过度利益分化,对政治稳定也形成了挑战。这一方面是由于居民对阶层间收入合法性的怀疑和否定,处于较低收入水平的阶层认为收入水平较高的阶层采取了非法和非道德的获取方式,因而存在不满情绪;另一方面,则是因为低收入者产生了相对剥夺感。相对剥夺感的存在,就可能降低人们对社会改革的期望,继而逐渐丧失对社会的信任感和道德责任感,产生严重的社会心理不平衡。社会心理不平衡往往转化为对社会的不满怨恨和对占有财富的畸形渴望,从而加剧社会道德和行为失范,很多时候甚至可能导致以非理性方式冲

---

[1] [俄]《苏维埃俄罗斯报》1999年1月6日。

击既存制度和秩序。亚里士多德在评述希腊人的政治动乱时曾说过,"纵观所有这些事例,煽动叛乱的原因全在于不平等"①。尤其是目前,我国的收入分配差距是总体收入水平仍处于较低收入水平基础上的差距,在多数人刚刚解决温饱的情况下,一部分人的收入达到那么高的水平,对社会心理的稳定,其影响是非常大的。同样是100倍的收入差距,月收入1万元与100万元,同月收入100元与1万元相比,意义大不一样。虽然都是100倍的差距,但前者的低收入者可以保持小康生活水平,而高收入者月收入100万元,就其生活消费而言,已无多大意义,因为一个人的生活消费总是有限度的。因此,1万元与100万元的差别对实际生活的影响不大,这是高起点的差距。相反,月收入100元则无法维持最低水平的生活,与1万元的差距犹如天上人间,这是低起点的差距。从社会心理来说,由于高起点的收入分配差距对个人生活的实际影响较小,因而比较容易为社会容忍和接受,而低起点的收入分配差距对个人生活会产生实质的影响,难以为社会容忍和接受。根据中国社会科学院"中国社会形势分析与预测"课题组1999年7—8月对全国30个省、自治区、直辖市63个城市所进行的问卷调查,结果表明有80.8%的人对现阶段"贫富差别"状况感到不满。②不满程度如此之高,政府与社会必须对此高度重视。解决的办法,就是继续坚持渐进式的转型模式,通过不断健全法制来逐步解决。

中俄两国在现有的条件下,只有坚持渐进转型的模式,通过健全法制和制定合理的经济政策,来调整人们之间的收入分配,才是解决社会贫富分化问题的基本思路。这其中,建立合理的税收制度和社会保障体系,是十分重要的:

第一,建立合理的个人收入调节税制度。在俄罗斯,自然人所得税是仅次于企业利润税和增值税的第三大税种,1998年俄罗斯国家预算中,自然人所得税为712亿卢布,占国内生产总值的2.7%。③ 目前,俄罗斯有关所得税的法规有两个:一个是1991年12月7日颁布后有过多次修改补充的《俄罗斯联邦自然人所得税法》,另一个是1995年6月29日俄罗斯国家税务局发布的《俄罗斯联邦自然人所得税法适用条例》。按照这些法规的规定,居民从企业、机关、组织和其他雇主那里获得的全部收入,如工资、奖金和完成劳动义务相关的其他报酬都应课税,所得税按累进税率征收。由于俄罗斯通货膨胀一直比较严重,征收累进税的收入档次标准经常变动,从1995年至1998年先后变动过3次,但基础收入段的税率多年未变,保持在12%的水平上。普京总统执政后,所得税税率被调整为13%,并承诺今后几年保持不变。但由于俄罗斯采取了激进

---

① [古希腊]亚里士多德:《政治学》,商务印书馆1965年版,第250页。
② 汝信等主编:《2000年:中国社会形势分析与预测》,社会科学文献出版社2000年版,第83页。
③ 高强:《俄罗斯联邦税制》,中国财政经济出版社2000年版,第158页。

的改革模式,相关的法规制度不健全,普遍存在偷税漏税的现象。根据俄罗斯税务警察厅的估计,有30%应交的税款被隐瞒。1994年,总共只征收到40%左右的预期税收。① 再比如,在10个不同收入居民集团中,最后5个集团(收入最低层)1997年纳税率为93%,而最前面的5个集团(收入最高层)的纳税率仅为17%。1997年未缴纳的所得税总额为1000亿卢布,前5个集团占了680亿卢布,也就是占了2/3。这就是说,在目前的俄罗斯,所得税主要是由被称为中等阶层的人来负担。② 这些都是激进转型带来的后遗症。从这个方面来分析,更加说明了渐进转型模式的合理性,同时也说明了完善法制和经济政策的重要性。

中国也存在着高收入阶层偷税漏税的现象。2002年7月某著名演员因偷税漏税被捕,就说明了这个问题。但从整体上说,这种现象相对于俄罗斯来说要好得多。原因就在于采取了渐进的转型模式,各种配套措施比较健全。2012年,中国将个税起征点提到3500元,明显减轻了工薪阶层的税负。

第二,建立合理的社会保障体系。苏联时期的社会保障制度是十分健全的,但总的来说,这种制度倾斜于公平有余而考虑效率不足,它在某种意义上成了滋生惰性的温床,从而也就从根本上堵塞了创造社会福利的来源。俄罗斯现有的社会保障制度同以前相比,有了根本性的变化,但由于俄罗斯激进的转型方式导致生产急剧下降,国家拿不出更多的钱用于社会保障事业。2002年,俄罗斯的失业补助金只相当于最低生活费标准的15%;多子女家庭的平均补助仅相当于儿童最低生活标准的12%;退休金经过几次指数化后由原来最低生活标准的45%提至1999年的50%、2000年底的60%。2000年2月1日,俄罗斯把退休金再次上调10%,但俄罗斯居民的平均退休金水平也只有900卢布(折合300元人民币)。其他社会保障方面也如此。从1991年到1999年,俄罗斯在医疗保健方面的政府支出减少了33%,这使得政府对居民所做的提供免费医疗救助的承诺无法兑现。据专家估计,要想使俄罗斯所有贫困家庭的社会保障水平达到法定标准,至少要占用4%—5%的国民生产总值,就俄罗斯现今的经济发展状况而言,显然只能是"纸上谈兵"。③ 俄罗斯所能做的,只能是把钱"用到刀刃上",将有限资金用于救助真正困难的人群。中国改革开放三十多年来,由于经济发展了,社会保障制度正逐步建立起来。尽管其中有不尽如人意的地方,但基本上使贫困阶层解决了温饱问题,这不能不说是渐进转型模式的一大贡献。

---

① [俄]雷日科夫:《大动荡的十年》,第484页。
② [俄]A·B·乌卡耶夫:《期待危机:俄罗斯经济改革的进程与矛盾》,第91页。
③ 唐朱昌主编:《俄罗斯经济转机透视》,上海社会科学院出版社2001年版,第147页。

除此之外,中国在2010年以后,还采取了以下三个方面的措施,进一步缩小收入分配的差距:

(1) 着力缩小城乡差距。2011年取消农业税,每年减轻农民负担1335亿元;加快城镇化步伐,统筹推进户籍制度改革和基本公共服务均等化,推动城乡发展一体化。集中力量抓好农民增收工作,2011年中国中央政府新增用于"三农"的支出1300多亿元,增加良种补贴资金16亿元,农机具购置补贴资金20亿元,保证农民工资收入。目前农民工资性收入已成为农村居民收入的主要来源,占比超过50%。到2009年,中国农民居民家庭人均纯收入第一次超过5000元,达到5153元。①

(2) 深入推进扶贫开发。《中国农村扶贫开发纲要(2001—2010年)》实施后,农村贫困人口数量从9422万减少到2688万,贫困率从10.2%下降到2.8%。扶贫重点县农民人均纯收入从1276元增到3273元。2011年,中央决定将农民人均纯收入2300元作为新的国家扶贫标准,比2009年提高92%,把更多农村低收入人口纳入扶贫范围。从1981年到2008年我国贫困人口减少了6.76亿人。这是社会的巨大进步。

(3) 深化收入分配制度改革。2011年,中国各地相继提高了城市最低工资的标准:北京调高到1160元,上海提高到1280元,广东提高到1300元。2011年上半年,已有18个省、自治区、直辖市上调了最低工资标准;建立严密城乡低保网,合理提高低保标准和补助水平;加强高收入行业和人群的个人所得税征管;对高管薪酬进行严格限制,规定其年薪不得超过职工平均工资的12倍。加大对贫困地区和贫困人口的财政转移支付力度,2011年中央对地方的一般性转移支付占到总支出的22.2%。②

---

① 《中国统计年鉴》(2010),中国统计出版社,2010年版,第364页。
② 中共中央宣传理论局:《从怎么看到怎么办》,学习出版社2011年版,第30页。

第十章　中俄两国体制转型模式的国际比较

将中俄的体制转型模式,放到国际经济发展范围内进行比较,可以更清楚地反映出两种转型模式的特点及转型的一般规律和特殊规律。这种比较可以从四个视角上进行。

一、第一个视角:同其他不同性质的发展中国家进行比较

中国和俄罗斯都属于广义上的发展中国家,也要遵循发展的规律。第二次世界大战后,相对落后国家发展比较快的有两个区域:一个是东亚,一个是南美。这两个区域形成了两种发展模式。

(一)东亚模式

近半个世纪以来,东亚地区的迅速发展引起了人们的广泛关注,参见表10-1。

表10-1　1965—1990年东亚地区与其他发展中地区经济增长率比较

地区	人均GDP的平均增长 1965—1990年	投资占GDP的百分比 1990年
高绩效的亚洲经济(不包括中国大陆)	5.6	35
南亚	1.9	19
拉丁美洲	1.8	17
撒哈拉以南非洲	0.2	9

资料来源:转引自[美]保罗·萨缪尔森:《经济学》第16版,萧琛等译,华夏出版社1999年版,第442页。

从根源上说,东亚模式的实质是日本模式,即所谓的行政导向型市场经济

模式,又称"社团市场经济模式"。战后日本经济除了从1997年以来有所停滞外,基本上处于持续地调整增长状态。在1950—1990年的40年间,人均实际收入从1230美元(1990年价)上升至23970美元,年均增长率达7.7%。因此,日本政府对市场经济的行政干预、经济计划和产业政策,受到了世界各国的重视。尽管政府内设有经济计划部门,但日本是以私营经济为主体的,所以,政府难以对社会经济活动进行干预。总的来说,日本是一个高度竞争的市场经济国家。要了解日本式行政导向型市场经济的主要特点,很难从一个方面来说清楚,只能说大致有如下几个方向:第一,外贸政策与其产业政策密切配合。日本是出口型的经济,对进口实施了外汇配额和进口限额等控制措施,把稀缺的外汇储备主要用于重工业与石化工业,用于进口原材料、设备及引进先进技术。同时为防止直接与国内倾斜产业相竞争对进口外国产品的外汇实行严格的进口配额控制。第二,家庭或家族为主的管理模式。在管理的基本价值取向上,信奉儒家文化的软性管理,强调行为科学和人际关系,注重人们之间的集团意识和和谐气氛。

到20世纪90年代中期,日本奇迹开始出现衰落迹象。房地产泡沫和股市泡沫破灭了,经济不景气的乌云密布全国。泰国1997年出现了同样的情形:1997年,所有的评级公司,包括标准普尔、穆迪等,都说泰国的信用等级很高;危机发生的前一年泰国的经济增长率是6%,前五年平均增长率是8%——经济形势良好。然而,当泡沫破灭时,资金不再滚滚流入,而开始流出,突然之间,泰国大街上的招工广告都不见了踪影。韩国也是如此。由于亚洲国家大都遵循了日本模式,1997年,当资本开始流出泰国等新兴国家时,马来西亚、印尼、菲律宾、韩国这些国家的金融和工业企业像多米诺骨牌一样一个个地垮掉,只有新加坡和香港没有受到严重波及。到1999年,那些执行了国际货币基金组织紧缩政策的国家开始走出危机,而求助于资本控制的马来西亚和印尼的未来还不十分明朗。

所谓日本和东亚模式,如果从战略类型的角度分析,是指由政府主导的出口导向型非均衡增长战略或工业化模式,但由于东南亚各国没有充分利用各种科技成果,信息出口产品的科技含量较低,而同时西方高科技飞速发展,这使东南亚各国出口能力下降。同时,日韩和东南亚各国,由于政府控制了相当规模的资源,政府意志成为资源流向的主导性因素,由此造成相当普遍的寻租市场,在政府和企业、政府和银行、银行和企业之间形成了一个无形但庞大的既得利益共同体,腐败问题难以抑制。还有,这些国家也正是由于政府过度保护企业,导致企业特别是一些大的企业的竞争能力下降。日本、韩国的金融动荡,与东南亚尤其是泰国、马来西亚、印度尼西亚等国的货币危机,有很大的相似之处,前者与后者一样,都暴露出了"泡沫经济"的某种结构性缺陷,暴露出了政府部门金融政策的"盲点"和严重失误,归根结底,暴露出了政府过度干预所造成的负面影响。这些国家的危机表面上看是银行证券造成的,但实质是企业在政府的保护下产品科技含量低,竞争能力下降,致使银行无法收回贷款。所有这些问题,又都揭示了这些国家与欧美发达国家更成熟的市场结构的重大差距。在美国,对贷款和证券的管理及自律相当严格,无法收回的呆、坏账在银行贷款总量中所占的比重很小,一般来说控制在2%左右,而东南亚则高达25%—40%(因国别而异)。由此联想到美国著名国际经济学家保罗·克鲁格曼在亚洲金融危机之前提出并引起重大争论的一个命题,即:亚洲经济存在着严重的结构性毛病,它与苏联经济一样,过分注重国家干预,降低市场机制功能,所获得的增长基本靠大量资本投入(包括自然资源、人力和物力)驱动,不重视技术创新和提高经济单位效率,这种泡沫式经济迟早会陷入衰退之中。当克鲁格曼刚提出这一命题时,亚洲各国普遍是一种反感、抵触和不以为然的反应,认为它代表了一种欧美人的偏见。然而,事实给了有关国家和学者以很大的震动。结合东亚地区金融和各种问题的现实看,"克鲁格曼命题"提供了三点重要启示:其一,它引起了人们对技术进步和效率改进在经济增长过程中的作用的反思;其二,与上一点相关,劳动力素质的提高显得日益重要;其三,政府干预必须建立在尊重市场竞争机制、避免强行介入的基础上。韩日等国目前的金融危机,在很大程度上与政府的不当介入直接相关,因此解决金融问题首先要检讨政府扮演的角色。

特别需要提及的是,这种模式与儒家文化存在直接的关系,政府干预与重视人情关系、缺少严格的法制规则密切相联。亚洲国家迫切需要做的一项极其重要的工作,就是改造和发展儒家文化,创建新型的法治文化。

要加强法治手段的调节功能,其文化上的切入点,就是在原有的重视精神因素的传统政治文化基础上,注入民主和法制的成分,特别是法治的成分。我们要充分认识对传统政治文化进行改造的重要性和迫切性。从一般意义上讲,只有在传统政治文化中注入法制的内容,才能使这种伦理道德变成对全社会进行有效调节,也包括对各级领导者进行调节的有效工具。诚然,中国传统政治文化也是以超然的面目出现、对全社会都进行调节的工具,但由于这种政治文化是建立在封建专制等级制基础上的,实质上宣传的是"刑不上大夫",调节的基本原则还是单向的。只有将这种政治文化建立在"依法治国"的基础上,调节的原则才能变成双向的,也才能实现传统政治文化向现代的转换。比如"法律面前,人人平等",不仅老百姓要遵守法律,领导者也要遵守法律。从现实意义上讲,这种重要性和迫切性表现得更加突出。当前,世界经济发展日新月异,竞争日趋激烈。创新成为经济发展的基本支撑点。从管理发展史上说,现代管理出现了科学管理和人文管理两大流派的分野和融合。当强调法制化、规范化的科学管理学派达到一定精确程度时,其管理模式不利于发挥人的创造性的弊端显露出来,行为科学的人本管理模式充分展现了这方面的优势。人们发现,中国传统政治文化强调"道法自然""无为而治""道之以德,齐之以礼",似乎更有利于发挥人的潜能和创造性。新儒家主张"儒学复兴",很大程度上是看到了这种重视精神因素的优越性。不过,这很容易导致问题的简单化。西方的行为科学、人本主义,绝不是对科学管理原则的简单否定,恰恰是以前者为基础的。实际上,任何的宽松、自由度,都是以规则为基础的,因为创新不是一种任意的行为。"文化大革命"中创造了很多"人间奇迹",这些都不能叫作科学意义的创新。创新的最基本保障就是法制建设。从创新的起点上说,凡是法律没有禁止的事都是可以做的;从创新的结果上说,法律提供科学的评估体系,保证创新者正当利益的实现。西方文化在法治的基础上要注入"人本主义"的观念;中国传统政治文化则要在"人本主义"哲学理念基础上注入法治的成分,使两者在法治的原则上达到统一。中国传统政治文化只有走"法治化"的道路,才能为社会的创新发展提供文化上的保障。

1997年的东南亚金融危机后,东南亚各国纷纷在发展的理念上进行调整。泰国国王普密蓬倡导"适足经济理论",这个理论有三个基本元素:适度、合理和应变能力,在国家层面提倡诚实勤奋、信守中庸、理性决策以及风险预防方面的能力建设。泰国在第九个五年计划(2002—2006年)期间,经济年平均增长率达到了5.7%。① 但还是由于两极分化、体制不协调、法治建设缺位等原因,到2014年前后,泰国政治又陷入动荡之中,尽管各种法律制度都比较健全,但反对派不认同,街头抗议活动愈演愈烈,这从一个方面证明了法制文化的重要。东亚和东南亚各国的经济情况参见表10-2:

表10-2 2005—2010年东亚和东南亚地区GDP年增长率(%)②

年份 地区	2005	2006	2007	2008	2009	2010
东亚	8.2	10.1	11.3	7.3	6.8	9.6
东南亚	5.8	6.1	6.7	4.2	1.2	7.8

上述情况进一步说明,曲折发展是东南亚的一大特点。进一步从实际出

---

① 黄范章主编:《东亚经济蓝皮书》,中国时代经济出版社2012年版,第233页。
② 同上书,第379页

发,加强法治文化建设,保证国家的长治久安,是发展经济的基础。

(二) 拉美国家的发展模式

20世纪70年代以来,拉美国家普遍采用进口替代的工业化发展模式,通过国家干预强行推行自由主义的经济政策和私有化的方案,使经济有了一定的发展,但是也留下了严重的后遗症。下面以智利为例进行粗略的分析。

1973年9月,智利军人发动政变推翻"人民团结政府"。这一军事政变标志着智利在政治上中断了多年相对稳定的资产阶级民主进程而走向集权主义,经济上改变了长期以来的发展方向而走向自由主义。智利军政府在政治上是极端专制的,但在经济上是"自由"的。其经济思想,主要受西方货币主义的影响。70年代中期有一种较为普遍的说法,认为军政府领导下的智利是货币主义的试验场,甚至说智利推行"极端的货币主义"。其原因在于:第一,军政府经济班子的成员大多是弗里德曼的门徒,有"芝加哥弟子"之称,其中有些人在国际场合也公开承认自己是"不折不扣的货币主义者";第二,货币学派的一些主要人物,如弗里德曼、哈伯格等,曾亲临智利指导。1976年以后智利经济出现较高的增长率时,货币学派大加赞扬,想以智利的"成就"来证明货币主义理论的正确。弗里德曼在谈到智利的"芝加哥试验"时说:"我为我的学生们感到自豪"①。智利经济上的"自由主义"有两个基本特征:

(1) 通过"货币"控制通货膨胀。军政府上台后,年通货膨胀率达400%。为此采取的主要措施是通过减少货币供应量控制通货膨胀;同时,还调整汇率,1982年6月和10月,两次实行汇率贬值,共贬值70%以上。通过近10年努力,把通货膨胀率由近600%降到30%左右。

(2) 企业"私人化"政策。1970年智利只有46家国营企业。由于"人民团结"政府的"经济社会"政策,到1973年底,国家参与的企业229家,银行19家,国家干预的企业259家,总共507家。这些企业多数为骨干或基础设施方面的企业。由于这些企业普遍亏损,军政府将大部分国营企业作价拍卖,企业"私人化"进展相当迅速。到1980年年底,国营企业仅剩15家。② 当然,在拍卖过程中,也造成了国有资产的流失。

不过,在这种模式下,智利经济增长并不尽如人意,特点是大起大落。表10-3清楚地反映了这个特点:

---

① 苏振兴、徐文渊主编:《拉丁美洲国家经济发展战略研究》,北京大学出版社1987年版,第166页。

② 同上书,第169页。

表10-3 1973—1978年智利国内生产总值年增长率(%)①

年份	增长率	年份	增长率
1973	-5.6	1979	8.3
1974	1.0	1980	7.8
1975	-12.9	1981	5.7
1976	3.5	1982	-14.3
1977	9.9	1983	-0.7
1978	8.2	1984	6.0

形成这种特点的原因主要有：

(1) 从发展模式上反对国家干预经济，企业"私人化"速度太快，国有资产流失数额较大；国家对经济的控制调节作用降低。

(2) 鼓励自由贸易，大幅度降低关税，国外商品进口大量增加，严重冲击了本国的民族经济。1977年后随着关税改革的深入，进口额以每年20%的速度递增。

(3) 受国际经济波动的影响。由于经济体制，特别是金融体制迅速和国际接轨，本国货币同外汇自由兑换，国际金融体系的波动自然影响到国内经济的状况。

拉美国家的发展模式，最基本的特征，是以新自由主义为理论基础的。早在20世纪70年代，新自由主义思潮在拉美越来越流行。这与以下几个原因有关：(1) 由于拉美经济陷入了严重危机，只要能早日摆脱危机，拉美对各种"处方"的态度都比较开放，新自由主义乘虚而入；(2) 在20世纪80年代拉美"民主化"潮流中上台的"新一代领导人"多数在西方接受教育，比较容易接受新自由主义的市场经济理论；(3) 拉美学术界为新自由主义的传播发挥了重要作用。

20世纪80年代以来拉美国家经济得到一定的发展。到1991年，墨西哥、巴西和阿根廷的人均国民生产总值分别为3030美元、2940美元和2790美元。② 但拉美国家经济发展中有五个明显的问题：

第一，两极分化严重。拉美国家的贫富差距，在世界上名列前茅。其基尼系数，一般都超过0.50。1990年至2011年，阿根廷、玻利维亚、巴西、智利等国的基尼系数都在0.50—0.64之间徘徊。③ 拉美国家的两极分化，与"外资主导

---

① 苏振兴、徐文渊主编：《拉丁美洲国家经济发展战略研究》，第191页。
② 世界银行：《1993年世界发展报告》，中国财政经济出版社1993年版，第58页。
③ 吴白乙主编：《拉丁美洲和加勒比发展报告》(2012—2013)，社会科学文献出版社2013年版，第378页。

型"的发展模式有着直接的关系。这种"外资主导型"的经济使得国际垄断资本控制受资国经济,形成大量的利润转移。跨国公司并不是全球公司,目前世界上的跨国公司绝大部分为西方的尤其是美国的垄断资本集团所拥有。拉丁美洲国家的经济生活在很大程度上为美国资本集团所拥有的跨国公司所控制和支配,通过独资、合资和其他形式,美国公司直接或间接地控制了拉美70%以上资源开发和原材料生产。巴西100%的汽车工业,57%的化学工业,76%的家电业,60%以上的电力工业都在跨国公司控制之下。20世纪90年代300家巴西企业被外资收购,结果圣保罗工业联合会的资本家与工人联合在一起举行示威,要求保护民族工业。直接投资虽然促进了拉美的经济繁荣,但掌握着拉美经济命脉的跨国公司每年都要把大量的利润汇回母国,造成了经济剩余的大量转移,出现了"增长而不发展"的奇怪现象。自20世纪80年代以来拉美国家的贫困率一直在上升,1974年阿根廷贫困率为7.7%,1996年上升为20%。2001年12月发生的阿根廷经济危机使全国1/3的人口陷入了贫困。

第二,通货膨胀问题严重。在20世纪50年代,拉美国家的通货膨胀率是工业国的近4倍,是其他发展中国家的2倍。20世纪80年代以后,拉美的阿根廷、巴西、秘鲁都曾有过年通货膨胀率达4位数的记录。① 直到2012年前后,通货膨胀率降到5%左右,阿根廷还维持在10%的高位。② 究其原因,主要是过度刺激需求导致通货膨胀。同时,用增加货币发行量的方法来弥补公共部门的赤字也是导致通货膨胀的最直接的和最主要的原因。

第三,国家过度干预导致公共开支过大,腐败严重。拉美国家一方面大规模推行私有化政策;另一方面大量使用行政干预手段,而法律手段软弱,这为许多政府官员从事腐败活动提供了机会。拉美政坛丑闻不断,与政府大量使用行政干预手段不无关系。20世纪90年代,拉美国家普遍开展私有化运动。私有化运动之后,政府的干预并没有减弱,政府反而通过这种运动获得了大量收入,可以继续加大支出。尽管私有化收入不断减少,政府的开支却没有得到控制。

第四,外债规模超过偿还能力。拉美国家普遍超过了举借外债的"适度"。对外资的依赖造成长期困扰发展中国家的严重的债务危机。从20世纪80年代开始,由于外资进入造成的债务问题在拉美发展中国家普遍暴露,形成了拉美的第一次债务危机。此后虽经多方努力,发展中国家特别是拉美和非洲国家的债务问题日积月累、愈演愈烈。到2000年年底,拉美国家积欠的外债总额已从1974年的93亿美元增加到7508.6亿美元,其中墨西哥、巴西和阿根廷三国

---

① 江时学:《拉美发展模式研究》,经济管理出版社1996年版,第174页。
② 吴白乙主编:《拉丁美洲和加勒比发展报告》(2012—2013),社会科学文献出版社2013年版,第374页。

的债务达5452亿美元,占拉美地区外债总额的72.6%。巴西的外国私人银行举借的长期贷款从1970年的不足10亿美元上升到1982年的400亿美元;墨西哥从同期的10亿美元扩大到440亿美元。1981年,巴西和墨西哥的外债数与出口收入之比已高达300%和259%。到2012年,阿根廷的外债为1420亿美元;巴西为3029亿美元;墨西哥为2182亿美元;智利为1018亿美元。①

第五,科学技术的发展受到极大的制约。外资主导性的开放经济不利于受资国消化、吸收国外先进技术,不利于发展中国家产业的技术升级。与外贸主导型的开放不同,外资主导型的开放经济在很大程度上是跨国公司主导的开放经济。跨国公司投资于发展中国家的主要目的是利用当地的廉价劳动力,而在投资和建厂时都非常注意对自己技术的保护。这种由外资进入引发的国际经济的交换中,从发展中国家的角度看,只是其劳动力参与了国际资本循环,而没有或很少有先进技术的沉淀。在技术方面,发展中国家至多搞一些配套与维护,用中国的话说就是:给别人"打工",而长此以往发展中国家的企业的技术开发,特别是自主开发的能力就会大大降低。

正是由于上述问题,在20世纪末和21世纪初,拉美国家接连出现各种危机。最严重的是2001年12月阿根廷爆发的全面经济危机,短短半个月的时间换了5位总统,甚至公开宣布冻结国内银行存款,无力偿还1500多亿美元的外债。阿根廷因此成了世界上有史以来最大的倒账国。12月9日,首都布宜诺斯艾利斯等地爆发了大规模的骚乱。

如今,在拉美公开赞同新自由主义的政治家、经济学家已寥寥无几。相反,在各种场合批评新自由主义却成了一种时髦。将这些批评概括起来,新自由主义主张的核心是尽可能弱化国家的作用,主张市场对经济的绝对统治。新自由主义大谈"民族国家和国家主权失去意义",要求发展中国家减少对经济的干预,把有关主权让渡给国际货币基金组织和世界银行等国际金融机构。新自由主义貌似推行市场自由化,实质上是图谋让强国担负起组织和管理世界经济的任务,阻止弱国拥有保护自己市场的机制和手段,保证其企业对弱国市场形成霸权。很多发展中国家、特别是拉美国家"虔诚而认真地弱化国家"已经造成了严重的后果。

拉美学者提出,世界经济目前存在的矛盾和问题与新自由主义的理论主张和政策密切相关。市场自由化和减少国家对经济特别是对金融部门的控制,不但没有导向一个更加自由的市场,相反却促进了市场特别是世界金融市场的垄

---

① 吴白乙主编:《拉丁美洲和加勒比发展报告》(2012—2013),社会科学文献出版社2013年版,第372页。

断化。其结果是穷国被迫服从于富国的经济利益,成为后者资本扩张的牺牲品。

拉美国家发展模式的根本问题,在于在不具备社会基础的条件下,强行移植西方自由主义发展模式,而这种模式同被移植国家政府的管理模式、传统的影响、法制基础不相兼容。由此可见,制度的移植必须有相应的软环境做保障。

通过这种比较,我们可以得出这样一个初步结论:任何发展中国家的发展,都要从本国国情出发,谨慎借鉴国外的发展理论,特别要注意这种理论能否同本国的文化传统相兼容。更重要的,还有一个对文化的引领和改造问题。任何一种文化模式,都有一个在经济发展中不断完善的问题。在社会转型的过程中加强法制文化建设是必须要坚持的一个基本原则。

二、第二个视角:同原来实行计划经济国家转型的比较

中俄两国原来都是实行计划经济的国家,通过各种比较,可以更深刻地理解从计划体制转向市场体制为什么如此困难。

(一) 转型本身的状况

原来实行计划经济的国家的转型,主要采取了激进和渐进两种模式。对于"激进"和"渐进"两种转型方式孰优孰劣,可谓见仁见智。1997年上半年俄罗斯经济稍有回升,曾有人就撰文,认为"采用'休克疗法'和转轨比较激进的国家,其经济形势往往相对好于未采用这种方法和转轨比较缓慢的国家",并以波兰、捷克、匈牙利为例:波、捷采用休克方法,经济于1992年开始回升,而采用渐进改革的匈牙利又连续两年下降;1994年波经济增加4.6%,捷增长2.5%,匈只增长1.5%;1995年波增长6.5%,捷增长4%,匈无增长。① 1998年8月俄罗斯爆发金融危机,殃及独联体和东欧各国,又有人提出"渐进优于激进"。其实,这个问题是很复杂的,一切都要从本国的具体环境出发。当然,这并不意味着这方面没有规律可循,一般说来,越是相对大的国家,特别是像中俄这样"巨型"的国家,转型过程中更是"渐进优于激进"。通过对转型国家的国际比较,可以进一步证实上述论点。

首先看一下原来实行社会主义计划经济的国家在体制转型前后国内总产值的变动情况:

---

① 苏文:《反思休克疗法》,载《中国经济时报》1997年8月13日。

表 10-4　原来实行计划经济的国家在体制转型前后国内总产值变动表①

国家	同上一年相比（%）							1997 年是 1990 年（%）
	1991 年	1992 年	1993 年	1994 年	1995 年	1996 年	1997 年	
捷克	-14.2	-6.4	-0.9	2.6	4.8	4.4	1.0	90
匈牙利	-11.9	-3.1	-0.8	2.9	1.5	1.3	4.4	93.5
波兰	-7.0	2.6	3.8	5.2	7.0	6.1	6.9	126
斯洛伐克	-14.5	-6.5	-3.7	4.6	6.8	6.9	6.5	98
斯洛文尼亚	8.9	-5.5	2.8	5.3	4.1	3.1	3.0	123
保加利亚	-8.4	-7.3	-1.5	1.8	2.1	-10.9	-6.9	72
罗马尼亚	-12.9	-8.7	1.5	3.9	7.1	4.1	-6.6	87
阿尔巴尼亚	-28.7	-25.6	9.6	8.3	13.3	8.9	-8	71
俄罗斯	-12.8	-14.5	-8.7	-12.7	-4.2	-6.0	0.4	54
乌克兰	-10	-13.7	-14.2	-23.0	-11.8	-10	-3.2	40
白俄罗斯	-1.2	-9.6	-9.5	-20	-10	2.6	10	66
哈萨克斯坦	-11.8	-13	-12.9	-25	-9	1.1	2	47
乌兹别克斯坦	-0.5	-11.1	-2.4	-4	10	1.6	5.2	97
土库曼斯坦	-5	-9.6	-10	-20	-10	0	-15	47
吉尔吉斯斯坦	-5	-16.4	-16.4	-26	-6	5.6	10.4	54
阿塞拜疆	-0.7	-22.6	-23.1	-22	-17	1.3	5.8	41
摩尔多瓦	-18	-28.3	-4.3	-30	-3	-8	1.3	36
中国	8.0	14.2	13.5	11.8	10.2	9.7	8.8	206

通过表 10-4 可以看出，转型过程中国内总产值增长的只有三个国家，一个是中国，一个是波兰，一个是斯洛文尼亚，即一个是大国，一个是相对小的国家，一个是小国。就这一点看，大国采用渐进转型促进了生产发展，小国采用激进转型也保证了经济的发展。国内总产值下降比较少的国家有捷克、斯洛伐克、匈牙利、罗马尼亚，这些国家无论采用"渐进"还是"激进"的转型，经济下降的程度都相差无已。国内总产值下降幅度比较大的，几乎都是苏联境内的一些国家。这些"国家"原来共同组成一个大国，独立后无论是相对大的国家，如乌

---

① Богомолов Олег Тимофеевич. Реформы в зеркале международных сравнений. Москва,《Экономика》,1998. C. 34.

克兰、哈萨克斯坦,还是小的国家,如摩尔多瓦,生产下降都很多,这进一步证明大国体制转型"渐进优于激进"。

其次,看一下体制转型国家消费品价格变化的情况:

表10-5 体制转型国家消费品价格变化表①

国家	同上一年相比(%)							1997年是1990年(%)
	1991年	1992年	1993年	1994年	1995年	1996年	1997年	
捷克	56.7	11.1	20.8	10.0	9.1	8.8	8.5	298
匈牙利	35.0	23.0	22.5	18.8	28.2	26.3	18.4	453
波兰	70.3	43.0	35.3	32.2	27.8	19.9	14.9	767
斯洛伐克	61.2	10.0	23.2	13.4	9.9	5.8	6.1	306
斯洛文尼亚	117.7	201.3	32.3	19.8	12.6	9.9	8.4	14倍
保加利亚	338.5	91.3	72.9	93.9	62.1	123.0	1084.0	1203倍
罗马尼亚	174.5	210.4	256.1	136.8	32.3	38.8	154.8	336倍
阿尔巴尼亚	123.0	665.5	1517.5	97.6	2.0	3.5	3.6	597倍
俄罗斯	100.3	1526.6	873.5	307.6	197.5	47.6	11.0	6300倍
乌克兰	94.4	1210.0	5371.0	891.0	376.8	80.3	15.9	118695倍
白俄罗斯	98.6	970.0	1190.0	2220.0	710.0	52.7	63.8	128224倍
哈萨克斯坦	114.5	1510.0	1660.0	1880.0	180.0	39.3	11.4	52105倍
乌兹别克斯坦	97.3	410.0	1230.0	1550.0	320.0	80.0	26.8	21165倍
土库曼斯坦	112.4	770.0	1630.0	2710.0	1100.0	800.0	69.6	1645400倍

通过表10-5可以看出,中小国家,无论是采用"激进"转型还是"渐进"转型的,消费品价格上涨幅度都相对小一些。诚然,这些国家采用"激进"转型的比采用"渐进"转型的消费品价格上涨得要多一些,如波兰1997年比1990年上涨767%,匈牙利上涨453%,波兰增长也比较快,这很难比出孰优孰劣。但苏联境内的"国家",消费品价格都成百倍千倍甚至万倍地上涨,大大超过了人们的承受能力。价格上涨的情况同样反映出大国体制转型"渐进优于激进"。

---

① Богомолов Олег Тимофеевич. Реформы в зеркале международных сравнений. Москва,《Экономика》,1998. С. 38.

再次,看一下体制转型国家基本的投资状况①:

表 10-6 体制转型国家基本投资状况比较

国家	同上一年相比(%)							1997年是1990年(%)
	1991年	1992年	1993年	1994年	1995年	1996年	1997年	
捷克	-32.5	8.8	-7.7	17.3	16.1	12.4	-4.9	99
匈牙利	-12.1	-1.5	2.5	12.3	-5.3	-4.4	8.2	98
波兰	-4.1	0.4	2.9	9.2	16.9	20.6	21.9	186
斯洛伐克	-27.3	9.2	-4.2	-5.1	5.4	33.1	14.5	116
斯洛文尼亚	-14.8	-14.9	8.8	12.5	17.1	6.9	6.0	118
保加利亚	-19.9	-7.3	17.5	1.1	8.8	-13.5	-16.0	49
罗马尼亚	-25.8	-1.1	8.4	26.4	10.7	4.5	-19.0	94
阿尔巴尼亚	-40.0	-59.1	-32.1	15.2	-25.1	-18.1	18.1	14
俄罗斯	-16.0	-39.7	-11.6	-14.0	-10.0	-18.0	-5.0	24
乌克兰	-8.0	-36.9	-10.3	-22.7	-35.0	-20.0	-7.5	19
白俄罗斯	4.0	-29.0	-12.0	-25.0	-41.0	-10.0	-20.0	31
哈萨克斯坦	0.5	-47.0	-17.0	-33.0	-37.0	-34.9	19.0	14
乌兹别克斯坦	5.0	-32.0	-5.0	-20.0	4.0	6.9	17.0	70
中国	24.2	42.2	53.2	39.5	15.0	16.3	14.5	578

通过表10-6可以看出,中小国家,无论采用"激进"的还是"渐进"转型方式,都能保持一定比例的投资,而唯独原苏联境内的"国家",在独立前后,多数采用"激进"转型方式,投资急剧下降,而采用"渐进"转型方式的中国,基本投资快速增长,从这个角度也证明大国转型"渐进优于激进"。

再看一下体制转型国家农产品发展状况②:

---

① Богомолов Олег Тимофеевич. Реформы в зеркале международных сравнений. Москва,《Экономика》,1998. С.39.

② Богомолов Олег Тимофеевич. Реформы в зеркале международных сравнений. Москва,《Экономика》,1998. С.81.

表 10-7 体制转型国家农产品发展状况

年份 国家	1991 年	1992 年	1993 年	1994 年	1995 年	1996 年	1997 年
保加利亚	100.2	88.2	72.0	76.9	89.5	77.3	82.3
匈牙利	93.0	74.4	67.1	69.2	71.0	74.6	73.1
波兰	98.4	85.9	91.7	83.2	92.1	92.4	92.3
罗马尼亚	100.9	87.5	96.4	96.6	100.9	102.7	105.9
捷克	91.1	80.1	78.2	73.5	77.2	78.3	73.7
斯洛伐克	91.8	79.0	72.8	79.6	81.4	85.5	85.5
俄罗斯	87.0	78.8	75.3	66.3	61.0	56.7	56.8
乌克兰	87.0	79.8	81.0	67.6	65.9	62.1	60.0
中国	100.9	105.2	110.7	114.3	123.1	…	…

表 10-7 更明显地反映出，中小国家下降的幅度都比较接近，而唯独采用"渐进"转型的中国和采用"激进"转型的俄国，一个发展最快，一个下降最快。

最后，看一下东欧国家经济的整体恢复情况。据联合国欧洲委员会关于中东欧国家经济情况的报告，中东欧国家 1995 年国内生产总值相对于 1989 年水平的百分比分别为：波兰 98.5%，斯洛文尼亚 89.3%，匈牙利 85.5%，捷克 84.8%，罗马尼亚 84.5%，斯洛伐克 83%，保加利亚 76.5%，阿尔巴尼亚 74.2%，克罗地亚 62.5%，马其顿 52.9%，南斯拉夫 49.5%，波兰 1996 年国内生产总值已基本接近 1989 年政局变化时的水平。这显示了中东欧国家 7 年来经济转轨取得进展和成效的综合指标和水平。

通过转型方式的国际比较，可以得出以下结论：中小国家体制转型方式的选择及优劣判断，是个很复杂的问题，还有待于深入研究，但中俄两个大国体制转型"渐进优于激进"，却是无可置疑的。

（二）转型后的社会后果

俄罗斯是受国际金融危机影响最严重的转轨国家之一。受自 2008 年下半年以来的国际金融危机的严重冲击，历经 9 年增长的俄罗斯经济陷入深度衰退，金融市场也由动荡演变成为一场金融危机。俄罗斯的经济和金融体系经受着严峻的考验。表 10-8 反映了俄罗斯 2008—2009 年的经济状况。

表 10-8 俄罗斯 2008—2009 年的经济指标

时间 项目	2008	2009	2009 第一季度	2009 第二季度	2009 第三季度	2009 第四季度
GDP 增长率(%)	5.6	-7.9	-9.8	-10.9	-8.9	-3.2[a]
工业产出增长率(同比,%)	2.1	-10.8	-14.3	-15.4	-11.0	-2.6
固定资产投资增长率(同比,%)	9.8	-17.0	-15.6	-21.0	-19.0	-13.1
联邦政府预算盈余(GDP 百分比)[b]	4.1	-5.9	-0.4	-4.0	-4.0	-5.9
通货膨胀率(CPI,期末,%)	13.3	8.8	5.4	1.9	0.6	0.7
经常账户,10 亿美元	102.3	47.5	9.3	7.6	15.0	15.6
失业率(%,当期平均)	6.4	8.4	9.1	8.6	7.9	8.0
备注:乌拉尔石油价格(美元每桶,当期平均)	95.1	61.5	44.1	58.6	67.9	74.6
储备(包括黄金),10 亿美元,期末	427.1	439.0	383.9	412.6	413.4	439.0

资料来源：World Bank(2010)。

a 根据年统计量推导，b 从年初积累的盈余推导。

面对国际金融危机的严重影响及由此造成的深度经济衰退,俄罗斯采取了若干救助和刺激经济的措施:一是对银行系统注资,以维护银行系统的稳定,并确保金融体系和本国货币的稳定;二是大力扶持实体经济,特别是对大型企业(也包括一些中小企业)采取重点扶持措施;三是对一些重要经济部门采取特殊保护措施,根据不同行业采取有针对性的救助计划;四是维持社会稳定,关注民生,加强国家社会保障,大幅度提高居民的养老保障水平,减少失业并增加就业,从而兑现政府在社会福利方面的所有承诺。

由于实施了上述措施,俄罗斯经济在 2009 年下半年出现了复苏迹象,进入 2010 年后,俄罗斯的经济形势进一步好转。2010 年第一季度,GDP 同比增长了 2.9%,扭转了 2009 年第四季度 -3.2% 的下降趋势。根据俄联邦统计局截至 2010 年 4 月的数据,俄罗斯经济形势继续好转,失业率由 3 月的 8.6% 降至 4 月的 8.2%,为 4 个月以来的最低;零售贸易总额同比增长 4.2%,实现了连续 4 个月增长;实际工资上涨了 6%,为 2008 年 10 月以来的最大增幅,居民实际可支配收入增长了 3.7%;卢布兑美元汇率连续第 4 个月升值;4 月份工业生产指数继 3 月份上升 5.7% 之后再次上升 10.4%;固定资本投资增长 2.3%,也是 2008 年 10 月以来的最大涨幅。

东欧转轨国家经济同样受到金融危机的冲击,在 2009 年大幅下滑,见表 10-9 和表 10-10。

表 10-9 2006—2009 年部分转轨国家 GDP 增长率(同比,%)

时间 国家	2006	2007	2008	2009	2009Q1	2009Q2	2009Q3	2009Q4
保加利亚	6.3	6.2	6.0	-5.1	-3.5	-4.9	-5.4	-6.2
捷克	6.8	6.1	2.5	-4.2	-3.9	-5.2	-5.0	-2.8
爱沙尼亚	10.0	7.2	-3.6	-14.1	-15.0	-16.1	-15.6	-9.5
匈牙利	4.0	1.0	0.6	-6.3	-6.7	-7.5	-7.1	-4.0
拉脱维亚	12.2	10.0	-4.6	-16.9	-17.8	-18.4	-19.0	-16.9
立陶宛	7.8	9.8	2.8	-15.0	-13.3	-19.5	-14.2	-12.8
波兰	6.2	6.8	5.0	1.7	0.8	1.1	1.7	3.1
罗马尼亚	7.9	6.2	7.1	-7.1	-6.2	-8.7	-7.1	-6.5
斯洛伐克	8.5	10.4	6.4	-4.7	-5.7	-5.5	-4.9	-2.6
斯洛文尼亚	5.9	6.8	3.5	-7.8	-8.2	-9.2	-8.3	-5.5
克罗地亚	4.7	5.5	2.4	-5.8	-6.7	-6.3	-5.8	-4.4

资料来源:The World Bank:EU10 Regular Economic Report, April 2010。

表 10-10 金融危机对东欧转轨国家的影响(截至 2009 年 5 月)

单位:%

指标 国家	危机的深度		实体部门		劳动力市场		公共财政
	2009 年 GDP 增长率	GDP 增长率差(2009—2008)	工业产出指数下降	出口增长率差(2009—2008)	失业率变化(2008—2010)	失业率 2010 年	预算盈余 2010 年
保加利亚	-1.6	-7.6	-17.4	-14.0	2.2	7.8	-0.3
捷克	-2.7	-5.9	-20.3	-18.5	3.0	7.4	-4.9
爱沙尼亚	-10.3	-6.7	-30.22	-13.0	8.6	14.1	-3.9
匈牙利	-6.3	-6.8	-25.45	-16.5	3.4	11.2	-3.9
立陶宛	-11.0	-14.0	-12.36	-26.4	10.1	15.9	-8.0
拉脱维亚	-13.1	-8.5	-24.16	-11.6	8.5	16.0	-13.6
波兰	-1.4	-6.2	-12.36	-16.8	5.0	12.1	-7.3
罗马尼亚	-4.0	-11.1	-13.9	-36.3	1.9	7.7	-5.6
斯洛文尼亚	-3.4	-6.9	-21.2	-15.1	3.0	7.4	-6.5
斯洛伐克	-2.6	-9.0	-27.4	-13.4	2.6	12.1	-5.4

资料来源:European Commission(2009),第 13 页。

综上所述,历经国际金融危机冲击的转轨国家经济之所以能够逐步摆脱危机的严重影响,出现经济向好态势,主要得益于转轨国家果断实施了经济刺激和救助计划,特别是采取措施大力扶持实体经济并稳定金融业,千方百计刺激消费和投资需求,增加对失业人口和弱势群体的救助。转轨国家的实践表明,国家调控的作用是不能低估的。

(三) 转型国家产权制度变革的类型

原来实行计划经济的国家,最重要的改革就是产权制度的变革。在产权制度变革方向,大致有三种类型:

一是以俄罗斯为代表的无偿(全民)分配制度,也有的称作"平等获得凭证的私有化",即"在全体公民中分发凭证,并在凭证持有者之间大体平均地分配资产。"① 捷克、罗马尼亚、阿塞拜疆和乌克兰都属于这种。俄罗斯通过全民平均发放私有化债券的方式,在 1992 至 1996 短短 5 年时间,就由一个国有产权高度集中的国家变成以非国有产权为主的国家。截至 1996 年年底,俄实现私有化的企业共 12.46 万个,占私有化初国有企业总数的 60%;在资产上,国有资产约占资产总量的 45%,非国有资产约占 55%;在产出上,国有经济占 72%(其中私有经济占 28%)。② 从俄罗斯整个私有化进程来说,虽然它表面上也是通过市场交易才使公民获得企业股权的,但公民购买股权的资金来源是国家免费发放的"证券"。这里所谓"市场交易"就是用这个"证券"换成"股票",实际上用国有资产购买国有资产,公民未花一文钱就把一部分国有资产变成了自己的资产。乌克兰的情况大体相同,只不过更加缓和。乌克兰"从 1995 年开始,公民先后无偿获得一定数量的私有化证券,利用这些证券,投标购买公司股份的活动一直持续到 2000 年。"到"2004 年,1236 个国有资产项目被私有化"。③

罗马尼亚国有企业的私有化是指改组为商业公司的企业的私有化,其资产的 30% 通过私有资产基金会无偿地分配给本国成年公民,资产的 70% 由国有资产基金会通过出售方式实行私有化。在所有采用"无偿分配"制度的国家中,中亚的阿塞拜疆力度最大,它将私有化的国有企业 50% 以上的资产无偿分配给了本国公民。1996 年下半年,阿塞拜疆开始实行小私有化,到年底基本完成,约有 7 万人成为业主。1997 年开始实行大私有化。1997 年 3 月向公民发

---

① 程伟主编:《中东欧独联体国家转型比较研究》,经济科学出版社 2012 年版,第 151 页。
② 《1997—2000 年俄罗斯政府中期纲要构想:结构改革和经济增长》,载[俄]《经济问题》1997 年第 1 期,第 30 页。
③ 吴恩远主编:《俄罗斯东欧中亚国家发展报告》(2011),社会科学文献出版社 2011 年版,第 297 页。

放私有化证券,每个公民可获得 1 份(4 张)证券。根据私有化计划,15% 的股份按优惠的价格以收取私有化证券的方式在企业职工中认购,50% 的股份以收取私有化证券的方式进行拍卖,其他的股份进行现金拍卖。计划将私有化企业 70% 的股份以私有化证券形式出售。到 1998 年 3 月底,有 608 家股份公司出售了股票,529 家股份公司出售了 70% 以上的股份。90 家大中型企业完全实行了私有化,4 万多人成为私有化企业的股东。但阿塞拜疆的经济发展并没有受到太大的影响,1997 年的国内生产总值仍比 1996 年增长 5% 左右。①

二是以匈牙利和东德为代表的市场出售制度。由于购买者拥有有效的管理能力,并有重组企业的资金,这种出售能给出售者带来税收收入,有利于企业的发展。匈牙利私有化纲领规定:"任何人不能无偿地占有国家财产,私有化不是在公民中,更不是在一部分人中进行无偿的分配转让。"②但是,国有企业资产出售的对象主要是外国人,特别是西方的投资者。据有关资料,匈牙利将 38% 的企业、40% 的资产出售给了外国人。外资购买匈牙利企业股份属于直接投资。截至 1998 年私有化基本结束时,外国对匈牙利的投资中,德国占 30.83%,美国占 17.84%,法国占 10.95%,奥地利占 5.62%,荷兰占 5.34%,意大利占 3.69%。1995 年,外国直接投资达 40 亿美元。③

匈牙利依靠外资实现私有化,其弊端是明显的。首先,丧失了经济独立性,产生对西方的依附性。外资不仅收购了一般工业部门,而且控制了相当大部分属于国民经济命脉的石油、能源、通信和银行等部门,正如 1997 年 7 月匈牙利总理霍恩所说,外资企业已占匈牙利全国生产的 25%,占匈牙利出口的 50%。在这种情况下,匈牙利经济离开西方实际上就无法生存。④ 其次,失业现象加剧。外资进入民族工业企业后,为降低成本大量裁减员工。1994 至 1995 年年度,匈牙利的失业人数达 56.8 万人。⑤ 最后,通货膨胀严重。匈牙利政府小心翼翼进行价格改革,其意在稳定物价,特别是对个别重要的商品实行保护性的价格。但外资控制企业完全比照国际市场价格报价,对一些保护和过渡性质的价格构成了威胁。例如 1996 年能源大幅度涨价就是因为电力和天然气供应系统在私有化中落入德国投资者手中所致。1995 年,匈牙利的通货膨胀率高达 28.2%,1996 年也高达 23.6%。⑥

民主德国的企业从国有产权到私有产权转换所采用的制度,与匈牙利类

---

① 张森主编:《俄罗斯和东欧中亚国家年鉴》,当代世界出版社 1999 年版,第 249 页。
② 赵乃斌、姜士林:《东欧中亚国家私有化问题》,当代世界出版社 1995 年版,第 75 页。
③ 张森主编:《俄罗斯和东欧中亚国家年鉴》,当代世界出版社 1999 年版,第 268 页。
④ 杨烨:《波匈捷经济转轨中的政府职能》,上海人民出版社 2002 年版,第 115 页。
⑤ 张森主编:《俄罗斯和东欧国家年鉴》,当代世界出版社 1999 年版,第 268 页。
⑥ 同上。

似。民主德国是在两个德国统一的大背景下实行产权变革的,与匈牙利等国相比,它更具有实行国有产权市场出售制度的充分条件。首先,它有联邦德国原始资本的大量供给,不存在转轨国家普遍遇到的产权购买资金短缺的问题;其次,它有联邦德国成熟的产权市场和规范的交易规则可供使用,不存在由于产权市场发育不全而产生的国有资产大量流失问题;最后,两德有共同的历史与文化背景,有统一的国有资产管理机构,在东西部之间实行产权交易可以大大降低交易成本。

三是以波兰为代表的分售制,也有称作"内部人购买"的方法。① 如果说俄罗斯主要实行"无偿分配"制度、匈牙利实行"市场销售"制度来完成企业产权制度的转变,那么,波兰则介于两者之间,它是通过"分售"制来完成这一转变的,即以销售为主,辅之以无偿分配。"分售"制同"市场销售"制的区别是一目了然的,但同"无偿分配"制的界限即显得有些模糊,因为无论实行"分售"制还是实行"无偿分配"制的国家,都既有市场销售部分,又有无偿分配部分,关键在于这两者的比例。

波兰的"分售"制采取了"少量无偿分配+大量货币销售"的形式,克罗地亚等国家在企业产权转换过程中没有"无偿分配"的部分,而采用"优惠出售"国有资产的制度,但"优惠"本身就包含着"无偿"的成分。因此,后者也可以为"分售"制的范畴。克罗地亚和马其顿十分推崇"企业经理职工购买"的私有化方式。克罗地亚的私有化是根据1991年4月通过的《社会所有制企业改造法》进行的,当时注册的企业共32849个,其中社会所有制企业2675个,私有化指的就是对这些社会所有制企业的改造。企业改造分为两个阶段:第一阶段(1993年3月以前)主要是通过公开出售股票的方式把社会所有制企业资产的50%卖给企业职工和成年公民;第二阶段(1993年3月以后)主要是通过公开招标向国内外法人和自然人出售其余50%的社会所有制企业资产。企业职工和成年公民享有优先购买的权利,并拥有一定的优惠,购买股票享受的基本优惠为票面价值20%的折扣,另外还享有每一年工龄增加1%的优惠。如果某职工的工龄为30年,则其享受的优惠为30%+20%,即50%。同时,职工和成年公民认购股票可以采取分期付款的方式,最长期限为5年,如果提前付款,还可再享受一定的优惠。

马其顿规定国内外自然人和法人都可参与社会所有制企业的私有化,但本企业职工享有优惠权。它规定,私有化企业发行的优惠股为企业总股份的30%,职工有权以低于票面价值30%的价格购买优惠股股票,同时还辅以工龄优惠,每一年工龄增加1%的优惠,但以优惠价格购买的股票总额不能超过

---

① 程伟主编:《中东欧独联体国家转型比较研究》,经济科学出版社2012年版,第151页。

25000 马克。①

经过这种比较,我们可以看到,从计划体制向市场体制转型的确是十分艰难,原因在于"计划经济是由若干个次一级的体制组成的",有一个完整的"计划经济理论体系作为支柱。"②除此之外,还有一个更重要的,就是文化的兼容问题,计划体制和市场体制反映的是两种不同的文化,文化观念上的转变是一个长期的过程。市场经济体系需要有一种相对应的文化观念来支撑,否则,市场经济的优越性就无法正常发挥出来。

三、第三个视角：同采用激进转型模式比较成功的国家进行比较

通过这种比较,可以认识转型的特殊规律,从而进一步认识转型的一般规律。具体来说,就是同波兰进行比较。应该说,波兰是改革开放比较早的国家,也是向市场经济过渡比较早的国家。波兰向市场经济的过渡始于1982年。波兰经济学家将其分为三个阶段:第一阶段,从1982年初到1989年6月;第二阶段,从1989年8月到12月;第三阶段,从1990年开始。在前两个阶段,波兰尝试了各种抑制通货膨胀的手段,但都未能见效。1989年通货膨胀率高达2000%,国家财政巨额赤字,商品全面短缺,而居民在银行却有高额储蓄,经济危机严重。在这种背景下,波兰向西方寻求治理严重经济危机的灵丹妙药,并以高薪聘请美国著名学者、哈佛大学经济学博士萨克斯教授为波兰政府经济顾问。萨克斯建议采用"休克疗法"。用萨克斯的话说,"休克疗法"是实行"激进的经济纲领",通过它使波兰"猛地大胆一跃而进入市场经济"。萨克斯还提出了诸如放开物价、取消补贴、发展私有经济、停止偿还外债等"休克疗法"的六个要点,此外还保证与国际货币基金组织、世界银行谈判成功,3年内每年得到20亿美元贷款。萨克斯认为,通过"休克疗法"可在6个月内消除通货膨胀,半年之后生活水平开始回升,10年之后完全达到欧洲水平。

1989年9月,马佐维耶茨基出任第一届团结工会政府总理,并向国际货币基金组织递交了有关波兰实施"休克疗法"的备忘录,得到了国际货币基金组织的认可和信贷保证。波兰国会也批准了由当时主管经济工作的副总理巴尔采罗维奇提出的以"休克疗法"根治波兰经济危机和以最快速度向市场经济体制过渡的计划,人们称该计划为"巴尔采罗维奇计划"(或称"稳定经济纲领")。

"巴尔采罗维奇计划"描绘出波兰经济转轨的目标、战略任务和方法。该计划指出:"波兰需要进行根本性体制改革,其目标是建设接近于高度发达国家的市场体制。"转轨工作"必须采取坚决措施迅速进行,以便尽可能缩短对社

---

① 张颖:《中东欧走向市场经济》,社会科学文献出版社1998年版,第179页。
② 《厉以宁论文选(2008—2010)》,中国大百科全书出版社2011年版,第80页。

会来说是痛苦的过渡时期"。为此,采取了六项措施:(1)紧缩银根,冻结工资,高征税,取消补贴;(2)使本国货币大幅度贬值,自由兑换;(3)放松对进出口的各种限制;(4)对国有企业开始实行私有化;(5)放开物价;(6)启动资本市场。①"巴尔采罗维奇计划"稳定经济的重要目标是克服通货膨胀,减少财政赤字。思路是限制有支付能力的需求,调节供给,使供求平衡。上述六项措施中,有两项是极为重要的举措:第一,全面放开物价,取消各种补贴。国家只直接控制商品流通的11%的商品价格。国家制定煤气、天然气及其他能源的批发价格、运输价目表及住宅价格。取消对燃料和电能的补贴。国家对17类商品(面包、面粉、纸张等)实行监督价格。其他商品的零售和批发价格则在供求关系的影响下在市场上自由形成。与此同时,取消对国有企业的各种补贴。第二,压缩流通领域的货币量。这一点通过以下政策实现:①紧缩银根,限制行政支出;②压缩银行投资贷款,提高贷款利率,取消各种优惠;③限制消费,冻结工资。通过严格限制工资增长压缩货币供给量,对企业"工资基金"实行指数化政策。与此同时,对那些超出指数化原则的企业严格实行税收制裁,除了通过最低百分比以外,还通过累进税限制工资。由于严格执行上述政策,波兰的年通货膨胀率从1989年的2000%下降到1990年的250%,1991年的72%,市场供求有所改善,外贸得到发展,外汇储备增加。下表的数字反映了波兰艰难的成功进程:

表10-11 波兰的经济指标②

名 目 \ 年 份	1990	1991	1992	1993	1994	1995	1996
经济增长率(GDP增长百分比)	-1.6	-7.0	2.6	3.8	5.5	7.0	
国内生产总值(百万美元)			83823	85853	92580	117663	
人均国民生产总值(美元)			1910	2260	2410	2790	
私有制产值的比重%	26					58	
通货膨胀率	586.0	70.3	43.0	35.5	32.2	27.8	
外国直接投资净额(百万美元)		117	284	580	542	1134	2205

波兰改革和向市场经济过渡之所以比较成功,这其中自然有"休克疗法"本身的作用,但最重要的原因是波兰有着良好的市场经济传统。从历史上看,波兰有着个体经济的传统,有中间商形成的土壤。波兰的历史是比较复杂的。位于德、俄两个大国之间的夹缝中生存的地理位置,对波兰产生了深远的影响。

---

① 张森主编:《俄罗斯和东欧中亚国家年鉴》,当代世界出版社1999年版,第165页。
② 同上书,第280—284页。

波兰在被瓜分了125年之后,于1918年获得独立和统一。20世纪20年代初由于和俄国的边界冲突,与俄国的贸易几乎完全停止,有40%的进口商品来自德国等国。特别是由于在民族等问题上,波兰各政党,包括1918年成立的波兰共产主义工人党,同共产国际和斯大林有着严重分歧,没有受到斯大林农业集体化的影响。第二次世界大战后,波兰工人党总书记哥穆尔卡主要是因为反对实行农业集体化,于1948年被撤职,导致人们反对农业集体化的情绪不断升温。1956年波兹南事件后,许多农民集会,高喊:"打倒斯大林分子!哥穆尔卡万岁!""尽管党中央还没有公布要哥穆尔卡重新任职的决定,也没有颁布解散合作社的法令,但各地农民已经纷纷申请退社。截至8月27日,仅伏罗茨瓦夫一个省申请退社的农民就有2000人;什切青省有700人;波兹南省有800人。个体农民还期待哥穆尔卡尽快官复原职,尽快取消义务交售粮和提高农产品销售价格。"①1956年10月,哥穆尔卡担任波兰统一工人党第一书记。他在党的二届八中全会上批判了农业集体化政策,他说:对于基本上健全的农业生产合作社,应当采取投资性有偿贷款的形式给予帮助,任何种类的国家补贴应当废止。发展前途很小、只会赔钱的那些合作社,不应当给予贷款。我们应当向这样的合作社社员提出:"解散这种合作社"。② 二届八中全会以后,"几乎所有的合作社都解散了。1956年9月30日波兰还有合作社10203个,3个月后仅剩1534个,即解散了85%,而留下来的合作社是由最为贫穷的农民组成的。"③个体经济在波兰农村占据主导地位。正是这种深厚的个体商品经济的传统,才使得波兰的企业和人民对物价上涨作出了迅速的较为理智的反映。由此可见市场经济传统是多么重要!有市场经济的传统,激进改革就容易成功;而没有或缺少这种传统,渐进改革则容易成功。表10-12是波兰实行"休克疗法"后的几项主要经济指标:

表10-12 波兰转型前后经济状况表④

名目＼年份	1990	1991	1992	1993	1994	1995
经济增长率(GDP增长百分比)	-1.6	-7.0	2.6	3.8	5.5	7.0
国内生产总值(百万美元)			83823	85853	92580	117663
通货膨胀率	586.0	70.3	43.0	35.5	32.2	27.8

① 郭增麟:《波兰独立之路》,北京图书馆出版社1998年版,第176页。
② 同上书,第183页。
③ 同上书,第184页。
④ 徐葵主编:《俄罗斯和东欧中亚国家年鉴》,当代世界出版社1998年版,第280—284页。

进入21世纪,波兰的经济一直发展得比较好,成为东欧经济发展的领头羊。2004年前后波兰GDP的增长一直在6%左右,相比周边的捷克、匈牙利等国3%—4%的GDP增长速度显然胜出一筹。波兰经济持续升温,制造业是最大的功臣。2004年8月波兰制造业产值比去年同期增长13.5%,29个工业部门中的24个销售量增加,最突出的是汽车工业,增长额为50%。建筑业形势同样喜人,8月份产值比上月增长12.4%,2004年前8个月总产值已达去年全年的95%。波兰进出口贸易也快速增长,2004年1—7月,出口比去年同期增长24.4%,达330亿欧元;进口增长18.8%,达400亿欧元。经济稳步发展,波兰人消费信心指数也达到历年最高水平。分析家称,这表明波兰人对目前的社会、经济环境感到安全。

波兰经济增长的发动机是外国直接投资的增长。近年来,波兰每年吸引外资约60亿美元。美国科尔尼咨询公司的调查表明,波兰是继中国、美国和墨西哥之后第4大外资吸收国。从2004年至2012年,每年吸引80亿美元外资,创造50万个就业岗位。外国资本不仅给波兰企业带来资金,还带来先进技术与管理,直接推动制造业,尤其是机械制造业产品质量和生产效率的大幅提高。外资选择波兰,主要有3个原因:一是劳动力素质较高而成本较低;二是波兰是欧盟新成员国中最大的国家,消费市场大,市场准则与欧盟国家一致,市场相对规范,投资环境较完善;三是波兰地理位置的优越。波兰连接东西欧,交通便利。波兰还计划在20年内建造2300公里高速公路,进一步完善交通,吸引更多的外资。

波兰成功的经验证明:并不是说不能采用激进的转型模式,其中最重要的条件就是文化传统的兼容问题。一般说来,国家经济模式比较简单,国家内部地域色彩差别不大,有着深厚市场经济的文化传统,激进转型也能够成功,但中国和俄罗斯都不具备这些条件。

四、第四个视角:同金砖国家间的比较(印度、巴西、南非)

金砖国家现象是最近几年才出现的,具体说来,是指发展相对快一些的大国。通过这种比较,可以进一步实现大国经济发展的一般规律。2001年11月20日,英国经济学家吉姆·奥尼尔发表了一份题为《全球需要更好的经济之砖》(The World Needs Better Economic BRICs)的文章,文章中首次提出"金砖四国"一词,其中的BRICs,指的是巴西、俄罗斯、印度和中国四个国家。文章指出,在金砖四国中,巴西是"世界原料基地",俄罗斯是"世界的加油站",印度是"世界的办公室",而中国则是"世界工厂"。此后,这四个国家建立了广泛的合作机制,定期召开会议,携手促进经济增长。2009年以来,南非国际关系与合作部长马沙巴内多次向"金砖四国"外交部部长提出加入期望。2010年12月23日,时任"金砖四国"合作机制轮值主席国——中国向南非发出邀请,吸收南非作为正式成员加入该合作机制。从此,"金砖五国"合作机制正式形成。

21世纪第一个10年里,"金砖国家"除南非外,相继进入了万亿美元大经济体俱乐部。"金砖五国"作为一个整体,其经济总量占全球经济的比重从2001年的17.77%上升到2010年的18.2%。到2010年,印度的GDP总量达到1.62万亿美元,人均GDP接近800美元。巴西国内生产总值首次超过2万亿美元,人均GDP也首次超过1万美元。南非的GDP为2860亿美元,应该说,经济规模并不算大,但人均GDP也不算少。俄罗斯国内生产总值已突破万亿美元大关,成为世界十大经济体之一。中国的经济发展更是迅速,到2012年年末,GDP总量已达47万亿人民币,稳居世界第二位。

"金砖五国"的经济总量已占全球经济的18.2%,面积占世界领土总面积的28%,人口占世界总人口的45%,正因为如此,在世界范围内掀起了研究"金砖五国"的"金砖"热。"金砖五国"都有一个社会和经济转型的问题,将"金砖五国"的转型进行比较,更有助于分析制度变迁的规律。

分别将"金砖国家"(俄罗斯除外)同中国做一个简单的比较,可以产生很多新的认识。

(一) 中国和印度的比较

联合国2001—2008年的GDP年增长率统计显示,中国、印度和俄罗斯三国的经济增长远高于世界GDP的平均增长:①

表10-13 2001—2008年中国、印度和俄罗斯GDP年增长率与世界平均值的比较(%)

国家	2001年	2002年	2003年	2004年	2005年	2006年	2007年	2008年
中国	8.3	9.1	10	10.1	10.2	11.1	13	9
印度	4.5	4.5	7.3	7.1	11.5	7.3	9.3	7.3
俄罗斯	5.1	4.7	7.3	7.2	6.4	7.7	8.1	5.6
世界	1.7	2.1	2.7	4	3.5	3.9	3.9	2.1

如果将中国和印度的经济增长加以比较,那么我们将会发现,中国遵循的是传统的工业化发展模式,沿着从农业到制造业,再到服务业循序渐进的道路发展。而印度则直接从以农业为主转向以服务业为主的经济增长道路上来,把更多的注意力集中到了服务业的发展之上。

---

① 张力群:《印度经济增长研究》,东南大学出版社2009年版,第69页。

诚然，中国经济取得了显著的成绩，但从发展动力来看，目前中国经济增长主要依靠投资拉动。近几年来中国投资总额占GDP的比重呈逐年上升趋势，从1990年的34.9%上升到了2009年的47.7%，对本国GDP的贡献也在不断上升。而印度经济发展主要是依靠内部积累和消费带动的。在GDP的构成上，印度居民的消费支出所占的比重要远远高于中国，几乎达到与发达国家相近的水平。印度的个人消费要占到GDP的67%，几乎和美国相当（美国大约为70%左右）。或者可以这样来说，除印度之外的其他主要亚洲国家大多是依靠储蓄转化为投资来推动经济增长的，而印度则是依靠民众的消费来推动经济增长的。[1]

还有，中国的经济发展主要依靠工业中的制造业，制造业总产值占GDP的比重非常之高，成为拉动中国经济发展的主导动力。从最近6年的数字看，中国制造业占GDP的比重每年都在35%以上。而印度制造业的表现就非常弱势，其占GDP的比重最近五六年来一直在15%左右徘徊。中国强大的制造业不仅塑造了"中国制造"的著名品牌，而且也使中国赢得了"世界工厂"的称誉。无怪乎摩根士丹利全球首席经济学家史蒂芬·罗奇曾经评价道："中国重写了以制造业为主导发展的经典剧本。四大因素使其工业化进程脱颖而出——43%的国内储蓄率，不断进取的基础设施建设，飙升的外国直接投资和勤劳、工资低廉、可源源不断供应的劳动力。"[2]

印度在没有发生基础广泛的制造业革命的情况下，是依托服务业的发展来推动经济增长的，特别是软件产业及信息技术带动的服务外包业，在全球范围内取得了成功。印度服务业在GDP中的比重最近10年来均超过了50%，比中国要高出12—13个百分点。相比中国的制造业大国地位，印度在全球赢得的是"世界办公室"的称誉。印度的服务业一般可以分为两类：即现代服务业和传统服务业。现代服务业包括通讯、金融、商务、教育、医疗等；传统服务业包括零售、交通、社区和家庭服务等。最近几年中，印度服务业平均增速达9%，其中现代服务业增长水平更是超过10%，高出传统服务业近3个百分点。[3]

中国和印度两种发展模式很难说孰优孰劣，是在历史过程中形成的不同的发展模式：

一是发展时机不同：中国改革开放始于20世纪80年代初，适逢全球范围内的制造业转移浪潮一浪高过一浪，发达国家的制造业向发展中国家转移；印

---

[1] 沈开艳等：《印度经济改革发展二十年：理论、实证与比较》(1991—2010)，上海人民出版社2011年版，第373页。

[2] 史蒂芬·罗奇：《中国与印度的挑战》，载《伦敦金融时报》2009年。

[3] 沈开艳等：《印度经济改革发展二十年：理论、实证与比较》(1991—2010)，上海人民出版社2011年版，第376页。

度是到1991年才真正对外开放的,此时新一轮的信息科技革命浪潮已开始席卷全球,印度抓住了这个机遇;

二是发展条件不同:中国的基础设施一直有着较好的基础,中国在电力、交通、通信等硬件基础设施方面远远好于印度;而信息产业对基础设施的要求较低,对能源、原材料消耗也低,印度便集中力量发展信息产业。

三是发展基础不同:从劳动力市场来看,中国的劳动力素质在总体上也要比印度好得多,所以中国就要比印度更加有利于制造业的发展。中国和印度在居民接受教育机会上也存在明显的差异。2003年,中国的小学教育总入学率高达96%、中学为67%、高等教育为13%,但在印度,同一年的各类总入学率都要低于中国,其中小学的总入学率为99%、中学为50%、高等教育为11%,从而呈现出比中国更为明显的接受过中等教育的人才供给严重不足的问题。再从教育成果来看,2002年中国成人的识字率男性为95%、女性为87%,青年识字率男性和女性均为99%,但是在印度,相应的数据则分别为68%、45%,以及80%和65%,也明显低于中国。①

但是,印度在高素质人才上较之中国占有优势。印度奉行的是"精英教育"政策,在文盲率居高不下的情况下,印度却拥有一流的高等教育体系,每年能培养出一大批通晓英语的国际化管理和技术人才。印度拥有340万科技人才,仅次于美国和俄罗斯,居世界第三位。由于英语普及,印度高等教育机构使用的教学语言几乎全是英语,所以,印度高校学生国际化水平普遍较高,同时,印度大学教育比较重视创新教育,学生创新能力较强。印度某些大学和专业学院已在国际上有较高的知名度,比如印度理工大学(IIT)。此外,中国已经开始面临老龄化的问题,而印度19岁以下的年轻人数量居世界第一位,未来印度将比中国拥有更为充足和廉价的劳动力。

四是市场经济的状况不同:中国与印度的条件不同。印度的私有化和市场化程度要高于中国和大部分亚洲国家,印度在经济起飞之前就已经处在市场经济体制下,阻碍经济起飞与发展的主要原因在于存在过多的政府管制,所以只要放松政府管制,印度的那些在真正的市场经济环境下成长起来的私人企业,不需要政府的帮助便可展翅飞翔,其潜在的市场力量就会得到充分释放,经济就会迅速走上高速增长的道路。

相比印度,在中国最具有竞争力的不是企业而是政府。中国在经济起飞之前处在计划经济体制下,市场力量非常弱小,政府很强大,因此中国的经济改革与发展在开始之初离不开政府的指导。这种因国情不同而造成的政府对于微

---

① 沈开艳等:《印度经济改革发展二十年:理论、实证与比较》(1991—2010),上海人民出版社2011年版,第384页。

观经济活动的关注与干预使得中国能够在较短时间内,在企业实力较弱的情况下,最大限度地依靠对外资开放的政策迅速提升经济实力,从而大大提高国民的生活水平。而这是印度社会所没有的,也是无法仿效的。

时至今日,人们对中印不同发展道路孰优孰劣问题还在激烈地争论着,比较有代表性的观点认为,印度在基础设施上的落后是看得见的"硬伤",这个硬伤可以得到弥补,而中国在制度与技术等"软实力"方面存在的问题则是深层次的,不是那么容易克服。因此,从长期来看,印度的发展潜力要大于中国。比如,印度有比中国更完善的现代企业制度和比中国更完善更市场化的金融体系,其金融业和资本市场比较发达,经营效率较高,银行坏账率低于10%。相对而言,中国的国有银行由于种种原因,坏账率在未进行不良资产剥离之前远高于印度的这个数字。但也有人认为中国综合的软环境要好于印度,社会稳定,国民素质提高迅速,科技发展迅速。实际上,情况不是那么简单,这些问题不是通过逻辑推论就能得出结论的。这其中自然涉及软性约束和硬性约束到底哪个对经济发展的影响更大的问题。但如何分析软实力,加上其他不可预见的因素,是十分复杂的。

不可否认,从总的方面来看,中国要好于印度。在1950年,虽然中印两国有着各自具体的特点,但它们在经济结构和总量上有着惊人的相似。但到了2003年,中国的人均收入是印度的两倍,无论使用何种计算方法,中国的贫困人口总数都远远低于印度。中国人的平均预期寿命为71岁,比印度人的平均数长6年;中国成人识字率是91%,而印度仅为65%。同时也要看到,印度近几年的发展势头也很好。评价一国经济发展模式孰优孰劣,主要是看这种模式是否适应本国的国情,一国能否抓住各种机遇,发展自己,最后实现经济的超越和腾飞。所谓"一方水土养一方人",中印两国经过长期的积极探索,在保持国家政治稳定的前提下,分别找到了各自特定历史背景下最适合本国国情的发展道路,这是最重要的。至于"硬伤"和"软实力",表面上看软实力更重要,其实不然,最重要的还是要看"软实力"和"硬件"之间是否协调发展,特别是要看人们主观上是否认识到了自身所面临的弱点和问题;再进一步说,还有一个不断发展的外部环境问题。总之,这其中不可预测的因素很多,需要坚持从实际出发,扎扎实实去发展。

(二) 中国同南非的比较

南非是后来加入金砖体系的国家,现在统称"金砖五国"。在各种指标的排名中,南非几乎都排在非洲之首,比如福布斯2009全球商业环境排名,南非位于全球第32位,位于非洲第一位;世界经济论坛:2008/2009全球竞争力排行榜中,南非位于全球第 45 位,位于非洲第 2 位。①

南非最成功的经验,就是南非本土知识国家战略。1998 年 11 月,世界银行非洲地区知识和学习中心编制了《本土知识与发展行动框架》(Indigenous Knowledge for Development:A Frame-work for Action),这是指导非洲发展本土知识的第一份战略性文件。② 1999 年 12 月,乌干达发布了《本土知识与可持续发展国家战略和行动框架》(IK for Sustainable Development:National Strategy and Framework of Action),非洲第一个本土知识国家战略就此诞生。2002 年,本土知识在减贫中的应用机制进入《乌干达国家整体发展框架》(The National Comprehensive development Framework,CDF)。③ 2004 年,南非政府颁布了《本土知识系统政策》,④随后又建立了本土知识国家研究基金,二者构成南非本土知识国家战略,标志着非洲国家本土知识战略进入一个更加成熟、系统的阶段,具有突出的代表性。

南非本土知识国家战略可分为三个部分,第一、二部分包含在《本土知识系统政策》之中,第三部分由国家本土知识研究基金的内容组成。三个部分的内容包括:第一,结合南非的历史、现状和国际背景,系统提出发展南非本土知识的价值纲领;第二,从国家教育、创新系统,政府管理机构和运行机制,政策和法律调整框架,人力资源发展和能力建设,信息和研究机构建设等方面,阐明南非本土知识发展的方向和管理、保障措施;第三,确立国家本土知识保护、研究、利用和创新的资助原则。

南非本土知识国家战略突出表达了本土知识的价值。南非经历了数世纪殖民主义者对本土人民的压迫。在这样的背景下,人的尊严、平等的实现,人权和自由的进步,社会公平的追求,反对种族主义和性别歧视等,在南非有着特殊的意义。南非本土知识国家战略指出,南非应珍惜来之不易的自由;南非宪法中的社会公正和民族平等,不仅只是理想,更重要的是同时伴随着义务,应采取积极、正确的方法改正过去的错误,广泛地、明确地通过政策工具促使宪法条款在尊重本土文化权力方面产生影响;应根据宪法建立机构,促进对文化、宗教和语言社区的尊重和保护,包括监督、调查、研究、建议、报告与本土文化相关的权力事项。从全球化的角度看,全球化使贸易、金融和信息处在一个单一的、整体

---

① 邹恒甫、郝睿主编:《非洲经济和投资研究》,人民日报出版社 2009 年版,第 297 页。
② Knowledge and Learning Center Africa Region,*Indigenous knowledge for Development:A Frame-work for Action*,WB,2004. http://www.worldbank.org.afr/ik/ikrept.pdf.2006/09/05.
③ Zerubabel Mijumbi Nyiira,*IK for Sustainable Development:National Strategy and Framework of Action*. http://www.nuffic.nl/ciran/ikdm/8-1.nyiira.html.2006/08/24.
④ Department:Science and Technology,*Indigenous Knowledge Systems*. http://www.dst.gov.za/publications-policies/strategies-reports/IKS_Policy%20PDF/view? searchterm = indigenous%20knowledge%20systems%20policy. 2008/10/12.

的全球市场内,资本流扩张,技术升级,国际合作加深等,制约着国家行为,其结果是国家因素削弱,影响到国家的自治权和政策制定的能力。同时,各种思想和价值混合在地球村中,产生同质的全球文化,经济、大媒体和现代信息技术平台的相互作用,更趋向于加速这种同质文化实践的建立。作为全球化一系列影响的表征之一,语言多样性正在快速萎缩。据估计,全球有5000—7000种语言,每年消失约100种,约2500种正在使用的语言处于萎缩状态,其中32%在非洲。全世界被威胁的社区已对这种文化发展的侵蚀产生反应,本土人民积极主张本土权利,非洲复兴计划和非洲发展新伙伴计划认为,本土知识是非洲大陆重要的紧急事项;国际本土知识运动的成长已影响到主流多边协议,并在世界可持续发展约翰内斯堡峰会上通过了生物多样性保护公约和行动计划。

南非还采用了具体政策措施,主要是把本土知识整合进入教育和国家资格认证框架。南非1995年教育和培训白皮书指出,国家教育和培训政策的基础目标是使每个人能进行独立的价值判断,包括品质和技能的提高,并依据宪法原则,使非种族主义、非性别歧视和社会平等、公正和公平的追求变成国家教育系统的基石。这种理念同时被写入南非1996年科技白皮书和艺术、文化与遗产白皮书。教育是文化的构成部分,而文化又是通过教育得以传递的。本土知识作为传统文化的要素,对传承文化、培养学生解决问题的能力,将产生深远的影响,显然应是教育目标的重要组成部分。但是,难点在于如何把本土知识整合进入教育系统。南非本土知识国家战略就此提出了指导原则并指出:第一,应在"新课程大纲说明"中,认识和强调本土知识的重要作用;第二,需要适合的方法学习,以调动本土知识融入不同的学习内容之中;第三,国家学历认证框架(NQF)应对在本土社区中习得的知识和实践,包括口传知识,提供具有法律效力的认定和证明;第四,创立政策手段,维护和监督社区特别是生物多样性地区和经济贫困地区的知识;第五,本土知识具有动态的品质,是在深深嵌入日常生活的基础上而获得活力的,应与终身学习的原则联系起来,使本土知识的教育拓展到学校、学院、研究机构以外。南非本土知识国家战略要求教育部据此采取措施,分阶段整合本土知识进入课程,并尽快建立相关的鉴定机制。

南非的本土知识国家战略同中国的从实际出发思想路线十分相似。特别是看中南非特定的文化传统,从文化传统中寻找发展的积极因素,是非常可取的。

(三)同巴西的比较

巴西的经济社会发展比较快,1950—1980年的30年间,巴西经济以年均7%的速度增长,后来逐渐放缓,进入21世纪,发展的波动性比较明显,见表10-14:

表10-14 巴西GDP年均增长率①

2003	2004	2005	2006	2007	2008	2009	2010	2011	2012
1.1	5.7	3.2	4.0	6.1	5.2	-0.3	7.5	2.7	1.2

20世纪90年代之前,巴西的"金融压抑"非常严重。在90年代以来的改革中,巴西历届政府采取了以下措施:减少政府对金融部门的干预;将那些效益低下的国有银行实行私有化;对外国银行开放;组建多功能银行;逐步放松对资本项目的管制;增强中央银行的独立性。卢拉当政后,继续奉行金融自由化政策。

巴西经济改革取得了不少积极的成效。首先,在90年代以来的大多数年份中,巴西经济能保持较高的增长率;其次,90年代以前久治不愈的恶性通货膨胀问题得到解决,从而使宏观经济形势得到了改善;再次,对外贸易大幅度增长,与世界经济接轨的程度越来越密切。最后,在微观经济层面上,改革的积极成效也是显而易见的,例如,国有企业私有化提高了企业的效益,并使政府减轻了向亏损的国有企业提供补贴的财政负担;又如,金融自由化使绝大多数银行提高了效率,使资本市场得到了快速的发展,使企业的融资渠道得到改善。毫无疑问,在上述成就中,卢拉的贡献是功不可没的。

1999年初,巴西爆发了货币危机。1999年1月5日,米纳斯吉拉斯州宣布在3个月内,停止偿还欠联邦政府的135亿美元的债务,引起投资者恐慌。此后5天内,平均每天有10亿美元的资金逃离巴西。巴西政府奉行雷亚尔贬值政策,扩大出口,减少进口,加上巴西资源雄厚,经济回旋余地大,加上国际金融机构的支持,很快平息了货币危机。

但巴西的问题也是十分明显的,主要是贫富差距大,贫困人口多,收入不平等的基尼系数高达0.6以上;国内基础设施落后,全国铁路不足3万分里,公路、港口、码头和机场等基础设施也不敷需求;宏观经济管理力度不够,中央政府在全国财政收入分配中的比重不断下降,税种繁多,税率过高;各种社会问题严重,2013年各种抗议活动有增无减。

表10-15 1990—2011年巴西的基尼系数

年份	全国	城市	农村
1990	0.627	0.606	0.548
1993	0.621	0.604	0.589

---

① 吴白乙主编:《拉丁美洲和加勒比发展报告》(2012—2013),社会科学文献出版社2013年版,第360页。

续表

年份	全国	城市	农村
1996	0.637	0.620	0.578
1999	0.640	0.625	0.577
2001	0.639	0.628	0.581
2004	0.612	0.603	0.552
2005	0.613	0.604	0.542
2006	0.604	0.596	0.541
2007	0.590	0.579	0.563
2008	0.594	0.586	0.534
2011	0.559		

资料来源：United Nations Economic Commission for Latin America and the Caribbean, *Statistical Yearbook for Latin America and the Caribbean*, 2009。http://websie.eclac.cl/anuario_anuario_2009/datos/1.6.4.xls。吴白乙主编：《拉丁美洲和加勒比发展报告》(2012—2013)，社会科学文献出版社2013年版，第378页。

近十年来，巴西联邦政府采取了一系列措施，以推动廉政建设，预防腐败行为：(1)增加公共政策的透明度和公众参与度，包括政府在信息公开门户网上免费提供信息。政府还通过增加公民意见调查单位的数量加强了公共政策监督过程中的公民参与。公民意见调查单位的数量从2002年的40家增加至2010年的160家；(2)在提供公共服务时，引入基于风险评估的内部控制机制，如规定计划外采购产品和服务要使用信用卡等；(3)设立高标准的公务员行为准则，同时，通过各种途径宣传这些准则。① 进入2014年，巴西正通过即将举办世界杯足球赛和奥运会的契机，加大基础设施投资力度；建立协商对话机制，平息人民的不满情绪；重点发展科学教育，提高发展的后劲等措施促进社会全面发展。

通过同金砖三国的比较，主要想说明：一是大国的情况都比较复杂，从实际出发，特别是从本国的文化和历史传统出发，走出自己特色的道路，这是走向成功的关键所在。具体说来，大国内部条件的多样性，决定了政策的多样性；还有，大国的文化传统比较复杂，渐进转型是一种明智的选择，因为这样可以减少很多阻力；文化和现实兼容得比较好的国家，发展的后劲就比较足。二是创造新的发展模式是非常重要的。目前，最发达的7个工业化国家，总人口未超过

---

① 经济合作与发展组织发展中心、联合国拉美经委会主编：《2012年拉丁美洲经济展望》，当代世界出版社2012年版，第63页。

8亿(美国3.1亿,日本1.2亿,英国0.6亿,法国0.6亿,德国0.8亿,意大利0.6亿,加拿大0.3亿),它们几乎利用了全球的自然资源和市场资源才跻身于最发达国家的行列。而金砖国家共有28亿人口,如果仍然采用传统的发展模式,会带来资源、环境、稳定等一系列问题,寻找新的发展模式是历史的必然。三是通过制度创新和调节,引导人们建立新的生活方式,也是一种必然的选择。我们应把社会主义看成是通过制度创新建设新的生活方式的一个重要阶段,理直气壮地建设中国特色的社会主义。2008年,先有比尔·盖茨在达沃斯论坛上主张用创造性资本主义来改造现有的资本主义,后有英国首相在20国峰会上宣布:新自由主义这页历史已经翻过去了,公开承认资本主义有重大的局限性;2012年的达沃斯论坛更是将反思资本主义制度列入重要议题。我们中国是一个超大型的国家,改革开放以来,提出了"小康社会"、科学发展观、中国梦,都是对新的生活方式的有益探索。

五、俄罗斯学者和其他国家学者论中俄体制转型问题

(一) 俄罗斯学者论中国的改革开放

俄罗斯学者论中国的改革开放,自然更多的是同俄罗斯的改革相比较来理解。分析俄罗斯学者对中国改革开放的认识,有助于我们对"激进"和"渐进"两种转型方式的理解。

毫无疑问,大多数俄国学者对中国改革开放和国家能力的提高给予充分肯定,但同时也指出了存在的一些问题。苏联资深外交家、汉学家顾达寿的观点具有一定的代表性:"戈尔巴乔夫的改革之所以失败,是他试图先从政治上改革,结果是让苏共放弃了执政党的地位,接着是让世界上最大的苏维埃社会主义共和国联盟解体。而在我看来,中国的改革之所以成功,是邓小平根据中国的国情,从经济体制上着手进行一系列卓有成效的改革,同时加强中国共产党的领导地位,使中共在领导改革开放的进程中不断地纠正错误,转变领导作风,反对以权谋私,严厉惩治腐败,从而加强了中国共产党内部的团结,提高了党在人民群众中的威信。"[1]这种观点反映了一般俄罗斯人的看法。

1998年是中国改革开放20周年,俄罗斯有关部门举行了纪念活动,学者们也发表了相当一批有价值的纪念文章。1999年1月19日,俄罗斯《独立报》发表博戈莫洛夫和卡尼德拉绍娃两位教授的长篇文章《中国经济成功的秘密》。文章首先全面回顾了中国改革开放的历史,把中国改革开放划分为两个

---

[1] [俄]顾达寿口述,郑少锋执笔:《直译中苏高层会晤》,当代中国出版社2011年版,第179页。

大的阶段:第一阶段是向市场经济过渡的起步阶段,主要指1992年以前;第二阶段是实行市场经济的阶段。然后明确指出中国的综合国力不断提高:中国的国内总产值从1980年到1997年,年平均增长率超过9%;外贸总额1997年达到3251亿美元,比1980年增加了7.5倍;中国城镇居民的现金收入,从1978年的316元,提高到1997年的5160元;农民居民的现金收入,从1978年的133元,提高到1997年的2090元。文章最后认为,充分发挥国家经济政策的导向作用,是中国改革开放最成功的经验。①

1999年1月19日,莫斯科大学亚非学院召开纪念中国改革开放20周年学术讨论会。俄罗斯国家杜马国际问题研究室的负责人,俄罗斯莫斯科大学亚非学院、俄罗斯科学院世界经济与政治研究所、远东问题研究所、东方学研究所、莫斯科国际关系学院、中国北京大学的学者40多人参加了会议。梅利克谢托夫教授在发言中,充分肯定了邓小平理论在中国改革开放中的历史作用,特别是"猫论"。"猫论"就是注重从实际出发,注重发展社会生产力。格尔波洛斯教授认为:中国改革开放取得了伟大的成绩,但中国现在面临着挑战,即从生产方式的粗放型向集约型的转变,中国领导人很聪明,很早就认识到了这个问题,并提出"科教兴国"的发展战略。但中国要实现粗放向集约的转变,是很难的。中国人口多,阻碍着这个转变。中国能否继续发展,关键看能否实现这个转变。杰留辛教授在发言中说,中国改革最成功的经验,就是有理论指导,而且领导人相对保持稳定,能使理论贯彻到底。现在中国领导人也面临挑战:有人批评中国领导人改革力度不够,还有人批评中国领导人不坚持社会主义,走资本主义,这种意识形态的分歧怎样统一,中国下一步改革面临着选择。卡普罗夫在发言中说,有人认为邓小平的改革从经济搞起,戈尔巴乔夫的改革从政治搞起,邓小平改革一步一步逐渐进行,戈尔巴乔夫开始走得太快,实际上不是这样。在1985—1989年期间,戈尔巴乔夫的基本思路是想学中国,走中国式的道路,因为阻力太大,中国式的道路走不通,逐步改革没有结果,才被迫走上激进改革道路。博罗赫在发言中充分肯定了中国改革开放过程中特区的作用,认为特区是试验性质的,对后来的大发展提供了经验。同时也指出了中国现在存在着腐败、钱权交易、环境等问题,这些问题不解决,会影响中国以后的发展。

1998年,俄罗斯科学院远东问题研究所教授波尔切克夫出版了专著《邓小平时代的中国政治和经济》,他认为中国的经验可以从哲学概念、政治和实践上三个方面去理解:关于哲学概念上的经验,主要有五点:(1)要坚持走自己国家的道路。走出危机、引导改革走向成功可能性的基础在于自己国家内部。这里的关键是要正确认识自己国家强弱的不同方面,扬长避短。(2)改革本身不

---

① [俄]《独立报》1999年1月19日。

是目的,国家的经济发展才是真正的目的。特别重要的是要找到社会政治稳定和改革创新之间的平衡点。要使两者平衡,要运用经济手段不断把改革推向深入。(3)创造正常的市场。要使市场按固有的规律运行,需要长时间的准备和积累,要想在短时间内就建成市场经济是不可能的。(4)改革过程中需要帮助,但这种帮助主要不是来自外部,而是在自身的内部,要坚定不移地依靠本国的政府和人民。(5)改革是个系统工程,不是孤立的,同人们、同传统、同资源密切联系。关于政治上的经验,最主要的是改革战略的正确选择;中央集权系统向现代市场经济转变,要发挥国家调控的作用。关于实践上的经验,最主要的是要制定评价改革成功的基本标准,要把生产力的发展、居民生活水平的提高作为最基本的评价标准。①

一部分俄国学者对中国的改革开放也提出了总体性的看法,主要认为中国改革过程中许多深层次的东西没有解决,如民主问题、产权问题等等,这些问题如果久拖不决,会导致短时间内的总爆发。进入 21 世纪,俄罗斯学者的认识又有所深入,主要是对制度的理解,将文化引入制度的概念中。俄罗斯著名经济学家弗拉基米尔·波波夫指出:"制度的植入是个错综复杂的过程。制度演进中的路径依赖,不总是给引入者带来利益,即使引入的制度更加优越。发展中国家引进西方制度体系基本上会产生两种后果,一种是在东亚、南亚、中东和北非地区,他们在西方制度影响不断扩大过程中努力保留住了传统制度体系;另一种是在拉丁美洲、撒哈拉以南非洲和俄罗斯等地区,他们的传统制度体系在很大程度上遭到破坏的同时,植入的西方制度体系也没有正常运转。"②在这种认识的基础上,波波夫认为中俄改革的不同,很大程度上是中国保留了传统优势的结果:"中国相对较短的中央计划经济经历与苏联相比就是一个优势。""没有毛泽东执掌中国时取得的成就,1979 年开始的市场化改革和赶超就不会展现出如此令世人瞩目的成就",促进中国最成功的因素,就是"强大的制度体系和充足的人力资本"。③ 概括地说,中国是在"整体主义传统的'亚洲价值观'框架中渐进发展","邓小平'摸着石头过河'的著名改革策略深深植根于延续千年的中国传统"。④ 而俄罗斯最缺少的就是这种"整体主义"。波波夫的观点在俄罗斯颇有代表性。

分析俄国学者对中国改革开放的评价,有助于我们更准确地把握中国改革开放的进程。实际上,渐进性改革的优点是明显的,其不足也是显而易见的,那

---

① В. Я. Портяков. экономическая политика Китая в эпоху ДэН Сяопина. Восточная литература РАН. 1998. С. 212.
② 王新颖主编:《奇迹的建构——海外学者论中国模式》,中央编译出版社 2011 年版,第 230 页。
③ 同上书,第 236 页。
④ 同上书,第 237 页。

就是,当选择阻力较小的地方作为改革突破口的时候,就意味着将一些难点问题积累下来。中国的国有企业、政治腐败、扩大民主、环境污染等,就属于这类问题。但是,任何体制转型模式都不可能是完美无缺的,只能选择利大弊小、现实可行的方案。不可否认,渐进转型模式确实存在上述"误区",但这些"误区"在发展中是可以克服的,甚至可以化弊为利。

第一,渐进转型不打断正常的发展过程,而"发展是硬道理",许多问题通过发展都可以得到解决。改革初期的许多问题都是通过发展逐渐解决的。比如,轻重结构不合理,重工业比例过大,通过发展农业和轻工业,结构已经调整过来了。1978 年,中国农、轻、重的产值构成比例为 27.8∶31.1∶41.1,到 1984 年,这个比例为 35.8∶30.8∶34.2。① 再比如,农业联产承包责任制缺少规模效益,农民收入提高不快。后来农民有了启动资金,乡镇企业迅速发展起来,到 1993 年乡镇企业总产值已达 3.9 万亿元,在乡镇企业就业的农民达到 1 亿多人,超过了城市国营企业职工的总和,占农村劳动力总数的 1/4 以上。② 乡镇企业的发展解决了农民收入问题。还有两极分化问题。国家有了钱,可以搞大规模的扶贫。1978 年全国有贫困人口 2.5 亿,1985 年减少到 1.2 亿,1992 年减少到 8000 万。1992 年以后,国家经济发展速度进一步加快,仅 1993 年,用于各项扶贫的资金总量就达 80 亿元,平均每个贫困人口为 100 元。③ 如果没有经济的大发展,两极分化问题将更为严重。当然,这并不是说所有的问题都可以通过发展来解决。比如政治腐败、国有企业效益等问题,则必须采取"攻坚"手段才能取得明显的效果。当社会发展了、"蛋糕"做大以后,能够给利益受损的人以补偿,将有利于减少"攻坚"的阻力,这个道理是不容置疑的。

第二,通过渐进改革积累了丰富的经验,这有利于攻坚任务的完成。中外学者对中国体制转型的经验从多角度进行了研究。俄罗斯学者通过自己切身的体验,更是对中国渐进体制转型的经验给予了充分肯定。实际上,这些经验归结为最主要的一条,就是坚持从实际出发,理论联系实际,实事求是。但是在特定的环境下,怎样从实际出发,却是一个很复杂的问题。如前所述,中国在体制转型的过程中,善于从群众的实践中发现改革的"原生因素",并对这种"原生因素"加以扶植,进行试验,取得经验后逐步推广,将有普遍指导意义的经验上升为方针、政策,就是从实际出发思想路线的具体体现。中国当前所进行的政治体制改革,实际上就是渐进转型经验的继续运用和发挥。比如农村进行的"村民自治"选举工作和城镇进行的政府机关改革工作,都借鉴了以前体制转

---

① 《中国统计年鉴 1987》,第 46 页。
② 《经济日报》1994 年 5 月 24 日。
③ 魏礼群主编:《中国社会全面发展战略研究报告》,辽宁人民出版社 1996 年版,第 330 页。

型的经验。今后体制转型同样要在总结经验的基础上不断深入。

第三,渐进转型,容易使人们的基本价值观趋于一致,形成共识,有利于积累下来的问题的解决。一般说来,社会冲突的深层次原因,在于人们基本价值观的对立。1994年11月7日,10多万人在列宁广场举行集会,纪念十月革命77周年,宣布要为社会主义而斗争;同时在另一个地点,1万多人集会要求取缔俄罗斯共产党。这种基本价值观的尖锐对立,主要是激进转型模式造成的。在没有对原存体制的利弊进行全面分析的情况下,就急于分权,向市场经济过渡,骤然打断原存的经济联系,导致生产急剧下降和国家财政能力弱化,这自然引起人们的强烈不满,加深人们基本价值观的对立,从而会进一步加剧冲突,阻碍生产的发展和财政能力的恢复。在激烈的社会冲突中,人们对社会主要问题的看法无法统一,体制转型很难深入发展。

在体制转型过程中,人们的价值观发生冲突是正常的。问题在于怎样缓解甚至消除这种冲突。按照社会存在决定社会意识的原理,让事实说话,是消除价值观对立的基本途径。中国改革开放之初,安徽等地搞联产承包责任制,遭到了一些人的坚决反对。1979年3月15日,《人民日报》发表署名文章,强调要坚决纠正"包产到组"的"错误做法"。邓小平明确表示:有不同意见是正常的,我们的做法是"不搞争论",[1]"允许不同观点存在,拿事实来说话。"[2]到1984年,全国农业大丰收,显示出了联产承包责任制的优越性,事实使人们的价值观日益接近了。而苏联和俄罗斯的激进转型,没有以事实说服人,造成了价值观的严重对立。俄罗斯政治文化研究中心对1200个公民就资本主义是什么进行调查:1990年41%的人认为资本主义是唯一有活力的制度,1998年这一比例下降到8%;1990年只有不到1%的人认为资本主义是法律名义下的掠夺,1998年这一比例上升到29%。[3] 渐进转型模式的基本特征之一是让事实说话,使人们从看得见的社会进步中,逐渐树立信心。渐进体制转型是一个逐步展开的过程,每个步骤都让事实说话,人们从逐渐收益的过程中产生如下积极后果:一是以前对立的价值观逐渐趋于一致,起码在原则问题上趋于一致,这就为转型的深入打下了坚实的基础;二是对社会问题的看法也趋于一致,比较容易找到以后体制转型深入的主攻方向。

(二)其他国家的学者论中俄的体制转型问题

除了中俄两国学者之外,很多国家的学者和领导人都对中俄两国的体制转

---

[1] 《邓小平文选》第3卷,第374页。
[2] 同上书,第155页。
[3] [俄]《苏维埃俄罗斯报》1998年11月6日。

型进行了深入的研究,他们的观点主要有:

一是将苏联转型的失败更多地归于戈尔巴乔夫的失误。长期担任保加利亚党和国家领导工作的托多尔·日夫科夫在其《回忆录》①中,对中俄两国的转型作了比较。在讲到苏联的改革时,日夫科夫认为,戈尔巴乔夫对改革叫嚷得非常厉害,但缺少对改革的实质、进程和预期结果的明确构想,也缺乏对有缺陷的体制的分析。从而,使苏联的改革走上了危险的道路。由于改革没有找到正确的道路,使苏共从一个极端走向另一个极端。而中国的改革则是20世纪50年代末中苏关系恶化后客观进程的必然结果。第一,中国吸取"文化大革命"的教训,采取根本措施,在经济和政治领域根除了旧制度的许许多多严重弊端;第二,中国是第一个提出发展社会市场经济的社会主义国家,在这种市场经济中,计划仍占有一席之地。中国利用世界科学技术革命,吸引外资,建立了众多的科研机构;第三,中国重视调动人的积极性,不再光靠干劲,而靠利益驱动。对比这一切,苏东搞的是被新斯大林式体系束缚的社会主义,而中国走的是一条与"久经考验"的模式不一样的道路。

二是将中国转型的成功归于邓小平的正确领导。保加利亚侨居澳大利亚的政治经济学家科伊夫·佩特罗夫博士在《戈尔巴乔夫现象——改革年代:苏联东欧与中国》②一书中认为,对苏联和中国的改革不能进行片面的比较。不能用经济改革的成功与失败来解释苏联的崩溃,而要看到戈尔巴乔夫这一特殊的现象。我们在把苏联和中国进行比较时,最好寻找其理论根据。那就是,伟大的政治家邓小平对精神生活领域的"资产阶级自由化"现象进行了谴责,而戈尔巴乔夫的"改革"与"公开性"引起了思想战线的混乱。也就是说,应该把真正意义上的改革同戈尔巴乔夫的"改革"与"公开性"区别开。戈尔巴乔夫的改革不是历史实践中的改革,改革的倡议来自上面,缺乏社会基础,带有某种自发的因素。美国著名学者傅高义在其所著《邓小平时代》中,专门论述了中苏改革问题。他也承认中国与苏联相比具备很多优势:有漫长的海岸线可以利用;"移居香港、台湾地区和东南亚、西方的华人及其后代有2000万之众,他们可以作为资本和知识的来源为中国所用";"地理和种族的同质性也对中国的成功起着重要作用。"但他更认为,"邓小平在关键性问题上做出了与苏联领导人截然不同的选择,而邓的选择在刺激经济增长方面被证明要成功得多"。邓小平的措施主要有:"坚持共产党的权威""需要的忠诚、纪律和信念""为高层领导岗位选拔人才上十分用心""步步推进,不搞大爆炸式的一步到位""中国

---

① 见托多尔·日夫科夫著:《回忆录》,新华出版社1999年版。
② 见科伊夫·佩特罗夫著:《戈尔巴乔夫现象——改革年代:苏联东欧与中国》,社会科学文献出版社2001年版。

必须从观念到贸易向外部世界全面开放"。① 事实证明,邓小平是成功的。

三是将中俄两国转型的不同归于体制内部的差异。美国学者史蒂文·戈尔茨坦在"中国渐进改革的政治基础"一文中指出:20世纪30年代斯大林主持创立了一种政治体制,这种体制的逻辑是"政治与经济的一体化"。苏联的改革在将市场经济成分引入计划经济时,遭到来自行政命令方面的阻挠而失败。这种改革创造了一种既靠市场又靠国家权力的双重依靠的局面,而后者取得了优先地位。庞大的官僚体制反对改革,终于使戈尔巴乔夫认为不能在现存制度的基础上进行经济改革,但戈尔巴乔夫最后还是由于现存制度和易受攻击的新制度而失败了。而中国改革的动力来自"底层",党中央与中央政府的作用只限于"促进改革"。一句话,中国的改革有着深厚的基础,原因在于"中国的计划经济从20世纪50年代初期则是沿着一条很不相同的轨道发展的,各方面都表现出了很大的灵活性。"②还有的美国学者认为,中国经济改革前景看好,俄罗斯却跌得那么惨,是因为从客观上说,"中国有一些特别的优势。中国大陆的地理位置最接近东亚其他欣欣向荣的市场,形成了一种助力,还有由移居海外的华侨组成的广大华商网";从主观上说,"中共在经济上的安排一向是分散式的,虽然政治上实行中央集权,但经济上却实行分散政策,各地都有小型工厂。在迈向市场经济的过程中,这千千万万的小工厂很容易就转向企业化经营或民营化,而俄罗斯徒有庞大、笨重而缺乏效率的工厂,却束手无策。"③英国学者西蒙·皮拉尼也认为,"中国的人口数量几乎是俄罗斯的10倍,而且迄今为止其中大部分仍然生活在农村地区。因此,尽管中国人相对贫困,但是购买力却比俄罗斯大得多。更重要的是,中国的劳动力储备远远多于俄罗斯,而且更便宜。100多万人从农村加入城镇,成为工业扩张的主要动力。从国际资本的角度上看,这是中国最主要的资源。"④

四是将中俄两国转型的不同结果归于不同的转型模式和策略。英国学者罗纳德·哈里·科斯在所著《变革中国——市场经济的中国之路》中,提出了中国转型成功的"四大边缘革命"之说:他认为农业和农村、乡镇企业、城市的个体经济、经济特区这四个方面,在中国的传统经济体系中都处于边缘地带,"中国社会主义经济最为重要的发展并不发生在其中心,而是在它的边缘,在受国家控制最弱的地方。"在这些边缘地带,"政治上的强势集团没有固化的经

---

① [美]傅高义:《邓小平时代》,生活、读书、新知三联书店2013年版,第459—461页。
② 参见英国《中国季刊》,1995年冬季号。
③ 参见《邓小平理论研究文库》(5),中共中央党校出版社1997年版,第1035页。
④ [英]西蒙·皮拉尼:《普京领导下的俄罗斯》,中国财政经济出版社2013年版,第46页。

济既得利益。"①而俄罗斯一开始就将改革的重点放在了国营企业上,触动了既得利益集团的核心利益,遭到了激烈的反抗。美国学者彼得·拉特兰在"后社会主义国家与新发展模式的变化:俄罗斯与中国的比较"一文中,归纳了中俄转型的几个特点:一是"中国领导层自觉地接受全球化,将其视为发展的机遇而非威胁",而"俄罗斯似乎都在全球化冲击所带来的痛苦之中。"②二是"俄罗斯走向了与西方一体化和市场民主的道路,而中国则竭力维持它的威权制度"。③三是"农业是中国改革的最初驱动力,而在俄罗斯,改革几乎没有触及农业生产组织。"④四是中俄两国很多因素都是不确定的。拉特兰还归纳了两国一个共同的走向,就是市场因素被渗入了威权主义的实践中去,形成了几个基本要素:第一,领导人致力于维护国家主权和民族认同的统一;第二,领导人把经济增长视为主要目标;第三,认同市场机制是经济增长最有效的工具;第四,市场必须受到政府的监管;第五,自由民主并非最适宜的和最必要的;第六,中产阶级是社会的基础。⑤诚然,这些归纳并非准确,但确实反映了中俄目前的共同特点和走向。

通过中俄体制转型的国际比较,我们可以在更广阔的视野上来看待转型中的一些具体问题。将转型过程中的转型和发展紧密地结合起来,以转型促进发展;将体制和文化更好地结合起来,以文化促进体制的变迁;将改革和开放紧密结合起来,以开放和国际经验促进国内的改革。

---

① [英]罗纳德·哈里·科斯:《变革中国——市场经济的中国之路》,中信出版社2013年版,第114页。
② 王新颖主编:《奇迹的建构——海外学者论中国模式》,中央编译出版社2011年版,第239页。
③ 同上书,第241页。
④ 同上书,第248页。
⑤ 同上书,第255页。

第十一章 中俄两国渐进体制转型模式深入的途径(一)

一、中俄两国体制转型面临的国际背景

中俄的体制转型,伴随着历史的脚步,已经进入了21世纪。俯瞰这种转型深入的背景,呈现在我们面前的是一个五彩斑斓和剧烈变动的大世界。

一是经济全球化。经济全球化的内涵主要包括:参与世界经济竞争的国家日益增多;国家之间的经济联系日益密切,跨国公司成为影响世界经济发展的重要因素;区域经济集团化倾向也在迅速发展,北美自由贸易区、欧盟、拉美南方共同市场、亚太经合组织等世界经济组织开始有了实质性的意义;生产要素在世界范围内流转的速度空前加快,上百亿美元的资金转瞬间就能在世界转一圈,而要素流转的成本却大大地降低了,从而推动了国际贸易、跨国投资和国际金融的迅速发展;世界经济发展越来越不平衡,穷国与富国之间的差距扩大;各国文明之间的冲突不断加剧。

进入21世纪,经济全球化的内涵又进一步向前发展,主要表现为:市场经济的自由化倾向和国家干预的保护主义倾向交织到一起,呈现出更加复杂的特点;以发达国家为主导、跨国公司为主要动力的特点更加突出。跨国公司高速度发展,形成无国界经济,主导着全球经济一体化。目前全球8万家跨国公司已控制世界贸易的60%多,世界生产的40%多,世界直接投资的85%—90%和世界专利技术转让量的80%左右。[①] 跨国公司调整国际产业结构进一步深化了国际分工;金融全球化加快了世界各经济体间的资本流动及风险传递。

二是信息产业化。在刚刚过去的20世纪中,人类最为自豪的事情,就是科学技术的发展。以20世纪之初相对论和量子力学的发现为开端,此后不断有惊人的发展和长足的进步。到了90年代,科学技术又一次获得突飞猛进的发展,其中尤以信息技术一枝独秀。在80年代中期,信息技术发展的潜力并不为

[①] 陈锦华等:《开放与国家兴衰》,人民出版社2010年版,第393页。

大多数国家看好,就连创造经济奇迹的日本也不在意,只有美国科学家重视这件事。富有冒险精神的美国人说干就干,特别是在克林顿政府于1993年实施了"信息高速公路"计划后,仅仅几年时间,就把日本人远远抛在了后面。到2000年,美国信息产业的产值达到8500亿美元,超过汽车业的7850亿美元,成为美国第一大产业。伴随着信息产业的发展,知识经济的概念出现了。信息成为推动社会和经济发展的重要资源。

信息产业的发展在深刻地改变着社会,网络的发展是当前一个重要的社会现象。随着互联网普及率的快速增长,网民群体的不断扩张和各类网络产品的大量涌现,中国互联网的发展逐渐走向成熟。截至2013年年底,中国网民人数已达6.18亿;手机网民人数也已达到5亿。在网络迅速发展的背景下,出现了"意见领袖""网络问政"等新的社会现象。

对于信息革命对社会的影响,人们有着各种各样的描述:有人称作"第三次工业革命",相比于以纺织机器为代表的第一次工业革命和以汽车为代表的第二次工业革命,把数字化制造、新能源、互联网之间的结合看成是第三次工业革命的主要标志;也有人称作"互联网社会",家庭办公,网上购物,网络大学,都将成为普遍的社会现象,这将深刻地改变着人们的生活方式;还有人称作"手机统治的世界",以后人们生活相当多的内容,都可以通过手机来完成。总之,信息技术在迅速地改变着世界。

三是世界多极化。一方面,从世界总的发展趋势看,第二次世界大战结束以来,世界经历了从战争与革命到和平与发展的转变,这个转变目前仍在继续;另一方面,东西方冷战的局面结束了,世界开始了多极化的进程,具体表现为:大国关系在重新调整;地区冲突、民族和宗教问题开始暴露出来;特别是新的霸权主义、强权政治有所抬头。

首先,欧美发达国家体系发展遇到了暂时的挫折。先是21世纪前十年中期开始于美国的金融危机。华尔街的金融危机是20世纪30年代"大萧条"以来最严重的金融危机,世界经济、国际贸易、国际资本萎缩程度均超过二战以来任何一次危机。发达国家经济出现战后第一次整体性衰退,最终损失超过20世纪70—80年代的石油危机。据国际货币基金组织(IMF)统计,2009年发达国家经济平均下降3.7%,其中美国、欧元区和日本经济分别下降3.5%、4.3%和6.3%。接着是2009年10月起源于希腊的欧元区主权债务危机。2009年10月,希腊总理帕潘德里欧在上台后不久即对外宣布希腊财政赤字占GDP比例已超过13%。12月,全球三大评级公司轮番下调希腊主权评级,引发市场恐慌。2010年4月23日,国际货币基金组织宣布希腊政府正式向其申请贷款,要求救援,希腊主权债务危机就此全面爆发。2011年7月以来,从希腊开始的欧洲债务危机在欧元区蔓延,并迅速波及意大利、爱尔兰、西班牙等,这些国家的债务也达到了相当严重的程度。这些国家几乎无一例外的采取削减公共支出、降低基本工资等措施应对危机,并引发了政治动荡。这些政治动荡又反过来加剧债务危机。2011年11月9日,希腊总理帕潘德里欧辞职;11月12日,意大利总理贝卢斯科尼也被迫下台。再就是出现在美国的"占领华尔街"运动。2011年年末,由于美国失业率高达10%,一些下层民众生活水平急剧下降。这些失业和底层的民众在华盛顿和纽约的广场上聚集起来,安营扎寨,举行抗议活动,一直延续了几个月,尽管遭到镇压和驱赶,但在2012年又曾重新聚集。这充分反映了西方社会的不平等和尖锐的矛盾。

其次,发展中国家仍然保持了一定的发展势头。中国、巴西、俄罗斯、印度、南非"金砖五国"的发展速度都保持在5%以上,这些国家的发展都程度不同地带动了相关地区的发展。但也要看到,到2012年下半年,"金砖五国"的发展也受到一定的影响,经济危机有向全球蔓延的趋势,这从一个侧面反映了经济危机的严重性。但总的来说,以中国为代表的发展中国家,还将保持一定的发展势头,一是这些国家有着巨大的发展潜力;二是这些国家有着能源和劳动力方面的优势;三是这些国家几乎都经历过巨大的挫折,这种挫折是巨大的精神财富,有利于寻找到正确的发展道路。

再次是地区冲突不断。随着世界经济一体化和经济发展的不平衡,各种矛盾显现出来:(1)由于政治制度的差别和西方价值观念的强行推广,先是2004年在乌克兰等国出现了橙色革命,后来在埃及、也门、叙利亚等国出现了"茉莉花"革命,长期执政的一些领导人纷纷下台,这些国家的动荡仍然在持续;到了2012年下半年,叙利亚内部的武装冲突进一步发展;埃及围绕着是否扩大总统权限的"宪政危机"急剧升级,抗议活动达到高潮;(2)由于经济发展和对资源的依赖,各国争夺资源的矛盾越来越尖锐。苏丹和南苏丹围绕争取油田的国内战争;英国和阿根廷围绕马尔维纳斯群岛的纷争;日本要求扩大大陆架同各国的矛盾等等;(3)地区冲突也不断加剧:伊朗的核危机,朝鲜半岛的冲突,伊拉克和阿富汗的国内冲突,以色列同阿拉伯世界的矛盾等等,这些矛盾和冲突都有着深刻的内在原因。特别需要提及的是2014年2月爆发的"乌克兰危机"。这种危机以乌克兰亲欧美势力街头抗议要求加入欧盟为起因,后来罢免了亲俄的总统亚努科维奇。俄罗斯坚决反击,以克里米亚地区全民公决的方式,"收回"了原属于俄罗斯、现属于乌克兰的克里米亚地区,致使危机告一段落。"乌克兰危机"实际上是冷战结束后北约东扩的巨大反弹,即使不出现新的"冷战",也会严重影响俄美欧关系和地区的发展。

二、俄罗斯渐进转型模式的全面实施

(一) 俄罗斯渐进转型模式的内涵

2000年1月1日普京任俄罗斯代总统和同年3月当选俄罗斯总统,标志着俄罗斯一个新时代的开始,即政治和解时期的开始,渐进转型模式的全面展开时期的开始。普京明确指出:俄罗斯要想走向繁荣,"只能采用渐进的、逐步深入的方法。"①实际上,俄罗斯从1992年年末,叶利钦免去盖达尔的代理总理职务,任命切尔诺梅尔金为政府总理开始,已经初步实施了渐进转型的政策,但全面实施还是从普京开始,因为渐进转型有着特定的内涵:首先,这种渐进转型全面实施的最基本的标志,就是在思想方式上的革命,即走俄罗斯自己的独特的发展道路。其次,实行全面的政治和解政策。普京的全面政治和解政策首先表现在正确对待历史和俄罗斯共产党。普京在论述千年之交的俄罗斯向何处去时指出:要回答这些问题必须弄清应该从过去和现在吸取哪些教训。他不得不承认苏联时期的历史成就和俄共在国家生活中的地位。在他看来,俄罗斯在计划经济时期取得了毋庸置疑的成就,同时社会和人民在这一社会试验中又付出了巨大代价,否认这两者中的任何一面都是错误的。他对俄共采取妥协的态度,并在纲领中吸收了俄共等左翼政党的某些主张。他还高度评价普利马科夫、卢日科夫、久加诺夫等人在团结俄罗斯人民中所起的作用。"家园"领导人费·雷日科夫也认为:"新的政治体制将包括俄共,因为大约1/4的公民仍然信奉苏联的价值观"。在列宁诞辰130周年之际,俄罗斯报刊上登载了大量纪念列宁的文章。这充分表现了苏联时期社会主义革命和建设的历史成就对俄罗斯现今和未来的发展产生的深刻影响。最后,普京提出要全面提高国家效率,加强国家调控。普京批评了国家和官僚主义,他说:国家政权机制"严重荒废,作风涣散,缺乏纪律性";"国家机器的运转时常间断,有效运转率极低";地方的法令法规大约20%"违反法律","毁掉国家统一的法律空间";国家的法律有一些"还是60年代初通过的";"新杜马手中大约有2000项待通过的法案"。这些都直接"影响到整个国家经济和社会领域"。要把俄罗斯建设成"一个强大、智慧、公正的国家",联邦议会在通过一系列重要法案时要"更具进攻精神",司法部门在其中应起重要作用,采取更坚决的行动。"俄罗斯需要一个强有力的国家政权,它将是一个以法律为基础的、切合实际的联邦政府。"②实际上,普京的思想可以概括为一点,就是通过加强国家的调控,特别是法律的调

---

① 普京:《千年之交的俄罗斯》,[俄]《独立报》1999年12月30日。
② 佟建舟、王勇编著:《铁腕普京》,时事出版社2000年版,第308页。

控,推动市场经济的发展。

（二）普京"治国理念"的进一步分析与"梅普组合"问题

普京确立了"强国意识"的治国理念之后,在实际推行过程中,又有所发展,使这个理念更加丰富和完善。

第一,构建强国富民的基本环境。俄罗斯基本目标就是强国富民。这就需要在经济上保持必要的增长速度。普京的思路非常清楚:要实现经济增长必须是有成效的建设新的工作,这种工作不可能在一个四分五裂的社会里进行,不可能在一个主要阶层和政治力量信奉不同价值观和不同意识形态方针的社会里进行。因此,思想精神和道德基础对于团结俄罗斯社会来说是最具有特殊意义的。要以"统一价值观为基础",建立"可控民主"和"主权民主"相结合的政治理念和政治体制,实现俄罗斯的强国梦。实现强国战略的关键在于提高国家竞争力。国家竞争力包含的主要内容是:国家管理竞争力,包括国家调节、国际服务、管理国有经济等内容;企业竞争力,包括节约使用能源和原材料、提高劳动生产率、促进企业管理与技术创新;人力资本竞争力,包括在全球市场上形成有竞争力的教育体系、保证经济发展对各方面高级专门人才的需求、促进国家科技潜力的发挥、提高全民族的平均教育水平、实现公民健康和社会保障体系的现代化。

第二,明确"俄罗斯新思想"。普京治国理念的思想基础就是"俄罗斯新思想"。"俄罗斯新思想"是一个复杂的集合体,但其中最核心的内容是"大国意识"。俄罗斯是个大国,历史上"大俄罗斯主义"深入人心。"大俄罗斯主义"具有两面性:对外扩张、盲目自大是其消极性;但可以凝聚人心,不断进取是其积极性。普京把俄罗斯文化中最主要的"大国意识"加以完善,发展成强国意识。在俄罗斯内忧外患的背景下,将尖锐对立的几方面团结起来,这个"大国意识"起到了凝聚人心的作用。

第三,深化俄罗斯的政治基础。俄罗斯的政治基础就是"可控民主"和"主权民主"的结合。"可控民主"更多的指向国家内部,"主权民主"更多的指向国家外部。两个概念都是由著名政治评论家维塔利·特列季亚科夫概括出来的。其中最主要的概念是"可控民主"的概念:即俄罗斯要走西方式的民主道路,但要在国家的有效控制下逐步推行。现今最主要的是社会和谐、发展经济,这是发展俄罗斯民主的基础和前提。

通过以上分析可以看出普京政治理念有三个显著的特点:

（1）中间性。换言之,普京想走一条中间道路,这种中间道路,既不同于激进民主派的主张,也不同于俄罗斯共产党的观点,起码有四个具体的内容:其一,俄罗斯不能走回头路,认为"苏维埃政权"未能使国家繁荣和人民幸福,过去70年已使国家大的发展走进了"死胡同",偏离了人类文明的康庄大道;其二,俄罗斯只能实行"渐进的逐步的和审慎的"改革,不能再搞激进改革;其三,俄罗斯必须走符合自己国情的发展道路;其四,吸收西方文明的成果。强调自由、民主和市场经济是全人类的共同价值观,是人类社会发展的"康庄大道"。如果我们仔细分析上述四个特点,就会发现,普京既强调了"走自己的路",也注重学习西方的文明成果;既强调改革出现失误,也表明不能回到"苏维埃政权"的老路上去。在上述基础上,强调"俄罗斯新思想"。因此,有明显的"中间性"。

(2) 务实性。普京的很多政治理念和原则,其目的是很明确的,就是要提高人民的生活水平,提高国家在世界上的地位。比如强调"可控民主",是要集中国家的力量发展经济;强调"主权民主",是要提高国家的威望和地位,抵御"颜色革命"。普京每一个政策的出台,都有明确的目的。显然,普京很少谈抽象的民主和自由,总是将这些抽象的问题同俄罗斯的实际紧密结合起来。

(3) 民族性。主要是以俄罗斯思想为政治理念的基础。"俄罗斯思想"的基本内容,用最简单的话语来表达,就是要解决:俄罗斯是什么样的国家?(国家和民族属性)占据什么样的地位?(在历史、当今世界上的作用)要到哪里去?(发展方向)这是好几代俄罗斯人都提出过,并且还在探讨的问题。从俄罗斯民族的出现,一直到第一个沙皇产生、俄罗斯帝国建立、彼得大帝再次开通向西方的大门实行改革、十月社会主义革命、苏联解体、俄罗斯独立,这几百年的历史可以全部浓缩在以上三个问题当中。应该说,普京对这些问题都有了明确的回答。

普京执政过程中还有一个"梅普组合"问题。梅德韦杰夫出生于1965年9月14日,列宁格勒大学法律系毕业后又在该校读法学研究生和任副教授,后兼任市长法律顾问和外事顾问,出任过事务烦琐、直接为政府首脑和国家元首服务的政府办公厅副主任和总统办公厅主任,出任过世界最大的天然气集团俄罗斯天然气工业公司董事长,主管过经济工作。

梅德韦杰夫与普京同为列宁格勒人,同为列宁格勒大学法律系高才生,他俩先后师从列宁格勒大学教授索布恰克,1990年起至1996年,他们同为圣彼得堡市市长,即他们的老师索布恰克的顾问并同时在市政府外事委员会任职,而普京是顾问小组组长、外事委员会主席和分管外事和招商引资的第一副市长,梅德韦杰夫则为普京的直接部下,他们相知甚深,配合默契。普京1999年8月出任俄罗斯政府总理,同年11月把梅德韦杰夫调到身边,任政府办公厅副主任。普京出任总统后,又把梅德韦杰夫调任总统办公厅第一副主任和主任,2005年又将其从总统办公厅主任的位置上直接升任政府第一副总理,分管社会问题和市场改革,2006年又让他主持与解决民生问题最为重要的医疗、教育、住房和农业四大国家项目工程。2008年5月,俄罗斯最高权力完成了新一轮交替。梅德韦杰夫任总统,普京从总统的位子上退下。5月8日,新任总统梅德韦杰夫提名普京为政府总理,议会当日即予以批准。

其实,普京和梅德韦杰夫在治国的基本理念上是一致的。从2008年梅德韦杰夫当选总统,普京任总理以来,"梅普组合"运转基本顺畅。俄罗斯对"梅普组合"的民间调查显示,60%的俄罗斯人认为梅德韦杰夫和普京的共治是有效的,并具有长期性。[①] 梅德韦杰夫和普京都强调要加强国家调控,关注民生,增加政治透明度,完善法律体系,坚决反腐败等等,如果说有分歧,主要表现在民主、国家的作用、现代化三个问题上:

一是民主问题。普京和梅德韦杰夫都承认民主的重要性和普遍性,但是比较起来,普京的民主观更多地强调民主的民族特征,而梅德韦杰夫的民主观却更为强调民主的普世性。2005年4月,普京在国情咨文中明确指出:"我认为我们所选择的民主道路具有独立性。所以我们在前进时将考虑到自己的内部情况,但是,必须以法律和宪法保障为基础。……俄罗斯作为国家能够并且将自主地为自己确定沿着这条道路前进的期限和条件。"后来普京的下属和支持者提出了主权民主的概念。梅德韦杰夫却坚持民主的普世性,多次质疑主权民主的概念,他认为:民主作为一套制度"是共同的财富,世界各地对它的认知在很大程度上是相同的"。"说到政治制度、国家形态、国家的组织形式,那么,民主绝对是基石,与其相对应的只能是独裁专制制度。"[②]

二是国家的作用。普京十分看重国家的作用,他多次强调俄罗斯"不能没有国家的监控。不能分散国家力量"。[③] 梅德韦杰夫则在发表的文章《前进,俄罗斯!》中,不仅否定了彼得大帝的历史经验,也否定了苏联时代的全部经验,认为这些经验都不能作为当今现代化的效仿对象。他说,"这些成就一般都是通过过度消耗力量、耗尽集权国家机器全部能力所取得的"。[④] 梅德韦杰夫更主张自由主义的改革。

三是俄罗斯的现代化问题。梅德韦杰夫的现代化是经济、政治和社会领域的全面现代化,其中政治现代化占有突出的地位,民主自由得到特别强调。普京的现代化,通常指的是社会经济领域的现代化,没有政治现代化的命题。普京2008年委托制定的《2020年战略》的实际名称就是《2020年前俄罗斯社会经济长期发展构想》,其要旨是:在全球竞争条件下俄罗斯传统经济向创新型

---

① 吴恩远主编:《俄罗斯东欧中亚国家发展报告》(2011),社会科学文献出版社2011年版,第159页。
② [俄]德·阿·梅德维杰夫著:《俄罗斯国家发展问题》,世界知识出版社2008年版,第48页。
③ 《普京文集》(2012—2014),第50页。
④ 徐向梅主编:《俄罗斯问题研究》(2012),中央编译出版社2014年版,第141页。

经济的转变。而政治方面,特别是民主方面的发展,普京却是有意将其回避了。

正是由于上述问题上的分歧,导致对俄罗斯发展战略和侧重点上的分歧。普京曾经明确表示,如果2012年参选总统成功,他仍将沿袭强人治国的理念与方法,循序渐进地进行调整式改革,建设一个自成体系的强大俄罗斯。而梅德韦杰夫则强调:俄罗斯未来发展方向,在政治领域"重启民主";全面恢复各级政治制度中的选举制度;议会制和司法权同行政权分离;通过加强直接民主制度和公民社会制度的发展,建立政治自由制度和经济自由的制度。而在经济领域,要尽力减少国家的干预程度,"必须使经济摆脱手控闸的控制"。"经济自由还要有高度的法律保障机制,保护私有财产,保护自由竞争环境。"①

同时,我们更要看到,随着"梅-普组合"向"普-梅组合"的发展,普京在2012年重新回到总统宝座,梅德韦杰夫转任总理,两个人的关系有很大变数,但向一致方面转化的可能性更大,普京重新担任总统两年多的实践已经证明了这一点。

(三)新普京时代的基本方向

2012年5月7日,普京在克里姆林宫第三次宣誓就任俄罗斯联邦总统,正式开启了俄罗斯的新普京时代。新普京时代与普京时代、梅普组合时期一脉相承,但是也有一些显著的变化:(1)政治上稳步推进改革;坚决反对激进式的政治改革,在现有法律框架保证政治制度的有效运转,比如准备将国家杜马组成由比例制恢复为混合制,已酝酿多年,但还没有实施,还需要进一步加以论证;坚决维护总统权威。俄罗斯政治体制中最具特色和最为关键的是"超级总统制",面对要求制约总统权力的呼声,普京毫不让步;理顺中央和地方权力分配体系。根据2012年6月生效的新《地方行政长官选举法》,俄将重新实行地方长官直选制,但普京坚持总统保留监督、管理和撤换地方行政长官的权力,使中央和地方的权力保持平衡。(2)转变经济增长模式。俄罗斯是全球自然资源第一大出口国,2012年占世界自然资源出口总量的10.5%。普京提出2015年前把投资规模扩大到GDP的25%;2018年前将高科技、高附加值产品总产值在GDP中的比重提高1.3倍;2020年前创造2500万个高技能就业岗位。(3)坚持民生优先的原则。鼓励生育并每年吸引30万劳动移民,到2050年前使人口由现在的1.43亿增长到1.54亿;每年新增200万套住房;四年内建立起医护人员职业水平测评机制;(4)注重社会价值体系的构建。

在转型前,中俄[苏]都以社会主义和共产主义的价值体系作为统一的意识形态,这保证了社会的团结和国家的完整、统一。但转型启动后,这种价值体

---

① [俄]德、阿、梅德韦杰夫著:《俄罗斯国家发展问题》,世界知识出版社2008年版,第39页。

系受到了经济体制改革的影响和西方文化的冲击。俄罗斯已经公开放弃了共产主义价值体系的指导作用,人们在价值观上的分歧是一个基本的社会现象。最新的民调显示,只有38%的俄罗斯人赞成恢复苏联时期的体制和思想。① 相反,东正教在维持社会稳定方面起了重要的作用,尽管普京反对"在俄罗斯恢复任何形式的国家官方意识形态"②,但他也承认,如果没有统一的信仰,建设国家的任务"在一个四分五裂、一盘散沙似的社会里是不可能进行的"③。普京明确提出,宗教"应该用人类价值观的精神培养正在成长起来的一代人"④;"只有全国家的价值观、道德和伦理的概念才有可能在今天把所有生活在俄罗斯的民族团结起来。"⑤事实上,普京上台后,将爱国主义、强国意识、国家观念、社会团结作为新价值体系的基本内容,不但借助了中俄传统政治文化中共有的因素,利用"可控民主"和"主权民主"来弥合西方制度和民主传统间的矛盾,还通过扶植东正教会、加强学校宗教教育、重视宗教社会活动等措施,极大强化了东正教信仰在恢复民主传统文化和重建民族国家认同中的作用,社会核心的价值体系被构建起来。普京不止一次提到国家建设与民族传统道德价值观的关系,肯定这种道德准则与宗教的关系:"我们在解决管理问题,制定管理任务的时候,我们首先依靠的是健康的思维。当然这种健康的思维应该建立在道德准则上。我认为,在当今世界,道德准则不能,也不可能与宗教价值观相分离。"⑥"俄罗斯文化基础是基督教价值观。"⑦"我深信,整个人类社会乃至具体个人失之就无法生存的道德观一定是宗教性质的。"⑧"俄罗斯的政治体制应该不仅符合民族的政治文化,而且要与民族的政治文化一起发展。只有这样,政治体制才能既是灵活的,又是稳定的。"⑨普京通过宗教、现实的爱国主义、传统的大国意识这"三位一体"的思想结构构建起了社会核心价值体系并获得了成功。

---

① 俄罗斯列瓦达民间调查研究中心2012年6月数据:http://www.levada.ru/25-06-2012/rossiyane-o-vozvrashchenii-putina-na-post-prezidenta
② 《普京文集》,第8页。
③ 同上书,第7页。
④ 同上书,第151页。
⑤ 同上书,第151页。
⑥ 同上书,第642页。
⑦ 同上书,第544页。
⑧ 同上书,第666页。
⑨ 同上书,第686页。

三、中国渐进体制转型模式的伟绩及局限

中国渐进转型模式的伟绩,主要通过表 11-1 反映出来①:

表 11-1 1979 年—2012 年中国经济年均增速 9.8% 同期世界经济年均增速只有 2.8%

	1978 年	2012 年
经济总量占世界份额	1.8%	11.5%
国内生产总值	3645 亿元	518942 亿元
人均国内生产总值	381 元	38420 元
外汇储备余额	2 亿美元	33116 亿美元
城镇居民人均可支配收入	343 元	24565 元
农村居民家庭人均纯收入	134 元	7917 元

分析上述数字和相关材料,这种伟绩通过三个标志性的成果反映出来:

第一,经济总量成为世界第二大经济体。到 2012 年年末,中国的 GDP 达到 518942 亿人民币,稳居世界第二位。回首中国经济总量的发展,1992 年超过俄罗斯,1993 年超过加拿大,2000 年超过意大利,2005 年超过法国,2006 年超过英国,2008 年超过德国,2011 年超过日本,成为世界第二经济大国。

第二,2011 年年末,中国人均国内生产总值约 6300 美元,达到世界中等偏上收入国家水平。

2000 年 12 月 30 日,中国国家统计局召开新闻发布会,宣布 2000 年中国 GDP(国内生产总值)比 1999 年增长 8%,超过 8.9 万亿元。这个数字换算成美元将超过 1 万亿,分摊到每个人身上为 849 美元。这是中国的 GDP 首次突破 1 万亿美元,人均 GDP 首次突破 800 美元。人均 GDP800 美元是"低收入国家"(人均 GDP800 美元以下)与"中等和中低等收入国家"(人均 GDP800 至 3000 美元)的分水岭。中国终于把"穷国"的帽子丢在了 20 世纪。历史还在向前发展。1978 年中国的人均 GDP 仅仅相当于苏联的 13%,而 2003 年则已经接近俄罗斯的水平,达到后者的 76%。到 2008 年,中国人均 GDP 已经达到 3266.8 美元;到 2012 年,中国的人均 GDP 已超过 6000 美元。

第三,贫困人口减少,贫困发生率下降。我们先将贫困问题作一个国际比较:

---

① 见 2013 年 11 月 13 日《光明日报》。

表 11-2　中国、印度和发展中国家国际贫困发生率(1990—2011)(%)①

	1990	2005	2011
中国	60.2	15.9	<5
印度	51.3	41.6	22
发展中国家	46.0	27.0	<15

注：国际贫困发生率是按国际绝对贫困线(每人每日生活费低于1.25美元)计算。

计算数据来源：联合国：《千年发展目标报告(2011)》;《中国统计摘要(2011)》;World Bank, *World Development Indicator* 2011。

1978年,我国农村贫困人口有2.5亿人,到1993年,已减少到8000万人,贫困人口占农村总人口的比重从30.7%下降到8.87%。② 从1994年到2000年7年间解决8000万贫困人口的温饱问题,这是一项十分艰巨的攻坚战。因此,国务院制定了《国家八七扶贫攻坚计划》。到2000年,"国家八七扶贫攻坚计划"全部完成,贫困人口由1993年的8000万人减少至3000万人;农村贫困发生率从30.7%下降到3%左右。国定贫困县农民人均纯收入从1985年的206元提高到1999年的1347元。

中国共产党领导人民进行革命和建设的目的,就是要让人民过上幸福的生活。在革命和建设的过程中,要让人民得到实实在在的利益。马克思说："人们为之奋斗的一切,都同他们的利益有关"③。在改革的初期,利益的作用就显得更为重要。因为对改革人们之间肯定会有不同的认识,如何评价不同的认识,只能是实践的结果,特别是人们得到的具体利益。中共抓住了这个关键的问题,边改革,边让人们得到实际的利益。这一方面可以消除人们认识上的差别;另一方面可以动员人们拥护改革,这是改革发展的最基本的动力。

诚然,中共十一届三中全会以后,中国经济建设已取得举世瞩目的成就,但是在另一方面,我国人口多,底子薄,又耽误了不少时间,现在国力还不够强大。我们更要看到现在许多国家发展都很快。人贵在有自知之明。一个国家,一个民族也是如此。知不足后方能奋斗。我们一定要继续集中力量把经济搞上去。当年美国赶上英国花了120年,日本从明治维新算起已干了140多年,目前人均已超过美国,但综合国力差不少。相比较而言,我们的基础更差,更需要继续努力。

这里自然涉及中国的改革如何深入的问题。对中俄"大国渐进改革优于激进改革"的论断,要做辩证的分析,因为转型正在向前发展。中国改革之初

---

① 胡鞍钢等：《2030中国》,中国人民大学出版社2011年版,第50页。
② 武力主编：《中华人民共和国经济史》下卷,第940页。
③ 《马克思恩格斯全集》第1卷,人民出版社1995年版,第187页。

有"落后的优势",现在发展了,落后的优势已经丧失。转型包括两个方面的内容:功能性的和结构性的。俄罗斯的激进转型,主要是结构性的,只不过是走得过快。中国的渐进改革,有结构性的,但更多的是功能性的,即不论是自上而下,还是自下而上,是先干再总结,还是先号召后干,都是由政策来促进和保障每一项改革实践。这样,较少涉及体制的结构性改革。但20多年后的今天,功能的效用受结构制约的矛盾日显突出,体制的结构改革就成了深化改革的主要内容。这是非常必要的,因为政策的合法性和必然性,是由体制的结构来保证或制约的。政策不稳定,在某种程度上反映了政策和体制的不一致。中国前段时间存在的乡镇村基层政权侵犯农民利益的众多现象,像乱罚款、随意废止承包合同;更有各种行政审批制度改革很难推进,不同利益阶层的利益固化现象严重,这些都是体制结构性改革滞后的表现。如果放任这些现象发展,大有断送20多年改革成果的危险。更为可怕的是,渐进转型极容易从文化上的保守主义走向转型上的保守倾向,从而拒绝必要的体制结构方面的改革。对此我们应该保持清醒的头脑,就是要避免从文化上的保守倾向而导向教条主义。俄罗斯是从极端性上走向思想僵化的,我们却容易从经验主义走向教条主义。有的学者从思想方法的角度认为"中国文化一贯特征是重实用而轻思想,重经验而轻学说"[1],是有一定道理的。"唯理主义的最大好处是推动你追求逻辑的一贯性,而这是一切认真的科学所必须具备的东西。"[2]中国的思想文化史,两千年中始终没有摆脱古圣先贤价值观念的藩篱,一直未能培育出一个自觉认识外部世界的方法论。我们看培根的《新工具》、笛卡儿的《方法谈》,真如解冻的春风,融化了中世纪宗教教条的冰城,冰消雪化之后便是满眼春色。他们的思想方法为欧洲人开辟了一个崭新的世界。中国人却目光专注于君上心意、祖宗成法、百姓规矩。经验主义和教条主义是一对难兄难弟,主要表现为经验主义难免成为教条主义的俘虏,因为经验主义自己缺少理论上的创造性,只好对别的理论顶礼膜拜。一搬弄教条,就容易失掉许多变革和发展的大好机会。因此,在坚持从实际出发的前提下,加强理论上的创造性,克服文化上的保守倾向,是转型中结构改革必需的思想方法论。

这里自然涉及一个问题:思想方法创新的基本工具是什么?答案就是法制和法治文化。当前,世界经济发展日新月异,竞争日趋激烈。创新成为经济发展的基本的支撑点。创新的最基本保障就是法制建设。从创新的起点上说,凡是法律没有禁止的事都是可以做的;从创新的结果上说,法律提供科学的评估体系,保证创新者正当利益的实现。西方文化在法制的基础上要注入"人本主

---

[1] 复旦大学历史系编:《中国传统文化的再估计》,上海人民出版社1987年版,第5页。
[2] 同上书,第111页。

义"的观念；中国传统政治文化则要在"人本主义"哲学理念基础上注入法制的成分，使两者在法治的原则上达到统一。中国传统政治文化只有走"法制化"的道路，才能为社会的创新发展提供文化上的保障。

渐进改革的局限性，不是从一般意义上讲的，而是在同激进改革相比较的过程中来研究的。中国的渐进式转型模式已经实施三十余年了，现在进入到了攻坚阶段，并在事实上越来越受到各种因素的掣肘，改革所面临的阻力也在逐步加大，出现了越来越多并且在一定程度上越来越严重的有悖于改革进一步深入的各种现象。例如：收入分配的扭曲、既得利益集团的形成、腐败现象的蔓延、竞争秩序的混乱、价值标准的缺位以及各种社会矛盾的激化等。事实上，正如人们所认识到的那样，渐进式改革的优势所在可能正是它所伴随的借此缺陷的根源。这正如一项政策或制度供给方案的选择与实施都有其负面效应一样，人们作出某种选择所遵循的是"两害相权取其轻、两利相权取其重"的优选原则。因此，可以说任何一项优选策略都不过是利弊权衡的产物，其结果都只能是"次优"而不是"最优"。渐进式改革的主要优点，在于避免大的社会冲突与经济震荡，在付出较低的社会成本逐步推进改革的同时，保持经济的不断增长。不过，渐进改革模式自身的局限性随着改革的深入也逐步显露出来。具体来讲，渐进式改革的利益冲突协调与平衡方式，至少存在着如下几个方面相互联系的缺陷：

（1）渐进改革的总思路是先易后难，或者说先从比较容易的经济领域搞起，但经济发展了，会减少人们对政治改革的紧迫感，造成经济改革和政治改革相对脱节，政治改革的阻力增大。在经济改革的过程中，一部分人得到了好处，会形成一些既得利益集团。而广大人民群众也从中受益，在生活水平提高的过程中减弱了制度变革的动力。既得利益集团会利用人民群众的满足感，打着冠冕堂皇的旗号来抵制制度、特别是政治制度的变革。中国现在很多严重问题，都是制度变革、特别是政治体制变革滞后造成的。

（2）渐进转型模式使用了"国家主导""双轨制"之类的过渡性制度安排，会增加体制之间的摩擦和损耗，导致租金规模较大，寻租现象较普遍，社会腐败严重存在。渐进转型模式的基本特征是在原有体制之外建立新的体制，造成多种体制并存。中国转型以来的很长一段时间正是这种情况，既不是完全的市场经济，也不是过去意义上的计划经济。从商品买卖到要素市场，我国都选择了双轨制改革方案。双重体制的长期并存以及新旧体制的摩擦和矛盾为权钱交易、腐败之类的寻租活动留下了体制性空间，导致了资源的不合理流动和市场无效率的产生。

（3）渐进转型模式是国家主导的强制性制度变迁，会使强势集团处于有利地位，"试验推广"的做法使我国不同地区和不同经济部门的发展呈现不均衡性与收入不均,导致了分配领域的严重不公。国家主导型制度变迁虽然必须考虑各利益集团的利益诉求而进行利益协调与平衡,但在政治权力分配不均衡、民主化决策机制尚不完善从而相应的"发言权"大小不同的情况下,那些因政治权力较大和经济实力较强而在政治决策中拥有较多发言权的强势利益集团显然处于有利地位,从而有可能使决策的后果对离政府权力较远或对政府决策没有足够影响力的弱势利益集团(如农民利益集团)产生不良的后果。

(4)渐进转型模式是增量改革,特别是两种体制并存的扩张性改革,这可以减少阻力,回避矛盾,但导致规模扩大,粗放型的发展模式得到了充分的鼓励,造成了资源的巨大浪费。

中国改革开放以来的经济增长,主要是靠投资来拉动的,具体表现在投资规模扩大。这是正常的,因为科学和技术的发展要有一个积累的过程,短时间内不可能立刻见效,只有靠扩大规模来满足人们迫切的物质需求。1980年至1999年的20年间,中国的固定资产投资额是19万亿人民币,而2000年至2004年短短的5年时间就达到了23万亿人民币。仅2004年,全社会固定资产投资额就超过7万亿元,在建总规模约为20万亿元,固定资产投资率超过43%,均为历史较高水平。靠高投资率实现高经济增长引起增长质量下降。首先是只有产品数量的提高,而质量提高不快,产品附加值低,在国际市场上屡屡遭到反倾销。在国内的高端市场被进口商品占有。以钢铁产品为例,长线低品质钢材过剩,而高品质钢材主要依靠进口。其次,技术创新严重不足,许多产品没有掌握核心技术,受制于人。产量已居世界前茅的手机、VCD、微波炉等产品均缺少核心技术。最后是资源利用率低。粗放型的发展战略导致资源的巨大浪费。根据中国能源研究部门公布的数字,2005年前后,我国GDP约占世界的1/30,但能源消耗约占世界的11%,水约占14%,钢铁约占25%,煤约占30%,水泥约占50%。1万亿美元GDP消耗的能源是日本的六倍。我国经济增长的成本高于世界平均水平的25%以上。到2012年前后,与发达国家相比,我国每增加单位国内生产总值的废水排放量要高出4倍,污染物排放量要高出10倍以上。①

四、中俄两国转型发展深层次的障碍因素

俄罗斯的社会改革经过三十年的艰难探索,终于找到了适合本国特点的发展道路,但其发展的深层次的矛盾也日益暴露出来。要想继续发展,就一定要解决这些深层次的矛盾。这些深层次的矛盾和障碍因素,通过政治、经济、文化

---

① 中共中央宣传部理论局:《辩证看 务实办》,学习出版社、人民出版社2012年版,第99页。

三个方面表现出来：

首先,在政治上表现为国家调控和扩大民主之间的矛盾。普京的"主权民主"和加强调控,都是一种现代意义上的"国家主义"。从俄罗斯社会发生的变化和普京新近的表态及行动我们可以感觉到,普京的第三个总统任期是在国际形势和格局急剧变化、俄国内社会矛盾凸显的情况下开始的,特别是国内的问题,经济产业结构不合理、政府官僚腐败成势是最为人们诟病、亟待改变的痼疾。普京一直秉持的"国家主义"已经陷入了尴尬的境地：一方面,普京主张转型要结合本国历史国情,并且要保持社会稳定,因此需要在对内社会管理和对外主权维护时突出国家的利益、诉求和地位,此前其"国家主义"的理念与国家自主性的政策实施相得益彰,在 2000—2008 两届任期获得了显著成绩和较高支持率,具备一定的合理性、合法性和有效性;另一方面,当前俄罗斯经济和社会已经开始暴露出深层次矛盾,加之全球化的发展也要求普京政府将国家转型进一步深入,摒除个人专制,减少国家干预,推进政治民主化和经济市场化,普京"国家主义"赖以生存的合法性基础正在消退,有效性也正在受到质疑。国家自主性的程度与国家行使对内和对外职能时所采取的方式以及国家行政权力紧密相关,普京既不能放弃国家对社会的管控,又要适当释放行政权力,保证国家稳定有序地走上转型发展的快车道。这的确是一种艰难的选择。

其次,在经济上表现为结构转型还没有完成,而且阻力还在增加。这种转型的内涵,就是从依靠资源的粗放型增长模式转变为依靠科技的内向型的发展模式。俄罗斯传统的经济优势,主要表现为石油、天然气、军火,航天。为了保证经济的发展,提高人们的生活水平,只有先集中力量发展这些优势工业,然后再向其他和生活息息相关的服务业、轻工业、信息产业转移。但这仅仅是主观上的设想。实际上,这些传统的经济优势一旦发展起来,就会形成一种巨大的惯性力量,压制其他新兴产业的发展。既要依靠传统工业保证人民生活水平的提高,又要加快经济结构的升级,这是一个两难的选择。

最后,在文化上表现为西方文化和俄罗斯文化之间的冲突。俄罗斯前期改革的一条主线,就是"全盘西化",但这种全面学习西方的结果,并没有使俄罗斯走向文明富强,这便引起了俄罗斯人民的不满。在深刻反思这种方式的严重后果的基础上,普京执政后采取了很多文化上的务实行动：一是扶植和回归东正教,目前俄罗斯信仰东正教的人数逐年增加,现在已达到总人口的 60% 左右;二是宣传和继承传统文化中的精华部分,包括俄罗斯文化中的"大国意识""英雄精神"等等;三是加强与各国的文化交流。但可以预见,西方文化与俄罗斯文化的冲突和整合,将是一个长期的过程,俄罗斯文化发展的任务任重道远。

中国的体制改革作为一种"摸着石头过河"的渐进模式,基本特征就是在于改革走的是一条由易到难、由浅入深、从体制外围到体制内的道路,而旧体制的"硬核"部分,即政治体制,特别是国家体制等改革的"深水区"虽有一定程度的调整,却始终没有进行实质性的重组。这种回避导致了一种"滞后效应",积累成现在无法回避的社会矛盾。目前政治体制改革的滞后,已经严重地阻碍了中国现代化的进程。

因此,我们面临的问题也是相当严峻的,主要有三个:第一,粗放型的增长模式造成环境恶化。这些年来中国的投资不断攀升,目前固定资产投资占GDP的比重已经接近50%,大大高于多数国家20%左右的水平。即使东亚一些国家和地区在战后依靠投资拉动经济实现快速增长,其投资率也远没有达到中国目前的水平。在投资率畸高的同时,居民消费的比重却已下降到GDP的35%以下,仅为一般国家的一半左右。第二,腐败和两极分化相当严重。由于行政权力对经济活动的干预加强和寻租规模的扩大,腐败活动日益猖獗。根据1989年以来若干学者的独立研究,我国租金总额占GDP的比率高达20%—30%,绝对数字高达4—5万亿元。① 巨额的租金总额,自然会对我国社会中贫富分化加剧和基尼系数的居高不下产生决定性的影响。世界银行《2006年世界发展报告》公布的数据显示,中国居民收入的基尼系数已由改革开放前的0.16上升到目前的0.47。② 第三,社会风气败坏。各种丑恶现象严重存在。全社会诚信体系面临着崩溃的危险。社会主义核心价值体系没有真正树立起来。

一些学者认为,之所以出现这些问题,主要是改革不到位,特别是政治体制改革滞后造成的。因而,提出加快"尚未完成产权制度改革","完成国有大型企业的股份化改制","建立新的社会保障体系","加强对市场经济的监管"。特别是要加快政治体制改革的进程,实施宪政。③ "民主宪政方面的改革"是解决中国问题的主要途径。④ 另一种意见则针锋相对,认为要充分检讨改革进程中的问题,充分认识到毛泽东同志思想中的世界意义,重提阶级斗争,大力提倡"国进民退",通过国家调控限制市场经济的负面影响,通过"自律机制"加大反腐败的力度,通过多种措施让广大人民群众,特别是底层大众享受到改革开放的成果。

---

① 参见胡和立(1989):《1989年我国租金估计》,载《经济社会体制比较》杂志编辑部:《腐败:权力和金钱的交换(第二版)》,北京:中国经济出版社1993年版,第20—46页;万安培(1995):《中国经济转型时期的租金构成及主要特点分析》,载吴敬琏等编:《建设市场经济的总体构想与方案设计》,北京:中央编译出版社1996年版,第331—364页;高辉清等:《2004年中国收入分配中非正常成分的价值估算》,中国经济体制改革研究会公共政策研究中心系列研究报告,2007年9月16日;王小鲁:《我国灰色收入与国民收入的差距》,载《比较》辑刊第31辑,2007年7月第1版。

② 世界银行:《2006年世界发展报告》(中文版),北京:清华大学出版社2006年版。

③ 吴敬琏:《让历史照亮未来的道路:论中国改革的市场经济方向》,见《经济社会体制比较》2009年第5期。

④ 陈志武:《国富如何变民富》,载《同舟共进》2011年第2期。

第一种意见暗含着一种对政治体制改革的期待。说得具体一点,这是希望我们能更多地吸收西方政治文明的优秀成果。问题的关键在于这样能否解决中国的问题。俄罗斯市场化的进程比较快,特别是全面吸收了西方的政治文明,建立了西方式的政治制度:全面实施宪政、多党竞争、议会制、联邦制、地方自治、三权分立、新闻自由和保障人权等等,但腐败和两极分化以及环境恶化都相当严重。俄罗斯的例子说明,腐败和两极分化并不同政治制度直接相联系,反而同传统、习惯、社会系统化程度、社会制度的成熟程度等因素联系得更加密切。再说另一种意见。传统的社会主义体制缺少活力,特别是不能推动生产力的快速发展,无法解决社会发展的动力问题,是必须要改革的。历史不能倒退,只能在更高阶段上的"扬弃"。贫穷不是社会主义,这已经是历史的定论了。这个问题无须再用新的实证材料加以证明了。况且传统的社会主义也无法解决腐败问题,"四人帮"的骨干王洪文调到中央吃喝玩乐,大搞腐败,就是确凿的证明。那么出路在哪里呢?只有一句话:通过科学发展达到"和谐"。具体说来,就是将毛泽东和邓小平的思想更好地结合起来。

这其中的基本理论问题,是不能将毛泽东和邓小平的理论简单地相加,而是要认真分析我们所面临的形势,站在巨人的肩上进行理论创造。从江泽民提出"三个代表"重要思想,到胡锦涛提出"科学发展观",再到习近平提出"中国梦",其基本价值取向,包括人民主权、科学发展、统筹兼顾、和谐社会。这是对社会主义价值观的重要发展。要建立社会主义的价值体系,构建和谐社会,最重要的是要处理好市场经济和国家调控、高尚理想和具体利益、发展、改革和稳定的关系。

市场经济发展到今天,其两面性表现得十分明显:一是可以促进经济的迅速发展。到目前为止,还没有哪种模式能够像市场经济这样有效地推动经济的发展。二是会加剧社会矛盾。市场经济"以资本为本,以竞争为手段,以利润为中心",导致"有限环境内的无限增长的矛盾",结果是"两极分化"和环境恶化,因为"一个完全自发调节的市场经济,就必须把人类与自然环境转变成纯粹的商品,而这必然会造成社会和自然环境的毁灭。"[①]问题是,人们还没有找到"不通过市场经济"走向富强的好的范例。计划经济的实践,其效果也不尽如人意。中国是一个人口和资源极其不平衡的国家。市场经济的弊端在我们这样一个国度里,可能表现得更加充分:资源的极其贫乏,人们欲望的无止境,社会矛盾的严重冲突,都要求我们走出一条富有特色的道路。国家有效干预在其他国家需要,在中国则更加需要。最重要的是,这种国家调控和市场经济之

---

① [英]卡尔·波兰尼:《大转型:我们时代的政治与经济起源》,浙江人民出版社 2007 年版,第 16 页。

间要有明显的法律和制度界限。因此,权力的市场化,是我国改革深入的深层次障碍因素。

从传统计划经济向社会主义市场经济的过渡是中国经济现代化的方向。然而由于缺少市场经济的传统,特别是计划经济体制长期存在的现实,国家只有依靠权力来创造市场。然而,随着经济的发展,传统国家体制的无限性和人治性色彩难退,权力并没有从资源配置中退出去。因此,在中国形成了所谓的"国家市场经济体制",即资源配置中国家对市场的功能替代式的经济体制。随着整个经济的发展,利益越来越分化,企业面临竞争的压力,在交易成本最小化规律的推动下,产生了严重的"寻租"现象。寻租行为的出现,意味着权力成为可以和金钱交换的等价物,权力市场化。而权力市场化会导致资源虚耗,导致只会为单个企业创利而不为社会创造财富的权钱交易这样的腐败现象。

权力的市场化使得资源的市场配置机制严重扭曲,权力对市场功能替代,造成了市场的垄断和不完全竞争,阻碍了生产要素的合理流动。市场竞争缺乏公平的环境,权力的不法使用者利用国家权力系统的机制缺陷对国有财产进行私下侵吞,资源被大肆浪费,从而造成了国有财产的急剧流失和"隐性私有化"。价格双轨制的存在和各种经济活动的权力"暗箱操作"又使得市场机会被侵占,导致严重的分配不公,这种分配不公的存在使得"权力资本"得以形成,中小民间资本由于缺乏竞争力而受挤压,市场本身陷入僵化状态,其发展受到了严重阻碍。

世纪之交,中国面临的一个严重的社会问题,是居民的收入不均等已达到相当高的程度。造成这种状况的原因是多方面的,但权力市场化是一个重要原因。2001 年出版的《北京蓝皮书:2001 年中国首都发展报告》,记述了由北京社科院"北京经济形势分析与预测"课题组的调查,调查结果显示:北京市高收入家庭的户均总资产已经达到了 235.66 万元,其中实物资产占 66.2%,金融资产占 33.8%。在这些高收入家庭中,各种所有制单位的负责人、经营者和管理者占总数的 36.88%,技术人员占 25.25%,个体和自由职业者占了 12.96%。①

基于这样一个事实,有人认为,中国目前的确存在这样一个现实:一是形成了利用权力寻租而积累巨额财物的暴富阶层,这个阶层掌握了文化资本、政治资本和经济资本,是一个总体性资本集团。二是形成了因失业下岗或农村经济破产而产生的绝对贫困阶层。而在市场经济发展中出现的中产阶层虽有所壮大,但不明显,因为近年来的收入调查证明:中国的暴富阶层不但在总收入中占有的比例过大,而且还侵占了中等收入阶层的份额。收入结构中中层数量偏少,中下层偏多。特别是作为原先中间阶层的城市居民由于下岗失业,经济生

---

① 《北京蓝皮书:2001 年中国首都发展报告》,社会科学文献出版社 2001 年版,第 252 页。

活水平和社会地位下降。这就导致了社会中间层的萎缩和下层的膨胀,社会两极分化现象已很严重。缺乏中产阶级的两极分化社会是很不稳定的,会导致冲突和对抗的发生,特别是底层社会对上层社会的敌视和反抗,这已成为中国社会的一大隐患。

诚然,中国是否形成了依靠权力暴富的阶层,中国的"中产阶级"是否受到侵蚀,这些都需要大量材料加以论证,不能轻易地下结论。但社会腐败现象严重,揪出了为数不少的贪污受贿百万元、千万元乃至上亿元的贪官,却是无可争辩的事实。这其中重要的原因是前面提到的,由于国家的过度干预造成的权力市场化。但中国的特殊国情决定了国家的作用不能减弱。唯一的途径,就是用法律规范国家的行为。更令人忧虑的是,由于中国缺少法治传统,历史上一直没有形成同市场经济相适应的法治文化,对经济利益的纯粹追求和国家对求利行为缺乏有效的法律规范,导致社会对责任的忽视和功利主义的盛行、金钱至上和商品拜物教的成型,经济发展必需的人文精神作为其支柱和动力业已式微。而经济上权力资本的形成、分配不公以及社会的权益分层、人文精神的式微最终都将反映到上层建筑,特别是国家体制层面上来,造成国家机器的钝化乃至失灵的后果。国家"是一种制度实体,这种制度实体用相关的符号系统来解释其权威性",它"代表并规范各种社会利益与权力的关系,通过行使合法性的政治权力来统治与管理一定领土范围内的居民,以维持特定历史时期内的社会秩序"。因此,国家实体的制度化程度如何,国家权力的权威性强弱,国家活动效果怎样,国家符号系统的合法性大小,都直接影响到国家目的的达成和国家制度本身效果的评价。

综上所述,中国渐进体制转型模式深入的严重障碍,就是"权力市场化"的问题。一方面,要以市场机制来配置资源,这是最基本的,是社会运行的基础;另一方面,还要由国家行政干预,以解决"市场失灵"等问题。但这种行政干预绝对不能破坏市场本身运行的机制。怎样将相互矛盾的这两个方面统一起来呢?我们可以从德国和日本的发展中得到启示。有人将德国的市场经济称作"社会市场经济",将日本的市场经济称作"社团市场经济"。这两个国家都比较注重国家干预的作用,国家通过产业政策、经济计划、宏观调控等手段,保证经济的平稳运行。比如德国和日本的中央政府和各级地方政府都有一定的经济计划,有中期的、年度的和短期的。但这些计划仅仅规定一些综合性指标,对企业没有约束力,而要通过财政、税收、信贷等手段来进行调节。德国政府从1990年起每年在东部各州投入1000多亿马克,主要用于改造铁路、高速公路、电信等基础设施,并采取税收优惠等办法,吸引私人资本参与东部的改造。在这些优惠政策的吸引下,1992年德国公司在东部各州的投资达440亿马克。日本1947年制定了财政法,采取了政府干预的"倾斜生产方式",对那些生产项目,国家都从财政上给予"价格补贴"。1955年以来,日本政府先后制定了11个中长期经济计划。计划明确地区分了对政府公共部门与民间部门的不同政策,而计划的重点则着重于政府公共部门。

德日的国家干预的一个共同特点,就是不改变市场运行的机制,严防市场经济竞争受到"权力化"的不利影响。德国学者将德国的市场经济概括为"秩序经济"。他们认为,"市场经济的核心是价值规律自动起作用。同市场经济相对抗的力量是权力。权力会制造社会的不公正和经济的不公平。因此,在政治上设计市场经济的最重要目的是保护市场经济,使之免于受到权力的影响。恰恰这一点是'社会市场经济'真正的基本理念。"①为此,德国在三个方面作出了努力:一是经济的自由化,人、财、物在世界范围内的自由流动;二是法的独立性,法的效用高于一切;三是培育以法为核心的伦理和世界观。

中国和俄罗斯在体制转型过程中,都程度不同地采取了国家权力进入的办法来推动改革的发展,这也带来了相应的负面影响。其中重要的,就是官僚特权阶层的形成。随着市场经济的发展,社会上出现各种利益集团是一种必然现象。随着我国社会主义商品经济的发展,社会控制的各中间阶层出现利益的独立性,人们追求的利益也呈现出多元化的趋势。社会中具有特定利益的人们为了共同的目标而结合起来,采取共同行动,形成利益集团是必然的。利益集体并不是一个贬义词,因为实际上,社会各阶层能够自觉维护自身利益,并通过正常渠道阐明自己的主张,对某些问题进行说理和争论,乃是社会进步的表现。它不仅有利于政府科学决策和跟踪决策,以减少和避免决策失误,而且有利于社会各阶层有组织地发表自己的见解,加快社会民主化进程。我国改革开放以前那种"一致拥护",是造成某些重大决策失误和个人专断不断发展的重要原因。

但是,这种利益集团的负效应也是十分明显的。美国政治学家奥尔森将这些负效应归纳为:第一,分利集团降低了生产经营活动的报酬,使得政府与官僚主义进行讨价还价的交易成本提高。第二,分利集团直接影响到社会决策的速度与正确性。社会在决策过程中,面临着各个分利集团的压力,所考虑的着眼点不是决策的速度与正确性,而是决策如何让各方面都能接受。第三,分利集团具有排他性,他们阻碍了技术进步、资源的流动与合理配置,从而降低了经济增长率。

尽管促进整个社会生产率的提高,从逻辑上讲不失为增进利益集团成员福利的途径,然而更有效也更普遍的做法,还是尽可能为其成员争得社会生产总

---

① [德]何梦笔主编:《德国秩序政策理论与实践》,庞健、冯兴元译,上海人民出版社2000年版,第120页。

额中的更大份额。道理就是奥尔森的"集体行动理论":提高全社会的效率是要付出代价的,而努力这样做的个人或由他们组成的集团却只能享受少部分成果,且更多的人却可轻易地坐享其成或"沾光",分利联盟便只求获得更大份额而置社会总收益的下降或"公共损失于不顾了"。此时,分利联盟中的个人的行为是最优的;如果把分利联盟视为一个整体,其"行为"也不是最优的。然而令世人甚感悲凉的是,社会——即游离于分利联盟之外的成员——则受到了损害。将这种逻辑再推而论之,社会上的分利联盟多了,每个分利联盟都要向社会提出自己的利益要求,社会要应付各个分利联盟的利益要求。社会要在各分利联盟之间保持平衡;社会和分利联盟之间完全是一个博弈的过程。社会考虑的不是选择一个最佳的方案,而是各分利集团都能接受的方案,尽管这个方案不是最佳的,甚至是不好的。社会就在这个博弈的过程中丧失了最佳的时机。更为严重的是,这个长时间的博弈过程会导致"制度僵化症"。随着各分利集团和社会之间的博弈过程,社会也就自然地变成了促使拥有潜在共同利益者结盟的必要条件,甚至是充分条件。大英帝国的兴衰是奥尔森经常举的例子。众所周知,英国长期以来,没有受到独裁统治,又没有遭到外敌入侵,也没有遇到革命动乱。然而,恰恰是这个政治上超稳定的国家,在20世纪的经济增长率比其他西方发达大国缓慢得多。究其原因,则不外乎是其长期以来形成的强大分利联盟在作祟。随着英国社会年龄的增长,这些占据了垄断地位的组织行动迟缓,对凡是可能威胁到自己既得利益的创新一概排斥,并且为了特殊利益而不惜牺牲全社会的利益。

苏联的解体同样是"制度僵化症"的必然结局。国营企业与国家计划部门之间在长期博弈后逐渐组成了分利联盟,形成了一个由企业领导人和经济管理部门的领导人组成的相对稳定的既得利益阶层。而当这种分利集团严重阻碍了技术进步,使得苏联经济长期停滞不前,上层领导人认识到"非改不行"的时候,这个强大的分利集团成了改革的阻力。在这种情况下,苏联对这些经济管理部门的官僚,采取了"赎买"的政策,让他们变为企业家,让他们赚了许多钱。结果,这些人由改革的阻力变成了改革的动力。应该说,对广大"中间领导人"(一种分利集团)采取"赎买"的政策,这也是一种不得已的选择。但是我们又有什么更多的理由来苛求别人呢?在历史的车轮驶过之后,我们总是习惯于从头脑中拿出一个最理想的方案来假设,这又有多大的现实意义呢?正如理想的人在现实中是不存在的,理想的方案在改革中也是不存在的,仅仅是人们头脑中的主观想象。因为社会是复杂的,受文化传统、现实状况多种因素的影响。

中国在利益集团方面最主要的问题是利益集团同国家权力相结合,产生官僚集团。在过度行政干预下的国家,利益集团最容易走向官僚集团。前面已经提到,导致苏联解体的一个重要原因,就是党政官僚集团同人民大众的矛盾。

而中国的市场经济作为由政府启动的市场经济,利益集团同样有逐渐转化为官僚特权集团的倾向,其原因有:第一,体制上的原因。行政过度干预,从上到下的官员任免制和考核体制,使各级官员只对上负责,而不对下负责;第二,人民群众自治能力低。由于素质低下,无法形成对权力的制约力量;第三,监督机制不健全。在透明度不高的情况下,不足以形成对官员的有效监督。我国监督机制不健全,法律程序漏洞比较多,政府掌握了大量的资源,很容易导致利益集团同国家权力的直接结合,产生新的官僚特权集团。这并不是说我们国家现在就产生了这个官僚特权集团,而是说有这种可能。这个问题可以通过人民群众对政府官员的满意程度表现出来:进入20世纪90年代中期以来,中国社会科学院"社会形势分析与预测"课题组,于1997年11月下旬对全国24个省,1748位年满18周岁的城镇居民进行问卷调查,86%的调查对象把惩治腐败作为当前最重要的问题①,这反映了人们对廉政建设的不满程度。

---

① 汝信等主编:《1998年:中国社会形势分析与预测》,第169页。

第十二章　中俄两国渐进体制转型模式深入的途径(二)

一、中俄体制转型模式深入的总体分析

中国和俄罗斯都是经历了从计划经济体制向市场经济体制转型的国家。从一般意义上说,判断体制转型是否成功,有两个基本的标准:一是体制内的政治制度和经济制度是否协调发展;"政治规则导致经济规则,但这种因果关系是双向的。"①二是制度内涵中的软性因素和硬性因素是否协调发展,"非正式约束是正式规则的扩展,修正和限制"②。

中国假定原有制度中,最基本的制度是合理的,"要坚持社会主义道路"③,改革的是"现行制度中的弊端"④,进而采取了渐进转型的模式。这种转型模式符合制度变迁的内在规律。制度是约束人的行为的一系列规则,这种规则是由硬性因素和软性因素两部分内容构成的:硬性因素包括规章、条文、法律等等;软性因素包括传统、习惯、风俗等等。在制度变迁的过程中,往往改变硬性的因素比较容易。颁布一些新的法规、条文,形成完整的制度体系,并不是多难的事情。但是要想改变软性的因素,即传统、习惯、风俗,都是十分艰难的。可能颁布了一些新的规章、条文,但人们的认识和习惯还是改变不过来。如果两者之间差距过大,就会引发一些社会矛盾,中国和俄罗斯的改革过程证明了上述观点。从这个理论角度来分析,渐进优于激进。

俄罗斯假定原有制度中,最基本的制度是不合理的,"对现实的批判态度已经形成,⑤"要彻底破坏掉苏联的"这个腐朽的制度"⑥,因而采取了激进的转

---

① 艾瑞克·G.菲吕博顿编:《新制度经济学》,上海财经大学出版社1998年版,第302页。
② 同上书,第306页。
③ 《邓小平文选(1975—1982)》,人民出版社1983年版,第152页。
④ 同上书,第293页。
⑤ 《戈尔巴乔夫回忆录》上册(中译本),社会科学文献出版社2003年版,第65页。
⑥ 见《青年近卫军》,1993年第4期,第28页。转引自张捷:《从赫鲁晓夫到普京》,社会科学文献出版社2010年版,第110页。

型模式。戈尔巴乔夫和叶利钦的"制度设计来自上层,是与外界压力相对绝缘的情况下草拟的",加上"没有能够通过和平的民主的方式来建立一个解决政治争端的机制,结果却是:政治分化,对立,最后是武装冲突。"① 叶利钦于1993年10月武装冲突之后,致力于政治制度和经济制度的协调发展;通过了新宪法,建立了地方和中央的选举制度。但由于转型过快,制度体系中的硬性因素和软性因素却无法在短期内弥合,社会冲突十分严重。

从上述意义上来分析,俄罗斯的转型更侧重于政治制度和经济制度的协调;中国的转型更侧重于制度体系中的硬性因素和软性因素的协调;两种转型模式似乎没有优劣之分。但从转型的过程和实际效果来分析,两种转型模式强调的侧重点有所不同:俄罗斯的激进转型模式更强调事前所确定的目的能否实现,转型的目的性和实现程度是衡量改革成败的基本标准,而对其他标准有所忽略,导致社会发展受到挫折。1998年与1990年相比,国民生产总值下降了50%,居民的生活水平下降了40%,综合国力的下降更不待言。人口出生率下降,人口寿命缩短。1993—2000年,由于死亡人数超过出生人数,人口平均每年减少75万。② 中国的渐进转型模式更强调转型的过程,在过程中人们的生活水平和社会文明程度都不断地提高。从社会效果上来看,两个国家转型的目的都实现了,但渐进转型模式在实践中的优势是十分明显的。

现实表明:中国和俄罗斯都有一个转型进一步深化的问题。俄罗斯虽然实现了向资本主义市场经济的转型,但是在新的社会制度下如何全面推进社会进步,尖锐地摆在了人们面前;中国实现了社会、政治、经济、文化的全面发展,但如何在现有制度下克服既有的弊端,将改革全面推向深入,也尖锐地摆在了人们面前。从转型不断深入的程度来说,激进转型模式的优势可能更明显,因为市场经济加上西方民主制度,有丰富的成功经验可以借鉴,加上俄罗斯是先难后易的改革,许多艰难问题都程度不同地得到了解决;而市场经济加上社会主义制度,是前无古人的,没有成功的经验可以借鉴,加上中国是先易后难的改革,很多尖锐的问题都保留了下来,剩下的带有"攻坚"的性质,对此我们要有清醒的认识。

依据中国和俄罗斯两国转型前的社会背景和转型初期的历史经验,保持领导者善良的动机至关重要。要想保持善良的动机,防止利益集团干扰改革的进程是十分必要的。从表面上分析,渐进改革容易形成利益集团,因为渐进改革模式最基本的特征是"先易后难";"两种体制并存";"试验先行";不同体制内

---

① [美]迈克尔·麦克福尔:《俄罗斯未竟的革命》,上海世纪出版集团2010年版,第56页,第209页。

② 李静杰主编:《十年巨变》(俄罗斯卷),中共党史出版社2004年版,第3页。

的强势集团会千方百计地维持优势地位,干预公共政策。① 但实际上,激进改革也无法避免利益集团的形成;因为新旧制度急剧变动,漏洞百出,暴富的阶层要通过干预政治使非法收入合法化,这也是十分明显的。俄罗斯在 1996 年前后形成的"寡头政治"就是明显的证明。但俄罗斯在转型的过程中建立了普选制度,普选制度的实施有力地制约了寡头政治,这也是不争的事实。而渐进转型模式如何防止利益集团影响改革,确实是中国需要认真对待的问题。

目前,中国和俄罗斯两国都面临着建设"制度文明"的艰巨任务。具体说来,都面临着三个尖锐的问题:

第一,腐败问题。2008 年,俄罗斯在透明国际清廉指数排行榜上排名第 147 位(共 180 个国家和地区)。② 梅德韦杰夫总统在 2008 年的总统国情咨文中指出:腐败是现代社会的"一号公敌"。俄罗斯的腐败现象主要表现为:其一,商业贿赂。目前俄罗斯政府控制着 40% 以上的经济。这就为形成官商一体的垄断组织提供了可能。据 2010 年 8 月 17 日俄报纸网公布的一份报告,俄企业界人士表示,行贿支出占到企业总支出的一半。据俄社会舆论基金会 2008 年 9 月的一份调查数据显示,有 29% 的俄罗斯人曾被迫行贿,经常被迫行贿的企业家高达 56%。据俄反贪污组织 2010 年 8 月 17 日发布的最新材料,俄官员贪污金额总数已占 GDP 的 50%。还有材料认为,2002 年私人贿赂金额的年度总数达到了 280 亿美元。③ 其二,制度漏洞。1999 年夏天,当世界银行访问俄罗斯工商界成员的时候,大概 1/3 的受访者说到自己的公司曾经受过总统法令的侵害,因为他们认为这些法令只会使金融寡头财团或者政府的"红人"受益。④ 在 2007 年 7 月,俄罗斯法学专家研究认为,1/5 的法律是与宪法相冲突的。⑤ 根据 1994 年在《新俄罗斯十年发展趋势晴雨表》公开的一项调查结果显示,有 51% 的俄罗斯民众称信任教会,41% 的人信任军队,而只有 17% 的人会相信司法系统。⑥ 1997 年,俄罗斯所有法院判决中,只有 56.1% 得到执行。⑦ 2000 年,"莱华达中心"的调查显示,92% 的民众认为执法具有任意性,88% 的民众说法官收取贿赂不可能被惩处。⑧ 其三,偷税漏税。《莫斯科时报》报道,1997 年 5 月共有 4658 家公司以同一个地址注册,根本无法查清逃税者。财政

---

① 关海庭:《中俄体制转型模式的比较》,北京大学出版社 2003 年版,第 18 页。
② 陆南泉:《俄罗斯缘何难以遏制腐败》,见《同舟共济》2011 年第 1 期。
③ [英]阿莉娜·V.莱德尼娃:《俄罗斯社会的潜规则》,吉林出版集团有限责任公司 2009 年版,第 2 页。
④ 同上书,第 19 页。
⑤ 同上。
⑥ 同上书,第 22 页。
⑦ 同上书,第 215 页。
⑧ 同上书,第 221 页。

部长阿列克谢·库德林估计说,在2000年8月,莫斯科大约2/3的企业完全没有向税收部门汇报。① 1998年国税局估计,俄罗斯80%的公司都欠税。② 偷税的主要途径,就是"黑金"渠道,公司向税务部门申报的时候,一般都会压低雇员的薪酬金额。50%到95%的雇员薪酬,以及更高比率的经理薪酬,都是通过"黑金"渠道支付的。通过隐瞒雇员薪酬的金额,企业就可以规避养老金(28%)、社保金(5.4%)、医疗保险金(3.6%)和国家就业保障金(1.5%)等应该缴纳的社会调节税。③

在中国,腐败的核心问题就权钱交易,这种交易几乎遍布社会的各个角落。中国现在实行的是混合经济,市场、行政、计划几种力量都在起作用,加上中国管理上的不精确,各种调节手段之间界限不清,就使得这种交易防不胜防。诚然,中国也有纯经济领域的腐败,如偷税漏税,也有纯政治领域的腐败,如拉帮结派、任人唯亲等等,但相对来说,主要还是权钱交易导致的腐败。

第二,贫富分化问题。中俄两国的基尼系数都很高,大约都在0.45—0.55之间。诚然,任何社会都会有差别,但中俄两国的贫富差距还有逐渐扩大的趋势,这是问题的严重性所在。导致这个问题的原因两国各有不同,除了都与腐败有关之外,俄罗斯更多的是市场经济本身固有的弊端所造成的;中国更多的是制度不健全造成的。

第三,社会环境和自然环境的恶化。中俄两国原来都是实行计划经济的社会主义国家。改革开放后,两国社会都发生了深刻的变化:中国坚持马克思主义为指导,提出社会主义核心价值体系,但也受到拜金主义等思潮的影响,社会风气方面也出现很多问题;俄罗斯放弃马克思主义,全面认可西方的价值体系,各种社会思潮盛行,社会显现多元化的发展趋势。总之,两国都面临着调整或重构社会核心价值体系的艰巨任务。

中俄两国原来都实行粗放型的发展模式。实行了市场经济之后,中国提出了转变经济增长方式的战略任务,但受资源、就业等因素困扰,任重道远;俄罗斯由于经济转型过程中受挫,导致经济结构中对能源出口的过分依赖。总之,两国都以能源规模型的发展方式为主,使得经济增长造成环境污染:2010年莫斯科郊区的大火、中国出现的多次江河污染的事故,都引起了世人的关注。

中俄两国面临的不同问题是:中国侧重于政治制度和经济制度的协调发展方面,而俄罗斯则是在制度中的硬性因素和软性因素的协调发展方面。

俄罗斯在社会变革的过程中,奉行激进变革方针,迅速从社会主义制度向

---

① [英]阿莉娜·V.莱德尼娃:《俄罗斯社会的潜规则》,吉林出版集团有限责任公司2009年版,第150页。
② 同上书,第156页。
③ 同上书,第186页。

资本主义制度转变,自然也迅速地从计划经济体制向市场经济体制转型。为了保证这种转变和转型的实现,在具体的操作过程中,奉行硬性制度和法律先行的原则,在没有取得经验的前提下,迅速变革制度,先颁布法律,然后进行这方面的改革,造成了人们观念的激烈冲突,经过了一系列激烈的社会震动,过渡到了资本主义的市场经济体制。体制上的变革完成了,但人们的观念相对滞后。人们对一些重大社会问题的分歧也比较严重。俄罗斯民意调查机构多次就"如何评价苏联时期的生活""如何评价斯大林"等重大问题进行调查,人们之间的分歧相当大,认识根本无法统一。① 目前正处于急剧的调整过程。调整的主要内容,既要不断完善硬性的制度体系,更要使人们的观念和行为适合市场经济的要求,后一个任务更加艰巨。

中国在社会变革的过程中,建立了社会主义的市场经济体制,政治改革和经济改革协调发展,"那种认为改革开放30年,经济发展取得举世瞩目的成就,政治体制改革严重滞后的看法既有悖于客观规律,也不符合客观事实。"②但问题的关键是,为什么中国的改革给了人们这样一种印象,认为俄罗斯的改革政治和经济相协调;而中国的改革,政治改革滞后于经济改革。其中的原因主要有二:一是市场经济加上西方的民主政治,已经形成了一种固定的模式。经过几百年的实践,人们认为两者之间是协调的,而俄罗斯既实行了市场经济,又采纳了西方的政治制度,两者之间也一定是协调的;而中国实行的是社会主义市场经济加社会主义政治制度,这是一种全新的制度体系。一旦出现了社会问题,人们自然会认为是政治制度和经济制度不协调造成的。二是中国也的确有政治和经济不协调的地方。"我国社会主义民主政治建设,无论是同我国经济社会发展的新形势相比,还是同保障人民当家做主、维护社会公平正义的新要求相比,仍有不足和弊端,依然需要不断改革和完善。"③

二、中俄两国转型深入的基本国内背景

中国和俄罗斯在转型向前推进之际,相继出现了两个重大政治事件:一个是2012年3月普京再次当选俄联邦总统;一个是2013年11月中共召开了十八届三中全会。两大事件对两国的转型产生了深远的影响。

2012年5月7日,普京正式就任俄罗斯总统,此后不到一个月时间内,他先后签署十几项总统令,涉及政府组阁、经济民生、外交政策等内容,首轮出访

---

① 张婕:《俄罗斯隆重纪念斯大林130周年诞辰》,载《中华魂》2010年第7期。
② 《人民日报》2010年10月27日。
③ 同上。

行遍白俄罗斯、德国、法国、中国等多国。5月21日,普京宣布了新一届政府成员名单,新政府被许多政治家和专家称为"年轻和经验的集合体",其中75%是新面孔,既有年仅29岁的通信部长尼古拉·尼基弗洛夫,也有曾在叶利钦时代任职的农业部长尼古拉·费多罗夫,可谓集有经验、专业的人士和精干、有魄力的年轻人于一体。大部分新人几乎都没有在上届政府工作的经验,但是却承担起了辅佐普京完成总统施政纲领的重要任务。他们将通过制定一系列新的法律条文辅佐政府进行改革。对此,俄议会上下两院的成员各有看法。俄罗斯上院预算和金融市场委员会主席维亚切斯拉夫·诺维科夫认为,虽然新政府成员进行了大换血,但国家总体发展方针将被保留和继承,要改变的是当前国家发展的两大痼疾——腐败和依赖能源经济问题,而这也是俄罗斯加入世贸组织后必须要解决的重大议题。俄罗斯上院外交委员会副主席瓦列里·什尼亚金表达了双重意见。他说,一方面新政府成员显示了在年龄和经验上的优势,另一方面也有一些领域可能还不会发生改变,例如解决军人待遇问题。2012年12月12日,履新半年的普京在克里姆林宫向俄罗斯联邦会议(议会上下两院)发表年度国情咨文。这是普京5月任职总统后首次发表国情咨文,也是他第9次以总统身份发表国情咨文。这次国情咨文可以看做是普京的施政纲领。普京明确指出:我们前12年最重要的成就,就在于完成了重建和加强国家实力的任务,现在的首要任务,是要建设一个富足强盛的俄罗斯,"俄罗斯应当成为拥有主权和影响力的国家。我们不但应当坚定不移地发展,还应保留自身的民族精神认同,不迷失自己的民族身份。俄罗斯仍旧是、应当就是俄罗斯。"①

2013年11月中共召开了十八届三中全会。会议通过的《中共中央关于全面深化改革若干重大问题的决定》,其中明确指出:"必须更加注重改革的系统性、整体性、协调性","突破利益固化的藩篱"。必须承认,中国的改革取得了举世瞩目的成就,人们的生活水平有了大幅度的提高,各个中间层次和各种社会集团的利益相对独立性已经形成。这种利益的相对独立性是正常的,也是改革进一步发展的重要助力之一。但是从改革的系统性来说,有些利益格局已经严重影响到了改革的系统性、整体性和协调性,比如垄断行业的收入过高;一部分人的灰色收入高居不下;国家各级行政机关的支出过于庞大;一些重度污染的企业和单位没有得到有效的治理;人们收入上的两极分化势头没有得到有效遏制等等。这些问题只能通过不断深化改革才能解决。随着改革的深化,必然要触及一部分人的利益,也必然会招致一部分人的反对。但我们没有别的选择,改革潮流浩浩荡荡,顺之则昌,逆之则亡。首先要讲清道理,认清形势,使人们有充分的心理准备,逐步达成共识;其次要敢于"亮剑",把握时机,出台改革

---

① http://www.kremlin.ru/news/17118.

的相关政策;最后对某些合理的利益受损者要有必要的补偿措施。十八届三中全会对上述问题分析得十分透彻。

三、中俄体制转型模式深入的政治分析

俄罗斯近几年能够跳出纷争的泥潭,步入良性发展的轨道,其深层次的原因,在于政治制度的规范化和科学化,选举制度是其中的核心问题。

民主选举的总统,就要对选民负责。这是这种制度设计的优越性。首先,普京是民选的总统,这是合法性的基础;其次,宪法规定总统是可以连任的,这是很重要的激励机制;再次,普京同代表少数人的寡头没有任何牵连;上述几个因素,决定了普京可以采取不同于叶利钦的政策。普京在位八年,亲民政策十分明显。

普京在2012年12月的国情咨文中,对俄罗斯的政治改革做了全面的规划,具体内容有三个方面:一是在主权民主的基础上培育公民的责任感。普京再一次强调俄罗斯应该坚持民主制度,但只准备与遵纪守法的政治力量进行对话,"政治体制改革是必需的,但不能支付过于高昂的政治代价。为了满足革新的渴望而使国家本身遭到破坏是不被允许的。"普京首次提出了公民责任感的重要性。他说,苏联解体后国家重建过程中,人民注重个人发展,这是应该的,但是现在不能再"自扫门前雪",如果国家出现危机,个人利益也不会得到保障。俄罗斯现在需要公民社会精神,关注全体人民的需求和国家整体的利益。"在俄罗斯宪法中,全体公民对祖国的责任感是俄罗斯国家的基本原则。我们国家政治的坚实基础正存在于这种公民的责任感和爱国主义中。"普京实际上为自己的"主权民主"思想又注入了新的内容。二是深入进行政治体制改革。主要是在中央和地方的关系方面进行改革。众所周知,俄罗斯曾经实施过州长的直接选举制度,后来在2004年被时任总统的普京取消。当时普京认为,该制度往往被地方黑恶势力所控制,成为煽动分裂主义情绪的工具。2011年12月,时任俄罗斯总统梅德韦杰夫启动政治体制改革,向杜马提交三个草案——州长直接选举草案、降低正当注册人员最低限额草案以及免去正当参加选举必须收集一定数量签名的草案。俄罗斯国家杜马2012年4月25日通过了梅德韦杰夫提出的有关直接选举州长的草案。根据该法案,州长候选人通过各种政党提名或自荐产生,然后由该州所有公民进行直接投票。任何年满30岁、没有重大前科的俄公民均可成为候选人。但候选人需要满足两个条件:第一,如果总统认为被提名者参选可能对该地区的领土完整、稳定或人权构成威胁,则有权对该提名提出质询;第二,被提名者必须得到一定数量的该州各市议员的"信任签名",以证明自己对该地区情况比较了解。由此产生的候选人可

以参加州长直选,获得50%以上选票的人为获胜者,否则将举行第二轮选举。直选选出的州长一届任期不得超过5年,不得连任两届。恢复地方官员直选制度的同时,俄罗斯总统也保留了罢免州长的权力。① 2012年10月,全俄五个州(阿穆尔州、别尔哥罗德州、布良斯克州、诺夫哥罗德州和梁赞州)举行了州长直选。自2004年最后一次俄罗斯州长直选之后,俄罗斯再度恢复地方领导直选。现在看,这种改革是比较成功的,因为"这可以保证分权与中央管理之间的平衡结合。"② 三是通过制度建设全力反对社会腐败。2012年12月21日,俄罗斯国家杜马以437票赞成、1票弃权的表决结果通过法案,禁止官员在国外拥有不动产和银行账户。法案禁止各级公务人员、军人及其配偶和未成年子女在外国境内和外国银行拥有或开设账户,禁止其在国外拥有或购置不动产,禁止其购买或持有外国公司的有价证券。不过,如果海外账户的资金用于公务活动、医疗或教育目的,则不受此禁令约束。法案规定,如果违反上述规定,将被课以500万—1000万卢布(1卢布约合0.032美元)的罚款,或被判处5年以下有期徒刑,并在最多三年内不得担任公职。法案要求拥有海外资产的上述人员在2013年6月1日之前注销其海外账户,转让其不动产,并规定只有在脱离公职3年之后方可在国外开设账户或购买不动产。2013年10月,普京又发起了大规模反腐行动。11月6日,普京解除了国防部长谢尔久科夫的职务。随后,俄武装力量总参谋长马卡罗夫和国防部两名副部长也被解职。10月,俄国防服务公司被查出挪用国防预算用于房地产买卖。11月10日,俄罗斯前地区发展部副部长、滨海边疆区政府主席帕诺夫被捕,他在筹办今年APEC峰会期间,涉嫌贪污、违法使用联邦预算拨款,以及操控竞标。11月19日,俄航天署空间系统公司总经理乌尔利奇被解职,涉嫌非法挪用65亿卢布(约合2.1亿美元)科研经费。11月27日,俄罗斯国家电视台播出纪录片,指责前农业部部长斯克伦尼克任人唯亲,侵吞390亿卢布(约合12.6亿美元)联邦预算款,警方随后介入调查。11月28日,俄联邦侦查委员会表示,俄国防服务公司腐败案造成的损失超过67亿卢布(约合2.17亿美元)。③ 俄罗斯上述改革的基本内涵,就是致力于经济制度和政治制度之间的协调发展,事实证明,其效果是明显的。

中国政治发展的目标,就是实现真正的"人民主权"。在经济发展到一定阶段,基本上形成了中国特色社会主义法律体系的背景下,一定要不断推进社会主义民主政治建设。社会主义民主政治建设是一个庞大的系统工程,从什么地方推进,如何推进,既要有扎实的理论准备,又要有翔实的经验基础,还要符

---

① 《普京文集》(2012—2014),世界知识出版社、华东师范大学出版社2014年版,第49页。
② 同上。
③ http://www.kremlin.ru/news/17118。

合政治发展的内在要求。

首先,中国的政治改革要有扎实的理论准备。中国政治制度的基本构架是符合国情和历史发展规律的。中国特色社会主义制度的形成,是近代以来中国社会发展演进的结果,具有客观必然性和不可抗拒的历史逻辑。中国共产党在民主革命时期创造了新民主主义政治制度,并在解放区进行了广泛的实践,奠定了中国特色社会主义制度形成的基础。新中国成立后的六十年发展中,这种政治制度促进了中国社会的发展,并为中国的继续发展打下了坚实的基础。中国政治制度的优势是十分明显的,这种制度的目标和根本原则是广大人民的共同富裕,符合最广大人民的根本利益;这种政治制度能够反映最广大人民群众的根本利益,具有较强的动员能力和协调能力,能够最大限度地"集中力量办大事";这种政治制度具有可靠性和稳定性,能够保证对国家的有效控制和稳定发展。这种制度需要不断完善的,就是有效的制衡和监督机制。但无论如何,这种政治制度从整体上保证了国家的长治久安,是我们国家不断发展的坚实的制度基础。

但是,我们对这种政治制度在认识上也有一定的误区:第一,手段上的误区。这种政治制度以建设一个强大的国家为基本出发点,号召人们在最短时间内,以最快的速度赶上和超过西方发达的资本主义国家。因此,大规模的政治动员是其主要手段,包括普及的政治宣传、深入的思想政治工作、树立先进典型等等。但当鼓动和许诺的美好未来没有变成现实后,人们的不满情绪增加,社会进程中也就屡屡引发不安的动荡。特别是这种制度的建立,是以阶级斗争的手段实现的。当人们面临着复杂的局面,出现认识分歧时,很容易走上阶级斗争扩大化的道路上去,正常的意见分歧被看成是阶级斗争的表现,纳入到阶级斗争的思维方式中,残酷斗争无情打击就开始了,苏联历史上的"肃反"和中国历史上的"反右""文革",及相伴而来的相当范围的人身迫害,都十分形象地反映出了上述现象,这种现象通常被称为"红色恐怖"和"血与火"的"无产阶级专政"。①

其次,体制上的误区。中国是一个中央集中控制的社会主义国家,强调集中控制、效率优先,加上人口众多,内部差别巨大,重要决策都要由主要领导人"拍板"。随着社会发展,决策对象越来越复杂,而体制没有跟上变化了的形势和对象,决策的质量下降,失误增多。中国社会主义建设过程中出现的"大跃进"和"文革",都是个人决策的失误。即使改革开放以后,我们也多次出现"重复建设""盲目扩张"等决策失误。随着经济全球化的发展,各国之间的竞争愈

---

① 闻一:《苏维埃文化现象随笔》,江西人民出版社2006年版,第2页。

来愈烈,我们却很少出现像美国的"新经济"那样的科学决策。① 这个问题是值得我们深思的。这样,人民的根本利益自然无法实现。动机是好的,效果并不一定好,因为动机要有程序上的正义来保障。

第三,理论上的误区。认为社会主义国家是公有制,社会财富属于全体人民,不可能出现利益集团。但实际上,由于在公有制条件下,所有权和使用权是分离的,所有权是属于全体人民的,但却由一些领导人和管理人员来管理和支配这些属于人民的财产,加上监督制度不健全,很容易出现利用权力享有特权的阶层,人民的财产便"异化"成个人支配的财产。这种特权阶层一旦形成,将人民的利益放到一边,一切以自己的利益为出发点。这种特权阶层发展下去,依靠利益的惯性,很容易形成特定的利益集团。也就是说,社会主义公有制条件下也有形成特权阶层和利益集团的可能性。

上述三个误区,恰好折射出我们一定要进行政治改革的原因及价值取向。我们之所以要推进政治改革,因为这直接涉及能否保证经济和社会的持续发展:第一,政治改革中的民主选举制度,可以防止和打破利益集团的破坏改革,普京通过普选当选总统,打破了"寡头政治"的局面,就是明显的证明;第二,政治改革建立民主的决策机构,可以提高决策质量,防止个人专制,直接提高经济发展的质量;第三,政治改革中法治建设的深入发展,可以有效保证人权,特别是"监督法""政党法"等重要法律的建立和司法相对独立体系的完善,可以有效遏制制度腐败现象的发展。

其次,中国的政治改革一定要有翔实的经验基础。中国的社会主义政治制度建立之后,中共就对不断完善这种政治制度保持着清醒的认识。"斯大林严重破坏社会主义法制,毛泽东同志就说过,这样的事件在英、法、美这样的西方国家不可能发生"②,因为他们有民主的传统。由于中国历史上社会就缺少清晰的、稳定的利益集团的分化,也缺少西方式的法律主义传统,出现政治上统一的执政集团是必然的。中国共产党的领导也是在历史上逐步形成的。但由此带来的问题,就是有"分工制衡"而无"分权制衡",对执政党,特别是对各级主要领导人的制约和监督,就成为制度性的主要弱点。为此,包括中国在内的社会主义国家,都对此进行了认真的探索。这种宏观的经验基础,既包括社会主义在发展过程中的国际经验,也包括目前正在进行的各种探索和实验。社会主义在发展过程中,与之相联系的形成了四种有特色的模式:一是斯大林模式,这种模式过分强调行政和计划手段的作用,但保证了对国家的有效控制和高效率

---

① 1993年克林顿就任美国总统,实施了"信息高速公路"计划。到2000年信息产业成为美国第一大产业。依靠信息技术和产业推动经济的发展的模式,被称为"新经济"。

② 《邓小平文选》(一九七五——一九八二年),人民出版社1983年版,第293页。

的运转,但个人专制的色彩较浓;二是毛泽东模式,这种模式强调系统的自律机制和道德教育,但排斥市场经济,带有空想的成分;三是邓小平模式,这种模式强调制度和法治的作用,建设社会主义法治国家成为主要目标;四是苏联改革形成的"普京模式",形成了以强人政治为前提、选举为核心的政治模式。这四种模式都代表了社会主义在发展过程中需要关注的一个侧面,为我们提供了需要借鉴的实践样板。中国的政治制度无论怎样改革,都要保持对国家的有效控制;都要坚持严格的自律机制;都要走依法治国的道路;都要逐步扩大选举的广度和深度,这些都有着坚实的经验基础。

中国政治制度在改革开放的进程中不断发展,其微观视野也积累了丰富的经验。广大人民群众在政治改革进程中表现出了极大的创造性。特别是党的十六大以来,在党内民主、基层民主和社会民主三个方面都有了实质的进展。

关于党内民主。这是近年来民主政治发展的重要内容。党内民主有几个方面的试验:一是党代会常任制。党代会常任制试点是党内民主和党内监督方面理论创新的亮点之一,也是理论界长期关注的焦点。党的十六大报告明确提出扩大县级党代会常任制试点工作,十七大报告又进一步提出:"完善党的代表大会制度,实行党的代表大会任期制,选择一些县(市、区)试行党代表大会常任制。"党中央和党的决策层的高度重视,使得从1988年开始进行的党代会常任制的试点工作,从十六大之前的六省市的16个县市渐次扩大,各地逐渐形成了探索党代会常任制的高潮。2008年7月,仅四川省其试点范围就已经扩大到全省50个县(市、区)。

二是党的委员会制度改革。主要解决"权力过分集中现象",特别是集中于"一把手"的状况。解决党内权力过于集中的一个可能的思路,是充分发挥党的委员会集体领导的作用。最早实行党的委员会制度改革的是浙江台州椒江区。1988年进行党代会常任制试点时,椒江就取消了党委常委会,建立了市委委员制、市纪委委员制。所谓的"委员制",就是不设常委,只设书记、副书记和委员。市委全委会领导党组织的日常工作,而党代会对全委会直接进行监督。湖北罗田县等也进行了这方面的试点。特别是中共十八大以来不断完善的"党内巡视"制度,对促进党内民主都有重要的作用。

三是实现干部委任制的改革。我国实行的是以委任制为主要方式的干部选拔任用制度。在20世纪末以后,又逐渐推行了考任制、选举制、聘任制等新的任用选拔方式。特别是党的十七大以来,干部公推公选的力度越来越大。北京市全面推行干部竞争上岗制度。目前,北京市72%的市级行政机关开展了处级领导职位的竞争上岗,全市所有区县都开展了科级领导职位的竞争上岗。据统计,1998年至2010年,全市累计8万余人次参与了市级机关处级职务和区县机关科级职务的竞争上岗,3.8万余人次通过竞争上岗晋升了职务。① 2008年4月,河南面向全国公选60名厅级干部。② 2010年8月,江苏面向全国公选30名厅级干部。③ 中共中央办公厅2009年12月发布《2010—2020年深化干部人事制度改革规划纲要》,要求到2015年,每年新提拔厅局级以下委任制党政领导干部中,通过竞争性选拔方式产生的,应不少于三分之一。④

关于基层民主。基层民主的推进更是显著。2001年以来,四川省开始通过"公推公选""公推直选"等方式选举产生了乡镇长。2004年以来,成都市新都区又在全区范围内推行了差额直选村党支部书记,开始了党内基层的竞争性选举。江苏省从2003年4月开始,逐步推进"公推差选"乡镇长、"差额直选"和"公推直选"乡镇党委书记城市社区领导等模式。2006年江苏有625个乡镇"公推直选"了党委书记。⑤ 2009年,南京采取公推直选的方式产生了363个城市社区领导班子。⑥ 江苏省从2000年到2010年通过竞争性选拔方式产生的基层干部已达10万人以上。⑦ 重庆2010年以来村(社区)党组织领导人"公推直选"面达80%,个别区县达到了100%。⑧ 北京市大力推进"直选"村党组织书记。在2010年村"两委"换届中,通州区在146个村推行了"直选"村级党组织书记,改变了过去党员大会选举支部成员,支部委员选举书记的做法。"直选"一次成功率达到95%,"直选"村党组织书记连选连任比例达到90%,进一步扩大了基层民主。还有浙江省实行的基层"恳谈会"制度,贵州黔西南州的"干部召回"制度,这些都代表了基层民主的发展方向。

关于社会民主。主要是政务党务公开有了实质性进展。2007年8月,国务院公布了《中华人民共和国政府信息公开条例》。截至2010年12月28日,中国各级政府及组织机构的网站数量已达75282个。"网络问政"成为公民参与的重要方式。⑨ 2011年,有92个中央部门公开了部门预算,90个中央部门公开了部门决算,98个中央部门和北京、上海、广东、陕西等省市公开了"三公"经费使用情况,全国审计机关向社会发布预算执行及财政收支等方面审计结果公告8000多篇。⑩ 北京市全面推行乡镇党委书记信箱制度,党员可以直接通

---

① 北京市党的建设研究会:《2011党建课题研究成果选编》,第12页。
② 《执政中国》第4卷,中共党史出版社2009年版,第69页。
③ 《中国政情报告》(2011),中国时代经济出版社2011年版,第76页。
④ 同上。
⑤ 《执政中国》第3卷,第155页。
⑥ 刘杰主编:《中国政治发展进程2011年》时事出版社2011年版,第60页。
⑦ 见《同舟共进》2012年第6期,第17页。
⑧ 《中国政治年报2011年》,兰州大学出版社2011年版,第83页。
⑨ 刘杰主编《中国政治发展进程2011年》,时事出版社2011年版,第233页。
⑩ 温家宝:《让权力在阳光下运行》,见《求是》2012年第8期。

过"信箱"反映意愿。

最后,中国的政治改革有着严谨的内在逻辑。为什么中国在众多的社会主义国家中能够比较早地举起改革开放的旗帜,并且没有出现苏联式的悲剧,保持了改革开放三十多年的健康发展,这其中是存在着深刻的内在原因的。中国政治发展的重要源头是传统政治文化。强调"德政",以德治国,是中国传统政治文化的基本理念。以"德政"为前提,中国传统社会中有着深厚的民本传统,"保民而王,莫之能御也"①。特别是在君民关系上,尽管君是主体,但君心中要有民,这是体现"德政"的基本内容。"居庙堂之高,则忧其民;处江湖之远,则忧其君。"②民的地位是显而易见的。官员和民众有着密切的联系。科举选官制度和"责任""道义"理念以及分工制衡和"绩优准则",又强化了这种联系。

中国共产党在领导中国革命和建设的过程中,在原有的政治传统基础上,又形成了独特的新的传统,这些传统中最主要的,就是党的全心全意为人民服务的宗旨和党紧密联系人民群众的优良作风。毛泽东指出:"我们共产党人区别于其它任何政党的又一个显著的标志,就是和最广大的人民群众取得最密切的联系。"③中共形成了一整套反映人民意愿、代表人民群众、防止脱离人民群众的方针和措施,主要包括:广泛的政治动员;深入的调查研究;严格的自律机制;自我批评的纠错办法。④ 正因为如此,中共保持着旺盛的革命斗志。随着改革开放的深入,这些特点的优势日益表现出来。基于这种背景,由执政党和国家启动的中国的改革开放,一开始就有着明显的价值取向,即满足最广大人民群众日益增长的物质和文化的需要。一方面,尽管有各种各样的社会问题,但最广大人民群众的整体生活水平日益提高却是不争的事实。中共代表着人民的根本利益,这是最大的"合法性",使中共能牢牢地控制着政权和改革的进程;另一方面,环境恶化、两极分化、社会腐败又侵蚀着中共的执政基础,应引起全社会的警觉。总之,由执政党和国家启动的改革的唯一目标,就是进一步实现"人民主权",这种改革和政治发展的内在逻辑,决定了改革和发展具有强大的生命力,也决定着改革和政治发展的基本特征。这种基本特征表现为政治发展的基础性、连续性、和重点性。

当代中国政治发展的内在逻辑,就是中国共产党的性质、手段和目的在"人民主权"的理念下的统一性。中国共产党作为马克思主义政党,坚持一切从实际出发,解放思想,实事求是,以达到对客观世界的真理性认识。同时,中国共产党坚持全心全意为人民服务,除了工人阶级和最广大人民群众的利益,

---

① 朱熹:《四书集注》,岳麓书社1985年版,第250页。
② (北宋)范仲淹:《岳阳楼记》。
③ 《毛泽东选集》第3卷,人民出版社1969年版,第995页。
④ 《改革开放三十年重要文献选编》,第1452页。

没有自己的特殊利益,也不允许形成大的利益集团而为其左右。但随着物质生活水平的提高和物质利益的多元化,中共面临着历史上从来没有过的巨大挑战,"党的自身建设任务比过去任何时候都要更为繁重"①。中共也确实存在着被某些大的利益集团侵蚀的可能。因为实现"人民主权"理念是个复杂的过程,影响"人民主权"理念实现的因素是多种多样的。利益多元化的现实会直接影响到执政的某些薄弱的中间环节。在当前特定的背景下,有三项最基本的工作,构成了当代中国政治发展的主要内容。具体来说,通过教育全面提高人民群众,特别是国家公职人员的政治素质,为政治发展打下坚实的基础;继续深化法治和制度化建设,特别是监督和司法方面的制度建设,将国家的制度化和法制化建设推向更高阶段;全面推进各项选举制度的实践。这种教育、监督、选举三位一体的政治发展,也可以表述为政治发展的基础性、连续性、重点性三个特点。

关于教育和监督的作用是显而易见的,这里要重点分析一下选举制度问题。我们推行选举制度,一定要发挥自身的优势。中共在领导中国革命和建设的过程中,形成了政治协商的良好传统,遇事协商,反复讨论,最终形成决议,并在此基础上建立了一整套以民主集中制为基础的政治协商制度。这是中国政治运行的一大特点和优点。但是同西方国家相比,中国一直缺少投票选举的传统。西方国家的选举制度,如果从古希腊城邦的直接选举算起,已有两千五百多年的历史,无怪乎相当一批理论家直接将"民主等同于投票"②,"确立投票权的法律,就是根本的法律。"③但基于选举造成的种族、性别、经济地位的"形式的排斥"、选民自利的"非理性"行为、"多数暴政""效率低下"、迎合"文化低俗化"、金钱操纵等选举的负面影响,提出了"协商民主"的概念,认为选举是"必要的恶","当可能通过讨论达成共识时","这种必要的恶都没有必要"。④ 西方国家首先确立了基本的选举制度,并在此基础上增加了协商讨论等程序,使民主制度更加完善,这种思想方式是值得借鉴的。中国同样可以在原有政治协商优势的基础上,完善协商之后的选举确认程序,进一步完善中国特色的民主制度。新中国成立以后,特别是改革开放以来,各种选举制度不断完善,尤其是基层的选举制度走向制度化和法制化的轨道,可是要想达到"普选"的条件,还是有相当距离的。根据中国近期推行选举制度的经验,顶层设计是必要的。这种选举制度的改革,一是要扩大选举的广度,可以试行下一级的党代表和人民代表参与上一级党的领导人和政府领导人产生的选举工作;二是要扩大选举的

---

① 《改革开放三十年重要文献选编》,中央文献出版社 2008 年版,第 1738 页。
② [加]菲兰克、坎宁安:《民主理论导论》,第 176 页。
③ [意]萨尔沃、马斯泰罗内:《欧洲民主史》,社会科学文献出版社 1994 年版,第 2 页。
④ [加]菲兰克、坎宁安:《民主理论导论》,第 176 页。

深度,给人们以更多的选择,诸如差额选举等等;三是进一步巩固基层民主选举的成果,可以逐步向上一级推广。在基本共识的基础上形成一个整体思路,然后试行分阶段分地区逐步推进的办法。任何一种大的举措都要先进行试验,经济发达地区可以先行一步。

总之,中国共产党必须继续坚持以"人民主权"这一理念作为政治发展的根本目标,以善良的动机为基础,不断推进政治体制改革,既要不断加强法治,实现依法治国,同时又要扩大选举制度的深度和广度,从中国国情出发,不断总结我国社会主义政治实践经验,构建有中国特色的社会主义政治文明,这是当代中国政治发展内在逻辑的趋势和方向。

四、中俄体制转型模式深入的经济分析

这些年,俄罗斯经济的总体情况是比较好的,2000年以来,俄罗斯国内总产值及其增长比例,依据俄罗斯国家统计局公布的数据,见下表:

表12-1　按市场价格计算俄罗斯的国内总产值,(10亿卢布)

年份	总产值	百分比
2000	7305.6	110.0%
2001	8943.6	105.1%
2002	10819.2	104.7%
2003	13208.2	107.3%
2004	17027.2	107.2%
2005	21609.8	106.4%
2006	26917.2	108.2%
2007	33247.5	108.5%
2008	41276.8	105.2%
2009	38808.7	92.1%
2010	45166.0	104.4%

从表12-1统计数据的变化可以看出,俄罗斯的经济从1999年开始进入恢复性增长时期。但从2001年下半年至2002年上半年,俄罗斯经济增长速度明显放慢。2001年是俄罗斯经济持续快速增长的第三年,GDP上半年增长5%,但下半年增速比上半年有明显回落。2002年上半年俄罗斯增速呈下降态势,GDP和工业生产同比分别增长了3.8%和3.2%,低于去年同期5.4%和5.5%的水平。2002年GDP增长率为4%,低于2001年。进入2003年,俄罗斯经济进入了快速的发展期。从2003年至2007年,俄罗斯的GDP的增长速度

都保持在6%左右。从2008年开始,增长速度开始下降。受金融危机的影响,2009年俄罗斯经济为负增长,GDP跌幅达到7.9%,成为10年来俄罗斯经济的"谷底"。由于俄罗斯在连续9年的经济增长中,建立起了"经济安全气囊",俄罗斯没有发生类似1998年金融危机时的"经济崩溃"现象,并于2010年成功实现V型反转。2010年全年经济增长4%,外汇储备总额达到4637亿美元;财政赤字约占GDP的3.9%;失业率从9.2%降低到了6.7%。① 另外,根据俄罗斯国家统计局公布的最新数据,2013年俄罗斯经济增长1.7%。

俄罗斯经济发展的障碍性因素主要有:第一,经济结构仍然失衡,这是俄罗斯经济最重要的问题。具体表现为:首先,第一产业农业总体落后。尽管农业连续12年增长,但同发达国家相比仍然有很大差距。畜牧业恢复乏力且比重渐小,种植业比重加大,但发展不稳定,"靠天吃饭"的现象仍未改变;其次,第二产业工业内部结构畸形:加工业相对落后,工业能源、原材料化趋势加剧。这是俄罗斯经济结构失衡最核心的问题;再次,第三产业服务业尚不发达,传统的劳动密集型行业比重大,而资本密集和知识密集的行业比重小。服务业内部分为生产型服务业和消费型服务业,人们通常将金融、保险、法律工商服务、经纪等知识密集和为客户提供专门性服务的行业,称为生产型服务业。美、英等国生产型服务业占GDP的比重都接近30%,而俄罗斯仅为15%、16%。② 这种不合理的经济结构,通过进出口产品结构鲜明地反映出来③:

表12-2 俄罗斯进出口产品类型结构

年份	进口总额(亿美元)及比例%			出口总额(亿美元)及比例%		
	农产品	燃料矿产品	工业制品	农产品	燃料矿产品	工业制品
2007	268.84	82.34	1856.22	236.11	2519.08	725.26
	12.03	3.68	83.06	6.66	71.08	20.46
2008	342.84	122.58	2418.35	238.78	3417.21	923.00
	11.75	4.20	82.86	5.06	72.46	19.57
2009	290.79	73.15	1531.08	210.56	2093.94	639.02
	15.16	3.81	79.83	6.94	69.02	21.06

第二,通货膨胀居高不下。2010年俄罗斯通胀率为8.8%,在通胀结构中,食品价格上涨12.8%,非食品商品价格上涨5%,服务价格上涨8.1%。2011

---

① 吴恩远主编:《俄罗斯东欧中亚国家发展报告》(2011),社会科学文献出版社2011年版,第49页。
② 郭晓琼:《俄罗斯产业结构研究》,知识产权出版社2011年版,第353页。
③ 同上。

年至 2013 年的通胀率也在 5% 左右。通货膨胀的原因是多方面的，2010 年农业歉收，直接导致农产品价格上涨，但最主要的还是经济结构过分依赖资源，人们生活必需品的自主率比较低，特别是轻工业品和农产品严重依赖进口，社会服务质量差。

第三，长期投资严重不足。俄罗斯是个大国，要想支撑大国的框架，必须有一定量的基本投资比例。1992 年至 1998 年间，每年俄罗斯的投资同上一年相比基本上都是负数。在 1999 年至 2001 年三年快速增长期内投资有所增加，1999 年固定资产投资增长 4.5%，2000 年增长 17.7%，2001 年增长 8.7%，其中只有 2002 年的投资达到 10% 以上，总体投资规模仍然偏小。2002 年上半年投资形势进一步恶化，固定资产投资同比仅增长 1.8%。目前俄罗斯经济年投资额约 450 亿美元，国民经济积累率仅为 15%。俄国家杜马经济政策委员会副主席阿克萨克夫说，为了维持简单再生产，俄罗斯每年对固定资产投资必须要达到 1000 亿美元。俄经济专家也论证说，俄罗斯要保障经济年增长 15%，就必须保持对固定资产的投资年增长 15%—20%。俄罗斯目前很难做到这一点。俄罗斯近些年在科技开发方面的投资也增加较快，2001 年科技投入比上一年增加了 22%，但总额也仅为 103 亿美元，大大低于同期美国 (2653 亿美元)、日本 (982 亿美元)、德国 (529 亿美元)、韩国 (191 亿美元)、法国 (314 亿美元)、加拿大 (158 亿美元)，这都是同一个大国的地位不相符的。由于长期投资不足，产生了极期严重的后果：

(1) 固定资产老化成为经济发展的严重障碍。俄工业和科技部 2001 年的一项调查显示了固定资产老化的严重程度：工业中设备老化程度达 52%，完全不能使用的达 20%，使用期不足 5 年的设备只占 4%，使用期达 11—20 年的设备占 40% 以上，超过 20 年的设备占 40%；基础工业部门的情况更为严重，电力行业使用期超过 15 年的设备占 70% 以上，机器制造业这一指标为 76% 以上，冶金业为 67%，化工业和石化业为 66%；在本应 4—5 年更新一次设备的电子行业，有 70% 的企业仍在使用 15 年以上的设备，整个行业的技术水平与外国相比有整整两代的差距。固定资产老化最显见的现象，就是俄罗斯连续多年空难频发，就连号称质量上乘的莫斯科地铁也多次出现事故。

(2) 经济结构的畸形化进一步加重。这个问题本书有过专门论述，但近几年又有所发展，形成一种惯性的力量。俄经济发展与贸易部长格列夫 2011 年时曾指出："俄罗斯经济的特点是原料出口占总出口的 90%。"在市场导向的作用下，俄罗斯有限的投资也多集中于有出口优势的原材料行业，以最近两年为例：在对工业的总投资中对石油开采的投资占 33%，冶金业占 13%，天然气 11%，电力 10%；而对国家产业结构改造具有重要意义的机器制造业的投资只占 7%，化工业和石化业占 4.2%，轻工业只有 0.5%。这种投资结果进一步加剧了俄罗斯经济结构的畸形化。目前反映俄罗斯国家科技水平的高新技术产业的产量占世界产量的比重不到1%。

尽管问题十分清楚,但解决起来难度是非常大的。首先,俄罗斯经济已经出现了对资源的依赖性。2008年12月俄产原油出口价格降到了30美元,经济也跌到了谷底。此后随着原油出口价格上升,GDP也由负增长转为正增长。能源是俄罗斯工业中最重要的部门,受国际经济环境好转及油价上涨等利好因素影响,2010年俄罗斯经济逐步走出危机,能源工业稳步恢复,油气产业各项指标均呈增长趋势。其中,原油产量突破5亿吨,原油加工量2.49亿吨,同比分别增长2.2%和5.5%;原油出口量2.48亿吨,与上年基本持平;成品油出口增长8.3%,至1.31亿吨;原油和成品油出口外汇收入分别为1290亿和694亿美元,同比分别增长38.0%和48.3%;天然气产量和出口量分别为6490亿立方米和1791亿立方米,同比分别增长11.2%和6.4%;天然气出口外汇收入435亿美元,同比增长10.4%。俄罗斯联邦海关局公布的数据显示,2010年俄对外贸易实现顺差1675亿美元,比2009年增长25%,全年外贸总额6468亿美元,同比增长31.2%;进口2488亿美元,同比增长29.7%。在外贸总额中,对欧盟贸易占49%,比2009年下降1.4个百分点;对独联体贸易占14.6%,与2009年持平;对亚太国家贸易占23.3%,比2009年上升2.6个百分点。① 俄主要出口商品为机械设备。来自石油和天然气的税收占GDP和预算收入的比重也说明经济对资源的过度依赖。2010年1—11月联邦预算收入为7.432亿万卢布,预计全年将略超过8万亿卢布,约占同期GDP的18.2%。同期来自石油和天然气的预算收入为3.401万亿卢布,占同期GDP的8.3%(比例较上年同期增长1%),占同期联邦预算收入的比例高达46%。如果计入石油和天然气以外的其他资源收入,则来自资源类产品的预算收入将占联邦预算收入的55%—60%。2009年以来俄罗斯总统梅德韦杰夫积极倡导经济现代化,就是要通过发展创新经济,促进高科技产品的生产和出口,减少经济对资源的过度依赖。但短期内,俄罗斯经济还很难完全摆脱对资源的依赖。还有一个因素是不能忽略的,即目前国际分工的格局已经形成,发达国家占据了技术的制高点,要想打破这种格局,是有相当难度的。

其次,增加投资受很多因素的影响。本来基础设施老化,这也是发展的良好契机,但无奈缺少启动资金,投资不足。投资不足的重要原因在于投资环境长期得不到好转,具体表现为:第一,恐怖活动猖獗。2002年10月24日爆发了车臣恐怖分子劫持800多名人质事件。10月26日俄联邦特种部队武力消

---

① 上述数字均引自李永全主编《俄罗斯发展报告》(2012)(2013),社会科学文献出版社2012、2013年版。

灭了恐怖分子,解救了700多名人质,但仍有100多名人质遇害。2014年1月又在伏尔加格勒发生了针对索契冬奥会的恐怖活动。第二,官员腐败现象严重,一些政府官员收取了各种好处费,加重了投资者的投资成本;第三,黑社会势力横行。在俄罗斯,要想投资,第一步就要同当地的黑社会势力搞好关系,定期交纳好处费,这在俄罗斯已是公开的秘密。由此导致俄罗斯国内外投资者裹足不前。2005年上半年俄反垄断部对外国投资者做的一份调查表明,影响外国直接投资者信心的原因按严重程度(按10级划分)依次为:税收政策多变(8.5级),官僚主义严重(8.3级),所有权得不到保障(7.9级),与当地企业竞争条件不平等(7.8级),司法腐败(7.4级),生意伙伴不可靠(4.4级)。

上述三个原因,直接影响到俄罗斯人民的日常生活:俄罗斯的日用品严重依赖进口;2003年俄罗斯肉类进口量仍然高达206.3万吨,占国内需求的30%。农业部门的平均工资是银行、石油等部门的1/6。社会服务质量也急剧下降,1989年每万名居民在医院能拥有138.7个床位,而到1994年就只剩下127.4个了,到了2003年则只有111.6个。截至2003年,能够使用的铁路线长度比1990年减少了2000千米,内河水路通航长度减少了近18500千米。①

普京在2012年12月的国情咨文中,同样对经济发展做出了全面规划,主要内容包括:一是深化经济体制改革,完善经济发展的内在动力。普京上台后,奉行国家干预的政策,表12-3是俄罗斯国有制经济扩大的状况②:

表12-3 2004—2011年俄罗斯国有制经济的扩大

单位:%

股份公司中的国有成分比例分布	占股份公司总企业数的比例							
	2004年	2005年	2006年	2007年	2008年	2009年	2010年	2011年
国有持股占企业法定资本100%的企业	4	10	30	45	54	55	57	63
国有持股占企业法定资本50%—99%的企业	15	13	12	10	7	6	6	5
国有持股低于企业法定资本50%的企业	81	77	58	45	39	39	37	32

① [俄]谢、尤、格拉济耶夫:《1991—2003年俄罗斯经济改革白皮书》,山东大学出版社2009年版,第236、36、9页。
② 李永全主编:《俄罗斯发展报告》(2013),社会科学文献出版社2013年版,第132页。

国家通过扩大国有制经济比例控制国民经济命脉,这一方面有利于国家控制战略资源,保证经济、社会政策的顺利推行,维护国家和社会稳定,国有企业在国家的支持下,更容易聚集资本形成规模效应,有利于提高企业在国内外市场上的竞争力;但另一方面,国有经济的扩张也往往会造成行业垄断,破坏竞争机制,使企业缺乏创新的积极性,从长远来看不利于经济的可持续发展。目前俄罗斯科技转化和传导机制尚未完善;企业的研发能力相对低下;重大的民用科技没有形成研发体系,所有这些,都要通过改革才能改变。普京对此头脑非常清醒:"新的增长模式应该是经济自由、私人所有制和竞争、现代市场经济,而不是国家资本主义。"普京表示,私有化"首先是社会对国家政策的信任问题,应该出现真正合法的、受人尊重的私有业主","保证私有制能有效地实施并遵守相关协议",使企业成为独立的经营者,并用法律保护他们必要的权利。二是经济发展必须摆脱依赖能源的窠臼。为此,普京提出了几个具体的措施,主要包括:必须依靠优质的职业教育;要有灵活的劳动力市场;加强中小企业的建设;良好的投资环境和现代化技术激发新的创新因素。针对目前俄罗斯经济的状况,普京下令应制定出扶持非原料产品出口的路线图。普京特别强调要重视人力资源的开发,"让所有经济重要成分具备竞争力将成为我国经济政策的核心内容"。关于中小企业的发展,普京提出要有专门的基金进行研究,最重要的是创造一个让中小企业发展的良好环境。三是进一步加强国家对经济的科学规划。普京提出"经济去中心化"的观点,不要把发展局限于首都和能源集中区。为此,普京又具体要求:俄东部地区发展将转变为面向亚太国家,因此要采取非常规措施开发远东地区,振兴远东和西伯利亚地区将是贯穿俄21世纪的国家优先发展方向,这不仅会为俄经济发展提供新机遇,也为俄今后开展积极的外交政策提供基础。四是通过完善法律和激励机制提高科技创新能力。本来,俄罗斯有着良好的科学技术基础。俄罗斯现有3566家专门的科研机构;2010年24—35岁受过高等教育的人口占人口总数的比例为25%;2010年俄罗斯科研经费占GDP的比重已接近2%。但由于知识产权保护的法律滞后,鼓励创新的制度不完善,科研机构内部行政化倾向加剧,人浮于事的现象十分严重,导致俄罗斯科技创新的能力不是很强。普京就明确指出:"我们已取得的科研成果中平均265个才有1个,仅有1个受到法律保护。在俄罗斯国内生产总值中,知识产权收益的附加值不到1%,这不是少,而是太少了。在美国这个指数是12%,德国为7%—8%,我们的邻国芬兰为20%。"①建立从国家到地方的系统的激励和惩罚机制,是提高国家科技创新能力的重要途径;普京希望通过体制改革和法律手段鼓励科技创新。俄罗斯政府还致力于将俄六大科研机构中

---

① 《普京文集》(2012—2014):世界知识出版社、华东师范大学出版社2014年版,第512页。

的科学院、医学院和农学院合并为"大科学院",重组后的科学院将被削减财务管理权,其隶属的科学团体也将脱离,目的是让科研人员专心从事研究工作,把他们从资产管理、公共事业工作中解脱出来,把力量集中到基础研究和成果转化上。① 普京上台后,制定和颁布了一系列鼓励创新的法律,如 2006 年颁布了《俄罗斯 2015 年前科学和创新领域发展战略》,收到了良好的效果。

中国是世界第二大经济体,目前人均 GDP 已超过 6000 美元。进入 21 世纪之后,中国依然保持着高速增长的势态,从 2012 年开始增长的速度放缓,但 2013 年仍然保持了 7.7% 的增长速度。中国经济发展总的方面是健康的,但存在三个明显的问题:一是经济结构不合理,经济发展中粗放型所占的比例过高。今天我们在经济总量上超过了日本,但日本高新技术产品占 GDP 的比重比中国要大得多。二是内需的增长点减弱。由于收入分配方面的问题,贫困阶层没有钱消费;由于社会保障机制的不完善,广大的中下层有钱不敢消费;由于受到产品质量和怕"露富"等多种因素的影响,少数富有阶层到国外消费。尽管我们提出了城镇化作为新的增长点,但受到土地、环境、人口素质等一系列因素的制约,其推动经济增长的潜力还没有显现出来。三是国家和企业的整体创新能力相对较弱,很多高新技术依赖进口,仅有高铁等个别技术具有出口能力,这就使得相当一批企业缺少竞争能力。这些问题只能通过深化改革,特别是政治改革才能解决,因为这些问题不仅仅是经济问题,更多的是政治问题,比如提高创新能力,涉及信仰、机制、制度等一系列问题。在很多问题上,中俄两国有相像之处。提高国家的凝聚力,保持社会的稳定性,调整社会经济结构,提高企业的竞争能力,寻找新的增长点,构建全面的和谐社会,是两国的共同任务。

我们还可以通过历史上中俄美三国综合的经济指标作进一步的分析:

表 12-4 中俄美三国相关经济指标(10 亿美元)②

指标	1980 年	1990 年	2000 年	2001 年	2002 年	2011 年
全世界	26765	34575	45950	47190	48640	69994
美国	5725	7380	9875	9985	10185	15094
俄罗斯	1900	1985	1250	1320	1385	1858
中国	750	2040	4900	5250	5625	7319
中美对比	0.13	0.27	0.49	0.52	0.55	0.49
中俄对比	0.39	1.02	3.92	3.97	4.06	3.94

---

① http://www.kremlin.ru/news/17118.

② [俄]库济克·季塔连科:《2050 年:中国——俄罗斯共同发展战略》,社会科学文献出版社 2007 年版,第 193 页。

续表

指标	1980年	1990年	2000年	2001年	2002年	2011年
中国在世界GDP中的比重(%)	2.8	5.9	9.9	11.1	11.5	10.5
俄罗斯在世界GDP中的比重(%)	7.1	5.7	2.7	2.8	2.85	2.65

资料来源：俄罗斯科学院世界经济和国际关系研究所根据2002年春Pro et contra数据计算，《世界经济中的俄罗斯》，莫斯科，2002，第63—64页。2011年数据根据《世界经济年鉴》(2012—2013年)世界经济年鉴编辑委员会2013年版数据计算。

通过上表分析，俄罗斯的经济总量还是比较小；中国增长比较快，美国的增长比较平稳。中俄两国都是上升的，而且都有巨大的发展潜力。根据下列数据可以进一步分析中美俄三国经济状况：

表12-5 2010—2011年中美俄三国经济数据对比

指标\国家	人均GDP(美元)	服务业占GDP比重%	研发研究人员数量(每百万人)	研发经费占GDP比重%	健康支出占GDP比重%	高技术产品出口额(占制成品出口比重)	出生时预期寿命
美国	48300	80	4673.21	2.79	17.89	19.93	78.24
中国	5570	43.4	1198.36	1.47	5.07	27.51	73.27
俄罗斯	12939	50	3091.36	1.25	5.07	8.85	68.80

资料来源：《世界经济年鉴》(2012—2013年)，世界经济年鉴编辑委员会2013年版。

通过上述数据可以看出，俄罗斯的发展潜力是非常大的，除了具有自然优势之外，在人均GDP、研发人员数量、服务业占GDP比重等方面都具有一定的优势，只不过是由于政策导向、社会环境等因素的制约，这些优势没有充分发挥出来。如果政策科学，社会稳定，团结一致，经济的前景是光明的。中国同样具有一定的发展潜力，特别是在扩大内需、发展服务业等方面，有很多新的增长点。但有一点两个国家是共同的，就是经济问题同政治和文化紧密相连，只有通过政治和文化上的变革，才能将经济上的潜力释放出来。

五、中俄体制转型模式深入的政治文化分析

政治文化的研究历史可以追溯到古希腊时期，亚里士多德曾专门研究政治革命和政治变迁的心理因素。近代思想家孟德斯鸠的《论法的精神》和《罗马盛衰原因论》、马克斯·韦伯的《新教伦理与资本主义精神》、托克维尔的《旧制

度与法国大革命》和《论美国的民主》等著作都可以被看做政治文化研究的典型代表作。但是直到20世纪50年代,政治文化才被作为一个正式的学术概念提出来,美国政治学家阿尔蒙德1956年在美国《政治学杂志》上发表论文《比较政治体系》,首次提出"政治文化"这一概念。在以后的研究中,阿尔蒙德和维尔巴应用行为分析方法,采用民意调查的手段,系统研究和分析美国、英国、德国、意大利和墨西哥五国国民的政治态度,并于1963年出版《公民文化》一书,为政治文化研究提供了基本概念和理论框架,被视为当代政治文化研究的经典之作。

阿尔蒙德将政治文化定义为政治系统成员的行为取向或心理因素,包括政治认知或意识(awareness)、政治价值观念(values)、政治信仰(beliefs)、政治情感(feelings)、政治态度(attitudes)等。① 对政治文化的广义理解则包含了政治心理、政治制度和政治理论。相对于政治体系中的各种制度化和结构化的政治组织、机构和规则,政治文化相当于政治体系中的"软件",与政治制度、体系关系密切。作为民族整体精神文化的一部分,政治文化又具有民族性——正因为如此,政治文化具有统一性、稳定性、连续性等特征,比政治行为、政治制度、政治理论更能准确反映一个民族的政治个性,因此对一个政治体系的深入考察往往要接触到政治文化。通过政治社会化过程,政治文化得到与民族文化中其他组成因素一样的继承和沿袭,也使得不同民族、不同国家的政治文化呈现出长期稳定的差异性。

中国和俄罗斯的政治文化除了具有共同性之外,还表现出明显的差异性:一是在同西方文化的关系上,中国是一个相当稳定的"文化共同体",近现代以来,"以中国文化为本位,吸收西方文化的精华为我所用"的思想方式一直占据着统治地位;而俄罗斯在文化上具有明显的二元性,西方文化在俄罗斯影响更大,转型以来在政治制度上已经"全盘西化"就是明显的证明;二是在宗教问题上,中国文化是以非宗教型我特征的,"以道德代替宗教";而俄罗斯的民族文化是与宗教紧密相连的,东正教渗透到了生活的方方面面。两国国家政治文化上的差异性,是政治文化建设深入的基本出发点。

毋庸置疑,当前中国和俄罗斯都面临提升国家软实力的战略任务。美国学者约瑟夫·奈将软实力概括为文化影响力②,实际上国家软实力包括三个方面:一是国家信仰的力量;二是人民的爱国热情;三是国民的道德水平,主要包括遵守法律、待人诚信、积极向上的精神等。中国和俄罗斯要提升国家软实力,

---

① 参见[美]阿尔蒙德、维尔巴主编:《公民文化——五国的政治态度和民主》,马殿君等译,杭州:浙江人民出版社1989年版,第15页。
② 陈锦华等:《开放与国家盛衰》,人民出版社2010年版,第406页。

自然要涉及两国传统政治文化的差异性。关于同西方文化的关系，主要表现为从本国实际出发的思想方式。经过改革的实践，两国对这个问题都有着深刻的认识。但两国政治文化的第二个差异——宗教信仰，则是比较复杂的。中国和俄罗斯分别属于宗法伦理型和宗教伦理型文化，人与人之间、人与社会之间、社会与国家之间的关系是靠宗法还是宗教制定的标准来维系，成为两种政治文化最大的差异。这种在价值观选择和民族国家认同上的差别导致两国选择了不同的转型模式，获取相异的转型成果和经验，也决定两国在转型深化时要面临不同的任务。

"宗教问题实为中西文化的分水岭。"①西方社会将人理解为二重的，即分成灵魂和肉体两个方面，出于这种二重的理解，社会组织也分成两部分，即教会和国家，因此这种社会是理想与现实分开的二元社会：理想的社会靠宗教，现实的社会靠法律，二者之间有很大的张力。中国是理想与现实合一的一元社会，依靠构建社会道德体系来构建社会理想：理想和现实由于缺少张力，经常发生冲突，构建社会核心价值体系的任务就显得尤为重要和艰巨。

俄罗斯虽然也不同于西方社会，但是其文化一直以东正教精神为核心，转型后更有一个社会回归宗教的过程。改革之初，俄罗斯将西方制度作为目标，虽然改变了政治、经济和社会结构，但是仍保留有现实世界之外的宗教世界，因为东正教"不是学说，不是外部组织，不是外部行为方式，而是精神生活，是精神体验和精神道路"。② 在转型过程中，虽然也有追求金钱、利益的现实需求，但是在俄罗斯民族精神的内部，信仰的力量始终没有消退，始终有个宗教的世界在起作用。从这个意义上来说，俄罗斯文化的二元性不仅是东方与西方的对立，更是世俗逐利和信仰追求的并举。

在转型前，中俄都信仰社会主义和共产主义的思想体系，这种信仰保证了社会的团结和国家的完整、统一。但转型启动后，社会主义价值观受到经济体制改革的影响和西方文化的冲击，中俄两国国民都需要重新调整自己的价值取向，填补思想真空，更要解决民族传统和现实之间的困惑。对于俄罗斯来说，虽然经历了国家意识形态混乱和民族精神缺失的阶段，但是普京上台后，凭借对民族传统文化精神的恢复和尊重，成功建立了社会核心价值体系，也重建了民族国家认同——而这一切，都是以俄罗斯民族文化精神的核心——东正教为基础。尽管普京反对"在俄罗斯恢复任何形式的国家官方的意识形态"③，但他也承认，如果没有统一的信仰，建设国家的任务"在一个四分五裂、一盘散沙似的

---

① 梁漱溟：《中国文化的命运》，中信出版社 2010 年版，第 102 页。
② ［俄］别尔嘉耶夫：《俄罗斯思想》，第 157 页。
③ 《普京文集》，中国社会科学出版社 2002 年版，第 8 页。

社会里是不可能进行的。在一个基本阶层和主要政治力量信奉不同的价值观和不同的思想倾向的社会里也是不可能的"①。普京明确提出:"东正教、伊斯兰教、犹太教和佛教等传统宗教在社会服务中发挥着不可估量的作用,帮助人们克服孤立,培养信任,和平解决在快速发展的社会中不可避免的各种冲突。"②普京还认为,宗教"应该用人类价值观的精神培养正在成长起来的一代人"③;"只有全国家的价值观、道德和伦理的概念才有可能在今天把所有生活在俄罗斯的民族团结起来。"④事实上,普京上台后,将爱国主义、强国意识、国家观念、社会团结作为新价值体系的基本内容,不但借助了中俄传统政治文化中共有的因素,利用"可控民主"和"主权民主"来弥合西方制度和民族传统间的矛盾,还通过扶植东正教会、加强学校宗教教育、重视宗教社会活动等措施,极大强化了东正教信仰在恢复民族传统文化和重建民族国家认同中的作用,从而构建起社会核心的价值体系。普京不止一次提到国家建设与民族传统道德价值观的关系,肯定这种道德准则与宗教的关系。"我们在解决管理问题,制定管理任务的时候,我们首先依靠的是健康的思维。当然这种健康的思维应该建立在道德准则上。我认为,在当今世界,道德准则不能,也不可能与宗教价值观相分离。"⑤"俄罗斯文化基础是基督教价值观。"⑥"我深信,整个人类社会乃至具体个人失之就无法生存的道德观一定是宗教性质的。"⑦"俄罗斯的政治体制应该不仅符合民族的政治文化,而且要与民族的政治文化一起发展。只有这样,政治体制才能既是灵活的,又是稳定的。"⑧普京通过宗教、现实的爱国主义、传统的大国意识这一"三位一体"的思想结构构建起社会核心价值体系并获得了成功。"追溯民族的过去,方可夯实民族的精神和道德根基,方可吮吸其中的力量并扬起自信的风帆。"⑨2011 年 8 月,列瓦达研究中心对俄全国 45 个地区的 1624 名 18 岁以上公民进行民意调查,公布结果的同时还与此前的相同调查做了比较。结果显示,东正教依然是俄罗斯人的第一大信仰,从 1991 年开始,1994 年、2001 年、2004 年和 2007 年的调查表明,分别有 31%、38%、50%、57%、56% 的俄罗斯人表示自己是东正教徒,2010 年和 2011 年的比例更

---

① 《普京文集》,中国社会科学出版社 2002 年版,第 7 页。
② 《普京文集》(2012—2014),世界知识出版社、华东师范大学出版社 2014 年版,第 6 页。
③ 《普京文集》(2002—2008),中国社会科学出版社 2008 年版,第 151 页。
④ 同上。
⑤ 《答美国〈时代〉周刊记者问》,2007 年 12 月 12 日,《普京文集》,第 642 页。
⑥ 《与"瓦尔代"国际俱乐部代表的见面会》,2007 年 9 月 14 日,索契,《普京文集》,第 544 页。
⑦ 《答美国〈时代〉周刊记者问》,2007 年 12 月 12 日,《普京文集》,第 666 页。
⑧ 同上书,第 686 页。
⑨ 《克里姆林宫博物馆是我们民族的精神家园——在隆重庆祝克里姆林宫博物馆开馆 200 周年纪念大会上的讲话》,2006 年 3 月 7 日,见《普京文集》(2002—2008),第 250 页。

是高达70%和69%。相应地,表示自己没有任何宗教信仰的人正在逐年下降,与上面提到的年份对应,比例分别为61%、58%、37%、32%、33%,而2010年和2011年是21%和22%。① 由此可见,东正教在当今的俄罗斯社会占据着日益重要的地位。

普京总统在第三个任期开始之时,更是将文化建设放在了重中之重的位置,他在2012年12月的国情咨文中,提出了一些原则的设想。这些设想可以用六个字来概括,即信仰、宗教、传统。关于信仰,普京对国家缺乏精神支柱痛心疾首,承诺将支持承载传统价值观的机构,否认国家可能干预信仰领域。这些表态都说明,普京深刻认识到了国家信仰的重要作用,希望自己的国家有着统一的信仰。关于是宗教,普京在发表国情咨文的时候,特意邀请俄罗斯东正教领袖在前排就座。他明确提出,传统宗教的教育是非常重要的,对人的品格形成有极大助益。关于传统,普京反复强调一句话,以前我们"倒脏水小孩一起倒掉了"。他认为,俄罗斯在摒弃旧制度的同时,也失掉了许多好的传统和精神,那些曾经让俄罗斯成为伟大强盛民族的优良品质,现在却变成了诸如公民对社会事务的冷漠、对腐败现象的罔顾和极端主义的表现等。这些积久就会成为对社会稳定和国家安全统一的最大威胁。保留和发扬优秀的传统价值观,首先要对历史上的优良传统不断地挖掘。普京就明确指出:"俄罗斯文化中有尊重国家、尊重公众利益、尊重国家诉求的历史传统。绝大多数俄罗斯人都希望祖国伟大强盛,崇拜为公共利益献出生命的英雄。"②其次不能仅靠法律,要注重向历史学习。普京明确表示:"我们要依靠俄罗斯文化的巨大财富";"为唤醒民族自我意识,我们应当铭记历史,还应当知道,俄罗斯的历史不是始于1917年或是1991年,我们拥有统一的、连续的千年历史,依靠它我们才获得内在力量和民族发展的意义。"③

相比较而言,中国30多年改革之路,在建立"中国模式"的过程中,一直强调和注重社会主义核心价值观的构建,但由于受到市场经济负面影响的侵蚀,也包括西方价值体系的不断冲击,其过程十分艰难,主要在于很难找到一个能够维系全社会和全民族的稳定、坚实的精神内核,特别是缺少一种能够连接传统和现实的信仰纽带。

章太炎曾提到,"中国自古薄于宗教思想,此因中国人都重视政治","这也是环境的关系:中国土地辽广,统治的方法,急待研究,比不得欧西地小国多,没感着困难。印度土地也大,但内部实分着许多小邦,所以他们的宗教易于发达。

---

① http://www.levada.ru/26-09-2011/religioznaya-vera-v-rossii.
② 《普京文集》(2012—2014),世界知识出版社、华东师范大学出版社2014年版,第5页。
③ http://www.kremlin.ru/news/17118.

中国人多以全力着眼政治,所以对宗教很冷淡。"①严格说来,在中国自古被广为传授的是儒学而不是宗教。儒学宣扬"在此",不是"出世",但却在中国人的实际生活中起到了部分宗教的作用。儒学的思想方法是"实用理性",不是说上天的意旨如何,而是强调如何体现上天的意旨,或者说体现天道。所以,中国人的信仰不是一元的,而是多元的,"祭神如神在",这就大大打了折扣。同时,中国人的信仰又是实用的,即使是对敬畏的上天,也是目的实现了,就说"苍天有眼";目的没有达到,就说"老天瞎了眼",不存在不受条件制约的信仰支柱。而其中最重要的,是要通过"道德"尽责。

基于上述分析,可以得出结论,在中国不可能通过宗教的发展来构建信仰体系,只能在现实生活中构建信仰体系。实际情况也是如此:尽管改革开放后宗教在中国有了很大的发展,但信教的总人数始终不超过总人口的 5%,②更值得关注的是,当代中国民间宗教信众基本上是乡村农民群众,年龄大多在 40 岁至 69 岁间。调查发现,当代中国民间宗教信众所信奉的教义思想,虽与传统的民间宗教有一定的承继关系,但他们在从事各种宗教活动时,均与时俱进,增添了许多当代社会生活的新内容。如天地门教的信众在祭祀神灵时,除了供奉"天地三界十方万灵之真宰""天地君亲师"等传统的神牌外,还供奉有"中国共产党万万岁""革命烈士"的牌位。可以说,当代中国民间宗教信众所表现的这种政治立场,具有与社会主义核心价值相适应、相和谐的可能性,但是却不像西方宗教那样具有真正形而上的精神指向。③

因此,中国一定要结合自身的社会内部特点来构建符合实际的社会核心价值体系。借鉴普京构建俄罗斯社会核心价值体系的经验,中国也应该采用"三位一体"的合力来构建社会核心价值体系,只不过这种合力与俄罗斯的结构有本质的差别:

首先,一定要从中国传统的政治文化中吸纳合理的成分,这是构建社会核心价值体系的思想来源。俄罗斯的政治文化存在断裂性,中国的政治文化则有延续性,其中很多成分是可以被今天所利用的重要的文化资源。国家崇拜固然有其皇权主义的负面因素,但也有爱国主义的正面内容;集体主义更是社会主义思想体系的重要组成部分,全社会的道德情怀是构建和谐社会不可缺少的元素。千百年来形成的习惯势力既是最可怕的,也是最可贵的,关键是要将其纳入到正确的思想体系中去。

其次,一定要坚持社会主义的思想体系,这是构建社会核心价值体系的核

---

① 章太炎:《国学概论》,上海古籍出版社 1997 年版,第 4 页。
② 这是笔者根据"中国宗教报告"进行的统计。
③ 濮文起:《关于当代中国民间宗教信众问题的若干思考》,《中国民族报》2009 年 9 月 8 日。

心所在,这其中自然包括马克思主义的主要内容。中国走上社会主义的发展道路不是偶然发生的,而是有着坚实的社会文化基础。中国传统政治文化中的"兼爱""怀德""大同""保民"等理念与社会主义的基本原则有兼容的成分;还有近代以来在私人占有制基础上中国人口和资源极度紧张的社会矛盾,加上资本主义弊端的充分暴露,是中国走上社会主义道路的三个重要的社会文化原因。进入 21 世纪,起源于美国的金融危机和发端于希腊的欧洲债务危机,又充分暴露了资本主义"追求享受""竞争过度""金钱政治"等固有弊端。通过改革推进社会主义的发展,显示出了光明的前途。

最后,一定要发挥先进分子的模范带头作用,这是实现社会核心价值体系的关键。中国传统政治文化历来强调道德自律。君子之道,是为"修身、齐家、治国、平天下""厚德载物""文质彬彬,然后君子""重义轻利",构成了评价"君子"的重要标准。加上中国文化中的家训、族训,又强化了道德上的自律。在老传统之上,中国共产党在领导革命的过程中,又建立了"新传统",其核心就是为人民服务。层出不穷的先进人物,感动了一代又一代的中国人。此外,当代的知识精英阶层也要充分继承古代知识分子"士"的精神,摒弃对权力和政治的依赖,发扬以天下为己任、忧国忧民的家国情怀,带动社会进步。

我们比较政治文化,并不是要评价孰优孰劣,而是要强调转型必须要遵循本国传统和实际情况,避免走极端。从中俄业已经历的改革道路和目前面临的社会矛盾不难看出,两国对于转型中经济、政治等"硬"实力的认识已经足够深刻,并且一直给予极大的关注,投入大部分的精力。但是,在转型深化阶段,对于深入内部的社会矛盾,光凭"硬"的手腕和成绩已经不能推动社会整体、和谐发展,亟须解决"软"实力的问题,而这就要涉及政治文化领域。作为两个对世界格局和全球化具有重要影响的大国,在转型深化的关键时期,中国和俄罗斯必须相互学习、相互借鉴,以他人之长,补己之短:俄罗斯要在学习西方的态度上借鉴中国有理有度的步态,在处理民族传统与现代发展的矛盾时注重和谐的关系;中国在构建社会主义核心价值体系的过程中,一定要借鉴俄罗斯在改革制度化和民族国家认同建设中的经验,这并不一定利用宗教的力量,而要根据中国的具体国情,力争做到"五个统一",即坚持理论指导和理论创新的统一,坚持思想教育和满足物质需要的统一,坚持自律机制与他律机制的统一,坚持吸收人类文明和中国社会发展的统一,坚持国家控制和尊重个人、团体、地方权利的统一。①

---

① 关海庭:《中国初期改革持续发展原因的政治分析》,《党的文献》2012 年第 5 期。

六、中俄体制转型的经验和深入的原则

本书的开篇就明确提出:从中俄体制转型的视角来探讨制度变迁的规律。中共十八届三中全会明确提出了"推进国家治理体系和治理能力现代化"的战略任务。国家治理体系和治理能力现代化的重要标准,就是国家的硬性制度体系和软性的价值观念体系之间的协调发展。人是价值观念的载体,这种协调发展换言之,就是制度、人和价值观之间的良性互动。这同我们探讨制度变迁规律的目标是一致的。要想使制度、人和价值观三者之间达到良性互动的条件很多,诸如:硬性制度体系的完整性;利益集团消极作用的严格限制;人们整体的素质的状况等等,但最重要的条件,还是人们对国家自身文化和价值体系等精神因素的认同。渐进转型模式给予制度和价值之间有充分的契合时间,也保证了人们认识这种契合的充分时间,进而达到改革的协调发展。这就是渐进转型模式最大的合理性。诚然,这样也会带来新的问题,比如改革阻力增大,利益集团的负面影响等等,但总的来说,是利大弊小。通过我们的主观努力,可以将负面影响降到最低程度,使制度转型向着好的方向发展。这就是我们从事这种研究的意义所在。

从总结转型社会实践的经验和使转型深入的视角,制度、人和价值观三者之间的互动,可以细分为:人的价值观和制度条文之间的互动;政治制度、经济制度和政治文化之间的互动;传统因素和现实制度之间的互动,我们可以简单地将这些互动概括为"三维互动的理论和实践"。实际上,影响"三维有效互动"的因素主要有三个方面:传统思想的束缚;人们价值观的冲突;利益集团的干扰。要想实现"三维互动的理论与实践",波澜壮阔的中俄体制转型的实践,起码给我们提供了五个方面的启示:

第一,制度是人们用以维护自身利益的工具,制度服务于大多数人的"人民性"是最重要的。制度要切实维护大多数人的权利和利益。只有在保证人们基本权利的前提下,才能谈得上推进转型。保证人们的权利包括生存权、发展权、参与权等等,其中最紧迫的就是生存和发展的权利,其次才是政治参与的权利。要实实在在的保证人民群众的利益不受损,起码是大多数人的利益不受损,生活水平逐步提高,这是使转型不断发展的最基本的条件。这一点在转型初期尤为重要。苏联转型最初就在这方面出了问题。苏联从1985年到1991年解体之前,经济总量实际下降了10%,人们的不满情绪不断增长,导致了悲剧性的后果。普京在总结俄罗斯转型的教训时明确指出:"如果政策不为大多数人所接受,不能反映大多数人的利益,那就不是真正的民主。当然,可以用响亮的口号和美好的愿景在短时间内赢得社会绝大多数的支持,但是,如果人民

看到这样的愿景并未实现,他们就会长期远离政治,拒绝履行社会责任。俄罗斯历史上不止一次发生过类似的情况。"①中国正是紧紧抓住了"民生"这个关键问题,才取得了较好的社会成果。中国的转型之初的1978—1984年之间GDP年增长率接近10%,人们的生活水平逐年提高,使老百姓保持了平和向上的心态。而在改革不断深入的今天,要想保持制度的人民性,防止利益集团从自身利益出发阻碍改革,就显得十分重要,这个问题是值得深思的。只要紧紧抓住制度的"人民性",我们什么时候都能立于不败之地。

第二,制度要充分反映主流的价值观,促进人们信仰体系的巩固和完善。制度是硬性规则和软性因素的结合体。制度是有导向性的,是一个时期价值体系的反映。通过制度的科学设计,使制度能反映出当时主流的价值体系,是体制转型成功的基本条件。中国在改革开放初期的制度设计,反映的是发展的取向,诸如承包制的奖励、政治法律上的"稳定"措施;等等。而俄国在转型初期,反映的是激进否定型的价值取向,诸如"反思社会主义""学习西方""天翻地覆的变革"等等,通过的很多制度,如"个体劳动者法""加速发展的战略"都有激进的导向,而且是严重脱离实际的。这与俄罗斯人民所期盼的背道而驰了。制度同主流价值取向的吻合并互相促进,才能使转型向前推进,这就要通过深入实际,了解主流的价值取向是什么,进而通过制度推进价值取向的固化和发展。而在转型深入的现阶段,通过制度鼓励人们互相帮助,共同富裕,走向和谐,就是一种合理的选择。

第三,制度和人有效互动的桥梁是文化。一个制度形成后,有个适应客观环境的过程。人们对这种制度也有个认识的过程。这其中最重要的,是制度如何起引导作用。制度不能落后于人们的认识,那种制度是要被淘汰的;制度也不能太超前,人们的认识跟不上,制度成为空想的代名词。这个尺度的掌握,只能通过文化来调节。因为文化是连接历史和现实的纽带。通过文化建设,人们更清楚地认识传统文化和现实需要,文化建设表面上看同现实联系得不是很紧密,但实际上作用是非常大的。比如在转型之初中国就比较重视文化建设,对中国传统政治文化进行了深入的研究,使人民比较清楚地认识到中国历史上就重视国家的作用、对国家的干预和国家能力有了清醒的认识。俄罗斯在转型之初,一味崇拜西方文化,而对自己历史上形成的社会政治文化全盘否定,后来到了渐进转型时期,才开始重视本国的文化建设,这个教训一定要吸取。

第四,体制转型中的技术要素也是促成人和制度互动的重要因素。在本书第一章中,从一般意义上提出了"改革启动阶段政策的重要""改革时机的把握""改革次序的重要""体制优势的利用"等技术要素的重要。从体制转型深

---

① 《普京文集》(2012—2014),世界知识出版社、华东师范大学出版社2014年版,第2页。

人的视角,更要注意一些技术要素,也就是改革的灵活措施:(1)思想引导和物质需要并重,以思想引导为主。转型进行到一定阶段,中俄两国人民的物质生活水平都有了一定的提高,在这种情况下,寻找转型新的动力是非常重要的。物质需要是无止境的,要通过多种途经,提高人们精神生活的质量;(2)试验性方法的采用。重要措施全面实施之前,一般都要在局部试验,取得经验后,再以此指导全局;(3)"蛙跳"式的技术更新。技术是可以跳跃发展的,比如我们可能在第三代通信技术方面落后了,但全面布局第四代通信技术,可能会收到更好的政策效果。中国的高铁、通信技术的发展说明了这个问题;(4)转型进程的控制。一般来说,一项大的体制变革之后,有一个"休养生息"的过程,即让体制变革的能量释放出来,然后再进行下一个变革过程。中国农村土地承包制之后,相隔了十年左右时间,才全面推行农村的村民自治制度。这种连续性和稳定性的统一,是技术要素的重要内容。

第五,转型深入的重要条件,就是对原有体制优势的不断挖掘。对原有体制优势的充分利用,这是毫无问题的,但随着转型的深入,优势也有个不断挖掘的问题。这些优势可能在转型初期没有显露出来,但随着转型的发展而明显地表现出来。比如中国和俄罗斯都是非常非常大的大国。以前人们更多看到的是"大"是一种包袱,但其实转型过程中"大"的优势会逐渐显露出来。比如"大国"的内需潜力大,还比如,"大国"内部可以充分发挥规模效益,像航天工业、高铁动力火车的产业体系。大飞机制造业体系,这在一般的小国家很难建立起来。中国和俄罗斯原有的体制已经运转了多年,在发展过程中形成了自己的优势。我们要转变的,是其中不合理和不适应的部分。诚然,这种区分是很难的,可能在当时的情况下就无法区分,正因为这样,在转型过程中,一定时期的两种体制并存,可能就是不可避免的了。具体说来,就是原有体制继续存在,在这种体制的周围建立一些新的体制单位。两种体制并存的好处,就是让人们有一种鉴别的过程,问题是会存在很多漏洞。但两相权衡,还是利大弊小。现在最重要的,就是去弊兴利,不断挖掘并利用其内部的优势。

基于上述启示,在体制转型深入发展的阶段,依据制度变迁的规律,要以文化建设为统领,促进人和制度的有效互动。具体说来,在政治方面,要完善各级领导机构的议事制度、各种选举和监督制度;在经济方面要转变经济结构,全面提升创新能力。而所有这些都依托于文化和精神领域的建设,即构建全社会的精神支柱——信仰体系。中国要坚持共产主义的信仰,但要明确这种信仰一定是一个体系,包括宏观目标:人民共同走向文明和富裕;中观价值体系,主要有自由、平等、公正、法治、奉献等等;微观各种民生政策,比如社会救济、社会弱势群体的保护等等。全社会有了精神支柱,而且形成了一种氛围,社会才有活力,人们才有创新的动力,各种改革措施才易于推行,人和制度才能有效地互动起

来。在这个大前提下,体制转型深入还应遵循相应的原则:

第一,坚持从实际出发,实事求是。实事求是是一个内涵十分丰富的命题,其基本点是马克思列宁主义的普遍原理和各国的具体实际相结合。尽管俄罗斯已经放弃了马克思主义的指导地位和社会主义的基本原则,但坚持从本国实际出发的原则还是要坚持的。普京多次讲过:"机械照抄别国的经验是不会成功的。"俄罗斯"必须寻找自己的改革之路"。① 中国这方面更为迫切。由于社会主义是人类历史上全新的事业,又由于中国是在极为落后的基础上建设社会主义,所以要实现这种结合,并结合得很好是特别艰难的。这里面既有如何着眼于社会主义建设正确地认识中国的具体实际即中国国情的问题,也有如何正确地掌握马克思列宁主义关于社会主义的原理的问题。这种结合要防止两种倾向:一是脱离实际的教条主义。中国的实际情况是千差万别而又经常变化的,要坚持在实践中创造性地构建自己的理论体系并不断地随着实践的发展来发展自己的理论。在科学技术飞速发展的今天,创新是非常重要的;二是忽视理论指导的经验主义。独立探索的目的是认识规律,在独立探索过程中要尊重前人从实际中总结出来的客观规律。要充分认识到坚持马克思主义指导和学习国外先进经验的重要性,以开阔认识新的客观事物的视野,缩短认识新的客观规律的过程。因此,任何国家政治发展都必须遵循两个基点:一是现有的理论原则,即对以往体制转型经验的概括和总结,因而具有普遍的意义;二是具体的国情。中国国情既特殊又复杂,其对体制转型的影响主要是通过三个方面表现出来:(1)国家特别大;(2)人口特别多;(3)历史特别长。其中,国家特别大,即国情复杂,社会发展不平衡,就决定了要有一个集中统一的领导。社会主义革命和建设的实践表明,中国政治发展的最根本条件是中国共产党的领导,在各种社会关系和政治力量碰撞的情况下,通过改善党的领导来强化党的领导,是中国特殊国情对政治发展的最基本的要求;人口特别多就使提高人的文化素质,克服社会成员对政治的疏离和冷漠,提高其直接参与政治建设的自觉意识和能力成为一项艰难的任务;而历史特别长,则使传统文化中的负面因素严重制约着当代政治的发展,寻求传统文化向现代转化的切入点,是社会精神文化建设的重要内容。

所有这些都要求我们从中国的实际出发。反映在体制转型问题上,表现为坚持独立探索走自己的道路,就显得更为重要。从毛泽东提出"不要迷信在社会主义国家里一切都是好的"②,到邓小平认为"如果现在再不实行改革,我们

---

① 《普京文集》,中国社会科学出版社2002年版,第6页。
② 《毛泽东文集》第7卷,人民出版社1999年版,第69页。

的现代化事业就会被葬送"①,他们都是以发展的眼光看待社会主义和中国社会的发展,强调独立探索中国自己的社会主义道路。虽然在探索的许多具体问题上出现了失误,但独立探索的思想方式没有错,正因为这种独立探索精神的延续,才使我们能走上改革开放的政治发展道路。不仅如此,邓小平还纠正了毛泽东在探索中国政治发展道路中出现的失误,即对尊重客观规律的重要性认识不足,对其他国家政治发展经验重视不够的缺陷,从而赋予了"走自己的路"以科学的含义,即在政治发展的过程中,善于从群众的实践中发现有利于政治发展的"原生因素"并加以引导,将有益的经验经过试验之后逐步推广,将有普遍指导意义的逐步上升为国家的方针政策。中国政治发展过程中的重大决策,基本上都是这样作出的。例如,1978年5月11日《光明日报》发表了《实践是检验真理的唯一标准》一文以后,真理标准问题在全国范围内的讨论,为改革开放的全面启动作了思想理论上的准备;另外,20世纪70年代末80年代初中国农村全面推行的"联产承包责任制",也最先来自农民的体制创新,被中共中央肯定后,成为中国改革开放的真正起点。这种尊重群众的创新精神的表现,是从实际出发思想路线的具体体现,其合理性就在于能把理论和实际很好地结合起来,准确把握群众的认识水平,根据群众的认识水平制定方针和政策。这是我们在世纪之交体制转型过程中应遵循的一个最基本的原则。

第二,坚持体制转型的渐进性。随着苏联和俄罗斯社会改革的严重受挫和中国改革开放的深入发展,渐进体制转型模式的合理性越来越显露出来。这种合理性至少有如下三方面的理由:

(1)体制自身的复杂性。中国和俄罗斯都通过集权向分权、计划体制向市场体制的转型,以实现本国政治制度的自我完善。而体制本身既包括有形规则,即规章、制度、法律等,也包括无形规则,即习惯、道德、意识形态等。有形规则决定着无形规则;无形规则对有形规则起着反作用。反映在具体的体制转型中,原有体制的规模、规章、制度等有形因素,直接影响到人们观念、习惯等因素的形成,而这种同原有有形因素相适应的无形因素形成后,又具有相对的独立性,当有形因素发生剧烈变动之后,无形因素则表现出明显的滞后性。两国以庞大的集中控制的计划组织体系为载体形成的有形规则和因素,长期作用于人们的思想,使之形成一整套与这种有形规则和因素相适应的观念、习惯,两者构成了一个严密的体系,转型过程中要充分考虑到这种复杂性。特别需要指出的是,两国都是缺少市场经济传统和民主传统的国家。俄罗斯的村社制、集体主义的传统都有着悠久的历史。而经历几千年封建社会的中国是小农经济的汪洋大海,鸦片战争以后,小农经济仍然是中国经济的主导形式,其主要特点是自

---

① 《邓小平文选》第2卷,第150页。

给自足,远离市场,商品化程度很低,在此基础上形成了重农抑商,即"农,天下之大本也"①,"商则长诈"②,重义轻利,即"君子喻于义,小人喻于利"③,重人治轻法治,即"人能弘道,非道弘人"④的价值观念,同市场经济和民主政治原则背道而驰。这说明在体制转型过程中,机构、制度、规章等有形因素和规则的变化要同观念、习惯等无形规则的转变相适应,渐进的政治发展模式正是适应了这种状况。

(2) 时代背景的要求。发展是当今时代的主旋律。从经济发展和政治发展的关系,更能体现出渐进体制转型模式的合理性。当今世界经济发展的速度非常快,发达国家的经济发展是显而易见的,发展中国家的发展速度也在加快。发展中国家国民生产总值的年平均增长率20世纪80年代为4.3%,其中东亚国家高达8.4%。在全球生产总值中,发展中国家所占的比重,已经从1960年的13.4%,上升到90年代初的23%。⑤ 俄罗斯最重要的教训,就是由一个经济大国下滑为经济实力同其他要素不相符合的国家。实际上,中国渐进的经济体制改革已经为政治发展积累了经验,即在旧体制周围建立一些新体制的经验单位,造成两种体制并存的局面。这个过程是个不断试验的过程,旧体制不断向新体制过渡。这种做法最大的优点是保证发展的连续性。比如中国工业500强中,原有旧体制的老企业和现有新体制的新企业,大致上各占一半。政治发展更是带有全局性,"触及许多人的利益,会遇到很多的障碍,需要审慎从事"⑥,应该像经济体制改革那样,先行试验,取得经验,再逐步展开。

(3) 特殊国情的制约。中俄两国都是具有特殊国情的大国,社会稳定是体制转型的基本前提,中国体制转型必须采取渐进的方式。这是因为,一方面,中国人均占有资源少,经济相对落后,承受社会激烈动荡对经济破坏的能力有限;另一方面,在人口素质普遍低下,其政治参与还没有普遍发展到社会化、科学化程度的时候,人们的政治参与动机还包含着众多狭隘的成分,若采取激进的方式,不仅很难解决现行政治体制中的弊端,反而会引发新的矛盾和冲突,导致社会的动荡。21世纪中国体制转型的渐进方式的核心问题是以法治为体制转型的出发点,一切都有秩序地进行。具体的渐进方式(仅以人民群众的政治参与形式为例)大体将经历三个过程:一是以协商为主选举为辅的参与过程,也就

---

① 《汉书·文帝本记》。
② 《吕氏春秋·上农》。
③ 《论语·里仁》。
④ 《论语·卫灵公》。
⑤ 杨成绪主编:《大变革——走向21世纪的世界经济》,首都经贸大学出版社1999年版,第90页。
⑥ 《邓小平文选》第3卷,第176页。

是现行方式;二是以选举为主协商为辅的参与过程;三是单一选举的参与过程,要过渡到第三种方式,必须经过相当长时间的准备。俄罗斯在这方面的情况也大致相同。

第三,坚持体制转型形式的多样性。中俄两国国情的一个基本特点,是区域之间政治经济发展的不平衡。中国的不平衡主要表现在三个方面:一是形成了明显的东部、中部、西部三个经济区,东部经济发达,中部次之,西部大都是相对落后地区;二是资源与人口组合的"双重错位":生产能力主要集中在东部地区,全国70%以上的工业和交通运输设施集中于占全国面积不到12%的东部沿海狭长地区;三是由于自然条件相差极端悬殊,在发展过程中不平衡日益加剧,以人均国民收入衡量,1953年东、中、西部之比为1∶0.78∶0.64,1979年为1∶0.6∶0.56,1994年为1∶0.53∶0.43。① 针对这种发展的不平衡,中国经济体制改革模式充分考虑到各个地区的特殊性,坚持体制多样性的原则。一些有关体制改革的最初试验,多数都在发达地区进行,而对落后地区实行补偿性的稳定的体制转型战略。1979年5月25日,中央和国务院首先在京、津、沪进行企业管理体制的改革试点,主要内容是扩大企业自主权;1979年7月中央又决定广东、福建两省在对外体制和财政管理体制上实行特殊的政策,比如对外资审批权限,投资总额在一千万元以下的,由两省自行批准。同时,对落后地区实行更优惠的政策和自主权。1980年2月1日,中央决定对民族自治地区实行财政包干,由一年一定改为五年不变,五年之内收入增长部分全部留给地方。最能反映体制多样性原则的,就是特区的创办。经济发展的不平衡,导致了政治、文化等发展的不平衡。因此,在政治发展的形式上,更不能采取"一刀切",要区别对待。比如在发达地区,人民群众直接参与国家管理的方式可多一些,落后地区采取间接方式多一些。在国家有效控制的前提下,应当鼓励从实际出发创造出新的政治发展形势。当前深圳正在进行的乡、镇一级直接选举的试点;上海探索人民群众参与社区管理和监督的新模式,都是具有重大理论和实践意义的探索。俄罗斯地大物博,内部的差异性更大,转型过程中,财富又急剧向莫斯科和圣彼得堡等大城市集中,特别是地方自治制度又有所发展,更应该坚持转型形式的多样性原则。

第四、坚持体制转型的"和谐性"。所谓"和谐"是一个十分丰富的概念,主要包括各个方面互相促进,协调发展。普京执政以来,反复强调俄罗斯的"社会团结",稳定发展,社会和睦,这其中的核心就是"和谐"。俄罗斯今天也显示出了"和谐"的气度。中国目前和谐的重要内容,就是实现政治和经济的和谐发展。这种和谐具体说来,就是综合推进政治体制改革,做好推进人民民主的

---

① 《中国经济分析1995·地区发展》,上海人民出版社1996年版,第34页。

基础性工作,建设社会主义的政治文明,其中的重点是建立完善的选举制度。这种综合性、基础性和重点性的统一,是政治发展内在逻辑的必然要求。

在"和谐"这个总体原则的指导下,有以下一些具体的原则和措施,要引起我们的高度关注:

第一,一定要坚持自律机制和他律机制的统一。我们一定要建立和完善他律系统,加强外部监督,这是坚定不移的。但坚持自律机制的传统决不能放松。这其中对自律机制要有深刻和全面的理解。自律机制除了要加强思想教育,完善内部监督系统之外,更重要的是,一定要把党、团和公务员队伍建设好。中国是个人口众多的大国,不可能很快将全体国民的素质都迅速提高,在这个过程中,一部分先进分子起带头作用就非常重要。我们有党、团、公务员等先进的队伍,要从严治党、治团、治理公务员队伍,让他们充分发挥规范带头作用。

第二,一定要坚持"依法治国"和"以德治国"的统一。依法法国是主线,以德治国是补充。这里的核心问题是建设"制度文明"。要逐步形成科学的制度体系,既有要实体性制度又要有程序性制度;既要明确规定应该怎么办,又要明确违反规定该怎么处理,减少制度执行的自由裁量空间。要特别强调制度的建设,这就需要对"德"加以发扬和改造,最重要的"德",就是认真遵守法律和制度。"依法治国"和"以德治国"也不是简单地相加,而在"规则"基础上的统一。

第三,一定要坚持优良传统和现实需要的统一。中国是有着五千年文明传统的国度。中共在领导革命和建设的过程中,又形成了一些"新"的传统。传统文化的研究,这是重要的思想资源。中国传统文化的本质是什么?兼爱、仁政、重德、崇孝、尚情、追均,都代表了中国文化的一个重要方面,但本质上还是和谐,强调做什么事情都要有一个度。中共在领导革命和建设的过程中,形成了系统的光荣传统,包括重视思想政治教育,严格的自律机制,等等。现代社会是一个竞争激烈的社会,全球化使这种竞争带有全球性。在这种大背景下,保持着清醒的头脑,追求人和人的和谐、人和自然的和谐,就显得更为重要。

第四,一定要坚持人类文明和中国社会发展的统一。人类文明当然包括西方文明。西方文明有些具有全球性,有些则不具有,一定要认真研究。从政治上说,西方文明中的人权、法治、选举具有普遍意义,特别是选举制度,是中国社会发展过程中所必需的。中国虽然缺少选举制度的传统,但中国有着深厚的协商的传统,将选举和协商有机结合,就是我们现在所需要的。

俄罗斯是一个有着光辉历史的国度,俄苏文学、宇航事业、卫国战争,都在世界史上留下了深深的印迹。"普京新政"展现出了良好的发展势头。尽管出现了2014年的"乌克兰危机",使俄罗斯的发展出现了很多不确定的因素,但整体上发展的积极因素还是占据主导地位。中华民族是一个有着五千年历史的文明古国,也曾经有过"独领风骚"的辉煌的过去。20世纪90年代国际经合组织发展中心的首席经济学家安古斯·麦迪森,运用实际购买力的计算方法,对中国从汉代以来的 GDP 作了计算,得出以下结论:从 1700 年到 1820 年,中国四倍于欧洲的经济增长。中国的 GDP 在世界 GDP 中所占的比重从 23.1% 提高到了 32.4%,年增长率达 0.85%,而整个欧洲的 GDP 在世界 GDP 中所占的比重仅从 23.3% 提高到了 26.6%,年增长率为 0.21%。在他之前,美国政治学家保罗·肯尼迪就做过一个估计,乾隆十五年(1750)时,中国的工业产值是法国的 8.2 倍,是英国的 17.3 倍。在 1830 年的时候,中国的工业产值是英国的 3 倍,法国的 5.7 倍。[①] 可以说,鸦片战争前,中国经济在绝对规模上,雄居世界各大经济地区之首,只是到了清王朝后期才开始衰弱。从 1750 年到 1900 年,中国的国内生产总值从占世界份额的 32% 降到 6%,从世界上最领先的国家之一沦为积贫积弱的国家,而美国、法国、德国、俄罗斯、意大利五国的国内生产总值则从只有中国的一半多,跃升至世界份额的 54.5%。中西方力量对比发生了根本逆转。[②] 这其中的原因和教训是非常深刻的。此后,多少仁人志士喊着"振兴中华"的口号而流尽了最后一滴鲜血。今天,我们迈着坚实的步伐迎来了 21 世纪。21 世纪,是挑战与机遇并存的时代。居安思危,抓住机遇,迎接挑战,实现中国多少代人梦寐以求的富强和文明理想,是我们唯一的选择。中共十八大顺应历史潮流,把握经济社会发展的趋势和规律,郑重提出了"两个一百年"的奋斗目标,即在中共成立 100 年时全面建成小康社会,在新中国成立 100 年时建成富强民主文明和谐的社会主义现代化国家。[③] 我们完全有理由相信,随着社会的全面进步和协调发展,中国的体制转型将会创造出新的奇迹和辉煌。经过中俄两国人民不懈的努力,中俄两国都将有着光辉灿烂的明天。

---

① 李伯重:《西方对明清中国经济看法的变化及其原因》,见《中国社会科学院院报》2002 年 8 月 25 日。
② 中共中央宣传部:《中国特色社会主义学习读本》,学习出版社 2013 年版,第 66 页。
③ 同上书,第 9 页。

主要参考书目

中文

[波]戈译戈尔兹·W·科勒德克著:《从休克到治疗》,上海远东出版社2000年6月版。
[俄]A.B.乌留卡耶夫:《期待危机:俄罗斯经济改革的进程与矛盾》,经济科学出版社2000年版。
[俄]M·P·泽齐娜等:《俄罗斯文化史》,上海译文出版社1999年版。
[俄]T.切尔尼科夫:《谁主宰俄罗斯》,经济科学出版社2000年版。
[俄]别尔嘉耶夫:《自由精神哲学》,莫斯科1994年版。
[俄]博尔金:《戈尔巴乔夫沉浮录》,中央编译出版社1996年版。
[俄]博尔金:《震撼世界的十年》,昆仑出版社1998年版。
[俄]弗兰克:《俄国知识人与精神偶像》,学林出版社1999年版。
[俄]戈尔巴乔夫:《俄罗斯的教训》,台湾猫头鹰出版社2001年版。
[俄]格·阿·阿尔巴托夫:《苏联政治内幕:知情者的见证》,新华出版社1998年版。
[俄]根·久加诺夫:《强国》,信息出版社,莫斯科1994年版。
[俄]根纳季·亚纳耶夫:《捍卫苏联的最后一搏》,社会科学文献出版社2012年版。
[俄]霍罗斯:《历史十字路口的俄罗斯思想》,载《自由思想》,1992年第7期。
[俄]列昂尼德·姆列钦:《权利的公式——从叶利钦到普京》,新华出版社2001年版。
[俄]罗伊·麦德维杰夫:《俄罗斯往何处去》,新华出版社2000年版。
[俄]尼、伊、雷日科夫:《大国悲剧—苏联解体的前因后果》,新华出版社2008年版。
[俄]尼·别尔嘉耶夫:《俄罗斯思想》,生活·读书·新知三联书店1995年版。
[俄]尼·雷日科夫:《大动荡的十年》,中央编译出版社1998年版。
[俄]普列汉诺夫:《俄国社会思想史》第1卷,商务印书馆1988年版。
[俄]日里诺夫斯基:《俄罗斯的命运》,新华出版社1995年版。
[俄]亚、维、菲利波夫:《俄罗斯现代史》(1945—2006),中国社会科学出版社2009年版。
[俄]叶利钦:《我的自述》,东方出版社1992年版。
[俄]叶利钦:《总统笔记》,东方出版社1995年版。
[俄]伊·盖达尔:《国家与演变》,莫斯科,欧亚出版社1995年版。
[韩]宋炳洛:《韩国经济的崛起》,商务印书馆1994年版。
[荷]汉肯:《控制论与社会》,商务印书馆1985年版。
[美]埃尔曼:《比较法律文化》,生活·读书·新知三联书店1990年版。
[美]布莱克编:《比较现代化》,上海译文出版社1996年版。

［美］道格拉斯.C.诺思:《经济史中的结构与变迁》,上海人民出版社1994年版。
［美］康芒斯:《制度经济学》上册,商务印书馆1997年版。
［美］拉伊夫:《独裁下的嬗变与危机》,学林出版社1996年版。
［美］理查德·莱亚德等:《俄罗斯重振雄风》,中央编译出版社1997年版。
［美］罗伯特·赖克:《国家的作用》,上海译文出版社1994年版。
［美］罗尔斯:《正义论》,中国社会科学出版社1988年版。
［美］马特洛克:《苏联解体亲历记》上、下,世界知识出版社1996年版。
［美］马歇尔·戈尔曼:《失去的机会》,上海译文出版社1997年版。
［美］迈克尔、麦克福尔:《俄罗斯未竟的革命—从戈尔巴乔夫到普京的政治变迁》,上海人民出版社2010年版。
［美］麦金农:《经济市场化的次序》,上海人民出版社1997年版。
［美］曼库尔·奥尔森:《国家兴衰探源》,商务印书馆1999年版。
［美］乔·萨托利:《民主新论》,东方出版社1993年版。
［美］塞缪尔·亨廷顿主编:《文化的重要作用》,新华出版社2002年版。
［美］斯蒂格利茨:《政府为什么干预经济》,中国物资出版社1998年版。
［苏］安·米·洛克拉托娃主编:《苏联通史》第3卷,生活·读书·新知三联书店出版1980年版。
［苏］米·谢·戈尔巴乔夫:《改革与新思维》,新华出版社1987年版。
［英］雷切尔·沃克:《震撼世界的六年》,改革出版社1999年版。
［英］西蒙·皮拉尼:《普京领导下的俄罗斯》,中国财政经济出版社2013年版。
［中］李培林、［俄］戈尔什科夫、［巴西］斯坎隆、［印度］沙尔玛主编:《金砖国家社会分层—变迁与比较》,社会科学文献出版社2011年版。
Ⅱ.H.泽利亚诺夫:《1907—1914年欧俄农民公社》莫斯科1992年版。
《邓小平文选》(1—3卷),人民出版社1993、1994年版。
《共和国经济大决策》第2卷,中国经济出版社1999年版。
《列宁选集》(1—4卷),人民出版社1972年版。
《马克思恩格斯选集》(1—4卷),人民出版社1972年版。
《毛泽东选集》(1—4卷),人民出版社1991年版。
《普京文集》(1999—2001)(2002—2008),中国社会科学出版社2002年版、2008年版。
《普京文集》(2012—2014),世界知识出版社、华东师范大学出版社2014年版。
《普列汉诺夫哲学著作选集》第4卷,三联书店1974年版。
《中华人民共和国国民经济和社会发展计划大事辑要》(1949—1985),红旗出版社1987年版。
阿·德拉夫琴科:《马克斯·韦伯的社会学》,莫斯科1997年版。
埃德加·斯诺:《战时苏联游记》,华夏出版社1987年版。
安启念:《东方国家的社会跳跃与文化滞后》,中国人民大学出版社1994年版。
薄一波:《若干重大决策与事件的回顾》下卷,中共中央党校出版社1993年版。
陈大斌:《饥饿引发的变革》,中共中央党校出版社1998年版。
程恩富等主编:《中俄经济学家论中俄经济改革》,经济科学出版社2000年版。

程虹:《制度变迁的周期》,人民出版社 2000 年版。

程极明:《大国经济发展比较研究》,人民出版社 1997 年版。

达期科·多德尔、路易斯·布兰森:《戈尔巴乔夫——克里姆林宫的异教徒》,新华出版社 1991 年版。

邓伟志主编:《变革社会中的政治稳定》,上海人民出版社 1997 年版。

丁龙嘉:《改革从这里起步——中国农村改革》,安徽人民出版社 1998 年版。

董辅礽主编:《中华人民共和国经济史》,经济科学出版社 1999 年版。

董晓阳:《俄罗斯利益集团》,当代世界出版社 1999 年版。

杜海燕:《中国农村工业化研究》,中国物价出版社 1992 年版。

樊纲:《渐进改革的政治经济学分析》,上海远东出版社 1996 年版。

范达人:《当代比较史学》,北京大学出版社 1990 年版。

高放主编:《科学社会主义的理论与实践》,中国人民大学出版社 1994 年版。

宫达非主编:《苏联剧变新探》,世界知识出版社 1998 年版。

龚育之:《从毛泽东到邓小平》,中共党史出版社 1994 年版。

关雪凌等:《叶利钦传》世界知识出版社 1998 年版。

郭书田:《变革中的农村与农业—中国农村经济改革实证研究》,中国财政经济出版社 1993 年版。

郭增麟:《波兰独立之路》,北京图书馆出版社 1998 年版。

海闻主编:《转轨中的俄罗斯经济》,企业管理出版社 1996 年版。

亨廷顿:《变化社会中的政治秩序》,生活·读书·新知三联书店 1989 年版。

胡鞍钢等执笔:《2030 中国—迈向共同富裕》,中国人民大学出版社 2011 年版。

胡绳主编:《中国共产党的七十年》,中共党史出版社 1991 年版。

江流、陈之骅主编:《苏联演变的历史思考》,中国社会科学出版社 1994 年版。

江流主编:《苏联演变的历史思考》,中国社会科学出版社 1994 年版。

江时学:《拉美发展模式研究》,经济管理出版社 1996 年版。

金挥等主编:《苏联经济概论》,中国社会科学出版社 1985 年版。

金雁、卞悟:《农村公社、改革与革命——村社传统与俄国现代化之路》,中央编译出版社 1996 年版。

科伊乔·佩特罗夫:《戈尔巴乔夫现象——改革年代:苏联东欧与中国》,社会科学文献出版社 2001 年版。

赖德胜:《先富!共富?——中国转型期的收入分配》,湖北人民出版社 1999 年版。

李发林主编:《中国当前农业问题及其解决办法》,北京农业大学出版社 1993 年版。

李永全主编:《俄罗斯发展报告》(2013),社会科学文献出版社 2013 年版。

厉以宁:《转型发展理论》,同心出版社 1996 年版。

梁漱溟:《中国文化要义》,见《论中国传统文化》,生活·读书·新知三联书店 1988 年版。

林兆木、邵宁主编:《跨世纪的发展思路研究》,中国计划出版社 1995 年版。

刘祖熙主编:《斯拉夫文化》,浙江人民出版社 1993 年版。

陆学艺等主编:《中国新时期社会发展报告》,辽宁人民出版社 1997 年版。

罗荣渠:《现代化新论》,北京大学出版社 1993 年版。

宁骚:《民族与国家》,北京大学出版社 1995 年版。
农业部政策法规司等:《中国农村四十年》,中原农民出版社 1990 年版。
汝信等主编:《1998 年:中国社会形势分析与预测》,社会科学文献出版社 1998 年版。
沈乃正:《比较政治制度》,中华书局 1934 年版。
沈悦等编译:《转轨中的俄罗斯》,吉林教育音像出版社 1999 年版。
盛洪主编:《中国的过渡经济学》,上海人民出版社 1996 年版。
石仲泉、陈登才主编:《邓小平在 1978 年》,辽宁人民出版社 1994 年版。
世界银行:《从计划到市场——1996 年世界发展报告》,中国财政经济出版社 1996 年版。
苏振兴、徐文渊主编:《拉丁美洲国家经济发展战略研究》,北京大学出版社 1987 年版。
孙成木:《俄罗斯文化 1000 年》,东方出版社 1995 年版。
孙成木等:《俄国通史简编》上、下,人民出版社 1986 年版。
唐忠新:《贫富分化的社会学研究》,天津人民出版社 1998 年版。
陶惠芬:《俄国彼得大帝的欧化改革》,广西师范大学出版社 1996 年版。
托多尔·日夫科夫:《回忆录》,新华出版社 1999 年中文版。
托马斯·巴特森:《戈尔巴乔夫出山前后》,新华出版社 1987 年。
王积业、王建主编:《我国二元结构矛盾与工业化战略选择》,中国计划出版社 1996 年版。
王绍光、胡鞍钢:《中国国家能力报告》,辽宁人民出版社 1993 年版。
魏礼群主编:《中国社会全面发展战略研究报告》,辽宁人民出版社 1996 年版。
武力主编:《中华人民共和国经济史》上、下卷,中国时代经济出版社 2010 年版。
萧超然等:《毛泽东政治发展学说概要》,北京大学出版社 1993 年版。
谢·尤·维特:《俄国末代沙皇尼古拉二世》上卷,新华出版社 1983 年版。
邢广程:《苏联高层决策 70 年》,世界知识出版社 1998 年版。
徐葵主编:《俄罗斯和东欧中亚国家年鉴》,当代世界出版社 1998 年版。
徐向梅主编:《俄罗斯问题研究》(2012),中央编译出版社 2014 年版。
薛君度、陆南泉主编:《新俄罗斯政治经济外交》,中国社会科学出版社 1997 年版。
杨成绪主编:《大变革——走向 21 世纪的世界经济》,首都经济贸易大学出版社 1999 年版。
杨振家:《剧变前后的苏联和俄罗斯经济》,世界知识出版社 1997 年版。
姚海:《俄罗斯文化之路》,浙江人民出版社 1992 年版。
游光荣:《中国科技国情报告》,湖南人民出版社 1998 年版。
张雅平:《东正教与俄罗斯社会》,社会科学文献出版社 2013 年版。
赵人伟、李实等主编:《中国居民收入分配再研究》,中国财政经济出版社 1999 年版。
郑羽主编:《普京时代》(2000—2008),经济管理出版社 2008 年版。
中国农地制度课题组:《中国农村土地制度的变革》,北京大学出版社 1993 年版。
中国苏联经济研究会编:《苏联经济》(1982),人民出版社 1984 年版。
周其仁:《产权与制度变迁》,社会科学文献出版社 2002 年版。
周振华主编:《中国经济分析 1995——地区发展》,上海人民出版社 1996 年版。
朱晓中主编:《中东欧转型 20 年》,社会科学文献出版社 2013 年版。
朱元石主编:《共和国要事口述史》,湖南人民出版社 1999 年版。

俄文

《Аргументы и факты》(《论据与事实报》)

《Власть》(《政权》)

《Независимая газета》(《独立报》)

《Новое время》(《新时代》)

《Правда》(《真理报》)

《Советская Россия》(《苏维埃俄罗斯报》)

Алексеев С. В. Идеологические орментиры России. Москва, книга и бизнес, 1998.（阿列克谢耶夫：《俄罗斯的意识形态方针》,书籍与贸易出版社1998年版）

Геллер М. Российские заметки 1991—1996. Москва издательство《мик》, 1998.（格列拉：《俄罗斯札记1991—1996》,莫斯科1998年版）

Гершунский б. С. Демократический опыт России. воскресенье, Москва 1998.（格拉苏尼斯基：《俄罗斯民主的经验》,星期出版社1998年版）

Глазьев С. Россия и новый мировой порядок, Москва 1997.（格拉兹耶夫：《俄罗斯与世界新秩序》,莫斯科1997年版）

Горбачев М. С. Размышления о прошлом и будущем, Москва《терра》1998.（戈尔巴乔夫：《关于过去和未来的思考》,莫斯科1998年版）

Госкомстат России. Регионы России. Москва 1997.（俄罗斯国家统计委员会编：《俄罗斯的地区》,莫斯科1997年版）

Гусаков Н. П. национальные интересы и внешне экономическая безопасность России. компания《Евразийский регион》, 1998.（库萨克夫：《俄罗斯民族利益与对外经济安全》,欧亚公司1998年版）

Гусейнов Р. история экономики россии. новосибирск, 1998.（库谢诺夫：《俄罗斯经济史》,新西伯利亚1998年版）

Ильин В. В. Российская государственность: истоки, традиции, перспективы. издательство Московского университета, 1997.（伊里意：《俄罗斯国家：渊源和传统的透视》,莫斯科大学出版社1997年版）

Ипатов А. Н. Православие и русская культура, Москва 1985.（伊巴托夫：《东正教与俄罗斯文化》,莫斯科1985年版）

Каменец А. В. Политическая культура России, Москва 1997.（加米涅斯：《俄罗斯政治文化》,莫斯科1997年版）

Мавродин В. В. Рождение новый России, Лениград 1988.（马弗罗京：《新俄罗斯的诞生》,列宁格勒1988年版）

Население России. Москва 1997.（《俄罗斯的人口,1997》,莫斯科1998年版）

Оси пова Г. В. Россия: новый этап неолиберальных реформ, Москва Издательство《Республика》1997.（阿希波娃：《俄罗斯改革的新阶段》,莫斯科共和国出版社1997年版）

Пашенцев Л. Н. Оппозиционные партии и движения современной России Москва издательство《информпечать》1998. (波塞尼采夫:《现代俄罗斯的反对党和运动》,莫斯科信息出版社 1998 年版)

Портяков В. Я. экономическая политика Китая в эпоху ДэН Сяопина. Восточная литература, Москва 1998. (波拉捷克夫:《邓小平时代中国的经济和政治》,莫斯科东方文化出版社 1997 年版)

Российский независимый институт социальных и национальных проблем. Осенний кризис1998 года:Российское общество до и после, Моска 1998. (俄罗斯社会与民族问题独立研究所编:《1998年秋季危机前后的俄罗斯社会》,莫斯科 1998 年版)

Рывкина Р. В. экономическая социология переходной России. ДЕЛО, Москва 1998. (雷夫金娜:《俄罗斯转型时期的社会经济》,莫斯科事实出版社 1998 年版)

Сушков б. Ф. Русская культура:новый курс, Москва《наука》, 1996. (苏斯克夫:《俄罗斯文化的新方针》,莫斯科科学出版社 1996 年版)

богомолов О. Т. Реформы в зеркаре международных сравнений, Москва《экономика》1998. (波可莫诺夫:《改革的国际比较》,莫斯科经济出版社 1998 年版)

бункина М. К. национальная экономика, Москва, ДЕЛО, 1997. (波尼齐娜:《民族经济》,莫斯科事实出版社 1997 年版)